Internationales Seekriegsrecht.

Von

Dr. Theodor Niemeyer,
o. ö. Professor des Internationalen Rechts a. d. Universität Kiel,
Geheimer Justizrat.

Teil I: **System des Seekriegsrechtes.**

Teil II: **Urkundenbuch zum Seekriegsrecht.**

Berlin 1913.
J. Guttentag, Verlagsbuchhandlung,
G. m. b. H.

Urkundenbuch

zum

Seekriegsrecht.

Von

Dr. Theodor Niemeyer,

o. ö. Professor des Internationalen Rechts a. d. Universität Kiel,
Geheimer Justizrat.

(Internationales Seekriegsrecht. Teil II.)

Berlin 1913.

J. Guttentag, Verlagsbuchhandlung,
G. m. b. H.

Vorwort.

Das Urkundenbuch, welches hier vorgelegt wird, bildet den zweiten Teil eines Lehr- und Handbuches des Seekriegsrechtes, dessen erster systematischer Teil im Frühjahr 1914 folgen soll.

Das Werk ist hervorgegangen aus 20jähriger Beschäftigung mit dem Gegenstand. Vorlesungen an der Marine-Akademie (1894 bis 1902) gaben die nächste Anregung dazu. Die Fühlung mit der Praxis, deren ich mich erfreuen durfte, vermochte niemals die Überzeugung zu erschüttern, daß auch im Seekrieg das Völkerrecht reale Geltung nicht nur beansprucht, sondern besitzt und daß diese Geltung vollends in Zukunft sich bewähren wird.

Mit der militärischen und technischen Entwickelung der Kriegsmarine aller Großstaaten ist — namentlich durch die Haager und Londoner Konferenzen, neuerdings sodann durch die Arbeiten des Institut de droit international — die Entwickelung des Seekriegsrechtes in merkwürdiger Weise parallel gegangen. Das beachtenswerteste Moment in der neuesten Entwickelung aber ist die große präventive Bedeutung, welche dem Seekriegsrecht schon in Friedenszeiten beiwohnt, indem Politik und Wirtschaft, Handel und Schiffahrt, Bankwesen und Fabrikation in Abhängigkeit von den Erwartungen stehen, welche man hinsichtlich der in einem künftigen Seekriege zur Anwendung kommenden Völkerrechtsnormen hegen darf und muß. Diese präventive Bedeutung wird die Materie des Seekriegsrechtes behalten, so lange die ultima ratio des Seekrieges auch nur als entfernteste Möglichkeit in die Erwägungen der Politik und der Wirtschaft einzustellen ist. Man darf daher dem Seekriegsrecht wissenschaftliche Pflege und Entwickelung wünschen, auch wenn man die Erhaltung des Friedens wünscht und innig erhofft.

Oxford, 9. August 1913, nach der Schlußsitzung des Institut de droit international in Divinity School.

Th. Niemeyer.

Inhaltsverzeichnis.

Seite

X. Verhandlungen der Friedenskonferenz 1907 und der Londoner Konferenz 1908/9 über:

Schonfrist für feindliche Kauffahrteischiffe;
Umwandlung von Kauffahrteischiffen in Kriegsschiffe;
Behandlung der Besatzung weggenommener Schiffe;
Schonung der Postsendungen;
Schonung von Fischerei- und anderen Fahrzeugen.

Seekriegsrecht — Urkundenbuch.

I. Abteilung: Seite 1—426.

I. Die „Bewaffnete Neutralität“, 1780 ff.[1]

Literatur: C. Bergbohm, Die bewaffnete Neutralität 1780—1783. Berlin 1884. — P. Fauchille, La diplomatie française et la ligue des neutres de 1780 (1776—1783). Paris 1893. — Moore VII § 1220. — Ältere Spezialliteratur s. bei Bergbohm a. a. O. S. 5 ff.

A. Die Deklaration der Kaiserin Katharina II. vom 28. Februar 1780 und die darauf ergangenen Antworten.

Abgedruckt Martens-Cussy I 193 ff.

1. Deklaration der Kaiserin Katharina II. an die Höfe von London, Versailles und Madrid vom 28. Februar (10. März) 1780:[2][3]

L'impératrice de toutes les Russies a si bien manifesté les sentiments de justice, d'équité et de modération qui l'animent, et a donné des preuves si évidentes pendant le cours de la guerre qu'elle avait à soutenir contre la Porte ottomane, des égards qu'elle a pour les droits de la neutralité et de la liberté du commerce général, qu'elle peut s'en rapporter au témoignage de toute l'Europe. Cette conduite, ainsi que les principes d'impartialité qu'elle a déployés pendant la guerre actuelle, ont dû lui inspirer la juste confiance que ses sujets jouiraient paisiblement des fruits de leur industrie et des avantages appartenants à toute nation neutre. L'expérience a cependant prouvé le contraire: ni ces considérations-là, ni les égards dus à ce que

[1]) Die unter B (S. 6—13) mitgeteilten Konventionen pflegt man als erste, die unter C und D (S. 13—21) mitgeteilten Konventionen als zweite bewaffnete Neutralität zu bezeichnen.

[2]) Daß der Inhalt dieser Deklaration auf ein Memorandum des dänischen Ministers Graf Bernstorf vom 28. September 1778 zurückzuführen ist, darüber s. Bergbohm a. a. O. S. 84.

[3]) Die Deklaration richtet sich an die drei damals Krieg führenden Mächte England, Frankreich, Spanien. „Die Amerikaner als erst nach staatlicher Selbständigkeit ringende «Rebellen» blieben ausgenommen und wurden nicht offiziell benachrichtigt.“ (Bergbohm a. a. O. S. 138.) Der amerikanische Kongreß faßte aber am 16. Oktober 1780 den Beschluß, es sollten den amerikanischen Kapern Instruktionen gemäß der russischen Deklaration erteilt werden und diese Resolution sei den fremden Höfen mitzuteilen. (Bergbohm a. a. O. S. 143.)

prescrit le droit des gens universel, n'ont pû empêcher que les sujets de S. M. I. n'aient été souvent molestés dans leur navigation et arrêtés dans leurs opérations par ceux des puissances belligérantes. Ces entraves mises à la liberté du commerce général, et de celui de Russie en particulier, sont de nature à exciter l'attention des souverains de toutes les nations neutres. L'impératrice voit résulter pour elle l'obligation de l'en affranchir par tous les moyens compatibles avec sa dignité et avec le bien-être de ses sujets; mais avant d'en venir à l'effet, et dans l'intention sincère de prévenir de nouvelles atteintes, elle a cru être de sa justice d'exposer aux vœux de l'Europe les princ'pes qu'elle va suivre, et qui sont propres à lever tout malentendu et ce qui pourrait y donner lieu. Elle le fait avec d'autant plus de confiance, qu'elle trouve consignés ces principes dans le droit primitif des peuples, que toute nation est fondée à réclamer, et que les puissances belligérantes ne sauraient les invalider sans violer les lois de la neutralité, et sans désavouer les maximes qu'elles ont adoptées, nommément dans différents traités et engagements publics. Ils se réduisent aux points qui suivent:

1° Que les vaisseaux neutres puissent naviguer librement de port en port et sur les côtes des nations en guerre.

2° Que les effets appartenants aux sujets desdites puissances en guerre soient libres sur les vaisseaux neutres, à l'exception des marchandises de contrebande.

3° Que l'impératrice se tient, quant à la fixation de celles-ci, à ce qui est énoncé dans l'art. X et XI de son traité de commerce avec la Grande-Bretagne, en étendant ces obligations à toutes les puissances en guerre.

4° Que pour déterminer ce qui caractérise un port bloqué, on n'accorde cette dénomination qu'à celui où il y a, par la disposition de la puissance qui l'attaque avec des vaisseaux arrêtes et suffisamment proches, un danger évident d'entrer.

5° Que ces principes servent de règle dans les procédures et les jugements sur la légalité des prises.

S. M. I. les manifestant, ne balance point de déclarer que pour les maintenir et afin de protéger l'honneur de son pavillon, la sûreté du commerce et de la navigation de ses sujets contre qui que ce soit, elle fait appareiller une partie considérable de ses forces maritimes. Cette mesure n'influera cependant d'aucune manière sur la stricte et rigoureuse neutralité qu'elle a saintement observée et qu'elle observera tant qu'elle ne sera provoquée et forcée de sortir des bornes de modération et d'impartialité parfaite. Ce n'est que dans cette extrémité que sa flotte aura ordre de se porter partout où l'honneur, l'intérêt et le besoin l'appelleront.

En donnant cette assurance formelle avec la franchise propre à son caractère, l'impératrice ne peut que se promettre que les puissances belligérantes, pénétrées des sentiments de justice et d'équité dont elle est animée, contribueront à l'accomplissement de ses vues salutaires, qui tendent si manifestement à l'utilité de toutes les nations et à l'avantage même de celles en guerre; qu'en conséquence elles muniront leurs amirautés et officiers commandants, d'instructions analogues et conformes aux principes ci-dessus énoncés, puisés dans le code primitif des peuples et adoptés si souvent dans leurs conventions.

2. Antwort Spaniens vom 18. April 1780.

Le roi catholique a été informé de la manière de penser de l'impératrice de toutes les Russies à l'égard des puissances belligérantes et neutres, que lui a exposée M. de Zinowiesz, ministre de cette souveraine, dans un mémoire qu'il a remis le 15 de ce mois au comte de Florida-Blanca, son premier secrétaire d'état. Le roi regarde cette démarche de l'impératrice comme un effet de la juste confiance qu'elle a dans S. M., et la juge d'autant plus convenable, que les principes adoptés par cette souveraine sont les mêmes qui ont toujours guidé le roi, et que S. M. a tâché de faire observer à l'Angleterre par tous les moyens possibles (quoique sans effet), dans le temps que l'Espagne se maintenait dans la neutralité. Ces principes furent ceux de la justice, de l'équité et de la modération, les mêmes que la Russie et toutes les puissances ont approuvés dans les résolutions de S. M.; et seulement la conduite observée par la marine anglaise, tant dans la guerre précédente que dans celle-ci, renversant les règles constamment suivies à l'égard des puissances neutres, a mis S. M. dans la nécessité de l'imiter. En effet les Anglais ne respectant pas le pavillon des bâtiments neutres, ayant à leurs bords des marchandises appartenantes aux ennemis, lors même qu'elles ne sont pas de contrebande, et que ce pavillon les défend, on ne pouvait avec justice empêcher que l'Espagne n'usât des mêmes représailles, pour se garantir des dommages auxquels elle se serait exposée en n'y conformant pas sa conduite. Les puissances neutres de leur côté ont aussi donné lieu aux inconvénients dont elles ont souffert, leurs bâtiments s'étant servis de documents doubles, et d'autres artifices, afin que leurs vaisseaux ne fussent pas pris. Cette conduite a occasionné des prises, et quantité de détentions, et les conséquences qui en ont résulté; quoiqu'à la vérité celles-ci n'aient pas causé tant de dommage qu'on le prétend, puisque au contraire il est notoire que quelques-unes ont tourné au bénéfice des propriétaires, la cargaison ayant été vendue dans les ports où on a jugé les vaisseaux, à un prix plus haut que ne l'était celui qui existait dans le même temps à l'endroit vers lequel ces vaisseaux se dirigeaient. Le roi cependant, non content de ces preuves de son équité connue de toute l'Europe, veut encore avoir la gloire d'être le premier à donner l'exemple de respecter le pavillon neutre de toutes les cours qui ont déterminé ou détermineront de se défendre, jusqu'à ce qu'il voie le parti que prendra la marine anglaise, et qu'il éprouve si elle se contiendra et saura contenir ses corsaires. Pour témoigner à toutes les puissances combien l'Espagne est disposée à observer, en soutenant la guerre, les mêmes règles qu'elle désirait qu'on suivît lorsqu'elle était encore neutre, S. M. se conforme aux autres articles que contient la déclaration de la Russie, dans la supposition que, quant à ce qui regarde la place bloquée de Gibraltar, le danger d'y entrer, désigné par l'article IV de cette même déclaration, existe réellement, au moyen de la quantité considérable de vaisseaux arrêtés qui forment le blocus. Les bâtiments neutres pourront éviter ce danger en se conformant aux règles de précaution prescrites dans la déclaration de S. M., du 13 de Mars passé, qu'on a communiquée à la cour de Saint-Pétersbourg par son ministre.

3. Antwort Frankreichs vom 25. April 1780.

La guerre dans laquelle le roi se trouve engagé n'ayant d'autre objet que l'attachement de S. M. au principe de la liberté des mers. elle n'a pu voir qu'avec une vraie satisfaction l'impératrice de Russie adopter ce même principe et se montrer résolue à le soutenir. Ce que S. M. I. réclame de la part des puissances belligérantes n'est autre chose que les règles prescrites à la marine française, et dont l'exécution est maintenue avec une exactitude connue et applaudie de toute l'Europe.

La liberté des bâtiments neutres, restreinte dans un petit nombre de cas seulement, est une conséquence directe du droit naturel, la sauvegarde des nations, le soulagement même de celles que le fléau de la guerre afflige. Aussi le roi a-t-il désiré de procurer, non-seulement aux sujets de l'impératrice de Russie, mais à ceux de tous les états qui ont embrassé la neutralité, la liberté de naviguer aux mêmes conditions qui sont énoncées dans la déclaration à laquelle S. M. répond aujourd'hui. Elle croyait avoir fait un grand pas vers le bien général. et avoir préparé une époque glorieuse pour son règne, en fixant par son exemple les droits que toute puissance belligérante peut et doit reconnaître être acquis aux navires neutres. Son espérance n'a pas été déçue, puisque l'impératrice, en se vouant à la neutralité la plus exacte, se déclare pour le système que le roi soutient au prix du sang de ses peuples, et qu'elle réclame les mêmes lois dont S. M. voudrait faire la base du code maritime universel.

S'il était besoin de nouveaux ordres pour que les vaisseaux appartenants aux sujets de S. M. I. n'eussent aucun lieu de craindre d'être inquiétés dans leur navigation par les sujets du roi, S. M. s'empresserait à les donner, mais l'impératrice s'en reposera sans doute sur les dispositions de S. M. consignées dans les réglements qu'elle a publiés; elles ne tiennent point aux circonstances; elles sont fondées sur le droit des gens, elles conviennent à un prince assez heureux pour trouver toujours dans la prospérité générale la mesure de celle de son royaume.

Le roi souhaite que S. M. I. ajoute aux moyens qu'elle prend pour fixer la nature des marchandises dont le commerce est réputé de contrebande en temps de guerre, des règles précises sur la forme des papiers de mer dont les vaisseaus russes seront munis. Avec cette précaution, S. M. est assurée qu'il ne naîtra aucun incident qui puisse lui faire regretter d'avoir rendu pour ce qui la concerne la condition des navigateurs russes aussi avantageuse qu'il soit possible en temps de guerre.

D'heureuses circonstances ont déjà mis plus d'une fois les deux cours à portée d'éprouver combien il importait qu'elles s'expliquassent avec franchise sur leurs intérêts respectifs. S. M. se félicite d'avoir à exprimer à S. M. I. sa façon de penser sur un point intéressant pour la Russie et pour les puissances commerçantes de l'Europe. Elle applaudit d'autant plus sincèrement aux principes et aux vues qui dirigent l'impératrice, que S. M partage le sentiment qui a porté cette princesse à des mesures d'où doivent résulter également l'avantage de ses sujets et celui de toutes les nations.

4. Antwort Englands vom 23. April 1780.

Pendant tout le cours de la guerre dans laquelle le roi de la Grande-Bretagne se trouve engagé par l'agression de la France et de l'Espagne, il a manifesté les sentiments de justice, d'équité et de modération qui gouvernent toutes ses démarches. S. M. a réglé sa conduite envers les puissances amies et neutres d'après la leur à son égard; la conformant aux principes les plus clairs et les plus généralement reconnus du droit des gens, qui est la seule loi entre les nations qui n'ont point de traité, et à la teneur de ses différents engagements avec d'autres puissances, lesquels engagements ont varié cette loi primitive par des stipulations mutuelles, et l'ont variée de beaucoup de manières différentes, selon la volonté et la convenance des parties contractantes.

Fortement attaché à S. M. l'impératrice de toutes les Russies par les liens d'une amitié réciproque et d'un intérêt commun, le roi, dès le commencement de ces troubles, donna les ordres les plus précis de respecter le pavillon de S. M. I. et le commerce de ses sujets, selon le droit des gens et la teneur des engagements qu'il a contractés dans son traité de commerce avec elle, et qu'il remplira acec l'exactitude la plus scrupuleuse. Les ordres à ce sujet ont été renouvelés, et on veillera strictement à l'exécution. Il est à présumer qu'ils empêcheront toute irrégularité; mais s'il arrivait qu'il y eût la moindre violation de ces ordres réitérés, les tribunaux d'amirauté, qui dans ce pays-ci, comme dans tous les autres, sont établis pour connaître de pareilles matières, et qui, dans tous les cas, jugent uniquement par le droit général des nations et par les stipulations particulières des différents traités, redresseraient ces torts d'une manière si équitable, que S. M. I. serait entièrement satisfaite de leurs décisions, et y reconnaîtrait cet esprit de justice qui l'anime elle-même.

B. Die Konventionen von 1780.[1])

Abgedruckt: Martens-Cussy I 214.

1. Russisch-Dänische Konvention vom 9. Juli (28. Juni) 1780:

La présente guerre maritime allumée entre la Grande-Bretagne d'un côté et la France et l'Espagne de l'autre, ayant porté un préjudice notable au commerce et à la navigation des nations neutres, S. M. I. de toutes les Russies et S. M. le roi de Danemarck et de Norvége, toujours attentives à concilier leur dignité et leurs soins pour la sûreté et le bonheur de leurs sujets avec les égards qu'elles ont si souvent manifestés pour les droits des peuples en général, ont reconnu la nécessité où elles se trouvent de régler dans les circonstances présentes leur conduite d'après ces sentiments.

S. M. I. de toutes les Russies a avoué à la face de l'Europe, au moyen de sa déclaration en date du 28 Février 1780, remise aux puissances actuellement en guerre, les principes puisés dans le droit primitif des nations, qu'elle réclame et qu'elle a adopté pour règle de sa conduite pendant la guerre actuelle. Cette attention de l'impératrice à veiller au maintien des droits communs des peuples, ayant été applaudie par toutes les nations neutres, les a réunies dans une cause qui regarde la défense de leurs intérêts les plus chers et les a portées à s'occuper sérieusement d'un objet précieux pour les temps présents et à venir, en tant qu'il importe de former et de réunir en un corps de système permanent et immuable, les droits, prérogatives, bornes et obligations de la neutralité. S. M. le roi de Danemarck et de Norvége, pénétrée de ces mêmes principes, les a également établis et réclamés dans la déclaration qu'il a fait remettre le 8 Juillet 1780, aux trois puissances belligérantes, en conformité de celle de la Russie

---

[1]) Bergbohm a. a. O. S. 162: „Aus den" — russisch-dänisch-schwedischen — „Projekten gingen zwei Verträge zur Verteidigung der Neutralitätsrechte hervor, nämlich: 1. Eine Konvention zwischen Rußland und Dänemark vom 9. Juli (28. Juni). 2. Eine Konvention zwischen Rußland und Schweden vom 1. Aug. (21 Juli). Da aber beide Verträge bis auf die Stellen, wo der zwischen den Kontrahenten und den Krieg führenden Staaten bestehenden Traktate Erwähnung geschieht, durchweg ein und denselben Wortlaut haben, überdies Dänemark schon im voraus am 7. Juli (26. Juni) seinerseits der russisch-schwedischen und Schweden wiederum am 9. Sept. (29. Aug.) der russisch-dänischen Konvention adstipulierte, so liegt hier eigentlich nur ein einziger Allianzvertrag aller drei Nordmächte vor, deren jede mit jeder auf der gleichen Grundlage in verbindlichster Form paktiert hat. — Diese ‚Russisch-dänisch-schwedische Konvention vom Jahre 1780 zum Schutz des Handels und der Schiffahrt der Neutralen' ist gleichsam die Verfassungsurkunde der ‚Bewaffneten Neutralität'. — Sie besteht aus 12 Artikeln, wozu noch 6 Separat-Artikel kommen."

et pour le soutien desquels S. M. danoise a même fait armer une partie considérable de sa flotte. De là sont résultés l'accord et l'unanimité avec lesquels S. M. I. de toutes les Russies et S. M. le roi de Danemarck et de Norvége, en conséquence de leur amitié et de leurs confiance réciproque, ainsi que de la conformité des intérêts de leur sujets, ont jugé à propos de donner, au moyen d'une convention formelle, une sanction solennelle aux engagements mutuels à prendre. Pour cet effet leursdites Majestés ont choisi et nommé pour leurs pléni-potentiaires, etc., etc. Lesquels, après avoir échangé entre eux leurs pleins pouvoirs, trouvés en bonne et due forme, ont arrêté et conclu les articles suivants:

ART. I. Leursdites Majestés étant sincèrement résolues d'entretenir constamment l'amitié et l'harmonie la plus parfaite avec les puissances actuellement en guerre, et de continuer à observer la neutralité la plus stricte et la plus exacte, déclarent vouloir tenir la main à la plus rigoureuse exécution des défenses portées contre le commerce de contrebande de leurs sujets, avec qui que ce soit des puissances déjà en guerre, ou qui pourraient y entrer dans la suite.

ART. II. Pour éviter toute équivoque et tout malentendu sur ce qui doit être qualifié de contrebande, S. M. I. de toutes les Russies et S. M. le roi de Danemarck et de Norvége déclarent qu'elles ne reconnaissent pour telles que les marchandises comprises sous cette dénomination dans les traités qui subsistent entre leursdites Majestés et l'une ou l'autre des puissances belligérantes; S. M. I. de toutes les Russies se référant nommément à cet égard aux art. X et XI de son traité de commerce avec la Grande-Bretagne. Elle en étend les obligations, entièrement fondées dans le droit naturel, aux couronnes de France et d'Espagne, qui n'ont été liées jusqu'ici avec son empire par aucun engagement formel purement relatif au commerce. S. M. le roi de Danemarck et de Norvége, de son côté, se rapporte aussi nommément à l'art. III de son traité de commerce avec la Grande-Bretagne et aux art. XXVI et XXVII de son traité de commerce avec la France, et étend les obligations de celui-ci à l'Espagne, n'ayant point avec cette couronne des engagements qui décident à cet égard.

ART. III. La contrebande déterminée et exclue du commerce des nations neutres, en conformité des traités et stipulations expresses subsistantes entre les hautes parties contractantes et les puissanecs en guerre, et nommément en vertu du traité de commerce conclu entre la Russie et la Grande-Bretagne le 20 Juin 1766, ainsi que du traité de commerce conclu entre le Danemarck et la Grande-Bretagne le 11 Juillet 1670, et de celui conclu entre le Danemarck et la France le 23 d'Août 1712, S. M. I. de toutes les Russies et S. M. le roi de Danemarck et de Norvége entendent et veulent que tout autre trafic soit et reste parfaitement libre. LL. MM., après avoir déjà réclamé dans leurs déclarations faites aux puissances belligérantes les principes généraux du droit naturel, dont la liberté du commerce et de la navigation, de même que les droits des peuples neutres sont une conséquence directe, ont résolu de ne les point laisser plus longtemps dépendre d'une interprétation arbitraire suggérée par des intérêts isolés et momentanés. Dans cette vue elles sont convenues:

1° Que tout vaisseau peut naviguer librement de port en port et sur les côtes des nations en guerre.

2° Que les effets appartenants aux sujets desdites puissances en guerre soient libres sur les vaisseaux neutres, à l'exception des marchandises de contrebande.

3° Que pour déterminer ce qui caractérise un port bloqué, on n'accorde cette dénomination qu'à celui où il y a, par la disposition de la puissance qui l'attaque avec des vaisseaux arrêtés et suffisamment proches, un danger évident d'entrer.

4° Que les vaisseaux neutres ne peuvent être arrêtés que sur de justes causes et faits évidents; qu'ils soient jugés sans retard; que la procédure soit toujours conforme, prompte et légale, et que chaque fois, outre les dédommagements qu'on accorde à ceux qui ont fait des pertes sans avoir été en faute, il soit rendu une satisfaction complète pour l'insulte faite au pavillon de LL. MM.

ART. IV. Pour protéger le commerce commun de leurs sujets, fondés sur les principes ci-dessus établis, S. M. I. de toutes les Russies et S. M. le roi de Suède et de Norvége ont jugé à propos d'equiper séparément un nombre de vaisseaux de guerre et de frégates proportionné à ce but; les escadres de chaque puissance ayant à prendre la station et devant être employées aux convois qu'exigent son commerce et sa navigation conformément à la nature et la qualité du trafic de chaque nation.

ART. V. Si pourtant il arrivait que les vaisseaux marchands de l'une des puissances se trouvassent dans un parage où les vaisseaux de guerre de la même nation ne fussent pas stationnés et où ils ne pourraient pas avoir recours à leurs propres convois, alors le commandant des vaisseaux de guerre de l'autre puissance, s'il en est requis, doit de bonne foi et sincèrement leur prêter le secours dont ils pourraient avoir besoin, et en tel cas, les vaisseaux de guerre et frégates de l'une des puissances serviront de soutien et d'appui aux vaisseaux marchands de l'autre, bien entendu cependant que les réclamants n'auraient fait aucun commerce illicite, ni contraire aux principes de la neutralité.

ART. VI. Cette convention n'aura point d'effet rétroactif, et par conséquent on ne prendra aucune part aux différends nés avant sa conclusion, à moins qu'il ne soit question d'actes de violence continués, tendants à fonder un système oppressif pour toutes les nations neutres de l'Europe en général.

ART. VII. S'il arrivait, malgré tous les soins les plus attentifs et les plus amicaux employés par les deux puissances et malgré l'observation de la neutralité la plus parfaite de leur part, que les vaisseaux marchands de S. M. I. de toutes les Russies et de S. M. le roi de Danemarck et de Norvége fussent insultés, pillés, ou pris par les vaisseaux de guerre ou armateurs de l'une ou l'autre puissance en guerre, alors le ministre de la partie lésée auprès de la cour dont les vaisseaux de guerre ou armateurs auront commis de tels attentats, y fera des représentations, réclamera les vaisseaux marchands enlevés, et insistera sur les dédommagements convenables, en ne perdant jamais de vue la réparation de l'insulte faite au pavillon. Le ministre de l'autre partie contractante se joindra à lui et appuyera ses plaintes de la manière la plus énergique et la plus efficace, et ainsi il sera agi d'un commun et parfait accord. Que si l'on refusait de rendre justice sur ces plaintes, ou si l'on remettait de la rendre d'un temps à l'autre, alors LL. MM. useront de représailles contre la puissance qui la leur refuserait, et elles se concerteront incessamment sur la manière la plus efficace d'effectuer ces justes représailles.

ART. VIII. S'il arrivait que l'une ou l'autre des deux puissances ou toutes les deux ensemble, à l'occasion ou en haine de la présente convention, ou pour quelque cause qui y eût rapport, fût inquiétée, molestée ou attaquée, il a été également convenu que les deux puissances feront cause commune pour se défendre réciproquement et pour travailler et agir de concert à se procurer une plein eet entière satisfaction, tant pour l'insulte faite à leur pavillon que pour les pertes causées à leurs sujets.

ART. IX. Cette convention, arrêtée et conclue pour tout le temps que durera la guerre actuelle, servira de base aux engagements que les conjonctures pourraient faire contracter dans la suite des temps et à l'occasion de nouvelles guerres maritimes par lesquelles l'Europe aurait le malheur d'être troublée. Ces stipulations doivent au reste être regardées comme permanentes et feront loi en matière de commerce et de navigation, et toutes les fois qu'il s'agira d'apprécier les droits des nations neutres.

ART. X. Le but et l'objet principal de cette convention étant d'assurer la liberté générale du commerce et de la navigation, S. M. I. de toutes les Russies et S. M. le roi de Danemarck et de Norvége conviennent et s'engagent d'avance à consentir que d'autres puissances également neutres y accèdent, et qu'en en adoptant les principes, elles en partagent les obligations ainsi que les avantages.

ART. XI. Afin que les puissances en guerre ne prétendent cause d'ignorance relativement aux arrangements pris entre leursdites Majestés, les deux hautes parties contractantes communiqueront amicalement à toutes les puissances belligérantes les mesures qu'elles ont concertées entre elles, d'autant moins hostiles qu'elles ne sont au détriment d'aucune autre, mais tendent uniquement à la sûreté du commerce et de la navigation de leurs sujets respectifs.

ART. XII. La présente convention sera ratifiée, etc.

Separat-Artikel:

Comme S. M. I. de toutes les Russies et S. M. le roi de Danemarck et de Norvége sont toujours également intéressées à veiller à la sûreté et à la tranquillité de la mer Baltique, et à la mettre à l'abri des troubles de la guerre et des courses des armateurs, système d'autant plus juste et plus naturel que toutes les puissances dont les états l'environnent jouissent de la plus profonde paix; elles sont mutuellement convenues de continuer à soutenir que c'est une mer fermée, incontestablement telle par sa situation locale, où toutes les nations doivent et peuvent naviguer en paix et jouir de tous les avantages d'un calme parfait, et de prendre pour cet effet entre elles des mesures capables de garantir cette mer et ses côtes de toutes hostilités, pirateries et violences. Elles maintiendront aussi la tranquillité de la mer du Nord dans leurs parages, autant que les circonstances et l'intérêt de leurs états le rendront nécessaire.

ART. II. Leursdites Majestés ne désirant aussi rien plus ardemment que le rétablissement de la paix sur des principes équitables, sentiments que l'amour de l'humanité et l'envie de prévenir une plus grande effusion de sang leur ont inspirés dès le commencement des dissensions qui divisent l'Europe, se promettent réciproquement de s'attacher à ce même objet, d'aviser aux moyens qui pourront conduire à ce but, et lorsqu'une occasion se présenterait, de la saisir et de concourir avec des sentiments d'amitié et de confiance à un ouvrage si salutaire.

ART. III. Les situations des lieux rendant très court le terme pendant lequel les flottes de S. M. I. peuvent agir hors de la Baltique pour la sûreté du commerce neutre dans les autres mers, S. M. le roi de Danemarck et de Norvége s'engage de recevoir dans ses ports et de traiter absolument sur le même pied comme les siens propres, tout vaisseau ou bâtiment russe qui y entrera pour hiverner; de lui faire fournir de ses magasins toutes sortes d'appareils et de provisions dont l'équipage pourrait avoir besoin aux mêmes prix auxquels en sont fournis les vaisseaux de S. M.; de faire prendre en un mot tous les arrangements nécessaires pour que ces bâtiments et leurs équipages puissent être bien soignés.

ART. IV. Que si la jonction des escadres était trouvée nécessaire, on agira en ce cas en tout d'après les principes d'une parfaite égalité, et lorsqu'un ou plusieurs vaisseaux viendraient à se trouver ensemble, celui des commandants qui aura le grade sur l'autre, ou bien, à grades égaux, celui qui sera le plus ancien, prendra le commandement sur les vaisseaux de guerre et frégates des deux nations. On tâchera en général de combiner les croisières autant que possible sans une jonction formelle, afin de former de cette manière une espèce de chaîne et de se donner la main au besoin: quant au salut, on se conformera constamment à ce qui est stipulé à cet égard dans les conventions entre les deux nations.

ART. V. A l'époque plus ou moins éloignée de la paix entre les puissances belligérantes, S. M. I. de toutes le Russies et S. M. le roi de Danemarck et de Norvége s'employeront de la manière la plus efficace auprès de puissances maritimes en général, pour faire recevoir et reconnaître universellement, dans toutes les guerres maritimes qui par la suite du temps pourraient survenir, le système de neutralité et les principes établis dans la présente convention, servant à former la base d'un code maritime universel.

ART. VI. Dès que cette convention sera ratifiée, et que l'échange en aura été fait, les hautes parties contractantes prendront soin de la communiquer, aux articles séparés près, de bonne foi et conjointement et d'un commun accord, par leurs ministres accrédités aux cours étrangères, et nommément à celles qui sont actuellement en guerre. Pour agir avec une parfaite uniformité pour cette fin, on joint ici la formule de l'acte que les ministres respectifs remettront à cette occasion.

Ces articles séparés seront censés et regardés comme faisant partie de la convention même et auront la même force et valeur que s'ils étaient insérés de mot à mot dans ladite convention conclue le même jour entre les deux hautes parties contractantes. Ils seront ratifiés, etc.

2. Russisch-Schwedische Konvention[1]) vom 1. August (21. Juli) 1780.

La présente guerre maritime, allumée entre la Grande-Bretagne d'un côté, et la France et l'Espagne de l'autre, ayant porté un préjudice notable au commerce et à la navigation des neutres, S. M. le roi de Suède et S. M. l'impératrice de toutes les Russies, toujours

[1]) Die Konvention wurde den Regierungen in London, Paris, Madrid als kriegführenden Staaten sowie den neutralen Regierungen mitgeteilt (Bergbohm a. a. O. 172). — Von den Kriegführenden antwortete nur Frankreich unter dem 12. Dez. 1780 folgendermaßen:

„S. M. a reconnu avec plaisir que cette convention renfermait les mesures les plus propres à assurer la liberté des mers et l'immunité du pavillon des puissances neutres. Les déclarations de S. M. à ce sujet, tant à S. M. l'impératrice de toutes les Russies qu'à LL. MM. danoise et suédoise; les ordres qu'elle a donnés aux officiers de flotte et à tous les corsaires, et l'attention qu'elle apporte à les faire exécuter, doivent convaincre S. M. I. que l'objet de ladite convention sera entièrement rempli de la part de tout les capitaines portant pavillon français. S. M. a eu bien des occasions depuis trois ans de faire connaître à ses sujets, comme à l'Europe, que le bonheur et la prospérité des nations neutres et de la nation russe en particulier, entraient pour beaucoup dans les calculs de sa politique et dans ses projets militaires. Elle espère que ses efforts et son exemple contribueront à fortifier le système qui a fait naître

attentives à concilier leur dignité et leurs soins pour la sûreté et le bonheur de leurs sujets, avec les égards qu'elles ont si souvent manifestés pour les droits des peuples en général, ont reconnu la nécessité où elles se trouvent de régler, dans les circonstances présentes, leur conduite d'après ces sentiments.

S. M. I. de toutes les Russies a avoué à la face de l'Europe, au moyen de sa déclaration en date du 28 Février 1780, remise aux puissances actuellement en guerre, les principes puisés dans le droit primitif des nations, qu'elle réclame et qu'elle a adoptés pour règle de sa conduite pendant la guerre actuelle. Cette attention de l'impératrice à veiller au maintien des droits communs des peuples, ayant été applaudie par toutes les nations neutres, les a réunies dans une cause qui regarde la défense de leurs intérêts les plus chers, et les a portées à s'occuper sérieusement d'un objet précieux pour les temps présents et à venir, en tant qu'il importe de former et de réunir en un corps de système permanent et immuable les droits, prérogatives, bornes et obligations de la neutralité. S. M. le roi de Suède, pénétré de ces mêmes principes, les a également établis et réclamés dans la déclaration qu'il a fait remettre, le 21 Juillet 1780, aux trois puissances belligérantes, en conformité de celle de la Russie et pour le soutien desquels S. M. suédoise a même fait armer une partie considérable de sa flotte. De là sont résultés l'accord et l'unanimité avec lesquels S. M. le roi de Suède et S. M. l'impératrice de toutes les Russies, en conséquence de leur amitié et de leur confiance réciproque, ainsi que de la conformité des intérêts de leurs sujets, ont jugé à propos de donner, au moyen d'une convention formelle, une sanction solennelle aux engagements mutuels à prendre. Pour cet effet leursdites Majestés ont choisi et nommé pour leurs plénipotentiaires, savoir, etc. Lesquels, après avoir échangé entre eux leurs pleins pouvoirs, trouvés en bonne et due forme, ont arrêté et conclu les articles suivants:

ART. I. Comme l'article I du traité avec le Danemarck.

ART. II. Pour éviter toute équivoque et tout malentendu sur ce qui doit être qualifié de contrebande, S. M. le roi de Suède et S. M. l'impératrice de toutes les Russies déclarent qu'elles ne reconnaissent pour telles que les marchandises comprises sous cette dénomination dans les traités qui subsistent entre leursdites Majestés et l'une ou

---

et qui étend chaque jour l'association des puissances neutres; ses voeux seront remplis, s'il en résulte une diminution des maux de la guerre et une assurance de n'en jamais souffrir de dommage, pour les princes et les peuples qui observeront une exacte neutralité".

Der Konvention traten förmlich bei: die Niederlande 4. Jan. 1781 (24. Dez. 1780), Preußen 19. (8.) Mai 1781, Österreich 30. (19.) Okt. 1781, Portugal 24. (13.) Juli 1782, Sizilien 21. (10.) Febr. 1783. — S. Bergbohm a. a. O. 174ff., Martens-Cussy I 222ff.

l'autre des puissances belligérantes; S. M. suédoise se réféerant nommément à cet égard à l'art. 11 de son traité de commerce avec la Grande-Bretagne et à la teneur du traité préliminaire de commerce conclu entre les deux couronnes de Suède et de France en 1741; et quoique dans ce dernier, la définition de la contrebande ne se trouve pas nommément expliquée, cependant, comme les deux royaumes y ont stipulé de se regarder réciproquement comme *gens amicissima*, et qu'au reste la Suède s'y est réservé les mêmes avantages dont jouissent en France, d'ancien droit, les villes anséatiques, avantages solennellement confirmés par les traités d'Utrecht, le roi n'a rien à y ajouter. Vis-à-vis de l'Espagne, S. M. n'ayant pas de traité particulier avec cette couronne, elle y étend les obligations des susdits traités, entièrement fondés dans le droit naturel. S. M. I. de toutes les Russies, de son côté, se rapporte aussi nommément aux articles 10 et 11 de son traité de commerce avec la Grande-Bretagne. Elle en étend les obligations, entièrement fondées dans le droit naturel, aux couronnes de France et d'Espagne, qui n'ont point été liées jusqu'ici avec son empire par aucun engagement formel, purement relatif au commerce.

ART. III bis XII übereinstimmend mit der russisch-dänischen Konvention, S. 6.

Separatartikel, übereinstimmend mit der russisch-dänischen Konvention, mit dem Zusatz:

S. M. I. s'engage aux mêmes obligations envers S. M. le roi de Suède; et ses commandants dans ses ports de la mer Baltique auront en conséquence les ordres de garder les mêmes procédés envers les vaisseaux de guerre et tous les bâtiments suédois lorsqu'ils en seront requis.

C. Die Konvention von 1800.

Abgedruckt: Martens-Cussy II. 247 ff.

1. Russisch-Schwedische Konvention vom 4. (16.) Dez. 1800.

ART. I. S. M. le roi de Suède et S. M. l'empereur de toutes les Russies déclarent vouloir tenir la main à la plus rigoureuse exécution des défenses portées contre le commerce de contrebande de leurs sujets, avec qui que ce soit des puissances déjà en guerre ou qui pourraient y entrer dans la suite.

ART. II. Pour éviter toute équivoque et tout malentendu sur ce qui doit être qualifié de contrebande, S. M. le roi de Suède et S. M. I. de toutes les Russies déclarent, qu'elles ne reconnaissent pour telle que les objets suivants, savoir: canons, mortiers, armes à feu, pistolets, bombes, grenades, boulets, balles, fusils, pierres à feu, mèches, poudre, salpêtre, soufre, cuirasses, piques, épées, ceinturons, gibernes, selles et brides, en exceptant toutefois la quantité qui peut être nécessaire pour la défense du vaisseau et de ceux qui en composent l'équipage; et tous les autres articles quelconques non désignés ici, ne seront pas réputés munitions de guerre et navales ni sujets à confiscation, et par conséquent passeront librement sans être assujettis à la moindre difficulté. Il est aussi convenu que le présent article ne portera aucun préjudice aux stipulations particulières des traités antérieurs avec les parties belligérantes par lesquels des objets de pareil genre seraient réservés, prohibés ou permis.

ART. III. Tout ce qui peut être objet de contrebande étant ainsi déterminé et exclu du commerce des nations neutres, d'après le dispositif de l'article précédent, S. M. le roi de Suède et S. M. I. de toutes les Russies entendent et veulent que tout autre trafic soit et reste parfaitement libre. LL. MM., pour mettre sous une sauvegarde suffisante les principes généraux du droit naturel, dont la liberté du commerce et de la navigation, de même que les droits des peuples neutres sont une conséquence directe, ont résolu de ne les point laisser plus longtemps dépendre d'une interprétation arbitraire, suggérée par des intérêts isolés et momentanés. Dans cette vue elles sont convenues:

1° Que tout vaisseau peut naviguer librement de port en port, et sur les côtes des nations en guerre.

2° Que les effets appartenants aux sujets desdites puissances en guerre seront libres sur les vaisseaux neutres, à l'exception des marchandises de contrebande.

3° Que pour déterminer ce qui caractérise un port bloqué, on n'accorde cette dénomination qu'à celui où il y a, par la disposition de la puissance qui l'attaque avec des vaisseaux arrêtés et suffisamment proches, un danger évident d'entrer, et que tout bâtiment naviguant vers un port bloqué ne pourra être regardé avoir contrevenu à la présente convention, que lorsque après avoir été averti par le commandant du blocus de l'état du port, il tâchera d'y pénétrer en employant la force ou la ruse.

4° Que les vaisseaux neutres ne peuvent être arrêtés que sur de justes causes et faits évidents; qu'ils soient jugés sans retard, que la procédure soit toujours uniforme, prompte et légale, et que chaque fois, outre les dédommagements qu'on accorde à ceux qui ont fait des pertes, sans avoir été en contravention, il soit rendu une satisfaction complète pour l'insulte faite au pavillon de LL. MM.

5° Que la déclaration de l'officier commandant le vaisseau ou les vaisseaux de la marine royale ou impériale, qui accompagneront le convoi d'un ou de plusieurs bâtiments marchands, que son convoi n'a à bord aucune marchandise de contrebande, doit suffire pour qu'il n'y ait lieu à aucune visite sur son bord ni à celui des bâtiments de son convoi.

Pour assurer d'autant mieux à ces principes le respect dû à des stipulations dictées par le désir désinteressé de maintenir les droits imprescriptibles des nations neutres, et donner une nouvelle preuve de leur loyauté et de leur amour pour la justice, les hautes parties contractantes prennent ici l'engagement le plus formel de renouveler les défenses les plus sévères à leurs capitaines, soit de haut bord, soit de la marine marchande, de charger, tenir, ou recéler à leurs bords aucun des objets qui, aux termes de la présente convention, pourraient être réputés de contrebande, et de tenir respectivement la main à l'exécution des ordres qu'elles feront publier dans leurs amirautés et partout oû besoin sera, à l'effet de quoi l'ordonnance qui renouvellera cette défense sous les peines les plus graves, sera imprimée à la suite du présent acte, pour qu'il n'en puisse être prétendu cause d'ignorance.

ART. IV. Pour protéger le commerce commun de leurs sujets, sur le fondement des principes ci-dessus établis, S. M. le roi de Suède et S. M. I. de toutes les Russie sont jugé à propos d'équiper séparément un nombre de vaisseaux de guerre et de frégates proportionné à ce but; les escadres de chaque puissance ayant à prendre la station et devant être employées aux convois qu'exigent son commerce et sa navigation, conformément à la nature et à la qualité du trafic de chaque nation.

ART. V. Pour prévenir tous les inconvénients qui peuvent provenir de la mauvaise foi de ceux qui se servent du pavillon d'une nation sans lui appartenir, on convient d'établir pour règle inviolable qu'un bâtiment quelconque, pour être regardé comme propriété du pays dont il porte le pavillon, doit avoir à son bord le capitaine du vaisseau et la moitié de l'équipage des gens du pays, les papiers et passeports en bonne et due forme; mais tout bâtiment qui n'observera pas cette règle et qui contreviendra aux ordonnances publiées à cet effet, et imprimées à la suite de la présente convention, perdra tous les droits à la protection des puissances contractantes, et le gouvernement auquel il appartiendra supportera seul les pertes, dommages et désagréments qui en résulteront.

ART. VI. Si cependant il arrivait que les vaisseaux marchands de l'une des puissances se trouvassent dans un parage où les vaisseaux de guerre de la même nation ne fussent pas stationnés, et où ils ne pourraient pas avoir recours à leurs propres convois, alors le commandant des vaisseaux de guerre de l'autre puissance, s'il en est requis, doit, de bonne foi et sincèrement, leur prêter les secours dont ils pourraient avoir besoin, et en tel cas, les vaisseaux de guerre et frégates de l'une des puissances serviront de soutien et d'appui aux vaisseaux marchands de l'autre; bien entendu cependant que les réclamants n'auraient fait aucun commerce illicite ni contraire aux commerce de la neutralité.

ART. VII. Cette convention n'aura point d'effet rétroactif, et par conséquent ou ne prendra aucune part aux différends nés avant sa conclusion, à moins qu'il ne soit question d'actes de violence continués, tendants à fonder un système oppressif pour toutes les nations neutres de l'Europe en général.

ART. VIII. S'il arrivait, malgré tous les soins les plus attentifs des deux puissances et malgré l'observation de la neutralité la plus parfaite de leur part, que les vaisseaux marchands de S. M. le roi de Suède ou de S. M. I. de toutes les Russies fussent insultés, pillés ou pris par les vaisseaux de guerre ou armateurs de l'une ou l'autre des puissances en guerre, alors le ministre de la partie lésée auprès du gouvernement dont les vaisseaux de guerre ou armateurs auront commis de tels attentats, y fera des représentations, réclamera le vaisseau marchand enlevé, et insistera sur les dédommagements convenables, en ne perdant jamais de vue la réparation de l'insulte faite au pavillon. Le ministre de l'autre partie contractante se joindra à lui et appuyera ses plaintes de la manière la plus énergique et la plus efficace, et ainsi il sera agi d'un commun et parfait accord. Que si l'on refusait de rendre justice sur ces plaintes, ou si l'on remettait de la rendre d'un temps à l'autre, alors LL. MM. useront de représailles contre la puissance qui la leur refuserait, et elles se concerteront incessamment sur la manière la plus efficace d'effectuer ces justes représailles.

ART. IX. S'il arrivait que l'une ou l'autre des deux puissances, ou toutes les deux ensemble, à l'occasion ou en haine de la présente convention, ou pour quelque cause qui y aurait rapport, fût inquiétée, molestée ou attaquée, il a été également convenu que les deux puissances feront cause commune pour se défendre réciproquement et pour travailler et agir de concert à se procurer une pleine et entière satisfaction, tant pour l'insulte faite à leur pavillon que pour les pertes causées à leurs sujets.

ART. X. Les principes et les mesures adoptés par le présent acte seront également applicables à toutes les guerres maritimes par lesquelles l'Europe aurait le malheur d'être troublée. Ces stipulations seront en conséquence regardées comme permanentes et serviront de règle aux puissances contractantes en matière de commerce et de navigation, et toutes les fois qu'il s'agira d'apprécier les droits des nations neutres.

ART. XI. Le but et l'objet principal de cette convention étant d'assurer la liberté générale du commerce et de la navigation, S. M. le roi de Suède et S. M. I. de toutes les Russies conviennent et s'engagent d'avance à consentir que d'autres puissances également neutres y accèdent, et qu'en en adoptant les principes, elles en partagent les obligations ainsi que les avantages.

ART. XII. Afin que les puissances en guerre ne puissent prétendre cause d'ignorance des arrangements pris entre leursdites Majestés, elles conviennent de porter à la connaissance des parties belligérantes les mesures qu'elles ont contractées entre elles, d'autant moins hostiles, qu'elles ne sont au détriment d'aucun autre pays, mais qu'elles tendent uniquement à la sûreté du commerce et de la navigation de leurs sujets respectifs.

ART. XIII. La présente convention sera ratifiée, etc.

2. Russisch-Dänische Konvention
vom 4. (16.) Dez. 1800
(gleichlautend mit der vorstehenden Russisch-Schwedischen Konvention).

3. Russisch-Preußische Konvention
vom 6. (18.) Dez. 1800
(im wesentlichen gleichlautend mit den beiden vorhergehenden Konventionen).

D. Die Konventionen von 1801, 1802.

Abgedruckt Martens-Cussy II 247.

Die Grundsätze der bewaffneten Neutralität wurden im wesentlichen in folgendem russisch-englischen Vertrage vom 17. (5.) Juni 1801 wiederholt, welchem Dänemark (23. Oktober 1801) und Schweden (30. März 1802) beitraten:

Le désir mutuel de S. M. l'empereur de toutes les Russies et de S. M. le roi du royaume uni de la Grande-Bretagne et de l'Irlande étant, non-seulement de s'entendre entre elles sur les différends qui qui ont altéré en dernier lieu la bonne intelligence et les rapports d'amitié qui subsistaient entre les deux états, mais encore de prévenir à l'avance, par des explications franches et précises à l'égard de la navigation de leurs sujets respectifs, le renouvellement de semblables altercations et les troubles qui pourraient en être la suite; et l'objet de la commune sollicitude de leursdites Majestés étant de parvenir, le plus tôt que faire se pourra, à un arrangement équitable de ces différends et une fixation invariable de leurs principes sur les droits de la neutralité, dans leur application à leurs monarchies respectives, afin de resserrer de plus en plus les liens d'amitié et de bonne correspondance dont elles reconnaissent l'utilité et les avantages: elles ont nommé et choisi pour leurs plénipotentiaires, etc. Lesquels, après s'être communiqué leurs pleins pouvoirs et les avoir trouvés en bonne et due forme, sont convenus de points et articles suivants:

ART. I. Il y aura désormais entre S. M. I. de toutes les Russies et S. M. britannique, leurs sujets, états et pays de leurs dominations, bonne et inaltérable amitié et intelligence, et subsisteront, comme par le passé, tous les rapports politiques de commerce, et autres d'une utilité commune, entre les sujets respectifs, sans qu'ils puissent être troublés ni inquiétés en manière quelconque.

ART. II. S. M. l'empereur de toutes les Russies et S. M. britannique déclarent vouloir tenir la main à la plus rigoureuse exécution des défenses portées contre le commerce de contrebande de leurs sujets avec les ennemis de l'une ou de l'autre des deux hautes parties contractantes.

ART. III. S. M. I. de toutes les Russies et S. M. britannique ayant résolu de mettre sous une sauvegarde suffisante la liberté du commerce et de la navigation de leurs sujets, dans le cas où l'une d'entre elles serait en guerre, tandis que l'autre resterait neutre, elles sont convenues :

1° Que les vaisseaux de la puissance neutre pourront naviguer librement aux ports et sur les côtes des nations en guerre.

2° Que les effets embarqués sur les vaisseaux neutres seront libres, à l'exception de la contrebande de guerre et des propriétés ennemies; et il est convenu de ne pas comprendre au nombre des dernières les marchandises du produit du cru ou de la manufacture des pays en guerre qui auraient été acquises par des sujets de la puissance neutre, et seraient transportées pour leur compte; lesquelles marchandises ne peuvent être exceptées en aucun cas de la franchise accordée au pavillon de ladite puissance.

3° Que pour éviter aussi toute équivoque et tout malentendu sur ce qui doit être qualifié de contrebande de guerre, S. M. I. de toutes les Russies et S. M. britannique déclarent, conformément à l'art. XI du traité de commerce conclu entre les deux couronnes le 10/22 Février 1797, qu'elles ne reconnaissent pour telles que les objets suivants, savoir: canons, mortiers, armes à feu, pistolets, bombes, grenades, boulets, balles, fusils, pierres à feu, mèches, poudre, salpêtre, soufre, cuirasses, piques, épées, ceinturons, gibernes, selles et brides; en exceptant toutefois la quantité des susdits articles qui peut être nécessaire pour la défense du vaisseau et de ceux qui en composent l'équipage; et tous les autres articles quelconques non désignés ici ne seront pas réputés munitions de guerre et navales, ni sujets à confiscation, et par conséquent passeront librement sans être assujettis à la moindre difficulté, à moins qu'ils ne puissent être réputés propriétés ennemies dans le sens arrêté ci-dessus. Il est aussi convenu que ce qui est stipulé dans le présent article ne portera aucun préjudice aux stipulations particulières de l'une ou de l'autre couronne avec d'autres puissances par lesquelles des objets de pareil genre seraient réservés, prohibés ou permis.

4° Que, pour déterminer ce qui caractérise un port bloqué, on n'accorde cette dénomination qu'à celui où il y a, par la disposition de la puissance qui l'attaque avec des vaisseaux arrêtés ou suffisamment proches, un danger évident d'entrer.

5° Que les vaisseaux de la puissance neutre ne peuvent être arrêtés que sur de justes causes ou faits évidents; qu'ils soient jugés sans retard, et que la procédure soit toujours uniforme, prompte et légale.

Pour assurer d'autant mieux le respect dû à ces stipulations, dictées par le désir sincère de concilier tous les intérêts et de donner une nouvelle preuve de leur loyauté et de leur amour pour la justice, les hautes parties contractantes prennent ici l'engagement le plus formel de renouveler les défenses les plus sévères à leurs capitaines, soit de haut bord, soit de la marine marchande, de charger, tenir ou recéler à leurs bords aucun des objets qui, aux termes de la présente convention, pourraient être réputés de contrebande, et de tenir respectivement la main à l'exécution des ordres qu'elles auront publiés dans leurs amirautés et partout où besoin sera.

ART. IV. Les deux hautes parties contractantes voulant encore prévenir tout sujet de dissension à l'avenir, en limitant le droit de visite des vaisseaux marchands allant sous convoi, aux seuls cas où la puissance belligérante pourrait essuyer un préjudice réel par l'abus du pavillon neutre, sont convenues:

1° Que le droit de visiter les navires marchands appartenants aux sujets de l'une des puissances contractantes, et naviguant sous le convoi d'un vaisseau de guerre de ladite puissance, ne sera exercé que par les vaisseaux de guerre de la partie belligérante, et ne s'étendra jamais aux armateurs, corsaires ou autres bâtiments qui n'appartiennent pas à la flotte impériale ou royale de LL. MM., mais que leurs sujets auraient armés en guerre.

2° Que les propriétaires de tous les navires marchands appartenants aux sujets de l'un des souverains contractants, qui seront destinés à aller sous convoi d'un vaisseau de guerre, seront tenus, avant qu'ils ne reçoivent leurs instructions de navigation, de produire au commandant du vaisseau de convoi leurs passeports et certificats ou lettres de mer, dans la forme annexée au présent traité.

3° Que, lorsqu'un tel vaisseau de guerre, ayant sous convoi des navires marchands, sera rencontré par un vaisseau ou des vaisseaux de guerre de l'autre partie contractante qui se trouvera alors en état de guerre, pour éviter tout désordre, on se tiendra hors de la portée du canon, à moins que l'état de la mer ou le lieu de la rencontre ne nécessite un plus grand rapprochement; et le commandant du vaisseau de la puissance belligérante enverra une chaloupe à bord du vaisseau de convoi, où il sera procédé réciproquement à la vérification des papiers et certificats qui doivent constater, d'une part, que le vaisseau de guerre neutre est autorisé à prendre sous son escorte tels ou tels vaisseaux marchands de sa nation, chargés de telle cargaison et pour tel port; de l'autre part, que le vaisseau de guerre de la partie belligérante appartient à la flotte impériale ou royale de LL. MM.

4° Cette vérification faite, il n'y aura lieu à aucune visite, si les papiers sont reconnus en règle, et s'il n'existe aucun motif valable de suspicion. Dans le cas contraire, le commandant du vaisseau de guerre neutre (y étant dûment requis par le commandant du vaisseau ou des vaisseaux de la puissance belligérante) doit amener et détenir son convoi pendant le temps nécessaire pour la visite des bâtiments qui le composent; et il aura la faculté de nommer et déléguer un ou plusieurs officiers, pour assister à la visite desdits bâtiments, laquelle se fera en sa présence sur chaque bâtiment marchand, conjointement avec un ou plusieurs officiers préposés par le commandant du vaisseau de la partie belligérante.

5° S'il arrive que le commandant du vaisseau ou des vaisseaux de la puissance en guerre, ayant examiné les papiers trouvés à bord, et ayant interrogé le maître et l'équipage du vaisseau, aperçoive des raisons justes et suffisantes pour détenir le navire marchand, afin de procéder à une recherche ultérieure, il notifiera cette intention au commandant du vaisseau de convoi, qui aura le pouvoir d'ordonner à un officier de rester à bord du navire ainsi détenu, et assister à l'examen de la cause de sa détention. Le navire marchand sera amené tout de suite au port le plus proche et le plus convenable appartenant à la puissance belligérante; et la recherche ultérieure sera conduite avec toute la diligence possible.

ART. V. Il est également convenu que si quelque navire marchand ainsi envoyé était détenu sans une cause juste et suffissante, le commandant du vaisseau ou des vaisseaux de la puissance belligérante sera non-seulement tenu, envers les propriétaires du navire et de la cargaison, à une compensation pleine et parfaite pour toutes pertes, frais, dommages et dépenses occasionnés par une telle détention, mais il subira encore une punition ultérieure pour tout acte de violence ou autre fraude qu'il aurait commis, suivant ce que la nature du cas pourrait exiger. Par contre, il ne sera point permis, sous quelque prétexte que ce soit, au vaisseau de convoi de s'opposer par la force à la détention du navire ou des navires marchands, par le vaisseau ou les vaisseaux de guerre de la puissance belligérante; obligation à laquelle le commandant du vaisseau de convoi n'est point tenu envers les corsaires et armateurs.

ART. VI. Les hautes parties contractantes donneront des ordres précis et efficaces, pour que les sentences sur les prises faites en mer soient conformes aux règles de la plus exacte justice et équité; qu'elles soient rendues par des non suspects, et qui ne soient point intéressés dans l'affaire dont il sera question. Le gouvernement des états respectifs veillera à ce que lesdites sentences soient promptement et dûment exécutées selon les formes prescrites.

En cas de détention mal fondée ou autre contravention aux règles stipulées par le présent article, il sera accordé aux propriétaires d'un tel navire et de la cargaison des dédommagements proportionnés à la perte qu'on leur aura occasionnée. Les règles à observer pour ces dédommagements et pour le cas de détention mal fondée, de même que les principes à suivre pour accélérer les procédures, feront la matière d'articles additionnels, que les parties contractantes conviennent d'arrêter entre elles, et qui auront même force et valeur que s'ils étaient insérés dans le présent acte. Pour cet effet, LL. MM. I. et britannique s'engagent mutuellement de mettre la main à l'œuvre salutaire qui doit servir de complément à ces stipulations, et de se communiquer sans délai les vues que leur suggérera leur égale sollicitude, pour prévenir les moindres sujets de contestation à l'avenir.

ART. VII. Pour obvier à tous les inconvénients qui peuvent provenir de la mauvaise foi de ceux qui se servent du pavillon d'une nation sans lui appartenir, on convient d'établir pour règle inviolable, qu'un bâtiment quelconque, pour être regardé comme propriété du pays dont il porte le pavillon, doit avoir à son bord le capitaine du vaisseau et de la moitié de l'équipage des gens du pays, et les papiers et passeports en bonne et due forme; mais tout bâtiment qui n'observera pas cette règle, et qui contreviendra aux ordonnances publiées à cet effet, perdra tous les droits à la protection des puissances contractantes.

ART. VIII. Les principes et les mesures adoptés par le présent acte seront également applicables à toutes les guerres maritimes où l'une des deux puissances serait engagée, tandis que l'autre resterait neutre. Ces stipulations seront en conséquence regardées comme permanentes, et serviront de règle constante aux puissances contractantes, en matière de commerce et de navigation.

ART. IX. S. M. le roi de Danemark et S. M. le roi de Suède seront immédiatement invitées par S. M. I., au nom des deux puissances contractantes, à accéder à la présente convention, et en même temps à renouveler et confirmer leurs traités respectifs de commerce avec S. M. britannique; et sadite Majesté s'engage, moyennant les actes qui auront constaté cet accord, «de rendre et restituer à l'une et l'autre de ces puissances toutes les prises qui ont été faites sur elles, ainsi que les terres et pays de leur domination qui ont été conquis par les armes de S. M. britannique depuis la rupture, dans l'état où se trouvaient ces possessions à l'époque où les troupes de S. M. britannique y sont entrées. Les ordres de sadite Majesté pour la restitution de ces prises et de ces conquêtes seront expédiés immédiatement après l'échange des ratifications des actes par lesquels la Suède et le Danemark accéderont au présent traité.

ART. X. La présente convention sera ratifiée, etc.

II. Die amerikanisch-preussischen Verträge von 1785, 1799, 1828.

1785 ff.[1])

Literatur: F. Kapp, Friedrich der Große und die Vereinigten Staaten von Amerika. Mit einem Anhang: Die Vereinigten Staaten und das Seekriegsrecht. Leipzig 1871.

A. Vertrag von 1785.

Abschluß 10. September 1785, Austausch der Ratifikationen Oktober 1786 im Haag.[2])

Treaty of amity and commerce.

His Majesty the King of Prussia and the United States of America, desiring to fix, in a permanent and equitable manner, the rules to be

[1]) Über die Geltung der Verträge von 1799 und 1828 (s. auch Verhandlungen der Jahresversammlung des Deutschen Nautischen Vereins 1905 und Moore VII 469) ist zu bemerken:

Am 16. August 1861 erließ der preußische Handelsminister an sämtliche Handelskammern der Monarchie ein Rundschreiben (abgedruckt im „Staatsarchiv" Bd. 16 S. 262 Nr. 112), in welchem es heißt:

„Die kriegerischen Konflikte, welche in den Vereinigten Staaten von Nordamerika gegenwärtig bestehen, geben den völkerrechtlichen Verabredungen, welche in den zwischen Preußen und den Vereinigten Staaten abgeschlossenen internationalen Verträgen enthalten sind, gegenwärtig eine für die preußische Reederei praktische Bedeutung. Es ist an die betreffenden, auch gegenwärtig noch in Kraft stehenden Klauseln der Verträge vom 1. Mai 1828, vom 10. August 1785 und vom 11. Juli 1799 bereits in einer in Nr. 129 des Staats-Anzeigers abgedruckten Veröffentlichung erinnert worden."

Am 9. Februar 1871 ging der Regierung der Vereinigten Staaten ein Telegramm des Grafen Bismarck mit dem Inhalt zu, daß das Verhalten Deutschlands gegenüber den amerikanischen Schiffen selbstverständlich dem Vertrag von 1799 entsprochen werde. — Moore a. a. O. VII 469.

Daß das Deutsche Reich in die Verträge eingetreten ist, ist von amerikanischer wie von deutscher Seite amtlich kundgemacht:

1. Die Vertragsbestimmungen sind abgedruckt in der amtlichen Sammlung „Compilation of Treaties in Force", welche die Regierung der Vereinigten Staaten im Jahre 1899 (Washington, Governement Printing Office) publiziert hat;

2. In der Sitzung des Reichstages vom 11. Februar 1899 erklärte der deutsche Reichskanzler: „Unsere Handelsbeziehungen zu den Vereinigten Staaten beruhen vertragsrechtlich auf dem preußisch-amerikanischen Abkommen vom Jahre 1828 und den gleichartigen Vereinbarungen der anderen deutschen Seeuferstaaten".

[2]) Dieser Vertrag hat durch Fristablauf mit Oktober 1796 seine Geltung verloren. — S. aber Art. XII des Vertrages von 1828.

observed in the intercourse and commerce they desire to establish between their respektive countries, His Majesty and the United States have judged that the said end cannot be better obtained than by taking the most perfect equality and reciprocity for the basis of their agreement.

With this view, His Majesty the King of Prussia has nominated and constituted as his Plenipotentiary, the Baron Frederick William de Thulemeier, his Privy Counsellor of Embassy, and Envoy Extraordinary with their High Mightinesses the States-General of the United Netherlands; and the United States have, on their part, given full powers to John Adams, Esquire, late one of their Ministers Plenipotentiary for negotiating a peace, heretofore a Delegate in Congress from the State of Massachusetts, and Chief Justice of the same, and now Minister Plenipotentiary of the United States with His Britannic Majesty; Doctor Benjamin Franklin, late Minister Plenipotentiary at the Court of Versailles, and another of their Ministers Plenipotentiary for negotiating a peace; and Thomas Jefferson, heretofore a Delegate in Congress from the State of Virginia, and Governor of the said State, and now Minister Plenipotentiary of the United States at the Court of His Most Christian Majesty; which respective Plenipotentiaries, after having exchanged their full powers, and on mature deliberation, have concluded, settled, and signed the following articles:

ART. XII. If one of the contracting parties should be engaded in war with any other Power, the free intercourse and commerce of the subjects or citizens of the party remaining neuter with the belligerent Powers shall not be interrupted. On the contrary, in that case, as in full peace, the vessels of the neutral party may navigate freely to and from the ports and on the coasts of the belligerent parties, free vessels making free goods, insomuch that all things shall be adjudged free which shall be on board any vessel belonging to the neutral party, although such things belong to an enemy of the other; and the same freedom shall be extended to persons who shall be on board a free vessel, although they should be enemies to the other party, unless they be soldiers in actual service of such enemy.

ART. XIII. And in the same case of one of the contracting parties being engaged in war with any other Power, to prevent all the difficulties and misunderstandings that usually arise respecting the merchandize heretofore called contraband, such as arms, ammunition, and military stores of every kind, no such articles carried in the vessels, or by the subjects or citizens of one of the parties to the enemies of the other, shall be deemed contraband, so as to induce confiscation or condemnation and a loss of property to individuals. Nevertheless, it shall be lawful to stop such vessels and articles, and to detain them for such length of time as the captors may think necessary to prevent the inconvenience or damage that might ensue from their proceeding, paying, however, a reasonable compensation for the loss such arrest shall occasion to the proprietors: And it shall further be allowed to use in the service of the captors the whole or any part of the military stores so detained, paying the owners the full value of the same, to be ascertained by the current price at the place of its destination. But in the case supposed, of a vessel stopped for articles heretofore deemed contraband, if the master of the vessel stopped will deliver out the goods supposed to be of contraband nature, he shall be admitted to do it, and the vessel shall not in that case be carried into any port, nor further detained, but shall be allowed to proceed on her voyage.

ART. XIV. And in the same case where one of the parties is engaged in war with another Power, that the vessels of the neutral party may be readily and certainly known, it is agreed that they shall be provided with sea-letters or passports, which shall express the name, the property, and burthen of the vessel, as also the name and dwelling of the master; which passports shall be made out in good and due forms, (to be settled by conventions between the parties whenever occasion shall require,) shall be renewed as often as the vessel shall return into port, and shall be exhibited whensoever required, as well in the open sea as in port. But if the said vessel be under convoy of one or more vessels of war belonging tho the neutral party, the simple declaration of the officer commanding the convoy, that the said vessel belongs to the party of which he is, shall be considered as establishing the fact, and shall relieve both parties from the trouble of further examination.

ART. XV. And to prevent entirely all disorder and violence in such cases, it is stipulated, that when the vessels of the neutral party, sailing without convoy, shall be met by any vessel of war, public or private, of the other party, such vessel of war shall not approach within cannon-shot of the said neutral vessel, nor send more than two or three men in their boat on board the same, to examine her sea-letters or passports. And all persons belonging to any vessel of war, public or private, who shall molest or injure in any manner whatever the people, vessels, or effects of the other party, shall be responsible in their persons and property for damages and interest, sufffcient security for which shall be given by all commanders of private armed vessels before they are commissioned.

ART. XVI. It is agreed that the subjects or citizens of each of the contracting parties, their vessels and effects, shall not be liable to any embargo or detention on the part of the other, for any military expedition, or other public or private purpose whatsoever. And in all cases of seizure, detention, or arrest for debts contracted or offences committed by any citizen or subject of the one party, within the jurisdiction of the other, the same shall be made and prosecuted by order and authority of law only, and according to the regular course of proceedings usual in such cases.

ART. XVII. If any vessel or effects of the neutral Power be taken by an enemy of the other, or by a pirate, and retaken by that other, they shall be brought into some port of one of the parties, and delivered into the custody of the officers of that port, in order to be restored entire to the true proprietor, as soon as due proof shall be made concerning the property thereof.

ART. XVIII. If the citizens or subjects of either party, in danger from tempests, pirates, enemies, or other accident, shall take refuge with their vessels or effects, within the harbours or jurisdiction of the other, they shall be received, protected and treated with humanity and kindness, and shall be permitted to furnish themselves, at reasonable prices, with all refreshments, provisions, and other things necessary for their sustenance, hea[l]th, and accommodation, and for the repair of their vessels.

ART. XIX. The vessels of war, public and private, of both parties, shall carry freely wheresoever they please the vessels and effects taken from their enemies, without being obliged to pay any duties, charges, or fees to officers of admiralty, of the customs, or any others; nor shall such prizes be arrested, searched, or put under legal process, when they come to and enter the ports of the other party, but may freely be carried out again at any time by their captors to the places expressed in their commissions, which the commanding officer of such vessel shall be obliged to shew. But no vessel which shall have made prises on the subjects of His Most Christian Majesty the King of France shall have a right of asylum in the ports or havens of the said United States; and if any such be forced therein by tempest or dangers of the sea, they shall be obliged to depart as soon as possible, according to the tenor of the treaties existing between his said Most Christian Majesty and the said United States.

ART. XX. No citizen or subject of either of the contracting parties shall take from any Power with which the other may be at war any commission or letter of marque for arming any vessel to act as a privateer against the other, on pain of being punished as a pirate; nor shall either party hire, lend, or give any part of their naval or milifary force to the enemy of the other, to aid them offensively or detensively against that other.

ART. XXI. If the two contracting parties should be engaged in war against a common enemy, the following points shall be observed between them:

1. If a vessel of one of the parties retaken by a privateer of the other shall not have been in possession of the enemy more than twenty-four hours, she shall be restored to the first owner for one-third of the value of the vessel and cargo; but if she shall have been more than twenty-four hours in possession of the enemy, she shall belong wholly to the recaptor.

2. If in the same case the recapture were by a public vessel of war of the one party, restitution shall be made to the owner for one-thirtieth part of the value of the vessel and cargo, if she shall not have been in possession of the enemy more than twenty-four hours, and one-tenth of the said value where she shall have been longer; which sums shall be distributed in gratuities to the recaptors.

3. The restitution in the cases aforesaid shall be after due proof of property, and surety given for the part to which the recaptors are entitled.

4. The vessels of war, public and private, of the two parties. shall be reciprocally admitted with their prizes into the respective ports of each; but the said prizes shall not be discharged nor sold there, until their legality shall have been decided, according to the laws and regulations of the States to which the captor belongs, but by the judicatures of the place into which the prize shall have been conducted.

5. It shall be free to each party to make such regulations as they shall judge necessary for the conduct of their respective vessels of war, public and private, relative to the vessels which they shall take and carry into the ports of the two parties.

ART. XXII. Where the parties shall have a common enemy, or shall both be neutral, the vessels of war of each shall upon all occasions take under their protection the vessels of the other going the same course, and shall defend such vessels as long as they hold the same course against all force and violence, in the same manner as they ought to protect and defend vessels belonging to the party of which they are.

ART. XXIII.[1]) If war should arise between the two contracting parties, the merchants of either country then residing in the other shall be allowed to remain nine months to collect their debts and settle their affairs, and may depart freely, carrying off all their effects without molestation or hindrance. And all women and children, scholars of every faculty, cultivators of the earth, artizans, manufacturers. and fishermen, unarmed and inhabiting unfortified towns, villages, or places. and in general all others whose occupations are for the common subsistence and benefit of mankind, shall be allowed to continue their respective employments, and shall not be molested in their persons, nor shall their houses or goods be burnt or otherwise destroyed, nor their fields wasted by the armed force of the enemy, into whose power by the events of war they may happen to fall; but if anything is necessary to be taken from them for the use of such armed force. the same shall be paid for at a reasonable price. And all merchant

---

[1]) Dieser berühmte Artikel (Benjamin Franklins „Quäker-Artikel", die Aufhebung des Seebeuterechts enthaltend) ist in den späteren Verträgen der Kontrahenten nicht wiederholt.

and trading vessels employed in exchanging the products of different places, and thereby rendering the necessaries, conveniencies, and comforts of human ife more easy to be obtained, and *and* more general, shall be allowed to pass free and unmolested; and neither of the contracting Powers shall grant or issue any commission to any private armed vessels, empowering them to take or destroy such trading vessels or interrupt such commerce.

B. Vertrag von 1799.

Abschluß 11. Juli 1799, Ratifikation 22. Juni 1800 in Berlin.

Treaty of amity and commerce.

His Majesty the King of Prussia and the United States of America, desiring to maintain upon a stable and permanent footing the connections of good understanding which have hitherto so happily subsisted between their respective States, and for this purpose to renew the treaty of amity and commerce concluded between the two Powers at the Hague the 10th of September, 1785, for the term of ten years, His Prussian Majesty has nominated and constituted as his Plenipotentiaries the Count Charles William de Finkenstein, his Minister of State, of War, and of the Cabinet, Knight of the Orders of the Black Eagle and of the Red Eagle, and Commander of that of St. John of Jerusalem, the Baron Philip Charles d'Alvensleben, his Minister of State, of War, and of the Cabinet, Knight of the Orders of the Black Eagle and of the Red Eagle, and of that of St. John of Jerusalem, and the Count Christan Henry Curt de Haugwitz, his Minister of State, of War and of the Cabinet, Knight of the Orders of the Black Eagle and of the Red Eagle; and the President of the United States has furnished with their full powers John Quincy Adams, a citizen of the United Staates, and their Minister Plenipotentiary at the Court of His Prussian Majesty; which Plenipotentiaries, after having exchanged their full powers, found in good and due form, have concluded, settled, and signed the following articles:

ART. XII. Experience having proved, that the principle adopted in the twelfth article of the treaty of 1785, according to which free ships make free goods, has not been sufficiently respected during the two last wars, and especially in that which still continues, the two contracting parties propose, after the return of a general peace, to agree, either separately between themselves or jointly with other Powers alike interested, to concert with the great maritime Powers of Europe such arrangements and such permanent principles as may serve to consolidate the liberty and the safety of the neutral navigation and commerce in future wars. And if in the interval either of the contracting parties should be engaged in a war to which the other should remain neutral, the ships of war and privateers of the belligerent Power shall conduct themselves towards the merchant vessels of the neutral Power as favourably as the course of the war then existing may permit, observing the principles and rules of the law of nations generally acknowledged.[1])

ART. XIII. And in the same case of one of the contracting parties being engaged in war with any other Power, to prevent all the difficulties and misunderstandings that usually arise respecting merchandise of contraband, such as arms, ammunition, and military stores of every kind, no such articles carried in the vessels, or by the subjects or citizens of either party, to the enemies of the other, shall be deemed contraband, so as to induce confiscation or condemnation and a loss of property to individuals. Nevertheless, it shall be lawful to stop such vessels and articles, and to detain them for such length of time as the captors may think necessary to prevent the inconvenience or damage that might ensue from their proceeding, paying, however, a reasonable compensation for the loss such arrest shall occasion tho the proprietors; and it shall further be allowed to use in the service of the captors the whole or any part of the military stores so detained. paying the owners the full value of the same, to be ascertained by the current price at the place of its destination. But in the case supposed of a vessel stopped for articles of contraband, if the master of the vessel stopped will deliver out the goods supposed to be of contraband nature, he shall be admitted to do it, and the vessel shall not in that case be carried into any port, nor further detained, but shall be allowed to proceed on her voyage.

All cannons, mortars, fire-arms, pistols, bombs, grenades, bullets, balls, muskets, flints, matches, powder, saltpetre, sulphur, cuirasses, pikes, swords, belts, cartouch boxes, saddles and bridles, beyond the quantity necessary for the use of the ship, or beyond that which every man serving on board the vessel, or passenger, ought to have; and in general whatever is comprised under the denomination of arms and military stores, of what description soever, shall be deemed objects of contraband.

ART. XIV. To ensure to the vessels of the two contracting parties the advantage of being readily and certainly known in time of war, it is agreed that they shall be provided with the sea-letters and documents hereafter specified:

1. A passport, expressing the name, the property, and the burthen of the vessel, as also the name and dwelling of the master, which passport shall be made out in good and due form, shall be renewed as often as the vessel shall return into port, and shall be exhibited whensoever required, as well in the open sea as in port. But if the vessel be under convoy of one or more vessels of war, belonging to the neutral party, the simple declaration of the officer commanding the convoy, that the said vessel belongs to the party of which he is, shall be considered as establishing the fact, and shall relieve both parties from the trouble of further examination.

---

[1]) Damit ist der Grundsatz „frei Schiff, frei Gut" wieder aufgehoben.

2. A charter-party, that is to say, the contract passed for the freight of the whole vessel, or the bills of lading given for the cargo in detail.

3. The list of the ship's company, containing an indication by name and in detail of the persons composing the crew of the vessel. These documents shall always be authenticated according to the forms established at the place from which the vessel shall have sailed.

As their production ought to be exacted only when one of the contracting parties shall be at war, and as their exhibition ought to have no other object than to prove the neutrality of the vessel, its cargo, and company, they shall not be deemed absolutely necessary on board such vessels belonging to the neutral party as shall have sailed from its ports before or within three months after the Government shall have been informed of the state of war in which the belligerent party shall be engaged. In the interval, in default of these specific documents, the neutrality of the vessel may be established by such other evidence as the tribunals authorised to judge of the case may deem sufficient.

ART. XV. And to prevent entirely all disorder and violence in such cases, it is stipulated that, when the vessels of the neutral party, sailing without convoy, shall be met by any vessels of war, public or private, of the other party, such vessel of war shall not send more than two or three men in their boat on board the said neutral vessel to examine her passports and documents. And all persons belonging to any vessel of war, public or private, who shall molest or insult in any manner whatever, the people, vessels, or effects of the other party, shall be responsible in their persons and property for damages and interest, sufficient security for which shall be given by all commanders of private armed vessels before they are commissioned.

ART. XVI. In times of war, or in cases of urgent necessity, when either of the contracting parties shall be obliged to lay a general embargo, either in all its ports, or in certain particular places, the vessels of the other party shall be subject to this measure, upon the same footing as those of the most favoured nations, but without having the right to claim the exemption in their favour stipulated in the sixteenth article of the former treaty of 1785. But on the other hand, the proprietors of the vessels which shall have been detained, whether for some military expedition, or for what other use soever, shall obtain from the Government that shall have employed them an equitable indemnity, as well for the freight as for the loss occasioned by the delay. And furthermore, in all cases of seizure, detention, or arrest, for debts contracted or offences committed by any citizen or subject of the one party within the jurisdiction of the other, the same shall be made and prosecuted by order and authority of law only, and according to the regular course of proceedings usual in such cases.

ART. XVII. If any vessel or effects of the neutral Power be taken by an enemy of the other, or by a pirate, and retaken by the Power at war, they shall be restored to the first proprietor, upon the conditions hereafter stipulated in the twenty-first article for cases of recapture.

ART. XVIII. If the citizens or subjects of either party, in danger from tempests, pirates, enemies, or other accidents, shall take refuge, with their vessels or effects, within the harbours or jurisdiction of the other, they shall be received, protected, and treated with humanity and kindness, and shall be permitted to furnish themselves, at reasonable prices, with all refreshments, provisions, and other things necessary for their sustenance, health, and accom[m]odation, and for the repair of their vessels.

ART. XIX. The vessels of war, public and private, of both parties, shall carry freely, wheresoever they please, the vessels and effects taken from their enemies, without being obliged to pay any duties, charges, or fees to officiers of admiralty, of the customs, or any others; nor shall such prizes be arrested, searched, or put unter legal process, when they come to and enter the ports of the other party, but may freely be carried out again at any time by their captors to the places expressed in their comm ssions, which the commanding officier of such vessel shall be obliged to shew. [But, conformably to the treaties existing between the United Staates and Great Britain, no vessel that shall have made a prize upon British subjects shall have a right to shelter in the ports of the United States, but if forced therein by tempests, or any other danger or accident of the sea, they shall be obliged to depart as soon as possible.]

ART. XX. No citizen or subject of either of the contracting parties shall take from any Power with which the other may be at war any commission or letter of marque, for arming any vessel to act as a privateer against the other, on pain of being punished as a pirate; nor shall either party hire, lend or give any part of its naval or military force to the enemy of the other, to aid them offensively or defensively against the other.

ART. XXI. If the two contracting parties should be engaged in a war against a common enemy, the following points shall be observed between them:

1. If a vessel of one of the parties, taken by the enemy, shall before being carried into a neutral or enemy's port, be retaken by a ship of war or privateer of the other, it shall, with the cargo, be restored to the first owners, for a compensation of one-eighth part of the value of the said vessel and cargo, if the recapture be made by a public ship of war, and one-sixth part if made by a privateer.

2. The restitution in such cases shall be after due proof of property, and surety given for the part to which the recaptors are entitled.

3. The vessels of war, public and private, of the two parties, shall reciprocally be admitted with their prizes into the respective ports of each, but the said prizes shall not be discharged or sold there, until their legality shall have been decided according to the laws and regulations of the State to which the captor belongs, but by the judicatories of the place into which the prize shall have been conducted.

4. It shall be free to each party to make such regulations as they shall judge necessary, for the conduct of their respective vessels of war, public and private, relative to the vessels, which they shall take, and carry into the ports of the two parties.

ART. XXII. When the contracting parties shall have a common enemy, or shall both be neutral, the vessels of war of each shall upon all occasions take under their protection the vessels of the other going the same course, and shall defend such vessels as long as they hold the same course, against all force and violence, in the same manner as they ought to protect and defend vessels belonging to the party of which they are.

ART. XXIII. If war should arise between the two contracting parties, the merchants of either country then residing in the other shall be allowed to remain nine months to collect their debts and settle their affairs, and may depart freely, carrying off all their effects without molestation or hindrance; and all women and children, scholars of every faculty, cultivators of the earth, artisans, manufacturers, and fishermen, unarmed and inhabiting unfortified towns, villages, or places, and in general all others whose occupations are for the common subsistence and benefit of mankind, shall be allowed to continue their respective employments, and shall not be molested in their persons, nor shall their houses or goods be burnt or otherwise destroyed, nor their fields wasted by the armed force of the enemy, into whose power by the events of war they may happen to fall; but if anything is necessary to be taken from them for the use of such armed force, the same shall be paid for at a reasonable price.

ART. XXIV. And to prevent the destruction of prisoners of war, by sending them into distant and inclement countries, or by crowding them into close and noxious places, the two contracting parties solemnly pledge themselves to the world and to each other that they will not adopt any such practice; that neither will send the prisoners whom they may take from the other into the East Indies or any other parts of Asia or Africa, but that they shall be placed in some parts of their dominions in Europe or America, in wholesome situations; that they shall not be confined in dungeons, prison-ships, nor prisons, nor be put into irons, nor bound, nor otherwise restrained in the use of their limbs; that the officers shall be enlarged on their paroles within convenient districts, and have comfortable quarters, and the common men be disposed in cantonments open and extensive enough for air and exercise, and lodged in barracks as roomly and good as are provided by the party in whose power they are for their own troops; that the officers shall also be daily furnished by the party in whose power they are with as many rations, and of the same articles and quality as are allowed by them, either in kind or by commutation, to officers of equal rank in their own army; and all others shall be daily furnished by them with such ration as they shall allow to a common soldier in their own service; the value whereof shall be paid by the other party on a mutual adjustment of accounts for the subsistence of prisoners at the close of the war; and the said accounts shall not be mingled with or set off against any others, nor the balances due on them be withheld as a satisfaction or reprizal for any other article or for any other cause, real or pretended, whatever. That each party shall be allowed to keep a commissary of prisoners of their own appointment, with every separate cantonment of prisoners in possession of the other, which commissary shall see the prisoners as often as he pleases, shall be allowed to receive and distribute whatever comforts may be sent to them by their friends, and shall be free to make his reports in open letters to those who employ him; but if any officer shall break his parole, or any other prisoner shall escape from the limits of his cantonment after they shall have been designated to him, such individual officer or other prisoner shall forfeit so much of the benefit of this article as provides for his inlargement on parole or cantonment. And it es declared, that neither the pretence that war dissolves all treaties, nor any other whatever, shall be considered as annulling or suspending this an the next preceding article; but, on the contrary, that the state of war is precisely that for which they are provided, and during which they are to be as sacredly observed as the most acknowledged articles in the law of nature and nations.

ART. XXVII. His Majesty the King of Prussia and the United Staates of America agree that this treaty shall be in force during the term of ten years from the exchange of the ratifications; and if the expiration of that term should happen during the course of a war between them, then the articles before provided for the regulation of their conduct during such a war shall continue in force until the conclusion of the treaty which shall restore peace.

This treaty shall be ratified on both sides, and the ratifications exchanged within one year from the day of its signature, or sooner if possible.

In testimony whereof, the Plenipotentiaries before mentioned have hereto subscribed their names and affixed their seals. Done at Berlin-the eleventh of Juli, in the year one thousand seven hundred and ninety-nine.

C. Vertrag von 1828.

Abschluß 1. Mai 1828, Ratifikation 14. März 1829 in Washington.

Treaty of commerce and navigation.

The United States of America and His Majesty the King of Prussia, equally animated with the desire of maintaining the relations of good understanding which have hitherto so happily subsisted between their respective States, of extending, also, and consolidating the commercial intercourse between them, and convinced that this object cannot better be accomplished than by adopting the system of an entire freedom of navigation, and a perfect reciprocity, based upon principles of equity equally beneficial to both countries, and applicable in time of peace as well as in time of war, have, in consequence, agreed to enter into negotiations for the conclusion of a treaty of navigation and commerce; for which purpose the President of the United States has conferred full powers on Henry Clay, their Secretary of State; and His Majesty the King of Prussia has conferred like powers on the Sieur Ludwig Niederstetter, Chargé d'Affaires of His said Majesty, near the United States; and the said Plenipotentiaries, having exchanged their said full powers, found in good and due form, have concluded and signed the following articles:

ART. XII. The twelfth article of the treaty of amity and commerce, concluded between the parties 1785, and the articles from the thirteenth to the twenty-fourth, inclusive, of that which was concluded at Berlin in 1799, with the exception of the last paragraph in the nineteenth article, relating to treaties with Great Britain, are hereby revived with the same force and virtue as if they made part of the context of the present treaty, it being, however, understood that the stipulations contained in the articles thus revived shall be always considered as in no manner affecting the treaties or conventions concluded by either party with other Powers, during the interval between the expiration of the said treaty of 1799, and the commencement of the operation of the present treaty.

The parties being still desirous, in conformity with their intention declared in the twelfth article of the said treaty of 1799. to establish between themselves, or in concert with other maritime Powers, further provisions to ensure just protection and freedom to neutral navigation and commerce, and which may, at the same time, advance the cause of civilization and humanity, engage again to treat on this subject at some future and convenient period.

ART. XIII. Considering the remoteness of the respective countries of the two high contracting parties, and the uncertainty resulting therefrom, with respect to the various events which may take place, it is agreed that a merchant vessel belonging to either of them, which may be bound to a port supposed at the time of its departure to be blockaded, shall not, however, be captured or condemned for having attempted a first time to enter said port, unless it can be proved that said vessel could and ought to have learnt, during its voyage, that the blockade of the place in question still continued. But all vessels which, after having been warned off once shall, during the same voyage, attempt a second time to enter the same blockaded port, during the continuance of the said blockade, shall then subject themselves to be detained and condemned.

ART. XV. The present treaty shall continue in force for twelve years, counting from the day of the exchange of the ratifications; and if twelve months before the expiration of that period, neither of the high contracting parties shall have announced, by an official notification to the other, its intention to arrest the operation of said treaty, it shall remain binding for one year beyond that time, and so on until the expiration of the twelve months, which will follow a similar notification, whatever the time at which it may take place.

ART. XVI. This treaty shall be approved and ratified by the President of the United States of America, by and with the advice and consent of the Senate thereof, and by His Majesty the King of Prussia, and the ratifications shall be exchanged in the city of Washington, within nine months from the date of the signature hereof, or sooner if possible.

In faith whereof the respective Plenipotentiaries have signed the above articles, both in the French and English languages, and they have thereto affixed their seals; declaring, nevertheless, that the signing in both languages shall not be brought into precedent, nor in any way operate to the prejudice of either party.

Done in triplicate at the city of Washington on the first day of May, in the year of our Lord one thousand eight hundred and twenty-eight, and the fifty-second of the Independence of the United States of America.

III. Die Kontinentalsperre („Système continental") 1806–1815.*) **)

Literatur: J. L. Klüber, Europäisches Völkerrecht. 2. Aufl. Schaffhausen 1851. §§ 291, 310–316 (dort § 291 weitere Literatur). — J. L. Klüber, Droit des gens moderne de l'Europe. 2. Aufl. (1874). §§ 309–316. — Ch. de Boeck, De la propriété privée ennemie sous pavillon ennemi. Paris 1882. §§ 89 ff. — R. Kleen, Lois et usages de la neutralité. 1898, 1900, I. 578 ff. — Mémoire sur les principes et les lois de la neutralité maritime accompagnée de pièces officielles justificatives. Paris 1812 (8). (Klüber a. a. O.: „aus der Kaiserlichen Druckerei zu Paris; das Mémoire füllt die ersten 29 Seiten und ist wahrscheinlich offiziell; die Beilagen [Aktenstücke von 1654—1807] stehen S. 30—160"). — F. d'Ivernois, Effet du blocus continental sur le commerce, les finances, le crédit et la prospérité des îles britanniques. London 1810. — Thiers, Histoire du Consulat et de l'Empire. Bd. VII. S. 214 ff. — Ueber Continentalsystem, Völkerseerecht, Neutralität zur See, Blokade zur See, Konterbande etc., Leipzig und Altenburg 1812 (8) (enthält die diplomatischen Urkunden seit 1806 — nebst Bemerkungen).

A. Die englischen Orders in Council.

a) Drei Orders von 1806.

1. Order vom 16. April 1806. (Nr. 15910. London Gazette p. 475 ff.)

Whereas His Majesty has received Advice that His Majesty the King of Prussia has taken Possession of His Majesty's Electoral

---

*) Die nachfolgenden Dokumente, nämlich

A. die englischen „Orders in council"
- a) vom 16. April und 14. Mai 1806 (unten S. 35 ff., S. 37 ff.),
- b) vom 7. Januar 1807 (unten S. 39 f.),
- c) vom 11. November 1807 (unten S. 40 ff.),
- d) vom 26. April 1809 (unten S. 46 ff.),

B. die Napoleonischen Dekrete:
- a) vom 21. November 1806 „Berliner Dekret" (unten S. 47 f.),
- b) vom 17. Dezember 1807 „Mailänder Dekret" (unten S. 48 f.),

stehen in dem aus der Zeitfolge ersichtlichen Verhältnis von Schrift und Gegenschrift.

Auf A a) (England) antwortet B a) (Frankreich), „Berliner Dekret" (Napoléons persönliche Idee: „Dominer la mer par la terre" — Thiers a. a. O. —). Darauf replizieren B b) und B c). Die Duplik bildet das Mailänder Dekret (B b)). — Nr. A d) (England) lenkt dann zurück.

Nachdem der Napoleonischen Kontinentalsperre (Dekrete B a) und B b) — S. 47 ff.) Preußen und Dänemark beigetreten waren, wurde im September 1807 Kopenhagen durch die Engländer bombardiert. Darauf trat auch Rußland (26. Oktober 1807) der Kontinentalsperre bei, und im Jahre 1809 folgten Österreich und Schweden. Die Vereinigten Staaten verboten am

Dominions in a forcible and hostile Manner; and has also caused it be notified to His Majesty's Minister at the Court of Berlin, that all British Ships were thenceforth to be excludet from the Ports of the Prussian Dominions, and from certain other Ports in the Nord of Europe under the forcible Controul of Prussia, in Violation of the just Rights and Interests of His Majesty and His Dominions, and contrary to the established Law and Practice of Nations in Amity with each other: And whereas His Majesty, by and with the Advice of His Privy Council, has been pleased to cause an Embargo to be laid upon Vessels belonging to the Subjects of Prussia now within, or which hereafter shall come into any of the Ports of the United Kingdom of Great Britain and Ireland, together with all Persons and Effects on board the said Vessels. And whereas there is just Reason to apprehend that the Neutrality of the Rivers Elbe, Weser, and Ems, and the free Navigation thereof, will not, under these circumstances, be duly respected by His Majesty's Enemies, but will be rendered subject to the hostile Measures above described; His Majesty, by and with the Advice of His Privy Council, is pleased to order, and it is

---

1. Mai 1810 („Non intercourse Act") ihren Bürgern den Handelsverkehr mit den Kriegführenden, worauf am 28. April 1811 Napoleon das Berliner und das Mailänder Dekret in bezug auf amerikanische Schiffe und Waren aufhob, während durch den sog. „Tarif von Trianon" (5. August 1810) und das „Dekret von Fontainebleau" (19. Oktober 1810) — s. Boeck a. a. O. — die Maßnahmen gegen England noch weiter verschärft wurden. Am 23. Juli 1812 setzte auch England seine Sperre in Beziehung auf die Vereinigten Staaten von Amerika außer Kraft. 1812 sagten sich Rußland und Schweden, 1813 sagte sich Preußen von der Kontinentalsperre los. Der Sturz Napoleons beseitigte letztere stillschweigend.

**) Die Mitteilung der wichtigsten Dokumente des in der Geschichte einzig dastehenden Kampfes, welcher sich unter dem Stichwort „Kontinentalsperre" oder „Kontinentalsystem") abspielte, geschieht hier besonders deswegen, weil jene Dokumente die Gesetze der völkerrechtlichen Entwickelung an einem Musterbeispiel aufweisen.

Sie zeigen die größten Seestaaten im Zustande der natürlichen Wildheit. Sie zeigen, daß kein Pakt die Staaten abhält, in diesen Zustand zurück zu fallen. Sie zeigen aber zugleich, daß schließlich mit diesem Verhalten nichts Vernünftiges erreicht wird und wie die Tatsächlichkeit der Dinge letztlich die Staaten wieder zur Beobachtung vernünftiger Rechtsgrundsätze zurückführt.

Dieser Erfolg wurde freilich erst 40 Jahre später sichtbar. Der Wiener Kongreß konnte die Fragen des Seekriegsrechtes aus verschiedenen Gründen nicht fördern. Aber die englisch-französische Verständigung von 1854 war die Frucht der Erfahrungen aus den früheren Kämpfen, insbesondere aus den Jahren 1806—1814 und die programmatische Anknüpfung der Pariser Seerechtsdeklaration an den Wiener Kongreß (s. unten 56) war nicht die leere Phrase, für welche sie vielfach gehalten wird.

hereby ordered, that a General Embargo or stope be made in like manner, until further Order from this board, of all Ships and Vessels belonging to Persons residing in any Ports or Places situate upon the said Rivers Elbe, Weser, and Ems, save and except Vessels under the Danish Flag, and also save and except, that in respect to the Goods and Effects on board such Ships and Vessels which shall have been laden in, or are coming consigned to any Ports of the United Kingdom, the same shall be forthwith liberated and delivered up to the said Laders or Consigners respectively: And it is hereby further ordered, that no Property or Freight-Money appearing to belong to any subject of Prussia, or to any Persons residing as aforesaid, respecting which, Proceedings are now depending, or shall hereafter depend in any of His Majesty's Courts of Prize, shall be decreed to be restored, nor shall the Proceeds of any Property or Freight-Money belonging as aforesaid, which has already been decreed to be restored, be paid to, or on Behalf of the Claimants, but the same shall be kept in safe Custody until His Majesty's further Order herein; And it is further ordered, that no Person residing within His Majesty's Dominions do presume to pay any Freight-Money due or payable to, or on Behalf of any Person or Persons being subjects, or residing within the Dominions of the King of Prussia or in the Ports or Places aforesaid, for the Freight of Merchandize laden on board any Ship which is detained under the said Embargo or which shall hereafter be brought into any of the Ports of His Majesty's Dominions, but that such Freight-Money shall be forthwith paid into the Registry of the High Court of Admiralty, there to remain until His Majesty's pleasure shall be further known or until other Provision shall be made by Law: And, whereas it has been represented to His Majesty, that the Goods on board several of the Prussian Vessels so detained, or to be detained by the Embargo are the Property of His Majesty's Subjects, or the Property of Persons not being Subjects of Prussia: It is further ordered, that all Goods on board any Vessels detained under the said Embargo, which were laden in, or coming consigned to Ports of the United Kingdom, shall be delivered to the disposal of the Owners or their Agents, upon Affidavit being made and produced in the High Court of Admiralty, that the said Goods were not, at the Time of Shipment, nor are now, the Property of Subjects of Prussia, and upon paying the Freight due upon such Goods into the Registry of the said Court, and upon giving sufficient Bail to abide Adjudication in case any Proceedings should be commenced against the said Goods within two Months from the Date of such Delivery:

And the Right Honorable the Lords Commissioners of His Majesty's Treasury, the Lords Commissioners of the Admiralty, and Lord Warden of the Cinque Ports, and the Judge of the High Court of Admiralty, are to give the necessary Directions herein as to them may respectively appertain.

2. Zwei Orders*). vom 14. Mai 1806.

(Nr. 15920. London Gazette p. 671 ff.)

I.

His Majesty having taken into Consideration the present State of Hamburgh and Oldenburgh, and the circumstances, under which several Vessels belonging to Bremen and Papenburgh have arrived in the Ports of the United Kingdom, is pleased, by and with the Advice of His Privy Council, to order, and it is hereby ordered, that the Embargo now subsisting upon all Ships and Vessels belonging to Hamburgh and Oldenburgh, be taken off: And it is hereby further ordered, that the Embargo be also taken off those Vessels belonging to the Towns of Bremen and Papenburgh, which had cleared out for Ports of the United Kingdom previous to the Prussian Notification, dated Twenty — eights of March last, whereby British Ships were excluded from the Ports of the Prussian Dominions and from certain other Ports in the North of Europe; and that the said Ships and Vessels, with their Cargoes, not being Prussian or Enemie's Property, be permitted to sail to any Port not blockaded: And the Right Honorable the Lords Commissioners of His Majesty's Treasury, the Lords Commissioners of the Admiralty, the Lord Warden of the Cinque Ports, and the Judge of the High Court of Admiralty, are to give the necessary Directions herein as may to them respectively appertain.

II.

Whereas during the Interval which has elapsed since His Majesty found himself compelled, by the hostile Measures of His Majesty the King of Prussia, to lay an Embargo on the Ships and Goods belonging to His Subjects, and to Places under His Controul, such hostile Measures have not been discontinued: And whereas the Town of Papenburgh cannot but be considered as dependent on and under the absolute Controul of Prussia; His Majesty therefore is pleased, by and with the Advice of His Privy Council, to order, and it is hereby ordered, that General Reprisals be granted against the Ships, Goods and Subjects of the King of Prussia, and of the Town of Papenburgh (save und except any Ships to which His Majesty's Licence has been granted, or which have been directed to be released from the Embargo), so that as well His Majesty's Fleets and Ships, as also all other Ships and Vessels that shall be commissionated by letters of Marque or General Reprisals, or otherwise, by His Majesty's Commissioners for executing the Office of Lord High Admiral of Great Britain, shall and may lawfully seize all Ships, Vessels, and Goods belonging to the King of Prussia, or His Subjects or others inhabiting within the Territories of the King of Prussia, or belonging to the Town Papenburgh (except as aforesaid) and bring

*) Hierunter mit I und II bezeichnet.

the same to Judgment in any of the Courts of Admiralty within His Majesty's Dominions; and to that End, His Majesty's Advocate-General, with the Advocate of the Admiralty, are forthwith to prepare the Draft of a Commission, and present the same to His Majesty at this Board, authorising the Commissioners for executing the Office of Lord High Admiral, or any Person or Persons by them empowered and appointed, to issue forth and grand letters of Marque and Reprisals to any of His Majesty's Subjects, or others, whom the said Commissioners shall deem sitly qualified in that Behalf, for the apprehending, seizing, and taking the Ships, Vassals and Goods belonging to Prussia, and the Vassals and Subjects of the King of Prussia, or any inhabiting within His Countries, Territories, or Dominions, or belonging to the Town of Papenburgh (except as aforesaid), and that such Powers and Clauses be inserted in the said Commission as have been usual, and are according to former Precedents, and His Majesty's Advocate-General, with the Advocate of the Admiralty, are also forthwith to prepare the Draft of a Commission, and present the same to His Majesty at this Board, authorising the said Commissioners for executing the Office of Lord High Admiral, to will and require the High Court of Admiralty of Great Britain, and the Lieutenant and Judge of the said Court, His Surrogate or Surrogates, as also the several Courts of Admiralty within His Majesty's Dominions, to take Cognizance of, and proceed upon all and all Manner of Captures, Seizures, Prizes, and Reprisals of all Ships and Goods that are, or shall be taken, and to hear and determine the same, and according to the Court of Admiralty and the Laws of Nations to adjuge and condemn all such Ships, Vassals and Goods as shall belong to Prussia, or the Vassals and Subjects of the King of Prussia, or to any others inhabiting within any of His Countries, Territories, and Dominions, or as shall belong to the Town of Papenburgh (except as aforesaid), and that such Powers and Clauses be inserted in the said Commission as have been usual, and are according in the said Commission as have been usual, and are according to former Precedents; and they are likewise to prepare and lay before His Majesty at this Board, a Draft of such instructions as may be proper to be sent to the Courts of Admiralty in His Majesty's Foreign Governments and Plantations for their Guidance herein; as also another Draft of Instructions for such Ships as shall be commissionated for the Purposes abovementioned.

b) Order vom 7. Januar 1807.

(Nr. 15990. London Gazette p. 33 ff.)

Whereas the French Government has issued certain Orders, which, in Violation of the Usages of War, purport to prohibit the Commerce of all Neutral Nations with His Majesty's Dominions; and also to prevent such Nation from trading with any other Country in any Articles the Growth, Produce, or Manufacture of His Majesty's

Dominions, and whereas the said Government has also taken upon itself to declare all His Majesty's Dominions to be in a State of Blockade, at a Time, when the Fleets of France and her Allies are themselves confined within their own Ports by the superior Valour and Discipline of the British Navy; and whereas such Attempts on the Port of the Enemy would give to His Majesty an unquestionable Right of Retaliation, and would warrant His Majesty in enforcing the same Prohibition of all Commerce with France, which that Power vainly hopes to effect against the Commerce of His Majesty's Subjects, a Prohibition, which the Superiority of His Majesty's Naval Forces might enable him to support, by actually investing the Ports and Coasts of the Enemy with numerous Squadrons and Cruizers, so as to make the Entrance or Approach thereto manifestly dangerous; and whereas His Majesty, tough unwilling to follow the Example of His Ennemies, by proceeding to an Extremity so distressing to all Nations not engaged in the War, and carrying on their accustomed Trade, yet feels Himself bound by a due Regard to the just Defence of the Rights and Interests of His People, not to suffer such Measures to be taken by the Enemy, without taking some Steps on His Part to restrain this Violence, and to retort upon them the Evils of their own Injustice; His Majesty is thereupon pleased, by and with the Advice of His Privy Council, to order, and it is hereby ordered, that no Vessel shall be permitted to trade from one Port to another, both which Ports shall belong to or be in the Possession of France or her Allies, or shall be so far under their Controul as that British Vessels may not freely trade thereat; and the Commanders of His Majesty's Ships of War and Privateers shall be, and are hereby instructed, to warn every Neutral Vessel coming from any such Port; and destined to another such Port, to discontinue her Voyage, and not to proceed to any such Port; and any Vessel, after being so warned, or any Vessel coming from any such Port, after a reasonable Time shall have been afforded for receiving Information of this, His Majesty's Order, which shall be found proceeding to another such Port, shall be captured and brought in, and, together with her Cargo, shall bei condemned as lawful Prize. And His Majesty's Principal Secretaries of State, the Lords Commissioners of the Admiralty, and the Judges of the High Court of Admiralty and Courts of Vice-Admiralty, are to take the necessary Measures, herein as to them shall respectively appertain.

c) Drei Orders*) vom 11. November 1807.

(Nr. 16087. London Gazette p. 1529.)

I.

Whereas certain Orders, establishing an unprecedented System of Warfare against this Kingdom and aimed especially at the Destruction

*) Hierunter mit I, II, III bezeichnet.

of its Commerce and Resources, were, some Time since, issued by the Government of France, by which ‚The British Islands were declared to be in a State of Blockade', thereby subjecting to Capture and Condemnation all Vessels, with their Cargoes, which should continue to trade with His Majesty's Dominions:

And whereas by the same Orders, ‚all trading in English Merchandize is prohibited, and every Article of Merchandize belonging to England, or coming from her Colonies, or of her Manufacture, is declared lawful Prize':

And whereas the Nations in Alliance with France, and under her Controul, were required to give, and have given, and do give, Effect to such Orders:

And whereas His Majesty's Order of the 7 th. of January last has not answered the desired Purpose, either of compelling the Enemy to recall those Orders, or of inducing Neutral Nations to interpose, with Effect, to obtain their Revocation, but, on the contrary, the same have been recently enforced with increased Rigour:

And whereas His Majesty, under these circumstances, finds Himself compelled to take further Measures for asserting and vindicating His just Rights, and for supporting that Maritime Power which the Exertions and Valour of His People have, under the Blessing of Providence, enabled Him to establish and maintain; and the Maintenance of which is not more essential to the safety and Prosperity of His Majesty's Dominions, than it is to the Protection of such States as still retain their Independence, and to the general Intercourse and Happiness of Mankind:

His Majesty is therefore pleased, by and with the Advice of His Privy Council, to order, and it is hereby ordered, that all the Ports and Places of France and her Allies, or of any other country at War with His Majesty, and all other Ports or Places in Europe, from which although not at War with His Majesty, the British Flag is excluded, and all Ports or Places in the Colonies belonging to His Majesty's Enemies, shall, from henceforth, be subject to the same Restrictions in point of Trade and Navigation, with the Exceptions hereinafter mentioned, as if the same were actually blockaded by His Majesty's Naval Forces, in the most strict and rigorous Manner: — and it is hereby further ordered and declared, that all Trade in Articles, which are of the Produce or Manufacture of the said Countries or Colonies, shall be deemed and considered to be lawful; and that every Vessel trading from or to the said Countries or Colonies, together with all Goods and Merchandize on board, and all Articles of the Produce or Manufacture of the said Countries or Colonies, shall be captured, and condemned as Prize to the Captors.

But although His Majesty would be fully justified, by the Circumstances and Considerations above recited, in establishing such system of Restrictions with respect to all the Countries and Colonies of His Enemies, without Exception or Qualification; yet His Majesty, being nevertheless desirous not to subject Neutrals to any greater Inconvenience than is absolutely inseparable from the carrying into effect His Majesty's just Determination to counteract the Designs of His Enemies, and to retort upon His Enemies themselves the Consequences of their own Violence and Injustice; and being yet willing to hope that it may be possible (consistently with that object) still to allow to Neutrals the Opportunity of furnishing themselves with Colonial Produce for their own Consumption and Supply; and even to leave open, for the present, such Trade with His Majesty's Enemies as shall be carried on directly with the Ports of His Majesty's Dominions or of His Allies, in the manner hereafter mentioned:

His Majesty is therefore pleased further to order, and it is hereby ordered, that nothing herein contained shall extend to subject to Capture or Condemnation any Vessel, or the Cargo of any Vessel, belonging to any Country not declared by this Order to be subjected to the Restrictions incident to a State of Blockade, which shall have cleared out with such Cargo from some Port or Place of the Country to which she belongs either in Europe or America or from some Free Port in His Majesty's Colonies, under circumstances in which such Trade from such Free Port is permitted, direct to some Port or Place in the Colonies of His Majesty's Enemies, or from those Colonies direct to the Country to which such Vessel belongs, or to some Free Port in His Majesty's Colonies, in such Cases, and with such Articles, as it may be lawful to import into such Free Port; — Nor to any Vessel, or the Cargo of any Vessel, belonging to any Country not at War with His Majesty, which shall have cleared out from some Port or Place in this Kingdom, or from Gibraltar or Malta, under such Regulations as His Majesty may think fit to prescribe, or from any Port belonging to His Majesty's Allies, and shall be proceeding direct to the Port specified in her Clearance; — Nor to any Vessel, or the Cargo of any Vessel, belonging to any Country not at War with His Majesty, which shall be coming from any Port or Place in Europe which is declared by this Order to be subject to the Restrictions incident to a State of Blockade, destined to some Port or Place in Europe belonging to His Majesty, and which shall be on her Voyage direct thereto; but these Exceptions are not to be understood as exempting from Capture or Confiscation any Vessel or Goods which shall be liable thereto in respect of having entered or departed from any Port or Place actually blockaded by His Majesty's Squadrons or Ships of War, or for being Enemie's Property, or for any other Cause than the Contravention of this present Order.

And the Commanders of His Majesty's Ships of War and Privateers, and other Vessels acting under His Majesty's Commission, shall be, and are hereby instructed to warn every Vessel which shall have commenced her voyage prior to any Notice of this Order, and shall be destined to any Port of France, or of her Allies, or of any other Country at War with His Majesty, or to any Port or Place from which the British Flag as aforesaid is excluded, or to any Colony belonging to His Majesty's Enemies, and which shall not have cleared out as is hereinbefore allowed, to discontinue her Voyage, and to proceed to some Port or Place in this Kingdom, or to Gibraltar or Malta, and any Vessel which, after having been so warned, or after a reasonable Time shall have been afforded for the Arrival of Information of this His Majesty's Order at any Port or Place from which she sailed, or which, after having Notice of this Order, shall be found in the Prosecution of any Voyage contrary to the Restrictions contained in this Order, shall be captured, and together with her Cargo, condemned as lawful Prize to the Captors.

And whereas Countries, not engaged in the War, have acquiesced, in the Orders of France, prohibiting all Trade in any Articles of the Produce or Manufacture of His Majesty's Dominions; and the Merchants of those Countries have given countenance and effect to those Prohibitions, by accepting from Persons styling themselves Commercial Agents of the Enemy, resident at Neutral Ports, certain Documents, termed ‚Certificates of Origin', being certificates obtained at the Ports of Shipment declaring that the Articles of the Cargo are not of the Produce or Manufacture of His Majesty's Dominions, or to that Effect:

And whereas this Expedient has been directed by France, and submitted to by such Merchant, as Part of the new System of Warfare directed against the Trade of this Kingdom, and as the most effectual Instrument of accomplishing the same, and it is therefore essentially necessary to resist it:

His Majesty is therefore pleased, by and with the Advice of His Privy Council, to order, and it is hereby ordered, that if any Vessel, after reasonable Time shall have been afforded for receiving Notice of this His Majesty's Order at the Port or Place from which such Vessel shall have cleared out, shall be found carrying any such Certificate or Document as aforesaid, or any Document referring to, or authenticating the same, such Vessel shall be adjudged lawful Prize to the Captor, together with the Goods laden therein, belonging to the Person, or Persons hy whom, or on whose Behalf any such Document was put on board.

And the Right Honourable the Lords Commissioners of His Majesty's Treasury, His Majesty's Principal Secretaries of State, the Lords Commissioners of the Admiralty, and the Judges of the High Court of Admiralty and Courts of Vice-Admiralty, are to take the necessary Measures herein, as to them shall respectively appertain.

II.

Whereas Articles of the Growth and Manufacture of Foreign Countries cannot by Law be imported into this Country, except in

British Ships, or in Ships belonging to the Countries of which such Articles are the Growth and Manufacture, without an Order in Council specially authorizing the same:

His Majesty taking into Consideration the Order of this Day's Date, respecting the Trade to be carried on to and from the Ports of the Enemy, and deeming it expedient that any Vessel belonging to any Country in Alliance, or at Amity with His Majesty, may be permitted to import into this Country Articles of the Produce or Manufacture of Countries at War with His Majesty:

His Majesty, by and with the Advice of His Privy Council, is therefore pleased to order, and it is hereby ordered, that all Goods, Wares, or Merchandizes, specified and included in the Schedule of an Act, passed in the Forty-third year of His present Majesty's Reign, intituled 'An Act to repeal the Duties of Customs payable in Great Britain, and to grant other Duties in lieu thereof', may be imported from any Port or Place belonging to any State not at Amity with His Majesty, in Ships belonging to any State at Amity with His Majesty, subject to the payment of such Duties, and liable to such Drawbacks as are now established by Law upon the Importation of the said Goods, Wares or Merchandize, in Ships navigated according to Law; and with respect to such of the said Goods, Wares, or Merchandize, as are, authorized to be warehoused under the Provisions of an Act, passed in the Forty-third year of His present Majesty's Reign, intituled 'An Act for permitting certain Goods imported into Great Britain, to be secured in warehouses without Payment of Duty“, subject to all the Regulations of the said last mentioned Act; and with respect to all Articles which are prohibited by Law from being imported into this Country, it is ordered, that the same shall be reported for Exportation to any Country in Amity or Alliance with His Majesty.

And His Majesty is further pleased, by and with the Advice of His Privy Council, to order, and it is hereby ordered, That all Vessels which shall arrive at any Port of the United Kingdom, or at the Port of Gibraltar or Malta, in consequence of having been warned pursuant to the aforesaid Order, or in consequence of receiving Information, in any other Manner, of the said Order subsequent to their sailing having taken on board any Part of their Cargoes, whether previous or subsequent to their sailing, shall be permitted to report their Cargoes for Exportation, and shall be allowed to proceed upon their Voyages to their original Ports of Destination (if not unlawful before the issuing of the said Order), or to any Port at Amity with His Majesty, upon receiving a Certificate from the Collector or Comptroller of the Customs at the Port at which they shall to enter (which Certificate the said Collectors and Comptrollers of the Customs are hereby authorized and required to give), setting forth that such Vessels came into such Port in consequence of being so warned, or of receiving such Information as aforesaid, and that they were permitted to sail from such Port under the Regulations which His Majesty has been pleased to establish in respect to such Vessels. But in case any Vessel so arriving shall prefer to import her Cargo, than such Vessel shall be allowed to enter and import the same, upon such Terms and Conditions, as the said Cargo might have been imported upon, according to Law, in case the said Vessel had sailed after having received Notice of the said Order, and in conformity thereto.

And it is further ordered, that all Vessel which shall arrive at any Port of the United Kingdom or at Gibraltar or Malta, in conformity and Obedience to the said Order, shall be allowed, in respect to all Articles which may be on board the same, except Sugar, Coffee, Wine, Brandy, Snuff and Tobacco, to clear out to any Port whatever, to be specified in such Clearance; and, with respect to the last-mentioned Articles, to export the same to such Ports, and under such Conditions and Regulations only, as His Majesty, by any Licence to be granted for that Purpose, may direct.

And the Right Honourable the Lords Commissioners of His Majesty's Treasury, His Majesty's Principal Secretaries of State, the Lords Commissioners of the Admiralty, and the Judges of the High Court of Admiralty and Courts of Vice-Admiralty, are to take the necessary Measures herein as to them shall respectively appertain.

III.

Whereas the Sale of Ships by a Belligerant to a Neutral is considered by France to be illegal:

And whereas a great Part of the Shipping of France and her Allies has been protected from Capture during the present Hostilities by Transfers, or pretended Transfers, to Neutrals:

And whereas it is fully justifiable to adopt the same Rule, in this Respect, towards the Enemy, which is applied by the Enemy to this Country:

His Majesty is pleased, by and with the Advice of His Privy Council, to order, and it is hereby ordered, That in future the Sale to a Neutral of any Vessel belonging to His Majesty's Enemies, shall not be deemed to be legal, nor in any manner to transfer the Property, nor to alter the Character of such Vessel: And all Vessels now belonging, or which shall hereafter belong to any Enemy of His Majesty, notwithstanding any Sale, or pretended Sale, to a Neutral, after a reasonable Time shall have elapsed for receiving Information of this His Majesty's Order at the Place where such Sale, or pretended Sale, was effected, shall be captured and brought in, and shall be adjudged as lawful Prize to the Captors.

And the Right Honourable the Lords Commissioners of His Majesty's Treasury, His Majesty's Principal Secretaries of State, the Lords Commissioners of the Admiralty, and the Judges of the High Court of Admiralty and Courts of Vice-Admiralty, are to take the necessary Measures herein as to them shall respectively appertain.

d) Order vom 26. April 1809.

(Nr. 16251. London Gazette p. 581.)

Whereas His Majesty, by His Order in Council of the Eleventh of November One thousand eight hundred and seven, was pleased, for the Reasons assigned therein, to order, that 'all the Ports and Places of France and her Allies, or of any other Country at War with His Majesty, and all other Ports or Places in Europe, from which, although not at War with His Majesty, the British Flag is excluded, and all Ports or Places in the Colonies belonging to His Majesty's Enemies, should from thenceforth be subject to the same Restrictions in point of Trade and Navigation as if the same were actually blockaded in the most strict and rigorous Manner'; and also to prohibit 'all Trade in Articles which are the Produce or Manufacture of the said Countries or Colonies: And whereas His Majesty having been nevertheless desirous not to subject those Countries which were in Alliance or in Amity with His Majesty to any greater Inconvenience than was absolutely inseparable from carrying into Effect His Majesty's just Determination to counteract the Designs of His Enemies, did make certain Exceptions and Modifications expressed in the said Order of the Eleventh of November. and in certain subsequent orders of the Twenty-fifth of November. declaration of the aforesaid Order of the Eleventh of November and the eighteenth of December One thousand eight hundred and seven, and the Thirtieth of March One thousand eight hundred and eight.

And whereas, in consequence of Divers Events which have taken place since the Date of the firstmentioned Order affecting the Relation between Great Britain and the Territories of other Powers, it is expedient, the fundry Parts und Provisions of the said Orders should be altered or revoked.

His Majesty is therefore pleased, by and with the Advice of His Privy Council, to revoke and annul the said several Orders, except as hereinafter expressed. and so much of the said several Orders, except as aforesaid, is hereby revoked accordingly.

And His Majesty is pleased, by and with the Advice of His Privy Council, to order, and it is hereby ordered, that all the Ports and Places. as far North as the River Ems inclusively, under the Government styling itself the Kingdom of Holland, and all Ports and Places under the Government of France, together with the Colonies, Plantations und Settlements in the Possession of those Governments respectively, and all Ports und Places in the Northern Parts of Italy. to be rekoned from the Port of Orbitello and Pesaro inclusively shall continue and be subject to the same Restrictions, in point of Trade and Navigation, without any Exception as if the same were actually blockaded by His Majesty's Naval Forces in the most strict and rigorous Manner; and that every Vessel trading from and to the said Countries or Colonies, Plantations or Settlements, together with all

Goods und Merchandize on board, shall be condemned as Prize to the Captors.

And His Majesty is further pleased to order, and it is hereby ordered, that this Order shall have effect from the Day of the Date thereof, with Respect to any Ship, together with its Cargo, which may be captured subsequent to such Day on any Voyage which is and shall be rendered legal by this Order, altough such Voyage at the Time of the Commencement of the same was unlawful and prohibited under the said former Orders; and such Ships, upon being brought in, shall be released accordingly; and with Respect to all Ships, together with their Cargoes, which may be captured in any Voyage which was permitted under the Exceptions of the Orders above mentioned, but which is not permitted according to the Provisions of this Order, His Majesty is pleased to order, and it is hereby ordered, that such Ships and their Cargoes, shall not be liable to Condemnation unless they shall have received actual Notice of the present Order before such Capture; or in Default of such Notice, until after the Expiration of the like Intervals from the Date of this Order, as were allowed for constructive Notice in the Orders of the Twenty-fifth of November One thousand eight hundred and seven, and the Eighteenth of May One thousand eight hundred and eight, at the several Places and Latitudes therein specified.

And the Right Honorable the Lords Commissioners of His Majesty's Treasury, His Majesty's Principal Secretaries of State, the Lords Commissioners of the Admiralty, and the Judge of the High Court of Admiralty, and Judges of the Courts of Vice-Admiralty, are to give the necessary Directions herein, as to them may respectively appertain.

B. Die Napoleonischen Dekrete.

a) Das Dekret vom 21. November 1806 (sog. „Berliner Dekret").

(Publiziert: Moniteur Officiel 1806 Nr. 359; abgedruckt Martens Suppl. V, 439.)

ART. I. Les îles Britanniques sont déclarées en état de blocus.

ART. II. Tout commerce et toute correspondance avec les îles Britanniques sont interdits. En conséquence, les lettres ou paquets adressés ou en Angleterre ou à un Anglais, ou écrits en langue anglaise, n'auront pas cours aux postes et seront saisis.

ART. III. Tout individu sujet de l'Angleterre, de quelque état ou condition qu'il soit, qui sera trouvé dans les pays occupés par nos troupes ou par celles de nos alliés, sera fait prisonnier de guerre.

ART. IV. Tout magasin, toute marchandise, toute propriété, de quelque nature qu'elle puisse être, appartenant à un sujet de l'Angleterre, sera déclaré de bonne prise.

ART. V. Le commerce des marchandises anglaises est défendu, et toute marchandise appartenant à l'Angleterre, ou provenant de ses fabriques ou de ses colonies, est de bonne prise.

ART. VI. La moitié du produit de la confiscation des marchandises et propriétés déclarées de bonne prise par les articles précedents sera employée à indemniser les négociants des pertes qu'ils ont éprouvées par la prise des bâtiments de commerce qui ont été enlevés par des croisières anglaises.

ART. VII. Aucun bâtiment venant directement de l'Angleterre ou de colonies anglaises, ou y ayant été depuis la publication du présent décret ne sera reçu dans aucun port.

ART. VIII. Tout bâtiment qui, au moyen d'une fausse déclaration, contreviendrait à la disposition ci-dessus, sera saisi, et le navire, et la cargaison seront confisqués comme s'ils étaient propriété anglaise.

ART. IX. Notre tribunal des prises de Paris est chargé du jugement définitif des toutes les contestations qui pourront survenir dans notre Empire ou dans les pays occupés par l'armée française relativement à l'exécution du présent décret. Notre tribunal des prises à Milan sera chargé du jugement définitif desdites contestations qui pourront survenir dans l'étendue de notre royaume d'Italie.

ART. X. Communication du présent décret sera donnée par notre ministre des relations extérieures aux rois d'Espagne, de Naples, de Hollande et d'Étrurie, et à nos alliés, dont les sujets sont victimes, comme les nôtres, de l'injustice et de la barbarie de la législation maritime anglaise.

ART. XI. Nos ministres des relations extérieures, de la guerre, de la marine, des finances, de la police, et nos directeurs généraux des postes sont chargés, chacun en ce qui le concerne, de l'éxecution du présent décret.

b) Das Dekret vom 17. Dezember 1807 (sog. „Mailänder Dekret“).

(Publiziert: Moniteur Officiel 26. Dez. 1807; abgedruckt Martens Suppl. V, 452.)

Vu les dispositions arrêtées par le gouvernement britannique en date du 11. novembre dernier, qui assujetissent les bâtiments des puissances neutres, amies et même alliées de l'Angleterre, non seulement à une visite par les croiseurs anglais, mais encore à une station obligée en Angleterre et à une imposition arbitraire de tant pour cent sur leur chargement, qui doit être réglée par la législation anglaise; considérant que par ces actes le gouvernement anglais a denationalisé les bâtiments de toutes les nations de l'Europe; qu'il n'est au pouvoir d'aucun gouvernement de transiger sur son indépendance et sur ses droits, touts les souverains de l'Europe étant solidaires de la souveraineté et de l'indépendance de leur pavillon; que si, par une faiblesse inexcusable et qui serait une tache ineffaçable aux yeux de la postérité, on laissait passer en principe et consacrer par l'usage une pareille tyrannie, les Anglais en prendraient acte pour l'établir en droit, comme ils ont profité de la tolérance des gouvernements pour établir l'infame principe que le pavillon ne couvre pas la marchandise, et pour donner à leur droit de blocus une extension arbitraire et attentatoire à la souveraineté de tous les Etats.

Nous avons décrété et décrétons ce qui suit:

ART. 1. Tout bâtiment, de quelque nations qu'il soit, qui aura souffert la visite d'un vaisseau anglais, ou se sera soumis à un voyage en Angleterre, ou aura payé une imposition quelconque au gouvernement anglais, est par cela seul déclaré dénationalisé, a perdu la garantie de son pavillon et est devenu propriété anglaise.

ART. 2 Soit que lesdits bâtiments ainsi dénationalisés par les mesures arbitraires du gouvernement anglais entrent dans nos ports ou dans ceux de nos alliés soit qu'ils tombent au pouvoir de nos vaisseaux de guerre ou de nos corsaires, ils sont déclarés de bonne prise.

ART. 3. Les îlles Britanniques sont déclarés en état de blocus sur mer comme par terre. Tout bâtiment, de quelque nation qu'il soit, quelque soit son chargement, expédié des ports d'Angleterre, ou des colonies anglaises, ou des pays occupés par les troupes anglaises, ou allant en Angleterre, ou dans les colonies anglaises, ou dans les pays occupés par les troupes anglaises, est de bonne prise comme contrevenant au présent décret; il sera capturé par nos vaisseaux de guerre ou par nos corsaires et adjugé au capteur.

ART. 4. Ces mesures, qui ne sont qu'une juste réciprocité pour le système barbare adopté par le gouvernement anglais, qui assimile sa législation à celle d'Alger, cesseront d'avoir leur effet pour toutes les nations qui sauraient obliger le gouvernement anglais à respecter leur pavillon. Elles continueront d'être en vigueur pendant tout le temps que ce gouvernement ne reviendra pas aux principes du droit des gens qui règlent les relations des Etats civilisés dans l'état de guerre. Les dispositions du présent décret seront abrogées et nulles par le fait dès que le gouvernement anglais sera revenu aux principes du droit des gens, qui sont aussi ceux de la justice et de l'honneur.

ART. 5. Tous nos ministres seront chargés de l'exécution du présent décret, qui sera inséré au Bulletin des lois.

IV. Dokumente des Pariser Kongresses (25. Februar bis 16. April 1856).

(Friedensvertrag und Seekriegsrechtsdeklaration.)

Quellen und Literatur: Martens XV 700. — Martens-Cussy VII 497. — Comte d'Angeberg, Le traité de Paris du 30. Mars 1856. Paris (Amyot) o. J. — Fleischmann 50. — (Siehe auch unten S. 53, S. 56 u. S. 59).

A. Friedensvertrag vom 30. März 1856.

(Ratifiziert in Paris 27. April 1856.)

Traité de paix entre la *France,* l'*Autriche,* la *Grande-Bretagne,* la *Sardaigne* et la *Porte Ottomane* d'une part, et la *Russie* de l'autre part, signé avec la participation de la *Prusse,* à Paris, le 30 Mars 1856.

Au nom de Dieu tout-puissant.

Leurs Majestés l'empereur des Français, la reine du royaume-uni de la Grande-Bretagne et d'Irlande, l'empereur de toutes les Russies, le roi de Sardaigne et l'empereur des Ottomans, animés du désir de mettre un terme aux calamités de la guerre, et voulant prévenir le retour des complications qui l'ont fait naître, ont résolu de s'entendre avec sa Majesté l'empereur d'Autriche sur les bases à donner au rétablissement et à la consolidation de la paix, en assurant par des garanties efficaces et réciproques, l'indépendance et l'intégrité de l'empire ottoman.

A cet effet, Leursdites Majestés ont nommé pour leurs plénipotentiaires, savoir:

(Folgen die Namen und Titel.)

ART. XI. La mer Noire est neutralisée: ouverts à la marine marchande de toutes les nations, ses eaux et ses ports sont, formellement et à perpétuité, interdits au pavillon de guerre soit des puissances riveraines, soit de toute autre puissance, sauf les exceptions mentionnées aux articles XIV et XIX du présent traité.

ART. XIII. La mer Noire étant neutralisée, aux termes de l'article XI, le maintien ou l'établissement sur son littoral d'arsenaux militaires-maritimes devient sans nécessité, comme sans objet. En conséquence, Sa Majesté l'empereur de toutes les Russies et Sa Majesté Impériale le Sultan s'engagent à n'élever et à ne conserver, sur ce littoral, aucun arsenal militaire-maritime.

ART. XIV. Leurs Majestés l'empereur de toutes les Russies et le Sultan, ayant conclu une convention à l'effet de déterminer la force et le nombre des bâtiments légers, nécessaires au service de leurs côtes, qu'elles se réservent d'entretenir dans la mer Noire, cette convention est annexée au présent traité, et aura même force et valeur que si elle en faisait partie intégrante. Elle ne pourra être ni annulée ni modifiée, sans l'assentiment des puissances signataires du présent traité.

ART. XIX. Afin d'assurer l'exécution des règlements qui auront été arrêtés d'un commun accord, d'après les principes ci-dessus énoncés, chacune des puissances contractantes aura le droit de faire stationner en tout temps deux bâtiments légers aux embouchures du Danube.

ART. XXXIII. La convention conclue, en ce jour, entre Leurs Majestés l'empereur des Français, la reine du royaume-uni de la Grande-Bretagne et d'Irlande, d'une part, et Sa Majesté l'empereur de toutes les Russies, de l'autre part, relativement aux Iles d'Aland, est et demeure annexée au présent traité et aura même force et valeur que si elle en faisait partie.

ART. XXXIV. Le présent traité sera ratifié, et les ratifications en seront échangées à Paris, dans l'espace de quatre semaines, ou plus tôt, si faire se peut.

Première Annexe.

Leurs Majestés l'empereur des Français, l'empereur d'Autriche, la reine du royaume-uni de la Grande-Bretagne et d'Irlande, le roi de Prusse, l'empereur de toutes les Russies, signataires de la convention du treize Juillet mil huit cent quarante et un, et Sa Majesté le roi de Sardaigne, voulant constater, en commun, leur détermination unanime de se conformer à l'ancienne règle de l'empire ottoman, d'après laquelle les détroits des Dardanelles et du Bosphore sont fermés aux bâtiments de guerre étrangers tant que la Porte se trouve en paix:

Lesdites Majestés, d'une part, et Sa Majesté le Sultan, de l'autre, ont résolu de renouveler la convention conclue à Londres le treize Juillet mil huit cent quarante et un, sauf quelques modifications de détail qui ne portent aucune atteinte au principe sur lequel elle repose.

En conséquence, Leursdites Majestés ont nommé, à cet effet, pour leurs plénipotentiaires, savoir:

(Folgen die Namen und Titel.)

Lesquels, après avoir échangé leurs pleins pouvoirs, trouvés en bonne et due forme, sont convenus des articles suivants:

ART. I. Sa Majesté le Sultan, d'une part, déclare qu'il a la ferme résolution de maintenir, à l'avenir, le principe invariablement établi comme ancienne règle de son empire, et en vertu duquel il a été de tout temps défendu aus bâtiments de guerre des puissances étrangères d'entrer dans les détroits des Dardanelles et du Bosphore, et que tant que la Porte se trouve en paix, Sa Majesté n'admettra aucun bâtiment de guerre étranger dans lesdits détroits.

Et Leurs Majestés l'empereur des Français, l'empereur d'Autriche, la reine du royaume-uni de la Grande-Bretagne et d'Irlande, le roi de

Prusse, l'empereur de toutes les Russies et le roi de Sardaigne, de l'autre part, s'engagent à respecter cette détermination du Sultan et à se conformer au principe ci-dessus énoncé.

ART. II. Le Sultan se réserve, comme par le passé, de délivrer des firmans de passage aux bâtiments légers sous pavillon de guerre, lesquels seront employés, comme il est d'usage, au service des légations des puissances amies.

ART. III. La même exception s'applique aux bâtiments légers sous pavillon de guerre que chacune des puissances contractantes est autorisée à faire stationner aux embouchures du Danube, pour assurer l'exécution des règlements relatifs à la liberté du fleuve, et dont le nombre ne devra pas excéder deux pour chaque puissance.

ART. IV. La présente convention, annexée au traité général, signé à Paris en ce jour, sera ratifiée, et les ratifications en seront échangées dans l'espace de quatre semaines, ou plus tôt, si faire se peut.

Deuxième Annexe.

Sa Majesté l'empereur de toutes les Russies et Sa Majesté Impériale le Sultan, prenant en considération le principe de neutralisation de la mer Noire établi par les préliminaires consignés au protocole n° 1, signé à Paris le vingt-cinq Février de la présente année, et voulant, en conséquence, régler d'un commun accord le nombre et la force des bâtiments légers qu'elles se sont réservé d'entretenir dans la mer Noire pour le service de leurs côtes, ont résolu de signer dans ce but, une convention spéciale, et ont nommé à cet effet:

(Folgen die Namen und Titel.)

Lesquels, après avoir échangé leurs pleins pouvoirs, trouvés en bonne et due forme, sont convenus des articles suivants:

ART. I. Les hautes parties contractantes s'engagent mutuellement à n'avoir dans la mer Noire d'autres bâtiments de guerre que ceux dont le nombre, la force et les dimensions sont stipulées ci-après.

ART. II. Les hautes parties contractantes se réservent d'entretenir chacune, dans cette mer, six bâtiments à vapeur de cinquante mètres de longueur à la flottaison, d'un tonnage de huit cents tonneaux au maximum, et quatre bâtiments légers à vapeur ou à voile, d'un tonnage qui ne dépassera pas deux cents tonneaux chacun.

ART. III. La présente convention, annexée au traité général signé à Paris en ce jour, sera ratifiée, et les ratifications en seront échangées dans l'espace de quatre semaines, ou plus tôt, si faire se peut.

Troisième Annexe.

Sa Majesté l'empereur des Français, Sa Majesté la reine du royaume-uni de la Grande-Bretagne et d'Irlande et Sa Majesté l'empereur de toutes les Russies, voulant étendre à la mer Baltique l'accord si heureusement rétabli entre Elles en Orient, et consolider par là les bienfaits de la paix générale, ont résolu de conclure une convention, et nommé à cet effet:

(Folgen die Namen und Titel.)

Lesquels, après avoir échangé leurs pleins pouvoirs, trouvés en bonne et due forme, sont convenus des articles suivants:

ART. I. Sa Majesté l'empereur de toutes les Russies, pour répondre au désir qui lui a été exprimé par Leurs Majestés l'empereur des Français et la reine du royaume-uni de la Grande Bretagne et d'Irlande, déclare que les Iles d'Aland ne seront pas fortifiées, et qu'il n'y sera maintenu ni créé aucun établissement militaire ou naval.

ART. II. La présente convention, annexée au traité général signé à Paris en ce jour, sera ratifiée, et les ratifications en seront échangées dans l'espace de quatre semaines, ou plus tôt, si faire se peut.

B. Seekriegsrechtsdeklaration vom 16. April 1856.

Quellen und Literatur (s. auch oben S. 50): Beilage zum „Staatsarchiv" Bd. X (1866, Hamburg, O. Meißner): „Frei Schiff unter Feindes Flagge". — Twiss, Law of nations. On the rights and duties of nations in time of war. 2. Aufl., Oxford 1875, § 86. — Th. Waraker, Naval warfare of the future, a consideration of the declaration of Paris. London 1892. — Stark, Abolition of Privateering and the Declaration of Paris. New York 1897. — Th. Gibson Bowles, The Declaration of Paris of 1856. London 1900. — E. Jeau, „Étude sur le droit maritime international. Convention de 1856." Revue maritime (Ministère de la Marine) t. 141 (1899) 264—291. — G. Leroy 63—73. — Moore, Bd. VII 561—583. — Higgins 1—4.

a) Text.

Déclaration.

Les plénipotentiaires qui ont signé le traité de Paris du 30 Mars 1856, réunis en Conférence,

Considérant:

Que le droit maritime en temps de guerre a été pendant longtemps l'objet de contestations regrettables;

Que l'incertitude du droit et des devoirs en pareille matière donne lieu, entre les neutres et les belligérants, à des divergences d'opinion qui peuvent faire naître des difficultés sérieuses et même des conflits;

Qu'il y a avantage, par conséquent, à établir une doctrine uniforme sur un point aussi important;

Que les plénipotentiaires assemblés au Congrès de Paris ne sauraient mieux répondre aux intentions dont leurs gouvernements sont animés qu'en cherchant à introduire dans les rapports internationaux des principes fixes à cet égard;

Dûment autorisés, les susdits plénipotentiaires sont convenus de se concerter sur les moyens d'atteindre ce but, et, étant tombés d'accord, ont arrêté la déclaration solennelle ci-après:

1⁰ La course est et demeure abolie;

2⁰ Le pavillon neutre couvre la marchandise ennemie, à l'exception de la contrebande de guerre;

3⁰ La marchandise neutre, à l'exception de la contrebande de guerre, n'est pas saisissable sous pavillon ennemi;

4⁰ Les blocus, pour être obligatoires, doivent être effectifs, c'est-à-dire maintenus par une force suffisante pour interdire réellement l'accès du littoral de l'ennemi.

Les gouvernements des plénipotentiaires soussignés s'engagent à porter cette déclaration à la connaissance des États qui n'ont pas été appelés à participer au Congrès de Paris et à les inviter à y accéder.

Convaincus que les maximes qu'ils viennent de proclamer ne sauraint être accueillies qu'avec gratitude par le monde entier, les plénipotentiaires soussignés ne doutent pas que les efforts de leurs gouvernements pour en généraliser l'adoption ne soient couronnés d'un plein succès.

La présente déclaration n'est et ne sera obligatoire qu'entre les puissances qui y ont ou qui y auront accédé.

Fait à Paris, le 16 Avril 1856.

b) Deutsche Übersetzung:

(Preuß. Gesetzsammlung 1856 S. 585).

1. Die Kaperei ist und bleibt abgeschafft;
2. die neutrale Flagge deckt das feindliche Gut, mit Ausnahme der Kriegskonterbande;
3. neutrales Gut unter feindlicher Flagge, mit Ausnahme der Kriegskonterbande, darf nicht mit Beschlag belegt werden;
4. die Blokaden müssen, um rechtsverbindlich zu sein, wirksam sein, das heißt, durch eine Streitmacht aufrechterhalten werden, welche hinreicht, um den Zugang zur Küste des Feindes wirklich zu verhindern.

c) Englische Übersetzung:

(Parliamentary papers, May 1856.)

Declaration respecting Maritime Law, signed by the Plenipotentiaries of Great Britain, Austria, France, Prussia, Russia, Sardinia, and Turkey, assembled in Congress at Paris, April 16, 1856.

Presented to both Houses of Parliament by Command of Her Majesty. 1856.

The Plenipotentiaries who signed the Treaty of Paris of the thirtieth of March, one thousand eight hundred and fifty-six, assembled in Conference, —

Considering:

That maritime law, in time of war, has long been the subject of deplorable disputes;

That the uncertainty of the law and of the duties in such a matter, gives rise to differences of opinion between neutrals and belligerents which may occasion serious difficulties, and even conflicts;

That it is consequently advantageous to establish a uniform doctrine on so important a point;

That the Plenipotentiaries assembled in Congress at Paris cannot better respond to the intentions by which their Governments are animated, than by seeking to introduce into international relations fixed principles in this respect;

The above-mentioned Plenipotentiaries, being duly authorized, resolved to concert among themselves as to the means of attaining this object; and, having come to an agreement, have adopted the following solemn Declaration: —

1. Privateering is, and remains, abolished;

2. The neutral flag covers enemy's goods, with the exception of contraband of war;

3. Neutral goods, with the exception of contraband of war, are not liable to capture under enemy's flag;

4. Blockades, in order to be binding, must be effective, that is to say, maintained by a force sufficient really to prevent access to the coast of the enemy.

The Governments of the undersigned Plenipotentiaries engage to bring the present Declaration to the knowledge of the States which have not taken part in the Congress of Paris, and to invite them to accede to it.

Convinced that the maxims which they now proclaim cannot but be received with gratitude by the whole world, the undersigned Plenipotentiaries doubt not that the efforts of their Governments to obtain the general adoption thereof, will be crowned with full success.

The present Declaration is not and shall not be binding, except between those Powers who have acceded, or shall accede, to it.

Done at Paris, the sixteenth of April, one thousand eight hundred and fifty-six.

(Signed) Buol-Schauenstein. — Hübner. — Walewski.
Bourqueney. — Clarendon. — Cowley. — Manteuffel.
Hatzfeldt. — Orloff. — Brunnow. — Cavour.
de Villamarina. — Aali. — Mehemmed Djemil.

C. Protokolle zur Seekriegsrechtsdeklaration.

(Abgedruckt bei d'Angeberg a. a. O. und in der Beilage zum Staatsarchiv 1866: „Frei Schiff unter Feindes Flagge".)

a) Protokoll vom 8. April 1856.

(XXII. Sitzung.)

Présents: les Plénipotentiaires de l'Autriche, de la France, de la Grande-Bretagne, de la Prusse, de la Russie, de la Sardaigne, de la Turquie.

Le protocole de la précédente séance est lu et approuvé.

M. le Comte de Clarendon rappelle que, dans la dernière réunion, et attendu que tous les Plénipotentiaires n'étaient pas encore en mesure d'accéder à d'autres propositions, le Congrès s'est borné à convenir de la levée des blocus. Il annonce que les Plénipotentiaires de la Grande-Bretagne sont aujourd'hui autorisés à faire savoir que les décisions restrictives imposées, à l'occasion de la guerre, au commerce et à la navigation, sont à la veille d'être rapportées.

Messieurs les Plénipotentiaires de la Russie ayant renouvelé la déclaration analogue qu'ils ont faite dans la séance du 4. avril, et tous les autres Plénipotentiaires ayant émis un avis favorable, le Congrès arrête que toutes les mesures, sans distinction, prises à l'origine ou en vue de la guerre, et ayant pour objet de suspendre le commerce et la navigation avec l'Etat ennemi, sont abrogées, et qu'en tout ce qui concerne soit les transactions commerciales, sans en excepter la contrebande de guerre, soit les expéditions de marchandises et le traitement des bâtiments de commerce, les choses sont rétablies partout, à dater de ce jour, sur le pied où elles se trouvaient avant la guerre.

— — — M. le Comte Walewski propose au Congrès de terminer son oeuvre par une déclaration qui constituerait un progrès notable dans le droit international et qui serait accueillie par le monde entier avec un sentiment de vive reconnaissance.

„Le Congrès de Westphalie, ajoute-t-il, a consacré la liberté de conscience, le Congrès de Vienne l'abolition de la traite des noirs et la liberté de la navigation des fleuves.

Il serait digne du Congrès de Paris de mettre fin à de trop longues dissidences en posant les bases d'un droit maritime uniforme, en temps de guerre. Les quatre principes suivants atteindraient complètement ce but:

1⁰ Abolition de la course;

2⁰ Le pavillon neutre couvre la marchandise ennemie, excepté la contrebande de guerre.

3° La marchandise neutre, excepté la contrebande de guerre, n'est pas saisissable même sous pavillon ennemi;

4° Les blocus ne sont obligatoires qu'autant qu'ils sont effectifs."

— — — En terminant M. le Comte de Clarendon rappelle qu'ainsi que la France, l'Angleterre, au commencement de la guerre, a cherché, par tous les moyens, à en atténuer les effets, et que, dans ce but, elle a renoncé, au profit de neutres, durant la lutte qui vient de cesser, à des principes qu'elle avait, jusquelà, invariablement maintenus. Il ajoute que l'Angleterre est disposée à y renoncer définitivement, pourvu que la course soit également abolie pour toujours; que la course n'est autre chose qu'une piraterie organisée et légale, et que les corsaires sont un des plus grands fléaux de la guerre, et que notre état de civilisation et d'humanité exige qu'il soit mis fin à un système qui n'est plus de notre temps. Si le Congrès tout entier se ralliait à la proposition de M. le Comte Walewski, il serait bien entendu qu'elle n'engagerait qu'à l'égard des Puissances qui y auraient accédé, et qu'elle ne pourrait être invoquée par les Gouvernements qui auraient refusé de s'y associer.

— — En ce qui concerne les principes de droit maritime, dont M. le Premier Plénipotentiaire de la France a proposé l'adoption, M. le Comte de Buol déclare qu'il en apprécie l'esprit et la portée, mais que, n'étant pas autorisé par ses instructions à donner un avis sur une matière aussi importante, il doit se borner, pour le moment, à annoncer au Congrès qu'il est prêt à solliciter les ordres de son Souverain.

— — — Les principes maritimes, dit M. le Premier Plénipotentiaire de la Prusse, que le Congrès est invité à s'approprier, ont toujours été professés par la Prusse, qui s'est constamment appliquée à les faire prévaloir, et il se considère comme autorisé à prendre part à la signature, de tout acte ayant pour objet de les faire admettre définitivement dans le droit public Européen. Il exprime la conviction que son Souverain ne refuserait pas son approbation à l'accord qui s'établirait dans ce sens entre les Plénipotentiaires.

— — — Messieurs les Plénipotentiaires de la Russie ajoutent qu'ils prendront les ordres de leur Cour sur la proposition soumise au Congrès, relativement au droit maritime.

— — — M. le Premier Plénipotentiaire de la France établit qu'il en ressort, en effet:

— — — Que l'accueil fait par tous les Plénipotentiaires à l'idée de clore leurs travaux par une déclaration de principes en matière de droit maritime doit faire espérer qu'à la prochaine séance ils auront reçu de leurs Gouvernements respectifs l'autorisation d'adhérer à un acte qui, en couronnant l'œuvre du Congrès de Paris, réaliserait un progrès digne de notre époque.

b) Protokoll vom 14. April 1856.
(XXIII. Sitzung.)

Présents: les Plénipotentiaires de l'Autriche, de la France, de la Grande-Bretagne, de la Prusse, de la Russie, de la Sardaigne. de la Turquie.

— — — M. le comte Walewski rappelle, qu'il reste au Congrès à se prononcer sur le projet de déclaration dont il a indiqué les bases dans la dernière réunion, et demande aux Plénipotentiaires qui s'étaient réservés de prendre les ordres de leurs Cours respectives à cet égard s'ils sont autorisés à y donner leur assentiment.

M. le comte de Buol déclare que l'Autriche se félicite de pouvoir concourir à un acte dont elle reconnait la salutaire influence. toutefois, qu'en adoptant la proposition faite par M. le premier Plénipotentiaire de la France, sa Cour ne saurait s'engager à maintenir le principe de l'abolition de la course et à le défendre contre des puissances qui ne croiraient pas devoir y accéder.

MM. les Plénipotentiaires de la Prusse, de la Sardaigne et de la Turquie ayant également donné leur assentiment, le Congrès adopte le projet de rédaction annexé au présent protocole, et en renvoie la signature à la prochaine réunion. — — —

c) Protokoll vom 16. April 1856.
(XXIV. Sitzung.)

Présents: les Plénipotentiaires de l'Autriche, de la France. de la Grande-Bretagne. de la Prusse. de la Russie. de la Sardaigne. de la Turquie.

Le protocole de la précédente séance est lu et approuvé.

M. le Comte Orloff annonce qu'il est en mesure, en vertu des instructions de sa Cour, d'adhérer définitivement au vœu consigné à l'avant-dernier paragraphe du protocole Nr. XXIII.

Il est donné lecture du projet de déclaration annexé au protocole de la dernière réunion; après quoi, et ainsi qu'ils l'avaient décidé, Messieurs les Plénipotentiaires procèdent à la signature de cet acte.

Sur la proposition de M. le Comte Walewski, et reconnaissant qu'il est de l'intérêt commun de maintenir l'indivisibilité des quatre principes mentionnés à la déclaration signée en ce jour, Messieurs les Plénipotentiaires conviennent que les Puissances qui l'ont signée, ou celles qui y auront accédé, ne pourront entrer, à l'avenir, sur l'application du droit maritime en temps de guerre, en aucun arrangement qui ne repose, à la fois, sur les quatre principes, objet de ladite déclaration.

Sur une observation faite par Messieurs les Plenipotentiaires de la Russie, le Congrès reconnaît que la présente résolution, ne pouvant avoir d'effet rétroactif, ne saurait invalider les conventions antérieures.

D. Beitrittserklärungen anderer Staaten zur Pariser Deklaration.

Quellen und Literatur: „Das Staatsarchiv" Bd. II (1862) S. 30 ff., ferner Beilage zu Bd. X (1866). — Preußisches Handelsarchiv 1856 2. Hälfte (Berlin 1856) S. 200. — A. Carpentier, Recueil de traités etc. 13. Aufl. Paris 1909. S. 4—5. — Le Clercq, Recueil des traités de la France, Bd. VII (Paris 1866) S. 118—374. — Twiss a. a. O. § 86. — Moore, Digest of International Law (Washington 1906) Bd. VII S. 562.

1. Aufforderung der französischen Regierung zum Beitritt.*)**)

(Minister des Auswärtigen an den französischen Gesandten in Hamburg.)

Paris, le 15. Mai 1856.

Monsieur, les principes du droit maritime en temps de guerre étaient, vous le savez, diversement interprété et il résultait de l'appli-

*) In der Beilage zum „Staatsarchiv" 1866 S. 4 wird berichtet: „Aufforderungen ähnlichen Inhalts ergingen auch seitens der übrigen Mitunterzeichner des Pariser Friedens — mit Ausnahme der Türkei — an alle Staaten; von Großbritannien ist jedoch eine solche Einladung an die Vereinigten Staaten von Amerika nicht gerichtet worden, da dasselbe z. Z. in Washington durch einen Gesandten nicht vertreten war."

**) Die Art der am Schluß der Pariser Deklaration in Aussicht gestellten Bemühungen der Signatarstaaten „pour en généraliser l'adoption" war in der Deklaration nicht genauer bezeichnet. Auch war über Frist, Form und Wirkung der erwarteten Beitrittserklärungen keine Vereinbarung getroffen. Der Schlußpassus: „La présente déclaration n'est et ne sera obligatoire qu'entre les puissances qui y ont ou qui y auront accédé" läßt erkennen, daß die Signatarmächte jede irgendwie und irgendwann erfolgende Beitrittserklärung als gleichwertig mit der Unterzeichnung des Pariser Protokolls gelten lassen wollten. Jeder Staat konnte infolgedessen von jedem anderen Staate die Beitrittserklärung entgegennehmen. Da eine Sammelstelle der Beitrittserklärungen weder vorgesehen noch nachträglich eingerichtet wurde, so ist eine authentische Liste der Beitrittserklärungen nicht vorhanden. In der Literatur schwanken die Angaben. Aus der Vergleichung der besten Quellen ergeben sich folgende Beitrittserklärungen (bei deren Anführung in der nachstehenden Liste P. die Adresse Preussen, F. Frankreich, G. Großbritannien, R. Rußland bezeichnet):

Sizilien	F.: 31. Mai 1856,	P.: 11. Juni 1856
Donaufürstentümer ...	F.: 3. Juni 1856	
Toskana	F.: 5. Juni 1856,	P.: 11. Juni 1856
Kirchenstaat	P.: 6. Juni 1856	
Belgien	F.: 6. Juni 1856,	P.: 6. Juni 1856
Niederlande	P.: 7. Juni 1856	
Schweden und Norwegen	F.: 13. Juni 1856,	P.: 13. Juni 1856
Griechenland	F.: 20. Juni 1856,	P.: 20. Juni 1856
Dänemark	F.: 25. Juni 1856,	P.: 25. Juni 1856

cation contradictoire qui en était la conséquence obligée des complications dont l'histoire a gardé le souvenir.

L'Empereur s'inspirant de la politique traditionelle de la France à ce sujet, a pensé, dans sa haute sollicitude pour les intérêts généraux du commerce et de la navigation, que nous devions, au moment de la conclusion de la paix, saisir l'occasion que nous offrait la présence des Plénipotentiaires à Paris, pour nous concerter avec les Puissances réunies au Congrès dans le but d'amener un accord propre à résoudre et à prévenir les difficultés et les conflits dus à l'incertitude de la loi internationale en pareille matière.

Conformément aux intentions de sa Majesté et comme vous l'aurez vu par la lecture des protocoles, j'ai proposé au Congrès, à cet effet, un projet de déclaration qui a réuni l'assentiment de toutes les Puissances signataires du traité de paix, et cet acte ayant acquis la valeur d'un engagement mutuel, forme désormais entre elles la règle invariable de leur conduite sur les quatre points qui s'y trouvent posés et résolus.

Cette déclaration rendue publique a été accueillie avec un sentiment de vive satisfaction; il nous revient qu'elle a été considérée.

Deutscher Bund	F., G., R.: 10. Juli 1856	
Portugal	F.: 28. Juli 1856,	P.: 28. Juli 1856
Schweiz	F.: 28. Juli 1856,	P.: 28. Juli 1856
Modena	F.: 29. Juli 1856,	P.: 1. Juli 1856
Neu-Granada	F.: 31. Juli 1856	
Chile	F.: 13. August 1856	
Parma	F.: 20. August 1856,	P.: 20. August 1856
Guatemala	F.: 30. August 1856	
Uruguay	P.: 2. September 1856	
Haiti	F.: 17. September 1856	
Argentinien	F.: 1. Oktober 1856,	G.: 4. Oktober 1856
Ecuador	F.: 6. Dezember 1856	
Peru	F.: 23. November 1857	
Brasilien	F.: 18. März 1858,	P.: 18. März 1857
Japan	F.: 1886 (dazu Publikationsdekret 19. März 1887)	
Spanien	F.: 20. Januar 1908	
Mexiko	F.: 13. Februar 1909.	

Keinerlei Erklärung haben, soviel bekannt, bisher insbesondere folgende Staaten abgegeben:

Abessinien, Bolivien, China, Columbien, Congostaat, Liberia, Monaco, S. Marino, Marocco, Montenegro, Rumänien, Venezuela.

Spanien und Mexiko erklärten 1856, der Deklaration nicht beitreten zu wollen, und zwar mit Rücksicht auf deren ersten Punkt, die Abschaffung der Kaperei. Beide Staaten sprachen gleichzeitig ihre Zustimmung zu den drei anderen Punkten aus. (Über ihren nunmehrigen Beitritt vgl. die vorstehende Liste.)

Über das Verhalten Amerikas siehe unten S. 65 ff.

partout comme le véritable couronnement de l'œuvre de pacification conclu à Paris. Cette impression ne nous a pas surpris: elle s'explique naturellement par les progrès qui font la gloire de notre temps. Les rapports commerciaux et la multiplicité des transactions, en effet, ont pris aujourd'hui un développement tellement considérable que si la guerre venait à les surprendre sans que le droit conventionnel en ait limité les effets, notamment en ce qui concerne les neutres, il en résulterait une perturbation immense pour le bienêtre comme pour la sécurité de tous les états indistinctement. Nulle autre mesure dèslors ne pouvait mieux répondre à l'esprit de notre époque et aux tendances du monde entier. Mais le Congrès n'a put se dissimuler que l'objet qu'il se proposait ne serait pleinement atteint que si tous les gouvernements, sans exception, consentaient à y concourir et, dans ce but, il a décidé que sa déclaration serait proposée à l'accession des Puissances qui n'étaient pas répresentées dans son sein.

C'est afin de remplir cette résolution, en ce qui nous concerne, que je crois aujourd'hui, Monsieur, vous inviter à vous mettre en rapport à ce sujet avec M. le Bourguemaitre pour les Affaires Etrangères en lui remettant officiellement la copie de la déclaration que vous trouverez ci jointe. Cet acte se justifie lui-même, et se recommande, par l'esprit qui l'a dicté, à l'accueil favorable de tous les gouvernements. Nous aimons à penser que le sénat de Brême voudra bien, dans cette circonstance, s'associer à une détermination dont les bienfaits s'adressent à tous les peuples et nous nous féliciterions vivement d'apprendre qu'il y a adhéré.

Je dois toutefois vous faire remarquer que dans l'opinion du Congrès les principes qui font l'objet de sa déclaration, sont et demeurent indivisibles; il nous a paru que cet acte ne peut produire l'effet que nous en attendons que s'il est agréé sans restriction. C'est dans cette prévision que les plénipotentiaires, ainsi que le porte le protocole Nr. 24 se sont engagés, en nom de leurs gouvernements respectifs, à n'entrer à l'avenir en aucun arrangement sur l'application du droit maritime en temps de guerre, sans stipuler la stricte observation des quatre points résolus par la déclaration, et vous comprendrez dèslors que nous ne pourrions accepter une accession limitée et qui n'embrasserait pas dans leur ensemble les principes acceptés par les puissances signataires.

Le Congrès, par un sentiment de déférence qui sera sans nul doute apprécié, n'a pas cru devoir déterminer la forme de l'accession des Gouvernements qui n'ont pas pris part à ses travaux, et je n'ai pas moi-même par conséquent à vous indiquer s'il est préférable qu'elle ait lieu au moyen d'une note ou bien d'une dépêche qui nous serait communiquée.

J'ai tout lieu de croire que les agens de puissances représentées au Congrès recevront, de leur côté, des instructions analogues à celles que j'ai l'honneur de vous adresser et vous tâcherez par conséquent de faire coincider votre démarche avec celle de vos Collègues.

Vous voudrez bien, d'ailleurs, donner lecture et laisser copie de cette dépêche à M. le Bourguemaitre Smidt.

Recevez, Monsieur, l'assurance de ma haute considération.

Walewski.

2. Bericht des französischen Ministers des Auswärtigen an den Kaiser.

Paris, le 12. Juin 1858.

Votre Majesté daignera se rappeler que les puissances signataires de la déclaration du 16. Avril 1856 s'étaient engagées à faire les démarches pour en généraliser l'adoption. Je me suis empressé en conséquence de communiquer cette déclaration à tous les Gouvernements qui n'étaient pas représentés au Congrès de Paris, en les invitant à y accéder, et je viens rendre compte à l'Empereur de l'accueil favorable que cette communication a reçu de la plupart de ceux auxquels elle a été transmise.

Adoptée et consacrée par les Plénipotentiaires de l'Autriche, de la France, de la Grande Bretagne, de la Prusse, de la Sardaigne et de la Turquie, la déclaration du 16. Avril a obtenu l'entière adhésion des Etats dont les noms suivent, savoir

Bade, la Bavière, la Belgique, Brême, le Brésil, le Duché de Brunswick, le Chili, la Confédération Argentine, la Confédération Germanique, le Danemark, les Deux Siciles, la République de l'Equateur, les Etats-Romains, Francfort, la Grèce, Guatemala, Haiti, Hambourg, le Hanovre, les deux Hesses, Lubeck, Mecklembourg-Schwerin, Mecklembourg-Strelitz, Nassau, Oldenbourg, Parme, les Pays-Bas, le Pérou, le Portugal, la Saxe, Saxe-Altenbourg, Saxe-Cobourg-Gotha, Saxe-Meiningen, Saxe-Weimar, la Suède et la Norvège, la Suisse, la Toscane, le Wurtenberg.

Ces Etats reconnaissent donc avec la France et les autres Puissances signataires du traité de Paris

1. que la course est et demeure abolie,
2. que le pavillon neutre couvre la marchandise ennemie, à l'exception de la contrebande de guerre,
3. que la marchandise neutre, à l'exception de la contrebande de guerre, n'est pas saisissable sous pavillon ennemie,
4. enfin, que les blocus, pour être obligatoires, doivent être effectifs, c'est-à-dire, maintenus par une force suffisante pour interdire réellement l'accès du littoral ennemie.

Le Gouvernement de l'Uruguay a donné également son entier assentiment à ces quatre principes, sauf ratification du pouvoir législativ.

L'Espagne, sans accéder à la déclaration du 16. Avril, à cause du premier point, qui concerne l'abolition de la course, a répondu qu'elle s'appropriait les trois autres. Le Mexique a fait la même réponse. Les Etats-Unis seraient prêts de leur côté à accorder leur adhésion, s'il était ajouté à l'énoncé de l'abolition de la course que la propriété privée des sujets ou citoyens des nations belligérantes serait exempte de saisie sur mer de la part des marines militaires respectives.

Sauf ces exceptions, tous les cabinets ont adhéré sans reserve aux quatre principes qui constituent la déclaration du Congrès de Paris et ainsi se trouve consacré dans le droit international de la presque totalité des Etats de l'Europe et de l'Amérique un progrès auquel le Gouvernement de Votre Majesté, continuant l'une des plus honorables traditions de la politique française, peut se féliciter d'avoir puissamment contribué.

Afin de constater ces adhésions, je propose à l'Empereur d'autoriser l'insertion au bulletin des lois des notes officielles dans lesquelles elles se trouvent consignées, et si Votre Majesté agrée cette proposition, je ferai publier de la même manière les accessions qui pourront me parvenir ultérieurement.

Je suis avec respect &c. &c.

A. Walewski.

3. Beitrittserklärung des Deutschen Bundes.

Note adressée le 10. juillet 1856, au Ministre de France à Francfort, par le Président de la Diète Germanique au sujet de la déclaration du Congrès de Paris sur les principes de droit maritime.

Le Soussigné a l'honneur de prévenir S. Exc. M. le Comte de Monttessay, Envoyé Extraordinaire et Ministre Plénipotentiaire de S. M. l'Empereur des Français, que la Haute-Diète a pris connaissance avec le plus vif intérêt de la communication que S. Exc. a bien voulu lui faire relativement à la déclaration signée à Paris, le 16. avril dernier, concernant l'interprétation et l'application du droit maritime en temps de guerre.

Conformément à l'invitation qui est exprimée, ainsi qu'aux propositions faites conjointement par les Gouvernements de S. M. l'Empereur d'Autriche et de S. M. le Roi de Prusse et aux communications faites de la part des légations de S. M. B. et de S. M. l'Empereur de Russie, la Haute-Diète a pris, dans sa séance d'aujourdhui, la décision dont le Soussigné a l'honneur de transmettre ci-joint une copie.

Il saisit avec plaisir cette occasion de renouveler à S. Excellence les assurances de sa plus haute considération.

Annexe.

Traduction d'une Résolution de la Diète Germanique du 10. juillet 1856.

La Diète Germanique a décidé:

En appréciant et en reconnaissant pleinement le contenu et les fins de la déclaration concernant l'interprétation et l'application du droit maritime en temps de guerre, que les plénipotentiaires réunis au Congrès de paix de Paris ont signée comme annexe du vingt-quatrième protocole des Conférences, et par laquelle a été arrêté ce qui suit:

(Folgen die 4 Sätze der Deklaration — siehe oben S. 54.)

De se rendre à l'invitation qui lui a été faite de la part de l'Autriche et de la Prusse, ainsi que des Cours de France, de la Grande-Bretagne et de Russie, d'adhérer à cette déclaration et par conséquent d'y accéder au nom de la Confédération Germanique.

4. Beitrittserklärung Brasiliens.

— — — le Gouvernement Impérial adhère entièrement aux principes de droit maritime établis par les Conférences de Paris, à savoir:

(Folgen die 4 Sätze der Deklaration — siehe oben S. 54.)

L'humanité et la justice doivent certainement au Congrès de Paris une grande amélioration apportée à la loi commune des nations; mais au nom des mêmes principes, on peut encore demander aux Puissances signataires du traité du 30. Mars 1856, comme complément de son œuvre de justice et de civilisation, la conséquence salutaire que renferment ces maximes qu'elles ont proclamées. Cette conséquence est que, toute propriété particulière inoffensive, sans exception, des navires marchands, doit être placée sous la protection du droit maritime à l'abri des attaques des croiseurs de guerre. — Le Gouvernement Impériale adhère en cela à l'invitation des Etats-Unis d'Amerique et, dans l'espoir que la modification proposée par cette Puissance au premier des principes proclamés par le Congrès de Paris se réalisera, se déclare dès à présent disposé à l'admettre comme la complète expression de la nouvelle juridiction internationale.

E. Vorbereitende Dokumente (1854).

Vorbemerkung:

Nicht nur für die geschichtliche und politische, sondern auch für die völkerrechtliche Beurteilung und für die praktische Anwendung der Pariser Deklaration ist die Kenntnis der Vorgänge des Jahres 1854 von Bedeutung, auf denen tatsächlich die Deklaration beruht und als deren reife Frucht sie dem Pariser Kongreß 1856 in den Schoß fiel. Es handelt sich um folgendes:

Als im Jahre 1854 England und Frankreich sich gegen Rußland verbündeten und sich anschickten, gemeinsam einen Seekrieg zu führen, standen sie der problematischen Tatsache gegenüber, daß die beiden Verbündeten in bezug auf das Prisenrecht gegenüber Neutralen diametral entgegengesetzte Grundsätze vertraten.

Frankreich hielt seit der bewaffneten Neutralität von 1780 an der Maxime fest: Die Flagge deckt die Ladung („Frei Schiff — frei Gut“).

England dagegen hielt grundsätzlich (unter großer Willkür in der praktischen Anwendung!) an dem alten Recht des Consolato del Mare fest, welches die Wegnahme feindlichen Gutes auch auf neutralen Schiffen gestattete („Frei Schiff — unfrei Gut").

Dieser alte Gegensatz der Verbündeten war in dem von ihnen gemeinsam geführten Kriege nicht aufrecht zu erhalten. Die Neutralen hätten sich bei einer zwiespältigen Praxis wahrscheinlich weder die englischen noch die französischen Grundsätze gefallen lassen. Namentlich mußte England Verwickelungen mit den Vereinigten Staaten fürchten.

Als daher die französische Regierung vorschlug, für die Dauer des Krieges einheitliche französisch-englische Prisengrundsätze wenigstens in Form von Instruktionen an die Admirale aufzustellen, begegnete dieser Gedanke in England zwar nicht freudiger Geneigtheit, aber doch verständiger Bereitwilligkeit. — Durch eine Note vom 14. März 1854 teilte Lord Cowley einen Entwurf mit, wonach England sein Durchsuchungsrecht darauf beschränken wolle, daß die Nationalität der Schiffe sowie das Vorhandensein der Konterbande und feindlicher Depeschen geprüft werde, keine Kaperbriefe ausstellen und zugeben wolle a) daß die Flagge die Ladung decke, b) daß die neutrale Ware unter feindlicher Flagge unverletzlich sei.

Damit hatte England nicht nur ein jahrhundertelang festgehaltenes Prinzip preisgegeben, sondern war noch hinausgegangen über die französiche Liberalität. Denn nach Frankreichs Praxis war jedes neutrale Privateigentum unter feindlicher Flagge verfallen.

Die Grundsätze, welche am 14. März 1854 England vorschlug, sind identisch mit der späteren Seerechtsdeklaration.

Frankreich (welches — unter dem moralischen Beistand Amerikas — jene Grundsätze schon im voraus gebilligt hatte) akzeptierte den englischen Vorschlag, welcher in Gestalt der beiden nachfolgend unter a) und c) abgedruckten identischen Proklamationen ausgeführt wurde.

a) Die englische Deklaration vom 28. März 1854.

(Abgedruckt in „Sammlung offizieller Aktenstücke in bezug auf Schiffahrt und Handel in Kriegszeiten", herausgegeben von Adolph Soetbeer. Hamburg (Herold) 1855, Heft I, S. 9, nach „Supplement to the London Gazette, 28. March 1854".)

Declaration.

Her Majesty the Queen of the United Kingdom of Great Britain and Ireland, having been compelled to take up arms in support of an ally, is desirous of rendering the war as little onerous as possible to the Powers with whom she remains at peace.

To preserve the commerce of neutrals from all unnecessary obstruction, her Majesty is willing, for the present, to waive a part of the belligerent rights appertaining to her by the law of nations.

It is impossible for her Majesty to forego the exercise of her right of seizing articles contraband of war, and of preventing neutrals from bearing the enemy's despatches, and she must maintain the right of a belligerent to prevent neutrals from breaking any effective blockade which may be established with an adequate force against the enemy's forts, harbours, or coasts.

But her Majesty will waive the right of seizing enemy's property laden on board a neutral vessel, unless it be contraband of war.

It is not her Majesty's intention to claim the confiscation of neutral property, not being contraband of war, found on board enemy's ships, and her Majesty further declares that, being anxious to lessen as much as possible the evils of war, and to restrict its operations to the regularly organised forces of the country, it is not her present intention to issue letters of marque for the commissioning of privateers.

Westminster, March 28, 1854.

b) Order in Council vom 15. April 1854.

(Abgedruckt a. a. O. S. 17.)

At the Court at Windsor, the 15th day of April, 1854.

Present, the Queen's Most Excellent Majesty in Council.

Whereas her Majesty was graciously pleased, on the 28th day of March last, to issue her Royal Declaration in the following terms: —

Her Majesty the Queen of the United Kingdom of Great Britain and Ireland, having been compelled to take up arms in support of an ally, is desirous of rendering the war as little onerous as possible to the powers with whom she remains at peace.

To preserve the Commerce of Neutrals from all unnecessary obstruction, her Majesty is willing, for the present, to waive apart of the belligerent rights appertaining to her by the law of nations.

It is impossible for her Majesty to forego the exercise of her rights of seizing articles contraband of war, and of preventing neutrals from bearing the enemy's despatches, and she must maintain the right of a belligerent to prevent neutrals from breaking any effective blockade which may be established with an adequate force against the enemy's forts, harbours, or coasts.

But her Majesty will waive the right of seizing enemy's property laden on board a neutral vessel, unless it be contraband of war.

It is not her Majesty's intention to claim the confiscation of neutral property, not being contraband of war, found on board enemy's ships; and her Majesty further declares that, being anxious to lessen as much as possible the evils of war, and to restrict its operations to the regularly organised forces of the country, it is not her present intention to issue letters of marque for the commissioning of privateers.

Now it is this day ordered, by and with the advice of her Privy Council, that all vessels under a neutral or friendly flag, being neutral or friendly property, shall be permitted to import into any port or place in her Majesty's dominions all goods and merchandise whatsoever, to whomsoever the same may belong, and to export from any port or place in her Majesty's dominions to any port not blockaded any cargo or goods, not being contraband of war, or not requiring a special permission, to whomsoever the same may belong.

And her Majesty is further pleased, by and with the advice of her Privy Council, to order, and it is hereby further ordered that, save and except only as aforesaid, all the subjects of her Majesty and the subjects or citizens of any neutral or friendly State shall and may, during and notwithstanding the present hostilities with Russia, freely trade with all ports and places wheresoever situate, which shall not be in a state of blockade, save and except that no British vessel shall under any circumstances whatsoever, either under or by virtue of this Order, or otherwise, be permitted or empowered to enter or communicate with any port or place which shall belong to or be in the possession or occupation of her Majesty's enemies.

And the Right Hon. the Lords Commissioners of her Majesty's Treasury, the Lords Commissioners of the Admiralty, the Lord Warden of the Cinque Ports, and her Majesty's Principal Secretary of State for War and the Colonies, are to give the necessary directions herein as to them may respectively appertain.

c) Die französische Deklaration vom 29. März 1854.

(Abgedruckt a. a. O. S. 21.)

Déclaration relative aux neutres, aux lettres de marque, etc.

S. M. l'Empereur des Français, ayant été forcée de prendre les armes pour secourir un allié, désire rendre la guerre aussi peu onéreuse que possible aux puissances avec lesquelles elle demeure en paix.

Afin de garantir le commerce des neutres de toute entrave inutile, Sa Majesté consent pour le présent à renoncer à une partie des droits qui lui appartiennent comme puissance belligérante, en vertu du droit des gens.

Il est impossible à Sa Majesté de renoncer à l'exercice de son droit de saisir les articles de contrebande de guerre, et d'empêcher les neutres de transporter les dépêches de l'ennemi. Elle doit aussi maintenir intact son droit, comme puissance belligérante, d'empêcher les neutres de violer tout blocus effectif qui serait mis, à l'aide d'une force suffisante, devant les forts, les rades ou côtes de l'ennemi.

Mais les vaisseaux de Sa Majesté ne saisiront pas la propriété de l'ennemi chargée à bord d'un bâtiment neutre, à moins que cette propriété ne soit contrebande de guerre.

Sa Majesté ne compte pas revendiquer le droit de confisquer la propriété des neutres trouvée à bord des bâtiments ennemis.

Sa Majesté déclare en outre que, mue par le désir de diminuer autant que possible les maux de la guerre et d'en restreindre les opérations aux forces régulièrement organisées de l'Etat. elle n'a pas pour le moment l'intention de délivrer des lettres de marque pour autoriser les armements en course.

Diese Deklaration wurde mit folgendem Immediatbericht als Einleitung veröffentlicht:

Rapport a l'Empereur.

Sire,

A une époque où les relations maritimes et les intérêts commerciaux occupent une si large place dans l'existence des peuples, il est du devoir d'une nation qui se trouve contrainte à faire la guerre de prendre les mesures nécessaires pour en adoucir autant que possible les effects, en laissant au commerce des peuples neutres toutes les facilités compatibles avec cet état d'hostilité auquel ils cherchent à demeurer étrangers.

Mais il ne suffit pas que les belligérants aient la pensée intime de respecter toujours les droits des neutres; ils doivent de plus s'efforcer de calmer, par avance, ces inquiétudes que le commerce est toujours si prompt à concevoir, en ne laissant planer aucun doute sur les principes qu'ils entendent appliquer.

Un règlement sur les devoirs des neutres pourrait paraître une sorte d'atteinte à la souveraineté des peuples qui veulent garder la neutralité; une déclaration spontanée des principes auxquels un belligérant promet de conformer sa conduite semble, au contraire, le témoignage le plus formel qu'il puisse donner de son respect pour les droits des autres nations.

C'est dans cette pensée qu'après m'être concerté avec le gouvernement de Sa Majesté Britannique, j'ai l'honneur de soumettre à la haute approbation de Votre Majesté la déclaration suivante.

Je suis avec respect, Sire, de Votre Majesté, le très-humble et très-obéissant serviteur et fidèle sujet,

Drouyn de Lhuys.

Approuvé:

Napoléon.

Paris, le 29 mars 1854.

V. „Marcy's Amendment" 1856 ff.*)

a) Staatssekretär W. L. Marcy an die Gesandten in Brüssel, Neapel, Madrid, Stockholm, Kopenhagen, Lissabon, Mexiko, Nicaragua, Bogota, Caraccas, Rio de Janeiro, Buenos Ayres, Santiago de Chile, Lima, Quito, La Paz und Hawaii. — (Bedenken gegen die Annahme der Pariser Deklaration.)

Abgedruckt: Beilage zum „Staatsarchiv" 1866 S. 8 ff.

Department of State, Washington, July 14, 1856.

Sir: The diplomatic representatives of several of the European powers, which were parties to the late Paris conference, have very recently presented to this government „the declaration relative to neutral rights" adopted at that conference, and, on behalf of their governments, asked the adhesion of the United States to it. It is presumed that the same course has been adopted by the confederated powers towards other nations. The United States have learned, with sincere regret, that, in one or two instances, the four propositions, with all the conditions annexed, have been promptly, and this government cannot but think unadvisedly, accepted without restriction or qualification.

It is well known that the United States, about two years since, opened negotiations with maritime nations for the general adoption of the second and third propositions contained in the Paris declaration, and that the fourth is but the enunciation of a principle of international law now universally recognised. The conditions which are to

*) Die Vereinigten Staaten lehnten den Beitritt zur Pariser Deklaration ab, auf Grund des Standpunktes, daß Handelsstaaten, welche die Lasten starker Marine nicht tragen könnten oder wollten, auf das Recht der Kaperei nur dann verzichten dürften, wenn auch das Kaperrecht der Kriegsschiffe aufgehoben, d. h. das Privateigentum zur See grundsätzlich für unverletzlich erklärt werde. Dieser Standpunkt fand seinen schärfsten Ausdruck in dem sog. „Marcy's Amendment", welches mit der sog. „Note Marcys an Sartiges" vom 28. Juli 1856 (abgedruckt S. 71 ff.) den Signatarmächten der Pariser Seerechtsdeklaration unterbreitet wurde.

Dieser Note ging am 14. Juli 1856 eine andere (abgedruckt S. 69 ff.) voraus, welche die von den Signatarmächten zum Beitritt aufgeforderten Staaten vor dem Beitritt warnte.

Diese beiden Noten werden hier nicht nur wegen ihrer historischen Bedeutung, sondern wegen ihres völkerrechtspolitischen Inhaltes, nämlich als typische Kritik des durch den ersten Satz der Pariser Deklaration begründeten Rechtszustandes abgedruckt.

Aus der Literatur ist darüber namentlich zu vergleichen:

Kapp in dem S. 22 bezeichneten Werk S. 153 ff. und Moore VII 571 ff.

accompany the acceptance of the propositions of the Paris conference will, as a necessary consequence, defeat the negotiations of the United States for the adoption of the second and third of the series with every power which has adhered, or may determine to adhere, to „the declaration". In the first place, all the four propositions must be taken, or none; and second, they must be taken not only indivisibly, but with the surrender of an important attribute of sovereignty — that of negotiating with any nation on the subject of neutral rights, unless such negotiations embrace all the propositions contained in the Paris „declaration". Any nation might well hesitate before making such a surrender.

Some of the powers which are parties to that „declaration" and many which are invited to concur in it, are under solemn treaty stipulations with the United States, and it is presumed they are with other nations, in which the right to resort to privateers is not only recognised, but the manner of employing them is regulated with great particularity. How the proposed new engagement can be reconciled with the faithful observance of existing treaty stipulations on the subject cannot easily be perceived.*)

I shall not, in this dispatch, remark upon the incompatibility of these obligations, nor shall I now exhibit the views which this government entertains of the fatal consequences likely to result from the new doctrine now attempted to be introduced into the maritime code to most commercial nations, and especially to those which are not burdened, or may not choose to burden themselves, with large naval establishments.

The right of a commercial state, when unhappily involved in war, to employ its mercantile marine for defence and aggression, has heretofore proved to be an essential aid in checking the domination of a belligerent possessed of a powerful navy. By the surrender of that uncontested right, one legitimate mode of defence is parted with for a like surrender places the weaker nation more completely at the mercy of the stronger. While the former loses, the latter gains by the mutual surrender, and the freedom of the seas is much more completely given up to a few great powers which have the means and disposition to maintain large navies. This government will more fully develop its views as to the operation of the first principle of the Paris „declaration" — that in relation to the abandonment of the right to issue letters of marque — in its reply to those powers which have invited its concurrence in that „declaration". The measure. unless it gives a full application to the principle upon which it is based, and is made to withdraw private property upon the ocean from seizure by public armed vessels, as well as by privateers, will be

*) Hierzu ist zu vergleichen der letzte Satz des Protokolls Nr. XXIV vom 16. April 1856 — s. oben S. 58 —.

exceedingly injurious to the commerce of all nations which do not occupy the first rank among naval powers.

I am directed by the President to instruct you to present this general view of the subject to the government to which you are accredited, in the hope that it may be induced to hesitate in acceding to a proposition which is here conceived to be fraught with injurious consequences to all but those powers which already have, or are willing to furnish themselves with powerful navies.

I am, Sir, jour obedient servant,

W. L. Marcy.

b) Staatssecretär W. L. Marcy an die Gesandten Frankreichs, Rußlands, Preußens, Österreichs und Sardiniens in Washington. — (Erwiderung auf die Aufforderung*) zum Beitritt zu der Pariser Declaration.)

Abgedruckt: Beilage zum „Staatsarchiv" 1866 S. 9 ff.

Department of State, Washington, July 28, 1856.

The undersigned, Secretary of State of the United States, has laid before the President „the declaration concerning maritime law", adopted by the plenipotentiaries of Great Britain, Austria, France, Prussia, Russia, Sardinia, and Turkey, at Paris, on the 16th of April, 1856, which the Count de Sartiges, envoy extraordinary and minister plenipotentiary of France, has presented, in behalf of the Emperor of the French, to the government of the United States, for the purpose of obtaining its adhesion to the principles therein contained.

Nearly two years since, the President submitted, not only to the powers represented in the late congress at Paris, but to all other maritime nations, the second and third propositions contained in that „declaration", and asked their assent to them as permanent principles of international law. The propositions thus submitted by the President were:

„1. That free ships make free goods — that is to say, that the effects or goods belonging to subjects or citizens of a power or state at war are free from capture or confiscation when found on board of neutral vessels, with the exception of articles contraband of war."

„2. That the property of neutrals on board an enemy's vessel is not subject to confiscation, unless the same be contraband of war."

It will be perceived that these propositions are substantially the same as the second and third in the „declaration" of the Congress at Paris. Four of the governments with which negotiations were opened on the subject by the United States have signified their acceptance of the foregoing propositions. Others were inclined to defer acting on them until the return of peace should furnish a more auspicious time for considering such international questions. The proceeding of the

*) Siehe oben S. 59 ff.

congress of the plenipotentiaries at Paris will, as a necessary consequence, defeat the pending negotiations with the United States, if the two following propositions, contained in protocol Nr. 24, are acceded to: first, that the four principles shall be indivisible; and second, that the powers which have signed or may accede to the „declaration“ shall not enter into any arrangement, in regard to the application of the right of neutrals in time of war, which does not, at the same time, rest on the four principles which are the object of said „declaration“. As the indivisibility of the four principles and the limitation upon the sovereign attribute of negotiating with other powers are not a part of the „declaration“, any nation is at liberty to reject either or both, and to act upon the „declaration“ without restriction, acceding to it in whole or in part. In deliberating on this important subject, it behooves all powers to consider, and, if they think proper, to act upon this distinction. All the powers which may accede to that „declaration“ and the subsequent restrictions contained in the 24th protocol, will assume an obligation which takes from them the liberty of assenting to the propositions submitted to them by the United States, unless they at the same time surrender a principle of maritime law which has never been contested — the right to employ privateers in time of war.

The second and third principles set forth in the „declaration“, being those submitted to other maritime powers for adoption, by this government, it is most anxious to see incorporated, by general consent, into the code of maritime law, and thus placed beyond future controversy or question. Such a result, securing so many advantages to the commerce of neutral nations, might have been reasonably expected, but for the proceedings of the congress at Paris, which require them to be purchased by a too costly sacrifice — the surrender of a right which may well be considered as essential to the freedom of the seas.

The fourth principle contained in the „declaration“, namely: „Blockades, in order to be binding, must be effective — that is to say, maintained by a force sufficient really to prevent access to the coast of the enemy“, can hardly be regarded as one falling within that class with which it was the object of the congress to interfere; for this rule has not, for a long time, been regarded as uncertain, or the cause of any „deplorable disputes“. If there have been any disputes in regard to blockades, the uncertainty was about the facts, but not the law. Those nations which have resorted to what are appropriately denominated „paper blockades“, have rarely, if ever, undertaken afterwards to justify their conduct upon principle; but have generally admitted the illegality of the practice, and indemnified the injured parties. What is to be adjuged „a force sufficient really to prevent access to a coast of the enemy“, has often been a severely contested question; and certainly the declaration, which merely reiterates a general undisputed maxim of maritime law, does nothing towards relieving the subject of blockade from that embarassment.

What force is requisite to constitute an effective blockade remains as unsettled and as questionable as it was before the congress at Paris adopted the „declaration".

In regard to the right to employ privateers, which is declared to be abolished by the first principle put forth in the „declaration", there was, if possible, less uncertainty. The right to resort to privateers is as clear as the right to use public armed ships, and as incontestable as any other right appertaining to belligerents. The policy of that law has been occassionally questioned, not, however, by the best authorities; but the law itself has been universally admitted, and most nations have not hesitated to avail themselves of it; it is as well sustained by practice and public opinion as any other to be found in the maritime code.

There is scarcely any rule of international law which particular nations in their treaties have not occasionally suspended or modified in regard to its application to themselves. Two treaties, only, can be found in which the contracting parties have agreed to abstain from the employment of privateers in case of war between them. The first was a treaty between the King of Sweden and the States General of the United Provinces, in 1675. Shortly after it was concluded the parties were involved in war, and the stipulation concerning privateers was entirely disregarded by both. The second was the treaty of 1785,*) between the United States and the King of Prussia. When this treaty was renewed, in 1799,**) the clause stipulating not to resort to privateering was omitted. For the last half century there has been no arrangement, by treaty or otherwise, to abolish the right, until the recent proceedings of the plenipotentiaries at Paris.

By taking the subject of privateering into consideration, that congress has gone beyond its professed object, which was, as it declared, to remove the uncertainty on points of maritime law, and thereby prevent „differences of opinion between neutrals and belligerents, and, consequently, serious difficulties and even conflicts". So far as the principle in regard to privateering is concerned, the proceedings of the congress are in the nature of an act of legislation, and seek to change a well settled principle of international law.

The interest of commerce is deeply concerned in the establishment of the two principles which the United States had submitted to all maritime powers; and it is much to be regretted that the powers represented in the congress at Paris, fully approving them, should have endangered their adoption by uniting them to another inadmissible principle, and making the failure of all the necessary consequence of the rejection of any one. To three of the four principles contained in the „declaration", there would not probably be a serious objection

---

*) Siehe oben S. 22 ff.
**) Siehe oben S. 27 ff.

from any quarter; but to the other a vigorous resistance must have been anticipated.

The policy of the law which allows a resort to privateers has been questioned for reasons which do not command the assent of this government. Without entering into a full discussion on this point, the undersigned will confront the ordinary and chief objection to that policy, by authority which will be regarded with profound respect, particularly in France. In a commentary on the French ordonnance of 1681, Valin says:

„However lawful and time-honored this mode of warfare may be, it is, nevertheless, disapproved of by some pretended philosophers. According to their notions, such is not the way in which the state and the sovereign are to be served; whilst the profits which individuals may derive from the pursuits are illicit, or at least disgraceful. But this is the language ot bad citizens, who under the stately mask of a spurious wisdom, and of a craftily sensitive conscience, seek to mislead the judgment by a concealment of the secret motive which gives birth to their indifference for the welfare and advantage of the state. Such are as worthy of blame, as are those entitled to praise. who generously expose their property and their lives to the dangers of privateering."

In a work of much repute, published in France almost simultaneously with the proceedings of the congress at Paris, it is declared that "the issuing of letters of marque, therefore, is a constantly customary belligerent act. Privateers are bona fide war vessels, manned by volunteers, to whom, by way of reward, the sovereign resigns such prizes as they make, in the same manner as he sometimes assigns to the land forces a portion of the war contributions levied on the conquered enemy". — (Pistoye et Duverdy, des Prises Maritimes.)

It is not denied that annoyances to neutral commerce, and even abuses, occasionally resulted from the practice of privateering; such was the case formerly more than in recent times; but when it is a question of changing a law, the incidental evils are to be considered in connexion with its benefits and advantages. If these benefits and advantages can be obtained in any other way, without injury to other rigths, these occasional abuses may then justify the change, however ancient or firmly established may be the law.

The reasons which induced the Congress at Paris to declare privateering abolished are not stated, but they are presumed to be only such as are usually urged against the exercise of that belligerent right.

The prevalence of Christianity and the progress of civilization have greatly mitigated the severity of the ancient mode of prosecuting hostilities. War is now an affair of governments. „It is the public authority which makes and carries on war; individuals are not permitted to take part in it, unless authorized to do so by their government." It is a generally received rule of modern warfare, so far at least as operations upon land are concerned, that the persons and effects of non-combattants are to be respected. The wanton pillage or uncompensated appropriation of individual property by an army, even, in possession of an ennemy's country, is against the usage of modern times. Such a mode of proceeding at this day would be condemned by the enlightened judgment of the world, unless warranted by special circumstances. Every consideration which upholds this sentiment, in regard to the conduct of a war on land, favors the application of the same rule to the persons and property of citizens of the belligerents found upon the ocean.

It is fair to presume that the strong desire to ameliorate the severe usages of war by exempting private property upon the ocean from hostile seizure, to the extent it is usually exempted on land, was the chief inducement which led to „the declaration", by the congress at Paris, that „privateering is, and remains, abolished".

The undersigned is directed by the President to say, that to this principle of exempting private property upon the ocean, as well as upon the land, applied without restriction, he yields a most ready and willing assent. The undersigned cannot better express the President's views upon the subject, than by quoting the language of his annual message to Congress, of December 4, 1854:

„The proposition to enter into engagements to forego a resort to privateers, in case this country should be forced into a war with a great naval power, is not entitled to more favorable consideration than would be a proposition to agree not to accept the services of volunteers for operations on land. When the honor or rights of our country require it to assume a hostile attitude, it confidently relies upon the patriotism of its citizens, not ordinarily devoted to the military profession, to augment the army and navy, so as to make them fully adequate to the emergency which calls them into action. The proposal to surrender the right to employ privateers is professedly founded upon the principle that private property of unoffending non-combatants, though enemies, should be exempt from the ravages of war; but the proposed surrender goes but little way in carrying out that principle, which equally requires that such private property should not be seized or molested by national ships of war. Should the leading powers of Europe concur in proposing, as a rule of international law, to exempt private property, upon the ocean, from seizure by public armed cruisers as well as by privateers, the United States will readily meet them on that broad ground."

The reasons in favor of the doctrine that private property should be exempted from seizure in the operations of war are considered in this enlightened age so controlling as to have secured its partial adoption by all civilized nations; but it would be difficult to find any substantial reasons for the distinction now recognised in its application to such property on land, and not to that which is found upon the ocean.

If it be the ocject of the declaration adopted at Paris to abolish this distinction, and to give the same security from the ravages of war to the property of belligerent subjects on the ocean, as is now accorded to such property upon the land, the congress at Paris has fallen short of the proposed result, by not placing individual effects of belligerents beyond the reach of public armed ships as well as privateers. If such property is to remain exposed to seizure by ships belonging to the navy of the adverse party, it is extremely difficult to perceive why it should not, in like manner, be exposed to seizure by privateers, which are in fact but another branch of the public force of the nation commissioning them.

If the principle of capturing private property on the ocean and condemning it as prize of war be given up, that property would and of right ought to be as secure from molestation by public armed vessels as by privateers; but if that principle be adhered to, it would be worse than useless to attempt to confine the exercise of the right of capture to any particular description of the public force of the belligerents. There is no sound principle by which such a distinction can be sustained; no capacity which could trace a definite line of separation proposed to be made; and no proper tribunal to which a disputed question on that subject could be referred for adjustment. The pretence that the distinction may be supported upon the ground that ships not belonging permanently to a regular navy are more likely to disregard the rights of neutrals than those which do belong to such a navy, is not well sustained by modern experience. If it be urged that a participation in the prizes is calculated to stimulate cupidity, that, as a peculiar objection, is removed by the fact that the same passion is addressed by the distribution of prize money among the officers and crews of ships of a regular navy. Every nation which authorizes privateers is as responsible for their conduct as it is for that of its navy, and will, as a matter of prudence, take proper precaution and security against abuses.

But if such a distinction were to be attempted, it would be very difficult, if not impracticable, to define the particular class of the public maritime force which should be regarded as privateers. „Deplorable disputes", more in number and more difficult of adjustment, would arise from an attempt to discriminate between privateers and public armed ships.

If such a discrimination were attempted, every nation would have an undoubted right to declare what vessels should constitute its navy, and what should be requisite to give them the character of public armed ships. These are matters which could not be safely or prudently left to the determination or supervision of any foreign power, yet the decision of such controversies would naturally fall into the hands of predominant naval powers, which would have the ability to enforce their judgments. It cannot be offensive to urge weaker powers to avoid as far as possible such an arbitrament, and to maintain with firmness every existing barrier against encroachments from such a quarter.

No nation which has a due sense of self-respect will allow any other, belligerent or neutral, to determine the character of the force which it may deem proper to use in prosecuting hostilities; nor will it act wisely if it voluntarily surrenders the right to resort to any means, sanctioned by international law, which, under any circumstances, may be advantageously used for defence or aggression.

The United States consider powerful navies and large standing armies, as permanent establishments, to be detrimental to national prosperity and dangerous to civil liberty. The expense of keeping them up is burdensome to the people; they are, in the opinion of this government, in some degree, a menace to peace among nations. A large force, ever ready to be devoted to the purposes of war, is a temptation to rush into it. The policy of the United States has ever been, and never more than now, adverse to such establishments; and they can never be brought to acquiesce in any change in international law which may render it necessary for them to maintain a powerful navy or large regular army in time of peace. If forced to vindicate their rights by arms, they are content, in the present aspect of international relations, to rely, in military operations on land, mainly upon volunteer troops, and for the protection of their commerce in no inconsiderable degree upon their mercantile marine. If this country were deprived of these resources, it would be obliged to change its policy and assume a military attitude before the world. In resisting an attempt to change the existing maritime law that may produce such a result, it looks beyond its own interest, and embraces in its view the interest of all such nations as are not likely to be dominant naval powers. Their situation in this respect is similar to that of the United States, and to them the protection of commerce and the maintenance of international relations of peace appeal as strongly as to this country to withstand the proposed change in the settled law of nations. To such nations the surrender of the right to resort to privateers would be attended with consequences most adverse to their commercial prosperity without any compensating advantages. Most certainly no better reasons can be given for such a surrender, than for foregoing the right to receive the services of volunteers; and the proposition to abandon the former is entitled, in the judgment of the President, to no more favor than a similar proposition in relation to the latter. This opinion of the importance of privateers to the community of nations, excepting only those of great naval strength, is not only vindicated by history, but sustained by high authority. The following passage in the treatise on maritime prizes, to which I have before referred, deserves particular attention:

„Privateers are especially useful to those powers whose navy is inferior to that of their enemies. Belligerents, with powerful and extensive naval armaments, may cruise upon the seas with their national navies; but should those states, whose naval forces are of less power and extent, be left to their own resources, they could not hold out in a maritime war; whilst by the equipment of privateers they may succed in inflicting upon the enemy an injury equivalent to that which they themselves sustain. Hence governments have frequently been known, by every possible appliance, to favor privateering armaments. It has even occurred that sovereigns, not merely satisfied with issuing letters of marque, have also taken, as it were, an interest in the armament. Thus did Louis the Fourteenth frequently lend out his ships, and sometimes reserve for himself a share in the prizes."

It certainly ought not to excite the least surprise that strong naval powers should be willing to forego the practice, comparatively useless to them, of employing privateers, upon condition that weaker powers agree to part with their most effective means of defending their maritime rights. It is, in the opinion of this government, to be seriously apprehended that if the use of privateers be abandoned, the dominion over the seas will be surrendered to those powers which adopt the policy and have the means of keeping up large navies. The one which has a decided naval superiority would be potentially the mistress of the ocean, and by the abolition of privateering, that domination would be more firmly secured. Such a power engaged in a war with a nation inferior in naval strength, would have nothing to do for the security and protection of its commerce but to look after the ships of the regular navy of its enemy. These might be held in check by one-half, or less, of its naval force, and the other might sweep the commerce of its enemy from the ocean. Nor would the injurious effects of a vast naval superiority to weaker states be much diminished if that superiority was shared among three or four great powers. It is unquestionably the interest of such weaker states to discountenance and resist a measure which fosters the growth of regular naval establisments.

In discussing the effect of the proposed measure — the abolition of privateering — a reference to the existing condition of nations is almost unavoidable. An instance will at once present itself in regard to two nations where the commerce of each is about equal, and about equally widespread over the world. As commercial powers, they approach to an equality; but as naval powers, there is great disparity between them. The regular navy of one vastly exceeds that of the other. In case of a war between them, only an inconsiderable part of the navy of the one would be required to prevent that of the other from being used for defence or aggression, while the remainder would be devoted to the unembarrassed employment of destroying the commerce of the weaker in naval strength. The fatal consequences of this great inequality of naval force between two such belligerents would be in part remedied by the use of privateers; in that case, while either might assail the commerce of the other in every sea, they would be obliged to distribute and employ their respective navies in the work of protection. This statement only illustrates what would be the case, with some modification, in every war where there may be considerable disparity in the naval strength of the belligerents.

History throws much light upon this question. France, at an early period, was without a navy; and in her wars with Great Britain and Spain, both then naval powers, she resorted with signal good effect to privateering, not only for protection, but successful aggression. She obtained many privateers from Holland, and by this force gained decided advantages on the ocean over her enemy. Whilst in that condition, France could hardly have been expected to originate or concur in a proposition to abolish privateering. The condition of many of the smaller states of the world is now, in relation to naval powers, not much unlike that of France in the middle of the sixteenth century. At a later period, during the reign of Louis the Fourteenth, several expeditions were fitted out by him, composed wholly of privateers, which were most effectively employed in prosecuting hostilities with naval powers.

Those who may have at any time a control on the ocean will be strongly tempted to regulate its use in a manner to subserve their own interests and ambitious projects. The ocean is the common property of all nations; and instead of yielding to a measure which will be likely to secure to a few — possibly to one — an ascendency over it, each should pertinaciously retain all the means it possesses to defend the common heritage. A predominand power upon the ocean is more menacing to the well-being of others than such a power on land; and all are alike interested in resisting a measure calculated to facilitate the permanent establishment of such a domination, whether to be wielded by one power or shared among a few others.

The injuries likely to result from surrendering the dominion of the seas to one or a few nations which have powerful navies, arise mainly from the practice of subjecting private property on the ocean to seizure by belligerents. Justice and humanity demand that this practice should be abandoned, and that the rule in relation to such property on land should be extended to it when found upon the high seas.

The President, therefore, proposes to add to the first proposition in the „declaration“ of the congress at Paris the following words: „And that the private property of the subjects or citizens of a belligerent on the high seas shall be exempted from seizure by public armed vessels of the other belligerent, except it be contraband“. Thus amended, the government of the United States will adopt it, together with the other three principles contained in that „declaration“.

I am directed to communicate the approval of the President to the second, third, and fourth propositions, independently of the first. should the amendmend be unacceptable. The amendment is commended by so many powerful considerations, and the principle which calls for it has so long had the emphatic sanction of all enlightened nations in military operations on land, that the President is reluctant to believe it will meet with any serious opposition. Without the proposed modification of the first principle, he cannot convince himself that it would be wise or safe to change the existing law in regard to the right of privateering.

If the amendment should not be adopted, it will be proper for the United States to have some understanding in regard to the treatment of their privateers when they shall have occasion to visit the ports of those powers which are, or may become, parties to the declaration of the congress at Paris. The United States will, upon the ground of right and comity, claim for them the same consideration to which they are entitled; and which was extended to them, under the law of nations, before the attempted modification of it by that congress.

As connected with the subject herein discussed, it is not inappropriate to remark, that a due regard to the fair claims of neutrals would seem to require some modification, if not an abandonment. of the doctrine in relation to contraband trade. Nations which preserve the relations of peace should not be injuriously affected in their commercial intercourse by those which choose to involve themselves in war, provided the citizens of such peaceful nations do not compromise their character as neutrals by a direct interference with the military operations of the belligerents. The laws of siege and blockade. it is believed, afford all the remedies against neutrals that the parties to the war can justly claim. Those laws interdict all trade with the besieged or blockaded places. A further interference with the ordinary pursuits of neutrals, in nowise to blame for an existing state of hostilities, is contrary to the obvious dictates of justice. If this view of the subject could be adopted, and practically observed by all civilized nations, the right of search, which has been the source of so much annoyance and of so many injuries to neutral commerce. would be restricted to such cases only as justified a suspicion of an attempt to trade with places actually in a state of siege or blockade.

Humanity and justice demand that the calamities incident to war should be strictly limited to the belligerents themselves, and to those who voluntarily take part with them; but neutrals abstaining in good faith from such complicity ought to be left to pursue their ordinary trade with either belligerent, without restrictions in respect to the articles entering into it.

Though the United States do not propose to embarrass the other pending negotiations relative to the rights of neutrals, by pressing this change in the law of contraband, they will be ready to give it their sanction whenever there is a prospect of its favorable reception by other maritime powers,

The undersigned avails himself of this opportunity to renew to . . . the assurance of his high consideration.

W. L. Marcy.

c) Entwurf zu einem Vertrage, von der amerikanischen Regierung im Februar 1857 den amerikanischen Gesandtschaften bei den europäischen Großmächten mitgeteilt.

Abgedruckt: Beilage zum „Staatsarchiv“ 1866 S. 19 ff.

The United States of America, and
animated by a common desire to render more intimate the relations of friendship and good understanding, now so happily subsisting between them, and more especially to establish these relations in accordance with the present state and progress of civilization, have mutually resolved to declare by means of a formal convention, the principles of maritime law which the high contracting parties acknowledge as the basis of neutral and belligerent rights at sea, and which they agree to recognize as permanent and immutable and to observe between themseives and with other powers which shall recognize and observe the same towards the parties to this convention.

For this purpose, the President of the United States has conferred full powers on . . . . . and has conferred like powers on . . . . . and said Plenipotentiaries affer having exchanged their full powers found in good and due form, have concluded and signed the following articles:

Article I.

The high contracting parties do hereby agree to observe the following principles as immutable rules of maritime law:

First. That Privateering is and shall remain abolished, and the private property of subjects or citizens of a belligerent on the high seas shall be exempted from seizure by the public armed vessels of the other belligerent, except it be contraband.*)

Second. The neutral flag covers enemy's good with the exception of contraband of war.

Third. Neutral goods, with the exception of contraband of war, are not liable to capture under enemy's flag.

Fourth. Blockades in order to be binding, must be effective; that is to say, maintained by a force sufficient really to prevent access to the coast of the enemy.

*) S. oben S. 79.

Article II.

The high contracting parties do hereby declare that henceforward, in judging of the rights of citizens and subjects of neutral nations, they will observe the principles contained in the foregoing article, and be guided by them; and that all nations which shall stipulate by treaty to accede to the aforesaid principles and observe the same, shall enjoy the rights secured thereby as fully as the powers signing this convention.

This Convention shall be ratified by the President of the United States, by and with the advice and consent of the Senate thereof, and by and the ratifications shall be exchanged at within fifteen months counted from the date of the signature hereof, or sooner if possible.

d) Botschaft des Präsidenten Franklin Pierce an den Kongreß vom 2. Dezember 1856.

(Abgedruckt: Beilage zum „Staatsarchiv" 1866 S. 21 ff.)

Soon after the commencement of the late war in Europe this government submitted to the consideration of all maritime nations, two principles for the security of neutral commerce: one, that the neutral flag should cover enemies' goods, except articles contraband of war, and the other, that neutral property on board merchant vessels of belligerents should be exempt from condemnation, with the exception of contraband articles. These were not presented as new rules of international law; having been generally claimed by neutrals, though not always admitted by belligerents. One of the parties to the war — Russia — as well as several neutral powers, promptly acceded to these propositions; and the two other principal belligerents, Great Britain and France, having consented to observe them for the present occasion, a favorable opportunity seemed to be presented for obtaining a general recognition of them both in Europe and America.

But Great Britain and France, in common with most of the states of Europe, while forbearing to reject, did not affirmatively act upon the overtures of the United States.

While the question was in this position, the representatives of Russia, France, Great Britain, Austria, Prussia, Sardinia, and Turkey, assembled at Paris, took into consideration the subject of maritime rights, and put forth ad eclaration containing the two principles, which this government had submitted, nearly two years before, to the consideration of maritime powers, and adding thereto the following propositions: „Privateering is and remains abolished," and „Blockades in order to be binding, must be effective, that is to say, maintained by a force, sufficient really to prevent access to the coast of the enemy"; and to the declaration thus composed of four points, two of which hat already been proposed by the United States, this government has been invited to accede by all the powers represented at Paris, except Great Britain and Turkey. To the last of the two additional propositions — that in relation to blockades — there can certainly be no objection. It is merely the definition of what shall constitute the effectual investment of a blockaded place, a definition of which this government has always contended, claiming indemnity for losses where a practical violation of the rule thus defined has been injurious to our commerce. As to the remaining article of the declaration of the conference of Paris, „that privateering is and remains abolished", —, I certainly cannot ascribe to the powers represented in the conference of Paris, any but liberal and philanthropic views in the attempt to change the unquestionable rule of maritime law in regard to privateering. Their proposition was doubtless intended to imply approval of the principle that private property upon the ocean, although it might belong to the citizens of a belligerent state, should be exempted from capture; and had that proposition been so framed as to give full effect to the principle, it would have received my ready assent on behalf of the United Staates. But the measure proposed is inadequate to that purpose. It is true that if adopted, private property upon the ocean would be withdrawn from one mode of plunder, but left exposed, meanwhile, to another mode, which could be used with increased effectiveness. The aggressive capacity of great naval powers would be thereby augmented, while the defensive ability of others would be reduced. Though the surrender of the means of prosecuting hostilities by employing privateers, as proposed by the conference of Paris, is mutual in terms, yet, in practical effect, it would be the relinquishment of a right of little value to one class of states, but of essential importance to another and a far larger class. It ought not to have been anticipated that a measure, so inadequate to the accomplishment of the proposed object, and so unequal in its operation, would receive the assent of all maritime powers. Private property would be still left to the depredations of the public armed cruisers.

I have expressed a readiness on the part of this government, to accede to all the principles contained in the declaration of the conference of Paris, provided that the one relating to the abandonment of privateering can be so amended as to effect the object for which, as is presumed, it was intended, the immunity of private property on the ocean from hostile capture. To effect this object, it is proposed to add to the declaration that „privateering is and remains abolished", the following amendment: „And that the private property of subjects and citizens of a belligerent on the high seas, shall be exempt from seizure by the public armed vessels of the other belligerent, except it be contraband." This amendment has been presented not only to the powers which have asked our assent to the declaration to abolish privateering, but to all other maritime states. Thus far it has not been rejected by any, and is favorably entertained by all which have made any communication in reply.

Several of the governments, regarding with favor the proposition of the United States, have delayed definitive action upon it, only for the purpose of consulting with others, parties to the conference of Paris. I have the satisfaction of stating, however, that the Emperor of Russia has entirely and explicitly approved of that modification, and will co-operate in endeavoring to obtain the assent of other powers; and that assurances of a similar purport have been received in relation to the disposition of the Emperor of the French.

The present aspect of this important subject allows us to cherish the hope that a principle so humane in its character, so just and equal in its operation, so essential to the prosperity of commercial nations, and so consonant to the sentiments of this enlightened period of the world, will command the approbation of all maritime powers, and thus be incorporated into the code of international law.

My views on the subject are more fully set forth in the reply of the Secretary of State, a copy of which is herewith transmitted, to the communications on the subject made to this government, especially to the communication of France.*)

Franklin Pierce.

c) Rußlands Antwort auf „Marcy's Amendment“. Der Geschäftsträger in Washington an den Staatssekretär der Vereinigten Staaten.

(Abgedruckt: Beilage zum „Staatsarchiv“ 1866 S. 20 f.)

Imperial Legation of Russia, Washington, Novbr. 28, 1856.

The undersigned, chargé d'affairs of his Majesty the emperor of all the Russias, has the honor, in compliance with the order of his government, of addressing the following communication to the honorable Mr. Marcy, Secretary of State of the United States:

The attention of the Emperor has, in an eminent degree, dwelt on the proposition by which the United States answered the invitation which had been extended to them to accede to the declaration of the 16th of April. His Majesty entirely concurs in the views of the government of the United States which the honorable Mr. Marcy has laid down in his equally lucid as temperate note of the 28th of July. The proposition of the federal government, in the opinion of his Imperial Majesty, deserves so much the more to be taken into consideration that the honorable Secretary of State argues not for the exclusive interests of the United States, but for those of the whole of mankind.

---

*) S. oben S. 71 ff.

The Imperial government would have room for self-gratulation should its concurrence contribute to the adoption of the proposition of the United States, and should all the powers by a common resolution, proclaimed in the face of the world, agree to apply to private property on the seas the same principles of inviolability which belligerents profess for property on land.

The undersigned is accordingly instructed to notify to the honorable Mr. Marcy that his Majesty the Emperor accepts, for his part, the condition under which the United States consent to the abolition of privateering — namely, that the private property of the subjects and citizens of the contracting parties shall in time of war be respected by their respective naval forces, as well as by those of all the powers which may join in this declaration.

The undersigned is equally instructed to declare to the honorable Secretary of State that, should the proposition of the United States become the subject of a collective deliberation, the vote of the imperial cabinet is pledged to them.

The undersigned improves this opportunity to tender to Mr. Marcy the assurance of his very high consideration.

Stoeckl.

The Hon. W. L. Marcy.

d) Bremens Antwort auf „Marcy's Amendment".*

Der Minister-Resident in Washington an den Staatssekretär der Vereinigten Staaten, in Antwort auf die Note vom 28. Juli 1856 an die Unterzeichner des Pariser Friedens.

(Abgedruckt: Beilage zum „Staatsarchiv" 1866 S. 24.)

Bremen Legation, Washington, April 2, 1857.

The undersigned, Minister resident of the Republic of Bremen, has the honor to submit, by order of his Government, the following communication to the Honorable Secretary of State of the United States.

---

*) Das weitere Schicksal der (vielfach auch als „Depesche Marcy's an Sartiges" bezeichneten) Note vom 28. Juli 1856, deren Tendenz sich die Bremische Regierung und Bürgerschaft lebhaft aneignete und dessen Inhalt deswegen in der öffentlichen Diskussion jener Zeit auch als „Bremer Programm" bezeichnet wurde, wird in der Beilage zum „Staatsarchiv" 1866 S. XIII ff. folgendermaßen berichtet. *(Die Anmerkungen der hier folgenden Seiten — 85 bis 104 — sind, ausser den kursiv gedruckten Einschaltungen, Anmerkungen jenes Berichtes):*

„Am 14. Juni 1856 teilte Herr Senator Smidt von Bremen dem Minister-Residenten, Herrn Dr. Schleiden in Washington, mit, der Preußische Gesandte daselbst, Herr von Gerolt, der in Schleiden's Abwesenheit diesen vertreten, habe mit Bezug auf die Pariser Deklaration bemerklich gemacht, es sei die Aufgabe der dieser Erklärung beitretenden Staaten, zum Ersatz für die Verzichtleistung auf das Recht der Privatkaperei dem weiter gehenden Prinzip Geltung zu verschaffen, daß nicht bloß dem neutralen Gut und der neutralen Flagge, sondern überhaupt dem Privateigentum, mit Ausnahme der Kriegs-Kontrebande, selbst wenn es den Untertanen des Feindes angehörig, auf hoher See ganz die gleiche Behandlung und der gleiche Schutz vor feindlicher Wegnahme zuteil werden müsse, wie dies in Landkriegen dem Privateigentum in Feindesland gewährt werde, m. a. W. Abolition des Prisenrechts auch für die Staatskaper, wofern es sich um Privateigentum handelt. „Ohne Frage", schreibt Herr Senator Smidt, „pflichten wir bereitwillig bei." Nur sei das Minus, welches der Pariser Kongreß biete, nicht um des Majus willen zu verschmähen.

Am 6. August 1856 sagte der Amerikanische Unterstaatssekretär des Auswärtigen, Herr General Thomas, dem Vertreter Bremens: „Die Regierung hat diese Note (vom 28. Juli [s. unten Nr. V]) allen ihren Gesandten im Ausland mitgeteilt, mit dem Auftrag aufzufordern, sich dem darin entwickelten Prinzip des Schutzes alles Privateigentums gegen Wegnahme auf offener See anzuschließen und darüber mit den Vereinigten Staaten eine Konvention einzugehen." Er fügte hinzu, die Regierung werde gern sehen, wenn auch die Hansestädte eine solche Vereinbarung eingingen. Dem Bremischen Gesandten schien es nicht zweifelhaft, daß dies dem Interesse der Hansestädte entspräche. Eine andere Frage wäre, ob politische Rücksichten auf die großen Europäischen Seemächte es gestatten oder ratsam erscheinen lassen, auf das Anerbieten einzugehen.

Im Senat zu Washington nahmen, als dieser am 11. August 1856 die Vorlage der von der Regierung in betreff der Pariser Deklaration geführten Korrespondenz verlangte, die Senatoren Mason und Caß Gelegenheit, die Ansicht der Regierung über das Kaperwesen zu verteidigen. (Bremischer Gesandschafts-Bericht, Washington, 15. August 1856.)

Mittels Zirkularnote vom 13. August 1856 teilte das Amerikanische auswärtige Amt den Gesandten der am Pariser Kongreß nicht beteiligt gewesenen Regierungen die Note vom 28. Juli mit, „in order that, before deciding upon the subject, it may have an opportunity of taking into consideration the reasons assigned by the President for declining to accede to the proposition of the Powers adverted to". (Bremischer Ges.-Ber., Washington, 19. Aug. 1856.)

In England fand der Vorschlag der Vereinigten Staaten keine günstige Aufnahme. Die ministeriellen Blätter nannten ihn eine „unerhörte Zumutung". Nur die Times gaben die Unvollständigkeit der Pariser Deklaration zu und meinten, England hätte keinen Grund, einer Ausdehnung dieser Prinzipien entgegenzutreten, welche den Handel auch in Kriegszeiten sicher stellen würde; England als die größte Handelsmacht wäre am meisten dabei interessiert, daß der Handel vor allen Störungen bewahrt würde; aber gerade aus diesem Grunde wären Nachbarstaaten, welche Englands Handelsgröße noch immer mit Eifersucht ansähen, gegen die volle Durchführung des Prinzips gewesen und hätte man sich mit dem Kapereiverbot begnügen müssen: da nun aber die Vereinigten Staaten zum erstenmal ein so wichtiges Prinzip aufstellten, stände zu hoffen, daß die Frage ernstlich erwogen werden würde. (Brem. Ges.-Ber., London, 23. August 1856.) Lord Palmerston aber überraschte die Welt durch eine am 7. November 1856 zu Liverpool gehaltene Rede, worin er die Hoffnung aussprach, „that these relaxations of former doctrines .... which have since been ratified by formal engagements, may perhaps be still farther extended and that in the course of time those principles of war which are applied to hostilities by land may be extended without exception to hostilities by sea, so that private property may no longer be the object of aggression on other side". Diese wenn auch hypothetischen Worte, „doch im Munde des Premier-Ministers" schienen dem Hanseatischen Gesandten in London die dereinstige Ausführung zu verbürgen. (Bericht vom 14. November 1856.) In drei Briefen vom 8. November, 8. und 15. Dezember 1856 sprach sich Richard Cobden zugunsten des Marcy'schen Amendements aus (*s. unten S. 105 ff.*).

In Frankreich zeigte sich volle Geneigtheit, „diesem großartigen von den Vereinigten Staaten verlangten Prinzip beizutreten". Eine Note vom 14. September 1856, welche der Amerikanische Gesandte in Paris, Herr Mason, an den Grafen Walewski gerichtet, entwickelte in musterhafter Form die Vorschläge der Vereinigten Staaten. Am 11. November schien der Abschluß einer Konvention zwischen Frankreich und Nordamerika „sehr nahe". „Graf Walewski hat sich darüber vorläufig ohne Zweifel mit England verständigt und Lord Palmerston, durch Frankreich überredet, vielleicht gezwungen, hat in seiner Liverpooler Rede offenbar das Prävenire spielen wollen. Diese Rede ist das treue Echo der von Mr. Mason hier übergebenen Note." (Hans. Ges.-Ber., Paris, 11. Nov. 1856.) — Der französische Minister des Auswärtigen erteilte Herrn Mason keine schriftliche Antwort auf die Note vom 14. September, sprach sich aber mündlich mit völliger Bestimmtheit dahin aus, daß Frankreich zum Abschluß einer Konvention bereit sei. Am 3. November konnte Herr Mason nach Washington berichten, Graf Walewski hätte zugesagt, seine Bereitwilligkeit zum Abschluß der Konvention noch vor dem 12. d. M. von neuem und schriftlich zu erklären, damit der Präsident dies in seiner Jahresbotschaft ankündigen könne. Aber die hierauf bezüglichen Verhandlungen Frankreichs mit England, ohne welches Graf Walewski (mit Rücksicht auf die damals zwischen beiden Staaten obwaltenden augenblicklichen politischen Differenzen) in dieser Sache nicht einseitig vorzugehen wünschte, zogen sich in die Länge und hinderten den französischen Minister an der Erfüllung seiner Zusage. Doch konnte Herr Mason am 7. und am 17. November in seinen Berichten wiederholen, daß die französische Regierung ihre Ansicht nicht geändert, daß Graf Walewski das in der ihm vorgelesenen Depesche vom 3. November enthaltene Referat über die Unterredung mit ihm als völlig genau gebilligt habe. Auf Walewski's Wunsch wandte sich Herr Mason am 6. Dezember an seinen Kollegen in London, Herrn Dallas, mit der Aufforderung, seinerseits, wenn seine Instruktionen es irgend gestatteten, die amerikanischen Vorschläge bei der englischen Regierung möglichst zu befürworten, um die befriedigende Erledigung dieser Angelegenheit dadurch zu beschleunigen. Herr Dallas erwiderte am 8. Dezember, er wäre von Herrn Marcy beauftragt, den Gegenstand nur dann zu berühren, wenn er von Mitgliedern der englischen Regierung selbst dazu veranlaßt würde; überdies ginge seine persönliche Ansicht dahin, daß die Vereinigten Staaten niemals und unter keiner Bedingung auf das Recht zur Ausrüstung von Kapern verzichten dürften. Herr Mason durfte natürlich nicht einen Kollegen auffordern, gegen seine Instruktionen zu handeln, beschränkte sich daher in seiner würdig gehaltenen

Rückantwort vom 11. Dezember darauf, sein Bedauern darüber auszusprechen, daß Herr Dallas in dieser ungemein wichtigen Angelegenheit durch seine Instruktionen wie durch seine persönlichen Ansichten, welche Mason nicht zu teilen vermöge, verhindert sei, mit ihm gemeinschaftlich zu operieren. Jene Erwiderung des Herrn Dallas war übrigens so privater Natur, daß Herr Mason sich außerstande sah, darüber an seine Regierung zu berichten. Die eigentümlichen Instruktionen, auf welche Herr Dallas sich bezog, wollte man sich „einigermaßen" daraus erklären, daß England zur Zeit in Washington nicht vertreten war! Auffallenderweise hatte aber der Staatssekretär Marcy auch auf vier Depeschen des Herrn Mason, vom 17. Septbr. (mit welcher derselbe seine Note an Graf Walewski vom 14. Septbr. eingesandt), vom 3., 7., 17. November mit keiner Silbe geantwortet, den Gesandten also im Verlauf der „ungemein wichtigen" Verhandlung, während sie sich dem Erfolg zuneigte, wochenlang ohne Weisung gelassen. Wohl konnte man zweifelhaft werden, ob das Kabinett von Washinton überhaupt noch daran dachte, seinen Vorschlägen Folge zu geben. „Nicht unwahrscheinlich ist es, daß diese Angelegenheit weit rascher gefördert sein würde, wenn der amerikanische Gesandte in London dieselbe unmittelbar nach der Rede Lord Palmerston's eifrig betrieben hätte. Jetzt wird dieselbe schwerlich gefördert werden, ehe sie durch Cobden und andere Anhänger in der nächsten Parlamentssitzung zur Sprache kommt." An der schließlichen Annahme der amerikanischen Vorschläge auf Seiten Englands zweifelten in Paris diejenigen durchaus nicht, mit denen ein Diplomat, welcher sich damals dort aufhielt, zu sprechen Gelegenheit gehabt. Englands scheinbare Abneigung, schon jetzt auf die Sache einzugehen, leitete derselbe weniger aus politischen Rücksichten auf Amerika, als aus dem Gedanken an die Möglichkeit eines künftigen Krieges mit Frankreich ab. (Bericht aus Paris, 21. Januar 1857.) Auch meinte man, England wolle die Entscheidung aussetzen, bis der Vertrag über die Zentralamerikanische Frage ratifiziert worden, was damals in Washington auf Widerstand des Senats zu stoßen schien. (Bericht aus Liverpool, 30. Jan. 1857.)

Der portugiesische Gesandte in London, der dort hochgeachtete Graf Lavradio, hatte, wie am 14. November nach Bremen berichtet wurde, „noch vor kurzem auf sein Anfragen vom Auswärtigen Ministerium eine Antwort erhalten, welche es ihm unwahrscheinlich gemacht hatte, daß die englische Regierung die in der Marcy'schen Note aufgestellten Grundsätze sich aneignen werde"; dessenungeachtet wollte Portugal die amerikanischen Vorschläge annehmen. Das niederländische Kabinett war, nach einer Mitteilung d. d. Paris den 11. November 1856, zehn oder vierzehn Tage vorher durch eine Frage des Grafen Walewski an den Gesandten veranlaßt worden, seine Ansicht auszusprechen; „diese Ansicht bestand natürlich in der lebhaftesten Beistimmung". Der holländische Gesandte in Washington, Herr Du Bois (später in Kopenhagen), der mit dem Staatssekretär Marcy vielfach über dies Thema verhandelt, hat seiner Regierung damals dringend geraten, sich offen und bindend für die amerikanischen Prinzipien zu erklären; das geschah nicht (Hans. Ges.-Ber., Kopenhagen, 17. Dezember 1859); es erfolgte vom Haag eine höfliche, aber ausweichende Antwort vom 1. Sept. 1856.*)

*) Sie schloß mit den Worten: „L'accueil que plusieures puissances paraissent déjà leur (den Vorschlägen) accorder, semble légitimer aussi l'espoir de mon Gouvernement, de pouvoir y accéder en temps opportun." Gez. Gévers van Endegeest.

Die Botschaft des Präsidenten Pierce an den Kongreß vom 2. Dezember 1856 betonte die Seerechtsfrage von neuem besonders stark, so daß die über den rechten Ernst der Bestrebung erwachten gewichtigen Bedenken verringert wurden *(s. oben S. 82 ff).* Der Präsident hätte gern in diesem Jahresbericht die ausdrückliche Zustimmung Frankreichs verkündigt, die Graf Walewski verheißen, aber zu Herrn Mason's großem Leidwesen wegen Mangels vorgängiger Vereinbarung mit England nicht hatte beibringen können (Hans. Ges.-Ber., Paris, 20. Dezember 1856); die Botschaft erwähnt die förmliche Beistimmung Rußlands und „that assurances of a similar purport have been received in relation to the disposition of the Emperor of the French".

Die hanseatischen Vertreter in London, Paris und Washington hielten es für geratner, „nicht vorzugehen", verhehlten ihre „großen Zweifel" nicht, ob „der Augenblick zu solchem einseitigen Vorschreiten angemessen und unbedenklich", so „theoretisch erwünscht" es sein mochte (Hans. Ges.-Ber., Paris, 6. Januar 1857.). Das „Sondieren" der „Intentionen des britischen Kabinetts", das am 16. Dezember verabredet worden, ergab: „keine Regierung hat Lust, allein vorzugehen". Unterredungen mit Lord Cowley, Graf Walewski, Herrn Mason bestärkten den Vertreter in Paris, daß es „höchst bedenklich und fast mehr als bedenklich" wäre, in diesem Augenblick eine Unterhandlung in Washington anzuknüpfen. Lord Cowley und Graf Walewski versicherten beide, „daß große Hoffnung zur baldigen Verständigung mit den Signataires über ein Supplement zur Deklaration vom 16. April 1856 wegen Adoptierung des von Nord-Amerika gewünschten fünften Punktes vorhanden sei und daß wir, wie früher, zur Adhäsion würden eingeladen werden". „Dieselbe Antwort ist dem Mr. Mason auf seine Anfrage vom Grafen Walewski erteilt worden und Mr. Mason glaubt, daß seine Regierung sich damit begnügen, indessen die Form von Konventionen mit einzelnen Staaten der Form der Adhäsions-Deklaration vorziehen würde". (Hans. Ges.-Ber., Paris, 6. Januar 1857.) „Herr Mason ist . . . entschieden der Ansicht, daß es nicht ratsam für die kleineren Europäischen Staaten sei, die amerikanischen Vorschläge im Wege selbständiger Verhandlungen und Konventionen mit den Vereinigten Staaten zu adoptieren, ehe eine der großen Seemächte mit ihrem Beispiel vorangegangen sei, und ich glaube kaum, daß diese Ansicht allein durch den sehr erklärlichen Wunsch des Herrn Mason motiviert ist, seinen Namen durch den Abschluß der ersten Konvention über diesen Gegenstand in der Geschichte des Völkerrechts unsterblich zu machen." (Bericht des Minister-Residenten Herrn Dr. Schleiden, Paris, 21. Januar 1857.) Der Vertreter Bremens nahm übrigens bei seiner Rückreise nach Washington (er verließ Bremen kurz vor Neujahr) die Autorisation, vorläufig die Uebereinstimmung Bremens mit den von Amerika vorgeschlagenen Grundsätzen im allgemeinen und mit dem Bemerken gegen das U. St. State-Department zu erklären, daß nur der augenblickliche Stand der zur Zeit noch obschwebenden Verhandlungen davon abhalte, schon jetzt auf vertragsmäßige Feststellung jener Grundsätze Bedacht zu nehmen, womit dann die Bitte um nähere Formulierung des zweiten Teils der amerikanischen Vorschläge in betreff der Kontrebande behufs näherer Erwägung auch dieses Punktes zweckmäßig zu verbinden sei. „Andere Berichte der Gesandten bestärken den Eindruck, daß es wohlgetan, ein definitives Vorgehen nicht zu übereilen, wogegen die Abgabe einer vorläufigen einverständlichen Erklärung . . . . nach wie vor unverfänglich und formell gerechtfertigt erscheint."

Mittlerweile hatte auf Seite der Vereinigten Staaten eine gewaltige Aenderung in der öffentlichen Meinung über die Marcy'schen Vorschläge Platz zu greifen angefangen. Das hatte der frühere englische Gesandte in Washington, Herr Crampton, schon vor seiner Abberufung wahrzunehmen geglaubt; er meinte, die bisherige Abneigung gegen die amerikanischen Vorschläge sei bei den Engländern in raschem Weichen begriffen, seit dies klar geworden. (Bericht des Herrn Dr. Schleiden, Liverpool, 30. Januar 1857.) In verschiedenen angesehenen Organen der amerikanischen Presse fanden die Gedanken einer Flugschrift ein Echo, die der in Amerika lebende englische Advokat, R. W. Russell gegen Marcy's Amendement zu New York hatte erscheinen lassen.*) Es war darin die große Gefahr geschildert, welche den Vereinigten Staaten von der Aufhebung der Kaperei drohe, gleichviel unter welchen Bedingungen sie erfolge. Herr Marcy habe sich durch die Autorität älterer philanthropischer Staatsmänner, wie Franklin, zu deren Zeiten ein Aufschwung des amerikanischen Handels, wie er heute bestehe, nicht geahnt worden, blenden lassen und überdies durch seine Vorschläge die Befugnisse der Regierung weit überschritten. Eine Art von Agitation gereizter, leidenschaftlicher Art gegen humane Theorien und zugunsten der praktisch unentbehrlichen und durchaus gerechtfertigten Kaperei griff immer mehr um sich.

Indessen fand der bremische Gesandte bei seiner Rückkehr, daß die Regierung noch an ihren Vorschlägen festhalte (Bericht, Washington, den 26. Februar 1857). Aber das Ende der Präsidentschaft des Herrn Pierce rückte heran. In dieser letzten Zeit (Februar 1857) schickte Staatssekretär Marcy dem Gesanten in Paris endlich die Instruktion und Vollmacht zur Negotiation eines förmlichen Vertrags mit Frankreich. Mit einer meisterhaft redigierten Note vom 2. März 1857 überreichte Herr Mason dem Grafen Walewski einen Vertragsentwurf *(s. oben S. 81)*.

Am 7. März 1857 überreichte zu Washington der preußische Gesandte, Herr von Gerolt, eine Note, worin er die „adhésion" seiner Regierung zu dem von dem Präsidenten Pierce in der Note Marcy's an den amerikanischen Gesandten in Berlin vom 28. Juli gestellten Amendement ausspricht und die Regierung der Vereinigten Staaten des „appui le plus prononcé" von Seiten Preußens für den Fall versichert, daß es zu einer „délibération générale" dieses Gegenstandes kommen sollte. (Brem. Ges.-Ber., Washington, 8. März 1857.)

Im Senat beantragte Herr Crittenden von Kentucky am 9. März vier Resolutionen, welche den Standpunkt und das Verfahren Marcy's in der Seerechtsfrage billigten; am Tage darauf wurden sie an das Committee on foreign relations zur Berichterstattung verwiesen; es war aber vorauszusehen, daß sie nicht mehr zur Verhandlung kommen würden, da der Senat am 12. mit 25 gegen 11 Stimmen beschlossen, sich am 14. zu vertagen. Mittlerweile erhob sich gegen den Inhalt der Resolutionen ein Sturm in der Presse. (Brem. Ges.-Ber., Washington, 13. März 1857). Präsident Buchanan hatte die Regierung angetreten. Herr Marcy war nicht mehr am Ruder und seine Politik hatte ein Ende.

Der Vertreter Bremens, der noch keine schriftliche Mitteilung gemacht, nahm nun Anstand, bis er ermittelt hätte, wie die neue Regierung die Sache auffaßte,

*) The new maritime law, review of Mr. Marcy's letter to Mr. de Sartiges, by R. W. Russell. New York 1856.

um seine Note „danach einrichten zu können". (Brem. Ges.-Ber., Washington, 8. März 1857.)

Am 2. April händigte Herr Schleiden, da es „ratsam" schien, „nicht länger zu zögern", seine Note dem neuen Staatssekretär, General C a s s , persönlich ein. *(Siehe oben S. 85.)*

General Caß las sie gleich, schien sie freundlich aufzunehmen, erwiderte vorläufig, die jetzige Regierung sei noch nicht zu einem bestimmten Beschluß über den Gegenstand gekommen, werde „jedoch, wie er nicht bezweifle, auf dem von der abgetretenen Administration eingeschlagenen Wege verharren". „E i n z e l n e M o d i f i k a t i o n e n der Marcy'schen Vorschläge schienen a l l e r d i n g s n o t w e n d i g, wenn der Zweck, völlige Freiheit des Handels und der Schiffahrt, auch während eines Seekriegs, erreicht werden solle. Namentlich sei, seines Erachtens, erforderlich, das Recht der Blokade auf die Verhütung der Einfuhr von Kriegsbedürfnissen und sonstiger Kontrebande zu beschränken, da die Abschaffung des Kaperwesens von geringem Nutzen sein würde, wenn die eigenen oder neutralen Schiffe ohne weiteres in einen blokierten Hafen ein- oder davon ausgeschlossen werden könnten. Er vermute, daß er bald in der Lage sein werde, sämtlichen Regierungen seefahrender Staaten in dieser Beziehung nähere Mitteilungen zu machen, zumal da bei der in England für jetzt noch herrschenden Abneigung, auf die Marcy'schen Vorschläge einzugehen, eine baldige definitive Erledigung dieser Frage kaum wahrscheinlich sei." Herr Schleiden bemerkte, seine Regierung werde alle solche Vorschläge unterstützen, aber diese Modifikation des Blokaderechts werde den Engländern die Vorschläge noch weniger angenehm machen; er wünsche, daß die allgemeine Annahme jener nicht dadurch verzögert werde. (Brem. Ges.-Ber., Washington, 2. April 1857.) Die überaus freundliche und zuvorkommende Weise des neuen Staatssekretärs stach sehr angenehm ab gegen das verschlossene, wortkarge Benehmen seines sonst so ehrenwerten Vorgängers.

Zehn Tage darauf meldete Herr Schleiden nach Bremen (Ges.-Ber., Washington, 12. April), die Gesandten bei den fünf europäischen Großmächten s e i e n entweder schon oder würden d e m n ä c h s t von der neuen Regierung instruiert, k e i n e n V e r t r a g w e g e n F e s t s t e l l u n g d e s S e e r e c h t s a b z u s c h l i e ß e n, ehe sie nähere Weisungen wegen der Stipulation über das Blokaderecht erhalten. Ohne diese Modifikation werde der Präsident Buchanan die betreffenden Verträge nicht abschließen.

Und gerade jetzt trafen die z u s t i m m e n d e n Erklärungen P r e u ß e n s und R u ß l a n d s ein! Der preußische Gesandte zeigte an, seine Regierung würde jetzt bereit sein, abzuschließen, auch wenn die anderen Großmächte Anstand nähmen ohne Englands gleichzeitiges Vorgehen. Die Depesche des Fürsten Gortschakoff an den russischen Gesandten vom 23. Februar [a. St.] sprach die Bereitwilligkeit Rußlands aus, mit allen oder wenigen der bei der Pariser Konferenz vertreten gewesenen Regierungen den vom Präsidenten Pierce vorgeschlagenen Vertrag einzugehen.

Unter Pierce hatten die Vereinigten Staaten die Abschaffung des Kaperwesens an eine Bedingung geknüpft — einen w e i t e r e n Fortschritt betreffend — jetzt unter Buchanan knüpften sie die Erfüllung der von ihnen gestellten Bedingungen abermals an eine Bedingung — einen n o c h weiteren Fortschritt betreffend.

Inzwischen aber bewahrten sie sich, immerfort an der Spitze der Zivilisation daherschreitend und an Humanität alles überbietend, das in der ganzen übrigen Welt abgeschaffte Recht der Kaperei, das sie nicht entbehren können, weil es unter ihrer Würde ist, zum Schutz ihrer Küsten und ihres Handels eine Flotte zu halten.*)

Wirklich war „die wichtige Angelegenheit auf unbestimmte Zeit vertagt", wenn nicht etwa Rußland, Österreich, Frankreich die Modifikation des Blokaderechts ohne Rücksicht auf England zugeben sollten. (Brem. Ges.-Ber., Washington, 27. April 1857.) Herr Dallas in London verhehlte nicht, daß er von dem Präsidenten jetzt instruiert sei, die Verhandlungen über die seerechtlichen Prinzipien einzustellen; „Mr. Buchanan sei zu der entschiedenen Ansicht gekommen, daß Mr. Marcy mit seinen Vorschlägen zu weit gegangen sei, und daß es besser wäre, die Sache ruhen zu lassen, weil die Vereinigten Staaten das Kaperrecht nicht aufgeben könnten, so lange sie nicht eine der englischen Marine an Stärke gleiche Macht besäßen"; die vom General Caß gemeldeten Äußerungen über eine Ausdehnung der Marcy'schen Prinzipien in betreff der Blokade erklärte Herr Dallas für eine „bloße Maske", um den bei der Regierung eingetretenen vollständigen Meinungswechsel zu verbergen. (Brem. Ges.-Ber., London, 27. Mai 1857.) Die letzten Zweifel mußten schwinden, als der Unterstaatssekretär, Herr Appleton, sich in Washington gegenüber dem Vertreter Bremens zu äußern hatte. Es geschah mit einer „gewissen Beschämung"; es war „wie wenn ein wunder Punkt" berührt wurde. Die Frage habe geruht. Es sei noch nicht erwogen, „ob die Marcy-schen Vorschläge ihres bedenklichen Charakters entkleidet würden durch die Modifikation des Blokaderechts". Wann diese Erwägungen stattfinden sollten, war nicht abzusehen. Mehr und mehr komme man zu der Überzeugung, daß Amerika seine Stärke und seine Verteidigungskraft in seiner Handelsflotte (d. h. im Kaperwesen) erblicke, wie England in seiner Kriegsmarine. „Diese stolze Regierung", wandte der hanseatische Diplomat ein, sollte „so ohnmächtig" sein, daß sie „nur durch Kaper" ihr Dasein friste? Mit Recht konstatierte er nun, „daß der Zeitpunkt, wo die humanen Marcy'schen Vorschläge in das allgemeine Völkerrecht eingeführt werden konnten, vorläufig und für längere Zeit vorüber ist". (Brem. Ges.-Ber., Washington, 23. Juni 1857.)**) Nachträglich also machte man es sich klar, daß jener Fortschritt gesichert werden konnte, wenn man den richtigen Augenblick wahrnahm. Er war von allen Seiten — auch von den Vereinigten Staaten selbst, da doch für ehrliche Absicht zu präsumieren ist***) — auf das Gedankenloseste verpaßt worden.

Im englischen Hause der Gemeinen beantragte am 14. Juli 1857 einer der bedeutendsten Reeder des Landes, Herr Lindsay, die Mitteilung der das Marcy'sche Amendement betreffenden Korrespondenz, damit das Parlament sich aussprechen könne, ob es ratsam sei, noch weiter zu gehen, als 1856 in Paris. Herr Lindsay sprach seine Meinung dahin aus, die Pariser Deklaration wäre unhaltbar; der ganze Frachthandel werde bei jeder drohenden Kriegsgefahr an die Neutralen kommen, die Versicherungsprämie auf englische Schiffe um 5—10 Prozent höher

*) *S. dazu auch Kapp in der S. 22 angeführten Schrift S. 170 ff.* —

**) Denselben Eindruck machte auf den russischen Gesandten, Herrn von Stöckl, der die Seerechtsreform in jeder Weise zu fördern bemüht war, eine Unterredung mit General Caß, die in den ersten Tagen des Februar 1860 stattfand.

***) *S. dazu Kapp a. a. O. 176 ff.* —

stehen.*) Die Regierung verweigerte die Vorlage; ehe übrigens England auf das Marcy'sche Amendement geantwortet habe, sei der Präsidentenwechsel eingetreten und der neue Präsident habe sagen lassen, er wünsche keine Antwort, die Angelegenheit möge jedenfalls für jetzt als suspendiert angesehen werden, eine weitere Verhandlung über den Gegenstand solle nicht stattfinden *(s. unten S. 111)*. Lord Palmerston nahm in dieser Sitzung bereits offen Partei g e g e n die Grundsätze, denen er am 7. November vorigen Jahres gehuldigt hatte; er betonte die Schwierigkeit einer Gleichstellung des Privateigentums bei Seekriegen und Landkriegen; er stellte die Unverletzlichkeit desselben bei letzteren überdies in Frage. Diesen neuen Standpunkt hat Lord Palmerston behauptet. Eine Ansprache desselben an die Vertreter des Handelsstandes von Belfast, Glocester, Hull, Leeds, Liverpool, Manchester, war von solcher Entschiedenheit, daß eine Nebeneinanderstellung dieser Rede vom 5. Februar 1860 und jener vom 7. November 1856, wie sie eine Londoner Zeitung auf einem und demselben Blatte veranstaltete (Brem. Ges.-Ber., London 8. 1860), das Bild einer durchdachten Schachpartie, die man mit sich selber spielt, darbot. Lord Palmerston aber hatte seine Figuren von 1856, wie bemerkt, schon am 14. Juli 1857 seinen Gegnern überlassen.

Unter dem 27. Juni 1859 richtete der amerikanische Unterstaatssekretär des Auswärtigen, General Caß, eine Zirkulardepesche an die Gesandten bei den Großmächten, umfangreich wie ein Buch, worin die seerechtlichen Fragen ausführlich erörtert wurden und worin Herr Caß nachzuweisen versuchte, daß die partielle Annahme der Pariser Deklaration (ohne Abschaffung der Kaperei) statthaft sein müsse, trotz der darin enthaltenen abweichenden Ansicht der ursprünglichen Unterzeichner; die Vereinigten Staaten könnten nicht zugeben, daß diese großen Fragen des internationalen Rechts einseitig ohne sie entschieden werden könnten. Die Depesche war, wie Herr Dallas in London bemerkte, unter dem Eindruck der Fortdauer des italienischen Krieges geschrieben, so daß „der Eintritt des Friedens natürlich die Erörterung der ganzen Angelegenheit jetzt unnötig gemacht". Herr Dallas hatte sie Ende Juli an Lord John Russel verlesen, der keinen Widerspruch erhoben, außer in betreff der Kohlen, deren Behandlung als Kontrebande die Vereinigten Staaten nicht dulden zu wollen erklärten. Dieselbe Depesche übergab Herr Wright in Berlin an Baron Schleinitz. (Hans. Ges.-Ber., London, 3. und 4. August 1859.)

Mittlerweile war der Krieg der Westmächte gegen China ausgebrochen. Sowohl Frankreich wie England erließen Erklärungen, wonach beide nicht nur die Anwendung der Pariser Deklaration auf solche Staaten ausdehnten, die derselben nicht beigetreten waren, sondern auch das P r i v a t e i g e n t u m d e r C h i n e s e n z u r S e e a l s u n v e r l e t z l i c h anerkannten und den Handel ihrer Untertanen mit dem Feinde während des Krieges freigaben. (Note des französischen Gesandten, Herrn Cintrat, an die Hansestädte vom 30. Juni 1859. Note des englischen Gesandten, Herrn Ward, an dieselben vom 4. Juli 1859.)

Der preußische Minister, Baron Schleinitz, hatte sich am 5. Nov. 1859 sehr günstig über die Fortentwicklung des Seerechts im Sinne des weiland Marcy'schen Amendements ausgesprochen.**) Für ihn entwarf, in der Aussicht, Preußen zu

*) *Siehe unten S. 110 ff.*

**) Ebenso bis zum 14. der Ministerpräsident Fürst von Hohenzollern-Sigmaringen und Graf Pourtalès.

vermögen, daß es die Seerechtsfrage auf dem bevorstehenden Pariser Kongreß in die Hand nehme *), der hanseatische Minister am preußischen Hofe, Herr G e f f c k e n , eine besondere Denkschrift, 15. November 1859, welche derselbe „hanseatico nomine" dem preußischen Minister zu übergeben autorisiert wurde.

Die erste Anregung hatte die bremische Presse gegeben durch zwei Besprechungen der Seerechtsfrage (Bremer Handelsblatt vom 29. Oktober, Weserzeitung vom 1. November 1859). Am 18. November war die Sache bereits Gegenstand der Agitation bremischer Reeder (Herr H. H. Meier u. a.); man trug sich mit dem Gedanken, bestimmte Resolutionen zu fassen.

Herr von Schleinitz, bei aller Geneigheit, ließ sich durch die formelle Schwierigkeit imponieren, daß England verlange, der Kongreß solle sich auf die italienische Frage beschränken. Diese Schwierigkeit war kaum imponierend; wenigstens wollte die amerikanische Gesandtschaft in Berlin von London her die Gewißheit erhalten haben, England würde einer Proposition Preußens auf Annahme der amerikanischen Prinzipien nicht entgegentreten. Preußen lehnte indessen die ihm hanseatischerseits beigemeßne ehrenvolle Aufgabe ersichtlich ab. Dagegen gab Baron Schleinitz anheim, ob nicht die am Kongreß unbeteiligten Staaten sich in Sachen der Seerechtsreform an den Kongreß wenden könnten. Diese Idee **) fiel auf fruchtbaren Boden: der hanseatische Resident in Berlin machte seinen Regierungen den Vorschlag, die maritimen Staaten zweiten Ranges zu einem Kollektivschritt bei dem Kongresse zu veranlassen. Die Initiative zu ergreifen, schien kein Staat geeigneter als H o l l a n d , das unter den Seemächten zweiten Ranges die erste und das stets für eine humane Fortentwicklung des Seerechts in Kriegszeiten eingetreten war. Demgemäß beschlossen die Senate der drei Hansestädte, ihren Minister am preußischen Hofe, Herrn Dr. Geffcken, in vertraulicher Mission nach dem Haag reisen zu lassen, um die niederländische Regierung für den gedachten Plan zu gewinnen.

Herr Geffcken trat seine Sendung am 31. Dezember 1859 an. Die Sache, welcher sie diente, war mittlerweile in bedeutsamer Weise fortgeschritten. Eine Macht war für sie aufgerufen, die in der gesamten Geschichte des Völkerrechts eine Rolle ersten Ranges für sich in Anspruch nimmt, die Macht der öffentlichen Meinung.

Am 2. Dezember 1859 faßte zu B r e m e n eine Versammlung notabler Reeder und Kaufherrn die berühmten Resolutionen zugunsten der Freiheit des Privateigentums auf See in Kriegszeiten und begann eine Bewegung in großem Maßstab, um die gebildete Welt zu einer Anerkennung der gleichen Grundsätze und zu Kundgebungen dieser Anerkennung zu vermögen.

*) Am 4. Nov. schien der Kongreß nach der Ansicht des Herrn v. Schleinitz gesichert. Doch fragte es sich, ob außer der italienischen und der bessarabischen, welche Österreich aufgenommen zu sehen wünschte, noch andere Fragen zur Sprache kommen würden. Graf Walewski war geneigt, auf die Seerechtssache einzugehen. Auch in Berlin und Petersburg war die Stimmung eine günstige. Für die damalige Leitung der Preußischen Auswärtigen Angelegenheiten war freilich die „Schlaffheit" sprichwörtlich, oder, wie ein scharfsinniger Monarch sie charakterisierte, sie war „ein Zustand zwischen Traum und Wachen".

**) Der belgische Gesandte in Berlin präzisierte den Gedanken, wies auf die Niederlande hin und empfahl direkt Verhandlung im Haag.

Der Senat von Bremen machte die Sache zu der seinigen. Er konstatierte in der Erwiderung auf die Eingabe der gefaßten Beschlüsse „die Übereinstimmung des Zweckes" nicht nur mit seinen bisherigen Bestrebungen, sondern auch „mit der höheren und bleibenden Aufgabe des bremischen Staats".

Das Hamburger Commercium blieb nicht hinter Bremen zurück; die Schwesterstadt Lübeck pflanzte die Bewegung fort; sie wurde zu einer hanseatischen Ehrensache.

Mit Ausnahme der Times *) und weniger anderer Organe trat die Presse von Europa für sie ein.

Richard Cobden sprach in einem Briefe an Herrn Alexander Fritze und die übrigen Mitglieder des Bremer Komitees (Cannes, France, 22. März 1860) seine volle Zustimmung aus: „I need not add (for my opinions are not secret to the public) that I heartily concur with you in the object you have in view and I beg most sincerely to thank you for the information with which you have fortified those who like myself are disposed to do all in their power to enforce the adoption of your principles."

Deutsche, holländische, schwedische, dänische, französische, englische Handelskammern sprachen sich im Sinne der Bremer Resolution aus.**) Ebenso der preußische Handelstag, die hannoversche Ständeversammlung, die angesehensten Vertreter des preußischen Volkes, welche die Anträge des Bürgermeisters von Danzig, Herrn Groddeck, im Herrenhause, des Präsidenten von Rönne im Hause der Abgeordneten zahlreich unterstützten. Die hanseatischen Minister-Residenten in Berlin, London, Kopenhagen, Washington, die deutschen Konsuln in der alten ***) und neuen Welt wirkten unermüdlich in ihren Kreisen. Den letzteren †) gelang es, mit namenloser Mühe, in der Heimat der Marcy'schen Vorschläge, die gewichtigen Stimmen der Handelskammern von New York, Baltimore, San Francisco, wenn auch nicht für die Dauer, da die Anhänger der Kaperei, gestützt auf die Regierung des Herrn Buchanan, immer wieder durchdrangen, für die Freiheit des Privateigentums zu gewinnen.

Herr Geffcken, der in einem Schreiben vom 31. Dezember 1859 dem holländischen Minister der auswärtigen Angelegenheiten den Zweck seiner Sendung angezeigt hatte, begab sich am 1. Januar 1860 nach dem Haag und fand dort die zuvorkommendste Aufnahme. Baron Golstein, welcher schon vorher den Versuch

*) Von Herrn Wingrove Cook, Verfasser der Letters on China. Gegen ihn vgl. in der Times vom 12. Dez. das vorzügliche Eingesandt von Mercator. Vgl. auch diesseits den trefflichen Aufsatz der Weserzeitung vom 13. Dez. 1859.

**) Handelskammer von Lübeck 13. Dez., Cottbus 17. Dez., Chemnitz 19. Dez., Duisburg 23. Dez., Rotterdam 23. Dez., Landeshut 24. Dez., Breslau 29. Dez., Bordeaux und Marseille 30. Dez., Zentralstelle für Handel in Stuttgart 7. Jan. 1860, Handelskammer von Schweidnitz 17. Jan., St. Johns (Neu-Braunschweig) 2. Jan., Liverpool 19. Jan., New York 10. Febr., Baltimore 25. März, Triest und Riga. — Eine nähere Begründung und Präzisierung seiner Vorschläge ließ das Bremer Komitee durch eines seiner Mitglieder (Dr. H. von Lengercke) ausarbeiten, welche unter dem Titel: „Das internationale Seerecht in Kriegszeiten", Bremen 1860, erschienen ist.

***) Prange in Liverpool, Wieneken in Gothenburg, Motz in Bordeaux, Michaelson in Stockholm.

†) Lauter deutsche Namen: Bierwirth, Schuhmacher, Duisenberg, Rodewald, Plate, Hirsch, Keutgen.

gemacht, bei der französischen und preußischen Regierung dafür zu wirken, daß die Seerechtsfrage im Kongresse zur Sprache komme und dabei auf das gleiche Hindernis der englischen Weigerung gestoßen war, ging lebhaft auf die Idee eines Kollektivschrittes der nicht vertretenen Staaten ein und verhieß, die Initiative zu ergreifen, indem er eine Note aufsetzen werde, welche dann behufs der Beitrittserklärung an alle Seemächte zweiten Ranges gesandt werden solle, nämlich an Hannover, Oldenburg, Mecklenburg, die Hansestädte, Belgien, Dänemark; sofern diese sich zustimmend erklärten, werde dann diese Note nebst einer erläuternden und ebenfalls mitzuteilenden Denkschrift dem Kongreß durch den niederländischen Gesandten in Paris als Wortführer der ganzen Liga von Staaten überreicht werden. Herr Geffken unterhandelte dann noch im Sinne seiner Mission in Brüssel, Paris, Hannover. Sie hatte vollständigen Erfolg und war von bleibend fördersamer Wirkung.

Der holländische Minister hielt Wort. Eine Zirkulardepesche vom 11. Januar 1860 wies den Gesandten an, den Entwurf einer Kollektivnote den Regierungen, bei welchen sie beglaubigt waren, anzuempfehlen. Mecklenburg und Oldenburg *) lehnten ab; Mecklenburg fühlte sich durch das Ansinnen sogar in dem Gefühl seiner Souveränität betroffen. Belgien hüllte sich in Schweigen — mit Rücksichtnahme auf die garantierte Neutralität und auf England, wie König Leopold nach hanseatischer Seite von vornherein zu verstehen gegeben. Dänemark hatte seine Bedenken in bezug auf einen Krieg mit Deutschland, ließ sich aber von geistesüberlegenen Staatsmännern umstimmen. Hannover und die Hansestädte (Bremen, Lübeck) nahmen pure an. — Da der Kongreß nicht zustande kam, ist das gemeinschaftliche Auftreten der Seemächte zweiten Ranges unterblieben.

Unter dem 22. Mai 1860 meldete der Vertreter Bremens in Washington, daß der sardinische Geschäftsträger, welcher die Bremer Resolutionen nebst dem Bericht der New Yorker Handelskammer nach Turin eingesandt, mit letzter Post instruiert worden, die Bemühungen Bremens, das Seerecht betreffend, in jeder Weise, mündlich und schriftlich, möglichst zu unterstützen. Aber während der Präsidentschaft des Herrn Buchanan war nicht der mindeste Erfolg zu erwarten. In seinem Brief an den Präsidenten der Handelskammer von New York vom 31. März 1860 hatte dieser sich des Vorwandes bedient, welchen Herr Dallas „eine bloße Maske" genannt, „ein Beschluß in der Sache lasse sich erst fassen, wenn die europäischen Regierungen sich bereit erklärten, gleichzeitig das Blokaderecht in der von ihm vorgeschlagenen Weise auf den Fall eines gleichzeitigen Landangriffs gegen den blokierten Hafen zu beschränken". Einem Mitgliede der New Yorker Handelskammer aber sagte der Präsident ohne Umschweif: „the United States would not surrender privateering, while he (Mr. Buchanan) was at the head of the Government." (Brem. Ges.-Ber., Washington, 22. Mai 1860.)

Solange die Vereinigten Staaten am Kaperwesen festhielten, schien es hoffnungslos, an eine neue Bekehrung Lord Palmerston's zu denken. Gleichwohl, als wegen der sog. Schweizer Frage im Sommer 1860 Konferenzen in Aussicht standen, war die niederländische Regierung darauf bedacht, mit andern Staaten zweiten Ranges daselbst die Seerechtsfrage anzubringen. (Hans. Ges.-Ber., London, 28. Juni

*) Bericht der holländischen Minister des Auswärtigen und der Finanzen an den König vom 25. Mai 1860 über die Resultate der mit den kleineren Seestaaten geführten Korrespondenz. (Bremischer Ges.-Ber., Washington, 28. Sept. 1860.)

1860). In einem Erlaß an die diplomatischen Vertreter Hollands vom 12. Juni 1860 hatte der Minister Graf Zuylen mitgeteilt, daß das Haager Kabinett diese Angelegenheit „nicht aus den Augen verloren habe", daß es zwar einen Kongreß für das zweckmäßigste Forum erachte, jedoch in Ermangelung eines Kongresses auch auf anderem Wege vorzugehen gesonnen sei.*) (Hans. Ges.-Ber., Kopenhagen, 19. September 1860.) Weitere Schritte waren allerdings nicht getan; aber Herr Rochussen, Nachfolger des Herrn Du Bois in Kopenhagen, vorher in Paris für die Seerechtssache tätig, war überzeugt, Graf Zuylen würde leicht zu bewegen sein, wenn ihm die Möglichkeit eines praktischen Erfolgs anschaulich zu machen wäre.**)

Im August 1860 regte sich eine neue Teilnahme in England. Für den chinesischen Krieg hatten beide Westmächte im März d. J. das Prinzip der Freiheit des Privateigentums zur See proklamiert, da es sich hier nutzbringend erwies. Am 7. August sprach der Bericht eines englischen Parlamentskomitees, welchem der Handelsminister, Herr Milner Gibson, die Herren Cardwell, Lindsay und andere bedeutende Männer angehörten, sich zugunsten desselben Grundsatzes aus. Am 18. Februar 1861 wurde darüber im Hause der Gemeinen debattiert. Diese Verhandlung bezeichnet einen bemerkenswerten Fortschritt der Ideen. Herr L i n d s a y, der im Komitee wie in der Parlamentssitzung als besonders einflußreich hervortrat, übertrug die Agitation von England in die Vereinigten Staaten, wo er vor den wichtigsten Handelskammern (am 24. Sept. in Boston, am 9. Okt. in New York usw.) Reden hielt, auch in betreff der Reform des Seerechts in Kriegszeiten auf die öffentliche Meinung in Amerika bedeutsam wirkte, jedoch was die unmittelbare Durchführung dieser Reform anlangt, t a u b e n O h r e n p r e d i g t e.***) Indessen sprach nicht lange darauf mit vernehmlicher Stimme ein Ereignis, das den Norden der Vereinigten Staaten mächtig bewegte, zu den Staatsmännern, welche mit dem neuen Präsidenten L i n c o l n ans Ruder gekommen. Die Südstaaten in offenem Aufstand gegen die Union, hatten Kaperbriefe ausgeschrieben! Die gepriesene Waffe †) kehrte ihre Spitze gegen diejenigen, welche sie für unentbehrlich aus-

*) Antwortdepesche des holländischen Gesandten am dänischen Hofe (damals noch Hr. Du Bois) an den Minister Grafen Zuylen d. d. Sophienholm 7. Juli 1860, worin u. a. die Befriedigung ausgesprochen ist, „que le Gouvernement Neerlandais n'est pas d'avis de laisser reposer l'affaire importante de l'extension désirable à donner au droit maritime adopté en 1856 jusqu'à la nouvelle réunion d'un congrès, mais qu'il a l'intention après l'initiative au commencement de cette année, de tâcher d'atteindre par une autre voie le noble but qu'Il se propose".

**) In einer Depesche an den Grafen Zuylen von Nyeveld, seinen Chef, Kopenhagen, den 30. November 1860, sprach sich Herr Rochussen dahin aus, warum immer erst Kriege abgewartet würden, um dann auf Kongressen Grundsätze anzunehmen, die das verdammen, was eben geschehen? Herr Rochussen wies auf Lindsay's Reise, auf seinen Parlamentsbericht und auf den Umstand hin, daß der englische Handelsminister Gibson den Vorsitz in jenem Komitee geführt. Er riet endlich zu einem e i n f a c h e n N o t e n a u s t a u s c h über die Grundsätze, die man beobachten wolle gegenüber denen, welche sich zu gleichen Grundsätzen verpflichten.

***) Hans. Ges.-Ber., London, 26. Oktober 1860: „Auf den hiesigen Ministerien leugnet man noch fortwährend, daß Mr. Lindsay offizielle Aufträge habe; seine Mission sei allein von ihm und seinen Geschäftsfreunden ausgegangen, wenn auch die Regierung ihm alle Unterstützung angedeihen lasse und es möglich sei, daß seine Anregungen zu demnächst offiziellen Verhandlungen führen könnten".

†) „The right arm of our national defense", nämlich „the issue of letters of marque to merchant vessels in time of war". Rede des Herrn P. M. Wetmore in der

gegeben oder im stillen gehalten hatten. Der bremische Resident benutzte die Gelegenheit, daß der Staatssekretär ihn und Herrn Lyons, den englischen Gesandten, zu einer Beratung über die bei der projektierten Schließung der südlichen Häfen in Betracht kommenden Rechts- und Handelsfragen eingeladen, Herrn Seward darauf aufmerksam zu machen, „daß die Kaperproklamation des Präsidenten Davis der hiesigen Regierung einen günstigen Anlaß biete, sich durch sofortige Wiederaufnahme der Marcy'schen Vorschläge allgemeine Sympathie in Europa zu sichern". „Ohne eine bestimmte Erklärung abzugeben, wies Herr Seward dies wenigstens nicht zurück." (Brem. Ges.-Ber. 19. April 1861.)

In der Kabinettssitzung vom 24. April 1861 faßte die Regierung den Beschluß, der Pariser Deklaration „einfach und ohne irgendwelche Reservation oder Amendement" in Form besonderer Konventionen beizutreten; mit dem Dampfboot vom 27. gingen die Instruktionen an die Gesandten ab.*)

Jetzt lag den Vereinigten Staaten alles daran, die Übereinstimmung der ganzen zivilisierten Welt für Abschaffung des Kaperwesens unverzüglich konstatieren zu können. Eine arrière pensée verband sich damit. Frankreich und England neigten zu einer Anerkennung der Südstaaten; sie faßten den großen Kampf in der Union nicht unter dem Gesichtspunkt eines Aufstandes, sondern eines Krieges auf. Dieser Auffassung zu begegnen, der Anerkennung vorzubeugen, war für das Kabinett von Washington eine Aufgabe, für deren Erfüllung kaum ein Preis zu hoch schien. Um den Preis des Verzichts auf die Kaperei hoffte Herr Seward das Ziel zu erreichen. Denn, wenn Präsident Lincoln jetzt die Pariser Deklaration einfach annahm, so war dabei vom amerikanischen Standpunkt ohne weiteres vorausgesetzt, daß dieser Beschluß auch für die Südstaaten verbindlich sei, daß das neue Völkerrecht auch auf sie Anwendung finde. Die Kaperschiffe derselben nahmen dann sofort den Charakter von Piraten an. Und die europäischen Mächte, sobald sie sich darauf einließen, würden ihre bisherige Auffassung des Kampfes mit der in Washington herrschenden vertauscht und implicite die Südstaaten für Insurgenten genommen haben. Im Interesse der europäischen Staaten lag es ohne Zweifel, die Grundsätze der Pariser Deklaration allgemein anerkannt zu sehen. Der für unbesieglich gehaltene Widerstand der Großmacht im Westen erklärte sich selbst für besiegt. Dem Kaperwesen konnte jetzt wirklich ein Ende gemacht werden. Die Vereinigten Staaten stellten keinerlei Bedingung, weder mögliche, wie unter dem Präsidenten Pierce, noch unmögliche, wie unter Buchanan. Nur wollten sie jene Konsequenzen, auf die jetzt alles ankam, sich nicht verkümmern lassen. Aber es ergab sich, daß England gerade diese Konsequenzen, noch ehe sie Amerika zu erkennen gab, aufspürte und ihnen den Weg vertrat. Auch die anderen Staaten Europas, mit Ausnahme Rußlands, nahmen das Kabinett von Washington nicht beim Wort, und der Moment, die Vereinigten Staaten für Abschaffung der Kaperei zu gewinnen, ist ungenutzt vorübergegangen. Nach dem Siege der Union über den Aufstand des Südens hat Earl Russel darüber nachdenken können, ob der Preis, welchen damals Herr Seward für den Beitritt zur Pariser Deklaration forderte, nämlich das stillschweigende Zugeständnis, daß die Süd-

New Yorker Handelskammer vom 7. Juni 1860 gegen Herrn Bierwirth (New York Journal of Commerce, 13. Juni 1860.)

*) Sie trugen die Nachschrift: „A full power to treat is also herewith sent".

staaten Rebellen wären, zu hoch gewesen ist im Vergleich zu dem, was vor allen den Engländern der Verzicht der Vereinigten Staaten auf das Kaperwesen wert sein würde.

Am 24. Mai 1861 hatte der bremische Resident in Washington eine Konferenz mit Staatssekretär Seward über den Beitritt zur Pariser Deklaration; Herr Dr. Schleiden bedauerte das Aufgeben des Marcy'schen Amendements und Herr Seward gab zu erkennen, er sei nachträglich zur Einsicht gekommen, sich übereilt zu haben. (Hans. Ges.-Ber., Washington, 29. Mai 1861.)

Mittels Note vom 29. Mai 1861 übersandte Staatssekretär Seward dem bremischen Residenten den Entwurf einer Konvention über den Beitritt der Vereinigten Staaten zur Pariser Deklaration und sprach den Wunsch aus, mit Bremen einen solchen Vertrag in kürzester Frist abzuschließen. Herr Dr. Schleiden gab anheim, daß man ihn instruiere, die Aufnahme des Marcy'schen Amendements zu erlangen. Dies wünschte er, obwohl ihm Herr Seward mitgeteilt, daß der Hauptzweck seines Vorschlags darin bestehe, „die südlichen Kaper baldtunlichst in den Augen von ganz Europa als Piraten zu stempeln". Darum war Herr Senator Smidt von Bremen in der Senatssitzung vom 21. Juni 1861 der Ansicht, zwar das Marcy'sche Amendement aufzunehmen, doch keineswegs als conditio sine qua non und, ohne auf andere Staaten zu warten, die Gelegenheit zu einem solchen Vertrage zu benutzen. Dahin wurde Herr Dr. Schleiden am 26. Juni instruiert und ihm die Vollmacht Bremens d. d. 24. Juni 1861 zum Abschluß des Vertrages erteilt. Lübeck schloß sich an und sandte am 27. Juni die Vollmacht an Herrn Dr. Schleiden; desgleichen Hamburg am 28. Juni 1861. Dem Abschluß des Vertrages stand also nichts entgegen.

Preußen war am 29. Juni noch ohne Kenntnis von dem Antrage der Vereinigten Staaten. Diese hatten einen neuen Gesandten in Berlin ernannt, welcher die Instruktionen erhalten, und Herr Judd kam dort erst am 28. Juni an. So geschah es, daß mit jenem Antrag sich die preußische Depesche gekreuzt hatte, welche an Herrn von Gerolt in Washington erlassen war. Von seiten des preußischen Gesandten war keinerlei Bericht über die so wichtigen Absichten der Vereinigten Staaten in Berlin eingegangen.

Daß Preußen in diesem Zeitpunkt das Marcy'sche Amendement hervorkehren werde, stand nicht zu erwarten. Ein hochstehender Beamter des auswärtigen Ministeriums äußerte, Preußen würde durch einen das Prinzip der Freiheit des Privateigentums zur See anerkennenden Vertrag mit Amerika sich l ä c h e r l i c h machen, falls England gegen das Prinzip sei.*) Als ob Friedrich der Große sich durch den Vertrag von 1785 „lächerlich gemacht" hat! Über den Chef des Ministeriums urteilte man aber allgemein: „Herr Schleinitz ist viel zu indolent, um sich mit solchen völkerrechtlichen Fragen ohne die dringendste Veranlassung zu beschäftigen, und viel zu zaghaft, um sich ohne Not mit England in Widerspruch zu setzen."

Der neue amerikanische Gesandte in Berlin war mit den ihm erteilten Aufträgen seiner Regierung durchaus nicht einverstanden. Herr J u d d meinte, „Seward habe sich etwas vergeben"; es sehe fast danach aus, „als fühlten sich die Vereinigten Staaten schwach und bedürften der Pariser Deklaration". Gleichwohl hielt sich Herr Judd für verpflichtet, mit der Verhandlung vorzugehen; lag doch in seinen

*) S e p a r a t - K o n v e n t i o n e n waren das allein Geeignete und Zweckmäßige. (Hans. Ges.-Ber. Kopenhagen, den 2. Juli 1861).

Händen der Vertragsentwurf, welchen seine Regierung dem Berliner Kabinett anbot. Dagegen wurde dem Gesandten aus dem Kreise seiner Kollegen der Rat erteilt, abzuwarten, was Herr von Gerolt auf die Depesche vom 13. Juni tun werde, — ferner auch abzuwarten, ob nicht ein Vertrag über volle Freiheit des Privateigentums mit den Hansestädten zustande komme, „infolge dessen ein gleicher Schritt Preußens leichter werden und bei demselben von den Hansestädten gewiß lebhaft befürwortet sein würde".

Der Kollege des Herrn Judd in Paris, Herr Dayton, hatte auch noch im Anfang Juli keinen Schritt getan: die Instruktion an die amerikanischen Gesandten datiert vom 24. April. Auch Herr Dayton hatte seine Gründe, der eigenen Regierung zuwiderzuhandeln; er hoffte, doch positive Vollmacht zur Abschließung eines Vertrags für die vollständige Freiheit des Privateigentums zur See zu erhalten. Es ist dabei nicht zu vergessen, daß, wenn der von Herrn Seward begehrte Vertrag scheiterte, das Kaperwesen den Amerikanern unverkümmert blieb. — Übrigens war der oben angedeutete Hauptzweck des Washingtoner Kabinetts bereits in Frage gestellt; wenigstens in Paris war die Zumutung, den einzugehenden Vertrag auch als „bindend für die Südstaaten" anzusehen, rund abgelehnt. Die französische Regierung liebäugelte vielmehr mit den sog. konföderierten Staaten.

Herr Adams, der amerikanische Gesandte in London, getreu den Traditionen seiner Familie, war nicht säumig, sondern wollte unterhandeln, stieß aber auf Hindernisse. Man sagte ihm, die Herren Lyons und Mercier würden in Washington die Neutralitätsverhältnisse zur Sprache bringen. Das hatte Herr Seward indessen abgelehnt.

So waren einstweilen alle weiteren Verhandlungen abgeschnitten oder unterblieben — mit einer Ausnahme, von der weiter unten die Rede sein wird.

Am 15. Juli 1861 hatte der hanseatische Vertreter die erste Konferenz mit dem Direktor im Staatsdepartement, Herrn Hunter, über den zwischen den Hansestädten und den Vereinigten Staaten abzuschließenden Vertrag. Herr Dr. Schleiden legte seine Amendements zu dem amerikanischen Entwurfe vor; das eine enthielt den Marcy'schen Vorschlag in verbesserter Fassung *), das andere bestimmte, daß Blokadebruch erst nach erfolgter Abweisung eintreten sollte,**) was der amerikanischen Praxis entsprach; zu diesem zweiten Amendement hatte der Gesandte keine Instruktion. Seine Anträge machten günstigen Eindruck, doch wollte man sie näher prüfen. Zu diesem Behuf richtete am Nachmittag Herr Dr. Schleiden eine Note an Herrn Seward, der er seinen vollständigen Vertragsentwurf beifügte.

Auf die Note des Herrn Dr. Schleiden erfolgte die Antwort in der Note des Herrn Seward vom 17. Juli 1861; sie lautete hinausschiebend, „declining at present to bring to a conclusion the proposed negotiation", dabei in höflicher Weise „fully appreciating the liberal and enlightened views" „upon this subject". Eine „reconsideration" des bremischen Residenten vom 18. Juli, sowie die Unterstützung, welche demselben der preußische Gesandte angedeihen ließ, blieb ohne Erfolg.

*) In dem Marcy'schen Vertragsentwurf stand „on high sea": das schloß nicht Wegnahme „Angesichts der Küste" aus; darum setzte Herr Dr. Schleiden „on sea".

**) Danach hätte der 4. Punkt der Pariser Deklaration den Zusatz erhalten: „und soll kein Schiff des Bruchs einer effektiven Blokade für schuldig erklärt werden, es sei denn vorher von dem Blokadegeschwader abgewiesen worden".

Herr Dr. Schleiden machte noch den Versuch, den Abschluß ohne seine Amendements, wie er angeboten worden war, zu erlangen. Jetzt wurde amerikanischerseits der Vertrag definitiv abgelehnt, mit oder ohne Amendements. Politische Rücksichten der ernstesten Art, so eröffnete Herr Seward mündlich, machten die Übereinkunft unmöglich; er ließ die Besorgnis eines Krieges mit England durchblicken. Das frühere Anerbieten des Kabinetts von Washington war aus dem Wunsch entsprungen, die Südstaaten als Insurgenten, ihre Kaper als Piraten zu behandeln; die jetzige Weigerung entsprang aus dem Bedürfnis, England durch eigenes Kaperwesen zu schrecken und, käme es zum Kriege, zu schädigen. Auf einen philanthropischen Fortschritt war es nicht abgesehen. Die schriftliche Ablehnung erfolgte in einer Note des Herrn Seward an Herrn Dr. Schleiden vom 23. Juli 1861. (Brem. Ges.-Ber., Washington, 26. Juli 1861.)

Einigermaßen tröstlich bei diesem Scheitern der von den Hansestädten erteilten Aufträge mochte der Umstand sein, daß Herr Seward an den Instruktionen, welche er am 24. April seinen Agenten erteilt hatte, festhielt. Das bewies seine Note an den preußischen Gesandten vom 16. Juli 1861 (auf die Depesche des preußischen Ministers an denselben vom 13. Juni), worin er sich bereit erklärte, mit Preußen auf dieser Basis einen Vertrag abzuschließen. Auch nach London und Paris ergingen neue Weisungen an die Gesandten, den Abschluß von Konventionen über den Beitritt zur Pariser Deklaration zu beschleunigen. Dies fand Herr Dr. Schleiden „schwer vereinbar" mit der Ablehnung gegenüber den drei Staaten, in deren Namen er verhandelt und anfangs bedingte, dann unbedingte Annahme angeboten hatte. Ein glaubhafter Gewährsmann versicherte, „daß der Vorschlag, auf die Kaperei zu verzichten, überall nicht ehrlich gemeint sei", der Staatssekretär sich vielmehr in vertraulichem Gespräch dahin ausgesprochen habe, es komme nur darauf an, durch Abschluß solcher Konventionen den südlichen Kapern ihre völkerrechtliche Berechtigung zu entziehen, auch habe der Verzicht auf Kaperei selbst England gegenüber nicht viel zu bedeuten, da sich die Kaper leicht durch eine Seemiliz ersetzen ließen, die zwar kein feindliches Eigentum würde nehmen, wohl aber solches würde zerstören können, und der man reiche Belohnung für solche Eigentumsvernichtung aussetzen würde. (Brem. Ges.-Ber., Washington, 26. Juli 1861.)

Der englische Gesandte in Washington, Herr Lyons, erklärte, England wäre bereit, eine Konvention wegen Beitritts der Vereinigten Staaten zur Pariser Deklaration abzuschließen, unter der Bedingung, daß gleichzeitig auch Frankreich in diesem Sinne kontrahieren würde. Diese Erklärung war abgegeben, ehe die neuen Instruktionen nach England gelangten. Aus Paris fehlten noch neuere Nachrichten. — Der österreichische Gesandte hatte von seinem Hofe eine Weisung erhalten, die fast ganz mit dem Inhalte der Schleinitzschen Depesche an Herrn von Gerolt übereinstimmte, und am 7. August 1861 davon vorläufige Mitteilung an Herrn Seward gemacht. (Brem. Ges.-Ber., Washington, 9. August 1861.)

Am 24. August 1861 hatte mittlerweile Rußland mit dem amerikanischen Gesandten, Herrn Clay, einen Vertrag unterzeichnet, welcher den Beitritt zur Pariser Deklaration stipulierte, worin also Amerika die Abschaffung des Kaperwesens zugestand. Dagegen war der Abschluß gleicher Verträge mit England und Frankreich vollkommen gescheitert. Earl Russell hatte seine Bereitwilligkeit nämlich nur unter der Reserve erklärt, „daß dadurch die englische Auffassung des Konflikts in den Vereinigten Staaten in keiner Weise geändert würde". Das traf den

Nerv der amerikanischen Absichten und ließ solchen Vertrag dem Washingtoner Kabinett als wertlos, den darin auszusprechenden Verzicht auf die Kaperei als eines erwünschten Äquivalents entbehrend, somit unstatthaft erscheinen. Den englischen Vorbehalt wollte der amerikanische Gesandte in London, Herr Adams, natürlich nicht annehmen, weil er darin die Zumutung erblickte, die Auffassung Englands zu billigen, welche den Sezessionisten Rechte eines kriegführenden Teils zugestanden; er lehnte also die Basis ab und aus der Konvention wurde in London und Paris nichts. — Herr Judd in Berlin hatte eine Note an Baron Schleinitz eingereicht, worin er den Wunsch ausgesprochen, einen Vertrag für die Freiheit des Privateigentums zur See auf der breitesten Grundlage abzuschließen; seine Regierung hatte dies gebilligt. Preußischerseits war aber keine Antwort erfolgt. Nach Washington hatte Herr Judd geschrieben, daß er keinerlei Veranlassung fände, Konventionen über den bloßen Beitritt der Vereinigten Staaten zu der Pariser Deklaration zu schließen, sondern daß er einen wirklichen Vorteil für die Union nur darin sähe, wenn ein Staat darauf einginge, durch einen Vertrag das von Marcy aufgestellte Prinzip der vollständigen Freiheit des Privateigentums zur See zu sanktionieren. Der Gesandte befand, der Staatssekretär habe erst das Marcy'sche Amendement vertreten und scheue in dem Augenblicke zurück, wo es gelte, dasselbe zu verwirklichen. Herr Judd wünschte die Sache in Berlin weiter zu betreiben; doch da man immer aufs neue konstatieren mußte, wie sehr lau und furchtsam man auf dem auswärtigen Ministerium in dieser Frage war, so schien es ratsam, den Amtsantritt des Grafen Bernstorff abzuwarten, der sie vielleicht richtiger würdigen möchte. Wenig schien daran gelegen, daß die Vereinigten Staaten jetzt mit Preußen einen Vertrag abschlossen, durch welchen sie dem Kaperwesen entsagten, da sie an die Grundsätze der Pariser Deklaration „doch moralisch" durch die Depesche vom 24. April 1861 und „jetzt auch rechtlich durch den Vertrag mit Rußland gebunden seien".

Auffallenderweise hatte der amerikanische Gesandte in Petersburg bis Anfang Oktober über den von ihm abgeschlossenen Vertrag vom 24. August noch nicht berichtet. Der russische Gesandte in Washington, Herr von Stöckl, hatte vom Abschluß allerdings offizielle Kunde, aber den Vertrag selbst noch nicht erhalten. „Darin", bemerkte der bremische Resident, „findet Herr Seward einen Vorwand, die betreffenden Verhandlungen mit mir noch weiter hinauszuschieben". Er erklärte, daß er jedenfalls wünschen müsse, zunächst in dieser Sache klar zu sehen, da er besorge, daß die russische Regierung sich nur aus freundlichen Rücksichten für die Vereinigten Staaten auf den Vertrag eingelassen habe und den Schritt rückgängig zu machen suchen werde, sobald sie von dem Abbruch der ähnlichen Verhandlungen mit England und Frankreich Kunde erhalte. Dieser Auffassung diente zum Anhalt, daß nach eigener Aussage des russischen Gesandten, Herrn von Stöckl, man in Petersburg anfangs auf dem bloßen Austausch gegenseitiger Deklarationen bestanden und nur auf den dringenden Wunsch des Herrn Clay eine förmliche Konvention geschlossen habe. Übrigens wiederholte Herr Seward, daß er seine Ansichten über diese wichtige Frage, namentlich auch über das Marcy'sche Amendement seit dem 24. April d. J. nicht geändert habe und „bald in der Lage zu sein hoffe", die Verhandlungen mit Herrn Schleiden aufzunehmen. Diese „an sich so erfreuliche" Erklärung bot leider keine Garantie. (Hans. Ges.-Ber., Washington, 4. Oktober 1861.) Bei erster Gelegenheit brachte

Herr Schleiden die Seerechts-Verhandlungen von neuem in Anrege: nunmehr wurde von Herrn Seward, allen Gegenvorstellungen zum Trotz, „definitiv abgelehnt, dieselben aufzunehmen". „Da England und Frankreich", sagte er, „den Abschluß der von hier aus vorgeschlagenen Konvention von unzulässigen Restriktionen abhängig gemacht hätten, so bliebe der Regierung nur übrig, die ähnlichen Verhandlungen mit anderen Staaten auf ungewisse Zeit zu suspendieren. Allerdings sei eine Konvention über den Beitritt der Vereinigten Staaten zur Pariser Deklaration am 24. August mit Rußland geschlossen, aber ein Beschluß darüber, ob dieselbe dem Senat zur Ratifikation vorgelegt werden solle, noch nicht gefaßt. Er könne deshalb zur Zeit nur die Zusicherung erteilen, daß er bereitwillig auch mit anderen Staaten eine solche Konvention schließen werde, sobald diejenige mit Rußland ratifiziert werden sollte. Bis dahin müsse die hiesige Regierung sich das Recht vorbehalten, nötigenfalls in einem Seekriege Kaperbriefe auszuschreiben, wenn es gleich selbstverständlich von den Umständen abhängen müsse, ob sie von einem solchen Recht Gebrauch machen werde." Gegen den russischen Gesandten ließ sich Herr Seward noch weiter aus, indem er auf dessen Frage (drei Wochen vorher), ob die Vereinigten Staaten im Fall eines Krieges mit Frankreich und England Kaper ausrüsten würden, erwiderte, „das verstehe sich von selbst." Als darauf Herr von Stöckl bemerkte, daß sich jedenfalls kein amerikanischer Kaper im Norden des Stillen Meeres werde zeigen dürfen, weil Rußland, das dort allein Häfen besitze, sie nach der Konvention vom 24. August als Piraten behandeln werde, rief Herr Seward erstaunt aus: „Daran habe ich nicht gedacht, ich muß an Herrn Clay deshalb schreiben." Doch schien es, als wünsche die russische Regierung selbst nicht die Ratifikation des Vertrages vom 24. August 1861. Dieselbe ist denn auch unterblieben. (Brem. Ges.-Ber., Washington, 14. November 1861.)

So haben die Vereinigten Staaten nicht nur den Schritt über die Pariser Deklaration hinaus, welchen die Note von Marcy als Bedingung des Beitritts zu derselben in Aussicht stellte, nicht getan, sondern sie behaupten noch heute das Recht der Kaperei, welches in jener französischen Note an die Hansestädte vom 15. Juli 1792 als eine „espèce de brigandage aussi déshonorant pour les états qui le tolèrent, que pour les sujets qui s'y livrent" brandmarkte und das seit 1856 alle Staaten der Welt, bis auf Spanien, Mexiko und die Staaten des Sternenbanners, abgeschafft haben. Selbst zur Beobachtung des zweiten und dritten Artikels der Pariser Deklaration besteht für die Vereinigten Staaten eine formelle Verpflichtung auf Grund nur eines offiziellen Dokuments, das dadurch eine besondere Bedeutung gewinnt, nämlich der Note des Herrn Seward an den preußischen Gesandten, Herrn von Gerolt, vom 16. Juli 1861,*) worin es heißt, „by authority of the United States" benachrichtige der Staatssekretär den Vertreter Preußens, „that this Government cheerfully declares its assent to principles 2 and 3 of the Paris Declaration in the present case and to continue until the insurrection shall come to an end and they will be fully observed by this Government in its relations with Prussia." Also auch diese Verbindlichkeit ist eine beschränkte und die Vereinigten Staaten haben es nach Niederwerfung der Insurrektion des Südens in ihrer freien Hand, sich zu den

*) Auf die Depesche des preußischen Ministers an den Gesandten zu Washington vom 13. Juni 1861.

The Bremen Government has taken into that serious consideration, to which it is so eminently entitled, the note addressed by the United States, on the 28. of July last, to the European powers represented in the late Congress at Paris, in reply to their invitation to jóin in the declaration respecting maritime law, signed on the 16th of April last.

The Bremen Government fully concurs in the proposition of the United States to establish the principle of immunity of all private property, not contraband, upon the high seas in time of war, and will cordially cooperate, as far as may be in its power, to promote the general adoption of that principle as one of international law.

The Bremen Government has also noticed with great interest, that the question of modifying, if not abandoning, the doctrine hitherto recognized in relation to contrabande trade, has engaged the attention of the United States, while it is not proposed to press at this time a change in the existing law upon this subject.

As a small State almost exclusively devoted to commerce and navigation Bremen is naturally deeply interested in having the rights of neutrals fixed and settled by the common consent of all nations on the broadest and most liberal basis, and its government is anxious also, that these changes in the principles of maritime law should receive the consideration of all the powers concerned therein at an early day.

The undersigned is accordingly further instructed to inform the Honorable Secretary of State, that any communications more fully

Rechten der Neutralen zu stellen, wie die augenblicklichen Strömungen der Politik es ihnen vorteilhaft erscheinen lassen.

Während die große Republik des Westens, die, wie Herr Caß verkündigte, die Deklaration von Paris zurückgewiesen, nicht weil ihr Inhalt zu weit, sondern weil er nicht weit genug ging, in betreff des Seekriegsrechts von fast allen Nationen überholt ist und nachgerade in der Reihe der zivilisierten Staaten, was diesen wesentlichen Gegenstand anbelangt, den letzten Platz einnimmt, hat der Grundsatz der Freiheit des Privateigentums zur See in Kriegszeiten, welcher eine geraume Zeit den Namen des amerikanischen Ministers Marcy getragen und dann als das Programm von Bremen bezeichnet ist, eine praktische Anerkennung bei drei Großmächten von Europa gefunden und gilt unter diesen als Völkerrecht seit dem gegenwärtigen Kriege. Italien hat ihn in dem Kodex für seine Handelsmarine, welcher seit Neujahr 1866 in Kraft getreten ist, schon am 25. Juni 1865 sanktioniert; es fordert aber Gegenseitigkeit und zwar eine vor Ausbruch der Feindseligkeiten erklärte Gegenseitigkeit. Und vor dem Kriege haben Österreich mittels Verordnung vom 13. Mai 1866, Preußen durch Erlaß vom 19. Mai 1866 sich, ebenfalls unter Voraussetzung der Reziprozität, dazu bekannt, Preußen im Einklang mit seinen Traditionen, die zurückgreifen auf die erste Verkündigung dieses Prinzips durch Friedrich den Großen im Bunde mit den Republikanern Adams, Jefferson und Benjamin Franklin. Das Marcy'sche Amendement und das Bremer Programm sind ja im wesentlichen desselben Inhalts mit dem Vertrage von 1785."

developing the views of the United States on this important subject. will be thankfully received by this Government.

The undersigned avails himself of this opportunity to renew to the Honorable Lewis Cass the assurance of his high consideration.

R. Schleiden.

The Hon. L. Cass.

e) Drei Briefe von Richard Cobden über Marcy's Amendment.

(Abgedruckt: Beilage zum „Staatsarchiv" 1866 S. 25 ff.)

1. Mr. Cobden to Thomas Bazley, Esq., President of the Manchester Chamber of commerce.

Glyn Garth, near Bangor, Nov. 8, 1856.

My dear Sir, — Will you allow me to call your attention to a pending diplomatic negotiation in which our commercial and manufacturing interests are deeply involved? You will have observed a declaration made by the late Paris Congress against privateering. That resolution was afterwards submitted for the approval of the American Government, whose answer has not, I think, attracted all the attention it deserves from our mercantile community.

In substance, Mr. Marcy, the United States' Foreign Secretary, says: We do not maintain, like the great European Powers, large warlike establishments in time of peace, and therefore we should, in case of hostilities, rely on the public spirit and patriotism of our private citizens, who would, with the sanction of Government, convert our merchant ships into vessels of war. To deny to this improvised navy the right of making prizes of your mercantile shipping, while to the thousands of vessels constituting your Royal and Imperial navies this privilege is to be reserved, would be voluntarily to surrender our commerce to annihilation. On no conditions whatever will the American Government renounce the use of its mercantile marine in case of war; and the same power to burn, capture, or sink enemy's property which you give to your Imperial or Royal navies we shall give to our naval volonteers, whether they be called privateers or by any other name. But being anxious to promote the object aimed at by the Congress we invite you to carry out your principle by going one step further — exempt private property on the ocean from seizure by Government-armed cruisers, as well as by privateers, and the United States will readily meet you on that broad ground.

Now, really, there is no logical way of meeting this proposition but by an instant acquiescence; and, had it not been misrepresented and dealt with in a flippant spirit by some of our journals, it must have received as unanimous an assent in this country as it has from all parties in the United States.

But, with this declaration against privateering at the Paris Congress two other resolutions were coupled, and, had their full scope been understood by our plenipotentiaries, it would have led them to propose to add to M. Walewski's protocol the very clause which has now been suggested by Mr. Marcy.

The congress declared: —

„That the neutral flag covers an enemy's goods, with the exception of contraband of war,

„That neutral goods, with the exception of contraband of war, are not liable to capture under an enemy's flag."

These resolutions reverse the most venerated judgments of our Admiralty Courts, and, for the first time, impart the force of maritime law to principles which were resisted by England against the world in arms down to the close of the war in 1815. Without dwelling on the imperious necessity which led us during the late Russian war to abandon our ancient belligerent rights, let us look at the altered position in which we should be placed in case of a future rupture with a maritime Power.

We will suppose — and it is no great stretch of the imagination, after all that diplomacy has achieved during the last three years — that we are at war with France. I remember hearing the late Mr. Samuel Gurney state, in the presence of the Prime Minister of the time, as the result of careful inquiry, that the amount of British property in ships and cargoes afloat averaged from 80,000,000*l.* to 100,000,000*l.* sterling. It would be a liberal estimate to put down the amount owned by France at from 20,000,000*l.* to 30,000,000*l.* We should thus have nearly four times as much private property exposed to the depredations of Government cruisers as our enemy. But under the new maritime code, which admits the competition of neutrals, it may fairly be questioned whether a merchant ship under either of the belligerent flags would long continue to find it profitable to keep the sea. Railroads, which transmit the heaviest commodities 500 miles with little detriment to their exchangeable value, have virtually put an end to blockades. France, in case of war, could use ports of Belgium, Holland, or Germany, throug which channels her commerce, even with England, might be carried on in neutrals; for, once on board an American or Dutch ship, French exports or imports would be safe from molestation. The same applies to British commodities, whether imported raw materials or exported manufactures; they would be liable to seizure only when on board a British vessel. Now, I ask, would it be possible for French and English ships and cargoes, which would be subject to a charge of 10 or 20 per cent. for assurance against risk of capture, to compete with the neutral flags which would be free from any such burden? And bear in mind that our loss would be fourfold that of our enemy, owing to the larger amount of our tonnage exposed to this unequal competition.

Or, let us suppose ourselves at war with the United States. It may be estimated that the value of American property afloat on salt water (a large part of their navigation is upon the interior lakes and rivers) does not exceed the half of ours. Unless their late proposal were previously adopted, the old system of privateering would be in force on both sides, to which we should offer two-thirds of the prey to their one-third. But the rights of neutrals which were proclaimed at the Paris Congress would admit all the European flags to bring and carry to and from England and America the produce of both countries without risk of capture during the war. Again, I would ask — could a vessel bearing the British flag keep the sea under these circumstances, with 500 or 1,000 armed American vessels cruising against our commerce? It is clear that nobody would charter an English vessel, and pay a heavy insurance against capture, when a neutral ship could be had free from any such charge. The practical effect, then, of the alterations made in our maritime law at the Paris Conferences, if we go no further, would be, in case of war with a naval Power, to transfer the carrying trade even of our own ports to neutral bottoms. It is then our interest especially, and beyond all other countries, to go forward in the path to which the American have invited us.

I cannot help regretting, as an Englishman, that the proposal did not originate with us. Buth the next best thing will be to give it a prompt and hearty acceptance, and aid in securing for it, if possible, a world-wide acquiescence. It is impossible to foresee all the consequences of such a revolution in the rules of war. It is, I believe, the first time in the annals of the world that the powers of belligerents will be restrained and defined in the interest of individuals by written international law. Who can tell in what other direction the precedent may be followed? Wars will henceforward partake more of the character of duels between Governments than of the old contest of nations. Private citizens will cease to be held responsible or liable to injury, unless they become participators in the strife. There will no longer be plunder and prize money to add the stimulus of cupidity to the passions of hatred and revenge; and we shall have one pretence less for constantly increasing the burden of war navies in proportion to the growth of foreign commerce, on the plea of protecting our mercantile marine. These are some of the obvious consequences of this proposed innovation upon the traditions and precedents of the last century. The mercantile world will, I trust, allow its voice to be heard upon the question by Government and Parliament; and it is in the hope that the chamber will throw the weight of its great influence into the scale of humanity and progressive civilization that I have ventured to trouble you with this letter.

I remain, very truly yours,

Richard Cobden.

Thomas Bazley, Esq., Manchester.

2. Mr. Cobden to J. E. Jenkinson, Esq., Secretary of the Bradford Committee for Investigating State Affairs.

Glyn Garth, near Bangor, Dec. 8, 1856.

Sir, — The whole of the argument in your letter is founded upon the assumption that we surrendered our belligerent rights in the late war from feelings of forbearance to Russia. I should have thought our maritime operations in the Sea of Azoff and the Gulf of Bothnia would have prevented any one from falling into such an error. It was the attitude assumed by the United States which led to the change. Those who were in a position to observe the manifestations of public opinion in the press of that country, and through the speeches at Washington, on the eve of the Russian war; and, still more, they who knew what was passing between the United States Minister in London and our Foreign office, need not be told that any serious attempt on our part to uphold the right of search, which, as you truly say, is essential to the maintenance of our ancient belligerent rights, would not have been tolerated by that country. It may be all very true that our common law was opposed to the pretensions of the Americans, and even that, as you state, their own most eminent judges had confirmed the decisions of our Admiralty courts. But this did not touch the facts of the case as they were presented to our Government in 1854, when it was unmistakably evident that the American people were determined that their merchant ships should not be visited and searched by our cruisers: and that any attempt to revive the proceedings which led to the rupture of 1812 would be resisted, would lead to bloodshed, and would, in all probability, end in a war between the two countries. Our Government, therefore, very wisely yielded the point and, in doing so, met the wishes, not merely of America, but of every nation of Europe.

You seem to attach some importance to the mode of effecting this change in our policy, and to be of opinion that. before any alteration can be made in the law of nations, a corresponding change must be effected in our municipal law. I am afraid the law of nations has been hitherto little more than the will of the strongest, modified and slightly controlled by the progress of civilization. I can see no objection, however, to an act of Parliament being passed confirming the decision of the Congress of Paris. But, after this explanation of the meaning of my words „imperious necessity" I need not add that I should look upon such an act as a mere matter of form.

But the question which Parliament will still have to decide, judging from the sentiments put forward by those organs of the press supposed to be connected with the Government, is, whether, having of necessity gone so far, it is not for our interest, beyond that of any other nation, to embrace the offer made to us by Mr. Marcy, to exempt private property afloat from capture during war. I have not the least doubt, when this proposal is discussed in the House of

Commons — taking for the starting point of the argument the *status quo* as settled in the Congress of Paris, which no sane man will dream of disturbing — that there will be all but an unanimous decision in its favour.

I think I can foresee great benefits to the cause of peace and humanity, in a variety of ways, from this change; but, as it seems to be offensive in some quarters to give utterance to the aspiration that the intercourse of nations, as well as individuals, may some day be brought into harmony with the precepts of the New Testament. I will forbear saying more upon the subject.

I am, Sir, your obedient servant,

Richard Cobden.

J. E. Jenkinson, Esq., Bradford.

3. Mr. Cobden to F. Carr, Esq., Secretary of the Sheffield Foreign Affairs Committee.

Glyn Garth, near Bangor, Dec. 15, 1856.

Sir, — Your letter, with the accompanying comments of the „Sheffield Foreign Affairs Committee" on my letter to the President of the Manchester Chamber of Commerce, respecting the proposed change in our maritime law, has reached me here. I have already, in reply to a similar communication from Bradford, briefly explained the error into which you have both fallen in assuming that the abandonment of our ancient belligerent rights was a voluntary act on our part in favour of Russia. I have shown that it was the attitude assumed by the United States which led to the change. It will not, I hope, be deemed disrespectful if I refer you to that letter, or if I add, for the information of your committee, and others who have honoured me with their communications, that I must decline, until the meeting of Parliament, any further discussion of the subject.

I will only offer a remark or two upon the dangers which your committee think the proposed changes threaten to our „maritime supremacy". If by supremacy be meant the exclusive power to give laws to the world in maritime affairs, let the word be abolished from your vocabulary, for the day is for ever gone when any one nation can „rule the waves" with an arbitrary sceptre. I am reminded of the words of Nelson, that England would spend her last guinea, and sacrafice her last man and last ship, before she would yield this supremacy. But since his days a people have grown up beyond the Atlantic who lay claim to equal rights (and the proposed changes ask no more) with ourselves on the ocean. Our children will witness the creation of yet another powerful empire in the Pacific, which will demand also to be heard in matters in which its rights and interests are involved.

We should, indeed, deserve the title of the „Chinese of the West" if our maxims of State policy could not be made to expand to the dimensions requisite to meet these new conditions of the world's progress. Far from agreeing with your committee that such an altered state of things portends danger to England, I believe that she will find both security and economy in the substitution of just international laws, having the willing assent of all nations, for that transient ascendency which depends upon the costly display of superior physical force. Be assured that the people of this country have nothing to gain from asserting a supremacy over any other people. The ambition of individuals may, indeed, be gratified by the subjection of other communities to our will; but it is for the interest of the population of this and every other country that their international relations should be founded on principles of moral right, and equal justice to all, totally irrespective of their material strength; and it is because I see in the American proposal, and in the proceedings which led to it, a tendency in this direction, that they have my approval and support. — I am, Sir, your obedient servant,

Richard Cobden.

F. Carr, Esq., Sheffield.

f) Verhandlung des Englischen Unterhauses über Marcy's Amendment: 14. Juli 1857.

Mr. Lindsay said, he rose to move an Address for copies of Mr. Marcy's letter to the French Government, in answer to the communication of the Resolution of the Paris Conference upon the subject of privateering; and of any other papers or correspondence that may have passed between the British Government and other Powers upon the same object. Those papers related to a subject of some importance to England as a maritime nation. Certain Resolutions had been agreed to at the Conferences of Paris relating to the question of neutral rights and privateers. When these Resolutions were brought before the American Government they had readily consented to the majority, but had refused to give in their adhesion to that proposition which dealt with the rights of privateers, as it would be a surrender on their part of a strong arm of defence and aggression. He asked for papers with the view of putting hon. Members in possession of information on this subject; for the House would sooner or later be called on to decide whether we should stand by our present declaration or adopt the American view — that private property should be as much respected at sea as it was on shore. That was the question at issue; and he hoped to be able to bring it before the House in the course of another Session. In a state of war this country could not stand by the declaration which it had made. We must go forward having done so much, for at present a neutral flag covered neutral goods, except contraband of war. We had five millions tons floating in ships, our exports were 100 millions, and our imports nearly the same; and therefore the question was of far more importance to us than to any other country. What would be the consequence if we were engaged in a war with America or France? The premium to marine assurances on ships not under convoy would be increased 10 per cent. For ships under convoy there would be 5 per cent war risk on British ships; and then the British merchant, whatever might be his patriotism, would not ship in British bottoms. What would then become of our five million tons of shipping? Why, they would remain locked up in port during time of war. The House should consider the position in which they stood, and it was for that reason he asked for the papers, in order that hon. Membres might become thoroughly acquainted with the subject.

Viscount Palmerston: I am sure that my hon. Friend and the House will feel that it is not usual to ask, and that it is not competent under ordinary circumstances for the British Government to grant the production of papers which have formed the subject of correspondence between two other foreign States. But that is a more technical objection. I apprehend what my hon. Friend means is, that we should lay before Parliament any correspondence between the British Government and the American and French Government on this subject. Sir, what happened was, that the Resolutions of the Paris Congress were communicated by the parties to them to all the other maritime States, and amongst others to the United States. The Government of the United States gave to the French Government an answer exactly in the terms stated by my hon. Friend; that is to say, they were willing to agree to those propositions, including the cessation of privateering, provided that private property at sea should no longer be subject to capture. That communication was made by the last Government of the United States, and the matter was one which everybody will see was a subject which required the gravest and most deliberate consideration on the part of the British Government; as, whatever might be the opinions at the first blush, one way or other, no one could fail to see on reflection that the question is one deeply affecting all the great interests of the country, commercial, political and naval; and it was clear that no answer could be given to such a communication without long and mature consideration. But in the meantime a change took place in the Government of the United States, and before any answer was sent by the British Government to America the new President came into office, and an intimation was made that the American Government did not wish that any answer should be sent to the proposition of their predecessors, and that, in point of fact, they wished to consider that communication as suspended and the negotiation not going on. Under these circumstances, I trust that my hon. Friend and the House will feel that it is not desirable to lay before Parliament this communication. In this state of things I certainly shall not enter into any examination of the reasons for or against the proposition made by the Government of the United States; but there is one branch of the subject upon which I wish to make one qualified remark. My hon. Friend considers the question to be simply whether the practice which prevails with respect to hostilities by land should or should not be applied to hostilities at sea. If hon. Gentlemen will consider a little the historical facts as to what has been the practice pursued in war upon land, they will see that there is no very decided and absolute rule as to that matter, but that the practice has varied very much from time to time in different countries in respect to the manner in which armies have treated the property of individuals in a hostile country. It is difficult at once to apply to private property on the sea the same rule which has applied to property on land. I am sure, however, the House will feel that this is not a question which can be discussed incidentally on a Motion of this sort, when the negotiations are suspended between the two Governments at the express wish of the Government of the United States; and I trust that my hon. Friend, after the explanation I have given, will not press his Motion.

Mr. Bentinck said, that the subject was one of paramount importance, and he regretted that the noble Lord had not adverted to the important points raised by the hon. Member for Tynemouth, and more especially as to the intentions of the Government with regard to the maintenance of the declaration, if this country were involved in a war with one of the great Powers of Europe. It was impossible to advance with regard to this declaration. It was a solemn farce, and moreover dishonnest on the part of this country to make a declaration which it would be impossible to carry out. We must recede at any cost, even at that of the reputation of this country for integrity, as the carrying out of the present declaration in time of war would be tantamount to the destruction, not only of our mercantile marine, but of the maritime supremacy of this country. Foreign countries would be the gainers by this declaration, as had been proved by the course taken by Russia in the last war. Under such a declaration he defied any man to point out how any war could be brought to a termination. Hitherto England's strength in war had consisted in crippling the commerce of her ennemies; and he hoped the Government would afford some explanation as to their intentions with regard to their persistence in the present declaration.

Lord John Russell: The hon. Gentleman says that, in the event of a war, all the goods sent in English vessels under convoy will require 5 per cent, and in ships not under convoy 10 per cent additional premium. The hon. Gentleman has naturally argued that, with such additional payments, the manufacturers of this country will send their goods in neutral ships, and thus the maritime trade of this country will, in fact, be destroyed. That is a very serious thing, and I really should like to hear some statement upon the part of the Government, of the grounds of their entering into this declaration.

It appeared to me that, when we were engaged, in conjunction with France, in a war against Russia, we could hardly do otherwise than carry on the war upon the same principle as France. The principle adopted during the war was, that free ships cover free goods. But, at the end of the war, we were not under the necessity of making any concession of the opposite principle, which was certainly in conformity with the law of nations, and to which this country had hitherto adhered. There was no notice given to the people of this country, or to either House of Parliament, that any such question would be discussed. We all supposed that the Earl of Clarendon went to Paris with a view to make peace with Russia: but, with respect to a question of maritime right, there was no preparation in the public mind, and the people of this country must have been surprised that it was introduced. I hardly think the Government could consent to abrogate, as the hon. Gentleman (Mr. Bentinck) proposes, a declaration which was solemnly agreed to by their plenipotentiary. I am afraid we must be bound by the declaration. I am afraid that the consequences are so serious as to show that such a declaration was very imprudent, and I cannot but agree with the hon. Gentleman (Mr. Lindsay), that England ought to preserve her maritime superiority. The comparison between private property in ships and private property on land is not tenable. I do not think there is any real comparison between them. It is quite obvious that a farmer, cultivating a farm, and having its produce in the middle of France or the State of Virginia, has placed his property in quite a different situation from a manufacturer who has put his goods on board a large fleet in the British Channel, navigated by 7,000 or 8,000 mariners competent to man a fleet against this country. There is no comparison between the two propositions, and therefore I cannot but think that, in point of principle, the declaration of Paris ought to be altered. The whole matter is most unsatisfactory, and most grave in its bearing upon our maritime supremacy. I quite agree that the way in which we have been able to finish wars with great Powers, especially with France, has chiefly been by destroying the enemy's trade. We have brought the Powers with which we have been at war to such a state that their finances have become disordered. They have then been ready to listen to terms of peace, and thereby the wars have been terminated. But now, if we were at war with America or France, they could maintain their trade in full vigour, because manufactured produce throughout the world could be sent in neutral vessels in perfect safety. They would have no reason for making peace. They would not be distressed. We might gain naval victories, but our successes would not produce peace. We might drive all their vessels of war from the seas, but we should not thereby gain the end of all war, which is an honourable peace. The state of this question is to me very alarming, but I do not see that a breach of faith would at all mend our position.

Mr. Lindsay said, the noble Lord who had last spoken had misunderstood him. He did not say they should not abide by the declaration, but that, if they did abide by it, the whole carrying trade of this country would pass under a neutral flag. The consequence of that would be that, instead of maintaining our present position, as the first maritime Power in the world, we should become a sixth-rate Power; for there would be no employment for our ships, as the whole trade of the country would pass into neutral ships. He did not wish to throw aside a solemn declaration, but he said the people of this country would not abide by it, and would appeal to the House for its abrogation, and the House would be compelled to listen to, and give effect to that appeal. Having made this explanation, it was not his intention to press the Motion.

Sir Charles Napier said, he had expected that some Member of the Government — the First Lord of the Admiralty — would have addressed the House after the speech of the noble Lord the Member for the City of London. He agreed with the hon. Gentleman who brought forward the Motion, that it was impossible we could remain in the position in which we were at present. The noble Lord said we could not break the engagement. He did not think we could. Diplomacy had drawn us into a very impolitic engagement, and it was for the noble Lord, or some clever diplomatist, to get us out of it. If they were determined to abide by the declaration of the Earl of Clarendon, and a war ensued, we must blockade every port which the enemy possessed. It must be not a mere paper, but an efficient blockade, and in the event of a war with France, such a blockade, with the navy we possessed, could not at the first start be established. Double or treble our navy would not be sufficient to blockade all the ports of France; and it must not be forgotten that seamen discharged from French merchant vessels would go into French ships of war, and increase their force, while our force in men would be diminished in consequence of our loss of trade.

Motion, by leave, withdrawn.

g) Denkschrift des Minister-Residenten Dr. Geffcken zu Berlin über die erforderliche Weiterbildung des Seerechts in Kriegszeiten, dem königl. Preußischen Minister des Auswärtigen, Freiherrn von Schleinitz, vertraulich mitgeteilt am 15. November 1859*).

Abgedruckt: Beilage zum „Staatsarchiv“ 1866 S. 53 ff.

Les Congrès, qui se sont succédés à des intervalles plus ou moins considérables depuis la paix de Westphalie ont marqué et fixé les progrès du droit international, progrès dûs au changement des circon-

*) „Es ist daran zu erinnern, daß in dieser Zeit ein europäischer Kongreß zur Ordnung der italienischen Frage in Aussicht stand.“ („Staatsarchiv“ a. a. O.)

stances, à l'opinion publique mieux éclairée et à l'initiative des différents gouvernements.

Presque toujours la réunion de ces Congrès a été amenée par des questions politiques spéciales, que les puissances intéressées ont voulu resoudre d'un commun accord, mais presque toujours aussi à côté de ces questions d'un intérêt général appartenant au droit des gens ont été portées devant les mêmes plénipotentiaires, et leurs decisions ont été acceptées expressement ou tacitement, par les Etats non représentés. Telles sont p. exc. les décisions du plus célèbre Congrès de notre époque, celui de Vienne sur l'abolition de la traite des noirs, les principes de la navigation fluviale, le règlement sur le rang des agents diplomatiques, etc. Depuis 1815 aucune réunion Européenne n'a eu plus d'importance que le Congrès de Paris, non seulement parceque de graves affaires politiques y ont été decidées, mais aussi parce-qu'une des questions internationales les plus contestées y a fait un grand pas vers la solution définitive.

Par la déclaration du 16 Avril 1856 les Plénipotentiaires réunis en conférence pour mettre fin aux contestations regrettables dont le droit maritime en temps de guerre a été l'objet, arrêtent:

(*Folgen die Artikel — s. oben S. 54.*)

Le protocole de la séance déclare ces 4 points indivisibles et oblige les puissances signataires à ne pas entrer à l'avenir, sur l'application de droit maritime en temps de guerre en aucun arrangement qui ne repose, à la fois, sur les quatre principes objet de la dite déclaration.

A l'exception des Etats-Unis d'Amérique tous les Etats maritimes ont adhéré à ces principes. Dans une Dépêche du 28 Juillet 1856, adressée par le Sécretaire d'Etat aux Ministres de France, de Prusse, d'Autriche et de Sardaigne à Washington, Mr. Marcy déclare tout en approuvant hautement les principes 2 et 3, toujours défendus par le Gouvernement Américain contre les prétentions Britanniques, que le Président ne saurait adhérer à l'article 1 dans sa rédaction actuelle.

Il expose, que tant que la propriété privée sur mer est encore l'objet de saisie ennemie, — renoncer à la course serait pour tous les Etats qui n'ont pas une marine militaire de premier ordre se soumettre à ceux qui en ont une. Les Etats Unis considèrent les grandes armées et les grandes marines comme nuisibles au bien-être de la nation; quand ils ont été forcés de soutenir leur droits par les armes contre des adversaires puissants; ils ont eu recours aux volontaires et aux lettres de marque.

Si la course était abolie la domination de la mer serait abandonnée aux puissances qui sont à même de soutenir une grande marine militaire, si les Etats Unis acceptaient ce principe leur marine commerciale serait presque sans défense dans une guerre avec la France ou avec l'Angleterre.

Mais, poursuit Mr. Marcy, le Gouvernement Américain est tout disposé à concourir à alléger les maux de la guerre et loin de se renfermer dans les articles de la déclaration de Paris, il propose d'adopter une base beaucoup plus large, qui réellement mettrait fin à toutes les contestations, en déclarant libre toute propriété privée sur mer; on agrandirait donc la portée de l'article par l'amendement suivant:

"La course est abolie — et la propriété privée des sujets ou citoyens de chacune des parties belligérantes sur la haute mer sera exempte de toute saisie par les bâtiments publics armés de l'autre partie belligérante."

Dans cette nouvelle rédaction le Gouvernement du Président est prêt à adopter l'art. 1 avec les trois autres.

Nous n'avons pas à rechercher, si les Etats Unis ont bien fait de décliner l'adhésion à l'abolition de la course; il s'agit de savoir si 'adoption de leur amendement ne serait pas infiniment avantageux surtout pour les nations qui ont de grands intérêts commerciaux, sans être à-même de les protéger par une puissante marine, et nous croyons que la réponse doit être affirmative. Dans ce cas se trouve avant tous l'Allemagne, notamment la Prusse et les Villes Anséatiques dont les bâtiments nombreux seraient sans défense dans une guerre avec une puissance maritime. Il importe donc de faire les démarches nécessaires pour assurer un succès général à une réforme si salutaire, et le Congrès prochain en offre l'occasion.

Dans son message de 1856 le Président déclare que la Russie a pleinement et expressément approuvé le principe de l'amendement proposé et promis en même temps son appui pour obtenir l'assentiment des autres puissances. Les Gouvernements de Prusse et d'Autriche se sont de même prononcés dans un sens favorable; enfin la France a exprimé des sentiments analogues. Mr. Mason durant la négociation entamée par lui comme Ministre des Etats Unis à Paris pour obtenir l'adoption de cette base, écrivait sous la date du 3 Novembre 1856 à Washington "la France regarde avec faveur l'amendement et promet une note a l'appui. Je regarde l'affaire comme faite."

Seulement la France, comme les autres puissances signataires de la paix de Paris, ne pouvait accepter la proposition Américaine que par un accord nouveau, le protocole du 16 Avril ayant déclaré les quatre articles indivisibles et base de tout arrangement ultérieur. Il fallait dont porter l'amendement devant les plénipotentiaires réunis des puissances signataires; mais l'Autriche craignant de multiplier les questions et de donner un prétexte pour revenir sur la situation de l'Italie, exigea que les Conférences de 1857 et de 1858 se bornassent strictement aux objets qui avaient motivé les nouvelles convocations, à savoir le règlement de la frontière de Bessarabie et l'acte sur la navigation du Danube. C'est là ce qui a empèché l'examen. on peut dire le succès, de la proposition Américaine; mais peut-être l'ajournement a-t-il été favorable à la solution définitive. La seule puissance dont l'assentiment paraissait douteux était l'Angleterre. Mr. Cobden, il est vrai, s'est prononcé pour l'amendement de Mr. Marcy, le Times, cet avocat si jaloux des préjugés Britanniques, le déclara digne de la plus haute attention, mais Lord John Russel s'y est montré hostile dans la Chambre des Communs (9 Mars 1857).

"Suivre cette voie, dit-il, ce serait augmenter les chances de la guerre, car un des motifs qui engagera les puissances étrangères à ne pas faire la guerre contre l'Angletterre et quelles prévoient comme une conséquence inévitable, c'est que, en cas d'hostilités, tout le commerce sur mer leur serait enlevé. Si, au contraire, ces puissances étaient sûres que leurs navires pussent continuer à traverser les océans sans péril, le motif qui les fait aujourd'hui rester en paix, serait enlevé."

Le noble Lord prend pour base de ses arguments la thèse de la toute-puissance maritime Britannique; — or cette thèse est rudement ébranlée dans ces derniers temps; les Anglais eux-mêmes quoi'quil en coûte à leur orgueil, n'y croient plus. Dans les conditions du droit international actuel le commerce anglais serait gravement compromis le jour où une coalition possible entre des puissances maritimes pourrait opposer à ses flottes des flottes supérieures et même égales; — or malgré les efforts du Gouvernement il est incontestable que les flottes Russe et Française réunies soient beaucoup plusnombreuses que celle de l'Angleterre; si une troisième puissance comme les Etats Unis ou l'Espagne se joignait à ces deux, la comparaison serait encore moins favorable. D'autant plus que tous ces Etats ont peu de colonies, pendant que la marine de l'Angleterre est éparpillée pour maintenir dans la soumission son immense empire colonial. La propriété privée anglaise sur mer est évaluée de 80 à 100 millions de livres sterling; la moyenne des produits de l'industrie manufacturière exportés à l'étranger depasse la somme de 125 millions, sans compter une masse de marchandises étrangères pour lesquelles l'Angleterre remplit le rôle d'intermédiaire. Elle tire de plus d'au-de là des mers pour alimenter ses populations des cargaisons immenses de blé, de viande sur pied ou salée, des millions de quintaux de sucre, de thé et de café indispensables au bien-être de ses sujets. Une telle nation doit bien ou être la maîtresse des mers comme dans les guerres Napoléoniennes, ou bien desirer dans son propre intérêt l'immunité du commerce maritime.

Une autre considération encore doit amener l'Angleterre à consentir à l'amendement Américain. Depuis que les chemins de fer existent la guerre maritime contre la propriété privée ennemie se trouve eludée; ainsi si on persistait dans les principes actuels on n'atteindrait pas le but proposé, sans diminuer pourtant les maux de la guerre. On peut embarquer les produits d'un pays belligérant dans un port neutre à plus de frais certainement, mais dans un plus court délai qu'il ne leur faudrait pour arriver par voie maritime; les chemins de fer qui ont élevé le commerce de terre au niveau de celui de mer, peuvent suppléer aux voies maritimes. — Seule l'Angleterre ne pourra profiter de cette circonstance en cas de guerre, puisque, par sa situation insulaire toutes les communications avec l'étranger sont maritimes. Ce grave inconvénient doit agir sur elle comme un puissant motif pour l'adoption de l'amendement américain.

Une dernière raison parle pour cette proposition. Jusqu'à présent c'étaient toujours les neutres qui se plaignaient et qui cependant étaient l'objet de l'envie des belligérants auxquels était interdit un commerce licite pour leurs rivaux commerciaux; de cette manière les neutres ont contribué à amener une resistance de la part de belligérants puisque le Commerce des neutres tirait profit de la guerre, pendant qu'eux en supportaient les charges. La proposition Américaine tranche cette difficulté avec toutes les autres; dorénavant il n'y aurait plus de différence; les pays en guerre étant libres de continuer leur trafic sous les mêmes conditions que les neutres et tous étant assujettis aux mêmes stipulations concernant les blocus effectifs et le transport des articles de contrebande de guerre (articles qu'il conviendrait de définir autant que possible) ou de dépêches ennemies. Ce n'est que la violation de ces prescriptions qui donnerait le droit de saisir le bâtiment, et le droit de visite se bornerait à constater que les bâtiments n'ont à bord ni contrebande de guerre, ni dépêches ennemies ni ennemis cachés.

De cette manière la propriété privée serait mise sur le même pied en pleine mer que sur terre ferme; ainsi disparaitrait l'anomalie qui consiste à s'emparer comme de bonne prise des marchandises trouvées à bord d'un navire tandis qu'on repute inviolables les mêmes marchandises du même propriétaire dans une. maison en pays ennemi; par l'adoption générale de ce principe un progrès véritable du droit international serait donc consacré par le commun accord des puissances.

h) Der amerikanische Staats-Sekretär des Auswärtigen an die Gesandten der Vereinigten Staaten in Europa. — Die Annahme der Pariser Seerechts-Deklaration betreffend.

Abgedruckt: Beilage zum „Staatsarchiv" 1866 S. 98 ff.

Department of State. Washington 24th April 1861.*)

The advocates of benevolence and believers in human progress, encouraged by the slow though marked meliorations of the barbarities of war, which have obtained in modern times, have been. as you are

*) *In der Beilage zum „Staatsarchiv" 1866 p. 101 wird über den Erfolg dieses Schrittes berichtet:*

„Infolge der durch diese Depesche gegebenen Anregung kam in der Tat ein Vertrag mit Russland zu Stande, in welchem die Vereinigten Staaten die Grundsätze der Pariser Deklarationen pure anerkannten. Derselbe gelangte jedoch nicht zur Ratifikation, da die gleichzeitig mit England und Frankreich eingeleiteten Verhandlungen an den Schwierigkeiten der momentanen politischen Konstellation scheiterten."

well aware, recently engaged with much assiduity in endeavouring to effect some modifications of the law of nations in regard to the rights of neutrals in maritime war. In the spirit of these movements the President of the United States in the year 1854 submitted to the several maritime nations, two propositions, to which he solicited their assent as permanent principles of International law, which were as follows:

1. Free ships make free goods, that is to say that the effects or goods belonging to subjects or citizens of a power or state at war are free from capture or confiscation when found on board of neutral vessels, with the exception of articles contraband of war.

2. That the property of neutrals on board an enemy's vessel is not subject to confiscation unless the same be contraband of war.

Several of the governments to which these propositions were submitted expressed their willingness to accept them, while some others which were then in a state of war intimated a desire to defer acting thereon until the return of peace should present what they thought would be a more auspicious season for such interesting negotiations.

On the 16th of April 1856 a congress was in session at Paris. It consisted of several maritime powers represented by their Plenipotentiaries, namely Great Britain, Austria, France, Prussia, Sardinia and Turkey. That congress having taken up the general subject to which allusion has already been made in this letter, on the day before mentioned, came to an agreement which they adopted in the form of a declaration to the effect following, namely:

(Folgen die Artikel — s. oben S. 54.)

The agreement pledged the parties constituting the Congress to bring the declaration thus made to the knowledge of the States which hat not been represented in that body and to invite them to accede to it. The Congress however at the same time insisted in the first place, that the declaration should be binding only on the powers who were or should become parties to it as one whole and invisible compact, and secondly, that the powers, who had agreed and those who should afterwards accede to it, should after the adoption of the same enter into no arrangement on the application of maritime law in time of war whithout stipulating for a strict observance of the four points resolved by the Declaration.

The declaration which I have thus substantially recited, of course prevented all the Powers which became parties to it from accepting the two propositions, which hat been before submitted to the maritime nations by the President of the United States.

The declaration was in due time submitted by the Governments represented in the Congress at Paris to the Government of the United States.

The President about the 14th of July 1856 made known to the States concerned his unwillingness to accede to the Declaration. In making that announcement in behalf of this Government, my predecessor, Mr. Marcy, called the attention of those States to the following points, namely:

1. That the second and third propositions contained in the Paris declaration are substantially the same with the two propositions which had before been submitted to the maritime States by the President.

2. That de Paris declarations with the conditions annexed were inadmissible by the United States in three respects, namely:

1st that de Government of the United States could not give its assent to the first proposition contained in the declaration, namely that „Privateering is and remains abolished“, although it was willing to accept it with an amendment which should exempt the private property of individuals though belonging to belligerent States from seizure or confiscation by national vessels in maritime war;

2ndly that for this reason the stipulation annexed to the Declaration that the four propositions must be taken altogether or rejected altogether without modification could not be allowed;

3rdly that the fourth condition annexed to the declaration which provided that the parties acceding to it should enter into no negotiations for any modifications of the law of maritime war with nations which should not contain the four points contained in the Paris Declaration seemed inconsistent with a proper regard to the national sovereignty of the United States.

On the 29th of July 1856 Mr. Mason, then Minister of the United States at Paris, was instructed by the President to propose to the Government of France to enter into an arrangement for its adherence with the United States to the four principles of the Declaration of the Congress of Paris, provided the first of them should be amended as specified in Mr. Marcy's note to the Count de Sartiges of the 28th of July 1856. Mr. Mason accordingly brought the subject to the notice of the Imperial Government of France, which was disposed to entertain the matter favorably but which failed to communicate its decision on the subject to him. Similar instructions regarding the matter were addressed by this Department to Mr. Dallas our Minister at London, on the 31st of January 1857, but the proposition above referred to hat not been directly presented to the British Government by him when the administration of this Government by Franklin Pierce came to an end on the 3d of March 1857 and was succeeded by that of James Buchanan, who directed the negotiations to be arrested for the purpose of enabling him to examine the questions involved and they have ever since remained in that state of suspension.

The President of the United States has now taken the subject into consideration, and he is prepared to communicate his views upon it with a desire to bring the negotiation to a speedy and satisfactory conclusion.

For that purpose you are hereby instructed to seek an early opportunity to call the attention of . . . . . Government to the subject and to ascertain whether it remains disposed to renew negotiations for the accession of the Government of the United States to the Declaration of the Paris Congress with the conditions annexed by that body to the same, and if you shall find that Government so disposed you will then enter into a convention to that effect, substantially in the form of a project for that purpose herewith transmitted to you — the convention to take effect from the time when the ratifications of the same shall have been exchanged.

It is presumed that you will need no special explanation of the sentiments of the President on this subject for the purpose of conducting the necessary conference with the Government to which you are accredited. Its assent is expected on the ground that the proposition is accepted at its suggestion and in the form it has proposed. For your own information it will be sufficient to say that the President still adheres to the opinion expressed by my predecessor Mr. Marcy that it would be eminently desirable for the good of all nations that the property and effects of private individuals, not contraband, should be exempt from seizure and confiscation by national vessels in maritime war. If the time and circumstances were propitious to a prosecution of the negotiations with that object in view he would direct that it should be assiduously pursued. But the right season seems to have passed at least for the present. Europe seems, once more, on the verge of quite general wars. On the other hand a portion of the American people has raised the standard of insurrection, proclaimed a provisional Government and through its organs taken the bad resolution to invite privateers to prey upon the peaceful commerce of the United States.

Prudence and humanity combine in persuading the President under these circumstances that it is wise to secure the lesser good offered by the Paris Congress instead of waiting indefinitely in hope to obtain the greater one offered to the maritime nations by the President of the United States.

I am etc.

Seward.

VI. Verhandlungen und Verträge über Seebeuterecht 1792 bis 1871*).

Literatur: J. C. Bluntschli, Das Beuterecht im Krieg und das Seebeuterecht insbesondere. Eine völkerrechtliche Untersuchung. Nördlingen 1878. — Beilage zum „Staatsarchiv" Bd. X, „Frei Schiff etc. unter Feindes Flagge". Hamburg 1866 (O. Meißner). — Moore § 1198. — Perels § 36. — F. Kapp, Friedrich der Große und die Vereinigten Staaten von Amerika. Mit einem Anhang: Die Vereinigten Staaten und das Seekriegsrecht. Leipzig 1871. — G. F. v. Martens, Versuch über Kaper, feindliche Nehmungen und insonderheit Wiedernehmungen. Nach den Gesetzen, Verträgen und Gebräuchen der europäischen Seemächte. Göttingen 1795. — M. Leeder, Die englische Kaperei und die Tätigkeit der Admiralitätsgerichte. Berlin 1881. — Posse, Das „Seebeuterecht", Ztschr. f. Internationales Recht XXI (1911) 123 ff.

[Die Entwickelung der tatsächlichen Handhabung des Seebeuterechts, das Für und Wider seiner Geltung und seine Literaturgeschichte vom Altertum bis 1877 ist im Abriß dargestellt bei Bluntschli a. a. O.

Eine „äußerst wertvolle und für das Studium der vorliegenden Frage ganz unentbehrliche" (Kapp a. a. O. S. 168) Darstellung der Entwicklung von 1748 bis 1866 gibt die Publikation „Frei Schiff etc." von Aegidi u. Klauhold, deren Amerika betreffender Teil durch Kapp a. a. O. S. 151 ff. ergänzt wird.

Die Darstellungen von Martens und Leeder beziehen sich auf die eigentliche Kaperei (privateers) und zwar die Leedersche für die Zeit von 1739 bis 1762.

Über „Marcy's Amendment" s. oben S. 69—121.]

A. Frankreich 1792 bis 1806.

I.

In der Beilage zum „Staatsarchiv" 1866 S. V ff. wird berichtet:

„Der Grundsatz der Freiheit alles Privateigentums zur See in Kriegszeiten, theoretisch gegen die Mitte des vorigen Jahrhunderts von dem Abt Bonnot de Mably (Droit public de l'Europe fondé sur les traités 2me édition, 1748, t II, p. 310) behauptet, dann von dem Geistlichen Galiani (De' doveri de' principi neutrali verso i principi guerregianti e di questi verso i neutrali 1782, capo X, § 2 del corseggiare, p. 429—436, p. 277 Anm. Vgl. auch Linguet, Annales politiques t. V, p. 505) angedeutet, fand die erste officielle Anerkennung im Artikel 23 des Vertrages zwischen Preußen und den Vereinigten Staaten, welchen im Jahre 1785 Friedrich der Große mit Franklin abschloß.**)

Im Jahre 1792, als Frankreich bereits im Kriege mit einem Teile von Europa war, stellte in der Assemblée nationale am 30. Mai der Abgeordnete Kersaint, als Berichterstatter der vereinigten Ausschüsse für den Handel, die Marine und die auswärtigen Angelegenheiten, den Antrag auf Erlaß eines Decrets, die Abschaffung der Kaperei und die Unverletzlichkeit des Privat-

---

*) *Die im folgenden kursiv gedruckten Einschaltungen und Anmerkungen sind Zusätze des Herausgebers; alles Uebrige ist Bestandteil des abgedruckten Materials.*

**) *Vgl. oben S. 22 ff.*

eigentums zur See in Kriegszeiten betreffend. Die Versammlung beschloß auf Antrag des Abgeordneten Vergniaud, die Beschlußfassung zu vertagen, dagegen die Königliche Regierung aufzufordern, mit den andern Mächten die entsprechenden Unterhandlungen zu eröffnen. *(S. unten S. 127.)* Im Laufe der Debatte wurde der allgemeine Grundsatz ausgesprochen, daß die Individuen „ne doivent ni s'envisager, ni se traiter comme ennemis". Dieser Grundsatz mit allen seinen Konsequenzen fand gerade bei solchen die entschiedenste Billigung, welche bei der Kaperei die besten Geschäfte auf Kosten feindlichen Privateigentums gemacht hatten.*)

Wenige Tage nach dem Beschluß der gesetzgebenden Versammlung eröffnete Dumouriez, unmittelbar bevor er das Portefeuille der auswärtigen Angelegenheiten niederlegte, die Verhandlung mittelst zweier Depeschen vom 14. Juni 1792 an den Marquis von Chauvelin, der mit Herrn von Talleyrand eine Mission in England versah und an Herrn von Ternant, den französischen Vertreter bei den Vereinigten Staaten. Der Marquis von Chauvelin fügte in seiner Note an Lord Grenville hinzu: „Sa Majesté ne se dissimule pas que l'état présent de l'Europe peut apporter quelque retard du prompt accomplissement de ses désirs." Lord Grenville antwortete hierauf gar nicht. Der Nachfolger Dumouriez's der Marquis von Chambonas, der am 16. Juni ins Amt kam, richtete im Namen Ludwigs XVI. in derselben Angelegenheit eine Zirkulardepesche vom 19. Juni 1792 an sämtliche französische Gesandte bei fremden Höfen, so auch an Herrn le Hoc in Hamburg. Spanien erwiderte: Seine Katholische Majestät gäbe gern seine Beistimmung, „dès que nous serions d'accord avec l'Angleterre". Mit Rußland hatten die diplomatischen Beziehungen ihr Ende erreicht, ehe die betreffenden Verhandlungen eingeleitet waren (19. Juli 1792). Österreich war bereits im Kriege, ließ aber sein Einverständnis in betreff der Abschaffung der Kaperei erkennen.**)

*) Der Abgeordnete von Dünkirchen, Herr Emméry erklärte: „Je suis d'une ville qui a fait le plus d'armements de ce genre. Les 1000 ou 1200 corsaires qu'elle a armés dans la dernière guerre, ont fait plus de mal à l'Angleterre, que les marines royales des deux maisons de Bourbon réunies. Cependant cette ville ne désire pas la continuation de ce genre d'armement." Moniteur vom 1. Juni 1792, p. 634.

**) Österreich hatte bereits im Mai einen partiellen Schritt in derselben Richtung getan. In der Sitzung der Nationalversammlung vom 1. Juni 1792 verlas der Abgeordnete für Dünkirchen, Herr Emméry, mit Bezugnahme auf die am Tage vorher stattgehabte Verhandlung eine Deklaration, „que vient de faire le Roi de Hongrie, et dont un exemplaire vient de me parvenir de Bruxelles". Diese österreichische Deklaration besagte, daß „voulant maintenir, autant que les circonstances pourront le permettre, les liaisons de commerce, qui subsistent entre la France et les Etats appartenant à la maison d'Autriche, les vaisseaux français seront reçus comme par le passé dans le port d'Ostende, pourvu qu'ils ne soient pas armés en guerre ni chargés de munition, et qu'ils y pourront librement et en toute sûreté décharger leur cargaison, si toutefois la France désire de son côté prendre les mêmes mesures." Die Mitteilung wurde mit Beifall aufgenommen. Ein Mitglied bemerkte sogar: „Ainsi l'Assemblée nationale reçoit des Autrichiens une leçon de philosophie." Die Versammlung verwies das Aktenstück an den Ausschuß für auswärtige Angelegenheiten. (Moniteur vom 2. Juni 1792, p. 636.) Die Note des französischen Gesandten beim niedersächsischen Kreise, Herrn le Hoc an die Hansestädte vom 15. Juli 1792 nahm bezug auf die österreichischen Maßregeln und auf den Umstand,

Für die Vereinigten Staaten antwortete Jefferson, welcher Staatssekretär in der Präsidentschaft von Georg Washington war; man zeigte sich bereit, über Aufhebung des Kaperwesens und „sur d'autres principes tendant aussi à diminuer les occasions et les calamités de la guerre“ zu verhandeln, vorausgesetzt, daß der neue Handelsvertrag zu stande käme, worum damals den Amerikanern zu tun war. Toscana, Genua, Neapel, Portugal, Dänemark sprachen ihre Geneigtheit aus. Die Note des französischen Ministers bei dem Niedersächsischen Kreise, Herrn le Hoc, datierte vom 15. Juli 1792; dieselbe proponierte die Neuerung, eigentlich nur die Abschaffung der Kaperei, in Form eines Additionalartikels zum Kommerzvertrage Frankreichs und der Hansestädte von 1719 (Hamburg vom 1. April 1769). Hamburg war der einzige Staat, welcher eine formelle Verbindlichkeit einging, indem der Senat dem König Ludwig XVI. warmen Dank sagte für die ergriffene Initiative in betreff der großen Wohltat, die dem Europäischen Handel bereite „l'abolition de ce fléau destructeur“. Lübeck äußerte sich günstig, doch hinhaltend; Bremen gab eine ausweichende Antwort, am 22. August 1792. Das Verfahren von Hamburg machte Eindruck in Frankreich; ein Dekret des Konvents vom 29. März 1793 erklärte, in gerechter Gegenseitigkeit, wenigstens „la course abolie à l'égard des navires de la ville de Hambourg et de ceux des villes hanséatiques“. Durch dieses Dekret gestand Frankreich den Hansestädten eine eximierte Stellung zu; denn, mit bezug darauf, daß die Seemächte ersten Ranges den Anerbietungen Frankreichs nicht entsprochen hätten, waren von seiten des Conseil exécutif provisoire am 7. Januar 1793 und durch Gesetz vom 31. Januar 1793 die Franzosen autorisiert, Kaper auszurüsten.*)

Napoleon hat nicht zurückbleiben mögen hinter der Humanität Ludwigs XVI. und der Nationalversammlung. Prinzipiell erschöpfend äußerte sich der Regierungsbevollmächtigte Portalis in seiner Rede bei Installation des Prisenrates am 14. Floréal des Jahres VIII (3. Mai 1800). *(S. unten S. 127 ff.)* Übereinstimmend damit lautete die Depesche Talleyrand's an Napoleon vom 20. November 1806. *(S. unten S. 129.)* Tags darauf erhielten diese Grundsätze eine wenn auch indirekte offizielle Bekräftigung in dem Dekret über die Kontinentalsperre d. d. Berlin den 21. November 1806. *(S. oben S. 47.)*

Napoleon hat sich noch zweimal mit Entschiedenheit für die Freiheit des Privateigentums zur See ausgesprochen; in einem von dem Kaiser diktierten Briefe des Grafen Champagny an den Gesandten der Vereinigten Staaten, Herrn Armstrong, vom 22. August 1809 und in seinen Memoiren.

In dem Brief an Herrn Armstrong heißt es: „Les mers n'appartiennent à aucune nation; elles sont le bien commun des peuples et le domaine de tous. Les bâtiments de commerce ennemis appartenant à des particuliers doivent être respectés. Dans toutes ses conquêtes la France a respecté les propriétés particulières . . . Tels sont les principes de l'Empereur sur les usages et les droits

daß England seinen Staatsangehörigen verboten hatte, auf Kaperschiffen der Kriegführenden Dienste zu nehmen.

*) Le Beau, nouveau Code des prises, Paris, an IX, t. 3, p. 318, 319, 320 bis 323. Doch schon ein Gesetz vom 9. Juni 1793 entzog den Hansestädten die Begünstigung und erklärte ihre Schiffe für gute Prise; nouveau code des prises, a. a. O. p. 360.

de la guerre maritime. Lorsque la France aura acquis une marine proportionnée à l'étendue de ses côtes et de sa position, l'Empereur mettra, de plus en plus ces maximes en pratique et fera tous ses efforts pour en rendre l'adoption générale."

In seinen Memoiren (t. III, c. 6, § 1 p. 301) sagt Napoleon: „Il est à désirer, qu'un temps vienne, où les mêmes idées libérales s'étendent sur les guerres de mer et que les armées navales de deux puissances puissent se battre sans donner lieu à la confiscation des navires marchands et sans faire prisonniers de guerre de simples matelots de commerce ou les passagers non militaires. Le commerce se ferait alors sur mer entre les nations belligérantes comme il se fait sur terre au milieu des batailles que se livrent des armées."

Auch die Restauration versäumte nicht eine Gelegenheit, im Geiste ihrer sonst nicht gern zum Muster genommenen Vorgänger zu handeln. In dem Kriege gegen Spanien von 1823 bestimmte eine königliche Ordonnanz, daß die Flotte keine andere als nur spanische Kriegsschiffe aufbringen und Kauffahrer nur dann anhalten solle, wenn sie sich des Bruchs einer effektiven Blokade schuldig gemacht hätten; auch solle den französischen Untertanen verboten sein, auf eigene Hand Kaperei zu treiben, und von der Regierung keine Kaperbriefe gegen den spanischen Handel ausgegeben werden.

Ehe dies geschah, hatte zwischen Frankreich und England eine Korrespondenz stattgefunden, die, wenn wir den Zusammenhang richtig auffassen, manche sachlichen und persönlichen Umstände in einem neuen Licht erscheinen läßt. Frankreich hatte sich an England gewandt mit dem Ansinnen, dieses möchte seinen Untertanen die Beteiligung an Kapern gegen Frankreich untersagen, sowie Spanischen Kapern nicht gestatten, in Britische Häfen einzulaufen und dort Französische Prisen zu verkaufen. Die Französische Regierung richtete dieselbe Zumutung an die übrigen Seemächte und motivierte sie damit, daß Frankreich für seine liberalen Zugeständnisse bei Spanien keine Gegenseitigkeit gefunden habe und somit schweren Nachteilen ausgesetzt sei, welche zu mildern die Billigkeit den neutralen Mächten anempfehle. Jene liberalen Zugeständnisse können damals nicht in der Erklärung der Unverletzlichkeit feindlichen Eigentums auch gegenüber Französischen Staatsschiffen, sondern nur in dem Verzicht auf Privatkaper bestanden haben. Dies ergibt sich ziemlich deutlich aus der dem Französischen Gesandten in London, Vicomte de Marcellus, am 26. April 1823 erteilten Antwort des Britischen Kabinets. Herr Canning erwidert bejahend auf den ersten, dagegen ablehnend auf den zweiten Teil des Französischen Verlangens und begründet die Ablehnung folgendermaßen: Die Flotten der beiden Kriegführenden wären wohl ungleich an Macht; wenn Spanien die Überlegenheit der Französischen Marine durch Kaperschiffe, die seine Staatskraft zur See ergänzten, ausgleichen wollte, so würde England einen Act der Parteilichkeit begehen, wollte es Spanien dabei Hindernisse bereiten. Eine billige Gleichheit, fügt Herr Canning hinzu, würde nur dadurch zu bewirken sein, daß Frankreich auch seinen Kriegsschiffen die Wegnahme feindlichen Privateigentums untersagte. Dies hätte Canning an Marcellus nicht schreiben können, wenn damals schon Frankreich so weit gegangen wäre, Spanisches Privateigentum zur See für ganz unverletzlich zu erklären. Frankreich tat aber diesen Schritt, vielleicht infolge der Englischen Note vom 26. April 1823. Wenn Herr v. Chateaubriand sich später darüber beklagt, daß Canning auf die Anzeige von jenem Schritte gar nicht geantwortet habe, so erklärt sich dies ziemlich einfach. England hatte das Ansinnen einer besonderen Begünstigung, die auf Billigkeit Anspruch machte, zurückgewiesen mit dem bestimmten Hinweis auf das, was Frankreich noch erst zu tun hätte, um jenen Anspruch zu erheben. Frankreich folgte diesem Wink und — England schwieg. Es erfüllte also dessenungeachtet jenes Französische Verlangen keineswegs. So hat Herr Canning allerdings mit seiner Note vom 26. April 1823 das Marcysche Amendement*) anticipirt, aber nicht in der Absicht, einen Grundsatz bleibend anzuerkennen, dem seine Politik sich in nächster Zeit keineswegs geneigt erwies, sondern nur in der Form eines diplomatischen Manoeuver, um für die Abweisung des Französischen Verlangens einen triftigen Grund, gegen den sich nichts einwenden ließe, geltend zu machen."

II.

Beschluß der Nationalversammlung vom 30. Mai 1792.

Mitgeteilt in der Beilage zum „Staatsarchiv" 1866 S. 149:

„In der Sitzung der Nationalversammlung vom 30. Mai 1792 stellte der Abgeordnete Kersaint im Namen der vereinigten Ausschüsse für den Handel, für die Marine und für die auswärtigen Angelegenheiten den Antrag, die Versammlung wolle folgendes Dekret beschließen:

ART. I. Il ne sera délivré aucune commission pour armer en course.

ART. II. Les armateurs des vaisseaux de commerce, armés pour leur légitime défense, ne pourront s'emparer d'aucun bâtiment de commerce de l'ennemi, à moins qu'ils n'y soient contraints par la provocation.

ART. III. Il est défendu aux vaisseaux de guerre de l'Etat de prendre aucun bâtiment particulier de commerce appartenant à la nation ennemie, à moins qu'ils ne soient armés en guerre. L'Assemblée nationale se réserve de statuer incessamment sur les exceptions que pourrait nécessiter l'application de cette loi aux différentes circonstances de la guerre.

ART. IV. Les équipages des corsaires pris par les vaisseaux de guerre de la nation, seront à leur arrivée dans les ports, interrogés à la requête de l'accusateur public près le tribunal du lieu où les dits corsaires seront conduits. S'ils s'y trouvent de Français, ils seront punis de mort; les sujets de la nation ennemie conduits en prison pour tout le temps que durera la guerre; et quant à la punition à infliger aux étrangers aux deux nations belligérantes, il y sera statué

*) *Vgl. oben S. 69ff.*

d'après les conventions qui seront arrêtés entre la France et les puissances auxquelles ils appartiendront; en attendant, ils demeureront détenus et en prison.

ART. V. Les pertes que les particuliers pourront éprouver par le fait des corsaires sous pavillon ennemi, seront reconnues et vérifiées par les tribunaux de commerce, pardevant lesquels les parties lésées sont autorisées à se pourvoir par tout moyen de droit; et le montant de ces dommages formera l'objet d'une réclamation en indemnité, qui fera le préalable à tout accommodément ou négociation pour la paix.

ART. VI. L'Assemblée nationale invite le Roi à préparer auprès des nations, par la voie des ambassadeurs, la suppression absolue de la course dans la guerre de mer et d'assurer, dans tout ce qui pourra dépendre de la nation Française, la liberté de la navigation et du commerce, lien réciproque des peuples et leur commune ressource.

Der Antrag wurde nicht angenommen, ebensowenig ähnliche Anträge der Abgeordneten Lasource (der die Forderung der Reciprocität hinzufügte) und Granet, dagegen auf Antrag des Abgeordneten Vergniaud fast einstimmig der folgende Beschluß gefaßt:*)

L'Assemblée nationale décrète:

que le pouvoir exécutif sera invité à négocier avec les puissances étrangères, pour faire supprimer, dans les guerres qui pourraient avoir lieu sur mer, les armements en course, et assurer la libre navigation du commerce,

et ajourne les autres articles du projet de décret présenté par son Comité."

III.

Aus der Rede des Regierungsbevollmächtigten, Bürger Portalis, bei Installation des Prisenrates am 14. Floréal des Jahres VIII.**) (3. Mai 1800.)

Abgedruckt: Beilage zum „Staatsarchiv" 1866 S. 150.

„Le Citoyen Portalis, Commissaire du Gouvernement, prenant ensuite la parole, s'est exprimé en ces termes:

„L'importance de notre mission annonce celle de nos devoirs. Un gouvernement sage qui sent le besoin et qui a la ferme volonté d'être juste, nous appelle pour exercer, auprès de lui, les fonctions à la fois délicates et sublimes de la conscience. Il nous établit, en

*) Gazette Nationale vom 31. Mai und 1. Juni 1792, p. 632—634.

**) F. N. Dufriche-Foulaines, Code des prises et du commerce de terre et de mer, Paris an XIII (1804), t. I, p. 862—865.

quelque sorte, les ministres de l'alliance sacrée de la politique avec la morale . . .

Faire, en temps de paix, le plus de bien, et, en temps de guerre, le moins de mal: voilà le droit des gens. Les principes de ce droit sont simples: mais, dans les temps de barbarie et d'ignorance, ils furent méconnus par des hommes livrés à des passions aveugles et déréglées. Dans nos temps modernes, ces passions ont été adoucies par une civilisation perfectionnée, mais la multitude et la confusion des intérêts divers, que les idées d'argent, de commerce, de richesse nationale et d'équilibre de puissance, ont introduites, sont devenues de nouvelles causes de rivalité, d'ambition, de jalousie et d'inimitié. La science des gouvernements ne s'étant point élevée en proportion des contrariétés que nous avons à concilier et des difficultés que nous avons à vaincre, il arrive que, malgré nos lumières et nos connaissances acquises, nous ne jouissons encore que très-imparfaitement des avantages que ces lumières et ces connaissances sembleraient devoir nous garantir.

Le droit de guerre est fondé sur ce qu'un peuple, pour l'intérêt de sa conservation ou pour le soin de sa défense, veut, peut ou doit faire violence à un autre peuple. C'est le rapport des choses, et non des personnes, qui constitue la guerre: elle est une relation d'état à état, et non d'individu à individu. Entre deux ou plusieures nations belligérantes, les particuliers dont ces nations se composent, ne sont ennemis que par accident; ils ne le sont point comme hommes, ils ne le sont même pas comme citoyens: ils le sont uniquement comme soldats.

Rendons justice à notre philosophie, qui d'après ces vérités premières, a plus d'une fois invité les gouvernements de l'Europe, à stipuler, dans leurs traités, la liberté et la sûreté du commerce pendant la guerre, le respect pour les productions des arts et pour toutes les propriétés particulières; mais la politique, qui n'est pas le droit politique, s'est refusée jusqu'ici aux conclusions de la philosophie .. . .

On peut croire d'ailleurs, que l'interruption du commerce entre les nations belligérantes, produit le bien de lier, dans chaque gouvernement, les dangers du citoyen aux dangers de la patrie; de communiquer à l'interêt général toute l'énergie de l'intérêt personel; de décourager par l'épuisement prévu des ressources, l'ambition de conquêtes ou celle d'une vaine gloire; de moduler la pétulence des projets par le sentiment des maux qu'ils entraînent; de mettre l'inquiétude des citoyens qui souffrent aux prises, avec les fantaisies des magistrats qui gouvernent; enfin, de rendre les gouvernements plus circonspects à commencer la guerre, et plus disposés à la terminer . . .

La politique peut avoir ses plans et ses mystères; mais la raison doit conserver son influence et sa dignité. Quand des prétextes arbitraires de crainte ou d'utilité dirigent les conseils, tout est perdu; alors des brigandages de toute espèce désolent la terre, et des flots de sang coulent de toutes parts. En inspirant la terreur, on peut momentanément accroître ses forces; mais c'est en inspirant la confiance qu'on les assure à jamais. L'injustice fait toujours mauvaise ménagère de la puissance . . .

La guerre est un droit nécessaire, légitime et malheureux qui laisse toujours à payer une dette immense pour s'acquitter envers la nature humaine. Mais que la justice et la paix s'embrassent; et, déjà la plupart des maux de la guerre seront réparés. . . ."

IV.

Bericht des Ministers der Auswärtigen Angelegenheiten an den Kaiser, die Freiheit des Privateigentums in Kriegszeiten betreffend. (20. November 1806.*)

Abgedruckt: Beilage zum „Staatsarchiv" 1866 S. 15.

Trois siècles de civilisation ont donné à l'Europe un droit des gens que, selon l'expression d'un écrivain illustre, la nature humaine ne saurait assez reconnaître. Ce droit est fondé sur le principe, que les nations doivent se faire: dans la paix le plus de bien, et dans la guerre le moins de mal qu'il est possible. D'après la maxime que la guerre n'est point une relation d'homme à homme, mais une relation d'Etat à Etat, dans laquelle les particuliers ne sont ennemis qu'accidentellement, non point comme hommes, non pas même comme membres ou sujets de l'Etat, mais uniquement comme ses défenseurs, le droit des gens ne permet pas que le droit de guerre et le droit de conquête qui en dérive, s'étendent aux citoyens paisibles et sans armes, aux habitations et aux propriétés privées aux marchandises de commerce, aux magazins qui les renferment, aux chariots qui les transportent, aux bâtiments non armés qui les voiturent sur les rivières ou sur les mers, en un mot à la personne et aux biens des particuliers. . . .

B. Vereinigte Staaten von Amerika 1823 bis 1854.**)

I.

Bericht über den geschichtlichen Verlauf dieses Zeitraums.

In der Beilage zum „Staatsarchiv" 1866 S. IX ff. wird berichtet:

„In dem Jahr 1823 nahmen die Vereinigten Staaten von Amerika unter dem Präsidenten Monroe ihre alte Politik in der Seerechtsfrage wieder auf. Bereits im Jahre 1794 hatte sich England ihnen gegenüber vertragsmäßig anheischig gemacht, zwei Jahre nach Beendigung des Krieges, in welchem dasselbe damals befangen war, in Verhandlungen darüber einzutreten, ob und in welchen

*) *Also am Tage vor dem Mailänder Dekret (s. oben S. 48).*
**) *Vgl. die Denkschrift unten S. 152 ff.*

Fällen die neutrale Flagge feindliches Eigentum decken solle. Dazu kam es nicht, vielmehr sollte die Meinungsverschiedenheit beider Staaten über die Stellung der Neutralen sie selbst noch einmal gegen einander in Waffen rufen. Die dann folgenden Verhandlungen von Gent und ein neuer Versuch im Jahre 1818 führten nicht zu einer prinzipiellen Lösung des Gegensatzes. Da schien sich eine günstige Gelegenheit zu bieten, als, nach vorgängigen Besprechungen zwischen Stratford Canning und der Regierung in Washington, der Gesandte der letzteren in London, Mr. Rush, im Jahre 1823 den Auftrag erhielt, über eine große Anzahl von Gegenständen, welche beide Länder politisch und kommerziell nahe berührten, mit dem Britischen Gouvernement zu unterhandeln. In der, mit einer die Aufrichtigkeit der Gesinnung außer Zweifel stellenden Wärme geschriebenen Instruktion für den Gesandten *(s. unten S. 132)* wählt der Staatssekretär John Quincy Adams *) seinen Standpunkt auf der freien Höhe des Franklin'schen Philosophems. Der Krieg im Verstande der heutigen Zivilisation ist der Kampf zwischen den organisierten Staatsgewalten, er soll nicht sein ein Krieg der Privaten, und zwar in doppelter Richtung nicht, nicht aktiv durch die Beteiligung von Privaten an der Kriegführung (no privateering), nicht passiv durch Wegnahme von Privateigentum des friedlichen Bürgers (no warfare against private property). In diesem Sinne werden in dem der Depesche beigefügten Vertragsentwurf *(s. unten S. 134)* eine Reihe von Artikeln vorgeschlagen, welche den Schutz der Individuen nach ausgebrochenem Kriege unter den Paciszenten bezwecken, und darunter namentlich auch — to take the first step towards the eventual abolition, by the law of nations, of private war upon the sea — die Bestimmung: — "all merchants and trading vessels employed in exchanging the products of different places, and thereby rendering the necessaries, conveniences, and comforts of human life more easy to be obtained, and more general, shall be allowed to pass free and unmolested, and neither of the contracting parties shall authorize their public vessels to capture or destroy them, or grant or issue any commission to any private vessels, empowering them to take such trading vessels, or interrupt such commerce". Der Staatssekretär beschränkt sich jedoch nicht darauf, seinen Vorschlag prinzipiell zu rechtfertigen, er sucht zugleich durch eine Betrachtung über die veränderte Weltlage, in welcher England häufiger als früher selbst die Rolle einer neutralen Macht übernehmen werde, diesem unter dem Gesichtspunkte seiner eigenen praktischen Interessen das Aufgeben älterer Anschauungen plausibel zu machen. Dennoch nahmen die Verhandlungen keinen, auch nur einigermaßen befriedigenden Verlauf hinsichtlich aller auf das Seerecht bezüglichen Fragen. Unter diesen war nämlich die brennendste, welche eine der Hauptursachen des letzten Krieges gebildet hatte, die nach dem von England behaupteten Rechte einer kriegführenden Macht, Staatsangehörige, welche sich an Bord neutraler Schiffe als Matrosen befinden, zum Dienste für die eigene Kriegsflotte zu pressen. Der amerikanische Unterhändler war angewiesen, die befriedigende Ordnung dieses Punktes als conditio sine qua non für alle anderen seerechtlichen Angelegenheiten hinzustellen, — mit alleiniger Ausnahme des obersten Grundsatzes von der Abschaffung des Privatkrieges. In jener Vorfrage — des Pressens der Matrosen —

*) *1817—1825 Staatssekretär, 1825—1829 Präsident.*

beharrten nun aber beide Teile auf ihren alten Ansichten, kein Vermittelungsvorschlag kam zum Vorschein, und die englischen Unterhändler — obwohl dazu außer Stratford Canning der neuen Ideen so zugängliche Wm. Huskisson gehörte — erklärten, ihrerseits unter diesen Umständen in die Besprechung des Lieblingsthemas der Amerikaner nicht eintreten zu können. "Under the circumstances, which prevented any present discussion of the questions of maritime law discussed in former negociations", — heißt es im Protokoll der 22. Konferenz vom 9. Juli 1824 —, "there would be manifest inconvenience in now going into a question of the same class, which, besides being totally new as an object of discussion, involved a most extensive change in the principles and practice of maritime war". In seinem Begleitbericht bemerkt Mr. Rush dazu, daß, abgesehen von dem formellen Grund der Ablehnung der Verhandlung: "no sentiment dropped from the British plenipotentiaries authorizing the belief that they would have concurred in the object, if we had proceeded to the consideration of it; my own opinion unequivocally is, that Great Britain is not prepared to accede, under any circumstances, to the proposition for abolishing private war upon the ocean *(s. unten S 134)* Diese Ueberzeugung mag denn auch dazu beigetragen haben, daß in ihren Instruktionen für spätere Gesandte, welche wiederholt die Aufnahme seerechtlicher Verhandlungen unter geeigneten Umständen in Aussicht nahmen, die Vereinigten Staaten den Gedanken von Adams fallen ließen und sich zunächst auf die Durchsetzung des Grundsatzes „frei Schiff — frei Gut für die neutrale Flagge" zurückzogen *(s. unten S. 135)*.

Obwohl es die ausgesprochene Absicht von Mr. Adams war, zunächst mit England zu einer Verständigung über die von ihm angeregte Idee zu gelangen, ehe er an die anderen großen Seemächte damit heranträte, gab doch die diplomatische Mitteilung der oben erwähnten französischen Ordonnanz im spanischen Kriege schon am 23. August 1823 Veranlassung, den Gesandten in Paris mit der Sondierung der Ansichten des französischen Kabinetts zu beauftragen *(s. unten S. 136)*. Graf Chateaubriand drückte zwar hierauf in einer Note vom 29. Oktober *(s. unten S. 138)* die Befriedigung aus, welche Frankreich über die allgemeine Anerkennung eines von ihm aufgestellten Grundsatzes empfinden würde; der amerikanische Geschäftsträger in Paris empfing aber den Eindruck, daß man nicht geneigt sei, sich vertragsmäßig zu binden, vielmehr das einzuhaltende Verfahren von dem jedesmaligen Kriegsfalle abhängen lassen wolle.

Ungeteilten Beifall fand der amerikanische Vorschlag bei dem Kabinett von St. Petersburg, welchem der Gesandte, Herr Middleton, mittels Note vom 5. Dezember 1823 dieselben Eröffnungen gemacht hatte. Herr Middleton hob unter den mannigfachen Gründen zugunsten des Projekts auch die außerordentliche Leichtigkeit hervor, mit der es sich realisieren lasse, da es ja nur die Ergänzung eines Gebrauchs bezwecke, welcher bei Landkriegen bereits gelte. Am Schluß erinnerte Herr Middleton, daß das von den Vereinigten Staaten vorgeschlagene System nicht eine Neuerung ihrer Politik enthalte, sondern aus den ersten Jahren ihrer Unabhängigkeit herstamme: davon liefere der erste Vertrag mit Preußen den Beweis. Damals habe man noch nicht das Beispiel einer Seemacht vor Augen gehabt, welche das Privateigentum zur See in Kriegszeiten respektierte. Graf Nesselrode erklärte am 1. Februar 1824 die Geneigheit des Kaisers, Vertragsverhandlungen über diesen Gegenstand, „qui serait un titre de gloire pour la diplomatie moderne", einleiten zu lassen, sobald die anderen Mächte, deren Mitwirkung unerläßlich erscheine, eine gleiche Bereitwilligkeit zu erkennen gegeben hätten *(s. unten S. 138)* Dazu war nun freilich nach dem Scheitern der Bemühungen in London und Paris keine Aussicht vorhanden, und die Vereinigten Staaten erstrebten nunmehr in fast ununterbrochenen, durch eine lange Reihe von Jahren fortgesetzten Anregungen Rußland wenigstens zu einer Konvention über die Rechte der Neutralen in Kriegszeiten zu bewegen. Aber unter steten Versicherungen der Billigung der Prinzipien lehnte das Kaiserliche Kabinett die Ordnung einer das allgemeine Völkerrecht betreffenden Frage durch Vertrag unter nur zwei Mächten ab. Die amerikanischen Gesandten sprachen die Vermutung aus, daß Kaiser Nikolaus, um in der Verfolgung seiner großartigen politischen Pläne nicht behindert zu sein, dem Argwohn Englands nicht neue Nahrung geben wolle. Dies Motiv war denn nun allerdings 1854 nach Ausbruch des Krieges mit den Westmächten hinweggefallen, und nun drängte das eigene Interesse Rußlands auf den Abschluß der von den Vereinigten Staaten lange vergebens gesuchten Konvention, welcher am 22. Juli 1854 erfolgte *(s. unten S. 143)*.

Deutschland war nicht teilnahmslos geblieben. Im Jahre 1848, also hundert Jahre nach der ersten doktrinellen Empfehlung des Grundsatzes, nahm die provisorische Deutsche Zentralgewalt die fast verschollene Sache wieder auf. Nach den Aufzeichnungen des deutschen Reichs-Handelsministers, Herrn Duckwitz, über seine Besprechungen mit dem Gesandten der Vereinigten Staaten, Major Donalson, war es die erklärte Absicht der Regierung des Reichsverwesers, „jede Wegnahme von Handelsschiffen, sei es durch Kriegsschiffe oder durch gewöhnliche Kaper, für Seeraub zu erklären". Der Gedanke fand sowohl bei den Vereinigten Staaten, als bei dem damaligen Präsidenten der Französischen Republik, General Cavaignac, lebhaften Anklang. Das Einverständnis Preußens, Oesterreichs, Rußlands hielt man für gesichert. In diesem Sinne war die Instruktion abgefaßt, welche das Reichsministerium behufs Abschlusses eines Handels- und Schiffahrtsvertrages mit den Vereinigten Staaten dem Gesandten des Deutschen Reichs in Washington, Herrn von Rönne, im Oktober 1848 erteilte *(s. unten S. 140)*.

Der Grundsatz kam wieder in Frage, als Preußen im Jahre 1854 den Vereinigten Staaten beimaß, der Kaperei zu entsagen, und diese daran die Bedingung jenes weitergehenden Schrittes knüpften, genau wie zwei Jahre darauf gegenüber der Aufforderung, der Pariser Deklaration beizutreten *(s. unten S. 144)*."

II.

Verhandlungen mit London 1823 bis 1826.

a) Aus der Instruction des Staatssecretärs John Quincy Adams für den Gesandten in London, Mr. Richard Rush.

Abgedruckt: Beilage zum „Staatsarchiv" 1866 S. 153.

Department of State, Washington Juli 28., 1823.

Sir, — — — The object to which I allude is the abolition of private war upon the sea. It has been remarked that by the usages of modern war, the private property of an enemy is protected from seizure or confiscation as such; and private war itself has been almost universally exploded upon the land. By an exception, the reason of which it is not easy to perceive, the private property of the enemy upon the sea hast not so fully received the benefit of this same principle. Private war, banished by the tacit and general consent of Christian nations from their territories, has taken its last refuge upon the ocean, and there continues so disgrace and afflict them by a system of licensed robbery, bearing all the most atrocious characters of piracy. To a government intent, from motives of general benevolence and humanity, upon the final and total suppression of the slave trade, it cannot be unreasonable to claim her aid and co-operation to the abolition of private war upon the sea.

From the time when the United States took their place among the nations of the earth, this has been one of their favorite objects. „It is time,“ (said Dr. Franklin, in a letter of the 14th March, 1785,) „it is high time, for the sake of humanity, that a stop were put to this enormity. The United States of America, though better situated than any European nation to make profit by privateering, are, as far as in them lies, endeavoring to abolish the practice, by offering, in all their treaties with other powers, an article engaging solemnly, that in case of future war no privateer shall be commissioned on either side, and that unarmed merchant ships, on both sides, shall pursue their voyages unmolested. This will be a happy improvement of the law of nations. The humane and the just cannot but wish general success to the proposition.“

It is well known that, in the same year that this letter was written, a treaty between the United States and the King of Prussia was concluded, by the 23d article of which this principle was solemnly sanctioned in the form of national compact. The 26th article of the treaty between the United Staates and Great Britain, of the 19th of November, 1794, carries it in some respect still further, though in others falling short of it. The articles of the enclosed draught combine the special stipulations of both those articles; and, in proposing them, you will express the earnest desire of the President that they may prove acceptable to the British government. — —

We wish this consideration to be pressed with earnestness upon the moral sense of the British government. We are aware that, in the abolition of private war upon the sea, that nation, while yielding homage to the principle of general justice, must abandon the use of a weapon of offence against others which she has heretofore used much to their annoyance. But we are firmly convinced that it will ultimately prove as beneficial to her interests as to that of others; and the magnanimity displayed by her, in contracting an engagement so consonant to eternal right, though partially affecting a temporary interest of her own, cannot fail to give energy to her solicitations, when urging upon others the sacrifice of their special interests for the purpose of consummating the triumph of justice and humanity. — — —

The great object of the whole convention, as proposed, is, to take the first step towards the eventual abolition, by the law of nations, of private war upon the sea; an improvement entirely congenial to that of the final and total abolition of the slave trade; and entirely coincident, or, it may rather be said, necessarily deducible from the principles declared in the autographic alliance between the sovereigns of Russia, Austria, and Prussia. In communicating the draught of these articles to the British government, (should they agree to negotiate on the subject,) you will declare the readiness of this government to accede to any modification of them or addition to them which may be promotive of the purpose, and desirable to Great Britain. You will add that we have been encouraged to present this plan for a great improvement in the law of nations, and amelioration of the condition of human kind, by the proposal deliberately made by the French government to establish the principle during their present war with Spain; that we make the first proposal to Great Britain, as to the power most competent to secure its ultimate success, and to the nation which, we sincerely believe, would finally derive the greatest share of the blessing which its universal establishment would bestow upon the family of man. And you will observe that, as it is the intention of the President to present the same plan to the other principal maritime powers of Europe, particularly to France and Russia, it would be peculiarly agreeable to him to offer it to them in concert with Great Britain, supported by the weight of her powerful influence.

I am, &c. John Quincy Adams.

Richard Rush, Envoy Extraordinary, &c., London.

[Aus dem, dem Gesandten mitgeteilten Entwurf einer Convention zur Regelung der Neutralitäts-Grundsätze:

ART. IV. And, in the said event of war between the parties — — — all merchants and trading vessels employed in exchanging the products of different places, and thereby rendering the necessaries, conveniences and comforts of human life more easy to be obtained, and more general, shall be allowed to pass free and unmolested, and neither of the contracting parties shall authorize their public vessels to capture or destroy them, or grant or issue any commission to any private armed vessels, empowering them to take or destroy such trading vessels, or interupt such commerce.*)]

b) Gesandter in London an den Staatssecretär. — Aus einem Bericht über die Verhandlungen in Seerechtsangelegenheiten. —

Abgedruckt: Beilage zum „Staatsarchiv" 1866 S. 155.

London, August 12., 1824.

— — With regard to the other maritime questions affecting the relations of neutral and belligerent powers, the plenipotentiaries re-

*) *Vergl. dazu oben S. 22 ff.)*

marked, that as I was not prepared to enter into stipulations respecting them but in conjunction of the question of impressment. which was excluded, for the reason given, the discussion of the others, in any way, could be to no useful purpose. It would, therefore, be declined by them.

Thus it was that the whole of this subject fell to the ground. The decision upon it will be found recorded in the protocol of the twentyfirst conference.

I next said to the British plenipontentiaries, that the question of abolishing privateering, and the capture of private property at sea, whether by national ships or by privateers, was one that I considered as standing apart from those on which their decision had been given to me.

Upon this question, therefore, I desired them to understand that I was ready to treat, as of one occupying ground wholly of its own.

They replied that they were not prepared to adopt this course. All other questions of a maritime nature having been shut out from the negotiation, there would be, they said, manifest inconvenience in going into that for abolishing private war upon the ocean. They considered it a question belonging to the same class with maritime questions, and one which, besides being totally new as between the two governments, contemplated a most extensive change in the principles and practice of maritime war, as hitherto sanctioned by all nations. Such was their answer.

This answer was given in the terms that I state, and so entered upon the protocol; but it is proper for me to remark, that no sentiment dropped from the British plenipotentiaries authorizing the belief that they would have concurred in the object, if we had proceeded tho the consideration of it. My own opinion unequivocally is, that Great Britain is not prepared to accede, under any circumstances, to the proposition for abolishing private war upon the ocean. — —

Richard Rush.

The Right Hon. J. Q. Adams, Washington.

c) Staatssecretär H. Clay an den Gesandten in London, Mr. Albert Gallatin. — Aus einer Instruction zu Verhandlungen in Seerechtsangelegenheiten. —

Abgedruckt: Beilage zum „Staatsarchiv“ 1866 S. 156.

Department of State, Washington, June 19, 1826.

I. On the renewal of the negotiation, you will state to the British plenipotentiaries that, in respect to the subjects comprised under the first head, the American government yet feels in their unabated force all those considerations derived from the spirit of the times, the influence of the Christian religion, and the favorable auspices of the present period of general peace which induced it to propose them, through Mr. Rush, for negotiation, and that it would be happy if they could be satisfactorily arranged; but, from the reception which on that occasion was given to them by the British government, that of the United States is discouraged from making any new attempt at their adjustment, and that you are therefore now instructed to decline bringing them forward. Of those subjects, that of extending to private property on the high seas the same security and exemption from capture in time of war as belong to it when on land, the impressment of seamen, and the settlement of certain conflicting belligerent and neutral pretensions, have a pre-eminent importance. In the first all nations are deeply interested, for it cannot be doubted that, if Great Britain and the United States were to agree to the abolition of privateering, and no longer to consider private property on the high seas as lawful prize of war, their humane example would be generally followed; that wars would be diminished; that, when they unhappily occurred, their duration would be more limited, and a great private aggravation of their calamities would cease, and that a beneficent channel of the comforts and happiness of nations would remain unobstructed. The same example would have great influence on other nations in inducing them to concur in the general adoption of any fixed conventional principles, more certainly defining the respective rights and duties of belligerents and neutrals which the United States and Great Britain might stipulate.

* * * *

I am, &c.

H. Clay.

Albert Gallatin, Appointed Envoy &c., London.

III.

Verhandlungen mit Paris 1823.

a) Staatssecretär an den Geschäftsträger in Paris, die von den Vereinigten Staaten angestrebte Reform des Seekriegsrechts betreffend.

Abgedruckt: Beilage zum „Staatsarchiv" 1866 S. 157.

Department of State, Washington, August 13, 1823.

Sir: — — In one of the notes from the Count, dated the 24th of July, he communicated to this government the information that His most Christian Majesty had given orders to his marine to take no Spanish vessels other than of war, and to detain, upon the principle of blockade, no merchant vessel, whether of Spain or of other nations, unless they should attempt to enter a place really blockaded by the King's naval forces, and should thus endeavor to force an effective blockade; that His Majesty had also forbidden privateering by his subjets, and had resolved to deliver no letters of marque against the commerce of Spain.

The government of the United States have seen with deep regret the war wich has arisen between France and Spain, and with peculiar concern the alleged grounds upon which it was commenced by France; but they have received, with the highest satisfaction, the information of these regulations on her part. They hope that the example will not be lost; but will serve as a precedent for universal adoption in the contests between Christian and civilized nations hereafter. The occasion has been taken in connexion with negotiations upon other subjects pending between the United States and Great Britain, to propose to that nation a convention for regulating neutral and belligerent rights in time of war, in which all privateering, and all warfare against private property upon the sea is disclaimed and renounced.

You will take an opportunity to give notice of this circumstance to the French government; and you will observe that this proposition has been made, in the first instance, to Great Britain, with a special view to the relations between her and the United States. It is, in substance, a project for perpetual peace between them; and if accepted by her, will extinguish *all* the operative causes of hostility between them. But it is not to the consideration of Great Britain alone that the plan will be offered. It is of the deepest interest to all the maritime nations; and the United States will not willingly abandon the hope that it will be adopted by them all. It will, hereafter, be communicated more in detail to the French government, to the imperial government of Russia, and to others, particularly if, upon the notice of this intention, which you will give at as early a period as may be convenient, it should be received with favorable dispositions.

The system of policy which it proposes is coeval, in the purposes of the United States, with the full establishment of their national independence. Immediately afther the peace of 1783, commissioners plenipotentiary were appointed by the Congress of the Confederation, authorized to negotiate treaties of commerce and navigation with all the principal maritime States of the world; and in the general plan of those treaties it was proposed, that in the event of war between the contending parties, no privateering should be allowed, nor any hostilities against private persons or property upon the ocean should be committed. Under one of these commissions the first treaty between the United States and Prussia was concluded, and it contained the full development of the design. Other nations were not then prepared for its adoption, but the present is believed to be a more favorable moment for its success.

I am, with great respect, sir, your very humble and obedient servant,

John Quincy Adams.

Daniel Sheldon, Esq., Paris.

b) Der französische Minister des Auswärtigen an den Geschäftsträger der Vereinigten Staaten in Paris.

(Uebersetzung.)

Abgedruckt: Beilage zum „Staatsarchiv" 1866 S. 159.

Paris, October 29, 1823.

Sir: Your government has expressed a desire to see the system which France followed in the maritime operations of the last war become the universal rule of all civilized and Christian nations, and you have done me the honor to advise me, on the 13th instant, that the United States concurred, as much as it would be in their power, in the establishment of this principle: „that individual property on the ocean must be sacred in times of war."

You may judge, sir, by the measure which His Majesty has adopted, not to grant letters of marque to private individuals, and to favor navigation and commerce, whenever their operations are not of a hostile character, how much he wishes that circumstances would always permit him to adopt the same principles of moderation, and to expect from the other powers a similar system and a perfect reciprocity.

If the trial, successfully made by France, can induce all those governments that are interested in a question so worthy of being profoundly studied, to agree upon the adoption of a general principle which, in time of war, shall place wise limits to maritime operations and be in accordance with the sentiments of humanity, His Majesty will congratulate himself still more in having given tis salutary example, and in having proved that, without compromising the success of war, its scourge can be abated.

Please to accept, sir, the assurance, &c.

Chateaubriand.

Daniel Sheldon, Esq.

IV.

Verhandlungen mit Petersburg 1824.

c) Der russische Minister des Auswärtigen an den Gesandten der Vereinigten Staaten in St. Petersburg über die von Amerika angestrebte Reform des Seerechts.

(Uebersetzung.)

Abgedruckt: Beilage zum „Staatsarchiv" 1866 S. 159.

St. Petersburg, February 1, 1824.

The undersigned, privy councillor, directing the imperial administration of foreign affairs, has made it his duty to lay before the Emperor, his master, the note which Mr. Middleton, the envoy extraordinary and minister plenipotentiary of the United States of America, sent him, to communicate to him a *projet* of a convention by means of which the principle of the inviolability of private property might become sacred in every maritime war.

About the end of the eighteenth century Russia laid the foundation of a system of an armed neutrality, which contributed essentially to prevent the misfortune of a maritime war from being aggravated by a total interruption of the relations of commerce.

The cabinet of St. Petersburg saw, at that time, the greater part of the European powers highly appreciate his intentions; and it could not but be extremely grateful to the Emperor to be convinced that, even now, a State whose marine makes the most rapid advances recalls and reproduces the salutary views of his august and glorious grandmother. His Imperial Majesty thinks that he has proved on his side that not only was one of his first desires constantly that of mitigating the horrors of war, but that he willingly makes great sacrifices to save the world from this terrible scourge.

The Emperor, therefore, sincerely applauds the spirit of the convention which has been proposed to him by the cabinet of Washington.

If the governments of our days followed the narrow calculations of ancient policy — if they only took their interests for the rule of their determinations to the convention in question — it might be perhaps objected to, that the more the private resources of a State give extent and activity to its maritime commerce, the more this commerce is exposed, in the case of a war, to the enterprises of privateers, and that then letters of marque are the only means which remain to powers whose marine is less employed and less numerous, for restoring the equilibrium between unequal forces und for securing any compensation, but, it is repeated, these calculations will never direct the cabinets which have shown that they cannot make similar advantages the objects of their desires, and which, by their known maxims, will doubtless be eager to do justice to the motives as well as to the consequences of a proposition, the hint of which does honor to the government of the United States.

There is, however, one consideration, which cannot have escaped Mr. Middleton.

The principle which the United States invite the Emperor to recognise and to sanction will not be of real utility, except as far as it will have a general application. Every detached convention which the cabinet of St. Petersburg might make on this account with that of Washington, would have so much less effect, inasmuch as, happily, a war between Russia and North America ought to be ranked in the number of events the most distant, the most unlikely; and it is only by the agreement of all the other maritime powers that the measures pointed out can produce the effects intended.

In consequence, His Imperial Majesty charges the undersigned to declare tat, for his part, he fully appreciates the proceeding of the American government; that he shares in the opinions and wishes expressed in Mr. Middleton's note; and that, as soon as the powers whose consent he considers as indispensable shall have shown the same dispositions, he will not be wanting in authorizing his minister to discuss the different articles of an act which would be a crown of glory to modern diplomacy.

In executing, by the present communication, the orders of the Emperor, his master, the undersigned eagerly seizes this occasion of offering to Mr. Middleton the assurances of his most distinguished consideration.

Nesselrode.

H. Middleton, Envoy &c.

V.

Verhandlungen mit Deutschland 1848.

Instruction der Deutschen provisorischen Centralgewalt (October 1848) für den Reichs-Gesandten zu Washington, den Abschluss eines Handels- und Schiffahrtsvertrages mit den Vereinigten Staaten betreffend.

Abgedruckt: Beilage zum „Staatsarchiv" 1866 S. 163.

Es dürften sich schwerlich zwei Länder finden, bei welchen die politischen und commerciellen Verhältnisse so durchaus auf eine enge und innige Freundschaft und Verbindung hinweisen, als zwischen den Vereinigten Staaten und dem deutschen Bundesstaate. Es wird daher die grösste Offenheit in jeder Hinsicht deutscherseits zu beobachten und alle Willfährigkeit zu zeigen sein, den Wünschen der Vereinigten Staaten entgegen zu kommen, so weit irgend thunlich, auch zu übereinstimmenden Verfahren gegen Dritte Beweitwilligkeit geäußert werden können.

Zur Bethätigung dieser freundlichen Verhältnisse zwischen beiden Ländern, die sich als Staaten-Complexe in ähnlicher Lage befinden, wird zunächst das commercielle Band, welches sich seither auf die einzelnen deutschen Staaten bezog, aber in den Hauptresultaten dennoch ganz Deutschland umfasste, durch einen die Gesammtheit des deutschen Bundesstaats in sich schliessenden Handels- und Schifffahrts-Vertrag fest zu knüpfen sein.

Schon seit dem Anfange des Monats August haben hierüber Berathungen mit dem Amerikanischen Gesandten in Deutschland, dem Major Donalson, stattgefunden, welcher in Gemässheit derselben an seine Regierung in Washington berichtet hat. Die leitenden Gesichtspuncte waren dabei die folgenden:

1. Völlige Gegenseitigkeit und Gleichstellung der beiderseitigen Schifffahrt mit der eigenen, bei directer und indirecter Fahrt.

2. Die Küstenfahrt zwischen amerikanischen Häfen und zwischen deutschen Häfen bleibt der eigenen Schifffahrt vorbehalten, jedoch kann ein amerikanisches Schiff, von einem nicht deutschen Hafen kommend, Güter in mehreren deutschen Häfen ausladen, und andererseits in mehreren deutschen Häfen Güter für einen nicht deutschen Hafen einladen. Dasselbe Recht steht deutschen Schiffen in amerikanischen Häfen zu.

3. Alle Waaren können, wes Ursprungs sie auch sein mögen, direct oder indirect unter gleichen Bedingungen mit amerinischen und deutschen Schiffen in den beiderseitigen Häfen eingeführt werden, ausgenommen sind davon die Erzeugnisse der eigenen Fischereien, welche als eigenes Erzeugnis zu besteuern, beide Theile sich vorbehalten.

4. Alle Waaren, wes Ursprungs sie auch sein mögen, können aus Häfen der Vereinigten Staaten, in deutschen Häfen, und aus deutschen Häfen in Häfen der Vereinigten Staaten zu denselben Zöllen und Abgaben eingeführt werden, als wenn sie direct aus dem Ursprungslande kämen.

5. Die Erzeugnisse der Vereinigten Staaten sollen in Deutschland, und die Erzeugnisse Deutschlands sollen in den Vereinigten Staaten keinen anderen und höheren Abgaben unterworfen werden, als die gleichartigen Erzeugnisse irgend eines andern Landes.

6. Besondere von den Vereinigten Staaten oder von Deutschland irgend einem dritten Lande gewährte oder zu gewährende besondere Begünstigungen sollen beiden Contrahenten auch sogleich zu Theil werden. Sind sie ohne Gegenleistung gewährt, so werden sie auch ohne Gegenleistung gegenseitig eingeräumt, sind sie mit Gegenleistung zugestanden, so wird ein gleiches oder ähnliches Aequivalent gegenseitig erforderlich. Ausgenommen von diesen gegenseitigen Gewährungen sind die Vereinbarungen, welche der deutsche Bundesstaat, mit den Staaten Sr. Majestät des Kaisers von Oesterreich, wegen der obwaltenden besonderen Verhältnisse treffen möchte.

7. Es werden beiderseits diejenigen Schiffe als nationale anerkannt, die in den resp. Staaten gesetzlich dafür gelten.

8. Ueber Tarifbestimmungen wird in dem Vertrage nichts gesagt, jedoch wird von deutscher Seite die Zusicherung gegeben, dass die Centralgewalt dahin streben wolle, amerikanische Erzeugnisse, namentlich Tabak, mässig zu besteuern, und von Seiten der Regierung der Vereinigten Staaten, dass sie dahin streben wolle, solche Erzeugnisse, die vorherrschend deutschen Ursprungs sind und besonders durch Handarbeit

hergestellt werden, einer niedrigeren Steuer wie bisher in den Vereinigten Staaten zu unterwerfen.

9. **Beide Theile werden unter sich und mit anderen Seemächten auf Bestimmungen Bedacht nehmen, welche dem Handel und der Schifffahrt sowohl der kriegführenden als der neutralen Mächte Schutz und Freiheit zu sichern und diese Angelegenheit der Civilisation und der Menschlichkeit zu befördern geeignet sein würden. Es soll dies nach Möglichkeit schon durch die Aufnahme entsprechender Bestimmungen, deren Inhalt näher zu bezeichnen für heute noch vorbehalten bleibt, in den jetzt abzuschliessenden Vertrag geschehen.**

10. Vom Tage der Ratificationen dieses allgemeinen Vertrages mit dem deutschen Bundesstaate treten die Verträge der Vereinigten Staaten mit einzelnen deutschen Staaten ausser Wirksamkeit.

Diese Punkte sind jedoch gegen den Major Donalson nur mündlich berührt worden und im Allgemeinen gehalten, sodass sie nur als nächste Anhaltspunkte dienen können. Derselbe Herr ist ersucht worden, seine Regierung zu veranlassen, einen Bevollmächtigten zur Verhandlung eines Vertrags mit Deutschland nach Frankfurt zu senden, oder ihn selbst damit zu beauftragen, und wird der Herr Reichsgesandte ersucht, diesen diesseitigen Wunsch bei der Regierung in Washington zu unterstützen und die Vollmachts-Ertheilung an einen Unterhändler möglichst zu beschleunigen. Vorstehende 10 Punkte werden als Anhaltspunkte zu Aeusserungen dienen, indessen wird ausdrücklich hervorzuheben sein, dass, gleich wie in den Vereinigten Staaten, die Ratification eines Handels- und Schifffahrts-Vertrages von der Zustimmung des Senats abhängt, solches auch in Deutschland hinsichtlich der National-Versammlung der Fall sein werde, es sei denn, dass bis dahin verfassungsmässig festgesetzt worden, dass die Ratification dem deutschen Senate oder Staatenhause zustehe. Gleichwie aber in den Vereinigten Staaten Tarifbestimmungen in Verträgen unzulässig sind, weil der Congress in dieser Beziehung seine Freiheit und Unabhängigkeit sich nicht beschränken lassen will und kann, werden auch dergleichen Bestimmungen deutscherseits aus dem gleichen diesseitigen Grunde nicht gemacht werden können. Der Reichsgesandte wird ersucht, dies Verhältnis der Regierung der Vereinigten Staaten deutlich zu machen, wenn diese vielleicht darauf dringen sollte, dass in dem Vertrage etwas von Herabsetzung der Tabakszölle deutscherseits gesagt werde. Endlich ist zu bemerken, dass, da laut vorstehendem Punkte 10 mit der Ratification des Reichsvertrages alle zwischen den Vereinigten und einzelnen deutschen Staaten bestehenden Verträge erlöschen, solches hinsichtlich Dänemarks und Oesterreichs zu verstehen ist, soweit deren Staaten dem deutschen Bundesstaate angehören werden. — — —

VI.

Vertrag der Vereinigten Staaten von Amerika mit Rußland vom 22. Juli 1854.

Abgedruckt in "Treaties and conventions concluded between the United States of America and other Powers" (Washington 1889) S. 938.

(Auswechselung der Ratifikationen 31. Oktober 1854 in Washington.)

The United States of America and His Majesty the Emperor of all the Russias, equally animated with a desire to maintain, and to preserve from all harm, the relations of good understanding which have at all times so happily subsisted between themselves, as also between the inhabitants of their respective States, have mutually agreed to perpetuate, by means of a formal convention, the principles of the right of neutrals at sea, which they recognize as indispensable conditions of all freedom of navigation and maritime trade. For this purpose the President of the United States has conferred full powers on William L. Marcy, Secretary of State of the United States; and His Majesty the Emperor of all the Russias has conferred like powers on Mr. Edward de Stoeckl, Counsellor of State, Knight of the Orders of Ste. Anne of the 2d class, of St. Stanislas of the 4th class, and of the Iron Crown of Austria of the 3d class, His Majesty's Chargé d'Affaires near the Government of the United States of America;

And said Plenipotentiaries, after having exchanged their full powers, found in good and due form, have concluded and signed the following articles:

ART. 1. The two high contracting parties recognize as permanent and immutable the following principles, to wit:

1st. That free ships make free goods; that is to say, that the effects or goods belonging to subjects or citizens of a Power or State at ware are free from capture and confiscation when found on board of neutral vessels, with the exception of articles contraband of war.

2d. That the property of neutrals on board an enemy's vessel is not subject to confiscation, unless the same be contraband of war.

They engage to apply these principles to the commerce and navigation of all such Powers and States as shall consent to adopt them on their part as permanent and immutable.

ART. 2. The two high contracting parties reserve themselves to come to an ulterior understanding as circumstances may require, with regard to the application and extension to be given, if there be any cause for it, to the principles laid down in the 1st article. But they declare from this time that they will take the stipulations contained in said article 1 as a rule, whenever it shall become a question to judge of the rights of neutrality.

ART. 3. It is agreed by the high contracting parties that all nations which shall or may consent to accede to the rules of the first article of this convention, by a formal declaration stipulating to observe them, shall enjoy the rights resulting from such accession as they shall be enjoyed and observed by the two Powers signing this convention. They shall mutually communicate to each other the results of the steps which may be taken on the subject.

ART. 4. The present convention shall be approved and ratified by the President of the United States of America, by and with the advice and consent of the Senate of said States, and by His Majesty the Emperor of all the Russias, and the ratifications of the same shall be exchanged at Washington, within the period of then months, counting from this day, or sooner if possible.

In faith whereof the respective Plenipotentiaries have signed the present convention in duplicate, and thereto affixed the seal of their arms.

Done as Washington the twenty-second day of July, the year of Grace, 1854.

W. L. Marcy.
Edouard Stoeckl.

VII.

Aus der Botschaft des Präsidenten Franklin Pierce an den Congress vom 4. Dezember 1854.

Abgedruckt: Beilage zum „Staatsarchiv" 1866 S. 161.

— — Long experience has shown that, in general, when the principal powers of Europe are engaged in war, the rights of neutral nations are endangered. This consideration led, in the progress of the war of our indepedence, to the formation of the celebrated confederacy of armed neutrality, a primary object of which was, to assert the doctrine that free ships make free goods, except in the case of articles contraband of war: a doctrine which, from the very commencement of our national being, has been a cherished idea of the statesmen of this country. At one period or another, every maritime power has, by some solemn treaty stipulation, recognised that principle; and it might have been hoped that it would come to be universally received and respected as a rule of international law. But the refusal of one power prevented this, and in the next great war which ensued, that of the French revolution, it failed to be respected among the belligerent states of Europe. Notwithstanding this, the principle is generally admitted to be a sound and salutary one — so much so, that, at the commencement of the existing war in Europe, Great Britain and France announced their purpose to observe it for the present; not, however, as a recognised international right, but as a mere concession for the time being. The co-operation, however, of these two powerful maritime nations in the interest of neutral rights, appeared to me to afford an occasion inviting and justifying, on the part of the United States, a renewed effort to make the doctrine in question a principle of international law, by means of special conventions between the several powers of Europe and America. Accordingly, a proposition, embracing not only the rule that free ships make free goods, except contraband articles, but also the less contested one, that neutral property other than contraband, though on board enemy's ships, shall be exempt from confiscation, has been submitted by this government to those of Europe and America.

Russia acted promptly in this matter, and a convention was concluded between that country and the United States, providing for the observance of the principles announced *(s. S. 143)*, not only as between themselves, but also as between them and all other nations which shall enter into like stipulations. None of the other powers have as yet taken final action on the subject. I am not aware, however, that any objection to the proposed stipulations has been made; but, on the contrary, they are acknowledged to be essential to the security of neutral commerce; and the only apparent obstacle to their general adoption is in the possibility that it may be encumbered by inadmissible conditions.

The King of the Two Sicilies has expressed to our minister at Naples his readiness to concur in our proposition relative to neutral rights, and to enter into a convention on that subject.

The King of Prussia entirely approves of the project of a treaty to the same effect, submitted to him, but proposes an additional article providing for the renunciatiation of privateering. Such an article, for most obvious reasons, is much desired by nations having naval establishments, large in proportion to their foreign commerce. If it were adopted as an international rule, the commerce of a nation having comparatively a small naval force would be very much at the mercy of its enemy in case of war with a power of decided naval superiority. The bare statement of the condition in which the United States would be placed, after having surrendered the right to resort to privateers, in the event of war with a belligerent of naval supremacy, will show that this government could never listen to such a proposition. The navy of the first maritime power in Europe is at least ten times a large as that of the United States. The foreign commerce of the two countries is nearly equal, and about equally exposed to hostile depredations. In war between that power and the United States, without resort on our part to our mercantile marine, the means of our enemy to inflict injury upon our commerce would be tenfold greater than ours to retaliate. We could not extricate our country from this unequal condition, with such an enemy, unless we at once departed from our present peaceful policy, and became a great naval power. Nor would this country be better situated in war with one of the secondary naval powers. Though the naval disparity would be less, the greater extent and more exposed condition of our wide-spread commerce would give any of them a like advantage over us.

The proposition to enter into engagements to forego a resort to privateers, in case this country should be forced into war with a great naval power, is not entitled to more favorable consideration than would be a proposition to agree not to accept the services of volunteers for operations on land. When the honor or the rights of our country require it to assume a hostile attitude, it confidently relies upon the patriotism of its citizens, not ordinarily devoted to the military profession, to augment the army and the navy, so as to make them fully adequate to the emergency which calls them into action. The proposal to surrender the right to employ privateers is professedly founded upon the principle, that private property of unoffending non-combatants, though enemies, should be exempt from the ravages of war; but the proposed surrender goes but little way in carrying out that principle. which equally requires that such private property should not be seized or molested by national ships of war. Should the leading powers of Europe concur in proposing, as a rule of international law, to exempt private property, upon the ocean, from seizure by public armed cruisers, as well as by privateers, the United States will readily meet them upon that broad ground. — —

Washington, December 4, 1854.

Franklin Pierce.

C. Costa Rica und Neu-Granada 1856.

[Nach einer Mitteilung des Generalkonsulates von Costa Rica in Hamburg an den Herausgeber — 7. September 1909 — ist dieser Vertrag nicht ratifiziert worden.]

In der Beilage zum „Staatsarchiv“ 1866 S. 166 ist folgende Bestimmung eines von den Republiken Costa Rica und Neu-Granada (Columbia) am 11. Juni 1856 abgeschlossenen Schiffahrtsvertrages mitgeteilt:

ART. XI. Beide Theile erkennen das Prinzip an, daß das Privateigenthum von Bürgern befreundeter Nationen und von Bürgern, welche nicht dem Heere feindlicher Nationen angehören, unter irgend einer Seeflagge nicht der Wegnahme noch Confiszirung unterworfen sein soll, mit Ausnahme der Kriegscontrebande und derjenigen Schiffe mit ihren Ladungen, welche die allgemein als Gesetz der kriegführenden Staaten anerkannten Blockaderegeln brechen. Deßhalb stellen beide Theile fest, daß für den Fall (was Gott verhüten möge) der Eine den Andern bekriegt, das Privateigenthum der Bürger von Neu-Granada und Costa Rica, welche nicht zum Heere gehören, weder weggenommen noch confiszirt werden soll, sei es unter neutraler oder unter feindlicher Flagge, und für den Fall, daß einer von beiden Theilen sich in Krieg mit einem dritten oder mehreren Staaten befindet, und der andere Theil sich neutral verhält, kann das Privateigenthum von Bürgern dieses Staates weder weggenommen noch confiszirt werden, selbst auf Schiffen, deren Flagge dem anderen Theile feindlich ist. In beiden Fällen sind ausgenommen die Kriegscontrebande und die Schiffe mit ihren Ladungen, welche die in § 14 des erwähnten Tractats aufgeführten Bestimmungen der Blockaderegeln brechen.

Gleichfalls verpflichten sich beide Theile, die Anwendung dieses Prinzips auf alle Nationen, welche es anerkennen und beobachten, auszudehnen.

D. Amerikanisch-italienischer Vertrag 1871.

Abgedruckt: "Compilation of treaties in force." Washington 1829 S. 309 ff,

Treaty of Commerce and Navigation. Abschluß 26. Febr. 1871, Ratifikation zu Washington 18. Nov. 1871.

ART. XII. The high contracting parties agree that, in the unfortunate event of a war between them, the private property of their respective citizens and subjects, with the exception of contraband of war, shall be exempt from capture or seizure, on the high seas or elsewhere, by the armed vessels or by the military forces of either party; it being understood that this exemption shall not extend to vessels and their cargoes which may attempt to enter a port blockaded by the naval forces of either party.

ART. XIII. The high contracting parties having agreed that a state of war between one of them and a third Power shall not, except in the cases of blockade and contraband of war, affect the neutral commerce of the other, and being desirous of removing every uncertainty which may hitherto have arisen respecting that which, upon principles of fairness and justice, ought to constitute a legal blockade, they hereby expressly declare that such places only shall be considered blockaded as shall be actually invested by naval forces capable of preventing the entry of neutrals, and so stationed as to create an evident danger on their part to attempt it.

ART. XIV. And whereas it frequently happens that vessels sail for a port or a place belonging to an enemy without knowing that the same is besieged, blockaded, or invested, it is agreed that every vessel so circumstanced may be turned away from such port or place, but shall not be detained, nor shall any part of her cargo, if not contraband of war, be confiscated, unless, after a warning of such blockade or investment from an officer commanding a vessel of the blockading forces, by an endorsement of such officer on the papers of the vessel, mentioning the date and the latitude and longitude where such endorsement was made, she shall again attempt to enter; but she shall be permitted to go to any other port or place she shall think proper. Nor shall any vessel of either, that may have entered into such a port before the same was actually besieged, blockaded, or invested by the other, be restrained from quitting such place with her cargo, nor, if found therein after the reduction and surrender, shall such vessel or her cargo be liable to confiscation, but they shall be restored to the owners thereof; and if any vessel, having thus entered any port before the blockade took place, shall take on board a cargo after the blockade be established, she shall be subject to being warned by the blockading forces to return to the port blockaded and discharge the said cargo, and if, after receiving the said warning, the vessel shall persist in going out with the cargo, she shall be liable to the same consequences as a vessel attempting to enter a blockaded port after being warned off by the blockading forces.

ART. XV. The liberty of navigation and commerce secured to neutrals by the stipulations of this treaty shall extend to all kinds of merchandise, excepting those only which are distinguished by the name of contraband of war. And, in order to remove all causes of doubt and misunderstanding upon this subject, the contracting parties expressly agree and declare that de following articles, and no others, shall be sonsidered as comprehended under this denomination:

1. Cannons, mortars, howitzers, swivels, blunderbusses, muskets, fusees, rifles, carbines, pistols, pikes, swords, sabers, lances, spears, halberds, bombs, grenades, powder, matches, balls, and all other things belonging to, and expressly manufactured for the use of these arms.

2. Infantry belts, implements of war and defensive weapons, clotes cut or made up in a military form and for a military use.

3. Cavalry belts, war saddles and holsters.

And generally all kinds of arms and instruments of iron, steel, brass, and copper, or of any other materials manufactured, prepared, and formed expressly to make war by sea or land.

ART. XVI. It shall be lawful for the citizens of the United States, and for the subjects of the Kingdom of Italy, to sail with their ships with all manner of liberty and security, no distinction being made who are the proprietors of the merchandise laden thereon, from any port to the places of those who now are, or hereafter shall be, at enmity with either of the contracting parties. It shall likewise be lawful for the citizens aforesaid to sail with the ships and merchandise before mentioned, and to trade with the same liberty and security from the places, ports, and havens of those who are enemies of both or either party without any opposition or disturbance whatever, not only directly from the places of the enemy before mentioned to neutral places, but also from one place belonging to an enemy to another place belonging to an enemy, whether they be under the jurisdiction of one power or under several; and it is hereby stipulated that free ships shall also give freedom to goods, and that everything shall be deemed to be free and exempt from capture which shall be found on board the ships belonging to the citizens of either of the contracting parties, although the whole lading or any part thereof should appertain to the enemies of the other, contraband goods being always excepted. It is also agreed, in like manner, that the same liberty be extended to persons who are on board of a free ship; and they shall not be taken out of that free ship unless they are officers or soldiers, and in the actual service of the enemy: Provided, however, and it is hereby agreed, that the stipulations in this article contained, declaring that the flag shall cover the property, shall be understood as applying to those Powers only who recognize this principle, but if either of the two contracting parties shall be at war with a third, and the other neutral, the flag of the neutral shall cover the property of enemies whose Governments acknowledge this principle, and not of others.

ART. XVII. All vessels sailing under the flag of the United States, and furnished with such papers as their laws require, shall be regarded in Italy as vessels of the United States, and, reciprocally, all vessels sailing under the flag of Italy, and furnished with the papers which the laws of Italy require, shall be regarded in the United States as Italian vessels.

ART. XVIII. In order to prevent all kinds of disorder in the visiting and examination of the ships and cargoes of both the contracting parties on the high seas, they have agreed, mutually, that whenever a vessel of war shall meet with a vessel not of war of the other contracting party, the first shall remain at a convenient distance, and may send its boat, with two or three men only, in order to execute the said examination of the papers, concerning the ownership and cargo of the vessel, without causing the least extortion, violence, or ill-treatment; and it is expressly agreed that the unarmed party shall in no case be required to go on board the examining vessel for the purpose of exhibiting his papers, or for any other purpose whatever.

ART. XIX. It is agreed that the stipulations contained in the present treaty relative to the visiting and examining of a vessel shall apply only to those which sail without a convoy; and when said vessels shall be under convoy the verbal declaration of the commander of the convoy, on his word of honor, that the vessels under his protection belong to the nation whose flag he carries, and when bound to an enemy's port, that they have no contraband goods on board, shall be sufficient.

ART. XX. In order effectually to provide for the security of the citizens and subjects of the contracting parties, it is agreed between them that all commanders of ships of war of each party, respectively, shall be strictly enjoined to forbear from doing any damage to or committing any outrage against their vessels or property; and if the said commanders shall act contrary to this stipulation, they shall be severely punished, and made answerable in their persons and estates for the satisfaction and reparation of said damages, of whatever nature they may be.

ART. XXI. If by any fatality, which cannot be expected, and which may God avert, the two contracting parties should be engaged in a war with each other, they have agreed and do agree, now for then, that there shall be allowed the term of six months to the merchants residing on the coasts and in the ports of each other, and the term of one year to those who dwell in the interior, to arrange their business, and transport their effects wherever they please, with the safe conduct necessary to protect them and their property, until they arrive at the ports designated for their embarkation. And all women and children, scholars of every faculty, cultivators of the earth, artisans, mechanics, manufacturers, and fishermen, unarmed and inhabiting the unfortified towns, villages, or places, and, in general, all others whose occupations are for the common subsistence and benefit of mankind, shall be allowed to continue their respective employments, and shall not be molested in their persons, nor shall their houses or goods be burnt or otherwise destroyed, nor their fields wasted by the armed force of the belligerent in whose power, by the events of war, they may happen to fall; but, if it be necessary that anything should be taken from them for the use of such belligerent, the same shall be paid for at a reasonable price.

And it is declared that neither the pretence that war dissolves treaties, nor any other whatever, shall be considered as annulling or suspending this article; but, on the contrary, that the state of war is precisely that for which it is provided, and during which its provisions are to be sacredly observed as the most acknowledged obligations in the law of nations.

E. Der Italienische „Codice per la marina mercantile“ (24. Okt. 1871)

bestimmt:

Art. 211. La cattura e la preda di navi mercantili di nazione nemica per parte delle navi da guerra dello Stato saranno abolite in via die reciprocità verso quelle Potenze, che adotteranno eguale trattamento a favore della marina mercantile nazionale. — Il trattamento di reciprocità dovrà risultare da leggi locali, da convenzioni diplomatiche, o da dichiarizioni fatte dal nemico prima del cominciamento delle ostilità.

Art. 212. Sono escluse dal disposto dell' articolo precedente la cattura e la confisca per contrabbando di guerra, nel qual caso la nave in contravenzione sarà assoggetata al trattamento delle navi neutrali che infrangono la neutralità. Sono pure escluse dal disposto di cui sopra, la cattura o confisca per rottura di blocco effettivo e dichiarato.

VII. Verhandlungen über das Seebeuterecht auf den Haager Friedenskonferenzen 1899 und 1907.

A. Verhandlungen der Friedenskonferenz von 1899.*)

1. Denkschrift der Vereinigten Staaten von Amerika vom 30. Juni 1899.

(Diese Denkschrift ist in der amtlichen Publikation nicht abgedruckt.)

Lettre adressée à Son Excellence M. de Staal,
Président de la Conférence de la Paix.

International Conference at the Hague.
Commission of the United States of America.

Excellence.

Conformément aux instructions de Son Gouvernement, la Délégation des Etats-Unis désire présenter à la Conférence de la Paix, par l'intermédiaire de Votre Excellence, en sa qualité de Président, une proposition concernant l'inviolabilité sur mer, en temps de guerre, de toute propriété privée, excepté la contrebande de guerre.

Nous rappellerons à Votre Excellence, ainsi qu'à la Conférence, qu'en soulevant cette question, nous agissons non seulement d'après les instructions du Gouvernement actuel des Etats-Unis, mais aussi en conformité avec une politique que le Gouvernement de notre pays a soutenue pendant plus d'un siècle auprès des différentes Puissances, en toutes le occasions qui se sont présentées.

Dans les Traité conclu par les Etats-Unis et la Prusse en 1785 on trouve la clause suivante: *(S. oben S. 22 ff.)*

„Tous les vaisseaux marchands et commerçants, employées à l'exchange des productions de différents endroits, et, par conséquent, destinés à faciliter et à répandre les nécessités, les commodités et les douceurs de la vie, passeront librement et sans être molestés. . . . .

Et les déux puissances contractantes s'engagent à n'accorder aucunes commissions à des vaisseaux assurés en course, qui les

---

*) Die Verhandlungen sind von der niederländischen Regierung in zwei Ausgaben bekannt gemacht:

1. Conférence Internationale de la Paix. La Haye 18. Mai — 29. Juillet 1899. — Ministére des affaires étrangères. — La Haye Imprimere Nationale. 1899.
2. Unter gleichem Titel ist mit dem Zusatz „Nouvelle édition" bei Martinus Nijhoff 1907 eine handlichere und billigere Ausgabe erschienen.

Im Folgenden sind zunächst die Seitenzahlen der ersten Ausgabe angeführt, die Seitenzahlen der zweiten Ausgabe sind in Klammern beigefügt.

autorisent à prendre ou à détruire ces sortes de vaisseaux marchands ou à interrompre le commerce.“ (Art. 23.)

En 1823 M. Monroe, Président des Etats-Unis, après avoir discuté les droits et devoirs des neutres, a mis en avant la proposition suivante:

„Aucune des parties contractantes n'autorisera des vaisseaux de guerre à capturer ou à détruire les dits navires (de commerce et de transport), ni n'accordera ou ne publiera aucune commission à aucun vaisseau de particulier armé en course pour lui donner le droit de saisir ou détruire les navires de transport ou d'interrompre leur commerce.“ *(Vgl. oben S. 129, 134).*

En 1854 le Président M. Pierce a fait une proposition analogue, dans un message au Congrès des Etats-Unis. *(Vgl. oben S. 144.)*

En 1856, à la Conférence de Paris, le Gouvernement des Etats-Unis s'est déclaré prêt à adhérer à la proposition des Grandes Puissances Européennes d'abolir la course, à condition toutefois que l'inviolabilité de toute propriété privée, sauf la contrabande de guerre, fût admise par rapport à la guerre maritime, de même qu'elle l'était déjà par rapport à la guerre sur terre. *(Vgl. oben S. 69 ff.)*

En 1858, sous la Présidence de M. Buchanan, un Traité fut conclu entre les Etats-Unis et la Bolivie, dans lequel fut insérée une clause visant une entente ultérieure à l'effet de renoncer au droit de capturer la propriété privée sur mer.

En 1871, dans leur Traité avec l'Italie, les Etats-Unis ont encore une fois adhéré au même principe. L'article 12 de ce Traité est conçu en ces termes:

„The High Contracting Parties agree that, in the unfortunate event of a war between them, the private property of their respective citizens and subjects, with the exception of contraband of war, shall be exempt from seizure or capture, on the high seas or elsewhere, by the armed vessels or by the military forces of either party; it being understood that this exemption shall not extend to vessels and their cargoes which may attempt to enter a port blockaded by the naval forces of either party.“ *(Vgl. oben S. 147.)*

Il y a lieu de constater ici qu'à plusieurs occasions diverses Puissances représentées à la Conférence ont manifesté aux Etats-Unis leur volonté de conclure des arrangements, sous certaines conditions, pour exempter de capture la propriété privé sur mer.

Il est, en outre, opportun de mentionner ici que la doctrine du Traité de 1871 entre l'Italie et les Etats-Unis avait été sanctionnée antérieurement dans le Code Italien de la Marine Marchande en ces termes: *(S. oben S. 150.)*

„La capture et la prise des navires marchands d'un Etat ennemi, par les navires de guerre, seront abolies par voi de réciprocité à l'égard des Etats qui adoptent la même mesure envers la marine marchande italienne. La réciprocité devra résulter de lois locales, de conventions diplomatiques ou de déclarations faites par l'ennemi avant le commencement de la guerre." (Art. 311.)

De plus, le Comte de Nesselrode, l'éminent homme d'Etat Russe, a mentionné dans sa correspondance avec M. Middleton, représentant les Etats-Unis près la Cour de Russie, que „l'Empereur avait accueilli les désirs et les opinions des Etats-Unis avec sympathie, et qu'aussitôt que les Puissances, dont le concours lui semblait être indispensable, auraient manifesté la même volonté, il ne tarderait pas à autoriser ses ministres à discuter les différents articles d'un acte qui couronnerait de gloire la diplomatie moderne."

Dans cet aperçu rapide de la voie que les Etats-Unis ont suivi depuis plus d'un siècle, Votre Excellence trouvera une abondante confirmation du fait que nous avons mentionné plus haut: Elle verra que notre Gouvernement, en nous donnant les instructions d'après lesquelles nous agissons maintenant, n'a point adopté une nouvelle politique et ne s'est nullement inspiré d'une impulsion populaire momentanée, mais, que ces instructions nous ont été données en vertu d'une politique suivie par les Etats-Unis dès les premiers jours de leur existence nationale, et dont ils se sont rendus depuis les zélés propagateurs.

Votre Excellence voudra bien se rappeler que d'éminents hommes d'Etat et diplomates au service de différentes Grandes Puissances ont jugé ces principes dignes d'être discutés en connexité avec la recherche de dispositions plus efficaces pour assurer la paix internationale, et atténuer les horreurs de la guerre. Cette doctrine a aussi été approuvée récemment par des autorités éminentes dans le domaine du droit international, comme Bluntschli, Pierantoni. de Martens, Bernard, Massé, de Laveleye, Nys, Calvo, Maine, Hall, Woolsey, Field, Amos te beaucoup d'autres.

Nous nous permettons aussi d'attirer l'attention de Votre Excellence sur le fait qu'à deux reprises l'Institut de Droit International s'est prononcé en sa faveur.

La proposition que nous sommes chargés de présenter peut être formulée comme suit:

„La propriété privée de tous les citoyens ou sujets des Puissances signataires, à l'exception de la contrabande de guerre, sera exempte en pleine mer ou autre part de capture ou de saisie par les navires armés ou par les forces militaires des dites Puissances. Toutefois cette disposition n'implique aucunement l'inviolabilité des navires qui tenteraient d'entrer dans un port bloqué par les forces navales des susdites Puissances ni des cargaisons des dits navires."

En ce qui regarde la soumission de cette question à la Conférence au moment actuel, nous nous permettons d'ajouter les considérations suivantes:

A la seconde séance de la Conférence, le 20 mai, il a été décidé, à la suite de la constitution des trois Commissions, entre lesquelles a été repartie la considération des différents paragraphes de la circulaire russe du 30 décembre 1898/11 janvier 1899, ainsi qu'il suit:

„Il est entendu qu'en dehors des points mentionnés ci-dessus, la Conférence ne se considère comme compétente pour l'examen d'aucune autre question. En cas de doute la Conférence aurait à décider si telle ou telle proposition émise dans les commissions rentrerait ou non dans le cadre tracé par ces points."

Le fait que nous avons reçu du Président des Etats-Unis les instructions que nous venons de citer, prouve que notre Gouvernement a considéré le cadre de la Conférence comme assez large pour inclure cette question.

L'invitation du Gouvernement des Pays-Bas, en vertu de laquelle nous sommes ici, avait la portée suivante:

„Afin de discuter les questions exposées dans la seconde circulaire russe du 30 décembre 1898/11 janvier 1899, ainsi que toutes autres questions se rattachant aux idées émises dans la circulaire de 12/24 août 1898, avec exclusion, toutefois, des délibérations de tout ce qui touche aux rapports politiques des Etats, ou à l'ordre de choses établi par les traités."

Nous émettons très respectueusement la considération qu'une règle tendant à atténuer les maux de la guerre maritime se rattache aussi bien aux idées émises dans la circulaire Russe du 12/24 août 1898, que le font les stipulations de la Convention de Genève ou les Lois et Coutumes relatives à la guerre sur terre proposées par la Conférence de Bruxelles en 1874. Le Gouvernement des Etats-Unis a supposé que si la circulaire russe du 30 décembre 1898/11 janvier 1899 n'a pas fait une mention spéciale de cette question, cela a été parceque le Gouvernement du Tzar désirait laisser à la Conférence le soin de décider si elle serait discutée.

Il ressort certainement de ces considérations qu'il y a ici, pour le moins, un cas de doute qui demande à être soumis à la Conférence, comme il est prévu par la résolution adoptée dans la séance du 20 mai.

En vue de cet état de choses, la Délégation des Etats-Unis d'Amérique prie respectueusement Votre Excellence de bien vouloir soumettre la question à la Commission compétente, ou à la Conférence elle-même, afin qu'il soit décidé si notre proposition est de celles pour lesquelles nous avons le droit de revendiquer l'examen de la Conférence.

En présentant cette requête nous prions Votre Excellence de bien vouloir agréer l'assurance de notre trèshaute considération.

La Haye, le 20. juin 1899.

A. White, Président. — Seth Low. — Stanford Newel. — A. T. Mahan. — W. Crozier. — F. W. Holls, Secretary.

2. Verhandlung in der (4.) Plenarsitzung der Zweiten Kommission vom 5. Juli 1899.

S. 25 ff. (S. 18 ff.) der Verhandlungen der Zweiten Kommission.

Le Président attire l'attention sur la lettre que la Délégation des Etats-Unis d'Amérique a adressée au Président de la Conférence, relative à l'inviolabilité de la propriété privée sur mer en temps de guerre.

Il est heureux de constater qu'en 1823 déjà la Russie a exprimé sa sympathie pour cette idée.

Elle a droit au bienveillant intérêt de tout le monde; mais sera-t-il possible de discuter ici cette importante question? Si cette inviolabilité est admise, les Etats maritimes devront changer radicalement leurs plans et leurs projets. La question est si complexe qu'il sera bien difficile de trouver dans les circonstances présentes une solution acceptable pour tous. Or, une décision n'aurait de valeur que si elle était prise à l'unanimité.

Il propose donc de renvoyer également l'examen de cette question à une Conférence ultérieure mieux préparée pour la résoudre et pour élaborer un projet qui pourrait réunir tous les suffrages.

Si la Commission adopte cette proposition, elle aura fait preuve de prudence et celle aura en même temps rendu hommage à la généreuse initiative des Etats-Unis.

S. E. Sir Julian Pauncefote propose de mettre au vote la question de savoir ci cette matière rentre dans le cadre des travaux de la Conférence.

Son Gouvernement est d'avis qu'elle n'y rentre point.

D'après S. E. M. White, il a semblé à la Délégation des Etats-Unis que la Conférence est tout aussi compétente pour examiner cette question que beaucoup d'autres qui ont été résolues ici.

Il regretterait vivement de la voir tranchée aussi radicalement. Il est d'accord avec le Président sur ce point que le moment n'est pas favorable pour discuter cette matière, bien qu'elle intéresse toutes les Puissances réunies ici.

La meilleure solution, d'après lui, serait de soumettre la question à la Conférence réunie en séance plénière, qui décidera s'il convient de la discuter à présent ou d'en confier l'examen à une Conférence ultérieure.

Et, si l'on ne veut pas aller plus loin, même cette dernière solution sera appuyée par la Délégation des Etats-Unis.

Elle ne désire pas jeter un brandon de discorde qui nuirait aux résultats obtenus sur d'autres questions très importantes; elle ne demande qu'à voir cette proposition, qui a été faite de bonne foi, soumise à la Conférence in pleno; là, elle ne s'opposera pas au renvoi de la question à une Conférence ultérieure.

M. Rahusen, sans vouloir aborder le fond de la matière. tient à faire deux observations:

1°. Il s'associe aux idées de Son Exc. M. White en ce qui concerne la question de la compétence.

La Conférence s'occupe de la propriété privée sur terre. Pourquoi ne pourrait-elle pas examiner également la question de la propriété privée sur mer?

Et d'ailleurs, pour quel motif traiterait-on différemment l'une et l'autre?

2°. Il suggère l'idée de voir les Gouvernements favorables au principe de l'inviolabilité se lier entre eux par des traités particuliers.

Un précédent a dejà été créé par quelques traités de commerce italiens.

Le Président fait observer que la deuxième Commission a reçu un mandat de la Sous-Commission pour s'occuper de cette question: ce mandat a été appuyé par M. Crozier. Il faut donc qu'elle se prononce sur la question de savoir si elle désire voir renvoyé l'examen de la matière à une Conférence ultérieure. La Conférence pourra approuver ou non la décision qui aura été prise par la Commission. Mais en tout cas cette dernière constitue une instance intermédiaire entre la Sous-Commission et la Conférence, et, comme telle, elle doit faire connaître son opinion.

S. E. Sir Julian Pauncefote a cependant soulevé l'importante question préalable de la compétence. Il s'agira de se prononcer à cet égard.

M. Schéine fait observer que la Conférence ne s'est occupée jusqu'à présent que des lois de la guerre terrestre. Les instructions qu'il a reçues de son Gouvernement ne se rapportent en rien aux lois et coutumes de la guerre maritime.

Il en conclue que le Gouvernement russe n'a pas envisagé cette matière comme rentrant dans le programme prévu par la Circulaire du Comte Mouravieff et il s'abstiendra de prendre part à la discussion de cette question.

S. F. M. White insiste pour que cette question, qui est douteuse et qui a une si grande importance, soit soumise à la Conférence en séance plénière, afin que celle-ci en décide.

Le Président propose que la Commission émette le vœu de voir la question renvoyée à l'examen d'une Conférence ultérieure. Si ce voeu est adopté, il sera soumis à l'approbation de la Conférence.

Un échange de vues s'établit entre le Président, Son Exc. M. White, M. Bourgeois, Son Exc. Sir Julian Pauncefote, MM. Rolin et Miyatovitch.

Le voeu proposé par le Président est adopté sauf les abstentions de la France, de la Grande Bretagne et de la Russie.

3. Verhandlung in der (5.) Plenarsitzung der Gesamtkonferenz vom 5. Juli 1899.

S. 42 ff. (S. 30 ff.) der Verhandlungen der Gesamtkonferenz.

M. de Martens dit que le quatrième vœu porte sur une proposition faite à la Conférence sous forme de lettre adressée à Son Président par la Délégation des Etats-Unis d'Amérique et tendant à déclarer l'inviolabilité de la propriété privée en temps de guerre sur mer.

La deuxième Commission n'a pas pensé qu'il lui fut possible, ni quant à la compétence, ni quant au fond, d'entrer en matière sur cette question; mais elle a cru devoir émettre le vœu que la proposition présentée par la Délégation des Etats-Unis fût mise au programme d'une Conférence ultérieure.

Son Exc. M. White demande à développer sa proposition et s'exprime en ces termes:

„Le mémoire qui a été communiqué aux membres de la Conférence démontre comment le Gouvernement des Etats-Unis, pendant plus d'un siècle, s'est sérieusement efforcé de faire adopter le principe de l'inviolabilité de la propriété privée, à l'exception de la contrebande de guerre, en temps de guerre maritime.

En se rendant avec empressement à l'appel de Sa Majesté l'Empereur de Russie et à l'invitation du Gouvernement des Pays-Bas de prendre part à cette Conférence, mon Gouvernement désirait non seulement donner son appui aux principaux buts énoncés dans la circulaire, mais il y voyait une occasion justifiée pour porter de nouveau cette proposition devant les nations amies, dans l'espoir qu'elle puisse être adoptée comme une partie du droit international.

La Commission des Etats-Unis d'Amérique a bien trouvé plusieurs puissances prêtes à accepter sa proposition et d'autres dont les intentions inclinaient évidemment vers une telle adoption, mais d'autre part elle n'a pas réussi à se procurer un appui assez unanime pour lui permettre d'insister plus sur la matière pendant la présente Conférence.

Le doute généralement partagé quant à la compétence de cette Conférence, compétence déterminée par l'invitation, et le fait que les délégués de plusieurs grandes Puissances n'étaient pas munis d'instructions spéciales sur la matière, et enfin l'obligation qu'a sentie la Conférence de donner tout le temps possible aux grandes questions que intéressent le plus directement le nations, toutes ces circonstances font pressentir qu'on ne peut attendre de cette Conférence un résultat positif ou final par rapport à cette matière.

Mais, obligés de reconnaître ce fait avec un regret sincère, nous estimons que nos instructions nous imposent le devoir de faire tout ce qui est en notre pouvoir, afin que cette grande question, si importante pour nous tous, reste présente à l'esprit des nations représentées ici.

Nous n'avons pas perdu l'espérance de voir cette question amenée à une heureuse solution.

Rien n'est plus évident que le fait que, de plus en plus, les penseurs éminents dans le domaine du droit international inclinent vers la doctrine que nous défendons.

De plus en plus aussi il devient clair que l'adoption de ce principe est dans l'intérêt de toutes les nations.

Il est reconnu également que tout engagement de s'abstenir de la course est vain, s'il ne comporte pas en même temps l'inviolabilité de toute propriété privée sur mer, à l'exception de la contrebande de guerre.

Les deux systèmes de nuire à l'ennemi pendant la guerre sont logiquement unis. Si l'on s'abstient de faire usage de l'un, une garantie nécessaire est qu'on n'adhère pas à l'autre.

Il est devenu de plus en plus évident que l'eminent Comte de Nesselrode a exprimé non seulement une profonde conviction, mais encore une grande vérité, en affirmant que cette déclaration que les Etats-Unis ont soutenue dans son temps comme ils la soutiennent maintenant, couronnerait de gloire la diplomatie moderne.

Je n'ignore pas qu'on se sert d'un argument qui, à première vue, paraît avoir une force considérable, à savoir que même si l'on garantissait l'inviolabilité de la propriété privée, en tant qu'elle n'est pas contrebande de guerre, une nouvelle question très épineuse surgirait immédiatement: celle de définir ce qu'il faut entendre aujourd'hui par contrebande de guerre.

L'attention se dirige naturellement sur le fait que le charbon, la matière première du pain, aussi loe riz (dans une des guerres récentes entre deux grandes Puissances) et même les vaisseaux pourraient tomber sous la dénomination de contrebande.

Mais je n'ai certainement pas besoin de dire à une assemblée de personnes aussi intelligentes et éclairées que celles réunies ici, que les difficultés qui s'opposent à faire un second pas dans une matière de ce genre ne constituent pas un argument qui obligerait à renoncer au premier pas.

La voie la plus sage parait être de faire le premier pas et, après l'avoir fait, d'examiner ce que sera le second.

Comment puis-je nier que les efforts faits en faveur de la cause que nous défendons, ont été compromis par quelques uns des arguments employés à cet effet? Il fait reconnaître que plus de mal que de bien a été fait par quelques uns des arguments qui ont assimilé la propriété privée sur terre en temps de guerre. Mais cela ne prouve rien contre la masse écrasante d'arguments en faveur de notre proposition.

Si la question était en discussion en ce moment, s'il n'y avait pas d'autres sujets sur lesquels l'attention du monde est engagée, et qui absorbent notre activité, je voudrais fixer vos regards sur les pertes immenses qui doivent être subies par les nations dans le cas d'une déclaration de guerre. Je citerais comme exemple les pertes résultant de la dénationalisation des navires et des marchandises, sans qu'il en résulte un effet proportionné sur la décision des questions en litige.

Un rapide coup d'oeil sur l'histoire des croiseurs confédérés durant la guerre civile américaine montre combien sérieuses seraient les pertes des puissances directement intéressées. Trois croiseurs confédérés seulement ont exercé une action de quelque importance; leur prises se sont bornées à 169 navires; la prime d'assurance entre les Etats-Unis et la Grande Bretagne a progressé de 30 shillings la tonné à 120 shillings; près d'un demi million de tonneaux de la marine marchande américaine furent mis sous pavillon anglais; le résultat final a été la disparition presque complète de la marine de commerce des Etats-Unis. Si un semblable résultat a été obtenu par les opérations de trois petits navires, qui étaient loin d'être excellents, qui étaient mal équipés, qu'arriverait-il avec les moyens qui sont aujourd'hui à la disposition des plus grandes nations?

Cependant tout le monde sait que cet emploi des corsaires n'a pas eu le moindre effet pour terminer ou même pour abréger cette guerre. Si les pertes avaient été dix fois plus considérables, elles n'auraient en rien contribué à raccourcir les hostilités. Il y a eu simplement une destruction d'une grande masse de propriété appartenant à la partie la plus laborieuse et la plus méritante de notre population, de nos marins qui avaient placé dans leurs navires les économies qu'ils avaient faites. L'effet le plus évident fut de laisser une cause de ressentiment entre deux grandes nations, ressentiment qu'un arbitrage fameux a réussi à écarter. La seule mesure propre à abréger une guerre par l'action de navires de guerre, c'est le maintien du blocus.

Aujourd'hui, le transport des marchandises par terre s'est tellement développé que l'interruption du transport par mer ne peut en général servir à rien pour hâter la fin de la guerre, mais l'action en peut être considérable au point de vue de la destruction de richesses accumulées par l'industrie de l'homme, si bien qu'il faudra plusieurs générations pour réparer la perte; le monde entier en subit la repercussion.

Messieurs, la Délégation américaine ne défend pas les intérêts particuliers de son pays. Nous savons fort bien que, dans les conditions actuelles, si la guerre éclatait entre deux ou plusieurs puissances européennes, il y aurait immédiatement un transfert énorme de frêt et de navires à des pays neutres, et que les Etats-Unis, comme l'un d'eux, en retireraient d'énormes avantages. Mais mon Gouvernement n'a point le désir de favoriser des intérêts de cette espèce. Ne pourrai-je point dire qu'un trait caractéristique de mes concitoyens a été bien mal compris en Europe. Les Européens supposent généralement que le peuple des Etats-Unis est un peuple éminemment pratique. C'est vrai, mais c'est seulement la moitié de la vérité; car le peuple des Etats-Unis n'est pas seulement pratique, il est encore bien plus dévoué à l'idéal.

Il n'y a pas de plus grande erreur, lorsqu'on envisage les Etats-Unis ou lorsqu'on traite avec eux, que de supposer que leurs citoyens sont guidés uniquement par des intérêts matériels. Notre propre guerre civile montre que l'idée idéale de maintenir l'Union des Etats nous a entrainés dans un conflit qui a coûté le sacrifice de près d'un million d'hommes et de près de dix milliards de dollars.

Je le dis non par vanité, mais pour montrer que les Américains sont non seulement des gens pratiques, mais encore des idéalistes quant à la question de l'inviolabilité de la propriété sur mer; ce n'est pas seulement une question d'intérêt pour nous; c'est une question de droit, de justice, de progrès pour le monde entier et c'est là ce que mes compatriotes ressentent si vivement.

Au nom donc de la délégation des Etats-Unis, je viens appuyer la motion de référer la question tout entière à une Conférence ultérieure. Je le fais à regret, mais en vue du fait que les autres intérêts des nations ici représentées l'exigent.

En agissant ainsi, ne puis je pas, au nom de la nation que je représente, recommander la considération de cette grave question à tous ceux qui sont présents dans cette Conférence, notamment aux grands jurisconsultes, aux maîtres dans la science du droit international, aux hommes d'Etat et aux diplomates des diverses nations, dans l'espoir que cette question figure au nombre des matières qui seront inscrites au programme de la future Conférence lorsqu'elle se réunira: la solution de cette question, dans les sens que j'ai indiqué, fera l'honneur de tous ceux qui y auront participé, et elle sera pour le bénéfice durable des nations intéressées." (Applaudissements.)

Sur la demande de M. Rahusen il est décidé que le discours de Son Exc. M. White sera inséré in extenso au procès-verbal imprimé de la séance.

S. E. le Comte Nigra s'associe à la proposition de M. de Martens. Il tient à constater que le Gouvernement italien ne s'est pas borné à protester de son respect pour la propriété privée sur mer mais qu'il a sanctionné ce principe par ses lois. Il rappelle que notamment un article du traité de commerce conclu entre l'Italie et les Etats-Unis stipule, sous réserve de réciprocité, la reconnaissance de l'inviolabilité de cette propriété. Il demande qu'on lui donne acte de cette déclaration.

Le Président donne acte au Comte Nigra de sa déclaration et consulte la Conférence sur l'adoption du voeu proposé par la Commission.

S. E. Sir Julian Pauncefote renouvelle la déclaration qu'il a faite à propos du deuxième voeu et dit que le défaut d'instructions de Son Gouvernement l'oblige à s'abstenir.

M. Bourgeois fait la même déclaration.

Le Président leur en donne acte et constate que le voeu est adopté.*)

---

*) Die Fassung s. unten S. 181.

B. Verhandlungen der Friedenskonferenz von 1907.*)

Vgl. O. Nippold, „Die zweite Haager Friedenskonferenz": „Das Seebeuterecht": Zeitschrift für internationales Recht Bd. XXI (1911) S. 379 ff.

Die russische Regierung hatte mittelst Zirkulars vom 6. April 1906 auf das Programm der zweiten Friedenskonferenz (unter Nr. 3) gesetzt

„La propriété privée des belligérants sur mer".

Die mit der Vorbereitung der Materie betraute vierte Kommission legte ihren Arbeiten die Fragestellung zugrunde:

„Faut-il conserver ou abolir la pratique actuellement en vigueur relativement à la capture et à la confiscation des navires de commerce sous pavillon ennemi?"

Die Kommission verhandelte den Gegenstand in den Sitzungen vom 28. Juni (2. Sitzung), 5. Juli (3. Sitzung), 10. Juli (4. Sitzung), 17. Juli (6. Sitzung), 19. Juli (7. Sitzung), 7. August (12. Sitzung).

Die amtlichen Drucksachen enthalten die nachstehend mitgeteilten Dokumente:

I. Generalbericht.
II. Anträge („Annexes").
III. Sitzungsberichte.

I. Generalbericht.

Bd. I S. 245 ff. der Verhandlungen.

Inviolabilité de la propriéte privée ennemie sur mer.

La Commission a été saisie par les Délégations des Etats-Unis d'Amérique, d'Autriche-Hongrie, d'Italie, des Pays-Bas, du Brésil, du Danemark, de la Belgique et de la France de dix propositions,**) déclarations ou amendements, à l'examen desquels la Commission n'a pas consacré, en tout ou en partie, moins de six de ses séances.

---

*) Die Verhandlungen sind von der niederländischen Regierung bekannt gemacht unter dem Titel:

Deuxième Conférence Internationale de la Paix. — La Haye 15. Juin à 18. Octobre 1907. — Actes et Documents. — Ministère des affaires étrangères. — La Haye. Martinus Nijhoff.

Tome I. Séances plenières de la Conférence. 1908.
„ II. Première Commission. 1909.
„ III. Deuxième, troisième et quatrième Commission. 1909.

**) *Diese Vorschläge sind unten S. 167 ff. abgedruckt.*

La proposition des Etats-Unis d'Amérique, tendant à la suppression absolue du droit de capture, sauf en cas de transport de contrebande ou de violation de blocus, a servi de base à la discussion approfondie de la question de l'inviolabilité. Elle était ainsi conçue:

(S. unten S. 167).

Tous les arguments en faveur de l'inviolabilité ont été soutenus avec une éloquence et une force de dialectique qu'il serait difficile de surpasser.

La Délégation américaine[1]) a rappelé notamment la continuité de la doctrine, pour ainsi dire historique, des Etats-Unis, depuis Benjamin Franklin jusqu'au Président Roosevelt, depuis les négotiations du Traité des Etats-Unis avec la Grande-Bretagne en 1783 et la conclusion du Traité avec la Prusse en 1785 jusqu'au Traité de 1871 avec l'Italie, les efforts faits à propos de la Déclaration de Paris de 1856, les manifestations de l'opinion publique ou parlementaire en Allemagne, l'exemple fourni depuis plus de quarante ans par le Code italien pour la marine marchande, la haute autorité des plus grands hommes politiques de l'Angleterre, l'opinion des nombreux et éminents jurisconsultes partisans de la liberté du commerce ennemi.

L'analogie avec les règles prohibant le pillage dans la guerre sur terre, le peu d'intérêt militaire pratique que présenterait aujourd'hui la destruction du commerce, les raisons d'humanité, le trouble injustifiable apporté à des opérations aussi intéressantes pour l'ensemble des neutres que pour les belligérants eux-mêmes, la nécessité de restreindre la lutte aux forces militaires organisées des belligérants et de n'y point comprendre les particuliers inoffensifs, le risque de provoquer l'esprit de vengeance et de représailles, ont été mis en lumière de façon saisissante.

L'impossibilité d'admettre qu'on doive prévenir la guerre ou en hâter la fin en la rendant aussi terrible que possible, le peu d'autorité qu'auraient en réalité le commerce et le monde des affaires pour provoquer ou empêcher la lutte, l'exagération des dépenses navales entraînées par la nécessité de protéger le commerce en cas de guerre, on peut dire que rien n'a été omis qui soit de nature à retenir l'attention.

Les Délégations de certains pays, notamment du Brésil[2]), de la Norvége[3]), de la Suède[4]), de l'Autriche-Hongrie[5]), en rappelant éga-

---

[1]) Discours de S. Exc. M. Choate (2e Séance de la Quatrième Commission, 28 juin 1907) et de M. Uriah Rose (3e Séance, 5 juillet 1907).

[2]) Voir les discours prononcés par S. Exc. Ruy Barbosa (Vol. III. 2e séance da la Quatrième Commission, 28 juin 1907; 3e séance 5 juillet 1907).

[3]) Déclaration de S. Exc. M. Hagerup (3e séance, 5 juillet 1907).

[4]) Déclaration de S. Exc. M. de Hammarskjöld (4e séance, 10 juillet 1907).

[5]) Déclaration de S. Exc. le Baron de Macchio (2e séance, 28 juin 1907; 6e séance, 17 juillet 1907).

lement la continuité de leur doctrine ou de leur politique, ont tenu à affirmer leur opinion conforme à la proposition des Etats-Unis.

La Délégation de Chine[1]) s'y est ralliée également et sans restriction.

La Délégation d'Allemagne[2]), tout en se reconnaissant portée vers l'inviolabilité proposée, a exprimé la réserve que l'adoption en dépendait d'une entente préalable sur les problèmes soulevés par la contrebande de guerre et le blocus. La Délégation de Portugal déclara se rallier à cette opinion[3]).

Enfin il convient de constater que, parmi les Puissances se déclarant prêtes à adhérer à la doctrine des Etats-Unis, un certain nombre, notamment les Pays-Bas[4]), la Grèce[5]), la Suède[6]), n'ont pas caché leurs doutes sur la possibilité actuelle d'une entente unanime.

Pour des raisons analogues à celles exprimées dans les réserves allemandes, la Délégation de Russie[7]) a fait observer que, selon le Gouvernement Impérial, la question ne paraissait pas pratiquement mûre, que la solution présupposait des ententes préparatoires et une expérience encore à acquérir, qu'en fait on ne pouvait actuellement que maintenir le statu quo; au surplus, ajouta-t-on[8]), la crainte des perturbations, qu'apporte la guerre sur les marchés commerciaux serait une garantie indéniable de la paix.

L'impossibilité de séparer la question de l'immunité de celle du blocus commercial, le caractère moins cruel de l'arrêt du commerce, comparé aux massacres qu'engendre la guerre, ont paru des raisons déterminantes pour la Délégation britannique[9]), qui a toutefois déclaré que son Gouvernement serait prêt à examiner la conclusion d'un accord en vue d'abolir le droit de capture, si un tel accord pouvait favoriser la réduction des armements.

La République Argentine[10]) se prononça d'une façon catégorique pour le maintien du droit de capture. La Colombie[11]) déclara que.

---

[1]) Discours de S. Exc. M. Foster (4e séance, 10 juillet 1907).

[2]) Discours de S. Exc. le Baron Marschall de Bieberstein (3e séance, 5 juillet 1907).

[3]) Observation de S. Exc. le Marquis de Soveral (3e séance, 5 juillet 1907)

[4]) Déclaration de S. Exc. M. de Beaufort (3e séance, 5 juillet 1907).

[5]) Déclaration de S. Exc. M. Rizo Rangabé (3e séance, 5 juillet 1907).

[6]) Déclaration de S. Exc M. de Hammarskjöld (4e séance, 10 juillet 1907).

[7]) Déclaration de S. Exc M. Tcharykow (3e séance, 5 juillet 1907).

[8]) Observation de S. Exc. M. de Nélidow, Président de la Conférence, 2e séance, 28 juin 1907.

[9]) Déclaration de S. Exc. Sir Ernest Satow (3e séance, 5 juillet 1907); de S. Exc. Sir Edward Fry (ibid); de Sir Ernest Satow (6e séance, 17 juillet 1907).

[10]) Déclaration de S. Exc. M. Larreta (3e séance, 5 juillet 1907; 4e séance 10 juillet 1907).

[11]) Discours de S. Exc. M. Triana (3e séance, 5 juillet 1907).

quelles que soient les considérations théoriques qui puissent être invoquées en faveur de l'abolition du droit de capture, il y avait là un élément de défense nationale dont le souci de ses intérêts nationaux lui interdisait de faire abandon.

En présence de ces divergences, de louables efforts ont été tentés en vue de provoquer l'adoption de moyens propres à atténuer les rigueurs injustifiées de la pratique actuelle.

L'Italie[1]) tout en déclarant maintenir le principe qu'elle a consacré dans ses lois, a, en prévision du cas où ce principe ne pourrait encore être accepté par la Conférence, exprimé le désir que des mesures intermédiaires puissent être présentées et discutées avant la clôture de la discussion.

Le Brésil[2]) proposa que, subsidiairément à un accord sur l'inviolabilité que lui-même souhaitait de voir intervenir, les Puissances s'entendissent, pour appliquer à la guerre maritime et à la propriété sur mer les dispositions des articles 23, 28, 46, 47 et 53 de la Convention de 1899 sur les lois et coutumes de la guerre sur terre.

La Belgique[3]) proposa qu'au lieu de s'efforcer vers un résultat qu'il y avait peu d'espoir d'atteindre actuellement, les Etats s'entendissent pour diminuer les rigueurs de la capture, en substituant à la confiscation la simple saisie ou le séquestre, pour laisser libres les équipages, interdire la destruction des prises et consacrer enfin un ensemble de règles relatives aux droits des belligérants, dans la guerre maritime, sur la propriété privée ennemie[4]).

Dans le même esprit, la Délégation des Pays-Bas, après avoir proposé[5]) que l'extemption de capture soit accordée à tout navire portant un passeport justifiant qu'il ne sera pas utilisé comme navire de guerre, déclara se rallier, sous réserve de quelques modifications, au projet déposé par la Délégation de Belgique[6]).

Enfin la Délégation française[7]) en marquant toute sa sympathie pour le libéralisme de la doctrine proposée, s'est déclarée prête à lui apporter son concours si une entente unanime pouvait s'établir; mais comme cette entente ne lui semble pas actuellement possible, que la solution dépend de la solution d'autres questions non moins délicates, la Délégation française a proposé de subordonner le maintien de la pratique actuelle au respect des conditions de la guerre moderne,

---

[1]) Déclaration de S. Exc. le Comte Tornielli (Vol. III. 2e séance de la Quatrième Commission 28 juin 1907).

[2]) Voir les discours précités de S. Exc. M. Ruy Barbosa.

[3]) Discours de S. Exc. M. Beernaert (4e séance, 10 juillet 1907); de S. Exc. M. van den Heuvel (ibid).

[4]) Voir Vol. III. Quatr. Com. Annexe 14 précitée.

[5]) Déclaration de S. Exc. le Vice-Amiral Röell (4e séance de la Quatrième Commission, 10 juillet 1907).

[6]) Voir Procès-verbal, (6e séance, 17 juillet 1907).

[7]) Discours de M. Louis Renault (3e séance, 5 juillet 1907).

faite d'Etat à Etat; elle a fait remarquer que, dans ces limites et au point de vue du droit et de l'équité, l'entrave ou l'arrêt du commerce ennemi, comme moyen de suspendre la vie économique de l'adversaire, est d'ailleurs parfaitement justifiable. Il y a là, a-t-on dit, un puissant moyen de coercition, dont la légitimité exige seulement qu'il soit dirigé contre les ressources de l'Etat et non contre les particuliers, et qu'il ne puisse être un moyen de lucre pour les individus. S'inspirant de ces considérations, un double vœu fut propose en vue de généraliser l'abolition de l'ancienne coutume des parts de prises, attribuées aux équipages capteurs, et de faire participer les Etats aux pertes résultant de la capture.

C'est dans ces conditions qu'il a été procédé au vote sur cette importante question.

La proposition des Etats-Unis d'Amérique (inviolabilité), mise tout d'abord aux voix, a obtenu parmi les quarante-quatre Etats représentés, 22 oui, 11 non, 1 abstention, onze Etats n'ayant point répondu à l'appel de leur vote[1]).

En l'absence d'un nombre de voix suffisant pour assurer une entente unanime ou tout au moins un accord à peu près général, la Commission passa à la proposition brésilienne (assimilation à la guerre sur terre). La prise en considération ayant abouti à un partage sensiblement égal des votes exprimés et à de nombreuses abstentions[2]), la Délégation du Brésil retira sa proposition[3]).

La proposition belge (substitution du séquestre à la confiscation), après avoir obtenu la majorité sur la prise en considération[4]), ne put, à la discussion des articles, obtenir une adhésion jugée suffisante et la Délégation royale en demanda le retrait[5]).

[1]) Procès-verbal, 6e séance, 17 juillet 1907. — Trente-trois Etats, sur quarante-quatre représentés à la Conférence, ont pris part au vote. — Les 21 Etats ayant voté pour, sont: l'Allemagne (sous les réserves ci-dessus rappelées), les Etats-Unis d'Amérique, l'Autriche-Hongrie, la Belgique, le Brésil, la Bulgarie, la Chine, Cuba, le Danemark, l'Equateur, la Gréce, Haïti, l'Italie, la Norvège, les Pays-Bas, la Perse, la Roumanie, le Siam, la Suède, la Suisse, la Turquie; — les 11 Etats ayant voté contre, sont: la Colombie, l'Espagne, la France, la Grande-Bretagne, le Japon, le Mexique, le Monténégro, Panama, le Portugal, la Russie, le Salvador; — s'est abstenu: le Chili.

[2]) Voir Vol. III. Procès-verbal de la 7e Séance de la Quatrième Commission 19 juillet 1907. — Vingt-cinq Etats ont pris part au vote. 13 Etats ont voté pour; 12 Etats ont voté contre.

[3]) Déclaration de S. Exc. M. Ruy Barbosa (ibid).

[4]) Procès-verbal, 7e séance, 19 juillet 1907. — Vingt-huit Etats ont pris part au vote: 23 Etats ont voté pour, 3 Etats ont voté contre; 2 Etats se sonst abstenus.

[5]) Procès-verbal, 7e séance 19 juillet 1907. — Trente Etats ont pris part au vote sur l'article 1er de la proposition. 14 Etats ont voté pour; 9 Etats ont voté contre; 7 Etats se sont abstenus. — Voir la déclaration de retrait de S. Exc. M. Beernaert (ibid).

Devant la diversité des opinions ainsi exprimées et dans l'espoir de rallier les suffrages sur une même formule, le Président de la Commission proposa d'émettre le vœu que désormais, au début des hostilités, les Puissances déclarent spontanément si et dans quelles conditions elles sont décidées à renoncer au droit de capture[1]).

Mais, ici encore, des objections furent soulevées de divers côtes, et ce vœu transactionnel fut retiré.

La Commission eut alors à se prononcer, en fin de cause, sur le double vœu proposé par la Délégation française (suppression des parts de prise, participation de l'Etat aux pertes par captures). Ce vœu[2]), malgré un amendement apporté par la Délégation d'Autriche-Hongrie[3]), n'a également abouti qu'à un résultat indécis et à de nombreuses abstentions[4]).

Tel est le résumé de cette longue discussion d'une des plus importantes questions du programme de la Quatrième Commission. Je me suis efforcé de le faire fidèle, sans toutefois abuser de votre temps. J'aurais voulu pouvoir mieux rendre l'impression profonde que n'ont pas manqué, malgré tout, de laisser en chacun de nous les très beaux discours qu'il nous a été donné d'entendre. Si le maintien de l'état de choses actuel paraît devoir résulter de cette délibération, il est permis de penser, comme l'a dit l'éminent Premier Délégué de Belgique, S. Exc. M. Beernaert. qu'une entente future n'a rien d'impossible.

II. Annexes.

Bd. III S. 1141 ff. der Verhandlungen.

Annexe 10.

Proposition de la Délégation des États-Unis d'Amérique.

La propriété privée de tous les citoyens des Puissances signataires, à l'exception de la contrebande de guerre, sera exempte en mer de capture ou de saisie par les navires armés ou par les forces militaires desdites Puissances. Toutefois cette disposition n'implique aucunement

---

[1]) Discours de S. Exc. M. de Martens, Président (7e séance, 19 juillet 1907).

[2]) Vol. III. Quatrième Commission Annexe 16.

[3]) Ibid. Annexe 17.

[4]) Procès-verbal, 12e séance, 7 août 1907. — La première partie du vœu, tendant à la généralisation, dans les diverses législations, de l'abrogation des parts de prises attribuées aux équipages capteurs a donné lieu au vote suivant: 34 Etats ont pris part au vote. — 16 Etats ont voté pour; 4 Etats ont voté contre; 14 Etats se sont abstenus. — La seconde partie, tendant à faire introduire dans les diverses législations le principe de la participation de l'Etat aux pertes par capture, a donné lieu au vote suivant: 34 Etats ont pris part au vote. — 7 Etats ont voté pour; 13 Etats ont voté contre; 14 Etats se sont abstenus.

l'inviolabilité des navires, qui tenteraient d'entrer dans un port bloqué par les forces navales des susdites Puissances, ni des cargaisons desdits navires.

Annexe 11.
Proposition de la Délégation du Brésil.

Dans le but d'assimiler la condition de la propriété privée sur mer, durant les guerres navales, à celle de la propriété privée sur terre, la Délégation du Brésil propose, pour le cas où la proposition américaine ne serait pas approuvée:

1. Qu'on supprime à l'article 53 de la Convention du 29 juillet 1899, concernant les lois et coutumes de la guerre sur terre, les mots: "en dehors des cas régis par la loi maritime".

2. Qu'on y ajoute cette disposition:

A. Les articles 23, dernier alinéa, 28, 46 et 47 de la susdite Convention s'appliquent de même à la guerre sur mer.

B. Lorsque le capitaine d'un navire ou d'une flotte belligérante se trouvera dans la nécessité de réquisitionner, dans le cas prévu à l'article 23, lettre g, de la susmentionnée Convention, c'est-à-dire dans le cas où la destruction ou la saisie de ces biens lui sont commandées par lex exigences les plus impérieuses de la guerre, un vaisseau de commerce ennemi, sa cargaison, ou une portion quelconque de celle-ci, la réquisition sera constatée par celui qui la fait moyennant des reçus délivrés au capitaine du vaisseau qu'on aura saisi, ou dont on aura saisi les marchandises, avec tous les détails possibles pour assurer aux parties intéressées leur droit à une juste indemnité.

C. Cette clause s'applique aux marchandises neutres, qui se trouveront au bord des vaisseaux marchands ennemis requisitionnés.

Le capitaine du navire, ou de la flotte de guerre, qui aura déterminé la réquisition, est tenu de faire mettre à terre, dans un des ports les plus proches, les officiers et l'équipage du bâtiment saisi, avec les ressources nécessaires pour leur retour au pays auquel il appartenait.

Annexe 12.
Proposition de la Délégation des Pays-Bas.

La Délégation des Pays-Bas est favorable à toute proposition établissant le principe de l'inviolabilité de la propriété privée sur mer.

Afin que la possibilité de transformer en temps de guerre des navires de commerce en croiseurs auxiliaires ne puisse être un motif pour ne pas accepter ce principe, la Délégation soumet aux considérations de la Commission la proposition suivante:

„Aucun navire marchand ne peut être capturé par une partie belligérante pour le seul fait de naviguer sous pavillon ennemi s'il est muni d'un passe-port délivré par l'autorité compétente de son pays, dans lequel passe-port il est déclaré que le navire ne sera pas transformé en vaisseau de guerre ni utilisé comme tel pendant toute la durée de la guerre."

Annexe 13.
Déclaration de la Délégation de Danemark.

Le Gouvernement danois, désireux de contribuer sa part au développement ultérieur du droit international ayant pour but de diminuer, dans les limites du possible, les sévérités de la guerre maritime, est prêt à reconnaître le principe de l'inviolabilité de la propriété privée sur mer en cas que ce principe puisse obtenir l'approbation de la Conférence. Mais si l'heure n'est pas encore arrivée pour la réalisation par un commun accord de cette idée humanitaire, la Délégation danoise pourra collaborer à l'adoption de mesures tendant à limiter les inconvénients des pratiques suivies jusqu'ici.

Annexe 14.
Proposition de la Délégation de Belgique.

ART. 1. Les navires de commerce ennemis, ainsi que la marchandise ennemie sous pavillon ennemi, ne peuvent être saisis et retenus par un belligérant qu'à la charge d'être restitués à la fin de la guerre.

ART. 2. Ne peuvent être saisis ni retenus:

1°. les barques exclusivement consacrées à la pêche côtière, ainsi que les engins et le produit de la pêche:

2°. les navires exclusivement affectés à un but scientifique ou soumis, à raison de leur caractère hospitalier, aux dispositions de la Convention de la Haye du 29 juillet 1899.

ART. 3. Un procès-verbal constatant la saisi ainsie qu'un inventaire des papiers de bord sont dressés par le commandant du navire capteur.

Expédition en est remise au capitaine du navire saisi ou à son représentant.

ART. 4. Le capitaine et les gens de l'équipage des navires ennemis saisis sont débarqués aussitôt que les circonstances le permettent.

Ils sont libérés sur leur engagement de ne point prendre service contre le belligérant capteur pendant toute la durée des hostilités.

Le Gouvernement dont ils sont les ressortissants, est tenu de n'exiger et de n'accepter d'eux aucun service contraire à la parole donnée.

ART. 5. Le belligérant capteur a la garde des navires et des marchandises ennemis qu'il a saisis.

Mais il lui est permis de détruire le navire saisi, si les circonstances ne permettent pas sa conduite en un lieu de garde ou si l'approche d'une force ennemie fait craindre une reprise imminente.

ART. 6. Les navires dont le mauvais état ne permet pas la conservation ou dont la valeur réelle n'est pas en rapport avec les frais de réparation ou d'entretien, ainsi que les marchandises sujettes à dépérissement, peuvent être vendus.

ART. 7. Le belligérant capteur a le droit d'employer et de transformer les navires saisis dont il estime pouvoir se servir pour des opérations de guerre.

Il a aussi le droit d'utiliser dans un but militaire les marchandises saisies.

ART. 8. Le rançonnement des navires ennemis est interdit.

ART. 9. A la fin des hostilités l'Etat capteur doit restituer à leur propriétaire les navires et les cargaisons qu'il a gardés.

Il peut faire cette remise à l'endroit même où se trouvent les navires et les cargaisons.

Il n'est tenu à aucune indemnité pour la privation de jouissance qui a été la conséquence des saisies, ni pour les détériorations qui pourraient avoir été subies pendant la garde s'il n'y a pas eu faute grave de sa part.

ART. 10. L'Etat capteur doit remettre à leur propriétaire la valeur des navires et des cargaisons qui, par son fait ou par celui de ses agents, ne peuvent être rendus ainsi que les sommes provenant de la vente des navires et des marchandises qui n'ont pu être conservés.

ART. 11. L'exécution des obligations prévues par l'article précédent peut être mise par les belligérants et en vertu du traité de paix, à la charge de l'Etat dont ressortissent les navires et les cargaisons saisis.

ART. 12. Les dispositions qui précèdent, ne modifient en rien les droits qui peuvent appartenir aux belligérants en vertu des règles concernant les blocus ou la contrebande de guerre.

Elles ne sont pas applicables aux navires ennemis faisant partie de flottes auxiliaires ou ayant pris part aux hostilités.

Annexe 15.

Proposition de la Délégation des Pays-Bas.

Amendements à la Proposition de la Délégation de Belgique (Annexe 14) *relative aux droits des belligérants dans la guerre maritime sur la propriété privée ennemie**).

Texte de la proposition de Belgique.	**Amendements.**
ART. 1.	
Les navires de commerce ennemis *ainsi que la marchandise ennemie sous pavillon ennemi ne* peuvent être saisis *et retenus* par un belligérant ⊥ *qu'à la charge d'être restitués à* la fin de la guerre.	⊥ et retenus par lui jusqu'à

*) *Der in Kursiv-Lettern gedruckte Text ist in dem Originaltext durchstrichen.*

Texte de la proposition de Belgique.

Amendements.

ART. 1 *a*.

(Comme l'article 6 amendé de la proposition de Belgique).

ART. 1 *b*.

(Comme l'article 7 amendé de la proposition de Belgique).

ART. 1 *c*.

Le belligérant a un droit de préemption sur les marchandises ennemies saisies avec les navires s'il voudra utiliser ces marchandises dans un but militaire. Les autres marchandises ennemies saisies peuvent être vendues ou bien retenues jusqu'à la fin de la guerre.

ART. 2.

Ne peuvent être saisies ni retenus:

1. Les barques exclusivement consacrées à la pêche côtière, ainsi que les engins et le produit de la pêche.
2. Les navires exclusivement affectés à un but scientifique ou soumis à raison de leur caractère hospitalier aux dispositions de la Convention de la Haye du 29 juillet 1899.

ART. 3.

Un proces-vèrbal constatant la saisie ainsi qu'un inventaire des papiers de bord sont dressés par le commandant du navire capteur.

Expédition en est remise au capitaine du navire saisi ou à son représentant.

ART. 4.

Le capitaine et les gens de l'équipage de navires ennemis saisis sont débarqués aussitôt que les circonstances le permettent.

Ils sont libérés sur leur engagement de ne point prendre service contre le belligérant capteur

Texte de la proposition de Belgique.	**Amendements.**
pendant toute la durée des hostilités.	
Le Gouvernement ┐ *dont ils sont les ressortissants* est tenu de n'exiger et de n'accepter d'eux aucun service contraire à la parole donnée.	┐ ennemi
ART. 5.	
Le belligérant capteur a la garde des navires et des marchandises ennemis qu'il a saisis **O**. Mais il lui est permis de détruire le navire saisi, si les circonstances ne permettent pas sa conduite en un lieu de garde ou si l'approche d'une force ennemie fait craindre une reprise imminente.	**O** et retenus,
⊥	⊥ Dans le cas de destruction l'Etat capteur sera tenu d'indemniser au plus bref délai les propriétaires des marchandises neutres embarqueés à bord de ce navire.
ART. 6. ┘	┘ (placer cet article à la suite de l'article 1, comme article 1 *a)*
Les navires ⅄ dont le mauvais état ne permet pas la conservation ou dont la valeur réelle n'est pas en rapport avec les frais de réparation ou d'entretien *ainsi que les marchandises sujettes à dépérissement* peuvent être vendus.	⅄ saisis
ART. 7. ┐	┐ (placer cet article à la suite de l'article 1 *a*, comme article 1 *b*)
Le belligérant capteur a le droit d'employer et de transformer les navires saisis dont il estime pouvoir se servir pour des opérations de guerre.	
Il a aussi le droit d'utiliser dans un but militaire les marchandises saisies.	
ART. 8.	
Le rançonnement des navires ennemis est interdit.	
ART. 9.	
A la fin des hostilités l'Etat capteur doit restituer à leur pro-	

Texte de la proposition de Belgique.	**Amendements.**
priétaire les navires et les cargaisons qu'il a gardés O.	O ainsi que les navires qu'il a utilisés en vertu de l'article 1 *b*.
⅄	⅄ Il peut toutefois exiger du propriétaire des navires qu'il a gardés le remboursement des frais de conservation.
Il peut faire ⊥ *cette* remise à l'endroit même où se trouvent les navires et les cargaisons. Il n'est tenu à aucune indemnité pour la privation de jouissance qui a été la conséquence des saisies ni pour les détériorations qui pourraient avoir été subies pendant la garde s'il n'y a pas eu faute grave de sa part.	⊥ la
⅃	⅃ ART. 9 *a*. Si l'Etat capteur a utilisé un navire de commerce en vertu de l'article 1 *b* il ne sera tenu à aucune indemnité pour la détérioration ou la perte qui en pourrait résulter à moins que le navire, lors de sa saisie ne fût muni d'un passeport délivré par l'autorité compétente de son pays, déclarant que le navire ne sera pas transformé en vaisseau de guerre ni utilisé comme tel pendant toute la durée de la guerre.
ART. 10. ˥ *L'Etat* capteur doit remettre à leur propriétaire la valeur des navires ⅄ et des cargaisons qui par son fait ou par celui de ces agents ne peuvent être rendus ainsi que les sommes provenant de la vente O *des navires et* des marchandises ⊥ *qui n'ont pu être conservés.*	˥ A la fin des hostilités l'Etat ⅄ (excepté ceux non munis du passeport mentionné à l'article 9 *a*) O ou de la préemption ⊥ et des navires qui n'ont pu être conservés.
ART. 11. L'exécution des obligations prévues par l'article précédent peut être mise par les belligérants et	

Texte de la proposition de Belgique.	**Amendements.**
en vertu du traité de paix, à la charge de l'Etat dont ressortissent les navires et les cargaisons saisis.	
ART. 12.	
Les dispositions qui précèdent ne modifient en rien les droits qui peuvent appartenir aux belligérants en vertu des règles concernant les blocus ou la contrebande de guerre.	
Elles ne sont pas applicables aux navires ennemis ˥ *faisant partie de flottes auxiliaires* ou ayant pris part aux hostilités.	˥ transformés en vaisseaux de guerre.

Annexe 16.

Proposition de la Délégation de France.

Considérant que, si le droit des gens positif admet encore la légitimité du droit de capture appliqué à la propriété privée ennemie sur mer, il est éminemment désirable que, jusqu'à ce que l'entente puisse s'établir entre les Etats au sujet de sa suppression, l'exercice en soit subordonné à certaines modalités.

Considérant qu'il importe au plus haut point que, conformément à la conception moderne de la guerre qui doit être dirigée contre les Etats et non contre les particuliers, le droit de prise apparaisse uniquement comme un moyen de coercition pratiqué par un Etat contre un autre Etat;

Que, dans cet ordre d'idées, tout benefice particulier au profit des agents de l'Etat qui exercent le droit de prise devrait être exclu et que les pertes subies par les particuliers du chef des prises devraient finalement incomber à l'Etat dont ils relèvent.

La Délégation française a l'honneur de proposer à la Quatrième Commission d'émettre le Vœu que les Etats qui exerceront le droit de capture suppriment les parts de prises attribuées aux équipages des bâtiments capteurs et prennent les mesures nécessaires pour que les pertes causées par l'exercice du droit de prise ne restent pas entièrement à la charge des particuliers dont les biens auront été capturés.

Annexe 17.

Proposition de la Délégation d'Autriche-Hongrie.

Amendements au voeu énoncé par la Délégation française (Annexe 16) *concernant l'inviolabilité de la propriété privée ennemie sur mer.*

Animée du vif désir de voir terminer la discussion de la Quatrième Commission sur l'inviolabilité de la propriété privée ennemie sur mer par une amélioration, si légère fût-elle, de l'état actuel, et estimant que le voeu proposé par la Délégation française renferme des éléments propres à arriver à ces fins, mais tenant compte toutefois de certaines objections que ce voeu lui semble avoir rencontré de la part d'un nombre considérable des membres de cette Commission, la Délégation d'Autriche-Hongrie a l'honneur de proposer les amendements suivants dans le texte émis par la Délégation de France:

a) mettre après: "que les" au lieu de: "Etats qui exerceront le droit de capture" les mots: "Puissances qui maintiennent la faculté de faire des prises";

b) à la place de: "prennent les mesures nécessaires" insérer les mots: "s'occupent à chercher un moyen praticable"; et

c) au lieu de: "du droit de prises" mettre: "de cette faculté".

III. Sitzungsberichte.

a) Deuxième Séance, 28 Juin 1907.

Bd. III S. 746 ff. der Verhandlungen.

Présidence de Son Excellence de Martens.

Le Président donne lecture de la question III:

"Faut-il conserver ou abolir la pratique actuellement en vigueur relativement à la confiscation de navires de commerce sous pavillon ennemi?"

Le Président charge M, Fromageot de donner lecture de la proposition que, sur ce point, la Délégation des Etats-Unis d'Amérique a faite à la dernière séance. (Voir Annexe 10). *[Oben S. 167.]*

S. Exc. le Baron de Macchio donne lecture de la déclaration suivante:

"En abordant l'examen de la question III du questionnaire soumis à la Quatrième Commission, la Délégation austro-hongroise tient à faire ressortir que, selon sa manière de voir, le principe de l'inviolabilité de la propriété privée sur mer en temps de guerre, ayant formé l'objet de tant de travaux sérieux et d'examens juridiques, se trouve maintenant si généralement reconnu qu'une nouvelle discussion sur la question de principe ne lui semblerait être qu'une récapitulation des opinions plus ou moins identiques, émises tant de fois par les savants les plus compétents et les plus érudits.

"L'Autriche-Hongrie, en tenant compte de l'intérêt éminent des particuliers et du but essentiellement humanitaire de ce principe, l'a depuis longtemps adopté et s'y est conformé le cas échéant.

"Par conséquent la Délégation austro-hongroise est à même de déclarer dès à présent, que son Gouvernement se place, quant à la capture et à la confiscation des navires de commerce sous pavillon ennemi, au point de vue le plus libéral."

S. Exc. M. **Ruy Barbosa** prend la parole dans ces termes:

Monsieur le Président,

L'interrogation que vous avez formulée, au troisième énoncé de votre questionnaire, en nous demandant s'il faut conserver ou abolir la pratique actuellement en vigueur, relativement à la capture et à la confiscation des navires de commerce sous pavillon ennemi, n'est pas un appel, me semble-t-il, à la doctrine mais plutôt une question d'ordre pratique adressée aux Gouvernements et aux hommes d'Etat, en face des résultats de l'expérience, des leçons de l'histoire, de la tradition de chaque pays et de la tendance générale de l'opinion au sein des nations modernes.

Je ne méconnais pas, sans doute, le rôle considérable que la doctrine est appelée nécessairement à remplir dans la solution de ce problème. Mais c'est à d'autres, c'est aux maîtres, aux guides reconnus de l'enseignement juridique, aux grands représentants de la culture du droit, qu'il appartient de fixer les principes, de les dégager dans toute leur force et leur influence lumineuse, bien que la matière me parait épuisée tant ceux qui acclament la réforme que ceux qui la condamnent ont dépensé de raison, d'autorité et d'éloquence dans ce débat de plus d'un siècle.

Pour ce qui touche, donc, à ce coté de nos travaux, mon contingent serait trop faible, sinon tout à fait inutile, et je ne risquerais pas la témérité de prendre à d'autres une place, à laquelle je ne me reconnais aucun droit. Mais l'attitude historique de mon pays envers l'idée dont la proposition américaine, déjà soumise à votre examen, vous conseille l'adoption, m'impose le devoir de prendre la parole pour une déclaration qui, en rappelant notre passé international dans ce litige, définit clairement et solidement l'attitude brésilienne dans la question. Notre place est assez modeste, nous le savons assez, au concert des nations, où les grandes Puissances pèsent de toute la majesté de leur prépondérance. Mais nous n'en prisons pas moins notre logique, le respect de nos traditions, en nous honorant de notre fidélité aux bons souvenirs nationaux, quand il se trouve que le temps et les intérêts n'ont fait que les maintenir et les enraciner, avec toujours plus de force, et toujours plus d'actualité.

A ce point de vue, rien de plus remarquable que l'exemple des Etats-Unis, en ce qui concerne la condamnation du droit de capture, soit qu'il s'exerce par la course, soit qu'il devienne un privilège des marines de guerre. La proposition soumise à la Conférence de la Paix en 1899 et 1907 ne fait que reproduire une thèse contemporaine du berceau de la grande république, thèse défendue successivement en 1783 dans ses négociations avec la Grande-Bretagne, en 1785 dans le traité avec la Prusse,*) en 1823,**) dans le projet de convention avec la Russie, en 1854,***) dans la réponse de Buchanan à Lord Clarendon,

---

*) *S. oben S. 22 ff.*

**) *S. oben S. 132 ff.*

***) *S. oben S. 143.*

à propos de la guerre de Crimée, et enfin en 1856 à 1858 par son refus d'accéder aux déclarations du Congrès de Paris.*)

Dès cette époque là, c'est-à-dire depuis le premier moment où la question nous a été posée, le Gouvernement brésilien a adhéré au principe de l'inviolabilité de la propriété privée sur mer. Comme vous savez, Messieurs, les Etats-Unis ont refusé de souscrire à l'abolition de la course, en la considérant inconséquente, inique et, comme telle, inadmissible, si l'on ne l'associait à la règle absolue de l'inviolabilité de la propriété privée dans la guerre maritime. Jamais, depuis le XVIIIème siècle, la République Nord-Américaine n'avait cessé de soutenir que ces deux aspirations libérales, la suppression de la course et l'abolition du droit de capture sont inséparables. En s'opposant pour ce motif à l'article 1er de la Déclaration de Paris, qui abolissait simplement la course, le Cabinet de Washington adressa, le 5 novembre 1856, une note à celui de Rio de Janeiro, dans laquelle il l'invitait à l'accompagner sur les deux points; langage semblable avait été tenu par M. Buchanan, deux années avant, à Lord Clarendon et par le Président Pierce, le 4 décembre 1854,**) dans son message au Congrès.

"Si les principales puissances de l'Europe", disait ce dernier, "se mettent d'accord pour proposer, comme principe de droit international, l'exemption de la propriété privée sur l'Océan de toute saisie, par les croiseurs armés par un Etat, de même que par les corsaires, nous sommes prêts à nous rencontrer aves elles sur ce large terrain".

Pareillement dans la note sus-mentionnée, deux ans après, le ministre américain à Rio de Janeiro disait au Gouvernement impérial: "Le soussigné a reçu du Président l'ordre de proposer au Gouvernement du Brésil d'entrer dans une entente pour acquiescer aux quatre principes de la Déclaration du Congrès, moyennant la modification du premier de ces principes spécifiée dans la note de M. Marcy du 28 juillet 1856 au Comte de Sartiges.***) Sans cette modification le Président sera tenu, par plusieurs raisons importantes, dont quelques unes s'y trouvent exposées, de ne pas accéder au premier principe de la Déclaration."

Dans la note à laquelle se rapporte celle-ci, M. Marcy, Ministre d'Etat à Washington, s'adressait à M. de Sartiges, Envoyé Extraordinaire et Ministre Plénipotentiaire de la France aux Etats-Unis, en renouvelant la même protestation, la même revendication et la même proposition qui depuis Benjamin Franklin et Thomas Jefferson caractérisaient, avec tant d'esprit de suite et de fermeté, la politique nord-américaine dans cette question. "Le soussigné", disait le Ministre des Etats-Unis au représentant de Napoléon III, " a reçu du Prési-

*) *S. oben S. 69 ff.*
**) *S. oben S. 144.*
***) *S. oben S. 71 ff.*

dent l'ordre de déclarer qu'il est prêt à donner son assentiment au principe de protection de la propriété particulière sur l'Océan, de même que sur terre, du moment qu'on l'applique sans la moindre restriction."

Cette note était longuement raisonnée, et, en montrant les fâcheuses conséquences, pour l'intérêt général des nations, de la pratique maintenue par les termes incomplets de la Déclaration de Paris, concluait:

"Le Président propose, donc, qu'à la première clause de la Déclaration du Congrès de Paris on ajoute ces mots: "Et la propriété privée des sujets ou citoyens d'une des Puissances belligérantes sur la haute mer ne pourra pas être saisie par les vaisseaux de guerre nationaux de l'autre, excepté dans le cas de contrebande de guerre". Quelques mois après, c'est-à-dire le 2 décembre 1856,*) le Président Pierce, dans son message annuel au Congrès, en reproduisant ce qu'il avait dit en 1854, insistait avec la même précision sur cette ligne de conduite. "J'ai exprimé", disait-il, "de la part de ce Gouvernement la disposition d'accéder à tous les principes contenus dans la Déclaration de Paris, pourvu qu'on modifie celui concernant l'abandon de la course dans un sens qui réalise l'objet qu'il a dû avoir en vue, c'est-à-dire, l'immunité de la propriété privée sur l'Océan contre la capture hostile. Pour aboutir à ce résultat, nous proposons d'ajouter à la Déclaration que "la course est et reste abolie" une addition, qui exempte de la capture par les vaisseaux de guerre d'un Etat belligérant la propriété des sujets et citoyens de l'autre sur l'Océan". "Cet amendement", ajoutait-il, "a été présenté, non seulement aux Puissances qui ont demandé notre acquiescement à la Déclaration qui abolit la course, mais encore à tous les autres Etats maritimes. Aucun d'eux, jusqu'ici, ne l'a repoussé, et tous ceux qui nous ont répondu, l'ont accueilli favorablement." (Moore: International Law Digest, Vol. VII, secc. 1064—1336, p. 564, 565.)

En effet, la France, la Prusse, la Russie, les Pays-Bas, la Sardaigne se montrèrent disposés à accepter la proposition américaine, et à abolir tout ensemble, la course et la capture des bâtiments de commerce ennemis et leurs cargaisons. La Grande Bretagne même "reconnut dans l'amendement proposé par le Gouvernement américain un principe équitable", et déclarait qu'elle "ne voyait aucune objection à en faire l'objet d'une délibération commune", tout en annonçant qu'elle "pourrait se trouver amenée, dans l'examen des détails de la question à faire quelques réserves, qui pourraient être soumises, en temps et lieu, à l'appréciation des Puissances appelées à discuter la matière." (Dépêche de M. de Creptowitch, Ambassadeur de la Russie à Londres, en date du 15 novembre 1856. Vidari: Del' rispetto della proprietà privata fra gli Stati in guerra, p. 204 not 2. Laveleye: Du respect de la propriété privée, p. 17. De Boeck: De la propriété privée ennemie sous pavillon ennemie, p. 117—118).

---

*) *S. oben S. 42.*

En répondant à la proposition américaine, le Gouvernement du Brésil ne s'est pas joint à elle pour refuser son assentiment à l'article 1 de la Déclaration de Paris. Au contraire, il l'applaudit. Mais, en même temps, il s'associa avec empressement à l'initiative des Etats-Unis pour qu'on établît l'immunité complète de la propriété privée ennemie dans la guerre navale.

Voici les termes de notre déclaration, consignée dans la note que la Chancellerie brésilienne adressa, le 18 mars 1857,*) à la Légation de la France:

"L'humanité et la justice doivent certainement au Congrès de Paris une grande amélioration à la loi commune des Etats; mais, au nom des mêmes principes, il nous faut encore demander aux Puissances signataires du traité de 30 mars 1856, comme conséquence de leur œuvre de paix et de civilisation, la conséquence bienfaisante, qui se renferme dans les maximes y proclamées. Cette conséquence est que toute propriété particulière inoffensive, y compris les bâtiments de commerce, doit rester sous la protection du droit maritime contre quelconque atteinte des croiseurs de guerre.

Le Gouvernement impérial adhère ici à l'invitation des Etats-Unis d'Amérique et, dans l'espoir de voir s'accomplir l'ampliation proposée par cette Puissance au premier des principes adoptés au Congrès de Paris, se déclare prêt à l'embrasser tout de suite comme l'expression entière de la nouvelle jurisprudence internationale." (Rapport du Département des Affaires Étrangères du Brésil en 1857, Annexe C, p. 16.)

En se prononçant ainsi, le Département des Affaires Étrangères du Brésil, s'empressa d'en renseigner la Légation américaine à Rio, par moyen de la note expédiée le 18 mars 1857, où le Gouvernement de l'Empereur lui disait; "M. Tronsdale constatera dans le document ci-joint, auquel le soussigné se rapporte, que le Gouvernement impérial a cru devoir donner son approbation aux maximes, proclamées par le Congrès de Paris, d'autant plus qu'elles étaient déjà, en grande partie, consacrées dans le droit conventionnel de l'Empire. Mais, ce qui est extrêmement agréable au soussigné d'ajouter, M. Tronsdale pourra voir de ce document même que le Gouvernement de S. M. l'Empereur, en déférant à ces principes, se déclara, en même temps, disposé à souscrire à l'ampliation proposée par les Etats-Unis d'Amérique, comme le complément nécessaire et salutaire de la nouvelle politique internationale."

Ces notes mémorables étaient signées l'une et l'autre par le Ministre Silva Paranhos, plus tard Vicomte du Rio Branco, dont le nom célèbre surtout comme celui d'un des protagonistes de l'émancipation des esclaves au Brésil, a rencontré dans son fils, le Ministre actuel des Affaires Étrangères chez nous, un continuateur de l'esprit et des services de son père; heureuse coïncidence qui imprime une expression,

*) *S. oben S. 64 (vgl. auch S. 60).*

pour ainsi dire, d'identité personnelle à la continuité nationale de notre tradition.

En vous donnant ce témoignage, Messieurs, je suis heureux de vous signifier, dans ce moment, que ni les sentiments de mon pays, ni ceux de son Gouvernement, qui est tenu de les interpréter, et dont j'observe les instructions, n'ont varié, à ce sujet, dans les derniers cinquante ans.

Nous ne faisons, donc, que préserver un ancien héritage, en adoptant de bon gré la proposition déposée au Bureau de la Conférence au nom de la Délégation des Etats-Unis, et en répondant, au nom de la Délégation brésilienne, à votre question, M. le Président, qu'il convient à notre avis, d'abolir la pratique, jusqu'ici en vigueur, de la capture et confiscation de la propriété ennemie sous pavillon ennemi dans la guerre maritime. (Applaudissements).

Le Président dit être l'interprête de la Commission en rermerciant S. Exc. M. Ruy Barbosa de l'intéressante communication qu'il a bien voulu faire à la Commission. Il rappelle qu'en 1899, S. Exc. M. White, Premier Délégué des Etats-Unis d'Amérique, souleva cette même question de l'immunité de la propriété privée sur mer en cas de guerre maritime. On fut d'accord pour la remettre à la Seconde Conférence. Aujourd'hui les Etats-Unis ont renouvelé la même proposition; il serait désirable de savoir quelle est à cet égard l'opinion des différents Gouvernements représentés à la Quatrième Commission et de se rendre compte si, à l'heure actuelle, la question est mûre pour une solution.

S. Exc. M. Choate prend la parole dans ces termes:

Le Gouvernement des Etats-Unis d'Amérique a donné des instructions à ses Délégués à la présente Conférence pour qu'ils insistent auprès des Nations assemblées et les décident à adopter la proposition suivante: *)

> "La propriété privée de tous les citoyens ou sujets des Puissances signataires, à l'exception de la contrebande de guerre, sera exempte en mer de capture ou de saisie par les navires armés ou par les forces militaires des dites Puissances. Toutefois cette disposition n'implique aucunement l'inviolabilité des navires qui tenteraient d'entrer dans un port bloqué par les forces navales des susdites Puissances, ni des cargaisons desdits navires."

Cette proposition renferme un principe qui a été défendu dès le commencement par le Gouvernement des Etats-Unis, qui a été soutenu par lui auprès des autres Nations, qui est particulièrement cher au peuple américain, et son Président estime que, quel que soit l'intérêt apparent que notre pays ou tout autre puisse avoir en ce moment dans la question, le principe qu'elle affirme est d'une importance si constante et si universelle qu'il est inadmissible que les chances pro-

*) *S. oben S. 152 ff.*

bables de perte ou de gain qui pourraient en résulter dans un prochain avenir pour tel ou tel pays, puissent l'emporter dans les esprits sur les avantages communs qui en résulteront pour la civilisation et qui réclament l'adoption d'un tel accord.

A cette heure exceptionnelle de paix universelle dont jouit le monde, les Représentants de toutes les Nations du globe sont réunis pour la première fois, pour se consulter et s'entendre sur ce qui peut contribuer à rendre cette paix permanente; et si chaque Nation est libre naturellement de défendre ici ce que ses propres intérêts demandent, il doit exister néanmoins un esprit de concession mutuelle et de transaction qui doit militer en faveur de l'adoption d'un principe si clairement avantageux pour l'humanité, lors même quil demanderait de la part de Nations particulières l'abandon de quelque reste des anciens droits des belligérants.

Nous sommes ici dans des circonstances qui réclament de la Conférence l'examen le plus approfondi et le plus loyal de cette importante question. Dans la première Conférence de la Paix en 1899, la question n'était pas comprise dans le programme, néanmoins comme elle se trouvait incorporée dans un mémoire de la Commission des Etats-Unis adressé à S. Exc. M. de Staal, Président de cette Conférence, insistant vivement pour qu'elle fût examinée, le mémoire fût renvoyé par lui à la Commission qui avait qualité pour en connaître. Celle-ci déclara dans son rapport qu'elle ne s'était pas crue compétente pour discuter la question et qu'elle ne pouvait par conséquent se prononcer sur ses mérites intrinsèques; mais qu'elle avait chargé son Président de proposer à la Conférence le vote d'une résolution exprimant l'espoir que cette question serait portée dans son ensemble, sur le programme d'une future Conférence. Après que les Représentants de deux des grandes Puissances eurent annoncé, que, en l'absence d'instructions de leurs Gouvernements, ils étaient obligés de s'abstenir de voter, le rapport de la Commission fut adopté à l'unanimité, et, par suite, dans la Convention finale adoptée le 29 juillet, pour le règlement spécial des conflits internationaux, on vota à l'unanimité, sauf les deux abstentions signalées, ce qui suit:*)

> 5. "La Conférence émet le vœu que la proposition tendant à déclarer l'inviolabilité de la propriété privée dans la guerre sur mer soit renvoyée à l'examen d'une Conférence ultérieure".

C'est donc en vertu d'un droit que nous nous présentons ici aujourd' hui, avec notre proposition favorite; elle a d'ailleurs été comprise dans le programme original de cette Conférence proposé par Sa Majesté Impériale l'Empereur de Russie et accepté par toutes les Puissances; aussi aucune Nation ne pourra exciper d'un manque d'instructions pour refuser de voter sur la question.

Nous avons dit que l'inviolabilité sur mer de la propriété privée des belligérants a été la politique traditionnelle des Etats-Unis, dès

*) *S. oben S. 161.*

la constitution de son Gouvernement, et comme on le verra, il en a été ainsi même avant cette date.

Mais toute d'abord, pour dissiper tout malentendu qui pourrait naître de cette affirmation, je dois très franchement reconnaître que notre Gouvernement n'a jamais été en mesure de mettre cette politique en pratique, attendu que d'autres Puissances, bien que l'adoptant par moments pour des intérêts temporaires et par des accords particuliers, n'ont jamais consenti à faire de cette inviolabilité une règle permanente du droit international. Et comme cela ne pouvait se faire que par le consentement général de toutes les Nations, les Etats-Unis, dans la pratique, suivant en cela l'usage des autres Nations, ont, dans toutes leurs guerres, exercé le droit que s'arrogent les belligérants de capturer les navires privés de l'ennemi et parfois, comme dans la guerre de 1812, ils l'ont fait sur une très grande échelle. Ce n'est que tout récemment qu'ils ont aboli par une loi les parts de prises, qui ont généralement été regardées comme un encouragement matériel à ces rapines. Nous confessons donc que notre Gouvernement a jusqu'ici agi sans tenir compte du sentiment qui grandit chez nos propres concitoyens comme chez ceux des autres Nations en faveur de l'inviolabilité, et, à cet égard, nous n'avons pas la prétention de valoir mieux que les autres, dès que nous nous trouvons en état de guerre. Il ne serait pas possible, ni praticable pour aucun belligérant d'adopter cette règle, à moins qu'elle ne devienne, comme nous espérons qu'elle le sera un jour, une règle positive reconnue par toutes les Puissances maritimes.

Mais, maintenant, à la lumière de notre propre expérience, laquelle nous a permis de peser les avantages et les inconvénients qui ont résulté dans le passé de l'exercice de ce droit de la guerre, vu la valeur de plus en plus faible qu'il a pour les belligérants, en raison de l'augmentation des facilités de transport par terre, des ports neutres, à travers des territoires neutres jusqu'à la nation belligérante, et vu aussi la tendance qu'ont aujourd'hui les grandes Puissances à concentrer leurs flottes pour des opérations purement militaires pouvant leur assurer le commandement de la mer, à ne construire que de gros navires propres au combat, nous croyons que le moment est venu de faire appel aux Nations maritimes du monde, assemblées dans cette Conférence, pour que d'un commun accord elles renoncent à la pratique surannée et funeste de capturer les navires marchands de l'ennemi, qu'elles laissent la haute mer libre pour l'exercice du commerce permis et inoffensif dont la sécurité et l'intégrité ont une si grande importance pour le monde entier.

Dans son message au Congrès, en décembre, 1903, le Président Roosevelt citant et appuyant un message antérieur du Président Mc. Kinley, en décembre. 1898, disait:

> "Les Etats-Unis, depuis bien des années, ont soutenu ce principe humain et bienfaisant, et sont aujourd'hui en état de

le recommander à d'autres Puissances sans qu'on puisse leur imputer des motifs personnels."

En réponse à ce message le Congrès des Etats-Unis, le 28 avril 1904, adopta la Résolution suivante:

"Que le sentiment du Congrès est qu'il est souhaitable, dans l'intérêt de l'uniformité d'action chez les Puissances maritimes du monde, en temps de guerre, que le Président s'efforce d'amener une entente entre les principales Puissances maritimes, en vue d'incorporer dans les lois permanentes des Nations civilisées le principe suivant lequel toute propriété privée sur mer, sauf la contrebande de guerre, doit être exempte de saisie et de destruction de la part des belligérants."

Dans le négociations relatives au Traité de Paix avec la Grande Bretagne, en 1783, quatre ans avant l'adoption de la Constitution des Etats-Unis, ce grand ami de la Paix, qu'était Benjamin Franklin, notre Plénipotentiaire accrédité en Europe, insista vivement pour l'adoption de ce principe et proposa l'insertion, dans le Traité, de la clause suivante:

"Et tous marchands et trafiquants avec leurs navires non-armés, employés au commerce, échangeant les produits des différentes Nations, et, par là, permettant de se procurer plus facilement et plus commodément les choses nécessaires à l'entretien et au bien-être de la vie humaine, seront autorisés à passer librement sans être molestés. Et aucune des Puissances, parties à ce traité, n'accordera ni ne délivrera de lettres de marque à aucun navire privé lui donnant pouvoir de saisir ou de détruire ces navires marchands ou d'interrompre ce commerce."

Notre Secrétaire d'Etat, Henry Clay, dans ses instructions aux Délégués qui représentaient les Etats-Unis à la Conférence de Panama en 1826, les invitait à profiter de l'occasion du congrès projeté pour lui soumettre la proposition d'abolir la guerre contre la propriété privée et les non-combattants, déclarant que cela était un sujet que les Etats-Unis avaient beaucoup à cœur depuis qu'ils ont pris rang parmi les Nations.

Et le Secrétaire d'Etat, John Quincy Adams, dans ses instructions à notre Ministre en Angleterre, en juillet 1823,*) disait:

"Il a été observé que d'après les usages de la guerre moderne sur terre, la propriété privée d'un ennemi est protégée comme telle contre la saisie ou la confiscation, et la guerre privée elle-même a été presque universellement abandonnée. Par une exception, dont on ne perçoit pas très bien la raison, la propriété privée d'un ennemi sur mer, n'a pas aussi complètement reçu le bénéfice du même principe. La guerre privée, bannie par le consentement tacite et généreux de nations chrétiennes de

*) *S. oben S. 132.*

leurs territoires, a pris son dernier refuge sur l'océan, et continue là à les déshonorer et à les affliger par un système de vol autorisé ayant tous les caractères les plus atroces de la piraterie."

Le Président Monroe, dans son Message annuel au Congrès en 1823, déclara:

"Des instructions ont été données en conséquence à nos Ministres en France, Russie et Grande Bretagne, de faire des propositions à leurs Gouvernements respectifs pour que ce principe soit adopté comme une règle permanente et invariable dans toutes les guerres maritimes futures. Et quand les amis de l'humanité réfléchissent à l'amélioration essentielle pour la condition de la race humaine, qui résulterait de l'abolition de la guerre privée sur mer, et à la facilité avec laquelle elle pourrait être accomplie, ne nécessitant que le consentement de quelques Souverains, on est porté à caresser sérieusement l'espoir que ces euvertures éveilleront une attention animée du même esprit que les a dictées et qu'elles seront ultérieurement couronnées de succès."

Non seulement les Etats-Unis ont affirmé ce principe par de telles déclarations faites dans des instructions officielles, mais même au cours de leurs relations diplomatiques aves les autres Nations, autant qu'il leur a été possible, ils l'ont fait passer dans le domaine des faits. Dans leur Traité avec Frederic, Roi de Prusse, négocié en 1785 par Benjamin Franklin, Thomas Jefferson et John Adams, deux ans avant l'adoption de la Constitution Fédérale, ceux-ci la firent insérer dans le Traité dans les termes presque identiques à ceux dans lesquels Franklin l'avait proposé à la Grande Bretagne, deux ans auparavant.

Une disposition semblable fût insérée dans le Traité entre les Etats-Unis et le Roi d'Italie en 1871. Quand notre Gouvernement fut invité à donner son adhésion à la Déclaration du Congrès de Paris, en 1856, dans lequel il n'était pas représenté, déclaration qui disposait que la course était et demeurait abolie, que le pavillon neutre couvrait la marchandise ennemie, à l'exception de la contrebande de guerre, que la marchandise neutre, sauf la même exception, ne pouvait être saisie sous pavillon ennemi, notre Gouvernement, disons-nous, refusa d'adhérer, à moins que la Déclaration n'étendît cette immunité à la marchandise ennemie sous pavillon ennemi, aussi bien qu'aux navires neutres.*) Mais même alors et toujours depuis, il s'est déclaré prêt à abandonner le droit de course, si les autres Nations maritimes consentaient à reconnaître le principe qu'il professe — que la propriété privée des non-combattants sur mer est inviolable.

Il est à propos d'attirer l'attention de la Conférence sur la mesure dans laquelle notre principe a été appliqué, de temps à autre, par d'autres nations et pour des périodes temporaires.

*) *S. oben S. 69 ff.*

Le principe fût adopté et appliqué pendant la guerre de 1866 par la Prusse, l'Italie et l'Autriche — les trois Puissances intéressées, et en 1854, quand la guerre de Crimée éclata, il fût annoncé que les hostilités seraient limitées aux forces militaires et navales organisées de l'ennemi —. Mais la déclaration était accompagnée de la réserve expresse que les droits énumérés n'étaient abandonnés que pour le moment. Lors de la déclaration de la guerre franco-prussienne, une tentative fut faite par l'un des belligérants pour protéger le commerce noncombattant, mais cette protection fut eventuellement retirée sous la prétention qu'il n'y avait pas de réciprocité réelle de la part de l'autre belligérant.

En 1865 l'Italie adopta un code maritime que défendait la course contre les navires marchands de toutes les nations ennemies pourvu qu'il y eût réciprocité de la part de l'autre belligérant; et cette règle fut observée peu de temps après dans la guerre entre l'Italie et l'Autriche.

Il y a eu aussi de fréquentes déclarations qui viennent a l'appui de notre principe et qui ont été faites par des corps constitués dont les dires méritent le plus respect.

En 1859 une assemblèe de négociants et d'armateurs influents qui fut tenue à Brême se prononça en faveur de cette doctrine. Hambourg, Stettin, Breslau et les chambres de commerce de la Haute Bavière concoururent à l'expression de cette politique éclairée. "Le 18 avril 1868 le Reichstag de la Confédération de l'Allemagne du Nord adopta presque à l'unanimité, une résolution qui lui avait été proposée et qui engageait le Chancelier de la Confédération a entamer des négociations avec les autres Puissances en vue d'obtenir la reconnaissance du principe de l'inviolabilité. Et la déclaration de Delbrück dans le Bundesrath ne laissa aucun doute que le Bundesrath et plus particulièrement le Gouvernement prussien considéraient l'arrivée à ce but comme aussi désirable que conforme aux traditions de la politique prussienne."

Le Professeur von Bar, à qui nous sommes redevables de la connaissance des derniers faits que nous venons de rappeler, dit en outre:

> "Même en Angleterre, des affirmations de la même nature ont été faites à diverses reprises. Et dans la Conférence Internationale de Bruxelles en 1874, qui s'occupa des lois de la guerre, le Gouvernement russe introduisit un projet dans lequel il était expressément dit que les hostilités ne devraient pas être dirigées contre des personnes privées, principe qui fût introduit dans l'article 40 du projet de la Conférence de Bruxelles dans les termes suivants: "La propriété privée devrait être respectée". En 1875 l'Institut de Droit International se déclara expressément en faveur de l'inviolabilité de la propriété privée de l'ennemi (navires marchands de l'ennemi) réservant néanmoins le droit de capture sur la contrebande."

On peut affirmer sans restriction, que les Chambres de Commerce du monde entier se sont prononcées en faveur de notre principe et ont insisté pour son adoption auprès de leurs Gouvernements respectifs.

Il ne sera pas hors de propos de faire observer que le Gouvernement des Etats-Unis a uniformément défendu la doctrine de l'inviolabilité dans toutes les vicissitudes par lesquelles il a pu passer, sans tenir compte des conséquences qu'elle pouvait avoir pour ses intérêts du moment. Dans les commencements, nous avions un gouvernement organisé, mais pas d'armée, pas de marine, à peine avions-nous une faible marine marchande; dans la suite, cette marine grandit peu à peu, mais sûrement, en nombre et en valeur, jusqu'à ce qu'elle tint de près le second rang, après la marine marchande de l'Angleterre; un peu plus tard, au cours de notre guerre civile, les incursions de quelques croiseurs Confédérés contre notre marine marchande, engagée dans le commerce étranger, la balayèrent positivement des mers; de sorte qu'à la fin de la guerre civile, tandis que notre marine improvisée était dispersée nous n'avions ni marine militaire ni marine marchande, et ainsi de suite, jusqu'à l'heure présente, où nous avons une marine militaire imposante, mais rien qu'un faible tonnage de navires faisant le commerce étranger, les sept pour cent environ seulement de nos importantes exportations et importations, entrant et sortant du port de New York sous notre pavillon. Dans toutes ces circonstances diverses, sans égard pour les conséquences directes ou indirectes qu'elle pouvait avoir pour notre fortune et nos intérêts, nous avons uniformément défendu la doctrine en question, en raison de l'immense importance qu'elle a pour la civilisation et pour le bien-être général de toutes les nations.

En cela nous pouvons franchement prétendre que nous avons été soutenus par le consentement général des hommes d'état et des juristes de tous pays, qui ont eu l'occasion d'exprimer leur sentiment sur cette question.

Commençant par l'Angleterre, nous avons les paroles de Lord Brougham, qui, en 1806, s'exprimait ainsi:

> "La propriété privée des particuliers paisibles et industrieux semble devoir être protégée, et, sauf dans le seul cas de capture sur mer, elle est en effet épargnée par l'usage général de toutes les nations modernes. Aucune armée ne pille maintenant, à terre, des particuliers non-armés, à moins que ce ne soit pour pourvoir à sa propre subsistance. Et les lois de la guerre sont regardées comme violées dès qu'on s'empare de la propriété privée par amour du gain, même quand cela a lieu dans les limites du territoire ennemi. Il n'est pas facile à première vue de découvrir pourquoi cette politique humaine et éclairée peut être aussi exclue de la scène des hostilités maritimes, ou pourquoi le pillage d'un marchand industrieux, qui serait considéré

comme déshonorant sur terre, peut encore être tenu pour honorable sur mer."

Et Lord Palmerston dans son discours à la Chambre de Commerce de Liverpool, le 8 novembre 1856, déclarait:

"Je ne puis m'dempêcher d'espérer . . . . que, dans la suite des temps, ces principes de guerre, qui sont appliqués aux hostilités sur terre, pourront être étendus sans exception aux hostilités sur mer; de sorte que la propriété privée ne sera plus exposée à être attaquée par l'un ou l'autre des belligérants. Si nous examinons l'exemple des temps antérieurs nous ne verrons pas qu'un pays puissant ait jamais été vaincu par suite des pertes subies par des particuliers. C'est le conflit des armées par terre et des flottes sur mer qui décide des grandes querelles des nations."

Et M. Cobden, en 1862, dans son discours à la Chambre de Commerce de Manchester, après avoir fait allusion au refus du Gouvernement des Etats-Unis d'adhérer à la partie de la déclaration de Paris abolissant la course, disait:

"Ce Gouvernement . . . . exposait qu'il aimait mieux porter un peu plus loin la résolution qui exemptait la propriété privée de toute capture sur mer de la part des corsaires et déclarer que cette propriété serait exempte de saisie tant de la part des corsaires que de la part des navires de guerre de l'Etat. Maintenant si cette contre-proposition n'avait jamais été faite, je maintiens que, après le changement qui avait été introduit, affirmant les droits et privilèges des neutres, il eût été de l'intérêt de l'Angleterre de pousser le principe jusqu'à la limite proposée par l'Amérique."

Et John Stuart Mill, dans un discours en 1867, disait:

"Tous ceux qui approuvent la Déclaration de Paris estiment pour la plupart que nous devrions aller encore plus loin; que la propriété privée sur mer, sauf la contrebande de guerre, devrait être exempte de saisie dans tous les cas, non-seulement sur les navires neutres, mais même sur ceux des nations belligérantes. Cette doctrine a été soutenue avec ardeur et habilité dans cette Chambre pendant la dernière session du Parlament et sera probablement encore reprise de nouveau, car il y a une grande force dans l'argument sur lequel elle repose."

Sir Henry Maine, une grande autorité en matière de Droit international ainsi que sur les principes de justice en général, écrivant en 1888, en vue de persuader son Gouvernement qu'il était grandement de l'intérêt de la Grande-Bretagne d'adhérer à la doctrine de Monroe, disait:

"Ce sont là évidemment des raisons d'ordre économique, mais j'examine aussi le sujet au point de vue du Droit international. A moins que les guerres ne soient complètement écartées et qu'il ne doive plus jamais s'en produire, notre situation présente un danger sans égal. Une partie des approvisionnements qui sont pour nous une question de vie et de mort, peut nous être apportée, comme chargement neutre, avec moins de difficulté qu'auparavant, depuis qu'a été publiée la Déclaration de Paris, mais une nation qui serait libre d'employer des corsaires, pourrait intercepter et compromettre nos approvosionnements sur un grand nombre de points, et il en serait ainsi, de toute nation maritime qui pourrait détacher une partie de ses forces pour faire la course. Il semble donc que la proposition du gouvernement américain d'abandonner la course, à la condition que toute propriété privée soit exempte de capture, pourrait tout aussi bien être faite par quelque très grand ami de la Grande-Bretagne. Si elle était universellement adoptée, elle sauverait notre pain et elle sauverait les denrées qui sont le prix de notre pain, de leurs plus formidables ennemis et désarmerait l'espèce la plus redutable de ces ennemis."

Et enfin, comme exprimant le sentiment d'une partie, tout au moins, du Gouvernement et du peuple anglais de l'heure présente, nous avons la lettre adressée au Times, le 14 Octobre 1905, par le lord Chancelier actuel de la Grande-Bretagne, dans laquelle il embrasse avec ardeur la doctrine américaine. Il dit:

"On peut se demander quel espoir il y a de changer la loi à cet égard, même si nous le désirions. On peut trouver une réponse à cela dans l'historique de la question, sur lequel, quelque instructif qu'il soit, il nous suffira de dire quelques mots. Pendant les cinquante dernières années et plus, les Etats-Unis se sont faits avec persistance les avocats de ce changement, même au point de refuser d'abandonner, en 1856, le droit d'armer en course, à moins que toute propriété, autre que la contrebande, ne fût déclarée libre de prise sur mer. L'Allemagne, l'Autriche, l'Italie et la Russie ont toutes dans la dernière moitié du siècle, ou adopté dans leur propre pratique, ou proposé d'adopter le point de vue américain, et les juristes du continent presque sans exception ont dénoncé l'usage en vigueur. L'année dernière, le Président Roosevelt se déclarait en faveur d'une nouvelle conférence internationale à La Haye, et notifiait que entre autres matières à discuter les Etats-Unis se proposaient d'insister pour attirer sur cette question l'attention des Puissances.

"Il est hors de doute que le Président américain, avec l'immense autorité dont il dispose aujourd'hui, fera tous ses efforts pour atteindre le but qu'il se propose. J'ai la confiance que le Gouvernement de Sa Majesté tiendra à profiter de cette occasion unique. J'y insiste, non pour des raisons de sentiment, ou d'humanité (aucun acte d'hostilité en effet, n'inflige moins de souffrance que la capture en mer d'un navire non armé) mais, pour cette raison, que, tout bien pesé, les intérêts de la Grande Bretagne ont beaucoup à gagner à un changement qui est souhaité ardemment et depuis longtemps par la grande majorité des autres Puissances."

On peut aussi affirmer, en toute sécurité, que l'avis de quantité d'écrivains anglais éminents, en matière de Droit international, est favorable à la doctrine américaine.

Les autorités continentales n'ont pas mis moins d'empressement à défendre la même politique. Chateaubriand déclarait, au nom du Roi de France, que toutes les nations pouvaient être amenées à adhérer au principe: "Sa Majesté se féliciterait d'avoir donné un salutaire exemple, et d'avoir prouvé que, sans compromettre le succès de la guerre, on peut en atténuer le fléau."

Le Comte Nesselrode, qui, pendant de nombreuses années, a dirigé les Affaires étrangères de la Russie, déclarait à M. Middleton, Ministre des Etats-Unis à St. Pétersbourg, qui négociait le traité de 1824 entre les deux pays, que: "L'Empereur partageait les opinions et les souhaits énoncés dans la note du Ministre des Etats-Unis et que dès que les Puissances dont le consentement était indispensable pour arriver à un résultat pratique, l'auraient donné, il ne manquerait pas d'autoriser son Ministre à discuter les divers articles d'un acte qui serait un titre de gloire pour la diplomatie moderne.

Et beaucoup d'écrivains continentaux sur le droit international, hommes des plus éminents, dont l'autorité n'est pas limitée aux frontières de leur pays — tels que Bluntschli, Calvo, Jacquemyns, Pierantoni, Ahrens, Perels, Dupuis, et de Martens pourraient être cités à l'appui, comme ardents défenseurs des mêmes vues.

Par autorisation du Président Roosevelt, nous demandons à la Conférence qu'elle adopte cette doctrine historique américaine, pour de puissantes raisons d'humanité comme tendant grandement à faire progresser la cause de la civilisation, comme supprimant un dernier reste de barbarie dans les guerres maritimes, comme affirmant un grand principe de justice, qui sûrement servira la cause de la paix, comme étant enfin aussi indispensable pour les intérêts généraux des neutres, que pour la sauvegarde de l'intégrité du commerce sur lequel repose en dernière analyse la communauté d'intérêts de toutes les nations.

Il n'y a pas de raison favorable à l'exemption de la propriété privée sur terre de tout pillage, de toute destruction, qui ne puisse s'appliquer également à la même propriété sur mer.

Nous n'ignorons pas et nous ne cherchons pas à éluder ce fait que les règles des lois de la guerre permettent qu'on occupe la propriété privée sur terre, et qu'on la retienne pour des vues militaires légitimes, soit en faisant des réquisitions pour l'entretien des armées, soit, en levant des taxes, ou en vue d'une annexion définitive par le vaiqueur, mais, sur mer, le droit sans restrictions du blocus commercial est un justé équivalent de ces risques.

Mais, négligeant tout le côté qui, dans les lois de la guerre, est incontesté, parce qu'il n'a aucun rapport avec la question présente, nous posons en fait qu'il y a analogie parfaite entre l'immunité dont jouit sur terre, la propriété privée de ne pas être saisie ni détruite, quand cela n'est pas demandé par les nécessités de la guerre, et la même immunité que nous réclamons pour la propriété privée sur mer, quand aucune necessité militaire n'oblige à la détruire ou à la saisir.

Nous ne nions pas qu'une maison particulière et son contenu qui se trouverait sur le chemin d'une armée hostile en marche s'efforçant d'atteindre et d'attaquer l'ennemi pût être balayée avec ce qu'elle contient; qu'elle n'eût aucun titre à être épargnée. Mais qui ne voit que c'est là une de ces nécessités militaires dont nous venons de parler. En revanche envoyer des forces pour dépouiller les maisons particulières de leur contenu, détruire les habitations des non-combattants inoffensifs, c'est, de la part d'un chef d'armée, outrager grossièrement tout principe de justice et de saine morale; c'est violer les lois de la guerre actuellement en vigueur. Dans la même mesure et au même titre ce pillage des navires et des chargements des non-combattants, quand aucune nécessité militaire ne le commande, quand il est pratiqué dans l'unique but d'enrichir les ravisseurs ou leurs gouvernants, de terroriser les malheureux propriétaires et leur Gouvernement, de les forcer à se soumettre à la volonté et aux conditions du vainqueur, est un acte qui répugne à tout principe de justice et de droit, et qui doit être enveloppé dans la même réprobation universelle qui frappe aujourd'hui les outrages de même nature quand, dans une guerre territoriale, ils sont commis contre des non-combattants.

Il ne sera pas hors de propos de définir ici les limites de la concession que notre proposition demande aux nations belligérantes ou à celles qui, à un moment donné, peuvent le devenir. En demandant que les navires ennemis, quel que soit leur chargement, soient exempts de capture et de destruction, nous ne faisons que suivre les traces de la Grande-Bretagne et des autres Puissances signataires du Traité de Paris en 1856 et nous poussons jusqu'à sa conclusion logique le grand pas qui a été fait alors en vue de diminuer les horreurs de la guerre. Par ordonnance rendue dans le Conseil du 15 avril 1854, la Grande-Bretagné déclarait que Sa Majesté, dans le désir de rendre la guerre (il s'agissait de la guerre de Crimée) aussi peu onéreuse que possible pour les Puissances avec lesquelles elle restait en paix, et en vue de préserver le commerce des neutres de toute obstruction non nécessaire, était disposée à abandonner une partie des droits des belligérants qu'elle tenait de la loi des Nations et „que Sa Majesté abandonnerait le droit de saisir la propriété ennemie à bord des navires neutres, à moins que ce ne fût de la contrebande de guerre.“ Ce qui était une importante et magnanime dérogation à la doctrine qu'elle avait suivie jusque là avec tenacité relativement au droit de saisir la marchandise ennemie partout où elle se trouve.

Le mérite de ce premier pas dans le progrès actuel vers la paix appartient exclusivement à la Grande-Bretagne et devrait lui être universellement reconnu, en tant qu'il répond d'une façon adéquate à toute insinuation qui voudrait la représenter comme barrant la voie à ce progrès. La déclaration qui suivit la clôture de la guerre et que signèrent les représentants de la France, de l'Autriche, de la Prusse, de la Russie, de la Sardaigne, de la Turquie et de l'Angleterre fixa ce premier pas d'une manière décisive et définitive pour ces nations et pour environ 40 autres Etats qui y ont depuis adhéré. Comme le dit Mr. Sheldon Amos, „on sait bien que le refus continuel, de la part des Etats-Unis, de donner leur adhésion est dû uniquement à leur insistance pour assurer au commerce des immunités encore plus grandes; c'est le prix qu'ils mettent à l'abandon du droit d'armer pour la course".

La raison que les Etats-Unis d'Amérique donnèrent pour refuser d'adhérer à la Déclaration de Paris était qu'elle n'allait pas assez loin, vu que, si elle exemptait de saisie la marchandise, la propriété ennemie, d'être capturée sur les navires neutres, elle ne poussait pas cette doctrine jusqu'à sa conclusion logique et n'étendait pas pareillement cette exemption aux navires appartenant aux particuliers de la nation ennemie.

Dans une lettre adressée à M. de Sartiges, Ministre de France à Washington, le 28 juillet 1856, M. Marcy, Secrétaire d'Etat, proposait, au nom de son gouvernement, d'ajouter à l'article premier de la Déclaration de Paris (abolissant la course) les mots suivants:*)

> „Et la propriété privée des sujets ou nationaux de l'une ou l'autre des Puissances belligérantes ne sera pas sujette à capture par les navires de l'autre partie, sauf en cas de contrebande de guerre," après avoir dit que la justice et l'humanité demandent que cette pratique (de permettre que la propriété privée sur mer soit saisie par les belligérants) soit abandonnée et que la règle relative à cette propriété sur terre lui soit étendue quand on la rencontre dans la haute mer."

Et il justifiait sa proposition par un argument élaboré avec soin. Notre attitude était alors, et a toujours été depuis, que nous sommes prêts à renoncer au droit de course, dès que les autres Puissances consentiront à étendre le principe de l'immunité aux navires ennemis aussi bien qu'à leurs marchandises chargées sur les navires neutres.

Il est significatif que la Russie accueilli la proposition de M. Marcy en termes qui méritent d'être rappelés: En septembre 1856, le Prince Gortschakoff écrivait au Ministre de Russie à Washington:

> „Votre Excellence aura l'occasion à Paris de prendre connaissance de la note de M. Marcy, dans laquelle la proposition

*) *S. oben S. 79.*

de l'Amérique est développée d'une manière si habile et si lumineuse qu'elle emporte la conviction. Le Secrétaire d'Etat ne fait pas valoir exclusivement l'intérêt des Etats-Unis; il défend celui de tous les peuples. Il a appuyé cette généreuse idée sur des arguments qui sont sans réplique. L'attention de l'Empereur a été éveillée au plus haut point par les ouvertures du Cabinet américain. Dans la façon qu'elles sont présentées, elles méritent d'être prises en sérieuse considération par les Puissances signataires du Traité de Paris. Elles s'honoreraient, en proclamant au monde, dans une résolution unanime, que le principe de l'inviolabilité qu'elles ont toujours reconnue à la propriété privée sur terre, est aussi étendu à cette propriété sur mer. Elles couronneraient ainsi l'oeuvre de pacification qui les a réunies, et elles donneraient à la paix une nouvelle garantie de durée.

„Par ordre de l'Empereur, vous êtes invité à exposer ces idées au ministre des Affaires étrangères, et à lui faire savoir que, si la proposition américaine devient le sujet des délibérations en commun des Puissances, elle recevra un appui décidé de la part du représentant de Sa Majesté impériale. Vous êtes même autorisé à déclarer que votre Auguste Maître serait disposé à prendre l'initiative en cette matière.“

et M. Laveleye dit relativement au même sujet:

„La proposition des Etats-Unis fût bien accueillie par tous les autres Etats signataires du Congrès de Paris, sourtout par la France et la Russie. Le Piémont et la Hollande y applaudirent, et même l'Angleterre ne la rejeta pas.“

Depuis cette déclaration, pour les Puissances qui y sont intervenues, tout ce qui reste, en cas de guerre, de l'ancien droit de prise et de destruction des propriétés de l'ennemi n'est applicable qu'à ses navires. Et la question qui se présente est de savoir si ce reste du droit des belligérants, dans les circonstances actuelles, a une valeur suffisante au point de vue militaire pour justifier qu'un état belligérant refuse de l'abandonner et ferme l'oreille à ce que demande universellement l'opinion publique, laquelle s'est déjà prononcée partout de la façon la plus significative et qui est sûre d'obtenir tôt ou tard de toutes les nations obéissance à ses ordres. Car les nations, comme les individus, quelque puissantes qu'elles puissent être par elles-mêmes, sont soumises à l'opinion publique qui, en fin de compte, doit gouverner le monde.

Quant à la valeur de se reste du droit des belligérants, il est à remarquer que, dans les temps modernes, elle a considérablement diminué et qu'elle diminue encore rapidement. Dans l'ancien temps, la faculté de détruire la propriété ennemie quelle qu'elle fût, publique ou privée, partout où on la rencontrait, était peut-être le facteur le plus important dans la guerre maritime. Mais aujourd'hui que la guerre n'est plus à proprement parler qu'une épreuve de force entre l'organisation militaire et les ressources financières respectives des belligérants, qui les rendent plus ou moins capables de soutenir la lutte sur terre et sur mer, la faculté de détruire les navires marchands de l'ennemi sur mer, n'est plus un facteur bien puissant.

Il n'y a pas d'exemple, croyons-nous, de guerre, dans les temps modernes, qui ait été empêchée ou abrégée par l'exercice de ce droit, et la destruction de navires de commerce a été, est, et vraisemblablement sera toujours un incident relativement insignifiant dans les conflits des Nations. Prenons, par exemple, notre propre guerre civile, qui dura quatre ans et au cours de laquelle, comme nous l'avons dit, notre marine marchande fût littéralement détruite et balayée des mers par quelques croiseurs confédérés. Le fait nous affligea beaucoup, mais n'eût pas la moindre influence sur le résultat final auquel la guerre fût amenée par le maintien d'un blocus effectif et par la supériorité écrasante des forces militaires et des ressources financières de l'Union.

Par l'exemple que nous avons nous-mêmes donné dans cette lutte, on voit que la première chose qui se fait, au début d'une guerre dans laquelle une Puissance maritime intervient comme partie, c'est de faire passer sous pavillons et sur navires neutres la majeure partie du commerce de transport du pays et de rejeter dans une large mesure sur les nations étrangères, par voie d'assurance les risques de guerre, les risques de pertes par destruction que court la partie qui reste sous le pavillon national. De sorte que ce reste du droit des belligérants, soit qu'on le regarde comme un épouvantail propre à detourner de la guerre, soit qu'on y voie un moyen de terroriser le gouvernement ennemi et le réduire à se soumettre, ce droit, disons nous, comme moyen de terminer la guerre, a cessé d'être un important facteur.

D'autre part ce reste du droit de destruction, que l'on a encore sur les navires marchands non-combattants de l'ennemi, ne doit pas être confondu avec le droit de blocus lequel, si notre demande est agréée, restera encore en vigueur. Ceux qui voudraient conserver aux belligérants l'exercice de l'ancien droit, ont raisonné comme si nous cherchions à amoindrir de quelque façon le droit de blocus. Mais notre proposition telle que nous l'avons formulée, exclut toute possibilité d'une semblable idée, car elle ne vise qu'à affranchir de toute prise les navires marchands ennemis ne portant pas de contrebande de guerre et ne cherchant pas à forcer un blocus.

C'est donc à chaque nation de juger par elle-même, si, depuis la Déclaration de Paris, qui a abandonné beaucoup plus de la moitié du droit de capture, si, depuis les changements qui ont été apportés de nos jours dans le maniement des affaires et qui ont si profondément affaibli la valeur de ce droit, le peu qui en reste a néanmoins assez d'importance pour justifier le refus de déférer à l'intérêt général du monde civilisé qui réclame qu'on l'abandonne, ou bien si l'on peut en toute sûreté donner satisfaction à cette demande, renoncer à un privilège de fort peu de valeur et amener à sa conclusion légitime la réforme généreuse des maux de la guerre qui a été si noblement commencée en 1854 et 1856.

Au nom des Etats-Unis d'Amérique nous adressons cet appel aux nations, nos sœurs pour qu'elles donnent leur assentiment à la proposition humaine et pacifique que nous leur soumettons et dont l'application fait depuis plus d'un siècle l'objet de nos préoccupations.

D'abord pour des raisons d'humanité. La capture et la destruction de la propriété privée sur mer lorsqu'elle appartient à des non-combattants inoffensifs exerçant le commerce international non pas seulement pour leur propre avantage, mais pour l'avantage commun du monde, est le dernier reste de l'ancienne piraterie. Dépouiller des marchands honnêtes et inoffensifs qui ne prennent pas part à la guerre, leur ravir leurs navires et les marchandises qu'ils contiennent, les détruire, si le ravisseur le trouve à sa convenance, sont des actes qui ont un relent de la sauvagerie des anciennes guerres et que les nations civilisées ne devraient pas tolérer plus longtemps. Ils ont d'ailleurs généralement pour conséquence de soumettre les équipages des navires capturés à des traitements odieux, ce qui est un surcroît de cruauté et de barbarie. Dans l'état de choses actuel, le dommage que peuvent souffrir par là les particuliers, dépasse de beaucoup l'avantage qui peut en résulter pour l'état belligérant.

En second lieu, et c'est ici une raison encore plus importante, à cause du trouble injustifiable qui est ainsi jeté dans un commerce honnête et légitime auquel sont intéressés non pas seulement la nation à laquelle appartient le navire, mais encore le monde civilisé tout entier. L'accroissement et le développement qu'ont pris le trafic et le commerce internationaux, dans les cinquante dernières années, est une des merveilles de l'histoire. Plus que toute autre branche de l'activité humaine le commerce tend à lier ensemble les nations par les liens de la paix, il établit entre elles une communauté d'intérêt, et par cela même, toute violence qui lui est faite, tout trouble qui lui est apporté, a immédiatement sa répercussion sur tous les points du globe. On trouverait difficilement un intérêt, chez quelque nation que ce soit, qui ne soit immédiatement inquiété, mis en péril ou compromis. par de semblables attentats.

Le navire marchand par lui-même n'est qu'un fragment, et un fragment assez minime, dans l'opération commerciale dans laquelle il est engagé. Le transport de son chargement intéresse en général le monde entier et cet intérêt se ramifie dans toutes les directions. Or, la capture et la destruction du navire entraînent tous ces intérêts dans le dommage et la ruine, ainsi que le dit un écrivain anglais très distingué:

„L'organisation du commerce international a pour conditions la stabilité et la confiance, tout ce qui porte atteinte à celles-ci non-seulement affaiblit l'organisation elle-même dans la même mesure, mais encore contribue à la longue à la détruire.“

„Or, la capture de la propriété privée sur mer est tout bonnement la ruine de cette organisation et de tout ce dont elle dépend. Si les guerres maritimes étaient plus fréquentes, le commerce international serait impossible et les nations les plus pacifiques n'en souffriraient pas moins que celles qui s'y trouveraient le plus fréquemment mêlées. Dans l'état de choses actuel, le gain misérable et infime qu'on peut réaliser par les prises maritimes et les pertes qu'on peut infliger aux ressources de l'ennemi, en entravant son commerce, sont une pauvre compensation, au regard du trouble profond dans lequel l'état même qui a fait la prise jette son propre cemmerce, au prix de la confusion générale, des désastres que son action répand de tous cotés parmi les nations neutres.“

Nous insistons, en troisième lieu, sur notre proposition, parcequ'elle est un acheminement direct vers la possibilité de renfermer la guerre dans le domaine qui lui est propre, c'est-à-dire d'en faire une lutte sur terre et sur mer, entre les forces militaires des Etats, ne s'attaquant qu'entre elles et ne visant que la propriété publique des nations intéressées dans le conflit. Si la règle que nous défendons est adoptée par le commun assentiment des nations, ces coups de main destructifs, qui n'ont jamais fait que du mal à l'humanité, seront à jamais abolis; et les armées, les flottes, au lieu d'être employées pour la protection ou la destruction de la propriété légitime des non-combattants, seront laissées à l'usage, qui leur est propre, de lutter entre elles, de bloquer les ports et de protéger les côtes. Si l'on nous opposait l'objection de Lord Palmerston, déjà citée, qui se rétracta ensuite, mais qui en 1862 déclarait:

"Que si nous adoptions ces principes nous réduirions presque la guerre à un échange de notes diplomatiques.“

Nous répondrions, comme le fit Sir John Lubbock (aujourd'hui Lord Avebury) dans la Chambre des Communes:

"Fort bien, ce serait un résultat que nous pourrions regarder non seulement avec égalité d'âme, mais même avec satisfaction.“

"La tendance de l'histoire, déclarait-il, a été de rendre les guerres plus humaines au fur et à mesure que la civilisation progressait et l'extension de la Déclaration de Paris à toute propriété circulant sur les mers n'a été qu'un pas de plus dans cette direction“.

Et, en dernier lieu, nous nous élevons contre l'ancienne pratique et nous insistons sur notre demande d'abolition, pour cette autre raison, que ce droit a cessé d'être nécessaire, qu'il tend à pousser à la guerre et à en provoquer de nouvelles, comme résultat naturel de son maintien.

De nos jours, par le consentement général des nations civilisées du globe, et indépendamment de tout traité formulé ou de tout acte écrit, il est une règle de droit international, qui s'est établie, et qui veut que les bâteaux de pêche côtières, avec leurs instruments et leurs provisions, leurs cargaisons et leurs équipages sans armes, exerçant honnêtement leur profession paisible, soient exempts de capture, comme prises de guerre. C'est l'à une régle que les Conseils des prises, chargés d'appliquer le droit des gens, sont tenus de prendre en judicieuse considération et de veiller à ce qu'elle ait son effet, malgré l'absence de tout traité ou autre acte public de leurs Gouvernements respectifs, sur la matière. La raison donnée est d'ordre purement humanitaire: ces pêcheurs cherchent de la nourriture pour ceux qui ont faim, peu importe si ceux-ci appartiennent à la nation ennemie, et il serait par trop dur d'enlever à de pauvres pêcheurs le moyen de gagner leur vie.

Cette question a été fort bien présentée par Louis XVI, alors que ses forces étaient engagées dans la guerre de l'Indépendance américaine; dans une lettre qu'il adressait, le 5 juin 1779, à son Amiral, l'informant que le désir qu'il avait toujours eu d'alléger autant que possible les rigueurs de la guerre, avait attiré son attention sur cette classe de ses sujets qui se consacrait à l'industrie de la pêche et n'avait pas d'autre moyen d'existence. Qu'il pensait que l'exemple qu'il donnerait à ses ennemis et qui ne pouvait avoir d'autre source que les sentiments d'humanité qui l'inspiraient, les déterminerait à laisser aux pêcheurs les mêmes facilités qu'il consentait à leur accorder et que, en conséquence, il avait donné des ordres aux commandants de tous ses navires, de ne pas troubler les pêcheurs anglais, de ne pas arrêter leurs navires chargés de poisson frais, même si ce poisson n'avait pas été pris par eux, pourvu qu'ils n'eussent pas d'armes offensives et qu'il fût prouvé qu'ils n'avaient pas fait de signaux pouvant les faire soupçonner d'être d'intelligence avec l'ennemi. La prise et la rançon que fit un croiseur français du navire anglais John and Sarah, venant de Hollande avec un chargement de poisson frais, furent déclarées illégales. Toute cette question fut soigneusement examinée par la Cour Suprême des Etats-Unis dans l'affaire du „Paquette Habana“, 175 U.S. 677.

Dans les conditions nouvelles qui sont faites de nos jours au commerce et à la guerre maritime, on a de la peine à comprendre pourquoi on n'étendrait pas le même principe d'immunité aux navires non-armés de l'ennemi qui se livrent à l'occupation pacifique d'echanger les produits des différentes places, permettant ainsi, „qu'on se procure plus facilement les nécessités, les commodités et les agréments de la vie.“

Pour une nation qui désirerait ou serait sur le point d'être engagée dans une guerre, la tentation d'attaquer et de piller la marine marchande de son adversaire, comme un premier coup destiné à affaiblir sa force, serait grande et pressante. Ce serait une invite plus propre à déchaîner la guerre que la crainte d'une attaque analogue de la part de l'adversaire ne serait propre à la prévenir, surtout s'il s'agissait d'une nation n'ayant elle-même qu'une faible marine marchande, mais ayant des croiseurs et des canonnières en nombre suffisant pour attaquer sur mer les navires marchands sans armes de l'ennemi.

Et l'histoire nous rapporte de nombreux faits dans lesquels la spoliation du commerce d'une nation, en en éveillant l'esprit de vengeance et de représailles, a conduit à de nouvelles guerres. En effet, ce qui nous est arrivé à nous-mêmes, à la suite de notre Guerre Civile, en est un exemple frappant. La destruction de notre marine marchande conduisit nécessairement, dans les circonstances où elle se produisit, à la présentation de notre part de ce qu'on a appelé „Les Réclamations de l'Alabama", dont le règlement resté en suspens, créa pour de longues années, dans nos relations avec la Grande-Bretagne, un état d'irritation et de trouble qui, finalement et très-heureusement, avec la patience et des ménagements réciproques, se calma; toute l'affaire fût soumise à l'arbitrage de Genève, pour être arrangé amicalement et se termina par le rétablissement dé l'amitié et des bons sentiments qui depuis se sont maintenus jusqu'à ce jour entre les deux pays.

Pour citer encore une fois le distingué écrivain dont nous avons déjà fait mention:

„Il n'y a aucun doute que l'irritation générale que provoque la saisie de la propriété privée sur mer, aussi bien que sur terre, ne soit une des causes principales qui suscitent les haines nationales durables.

En dehors de tout point de vue historique ou altruiste, on peut bien prétendre qu'il y a encore une autre puissante raison qui milite en faveur de l'immunité de la propriété privée sur mer, lorsque celle-ci n'est pas réclamée pour des besoins militaires, immunité dont nous nous sommes faits le champions. Pour des considérations économiques, il ne vaut plus la peine, pour les nations maritimes, de construire et d'entretenir des navires de guerre en vue de poursuivre des navires marchands étrangers au conflit. Dans l'armement naval de nos jours, la tendance marquée des marines de toutes les grandes nations, est de se défaire de tous les navires propres à ce service et de concentrer toutes leurs ressources à la construction de grands vaisseaux de ligne, dont les rencontres avec ceux de l'adversaire décideront de la lutte; elles confinent ainsi la guerre à ce qu'elle doit être: une épreuve de puissance, sur terre et sur mer, entre les forces militaires et les ressources financières des combattants. Il est probable que, si la vérité était connue, il y aurait une diminution sensible chez toutes les nations maritimes dans la construction de navires de guerre propres à la poursuite des bateaux marchands, et même vente ou démolition de certains de ces navires qui auraient été pendant quelque temps en service. Or, aucune des grandes marines actuelles ne peut se permettre d'employer ses gros et coûteux vaisseaux de guerre ou croiseurs à la misérable poursuite de bateaux marchands dispersés sur les mers. Le jeu n'en vaudrait pas la chandelle, les frais dépasseraient tout résultat probable.

Cela présente sous une autre forme l'idée déjà formulée, que la guerre tend à devenir ce qu'elle devrait être; une lutte entre les forces organisées des nations aux prises, et non, entre l'une de ces nations et les particuliers non-combattants de l'autre. Et il en résulte que les particuliers qui ne prennent pas part à la lutte doivent être laissés tranquilles, toute pression que l'on pourrait exercer sur eux ne pouvant avoir aucun effet sérieux pour prévenir ou abréger le conflit.

Nous croyons qu'il est vrai aussi que la politique, politique nécessaire, des états maritimes est, aujourd'hui, de concentrer leurs flottes de façon à se tenir prêts à faire face avec toutes leurs forces aux dangers de guerre qui pourraient se présenter; cela exclut la possibilité de se livrer, dans une bien large mesure, à la poursuite de bateaux marchands dispersés.

Il ne nous appartient pas et, dans les circonstances actuelles, nous ne nous le permettrions pas, de chercher à convaincre les représentants d'aucune nation prenant part à cette Conférence que leur propre intérêt national leur commande de renoncer à l'ancien usage et d'accepter notre proposition.

Il semble que chez plusieurs nations les esprits soient divisés sur la question. Les commerçants, les hommes d'état, les juristes et la majorité des journaux sont en général favorables à notre proposition.

Ce que nous espérons, c'est de montrer à la Conférence en tant que corps, du moins à la grande majorité de ses membres, que le bien-être général de toutes les nations prises ensemble, en tant qu'ayant une communauté d'intérêts dans le commerce du monde, réclame l'adoption du principe d'immunité de la propriété privée sur mer — sous les réserves contenues dans notre proposition. Evidemment, il faudra l'agrément de tous pour pouvoir prendre une Résolution au nom de la Conférence et par là mettre fin à la pratique actuelle. Mais nous sentons si fortement que notre cause est juste et que l'opinion générale des nations est avec nous, que nous tenons pour extrêmement désirable qu'après la discussion, un vote soit émis par toutes les nations participant à la Conférence, dans l'espoir que, même au cas où il n'y aurait pas unanimité pour l'adoption, ce vote ne ferait pas moins impression sur les nations dissidentes et les dissuaderait, dans les conflits à venir, de recourir à la pratique actuelle, sauf dans le cas de dernière nécessité. Le droit international strict, autorisant les prises, pourra rester intact, mais l'effet moral que produira cette expression générale de réprobation, empêchera qu'on ne l'exerce dans la suite.

Nous ne voulons pas, et peut-être même serait-il peu convenable pour nous, en ce moment, d'aller au devant des objections qui pourront être faites à notre proposition, nous pouvons cependant en relever une ou deux qui ont déjà été formulées à diverses reprises dans les discussions publiques.

On a dit que le meilleur moyen de prévenir la guerre était de la rendre aussi terrible que possible, et qu'à cette fin la destruction de la propriété privée sur mer, portant le ravage parmi les armateurs et affaiblissant dans une certaine mesure le Gouvernement et la nation dont ils font partie, est un procédé, qui peut se justifier.

Nous nions qu'il soit du devoir et du droit d'une nation de rendre la guerre aussi horrible que possible, et nous estimons qu'une pareille assertion ne saurait être tolérée, même pour un moment, par une assemblée de nations civilisées. Si cela est vrai, tout ce qui a été fait au cours des cinquante dernières années, pour atténuer les horreurs de la guerre, pour éviter son retour, pour l'amener à une fin rapide, est un travail perdu, a été fait en vain. S'il est vrai que notre devoir soit de rendre la guerre aussi horrible que possible, nous n'avons plus qu'à défaire tout ce que le monde a fait depuis qu'il s'est mis sérieusement à l'œuvre pour prévenir et adoucir les horreurs de la guerre. Rejetons la Déclaration de Paris. Reprenons les pratiques sauvages des anciens temps. Saccageons les villes et passons les habitants au fil de l'épée. Bombardons les villes ouvertes. Jetons au vent les droits de sûreté qui ont été accordés aux neutres. Rendons les souffrances des soldats et des matelots, pendant et après la bataille, aussi épouvantables que possible. Balayons tout ce que la Croix Rouge de Genève a fait, tout souvenir de la Première Conférence de la Paix à la Haye, toutes les négociations et les nobles aspirations qui ont abouti à la convocation de la présente Conférence.

Evidemment, il n'y a ni vérité ni bon sens dans cette brutale suggestion. Notre devoir n'est pas de rendre la guerre aussi horrible que possible, mais de la rendre aussi inoffensive que possible à tous ceux qui n'y sont pas réellement engagés, de la prévenir autant que nous pourrons, de faire en sorte qu'elle se termine rapidement, d'atténuer ses maux autant que l'ingénuosité humaine peut le permettre, de réserver les engins et les instruments de guerre à leur légitime usage, c'est-à-dire aux batailles, aux blocus et à la défense des côtes.

D'autre part, on soutient que le maintien de cet ancien droit de prise et de détention est nécessaire, comme étant le seul moyen d'amener la guerre à une fin. Que, lorsque vous avez détruit les flottes de l'ennemi et battu ses armées, celui-ci n'a aucun motif de faire des ouvertures de paix, tant que son commerce et ses communications avec les autres nations par les transports et les échanges ne sont pas inquiétés.

Mais ceci nous fait l'effet d'être une assertion purement fantaisiste et imaginaire. L'histoire des guerres modernes et, au fait, de toutes les guerres, montre que la victoire décisive sur un ennemi, par la destruction de ses flottes et la défaite de ses armées, amène sûrement la paix. L'épreuve de puissance à laquelle les parties avaient fait appel a été par là jugée et il n'y a plus de raison de continuer la guerre.

La saisie ou la destruction sur mer de quelques bateaux marchands inoffensifs et sans défense ne peut avoir aucun effet appréciable sur le gouvernement et la nation dont ils relèvent pour les amener à se soumettre, si la défaite des flottes et des armées n'a pas obtenu ce résultat. En outre, par le temps présent, il y a une limite sur mer, même pour le vainqueur, au droit légitime d'employer sa force pour la destruction. La victoire dans les batailles navales est une chose, mais la propriété de la haute mer en est une autre. En réalité, tout bien considéré, la propriété des mers n'existe pas. D'après le jugement et l'accord universel des nations, les mers ont toujours été et sont toujours libres — libres pour le commerce honnête et inoffensif. Et dans l'intérêt de l'humanité en général, elles doivent le rester.

D'un autre côté, on a soutenu que la faculté de frapper la marine marchande des autres nations était un puissant facteur pour les détourner de la guerre; que les marchands, voyant ainsi leurs intérêts gravement engagés, se voyant exposés à éprouver dans une guerre de grandes pertes, faisaient tout leur possible pour retenir leurs gouvernements de provoquer ou d'engager les hostilités. Nous disons que c'est là un très faible argument. Le commerce et les affaires sont toujours ennemis de la guerre, mais ils ont peu d'autorité soit pour la provoquer, soit pour la prévenir. Le besoin de venger l'honneur national, les accidents, la passion, la soif de conquête, le redressement de prétendus torts sont les causes de la guerre, et les intérêts commerciaux, que la guerre compromet, ont rarement, s'ils ont jamais, pu la prévenir.

Quant à sa continuation ou à sa cessation, le commerce n'a réellement rien à y voir. Quand les forces militaires et financières d'un des belligérants sont épuisées, la guerre, suivant les méthodes modernes, doit forcément prendre fin, et les négociants ou gens d'affaires n'ont pas plus d'autorité pour amener cet état de choses, que n'en a le clergé ou le corps enseignant de la nation.

On dit encore que la capture sans effusion de sang de bateaux marchands et de leurs chargements est l'emploi le plus humain et le plus inoffensif, qu'on puisse faire de la force armée et que, vu la communauté d'intérêts qu'implique le commerce, et à laquelle nous avons fait allusion, vu la pratique des assurances qu étendent le contrecoup des pertes, l'effet produit par de telles captures sur les esprits et le sentiment général de la nation au détriment de laquelle elles sont faites est un moyen très propre pour amener un gouvernement à conclure la paix.

Nous répondons que, bien que faites sans effusion de sang, ces captures n'en sont pas moins le comble de l'oppression et de l'injustice, que l'on puisse faire peser sur des gens innocents et inoffensifs, et qu'elles n'ont aucun effet appréciable pour déterminer ou forcer l'action du Gouvernement, dont ils relèvent.

Nous faisons donc appel à nos collègues les Délégués de toutes les nations assemblés ici dans l'intérêt de la paix, dans le dessein de révenir les guerres et adoucir leurs maux, pour qu'ils prennent cet important sujet en sérieuse considération, qu'ils examinent les arguments qui seront apportés pour ou contre une proposition qui a déjà pour elle les sympathies et l'appui des peuples de nombreux pays; pour qu'ils ne se laissent pas guider uniquement par les intérêts particuliers du pays qu'ils représentent, mais qu'ils voient aussi s'ils ne peuvent rien faire dans l'intérêt commun des nations, et si le commerce, qui est le père de la paix et le plus sûr garant des bons rapports internationaux, ne doit pas être défendu et protégé, même s'il demandait à quelques uns d'entre eux l'abandon de ce qui reste d'un ancien droit, que depuis longtemps d'ailleurs a perdu le meilleur de son importance.

Dans l'examen d'une pareille question, c'est l'intérêt des neutres qu'ils doivent considérer avant tout, car ce sont les neutres qui, de tout temps, ont formé la grande majorité des nations; s'ils veulent bien donner aujourd'hui leur adhésion à la proposition humaine et bienfaisante que nous avons faite, nous pouvons être assurés, lors même que nous n'arriverions pas à un accord unanime, que l'opinion qui sera exprimée le jugement général du monde, et dissuadera ceux d'entre nous qui pourraient se trouver en guerre, de faire usage à l'avenir d'un droit qui répugne à tout principe de justice et de loyauté. *(Applaudissements.)*

Le Président remercie S. Exc. M. Choate du remarquable exposé qu'il a bien voulu faire à la Commission; il constate avec quelle clarté la question a été posée par lui, et déclare avoir pour le principe défendu par la Délégation américaine une grande sympathie, mais il faut faire une distinction entre les sentiments personnels des Délégués et les opinions qu'ils expriment au nom de leurs Gouvernements.

Le Président propose, en vertu de l'article 8 du Règlement *(Vol. I p. 61)*, de soumettre à un vote la question de savoir si l'on doit donner une force obligatoire au principe de l'immunité de la propriété privée sur mer en cas de guerre maritime.

Se. Exc. M. A. Beernaert fait observer que la question en discussion est une des plus importantes du Programme; elle mérite une étude approfondie et le très remarquable discours de S. Exc. M. Choate, que beaucoup d'entre nous ne connaissent que par une rapide analyse, mérite toute l'attention de l'assemblée. Il croit devoir proposer que la discussion soit remise et continuée.

S. Exc. le Comte Tornielli, dit que dans la discussion actuelle, il a été souvent question de l'Italie, il désire donc en préciser l'attitude par la déclaration suivante:

L'Italie, qui est signataire de la Déclaration de Paris du 30 mars 1856 relative à l'abolition à tout jamais de la Course, est restée et reste fidèlement attachée au maintien de ce principe salutaire. Elle a néanmoins acceptée pratiquement la doctrine soutenue avec tant de ténacité par les Etats-Unis d'Amérique au sujet du respect de la propriété privée en mer. A la Conférence de 1899, la position de l'Italie dans cette question a été déclarée. Mais il peut se faire que la Conférence actuelle ne soit pas à même de prendre une résolution complètement favorable à l'acceptation du respect de la propriété privée en mer. En prévision de ce cas, la Délégation italienne exprime le désir que des proposition intermédiaires puissent être présentés et discutées avant que la discussion à laquelle le n°. III du questionnaire donne lieu, soit close.

S. Exc. M. Nélidow déclare vouloir prendre la parole non en qualité de Premier Délégué Russe, mais comme membre de la Conférence. Il explique que la tâche de la Conférence n'est pas seulement d'adoucir les charges de la guerre, mais aussi d'en prévenir la fréquence. Il désire appeler l'attention de la Commission sur les avantages et les désavantages du principe de l'immunité. L'histoire nous montre que bien des fois les intérêts du commerce ont empêché une guerre de se déclarer. C'est un frein des plus puissants. S. Exc. M. Nélidow se demande donc si, en donnant une complète sécurité au commerce, en le désintéressant, pour ainsi dire, de la question, on ne donne pas plus de facilités à la guerre.

S. Exc. M. A. Beernaert estime que se que vient de dire S. Exc. M. Nélidow justifie de plus près que la discussion ne soit pas close en ce moment. Son discours touche en effet aux principes fondamentaux de la matière. On ne voit pas comment ce qui est vrai dans la guerre par terre, que nous avons pour but d'adoucir et de rendre plus humaine, cesserait d'être vrai pour la guerre par mer. — Pourquoi interdire d'un côté des actes de violence et de ruine qui, sur un autre élément, devraient être tenus pour utiles et même pour humains? — les graves questions seront assurément reprises et il en est d'autres qui non guère été touchées.

Le Président propose d'ajourner à mercredi prochain la discussion de la question et renouvelle la demande, qu'il a déjà adressée aux membres de la Commission, de déposer le plus vite qu'ils pourront les propositions qu'ils auraient à faire.

La séance est levée à 4 heures 45.

Annexe.

Discours prononcé par S. Exc. M. Choate concernant l'inviolabilité de la propriété privée ennemie sur mer.

The Government of the United States of America has instructed its Delegates to the present Conference to urge upon the Nations assembled the adoption of the following proposition:

> „The private property of all citizens or subjets of the signatory Powers with the exception of contraband of war shall be exempt from capture or seizure on the sea by the armed vessels or by the military forces of any of the said signatory Powers. But nothing herein contained shall extend exemption from seizure to vessels and their cargoes which may attempt to enter a port blockaded by the naval forces of any of the said Powers."

This proposition involves a principle which has been advocated from the beginning by the Government of the United States and urged by it upon other Nations and which is most warmly cherished by the American people, and the President is of opinion that whatever may be the apparent specific interest of our own or of any other country for the time being, the principle thus declared is of such permanent and universal importance, that no balancing of the chances of probable loss or gain in the immediate future on the part of any Nation, should be permitted to outweigh the considerations of common benefit to civilization which call for the adoption of such an agreement.

At this rare moment of universal peace existing throughout the world the representatives of all the Nations of the world, are assembled for the first time, to consult and agree upon what may tend to make this peace permanent, and while each Nation is of course at liberty to contend here for what its own peculiar interests demand, there should be a spirit of mutual concession and compromise, which would favor the adoption of a principle so clearly for the common benefit of mankind although it may demand of particular nations the yielding of some relic of ancient belligerent rights.

We are here under circumstances which demand of the Conference the fullest and fairest consideration of this important question. In the First Peace Conference in 1899 the subject was not included in the Program, and being embodied in a Memorial of the United States Commission addressed to His Excellency M. de Staal, President of that Conference, strongly urging its consideration, the Memorial was referred by him to the appropriate Committee, which reported that the Committee did not consider itself competent to discuss the subject and that it was therefore not ready to consider the question upon its intrinsic merits; but that it had instructed its Chairman to report in favor of a Resolution to be adopted by the Conference expressing the hope that the whole subject would be included in the Program of a future Conference. After the representatives of two of the great Powers had announced, that in the absence of instructions from their Government they were obliged to abstain from voting, the report of the Committee was unanimously adopted, and accordingly in the Final Convention adopted on the 29th of July for the specific regulation of international conflicts it was unanimously voted, saving the abstentions referred to, as follows:

> 5. „The Conference expresses the wish that the proposal which contemplates the Declaration of the inviolability of private property in naval warfare may be referred to a subsequent Conference for consideration."

We are here therefore to-day, with our favorite proposition, as a matter of right, the same having been included in the original program for this Conference proposed by His Imperial Majesty the Emperor of Russia and assented to by all the Powers, so that no nation can properly refuse to vote upon it on the plea of want of instructions.

We have said that the immunity of the private property of belligerents at sea has been the traditional policy of the United States from the formation of its Government, and as will appear it was so even before that date.

But at the outset, to avoid any misapprehension that might arise from this statement, I ought most frankly to concede that the United States has never been able to put this policy into practical operation, because other powers, although sometimes resorting to it for temporary purposes or by special agreement, have never consented to make such immunity a permanent rule of international law. And as this could not be accomplished except by the general consent of all the nations, it has in practice in all its wars, following the usages of other nations, made use of the belligerent right of capture of enemy's private ships, and sometimes, as in the war of 1812, to a very large extent, and only very recently has it by statute abolished prize money which has generally been regarded as a material incentive to such capture. We thus confess that our Government has heretofore acted without regard to the growing sentiment of our own citizens and of those of other nations in favor of immunity, and in this respect we claim to be no better than any other of our sister nations when acting as belligerents. It never would be possible or practicable for any belligerent to adopt the rule unless it becomes, as we hope it eventually will become, a positive rule acknowledged by every maritime power.

But now, in the light of our own experience of the comparative benefits and mischiefs that have resulted in the past from the exercise of this belligerent right, and of its constantly decreasing value to belligerents, by reason of increased facilities of transportation by land from neutral ports and through neutral territories to belligerents, and because the Great Powers are today concentrating their fleets for purely military operations looking to the control of the sea, and are only building vessels which are useful for combat, we think the time has come to appeal to the maritime nations of the world assembled in this Conference, to agree to desist from this antiquated and mischievous resort to the capture of enemy's ships, and to leave the high seas free for the prosecution of innocent and unoffending commerce, the security and integrity of which is of such vast consequence to all the world.

In his Message to Congress, in December, 1903, President Roosevelt quoting and enforcing a previous Message of President Mc Kinley in Dezember, 1898 said:

„The United States has for many years advocated this humane and beneficent principle, and is now in a position to recommend it to other Powers without the imputation of selfish motives.“

In response to this message the Congress of the United States, on the 28th of April, 1904, adopted the following Resolution:

„That it is the sense of the Congress that it is desirable in the interest of uniformity of action by the maritime States of the world in time of war, that the President endeavour to bring about an understanding among the principal maritime Powers with a view to incorporating into the permanent law of civilized nations the principle of the exemption of all private property at sea, not contraband of war, from capture or destruction by belligerents."

In the negotiation bearing upon the Treaty of Peace with Great Britain in 1783, four years before the adoption of the Constitution of the United States, that great lover of peace Benjamin Franklin, our accredited plenipotentiary in Europe, strongly urged the adoption of this principle, and proposed the insertion in the Treaty of this clause:

„And all merchants or traders with their unarmed vessels, employed in commerce, exchanging the products of different nations, and thereby rendering the necessary conveniences and comforts of human life more easy to obtain and more general, shall be allowed to pass freely unmolested. And neither of the Powers, parties to this Treaty, shall grant or issue any commission to any private armed vessels empowering them to take or destroy such trading ships or interrupt such commerce."

Our Secretary of State, Henry Clay, in his instructions to the Delegates representing the United States at the Panama Conference in 1826, directed them to bring forward at the contemplated Congress the proposition to abolish war against private property and noncombatants upon the occasion, declaring that this had been an object which the United States had had much at heart since they assumed their place among the Nations.

And Secretary of State, John Quincy Adams, in his instructions to our Minister to England in July, 1823, had said:

„It has been remarked that by the usages of modern war the private property of an enemy is protected from seizure or confiscation as such, and private war itself has been almost universally exploded upon the land. By an exception, the reason of which it is not easy to perceive, the private property of an enemy upon the seas has not so fully received the benefit of the same principle. Private war, banished by tacit and general consent of Christian nations from their territories, has taken its last refuge upon the Ocean, and there continues to disgrace and afflict them by a system of licensed robbery bearing all the most atrocius characteristics of piracy."

President Monroe, in his Annual Message to Congress in 1823, stated:

„Instructions have accordingly been given to our Ministers with France, Russia and Great Britain, to make proposals to their respective Governments to adopt the principle as a permanent and invariable rule in all future maritime wars. And when the friends of humanity reflect on the essential amelioration to the condition of the human race, which would result from the abolition of private war on the sea, and on the great facility by which it might be accomplished, requiring only the consent of a few Sovereigns, an earnest hope is indulged that these overtures will meet with an attention, animated by the spirit in which they were made, and that they will ultimately be successful."

Not only by such declarations, embodied in official instructions, has the United States asserted this principle, but in its diplomatic dealings with other nations it has carried it into actual effect as far as possible. In its Treaty with Frederick, King of Prussia, negotiated in 1875, two years before the adoption of the Federal Constitution, negotiated by Benjamin Franklin, Thomas Jefferson and John Adams, it was embodied in the Treaty in almost the identical language in which it had been proposed by Franklin to Great Britain two years before.

A similar provision was inserted in the Treaty between the United States and the King of Italy in 1871. When our Government was invited to give in its adhesion to the Declaration of the Congress of Paris, in 1856, in which it was not represented, whereby it was provided that privateering is and remains abolished, that the neutral flag covers enemies' goods, with the exception of contraband of war, and that the neutral goods, with the same exception, are not liable to capture under an enemy's flag, it declined to do so unless the Declaration should be extended to include the exemption of enemies' ships as well their goods as in neutral vessels. But then and ever since it has declared its willingness to give up the right of privateering, if the other maritime nations would agree to recognize its declared principle of the immunity of the private property of non-combatants at sea.

It is pertinent to call the attention of the Conference to the extent to which our principle has been carried into active effect by other nations from time to time and for temporary periods.

The principle was adopted and carried out in the War of 1866 by Prussia, Italy and Austria — the three Powers concerned, — and in 1854 when the Crimean war broke out it was announced that operations would be confined to organized military and naval forces of the enemy. But the announcement was accompanied with the distinct reservation that the rights enumerated were waived for the time being only. And on the outbreak of the Franco-Prussian war of 1870 an attempt was made by one of the belligerents to protect non-combatant commerce, but the protection was eventually withdrawn on the claim that it was not properly reciprocated by the other belligerents.

In 1865 Italy adopted a Maritime Code forbidding the capture of mercantile vessels of all hostile nations provided reciprocity in that respect were observed by the other belligerent, and the rule was observed in the war between Italy and Austria shortly afterward.

There have also been frequent declarations upholding our principle by bodies whose utterances were entitled to very great respect.

In 1859 an assembly of influential merchants and shippers held at Bremen declared in favor of the doctrine. And Hamburg, Stettin, Breslau and the Chambers of Commerce of Upper Bavaria concurred in this expression of enlightened policy. „On the 18th. of April 1868 the Reichstag of the North German Confederation adopted almost unanimously a Resolution proposed, which directed the Chancellor of the Federation to undertake negotiations with other Powers, in order to secure the recognition of the principle of immunity. And the Declaration of Delbrück in the Bundesrath left no room to doubt that the Bundesrath and especially the Prussian Government, regarded the reaching of this goal as desirable as corresponding to the traditions of Prussian policy."

Professor von Bar, to whom we are indebted for the last facts above recited, says further:

> „Even in England pronouncements of a like kind had been several times made. And in the Brussels International Conference of 1874, which busied itself with the laws of war, the Russian Government introduced a projet in which it was expressly said that operations of war should not direct themselves against private persons - a principle incorporated in Art. 40 in the Project of the Brussels Conference in the following words: „Private property ought to be respected." In 1875 the Inst. of International Law declared espressly for the immunity of enemy private property (enemy merchant ships) reserving, however, the right of capture of contraband."

It may be stated without qualification that the Chambers of Commerce throughout the World have déclared in favor of our principle and urged its adoption by their various Governments.

It may not be improper to observe that the Government of the United States has uniformly advocated the doctrine of immunity under all the vicissitudes through which it has passed, without regard to the effect upon its temporary interests for the time being. Before we had an organized Government with no army and no navy, and only a feeble merchant marine; — afterwards, as that marine gradually but surely increased in amount and value, until at last it became a close second to the mercantile marine of England; — at a later period, in our Civil War, when by the incursions of a few Confederate cruisers our merchant shipping engaged in foreign commerce was actually swept from the seas, — so that at the end of the Civil War, when our extemporized navy was dispersed, we had neither naval nor commercial marine; — and so on down to the present time, when we have an efficient navy, but only a meagre tonnage engaged in foreign commerce, only about seven per cent of our great exports and imports passing in and out of the port of New-York under our own flag — in all these varying circumstances, without regard to its direct or indirect effect upon our own fortunes and interests, we have uniformly advocated the doctrine as one of immense importance to civilization and to the general wellfare of all nations.

In this we may fairly claim that we have been sustained by the general consensus of statesmen and jurists of many countries who have made themselves felt upon the question. Beginning with England we have the utterance of Lord Brougham in 1806:

> „The private property of pacific and industrious individuals seems to be protected, and except in the single case of maritime capture it is spared accordingly by the general usage of all modern nations. No army now plunders unarmed individuals ashore, except for the purpose of providing for its own subsistence. And the laws of war are thought to be violated by the seizure of private property for the sake of gain, even within the limits of the hostile territory. It is not easy at first sight to discover why this humane and enlightened policy should still be excluded from the scenes of maritime hostility, or why the plunder of industrious merchants, which is thought disgraceful on land, should still be accounted honorable at sea."

And Lord Palmerston, in his address to the Liverpool Chamber of Commerce on November 8, 1856, declared:

> „I can not help hoping . . . . . that in the course of time those principles of war, which are applied to hostilities by land, may be extended without exception to hostilities by sea, so that private property shall no longer be the object of aggression on either side. If we look at the example of former periods we shall not find that any powerful country was ever vanquished through the losses of individuals. It is the conflict of armies by land and of fleets by sea that decide the great contests of nations."

And Mr. Cobden, in 1862, in his address to the Manchester Chamber of Commerce, after referring to the refusal of the Government of the United States to adhere to that part of the Declaration of Paris abolishing privateering, said:

> „That Government . . . . . . stated that they preferred to carry out the Resolution which exempted private property from capture by privateers at sea a little further, and to declare that such property should be exempted from seizure whether by privateers or by armed government ships. Now, if this counter proposal had never been made I contend that after the change had been introduced affirming the rights and privileges of neu-

trals it would have been the interest of England to follow out the principle to the extent proposed by America."

And John Stuart Mill, in a speech in 1867 said:

„Those who approve of the Declaration of Paris mostly think that we ought to go still farther; that private property at sea, except contraband of war, should be exempt from seizure in all cases, not only in the ships of neutrals but in those of the belligerent nations. This doctrine was maintained with ability and earnestness in this House during the last session of Parliament, and it will probably be brought forward again for there is great force in the argument on which it rests."

Sir Henry Maine, a great authority on International Law, as well as upon the principles of justice in general, writing in 1888, with a view to satisfy his Government that it was greatly for the interest of Great Britain to concur in the American doctrine, said:

„These of course are economical reasons, but I also look on the subject from the point of view of international law. Unless wars must be altogether discarded, as certain never again to occur, our situation is one of unexampled danger. Some part of the supplies which are matter of life and death to us may be brought to us as neutral cargo with less difficulty than before the Declaration of Paris was issued, but a nation still permitted to employ privateers can interrupt and endanger our supplies at a great number of points, and so can any nation with a maritime force of which any material portion can be detached for predatory cruising. It seems, then, that the proposal of the American Government to give up privateers on condition of exempting all private property from capture might well be made by some very strong friend of Great Britain. If universally adopted it would save our food and it would save the commodities which are the price of our food, from their most formidable enemies, and would disarm the most formidable class of these enemies."

And finally, as expressive of the sentiments of at least a portion of the English Government and people of the present day, we have the Letter to the *Times* of Oktober 14th, 1905, of the present Lord Chancellor of Great Britain in which he most emphatically endorses the American doctrine. He says:

„It may be asked what prospect is there of altering the law in this respect even if we desired it. An answer may be found in the history of this question upon which, instructive though it is, a few words must suffice. During the last fifty years or more the United States have persistently advocated this change even to the point of refusing to abandon the right of privateering in 1856 unless all property, other than contraband, should be declared free from maritime capture. Germany,

Austria, Italy, Russia have all within the last half-century either adopted in their own practice or offered to adopt the American view, and Continental jurists have almost without exception denounced the existing law. Last year President Roosevelt declared in favor of a new international Conference at The Hague, and notified that among other matters for deliberation the United States intended again to press this very subject on the attention of the Powers. Unquestionably the American President, with the immense authority he now wields, will exert every effort to maintain his point. I trust that His Majesty's Government will avail themselves of this unique opportunity. I urge it not upon any ground of sentiment or of humanity (indeed no operation of war inflicts less suffering than the capture of unarmed vessels at sea) but upon the ground that on the balance of argument coolly weighed the interests of Great Britain will gain much from a change long and earnestly desired by a great majority of other Powers."

It may also be safely asserted that the judgement of many eminent English writers on International Law has been pronounced in support of the American doctrine.

Nor have Continental authorities been backward in support of the same policy. Chateaubriand declared on behalf of the French King, that could all nations be induced to agree to the principle: „His Majesty would congratulate himself on having given a salutary example, and in having proved that without compromising the success of war, its scourge could be abated."

Count Nesselrode, who for many years controlled the foreign affairs of Russia, expressed himself to Mr. Middelton, the American Minister at St. Petersburg who negotiated the Treaty of 1824 between the two countries: „That the Emperor sympathized with the opinions and wishes of the United States, and as soon as the Powers whose consent was indispensable to make it effective was obtained, he would authorize his Minister to discuss the different articles of an Act which would be a crown of glory to modern diplomacy."

And many Continental writers on International Law of great eminence, whose authority is not limited to the boundaries of their own country, (such as Bluntschli. Calvo, Jacquemyns, Pierantoni, Ahrens, Perels, Dupuis and de Martens) might be cited in strong support of the same view.

By authority of President Roosevelt we ask for the adoption by the Conference of this historic American doctrine on broad humanitarian grounds, as tending greatly to promote the cause of civilization, as removing the last relic of barbarism in maritime warfare, and as a great principle of justice which is sure to advance the cause of peace, as indispensable in the general interests of neutrals, and for the preservation of the integrity of commerce in which the community of interest of all nations is at last finally established.

There is no reason for the immunity of private property upon land from wanton plunder and destruction which does not equally apply to similar property upon the sea. We do not ignore or in any way seek to evade the rules of military law by which private property upon land may be occupied and held for legitimate military purposes, such as making requisition for the support of armies, or for levying taxes, or with a view to ultimate annexation by the victor, of which the unrestricted right of commercial blockade is a fair equivalent on the sea.

But leaving aside all that part of military law which is undisputed, because it has no bearing upon the present question, we submit that there is a perfect analogy between the exemption of private property on land not needed for military purposes, from spoliation and destruction which is now established for centuries by the usage of nations and a similar exemption which we claim for private property on the sea, not needed for military purposes.

We do not deny that a private house and its contents, which stood in the way of a hostile advancing army, in its efforts to reach and attack the other belligerent, might properly be swept away and be entitled to no exemption. But nothing can be better settled, than that apart from the military necessities already referred to, for the commander of an army to send out forces for the purpose of robbing private houses of their contents, and destroying the residences of unoffending noncombatants, would be a gross violation of every principle of justice and good morals, and of the existing laws of war, and to this extent in the same way the wanton spoliation of noncombatant ships and cargoes not needed for military purposes, for the mere purpose of enriching the captors, or their governments, or of terrorizing the unfortunate owners and their governments and coercing them to submit to the will of the triumphant belligerent, and to accept his terms, is abhorrent to every principle of justice and of right, and ought to be remitted to the same category of condemnation in which similar outrages upon noncombatants on land are now universally included.

It may not be out of place at this point to define the limits of the concession which our proposition demands of belligerent nations, or of those who are liable at any time to become so. In demanding the exemption of enemy ships, with whatever cargo they may contain, from capture and destruction, we are but following in the footsteps of Great Britain and the other parties to the Treaty of Paris of 1856, and carrying to its logical conclusion the great step in advance towards the amelioration of the horrors of war that was then made by them. By her Order in Council of April 15, 1854, Great Britain declared that Her Majesty, being desirous of rendering the war (that is the Crimean war) as little onerous as possible to the powers with whom she remains at peace, and in order to preserve the commerce of neutrals from all unnecessary obstruction, was willing to waive a part of the belligerent rights appertaining to her by the law of nations and

„that Her Majesty would waive the right of seizing enemy's property laden on board a neutral vessel unless it be contraband of war", which was a wide and magnanimous departure from the doctrine which up to that time she had tenaciously held of the right of seizing enemy's goods wherever found.

The credit of this first step in this progress to peace belongs exclusively to Great Britain, and should be universally acknowledged, as it is a complete answer to any suggestion that she stands in the way of such progress. The Declaration that followed the close of the war, signed by the representatives of France, Austria, Prussia, Russia, Sardinia, Turkey and England established this first step as a full and final one on the part of those nations and of many other States which have since given in their adherence. And, as Mr. Sheldon Amos says: „It is well known that the continual refusal to adhere on the part of the United States is solely due to their insisting on securing still greater immunities for commerce as the price of abandoning their right to use privateers."

The reason which the United States of America gave for refusing to adhere to the Declaration of Paris, was that it did not go far enough in that while exempting from seizure merchandise, enemy's property, on neutral vessels, it did not carry that doctrine to its logical conclusion and exempt also from seizure ships belonging to individuals of the enemy.

In a letter addressed to M. de Sartiges, French Minister at Washington, July 28th, 1856, Mr. Marcy, Secretary of State proposed, in the name of his Government, to add to the First Article of the Declaration of Paris (abolishing privateering) the following words:*)

> „And the private property of subjects or citizens of any one of the belligerant powers shall not be subject to seizure by the vessels of the other unless they contain contraband of war", after saying: Justice and humanity demand that this practice (of subjecting private property on the ocean to seizure by belligerents) should be abandoned, and that the rule in relation to such property on land should be extended to it when found upon the high seas."

And he justified his proposition in an elaborate argument.

Our position then was and ever since has been that we were ready to give up privateering whenever the other Powers should consent to extend the principle of immunity to enemy's ships as well as to their goods on neutral vessels.

It is significant that Russia welcomed the proposition of Mr. Marcy in terms that deserve to be recalled. In September, 1856, Prince Gortschakoff wrote to the Russian Minister ad Washington:

> „Your Excellency will have occasion at Paris to take notice of the note of Mr. Marcy, in which the proposition of America

*) *S. oben S. 79.*

is developed in a manner so able and so luminous that it commands conviction. The Secretary of State does not give exclusive weight to the interest of the United States. He maintains that of all the peoples. He has supported this generous idea by arguments which admit of no reply. The attention of the Emperor has been excited to the highest degree by these overtures of the American Cabinet. In its way of putting the question they deserve to be taken into serious consideration by the Powers signatory to the Treaty of Paris. They would honor themselves in proclaiming to the world in an unanimous resolution the principle that the inviolability which they have always recognized as to the private property on land should be also extended to that property at sea. They would thus crown the work of pacification which has called them together, and they would give to peace a new guarantee of duration. By order of the Emperor you are invited to lay these views before the Minister of Foreign Affairs and to let him know that if the American proposition becomes the subject of deliberation in common among the Powers it will receive a decided support on the part of the representative of His Imperial Majesty. You are likewise authorized to declare that Your August Master would be disposed to take the initiative in that matter."

And Laveleye says in the same connection:

„The proposition of the United States was well received by all the other States signatory to the Congress of Paris, above all by France and Russia. Piedmont and Holland applauded it and even England did not reject it."

Since this Declaration all that remains to the parties to it as belligerents, of the ancient right of capturing and destroying enemy's property, is limited to enemy's ships. And the question is, whether this remnant of belligerent right under present circumstances is of sufficient value for military purposes, to justify a belligerent state in refusing to waive it in response to the general demand of public opinion already everywhere pronounced in the most emphatic manner, and which is sure, sooner or later, to command on the part of all nations obedience to its behests. For nations, like individuals, however powerful in themselves, are the subjects of public opinion, which in the end must rule the world.

As to the value of this remnant of belligerent right, it is to be observed that in modern times it has greatly diminished and is still rapidly diminishing. In ancient times it was perhaps the principal factor in maritime war, the power to destroy enemy's property of every kind, public and private, wherever it could be found afloat. But now that war has properly come to be regarded as a test of strength between the organized armed forces and the financial ability of the respective contestants to maintain the contest by sea and land.

the power to destroy enemy's non-combatant ships upon the sea is no longer a very potent factor.

No instance, we think, can be found in modern wars of a war having been prevented or shortened by the exercise of this power, and the destruction of merchant shipping has been, and is likely to be, a comparatively trifling incident in the contests of nations. Take for instance our own Civil War which lasted for four years and during which, as we have said, our mercantile shipping was substantially destroyed or swept from the seas by a few confederate cruisers. The fact distressed us very much, but it exercised not the slightest influence in bringing the war to a close, which was brought about by the maintenance of an effective blockade and the overwhelming superiority of the military and financial power of the Union.

Our experience in that contest shows that the first thing that happens on the commencement of a war to which a maritime nation is a party is the transfer to neutral flags and bottoms of the principal part of its carrying trade, and a transfer, by means of insurance against the war risk and largely to foreign nations, of liability to loss by the destruction of that which remains under the flag. So that this remnant of belligerent right whether regarded as a deterrent from war, or as a means of terrorizing the enem'ys government and reducing it to submission as a means of terminating the war. has ceased to be an important factor.

Again, this remnant of right to destroy enemy's noncombatant merchant ships is not to be confounded with the right of blockade which, if our demand is granted, will still remain in full force. It has been argued, on the part of those who would maintain for belligerents the continuance of the ancient practice, as if we were demanding some impairment of the right of blockade. But our proposition as we have stated it excludes all possibility of this idea, as we ask only for the exemption from capture ot enemy's merchant ships not carrying contraband of war and not attempting so violate a blockade.

It is therefore for every nation to judge for itself whether since the Declaration of Paris which gave much more than half the right away, and since these changes in modern methods of business which have so materially minimized tho value of the remnant of the right, it is of sufficient importance to justify it in refusing to abandon what remains, in deference to the general demand of the civilized world, and wheter it may not safely comply with this demand and give up what is of so little value, and carry out to its logical conclusion the humane reform of the evils of war which was so nobly commenced in 1854 and 1856.

On behalf of the United States of America we make this appeal to our sister nations to give their assent to our humane and pacific proposition, which we for more than a century have sought to bring about. First on humanitarian grounds. The capture and destruction of enemy's private property at sea, belonging to unoffending non-combatants who are pursuing international trade, not for their own benefit alone but for the common benefit of the world, is the last remaining element of ancient piracy. To despoil innocent and unoffending merchants, who are taking no part in the war, of their ships and the goods contained in them, or to destroy them if the convenience of the captors requires, savors of the savagery of ancient war. It ought no longer to be tolerated by civilized nations. And as it is generally accompanied by holding under most unwholesome conditions the crews of the captured ships, this greatly adds to the cruelty and barbarity of the proceeding. As matters now stand the damage to the individual owners far outweighs any possible benefit to the belligerent state.

Secondly, we place it on a ground more important still, of the unjustifiable interference with innocent and legitimate commerce which concerns not alone the nation to which the ship belongs, but the whole civilized world. The growth and development of international trade and commerce during the last fifty years is one of the marvels of history. It tends more than anything else to bind the nations together in the bonds of peace, and creates a community of interest which is immediately disturbed by any violent interference with it in any part of the globe. There is hardly an interest in any nation that is not immediately disturbed and subjected to jeopardy and loss by any such interference.

The merchant ship itself is but a fragment, and an inconsiderable fragment, of the commercial adventure in which it is engaged. The transportation of the cargo interests generally the neutral world, and that interest ramifies in all directions. And the capture and destruction of the ship involves all such interests in damage and ruin. As a very distinguished English writer has said:

> „The organization of international trade demands for its conditions stability and confidence, and whatever impairs these not only to that extent weakens the organization but goes a long way to destroy it.
>
> „But the capture of private property at sea is simply the ruin of this organization and of all on which it depends. Were maritime wars at all more common than they are, international trade would be impossible and the most pacific nations would suffer equally with those most frequently belligerent. As it is, the miserable and trivial gains acquired by making maritime prizes, and the loss occasioned to the enemy's resources by hampering his commerce, make but a poor compensation for the utter disorder in which even the capturing State involves its own trade, and the widespread confusion and disaster which is spread on every side among neutral States."

We insist upon our proposition in the third place as a direct advance towards the limitation of war to its proper province, a contest between the armed forces of the States by land and sea against each other and against the public property of the respective States engaged. If this rule which we advocate is adopted by the common concurrence of nations, that portion of destructive war which has heretofore wrought only mischief to mankind, will be put an end to, and armies and fleets, instead of being employed for the protection or destruction of innocent property of non-combatants, will be left to their proper duty of fighting with each other, of maintaining blockades and protecting sea-coasts. If it be said as was objected by Lord Palmerston already quoted, and who afterwards changed his mind, and in 1862 declared:

> „That if we adopted these principles we should almost reduce war to an exchange of diplomatic notes."

We reply, as Sir John Lubbock, (now Lord Avebury) did in the House of Commons:

> „Well, that would be a result which we could contemplate. not only with equanimity, but with satisfaction."

„The tendency of history" he declared, „had been to render wars more humane as civilization progressed, and the extension of the Declaration of Paris to all property afloat was merely another step in that direction."

And finally we object to the old practice and insist upon our demand for its abolition on the ground that it is now no longer necessary and that it tends to invite war and to provoke new wars as a natural result of its continuance.

At the present day, by the general consent of the civilized nations of the world, and independently of any expressed treaty or other public act, it is an established rule of International Law that coast-fishing vessels, with their implements and supplies, cargoes and crews unarmed, and honestly pursuing their peaceful calling, are exempt from capture as prize of war. This rule is one which prize courts, administering the law of nations, are bound to take judicial notice of, and to give effect to, in the absence of any treaties or other public acts of their own Government in relation to the matter.

The reason given is a purely humanitarian one that they are engaged in feeding the hungry, even though it be the hungry of the other belligerent, and that it would be too hard to snatch from poor fishermen the means of earning their bread.

This matter was well put by Louis XVI, when his forces were engaged in the American War of Independence, in a letter addressed by him on June 5th, 1779, to his Admiral informing him that the wish he had always had of alleviating, as far as he could the hardships of wars, had directed his attention to that class of his subjects which devoted itself to the trade of fishing and had no other means of livelihood. That he had thought that the example which he should give to his enemies, and which could have no other source than the sentiments of humanity which inspired him, would determine them to allow to fishermen the same facilities which he should consent to grant, and that he had therefore given orders to the commander of all his ships not to disturb English fishermen, nor to arrest their vessels laden with fresh fish, even if not caught by those vessels, provided they had no offensive arms and were not proved to have made any signals creating a suspicion of intelligence with the enemy. The capture and ransom by a French cruiser of the „John and Sarah“, an English vessel coming from Holland, laden with fresh fish, were pronounced to be illegal. The whole subject was fully considered by the Supreme Court of the United States in the case of The Paquete Habana, 175 U. S. 677.

In the changed conditions of commerce and of naval warfare at the present day, it is difficult to understand why the same principle of immunity should not be extended to the unarmed vessels of the enemy which are engaged in the peaceful pursuit of „exchanging the products of different places and thereby rendering the necessaries, conveniences and comforts of life more easy to obtain.“

The temptation to any nation desiring or likely to be engaged in war to attack and prey upon the mercantile marine of its adversary as a first blow to impair his strength, is very pressing and urgent, and is an inducement much more likely to lead to war than is the fear of a similar attack from the adversary a deterrent from it, especially in the case of a nation that itself has a small mercantile marine but can muster cruisers or gunboats sufficient to attack the unarmed merchant vessels of the other side upon the sea.

And history shows us many instances where the spoliation of a nation's commerce, had led, out of revenge and a spirit of retaliation, to new wars, Indeed our own experience, as the result of our Civil War, is a marked illustration of this tendency. The destruction of our mercantile marine necessarily led, under the circumstances which brought it about, to the presentation on our part of what were known as the Alabama Claims, the existence of which unsettled produced for many years a very disturbing and embittered state of feeling between us and Great Britain, which was finally and happily relieved by the exercise of mutual patience and forbearance in sending the whole subject for amicable adjustment to the arbitration at Geneva, which resulted in the restoration of friendship and good feeling between the two countries which has subsisted to the present day.

To quote again from the distinguished writer to whom we have already referred,

> „There is no doubt that the widespread irritation occasioned by the capture of private property at sea as much as on land is one of the main provocatives of enduring national hatred.“

Apart from all historical and ethical points of view, it may well be claimed that there is another strong ground in support of the immunity of private property at sea not needed for military purposes for which we contend. From economical considerations, it is no longer worth the while of maritime nations to construct and maintain ships of war for the purpose of pursuing merchant ships which have nothing to do with the contest. The marked trend of naval warfare among all great maritime nations at the present time is to dispense with armed ships adapted to such service, and to concentrate their entire resources upon the construction of great battleships whose encounters with those of their adversaries shall decide any contest, thus confining war as it should be to a test of strength between the armed forces and the financial resources of the combatants on sea and land. It is probable that, if the truth were known, there has been an actual diminution by all the maritime nations in the construction of war vessels adapted to the pursuit of merchantmen, and indeed a sale or breaking up of such vessels which had been for some time in service. Indeed, none of the great navies now existing, could afford to employ any of their great and costly ships of war or cruisers in the paltry pursuit of merchantmen scattered over the seas. The game would not be worth the candle, and the expense would be more than any probable result.

This presents in another form the idea already referred to that war has come to be, as it should be, a contest between the nations engaged, and not between either nation and the non-combatant citizens or individuals of the other nation, and it results from it that the non-combatant citizens should be let alone, and that no amount of pressure that can be brought to bear upo them, will have any serious effect in shortening any controversy.

We believe it to be true also that the policy and the necessary policy of maritime states to-day is to concentrate their fleets, so as to be prepared to meet any emergency of war with the aggregate force of such fleets, which practically will forbid to any considerable extent the pursuit of scattered merchantmen.

It is not within our province, nor would the proprieties of the occasion permit us, to attempt to convince the representatives of any nation taking part in this Conference that its own national interest requires it to give up the ancient practice and accept our proposition. There seems in several of the nations to be a division of opinion upon the subject, the merchants, the Statesmen, the jurists and the majority of the press, being generally in favor of our proposition. What we hope to do is to satisfy the Conference as a body, and that by a great majority, that the general welfare of all the nations together, as having a community of interest in the commerce of the world, requires the adoption of the principle of immunity of private property at sea, — with the exceptions embodied in our proposition. Of course it will require an agreement of all to bring about the passage of a Resolution in the name of the Conference, and thereby to put an end to the existing practice. But we feel so strongly that our cause is just, and that the general opinion of the Nations is with us, that we deem it extremely desirable that after the discussion a vote shall be taken of all the nations engaged in the Conference, with the hope that although such a vote may not result in the adoption of an unanimous decision, it will so impress the nations who dissent as to dissuade them in future conflicts from carrying the existing rule any longer into actual practice, except in the last necessity. The strict international, legal right of capture may remain unimpaired, but the moral effect of a general expression of opinion against it, may prevent its any longer being carried into actual operation.

It is not incumbent and may not be proper for us at this time to anticipate the objections which will be raised and presented to our proposition. But one or two, which have already been often presented in public discussion, may properly be referred to.

It is said that the most effective means of preventing war is to make it as terrible as possible, and that to this end the destruction of private property at sea, carrying havoc among private owners and to a certain extent enfeebling the Government and nation of which they form a part, is a justifiable expedient.

We deny that it is the duty or the right of any nation to make war as horrible as possible, and that no such proposition can for a moment be tolerated by any Conference of civilized states. If it be true, the whole labor that has been expended in the last fifty years towards mitigating the horrors of war, towards preventing its recurrence and bringing about its speedy termination, has been wasted and spend in vain. If it be true, that our duty is to make war as horrible as possible, let us undo all that we have accomplished since the world set itself seriously at work to prevent and mitigate the horrors of war. Let us repeal the Declaration of Paris. Let us resume all the savage practices of ancient times. Let us sack cities and put their inhabitants to the sword. Let us bombard undefended towns. Let us cast to the winds the rights of security that have been accorded to neutrals. Let us make the sufferings of soldiers and sailors in and after battle as frightful as possible. Let us wipe out all that the Red Cross has accomplished at Geneva, and the whole record of the First Peace Conference at The Hague, and all the negotiations and lofty aspirations that have resulted in the summoning of the present Conference.

Of course there is no truth or sanity in such a brutal suggestion. Our duty is not to make war as horrible as possible but to make it as harmless as possible to all who do not actually take part in it — to prevent it as far as we can, — to bring it to an end as speedily as we can, — to mitigate its evils as far as human ingenuity can accomplish that result, — and to limit the engines and instruments of war to their legitimate use, the fighting of battles and the blockading and protection of sea-coasts.

Again it is urged that the retention of this ancient right of capture and detention is necessary as the only means of bringing war to an end. That when you have destroyed the fleets of your enemy, and conquered its armies, it has no object in suing for peace as long as its commerce and its communication by transportation with other nations in the way of trade is left undisturbed.

But this seems to us to be a purely fanciful and imaginary proposition. The history of modern wars, and in fact of all wars, shows that the decisive victory over an enemy by the destruction of his fleets and the defeat of his armies is sure to bring about peace. The test of strength to which the parties appealed has thereby been decided, and there is no further object in continuing the war.

The picking up or destruction of a few harmless and helpless merchantmen upon the sea, will have no appreciable effect in reducing the Government and nation to wich they belong to submission, if the defeat of fleets and armies has not accomplished that result. Besides, there is a limit to the legitimate right of even the victor upon the seas for the time being to employ his power for purposes of destruction. Victory in naval battles is one thing, but ownership of the high seas is another. In fact, rightly considered. there is no such thing as ownership of the seas. According to the universal judgment and agreement of nations they have been and are always free seas, — free for innocent and unoffending trade and commerce. And in the interest of mankind in general they must always remain so.

Again it has been urged that the power to strike at the mercantile marine of other nations is a powerful factor in deterring them from war, — that the merchants having such great interests involved, liable to be sacrificed by the outbreak of war, will do their utmost to hold their Government back from provoking to or engaging in hostilities. But this we submit is a very feeble motive. Commerce and trade are always opposed to war, but have little to do with causing or preventing it. The vindication of national honor. accident, passion, the lust of conquest, revenge for supposed affront. are the causes of war, and the commercial interests, which would be put in jeopardy by it, have seldom, if ever, been persuasive to prevent it.

And as to its continuance or termination, commerce really has nothing to do with it. When the military and financial strength of one side is exhausted, the war according to modern methods must come to an end, and the non-combatant merchants and traders have no more to do with bringing about the consummation than the clergymen and schoolmasters of a nation.

Once more, it is said that the bloodless capture of merchant ships and their cargoes is the most humane and harmless employment of military force that can be exercised, and that in view of the community of interest in commerce to which we have referred and the practice of insurance in distributing the loss, the effect of such captures upon the general sentiment and feeling of the nation to which they belong, is most effective as a means of persuading their Government to make peace.

But we reply that bloodless though it be it is still the extreme of oppression and injustice practiced upon unoffending and innocent individuals, and that it has no appreciable effect in reaching or compelling the action of the Government of which the sufferers are subjects.

We appeal then to our fellow Delegates assembled here from all nations in the interest of peace, for the prevention of war and the mitigation of its evils, to take this important subject into serious consideration, to study the arguments that will be presented for and against this proposition, which has already enlisted the sympathy and support of the people of many nations, to be guided not wholly by the individual interest of the nations that they represent, but to determine what shall be for the best interest of all the nations in general and whether commerce, which is the nurse of peace and international amity, ought not to be preserved and protected, although it may require from a few nations the concession of the remnant of an ancient right, the chief real value of which has long since been extinguished.

In the consideration of such a question, the interest of neutrals, who constitute at all times the great majority of the nations, ought to be first considered, and if they will declare on this occasion their adhesion to the humane and beneficent proposition which we have offered, we may rest assured that, although we may fail of unanimous agreement, such an expression of opinion will represent the general judgment of the world, and will tend to dissuade those of us who may become belligerents from any future exercise of this right, which is so abhorrent to every principle of justice and fair play.

b) Troisième Séance. 5 Juillet 1907.

Bd. I S. 780 der Verhandlungen.

Présidence de Son Excellence M. de Martens.

La séance est ouverte à 2 heures 55.

Le procès-verbal de la deuxième séance est adopté.

Le Président donne lecture d'un bulletin concernant la date à laquelle les propositions doivent être déposées.

S. Exc. M. Choate fait observer qu'en raison de la distance où se trouve son Gouvernement, la Délégation américaine ne sera pas à même de pouvoir déposer les importantes propositions qu'elle désire soumettré à l'examen de la Conférence, et elle demande un délai, qui lui est accordé par la Commission.

Le Président déclare ouverte la discussion de la proposition faite par S. Exc. M. Choate, au nom du Gouvernement des Etats-Unis sur l'inviolabilité de la propriété privée sur mer *(Annexe 10)*.

M. de Beaufort donne lecture de la déclaration suivante:

„La Délégation des Pays-Bas adhère entièrement au principe de l'inviolabilité de la propriété privée sur mer défendu dans la séance du 29 juin par l'honorable Délégué des Etats-Unis, S. Exc. M. Choate, dans un discours qui sans doute comptera parmi les documents les plus remarquables émanés de cette Conférence.

„La Délégation s'associera à tous les efforts tendant à faire entrer ce principe dans le domaine de la législation internationale acceptée par tous les Etats et si ce but ne pourra pas encore être atteint, elle se ralliera à toutes les propositions qui lui sembleront de nature à faire avancer l'application générale de ce principe salutaire."

S. Exc. M. Ruy Barbosa prend la parole en ces termes:

La déclaration que j'ai eu l'honneur de vous adresser, M. le Président, à la dernière séance de cette assemblée, a eu le malheur de n'être pas bien comprise de ceux qui s'occupent de pénétrer la réserve de nos Commissions. Il n'y a pas moyen d'éviter ce mal avec le système du huis clos, inspiré d'ailleurs à votre sagesse par l'esprit de prudence, le sens de votre haute responsabilité et la délicatesse de certaines questions, dont nous aurons à entreprendre l'examen. Ce régime ne nous protège pas contre la publicité; il nous compromet devant elle. C'est à mon sens, une espèce de superstition, noble sans doute dans ses motifs et bien intentionnée, mais assez contredite déjà par l'expérience, et dont on guérira, peut-être, si ces Conférences se répètent, comme il faut l'espérer pour le bien de la paix et l'honneur de la civilisation.

Mes humbles paroles, en s'ébruitant au dehors, se sont transformées au passage, en subissant des versions, qui les dénaturent tout à fait, et leur prêtent un caractère, un dessein et un contenu absolument étrangers à ce que j'avais dit avec précision et clarté.

Dans leur diversité d'interprétation, les uns annoncent que j'avais taché de faire une défense de la conduite des Etats-Unis, en m'efforçant de les justifier de leur résistance, à l'abolition de la course, en 1856, tandis que d'autres s'étonnent d'entendre de la bouche d'un représentant de la République la plus conservatrice de l'Amérique de Sud, disent-ils, une profession de pan-américanisme à l'appui de la proposition américaine.

Or rien de plus inexact que ces deux versions, je pourrais dire ces deux travestissements de mon petit discours. Vous qui avez daigné l'écouter, vous en êtes témoins; et je suis sûr que, si la presse avait accès directement à nos séances, on n'aurait pas à craindre ces aperçus infidèles.

D'abord, Messieurs, je ne me suis pas occupé de faire un plaidoyer en faveur des Etats-Unis. Ils n'en ont pas besoin. Si de mon exposé il résulte que les Etats-Unis n'ont pas souscrit aux articles du Congrès de Paris, à cause de l'inconséquence d'un acte qui abolissait la course, en même temps qu'ils maintenaient le droit de capture, ce n'est pas que je me fusse proposé d'établir ce fait, d'ailleurs manifeste et élémentaire. Mais il découle naturellement des circonstances narrées et des documents cités par moi, dans le but de montrer que le Brésil embrassa, il y a cinquante ans, officiellement et solennellement, le principe de l'inviolabilité de la propriété privée sur mer, tant contre la course que contre la saisie militaire. La seule intention de mes paroles, leur intention déclarée et visible, a été, non de flatter les Etats-Unis, en m'arrogeant le rôle de leur avocat, sans invitation ni nécessité, contre une accusation dont personne ne se portait l'auteur, mais, au contraire, d'établir l'indépendance de notre vote, en montrant qu'il avait ses bases dans des précédents anciens et sérieux de notre histoire internationale.

D'un autre côté, il n'est pas vrai non plus que j'eusse apporté ici une profession de pan-américanisme, dans l'adhésion que j'ai fait, au nom de mon Gouvernement, à l'initiative américaine. Ce qui ressort des faits historiques esquissés avec documents à l'appui, par moi, est bien différent. Ce qu'ils montrent, c'est abord que notre approbation au principe contraire à la capture maritime, compte déjà un demi-siècle de manifestation internationale. C'est, en second lieu, qu'elle n'a pas été, dans l'acte de l'Empire ratifié aujourd'hui par la République, un compliment aux Américains du Nord, dont, en suivant les traces pour ce qui était de l'opposition au droit de capture, le Brésil s'écartait, au contraire, librement, en signant la Déclaration de Paris, que les Etats-Unis l'invitaient à refuser.

Or le pan-américanisme était bien loin de naître, ou seulement d'entrer en gestation à l'époque du Congrès de Paris. Il y a plus de cinquante ans de ça; et le pan-américanisme n'a pas même la moitié de cet âge. Donc le pan-américanisme n'aurait pas plus à faire avec notre condamnation du droit de capture, que l'agneau de la fable avec les récriminations du loup.

D'ailleurs le mot de pan-américanisme ne serait point pour nous un épouvantail. Il suffit de rappeler à ceux qui croient nous en faire un reproche, que la capitale du Brésil a été le siège, il n'y a pas encore un an, de la troisième Conférence internationale pan-américaine, dont les actes viennent d'être présentés à cette Conférence par l'organe du Gouvernement brésilien.

Mais notre pan-américanisme, c'est-à-dire, notre revendication de l'indépendance américaine, de l'autonomie politique de notre continent, loin de nuire à la cordialité de nos rapports avec nos anciens amis d'Europe, ne fait que les resserrer, en dissipant des préjugés, des méfiances, des craintes, qui provenaient de la conscience de notre dispersion et de notre isolement. Les liens qui nous attachent à l'Amérique du Nord n'affaiblissent pas notre dévouement à nos bonnes amitiés de ce continent, où se trouvent les origines de notre race, de notre langue, de notre religion, de notre littérature, de notre civilisation, de notre prospérité.

Dans le nombre de ces affections, entre lesquelles j'en pourrais citer d'illustres et bien connues, se détache certainement l'Angleterre, dont la politique civilisatrice, les institutions exemplaires, les opulents capitaux ont secondé notre émancipation, préparé notre richesse, modelé nos premières institutions, enseigné à nos hommes d'Etat les formes et les coutumes de la liberté. Mais, si dans cette question du respect de la propriété maritime dans la guerre navale le penchant de la majorité chez les Anglais favorise le maintien du droit de capture, il n'en est pas moins incontestable qu'une masse énorme d'opinions et un concours d'autorités les plus hautes se prononcent avec chaleur pour la règle de l'inviolabilité dans toute son étendue.

Pour le rendre évident, je n'ai qu'à nommer le Lord Chancelier d'Angleterre c'est-à-dire la plus éminente personnalité de la magistrature anglaise, le Président de la Chambre des Lords, qui, dans une lettre célèbre adressée au Times en Octobre de 1905 soutient, en face des intérêts de la Grande Bretagne, l'immunité de la propriété privée pendant les guerres maritimes.

D'après cette sommité britannique, déjà citée ici par M. Choate, étant données les conditions actuelles du commerce et de la guerre, l'arme du droit de saisie serait impuissante aux mains de la reine des mers contre ses ennemis, et pourrait se tourner contre elle, dans leurs mains, avec des résultats incalculablement désastreux.

Est-ce que c'est du pan-américanisme ce langage dans la bouche de Lord Chancellor Loreburn, du premier magistrat de la Grande-Bretagne? Et si dans la Grande-Bretagne, même parmi ses hommes les plus éminents, ceux de la plus haute responsabilité sociale, de la plus grande influence politique, de la plus respectable autorité professionelle, on en trouve qui tiennent ce langage, qui conseillent cette réforme au nom du bien de leur pays; si de grandes Puissances européennes, comme l'Allemagne, l'Autriche, l'Italie, la Russie même, depuis la Déclaration de 1856, l'ont adopté pratiquement, ou se sont proposées de l'adopter; si les juristes de ce continent presque tous l'enseignent et la plaident, est ce qu'en rencontrant cette idée à la bouche des représentants d'un État, telle que le Brésil, qui s'est prononcé toujours dans ce sens, on peut y voir l'expression de prédilections américaines de tendances moins conformes à ses anciennes liaisons avec l'Europe, à sa vieille et reconnaissante amitié pour l'Angleterre?

Il y a 50 ans que l'Angleterre a aboli la course, et elle ne se porte pas mal de l'avoir fait. Eh bien: en acquiesçant à l'abolition de la course, l'Angleterre a abandonné ce que les publicistes anglais et le Gouvernement britannique ont défendu longtemps comme un droit et une nécessité. Ceux qui se préoccupaient, dans la Grande-Bretagne, de son domaine sur les mers, regrettaient dans l'abolition de la course, la destruction d'une force réputée par eux l'instrument invincible de leur offensive.

Pendant quelques années on a tenté des efforts pour le rétablissement de la course, en nourissant une agitation créée et soutenue par une association de stratégistes. Le Gouvernement y a été prié souvent avec instance de revenir sur son adhésion à l'Acte de Paris. Cependant les hommes d'Etat d'outre-Manche se sont toujours refusés à cette rétrogradation; et encore en 1875 Sir William Harcourt, en répondant aux avocats de ce mouvement en arrière, rappelait les paroles énergiques de Lord Clarendon. „Cette déclaration", avait-il dit, „aurait été faite à Paris, que l'Angleterre le voulût, ou non. La délibération des autres Puissances européennes était si ferme et si unanime dans ce grand Congrès là, que cette déclaration aurait été inévitablement résolue."

Or les considérations avec lesquelles on préconise aujourd'hui la valeur offensive du droit de capture dans la guerre navale ne sont pas d'autre nature, et n'ont pas plus de force que celles employées autrefois pour exalter les vertus militaires de la course. L'un ne semble pas plus nécessaire ni plus efficace que l'autre. D'après le témoignage de toutes les autorités, on ne connaît pas une seule campagne, dans laquelle la résistance de l'ennemi ait été vaincue à la suite des pertes éprouvées par sa marine marchande. Dans les guerres où on a exercé le plus largement la saisie des bateaux de commerce ennemis, depuis celles de Louis XIV jusqu'à celles de la Révolution et de l'Empire contre l'Europe et celles des Fédérés avec les Confédérés aux Etats-Unis, ce sont les événements militaires, c'est-à-dire, les batailles de terre et mer entre les forces armées et les navires de guerre qui ont amené la victoire. Moyennant la saisie on ne peut guère obtenir grand chose au delà du chômage partiel de la marine marchande: c'est ainsi que de 1870 à 1871 la France n'a capturé que 75 vaisseaux allemands représentant à peine un butin de 6 millions de francs. N'est-ce pas que cette récolte est insignifiante pour de si grands sacrifices comme ceux qu'impose aux nations la défense de leur marine de commerce contre la saisie?

Les circonstances du monde contemporain ont désarmé l'ancien pouvoir de ce moyen de guerre. La commerce de l'ennemi, empêché de se servir de ses propres bateaux, va se mettre à l'abri dans les autres marines marchandes, en se réfugiant sous les pavillons neutres, qui couvrent la marchandise ennemie, ou en lui transférant ses navires, s'il ne prefère profiter des moyens de préservation que leur offrent les institutions d'assurances.

D'un autre côté, le développement des chemins de fer, dont le réseau couvre le globe, permet aux pays bloqués d'accroître immédiatement, quand l'occasion l'exige, leur commerce par terre, en s'approvisionnant chez les États voisins. Donc, s'il y a des nations menacées d'une manière redoutable par cette arme à deux tranchants, ce sont les nations insulaires. Dans le but de pourvoir à la défense de leurs côtes, d'empêcher qu'on les cerne entièrement, et, en même temps, de protéger leurs marines marchandes, qui se répandent sur tous les mers navigables, elles sont contraintes de donner à leurs marines de guerre des proportions colossales. Tandis que leurs ennemis, profitant des ressources du voisinage continental, peuvent être privés de l'usage de l'océan, sans que leur existence périclite, les Etats isolés par la mer sont perdus, aussitôt qu'on leur ferme cette voie.

Dans ce cas, avec lequel il faut compter, parce qu'il n'y a pas de suprématie invincible, le Lord Chancellor de la Grande-Bretagne lui rappelait, dans son écrit fameux au grand journal de Londres, qu'elle se trouverait exposée à la famine, que ses industries seraient conduites au chômage, et qu'elle pourrait voir tomber de ses mains son immense commerce de transport, le plus vaste du monde, estimé par le Board of Trade à quatre vingt dix millions de livres sterling par an.

Et ce n'est pas tout. Il y a un autre aspect, qui n'est pas le moins étrange, ni le moins grave non plus. C'est qu'en prétendant blesser l'ennemi avec des armes de cette espèce, on se blesse le plus souvent soi-même. La chose devient claire, si l'on réfléchit au rôle moderne des compagnies d'assurances. On en trouve un exemple décisif dans l'intéressante brochure de M. Hirst, un juriste anglais, Commerce and Property in Naval Warfare. En contemplant le tableau de l'effroyable tremblement de terre, qui a détruit à moitié la grande capitale américaine du Pacifique, San Francisco, on se sentirait porté à croire qu'il faille mettre à la charge des Etats-Unis les pertes de la catastrophe. Eh bien, non: ce sont des nations lointaines, ce sont deux grandes nations commerciales d'Europe, qui en grande partie en ont subi le poids. Les grandes compagnies d'assurances anglaises y ont perdu huit millions, et les allemandes trois millions de livres sterling. D'autres associations de la même espèce, canadiennes, autrichiennes, suisses, belges, ont éprouvé aussi des dommages considérables.

Figurez-vous maintenant qu'il se fût agi du bombardement d'un port de commerce, ou de la confiscation et de la destruction de vaisseaux marchands ennemis par la marine de guerre anglaise. Les capitaux britanniques, si largement engagés dans l'exploitation du commerce d'assurances, auraient eu une grande part à la liquidation de ces pertes, apparemment subies par le commerce ennemi, et plusieurs pays neutres, l'Allemagne, l'Autriche, la Belgique, la Suisse, y éprouveraient des pertes considérables.

C'est que le commerce, de nos jours, est devenu essentiellement international et cosmopolite. L'évolution des rapports entre les nations en a fait un organisme universel, qui ne peut pas saigner chez un peuple, sans compromettre nécessairement beaucoup d'autres. Toute spoliation qu'on lui cause dans un point quelconque du monde civilisé, se répercute au loin, et peut se communiquer par des voies invisibles mais réelles et profondes, aux pays les plus éloignés. Ces grands bateaux à vapeur modernes, ces immenses transatlantiques de dizaines de milliers de tonnes, qui sillonnent l'océan comme des villes flottantes, où peus'en faut qu'on n'ait l'impression de la terre ferme, représentant chacun des millions, menant à leur bord des trésors, conduisant d'hémisphère à hémisphère des populations de voyageurs, ces flottes particulières de centaines et centaines de vaisseaux qui naviguent souvent sous les enseignes d'une raison sociale, ou d'une société anonyme, cette multitude innombrable de monstres ailés ou mécaniques, dont les voiles ou la fumée parcourent toutes les mers et tous les horizons de notre planète, ne représentent pas seulement les Etats dont ils déploient le pavillon, mais des capitaux du monde entier, qui accourent de partout, fondus, solidaires, unifiés dans les grandes compagnies de commerce, de navigation et d'assurances, sans s'enquérir de la nationalité les uns des autres. Enveloppez-les dans le tourbillon de la guerre, et il sera impossible de prévoir où la foudre qui les frappe ira tomber réellement.

S'en rapporter à cette arme trompeuse, en la croyant un instrument sûr contre l'ennemi, nous semble donc un aveuglement profond. Il nous semble encore une flagrante iniquité de prétendre qu'on l'écrase avec elle, quand c'est évidemment d'autres qu'elle atteint. Le commerce maritime, dans ces jours ci, exprime une communion de toutes les nationalités, qu'il mêle dans ses opérations complexes et délicates d'une manière inextricable. On ne peut donc pas exposer la propriété maritime aux ravages de la guerre navale, sans mêler ennemis et amis dans une confusion impie et irrationelle.

Mais, en désintéressant le commerce des guerres navales ne fera-t-on pas disparaître un frein à la multiplication de ces guerres?

Voici la question qui nous a été posée ici, à notre dernière séance, sous le prestige de son nom, par l'homme d'Etat renommé qui préside à la Conférence grâce au suffrage de tous ses membres.

L'esprit si clairvoyant et si dévoué à la cause de l'humanité et de la justice dans la guerre, qu'est le vénérable Président de la Conférence, n'a nullement, en soulevant ce doute, à ce que je présume, adopté le point de vue que cette question paraît entrainer. Il n'a voulu probablement que faire place au débat, pour qu'on débrouille ici le problème, assez curieux vraiment, qu'elle nous propose. Mais il n'a pas l'air d'être difficile, tant l'absurde en déborde.

Aussitôt qu'on veuille voir dans la frayeur qu'inspire la guerre un moyen recommandable d'engager les classes les plus directement menacées par elle à lui opposer leur influence, et qu'on s'accorde à découvrir dans cet intérêt un obstacle utile contre la fréquence des guerres, il faudra proclamer dans les maux qu'elles entraînent un bienfait social, et préserver leur caractère malfaisant comme le suprême préventif contre le fléau. Alors, plus il y aura de couches sociales sérieusement atteintes dans leur patrimoine et dans leur existence; plus il y aura de malheurs suspendus sur les nations menacées de conflit; plus on admettra d'arbitraire, de violence et de sophisme pour envelopper dans les horreurs de la lutte la propriété, la famille, l'honneur, tout ce qui rend la vie désirable aux hommes et la patrie chère aux citoyens; plus les guerres se feront inhumaines, dévastatrices, monstrueuses, et plus nous devons nous trouver satisfaits, parce que plus nous serons garantis contre leur renouvellement.

Mais, si ce raisonnement est juste (et on ne peut pas nier qu'il ne découle irrésistiblement de la prémisse établie), nous nous sommes tout à fait égarés de la bonne voie. Alors les deux sections de notre programme, pacification et adoucissement de la guerre, ne font pas entre elles bon ménage. Alors on ne peut pas marier le désir de la paix avec la civilisation de la guerre. Alors, au lieu d'en amoindrir l'âpreté, d'en atténuer les horreurs, comme vous songez à le faire, ce qu'il nous faut, bien au contraire, c'est de redoubler d'efforts pour la rendre plus destructrice, plus implacable, plus hideuse. En la faisant ainsi plus truculente et formidable on la rend plus redoutée et, par cette raison, plus difficile. Aggravez, le plus possible, l'effroi de ces chocs, transformez-les en des catastrophes, mettez l'anéantissement au bout de chaque guerre, et les nations ne se battront plus. Elles fuiront ces rencontres épouvantables, comme on fuirait les tremblements de terre, si l'on pouvait les prévoir.

Dans ce cas donc, l'humanité nous imposerait de rebrousser chemin, d'annuler l'œuvre du Congrès de Paris, de la Convention de Genève, de la Déclaration de St. Petersbourg et de celle de Bruxelles, de la Première Conférence de la Haye, enfin, et de retourner aux temps où la guerre était la dévastation aveugle, la boucherie inpitoyable, la terreur sans aucune loi.

On aurait travaillé contre la paix, en établissant le respect du pavillon neutre et de la marchandise neutre, attendu que de cette manière on a rendu le commerce des neutres indifférent aux souffrances de la guerre, qu'il s'empresserait de concourir à éviter, s'il en partageait les misères. On aurait travaillé contre la paix, en interdisant la cruauté barbare, le massacre des prisonniers et des innocents, en défendant l'inhumanité envers les blessés, les naufragés et les malades, puisque l'abolition de cette sauvagerie a diminué immensément cette terreur qui, en épouvantant la société, le foyer domestique, les classes populaires, les forces armées elles-mêmes, aurait suscité dans tous ces effrois autant d'éléments de résistance au déchainement de la calamité. On aurait travaillé contre la paix, en protégeant les populations non-combattantes, et en assurant la propriété contre les rigueurs féroces du pillage dans la guerre sur terre, au lieu de laisser l'épouvantail de la destruction, du massacre, de l'incendie et du sac dans toute leur sinistre violence, pour obliger les peuples affolés de peur à ne pas consentir à ce que la guerre éclate.

Plus vous la dépouillerez de sa figure terrible, en la civilisant, chaque fois plus on s'en approchera à cœur léger. Plus vous la rendrez meurtrière, brutale, désolatrice, plus on l'évitera soigneusement. Revenons donc à l'idéal de la barbarie et de la désolation; encourageons le génie inventif à multiplier les engins de meurtre, les moyens de tuerie en masse, l'aérostation employée du haut des airs à semer la dynamite et l'asphyxie, à peupler l'océan d'embûches sous-marines. Ne mettez pas de bornes à la collocation des mines maritimes, couvrez-en les mers, laissez-les flotter à la dérive, répandant partout la menace, la frayeur et la mort, étendez aux neutres les risques, les surprises, les cruautés de la guerre, et toutes les nations de la terre, toutes les classes, tous les intérêts se donneront les mains pour s'y opposer. Il n'y aura plus de guerre, lorsqué la guerre sera la certitude de la ruine universelle.

Recule-t-on devant ces conséquences? Mais elles jaillissent toutes avec une évidence immédiate du raisonnement sophistique et funeste, qui perpétuerait la course actuelle sous le prétexte que son abolition, désintéressant le commerce de la guerre maritime, ne lui laisserait pas des raisons qui le stimulassent à y mettre obstacle.

Il n'y a dans la question qu'un seul criterium entre des hommes civilisés: dépouillez la guerre de tout ce qui ist inhumain et inutile, réduisez-la, en consultant la politique, la science et l'art militaire, à ce qui lui est indispensable. Le droit de capture est-il essentiel à la guerre maritime? Voilà la question. Dans cette question mon pays a adopté, il y a plus de cinquante ans, la solution négative.

Celle-ci nous semble d'autant plus opportune qu'on voit soulever partout le problème, si épineux, de la réduction des armements. Je ne sais pas de quelle manière on pourra le résoudre. Mais, quoiqu'il en soit, si l'on veut marcher sérieusement dans cette direction, et si cette aspiration vise aussi les forces navales, la mesure qui s'offre au premier abord comme la plus aisée, par sa nature même et par les adhésions qu'elle a déjà recueillies, c'est l'application de l'inviolabilité, déjà reconnue pour ce qu'est de la propriété neutre, à la propriété ennemie, dans la guerre navale.

Etant donnée la saisissabilité, aujourd'hui admise, de la propriété maritime dans la guerre navale, la marine de guerre est l'égide, la protection nécessaire de la marine marchande. Celle-ci est d'autant plus vulnérable qu'elle sera plus nombreuse, plus importante et plus répandue. Et plus la surface offerte aux assauts de l'ennemi, par la marine de commerce sera grande en proportion de sa valeur et de son ubiquité, plus nombreuse et plus forte doit être la marine militaire. Cette fonction protectrice donnée à la marine de guerre envers la marine marchande est donc une des causes capitales de l'exagération des effectifs navaux chez les grandes Puissances modernes.

Soulagez la marine militaire de cette charge, exonérez-la, pendant la guerre, d'être de garde à la marine marchande, et vous aurez abouti ipso facto à la réduction du budget naval des grandes Puissances dans une large mesure.

Voici par conséquent un grand pas pour l'allègement du fardeau de guerre qui écrase les peuples, et dont on voudrait leur amoindrir le poids, sans savoir jusqu'ici comment le faire; mais un pas naturel, qui ne demande pas conseil aux inspirations de l'utopie, et n'a pas besoin, pour se maintenir, d'autre sanction que la force même des choses, sans aucun effort d'invention, aucun oubli de la réalité, ni aucune exigence de vertu. Car on ne doit jamais imposer aux hommes, ni aux nations, plus qu'ils ne peuvent concéder sans faire violence à leur nature, ou sacrifier de leurs intérêts ou de leurs préjugés.

Mais, si la Conférence actuelle, Messieurs, ne se trouve pas à même de prendre une décision tout à fait d'accord avec ce que vous demande la Délégation des Etats-Unis d'Amérique, en adoptant nettement la consécration pure et simple de l'immunité de la propriété ennemie sur mer, c'est-à-dire, en assimilant sous ce rapport la propriété ennemie à la propriété neutre, garantie absolument par la Déclaration de 1856, qu'on assimile, du moins, la propriété ennemie sur mer à la propriété ennemie sur terre, en étendant à celle-là les règles stipulées touchant celle-ci dans la seconde Convention de 1899.

Ceci, au moins, je ne crois pas qu'on puisse le refuser aujourd'hui, même en se tenant aux réserves de l'esprit conservateur, attendu qu'on ne peut pas dire de cette solution intermédiaire, qu'elle désarme la guerre maritime. C'est une concession, qui obéit vis-à-vis de la guerre navale à la même nécessité au nom de laquelle on admet, dans des bornes on ne peut plus larges, du moment qu'on condamne la confiscation et le pillage, la saisie et la destruction de la propriété privée ennemie pendant la guerre sur terre.

Voici donc notre projet (Annexe 11),*) subordonné à l'hypothèse que la proposition américaine n'est pas acceptée dans cette Conférence.

Proposition de la Délégation du Brésil.

Dans le but d'assimiler la condition de la propriété privée sur mer, durant les guerres navales, à celle de la propriété privée sur terre, la Délégation du Brésil propose, pour le cas où la proposition américaine ne serait pas approuvée.

1. Qu'on supprime à l'article 53 de la Convention du 29 juillet 1899, concernant le lois et coutumes de la guerre sur terre, les mots: "en dehors des cas régis par la loi maritime".

2. Qu'on y ajoute cette disposition:

„a) Les articles 23, dernier alinéa, 28. 46 et 47 de la susdite Convention s'appliquent de même à la guerre sur mer.

b) Lorsque le capitaine d'un navire ou d'une flotte belligérante se trouvera dans la nécessité de réquisitionner, dans le cas prévu à l'article 23, lettre g, de la susmentionnée Convention, c'est-à-dire dans le cas où la destruction ou la saisie de ces biens lui sont commandées par les exigences les plus impérieuses de la guerre, un vaisseau de commerce ennemi, sa cargaison, ou une portion quelconque de celle-ci, la réquisition sera constatée par celui qui la fait moyennant des reçus délivrés au capitaine du vaisseau qu'on aura saisi, ou dont on aura saisi les marchandises, avec tous les détails

*) *S. oben S. 168.*

possibles pour assurer aux parties intéressées leur droit à une juste indemnité.

c) Cette clause s'applique aux marchandises neutres, qui se trouveront à bord des vaisseaux marchands ennemis réquisitionnés.

Le capitaine du navire ou de la flotte de guerre, qui aura déterminé la réquisition, est tenu de faire mettre à terre, dans un des ports les plus prochains, les officiers et l'équipage du bâtiment saisi, avec les resources nécessaires pour leur retour au pays auquel il appartenait."

Le Président répond à S. Exc. M. le Premier Délégué du Brésil, que la Commission n'a trouvé dans son premier discours qu'un exposé de faits et arguments concernant le principe de l'inviolabilité de la propriété privée sur mer, elle n'y a pas trouvé de considérations politiques qui, du reste, ne sont pas de son ressort.

S. Exc. Sir Ernest Satow donne lecture de la déclaration suivante:

La proposition dont la Commission est actuellement saisie a pour but d'abolir, à l'avenir le droit que possède un belligérant de capturer et de confisquer les navires marchands de l'ennemi et leurs cargaisons, à l'exception de la contrebande de guerre, et tout en maintenant les droits résultant du blocus.

Le Gouvernement de Sa Majesté n'a pas manqué d'étudier avec soin la question, et il n'a pas cherché à se dissimuler les arguments sérieux qui peuvent être avancés à l'appui du principe de l'immunité. Tout ce qui tend à limiter le nombre des actes de guerre semble, à première vue, avoir pour résultat de marquer un pas en avant dans la voie de l'abolition de la guerrre elle-même, et de faire disparaître un des motifs de l'accroissement des dépenses navales et militaires. Toutefois, en admettant qu'il en soit ainsi, cet argument, poussé à sa conclusion logique, semblerait devoir impliquer l'abolition du droit de blocus commercial. En effet, si le blocus commercial ne devait pas disparaître, les vaisseaux ennemis seraient constamment exposés à la visite et la saisie, et des disputes continuelles s'élèveraient sur la question de savoir ce qui constitue un blocus effectif. Il est évident que de telles disputes entre des belligérants auraient pour résultat d'amener celui des combattants qui croirait avoir à se plaindre de l'application du blocus commercial à un de ses ports, à cesser d'observer, partout où cela lui serait possible, le principe de l'immunité des navires marchands et de la propriété privée de l'ennemi. Il nous paraît donc impossible de séparer la question de l'immunité de capture de celle du blocus commercial.

Si jamais il se produisait un changement qui favorisât le décroissement des armements, notre Gouvernement pourrait peut-être examiner la question de nouveau. Si par exemple, d'un côté, les nations se montraient disposées pour la plupart à réduire l'effectif de leurs forces navales et militaires, de façon à diminuer d'une manière appréciable la crainte des maux que la guerre pourrait leur infliger, et à rendre la guerre improbable par le fait même d'avoir rendu l'aggression difficile; et si, dun autre côté, il devenait évident que la conclusion d'un accord pour l'abolition du droit de capture faciliterait, ce changement, et que l'absence d'un tel accord en empêcherait la réalisation, le Gouvernement de Sa Majesté serait sans doute disposé à admettre que les bénéfices à retirer du changement l'emportent sur les objections qui peuvent en principe y être opposées.

En tout cas, dans l'état actuel du monde il lui est impossible de donner son assentiment à une résolution dont le vrai résultat serait de faire disparaître un des motifs qui contribuent le plus puissamment au maintien de la paix, et qui pourrait tendre à prolonger les hostilités une fois la guerre commencée.

Cependant, quoiqu'il ne soit pas partisan d'un projet dont le résultat serait de conduire les nations à négliger totalement les conseils de prudence qui d'ordinaire les empêchent de donner libre cours à leurs sentiments belliqueux, le Gouvernement de Sa Majesté est animé du désir sincère d'alléger les neutres, dans la mesure du possible, du fardeau de la guerre. C'est pourquoi il nous a chargé de demander à la Conférence d'abolir la contrebande de guerre. Nous ne manquerons pas prochainement d'exposer les motifs de cette demande à la Commission.

S. Exc. le Baron Marschall de Bieberstein prend la parole en ces termes:

L'Allemagne a été de tout temps sympathique à l'idée d'abolir le droit de capture frappant les navires de commerce sous pavillon ennemi. Des faits qui appartiennent à l'histoire prouvent la sincérité de ces sentiments. Par conséquent les nobles idées dont s'est inspiré le Premier Délégué des Etats-Unis d'Amérique dans son éloquent discours ne manqueront pas de trouver en Allemagne un écho retentissant. Il est clair pourtant que la question catégorique qui nous est posée: „faut-il abolir ou non le droit de capture" ne saurait être traitée séparément, car elle ne forme qu'une partie d'un ensemble assez complexe de problèmes que renferme la grande idée de l'inviolabilité de la propriété privée sur mer en cas de guerre maritime. La proposition des Etats-Unis même admet 2 exceptions:

1º. la capture d'un bâteau marchand est justifiée s'il porte de la contrebande;

2º. le principe d'inviolabilité cesse dans les cas où il y a violation de blocus.

Or ces exceptions nous mènent sur un terrain des plus contestés. Il suffit de citer entre autres questions celles de la „contrebande relative" et du „voyage continu". Ce n'est qu'après la solution d'une série de controverses, qui se rattachent aux mots „contrebande" et „blocus" qu'on aura la sûreté que l'abolition du droit de capture devient une réalité, tandis qu'en admettant des exceptions dont la portée est vague, et qui, par conséquent, sont susceptibles d'une interprétation et d'une application arbitraire, nous courrons le risque de parvenir au résultat peu dèsirable que nous proclamons l'abolition du droit de capture et qu'en pratique le système actuellement en vigueur continue sans modification sensible. C'est pour ces raisons que je ne saurais malgré toutes les sympathies, répondre à notre question par un simple „oui". Si l'on veut accorder à la propriété privée sur mer une protection plus étendue en abolissant le droit de capture, il faudra s'entendre préalablement sur certaines questions afin que l'abolition soit efficace et serve d'une manière équitable les intérêts de tous les pays. Ce ne sera qu'alors, qu'on pourra juger de la portée pratique de cette mesure, et fixer définitivement sa position.

S. Exc. M. Tcharykow fait la déclaration suivante:

La Délégation de Russie tient à exprimer son sympathique respect pour les idées larges et humanitaires contenues dans le discours de S. Exc. M. Choate. L'exposé de ces idées a été répété à plus d'un occasion par le Gouvernement des Etats-Unis d'Amérique, à travers de plus d'un siècle avec une persévérance et une éloquence admirables. Et pourtant les importantes déclarations que nous venons d'entendre démontrent qu' avant de pouvoir procéder à l'adoption de la proposition qui est à l'ordre du jour, il faudrait accomplir un grand travail préparatoire, un travail de définitions juridiques et d'entente. lequel est bien loin d'être achevé. Ces circonstances nous semblent prouver que la question n'est pas mûre et amènent la Délégation de Russie à opiner en faveur du maintien dans cette matière du statu quo actuellement existant.

S. Exc. M. Hagerup prend la parole en ces termes:

Au nom de la Délégation de Norvège, j'ai l'honneur de déclarer que nous adhérons à la proposition de la Délégation des Etats-Unis d'Amérique. Quand je fais cette déclaration j'ai la pleine conscience de ce fait que je ne parle qu'au nom d'un des plus petits pays d'Europe. Mais si l'on regarde les intérêts matériels, qui sont en jeu et si l'on mesure ces intérêts d'après le tonnage, ils ne sont surpassées que par ceux de trois autres pays. Et si la Norvège, avec son grand tonnage, se rallie au point de vue américain, ce n'est pas par pur intérêt égoïste. Il est vrai que, si un petit Etat comme le nôtre était impliquè dans une guerre, le principe de droit international actuel, quant à la propriété privée hostile, serait pour nous encore plus ruineuse que pour un Etat grand et riche. Nous en avons fait l'expérience au commencement du XIXème siècle, mais, étant un Etat qui a, pendant presque cent ans, joui de la paix et n'ayant pas d'autre politique que celle de la neutralité, la probabilité est que dans des guerres à venir, il sera rangé parmi les neutres. Or, pour les neutres la règle actuelle présente des avantages. Car en cas d'une guerre, dans laquelle les grandes Puissances sont engagées, il est évident que les marines marchandes des Etats neutres trouveront beaucoup plus d'emploi. Mais nonobstant cela, le Gouvernement norvégien n'a pas hésité à donner à ses Délégués les instructions les plus formelles pour appuyer les tendances à protéger la propriété privée, même hostile sur mer. Et, en faisant cela, il ne fait que continuer une politique qui au dix-huitième siècle a été inaugurée par les royaumes du Nord en collaboration avec la Russie. Toutefois, je ne puis pas voter pour la proposition de la Délégation des Etats-Unis sans réserve, car cette proposition tranche aussi dans son texte actuel la question de la contrebande de guerre, réservée d'après le questionnaire qui nous a été soumis par le Président, à une discussion ultérieure.

Le Président prie M. Fromageot de donner lecture de la lettre suivante de S. Exc. M. Carlos Rodriguez Larreta.

„La Délégation argentine accepte les formules proposées par la Délégation italienne pour répondre aux deux premiéres demandes du questionnaire.

„La Délégation argentine, en méme temps, se déclare en faveur de la conservation du droit de capture et confiscation des navires de commerce sous pavillon ennemi“.

S. Exc. le Marquis de Soveral déclare qu'il se rallie à l'opinion de M. le Premier Délégué d'Allemagne, c'est-à-dire, qu'il faut résoudre d'abord les questions du blocus et de la contrebande de guerre avant d'examiner celle de l'inviolabilité de la propriété privée des belligérants sur mer.

M. Santiago Perez Triana prend la parole en ces termes:

Messieurs,

J'ai l'honneur de vous parler au nom de la Délégation de la République de Colombie; il est donc tout à fait naturel que je vous parle comme un Américain; je donne à ce mot toute l'ampleur de sa généreuse envergure historique et géographique, qui lui revient de droit et qui couvre toute l'étendue du continent: le Nord, le Centre et le Sud et les îles des Océans américains.

Je viens m'occuper de la proposition déposée par S. Exc. M. Choate, au nom de la Délégation des Etats-Unis d'Amérique, concernant l'inviolabilité de la propréité priéve ennemie sur mer, d'après laquelle: „La propriété privée de tous le citoyens des Puissances signataires, à l'exception de la contrebande de guerre, sera exempte, en mer, de capture et de saisie par les navires armés ou par les forces militaires desdites Puissances. Toutefois, cette disposition n'implique aucunement l'inviolabilité des navires, qui tenteraient d'entrer dans un port bloqué par les forces navales des susdites Puissances ni des cargaisons desdits navires.“

Nous avons écouté, avec intérêt et avec la plus grande sympathie l'léoquent discours de M. Choate, où d'une façon si nette et si précise, il nous a démontré comment le principe humanitaire et civilisateur contenu dans la proposition susdite, constitue une tradition uniforme et soutenue de la politique de son pays depuis l'aurore méme de son émancipation, à travers toutes sortes de vicissitudes et de changements, jusqu'à nos jours.

Le discours de M. Choate est conçu dans l'esprit large et humain des anciens papiers d'Etat, „State papers", de la Chancellerie et de la Présidence des Etats-Unis d'Amérique qui, lui-même à son tour, était l'écho de la voix et du sentiment de la nation entière dans les jours glorieux de son émancipation et de sa fondation.

On se rappelle, en le lisant, des noms dont le prestige forme une partie intégrale des gloires historiques des Etats-Unis, depuis Patrick Henry, qui, avant l'indépendance, demanda la liberté ou la mort, Benjamin Franklin, un des pères de la liberté américaine; Adams, Madison, Jefferson, signataires de l'acte d'indépendance, les grands Présidents de la première époque jusqu'à Monroe; les orateurs fougeux comme Daniel Webster, proclamant la liberté des Grecs en 1823, jusqu'à Charles Sumnar et Garrisson proclamant l'émancipation des esclaves et jusqu'à Lincoln et Seward, défendant la liberté humaine et la justice au dedans et dehors du territoire. Il nous a semblé à nous autres, Américains de l'Amérique Latine, en écoutant M. Choate, qu'il passait sur nos tétes un souffle de l'ouragan des vieux jours qui annonçait la justice et la liberté, qui, pendant une longue partie du siècle dernier, nous venait du Nord, et que nous croyions apaisé. C'est une renaissance. Les Etats-Unis, en reprenant la défense désintéressée des principes de justice et d'humanité, sont dans leur rôle, qui fut historique, et nous avons tous raison de nous en féliciter.

S'il s'agissait ici dans cette question, comme dans la plupart des questions soumises à la Deuxième Conférence de la Paix, seulement de principes et de doctrines, et de déterminer parmi les uns et les autres, ce qui serait le plus d'accord avec la justice et l'humanité, il est sûr qu'il n'y aurait presque pas de discussion; l'idéal abstrait, l'idéal suprême dans tous les cas, et l'adaptation abstraite des questions particulières à cet idéal, sont des choses faciles, sur lesquelles, sauf des cas exceptionnels, nous tomberions tous d'accord sans difficulté. Mais il ne s'agit pas d'une discussion académique, cherchant à découvrir et à fixer la vérité. Nous représentons ici des Nations, c'est-à-dire des organismes collectifs humains, qui ont leurs traditions, leurs espirations et leurs nécessités, leur tempérament et leurs préjugés. C'est notre devoir de tenir compte des exigences de ces organismes en face des besoins de leur vie interne et de leurs relations avec les autres nations. Ce n'est pas un travail d'analyse que nous sommes appelés à réaliser; c'est un travail d'adaptation. Nous cherchons à nous approcher de l'idéal autant que possible, mais chacun de nous, dans son cas, doit subordonner ses décisions aux besoins et aux intérêts de la Nation qu'il représente.

C'est pour ces raisons là que, en même temps que notre sympathie et nos vœux accompagne la doctrine contenue dans la proposition de M. Choate, comme exprimant une aspiration noble et humanitaire, comme Délégués de Colombie, nous devons porter à la connaissance de la Conférence, que nous n'y adhérons pas et que notre Pays ne souscrira pas à la proposition présentée par la Délégation des Etats-Unis d'Amérique dont nous nous occupons.

Je vous demande votre indulgence pour quelques minutes encore; je serai bref, mais je désire, une fois pour toutes, donner quelques explications sur les conditions et les circonstances générales de mon pays qui d'ailleurs, si je ne me trompe pas, sont les mêmes que celles de beaucoup d'autres pays de l'Amérique Latine.

La Colombie est un pays d'une très vaste étendue, dont la population est très peu nombreuse; nous sommes à peine cinq millions d'âmes où il y aurait de la place aisée pour une centaine de millions. notre position géographique est exceptionnellement favorable; nous avons de longues côtes sur l'Atlantique et sur le Pacifique; nous avons des systèmes merveilleux de fleuves navigables qui commencent leurs cours vivifiants au lointain des plaines immenses au pied des Cordillères et sous la voûte des interminables forêts; nos montagnes sont riches en minéraux de toutes espèces, nos vallons et nos plaines sont fertiles.

Dans l'état actuel du développement de l'humanité, il est à peine naturel que les yeux de la convoitise se tournent vers nous, avec un désir de colonisation politique, qui signifierait notre suppression comme Nation. Nous admettons, nous souhaitons, nous encourageons la colonisation pacifique, arrivant chez nous pour répandre ses flots fécondateurs dans notre milieu, à l'abri de nos lois et de nos institutions; c'est notre devoir d'empêcher, coûte que coûte, toute autre façon de colonisation.

Il est évident que pour des pays comme le nôtre, qui n'ont pas de marine marchande et qui n'ont presque pas de marine de guerre, mais qui, à l'heure de la guerre, peuvent l'augmenter, il y a tout à perdre et rien à gagner à consentir à la suppression du droit de capture de la propriété privée ennemie sur mer. Il est évident qu'une Puissance possédant une marine de guerre et une marine marchande qu'il lui sera impossible de protéger avec une efficacité absolue dans tous les océans, se trouvera plus disposée à nous faire la guerre, si elle sait que par l'adoption de la proposition de M. Choate, nous nous sommes liés les mains, et que nous ne pourrons pas exercer de représailles qui pourraient devenir facilement très coûteuses.

C'est donc comme un élément de défense qu'il nous faut conserver le droit à la pratique que la résolution de M. Choate cherche à abolir. M. Choate nous a dit que c'est un héritage de l'ancienne piraterie; c'est vrai, comme il est vrai que la guerre n'est que le meurtre organisé: nous ne gardons ces droits que pour le moment où la normalité aura cessé. Nous ne pouvons pas nous lier les mains justement pour le moment où la justice doit disparaître pour être remplacée par la violence, où la piété voile ses yeux et où la force inexorable et brutale doit régner suprême.

M. Choate nous a dit, au nom de l'illustre Président des Etats-Unis, que les Nations doivent accepter le principe humanitaire qu'il propose, même si cela leur impose des sacrifices à leurs ambitions ou à leurs intérêts. C'est un appel noble procédant d'une haute éminence. Heureux homme, M. Roosevelt, si en descendant du fauteuil présidentiel des Etats-Unis d'Amérique, qui par le prestige, la puissance et la potentialité, vaut bien le trône des Rois et des Empereurs, heureux homme M. Roosevelt, si plus tard, à l'heure du soleil couchant d'une vie pleine d'activité énergique, la main sur son cœur, il peut déclarer, devant le monde et devant l'histoire, qu'il a toujours suivi la belle et humanitaire doctrine de respecter la Justice et l'Humanité et les droits des faibles, comme idéaux suprêmes, même au détriment des intérêts politiques ou des ambitions nationales de son Pays.

Pour en finir, Messieurs, nous n'acceptons pas la proposition de M. Choate parce que nos conditions et nos circonstances ne nous permettent pas ce beau luxe en faveur des principes abstraits de la Justice et de l'Humanité. On peut être apôtre et chercher le martyre individuellement; quand on représente un pays, on a le devoir de défendre ses intérêts; dans le cas présent, il s'agit de politique internationale et non pas de philanthropie.

Le Président fait remarquer que dans les dernières paroles de M. le Délégué de Colombie, il s'est peut-être glissé un malentendu, et que la Conférence ne s'occupe pas de politique internationale.

M. Louis Renault donne lecture de la déclaration suivante:

Messieurs,

Permettez-moi, de préciser l'attitude qu'entend prendre la Délégation française dans la question soulevée par la proposition de la Délégation des Etats-Unis

Pour différents motifs, tirés de la nature et de l'origine de la proposition, elle ne pouvait pas appeler la sérieuse attention de notre Gouvernement. Nous reconnaissons toute la gravité des raisons qui sont invoquées en sa faveur et qui ont été développées avec tant d'autorité par S. Exc. M. Choate. Nous sommes particulièrement sensibles à l'idée de mettre, dans la mesure du possible, les particuliers hors des atteintes directes de la guerre. Si une entente se pouvait établir sur ce point entre tous les Etats intéressés, notre concours ne ferait pas défaut. Cette entente est-elle actuellement possible? Il ne semble pas d'après les déclarations qui viennent d'être faites, que les Etats ici représentés soient d'ores et déjà disposés à y consentir. De plus, comme il a été très justement remarqué, le problème n'est pas simple; il est essentiellement complexe et la solution de la question qui nous est posée ne peut être admise dans le sens des Etats-Unis, même par les Délégations très favorables au principe, que si d'autres questions plus ou moins connexes, comme celle de la contrebande de guerre et du blocus, sont également résolues dans le sens qu'ils désirent. Quand ces diverses questions recevrontelles un règlement accepté unanimement? Il n'est pas possible de le dire. D'ailleurs le principe même du droit de capture est-il absolument contraire à la conception moderne du droit de la guerre et n'est-il pas susceptible de certaines modalités pui justifieraient le maintien en attendant qu'il soit possible, comme il est désirable, d'arriver au respect absolu des droits individuels? C'est ce que je me propose de rechercher.

Au point de vue des principes du droit et de l'équité, il semble très simple de soutenir que la propriété privée ennemie doit, dans la guerre maritime, être respectée, comme elle l'est dans la guerre continentale, d'après les règles admises par la Première Conférence de la Paix. La guerre se fait d'Etat à Etat, elle ne doit pas être dirigée contre les particuliers et ne doit pas avoir pour but un enrichissement au détriment de ceux-ci. Tels sont les motifs essentiels qui peuvent être allégués par les partisans de l'abolition du droit de capture, tel que l'admet encore la pratique actuelle.

Ces motifs sont spécieux, ils ne sont pas décisifs, à notre avis, et le droit de capture peut parfaitement se concilier avec le caractère moderne de la guerre.

Tout d'abord, il n'y a pas lieu d'insister pour montrer que le respect de la propriété privée dans la guerre continentale a été amené plutôt par l'intérêt bien entendu du belligérant lui-même que par des considérations d'humanité et de justice pour les habitants du pays envahi ou occupé, que ce respect n'empêche pas l'envahisseur de tirer largement parti de ressources du pays au moyen des réquisitions et des contributions, qu'enfin le fait même de l'occupation, avec ses diverses conséquences vexatoires et onéreuses, exerce sur la population et le souverain du territoire occupé une pression suffisante pour les dêterminer à conclure la paix.

Dans la guerre maritime, les choses ne se prêsentent pas ainsi. Il y a bien les opêrations de guerre violentes comme sur terre, attaque des vaisseaux de guerre, bombardement des ports militaires, blocus plus ou moins analogue à l'investissement d'une place. Cela ne suffit pas; il faut qu'un belligérant ait le moyen d'arrêter la vie économique de son adversaire, en entravant ou même en supprimant son commerce avec le dehors. Il s'agit moins des particuliers dont les biens vont être saisis que de l'Etat dont ils relèvent et qui est atteint par l'action exercée sur eux.

La saisie de bâtiments de commerce ennemis peut amener une perturbation dans la vie économique du pays auquel ils appartiennent. C'est donc un puissant moyen de coercition, ce qu'il est utile de relever à un double point de vue. D'une part, la crainte d'une pareille perturbation peut détourner de la guerre en intéressant au maintien de la paix une partie notable de la population qui pourrait voir avec trop d'indifférence l'éventualité d'un conflit dans lequel il n'y aurait que des opérations militaires proprement dites; d'autre part, si la guerre a lieu néanmoins, le trouble apporté dans le commerce, l'interruption presque complète des rapports maritimes commerciaux avec ces conséquences sur la prospérité du pays, le renchérissement des choses nécessaires à la vie, produiront une pression dans le sens de la conclusion de la paix. C'est donc un efficace moyen de coercition et on ne peut dire qu'il soit particulièrement cruel.

La capture de navires de commerce ne se présente pas aujourd'hui dans les mêmes conditions qu'autrefois. Elle atteignait directement les individus, armateurs ou chargeurs, et elle constituait un véritable butin pour les capteurs, qu'ils fussent, comme c'était le plus souvent le cas, des corsaires ou qu'il s'agît de bâtiments de guerre. Un Etat, par lui-même ou ses agents, s'enrichissait au détriment de particuliers dépouillés. L'Etat auquel appartenaient ces derniers n'en souffrait que d'une manière indirecte, parce qu'il pouvait à la rigueur vivre avec les ressources provenant de son propre sol. La situation a bien changé. La navigation joue un rôle de plus en plus important dans la vie économique de la plupart des pays, essentiel dans la vie de certains. Les troubles apportés dans cette navigation ont donc une répercussion immédiate sur tout l'Etat dont le fonctionnement social peut être compromis. De plus, les navires de commerce ont pris des proportions plus grandes, ils sont très souvent aptes à être utilisés par l'Etat dans ses opérations de guerre, ils sont parfois susceptibles de se transformer facilement en croiseurs auxiliaires. Par suite, leur capture prive l'Etat dont ils portent le pavillon de ressources directement utilisables pour la guerre; elle constitue pour l'Etat capteur un véritable moyen de défense; ses conséquences pécuniaires n'apparaissent pas au premier plan. Enfin, la perte ne frappe plus des individus déterminés, elle atteint de grandes sociétés, qui seules ont les capitaux nécessaires pour la construction, l'armement des grands navires qui sont aujourd'hui indispensables dans les vastes opérations du commerce international. La perte se répartit entre un grand nombre d'individus actionnaires ou obligataires des sociétés dont il s'agit; elle n'a pas le caractère désastreux qui affecte la perte subie par un particulier dont le bien confisqué peut constituer toute la fortune.

Pour que le maintien du droit de capture garde ce caractère de moyen de coercition exercé par un belligérant contre l'autre et soit dépouillé de toute analogie compromettante avec l'ancien droit de butin, c'est à deux conditions, que je me permets d'indiquer, bien qu'elles relèvent en principe du droit interne, parce que leur accomplissement permettrait aux Etats partisans du droit positif actuel d'écarter certains reproches.

D'une part, il faut que toute pensée de lucre soit absente de l'esprit des agents de l'Etat qui procèdent à la capture. Il n'est pas bon qu'ils aient un intérêt pécuniaire à pratiquer telle ou telle opération hostile. Il est donc à désirer que les parts de prises qui existent encore dans la plupart des marines disparaissent; la question ne sera examinée ici qu'au point de vue des prises ennemies. J'ajoute que cela serait plus vrai encore pour les prises neutres pour lesquelles il y a ordinairement plus de doute et pour lesquelles il ne faut pas que la décision du croiseur puisse être supposée avoir été influencée par l'appât du gain. Dans le fait de la saisie d'un navire ennemie ou d'un navire neutre, il ne devrait y avoir qu'une opération pratiquée dans l'intérêt de l'Etat ; c'est l'accomplissement d'un devoir qui n'a pas à être pécuniairement rénuméré plus que l'accomplissement des autres devoirs envers l'Etat. Sur ce point, l'armée de mer devrait être traitée comme l'armée de terre.

D'autre part, c'est dans l'intérêt général de l'Etat en même temps que dans le leur que les armateurs et chargeurs des navires capturés ont continué leurs opérations malgré la guerre. Il ne serait donc pas juste qu'ils subissent seuls les conséquences de la capture. Aussi l'idée que l'Etat, dans son ensemble, doit subir les conséquences préjudiciables de la guerre non seulement en tant qu'elles se sont produites directement contre l'Etat lui-même et ses établissements, mais encore en tant qu'elles ont atteint les particuliers, s'affirme de plus en plus; on peut différer sur les moyens de la réaliser, mais il n'y a guère de doute sur le principe lui-même.

Si ces considérations sont, comme nous le croyons, justes, le droit de capture apparaît comme une mesure dirigée par un Etat belligérant contre un autre Etat belligérant, cette mesure faisant partie de l'ensemble des opérations par lesquelles un Etat s'efforce de réduire son adversaire à composition et n'ayant par elle-même aucun caractère particulier de rigueur. Il n'y a donc pas, suivant nous, de raison suffisante pour y renoncer, tant que l'entente nécessaire à laquelle nous avons fait allusion au début et à la formation de laquelle nous sommes prêts à concourir, ne se sera pas réalisée.

S. Exc. M. Uriah M. Rose donne lecture du discours suivant:

Monsieur le Président, dans les discours qui viennent d'être prononcés on a beaucoup parlé des droits de ceux qui opèrent une capture, des droits des belligérants, et l'on a cherché à montrer que leurs droits ont à peu près, sinon tout à fait la même mesure que leur force; mais personne n'a essayé de definir quels pouvaient être les droits des particuliers qui, en temps de guerre, ont leur propriété sur mer; on serait tenté d'en inférer que les droits de ces derniers à la propriété qu'ils ont sur mer sont une quantité absolument négligeable.

Il y a juste cent ans, Lord Brougham disait:

„La propriété privée des particuliers pacifiques et industrieux semble être protégée et, sauf dans le cas de capture sur mer, elle est épargnée, en effet, par l'usage général de toutes les nations modernes. Aucune armée sur terre ne pille les particuliers sans armes, sauf dans le but de pourvoir à sa propre subsistance. Et les lois de la guerre sont tenues pour violées quand on saisit la propriété privée dans un but de lucre, même si cela a lieu en pays ennemi. Il n'est pas facile de découvrir, à première vue pourquoi cette politique humaine et éclairée est encore exclue du théâtre des guerres maritimes et pourquoi le pillage d'industrieux marchands, considéré comme honteux sur terre, est tenu sur mer pour honorable."

Un autre écrivain de distinction a dit:

„Il n'y a aucun doute que l'irritation prolongée que provoque la saisie de la propriété privée, sur mer comme sur terre, est une des causes principales qui font naître les haines nationales durables."

S. Exc. M. Choate a cité beaucoup d'autres assertions du même caractère, émanant d'hommes d'Etat de juristes du plus haut rang et de différentes nationalités. Je ne parle pas des traités dans lesquels le principe que nous défendons a été introduit.

Dès le début de nos travaux, S. Exc. M. de Martens, dans son discours d'ouverture a dit avec beaucoup de sagesse et d'à-propos: „Nous devrions maintenant faire pour la guerre maritime ce que la Seconde Commission de la dernière Conférence a fait pour la guerre sur terre: déterminer les principes dont l'application aura pour objet de prévenir les conflits et les malentendus".

C'est là précisément ce que nous nous efforçons de faire dans le projet actuellement en discussion; c'est-à-dire que nous cherchons à mettre de l'uniformité dans les règles humanitaires de la guerre, ainsi désignées parce qu'elles reposent sur des principes moraux, et par là arriver à protéger les droits reconnus des noncombattants sur mer aussi bien que sur terre.

La règle humanitaire de l'inviolabilité, en temps de guerre, de la propriété sur terre des particuliers inoffensifs, sauf dans le cas de contrebande ou de nécessité militaire est, il est vrai, d'origine relativement récente; cependant, basée qu'elle est sur des principes universellement reconnus, elle est aujourd'hui si fermement établie dans la conscience publique et dans le droit international qu'elle n'est contestée ni par nos honorables contradicteurs ni par qui que ce soit. Et vraiment on a de la peine à comprendre pourquoi la même règle ne serait pas appliquée, dans les mêmes conditions, à la propriété de ces mêmes particuliers, quand elle se trouve sur mer. Cicéron, il y a des siècles, déclarait que la loi naturelle de la justice est la même à Rome qu'à Athènes et que partout ailleurs; paroles qui ont été citées et approuvées vraisemblablement par tous les écrivains modernes les plus distingués qui ont traité du droit des gens. La justice ne change pas suivant les degrés de latitude ou de longitude; sur la montagne ou dans la plaine, suivant le temps ou les saisons et elle ne s'arrête pas comme les Continents aux rivages de la mer. Dire donc que les principes de justice naturelle dont la souveraineté est reconnue sur terre ne sont pas applicables sur mer, nous semble une anomalie dans la pratique et un vrai paradoxe, et tant qu'argument.

La théorie proposée qui prétend que les guerres deviennent moins fréquentes et plus courtes à proportion qu'elles sont plus cruelles et plus injustifiées, a été depuis longtemps réjetée. Cette théorie est soeur de celle qui veut que les lois soient efficaces à raison de la terreur qu'elles inspirent. En Angleterre, vers la fin du dix-huitième siècle, la loi faisait un crime capital du vol d'un objet valant trois shillings ou plus et elle punissait de mort celui qui s'était rendu coupable de cent soixante de ces délits. Le résultat était que si un homme dans un moment de faiblesse s'était rendu coupable d'une légère offense, sachant qu'aux termes de la loi sa vie était menacée et qu'il n'y avait pour lui aucun remède, cet homme se laissait aller au désespoir, et devenait un bandit de profession; il groupait autour de lui quelques malfaiteurs, se tenait sur la grande route ou dans la forêt et faisait à la Société une guerre dans laquelle le principe de l'inviolabilité de la propriété privée perdait tous ses droits; et si au cours de cette carrière criminelle, quelqu'un de ces malandrins était pris et frappé par la loi, au lieu d'avoir à le punir pour un seul crime on en avait des milliers à lui faire expier. Ainsi la loi allait à l'encontre du but qu'elle poursuivait et multipliait les malfaiteurs; le bourreau frappait toujours, mais les crimes augmentaient sans cesse et les tribunaux étaient impuissants à faire respecter la majesté de la loi.

Il en est ainsi de la cruauté et de l'injustice dans la poursuite de la guerre sur terre comme sur mer; elles tendent inévitablement à rendre les guerres plus fréquentes et plus longues. Sans doute, un conquérant parfois après avoir tout mis indistinctement au pillage, après avoir massacré des populations entières, apres avoir fait autour de lui un désert, donne à cela le nom de paix; ce n'est pas de ce genre de paix que nous prenons souci.

Au début de toute guerre, il y a généralement des deux côtés un parti de la guerre et un parti de la paix; or, tout acte arbitraire d'injustice commis par l'un ou l'autre des belligérants, crée naturellement chez l'adversaire un ressentiment tout à l'avantage du parti de la guerre et au détriment du parti de la paix; des actes d'injustice répétés ont pour conséquence d'unir toute la population dans un sentiment favorable à la guerre; et tout espoir de paix languit et s'éteint à raison du ressentiment que l'on a ainsi provoqué.

Dans les moments d'excitation intense tout homme se sent grandir à la taille d'un héros; quand on a vu s'accumuler les injustices, les insultes, les indignités le moment vient où la voix des intérêts purement matériels cesse de se faire entendre; l'homme exaspéré crie vengeance et tout individu est prêt à dire: „Vous pouvez brûler ma maison et dévaster mon champ, mais je ne me soumettrai plus lâchement à vos injustices, à vos insolences répétés; je risquerai ma vie pour tâcher de vous rendre avec usure les traitements révoltants que j'ai reçus de vous.“ Quand les sentiments belliqueux sont parvenus à ce point, il n'est pas facile de les apaiser et de les faire taire par de douces paroles; en pareille circonstance les offres de conciliation même les plus raisonnables sont souvent rejetées avec mépris et indignation et la guerre continue avec ses conséquences sanglantes jusqu'à complet épuisement.

On pourrait prouver par de nombreux exemples que l'injustice et la cruauté sont loin de rendre les guerres moins fréquentes.

Anciennement les guerres étaient bien plus cruelles et plus injustes que de nos jours; elles étaient pourtant beaucoup plus fréquentes qu'à l'heure actuelle. Pour ne parler que d'une époque relativement récente, Louis XIV et son ministre Louvois faisaient la guerre avec une sauvagerie atroce. Dans les Pays-Bas, ils brûlèrent plus de cent villes et bourgades; ils dévastèrent par le fer et par le feu le riche et populeux pays du Palatinat et n'y laissèrent que des ruines fumantes; et cependant le règne de Louis XIV ne fut qu'une succession ininterrompue de guerres, qui ne cessèrent que le jour où le monarque succomba enfin sous les efforts de la coalition qu'avait formée contre lui la cruauté persistante avec laquelle il avait fait toutes ces guerres.

Est-ce que les confiscations et la cruauté abrègent la guerre? Que la Nation qui nous donne en ce moment une si généreuse hospitalité réponde. La guerre entre l'Espagne et les Pays-Bas fut conduite -- d'un côté, tout au moins — avec une sauvage et féroce inhumanité presque sans exemple et cependant aucune guerre dans les temps modernes n'a duré aussi longtemps.

Mais, nous dit-on, si le principe contraire à celui que vous soutenez ne peut pas se justifier par des raisons morales, il se justifie par des considérations politiques; car le danger de saisie que court la propriété privée sur mer a pour effet d'obliger la classe des commerçants à mettre toute son influence au service de la paix et par cela même il tend à rendre les guerres moins fréquentes et moins longues.

Cet argument nous semble également peu juste. La guerre et la paix ne se règlent pas dans les comptoirs des commerçants, ni dans les Chambres de Commerce; les marchands ne forment pas une classe à part organisée pour des fins politiques. Il n'y a plus aujourd'hui à proprement parler, dans le monde, de nations commerçantes comme l'étaient autrefois Gênes et Venise, nations presque dépourvues d'industrie et d'agriculture, et dont toute l'existence nationale reposait exclusivement sur le commerce. De leur temps tous les navires étaient en bois, et les bateaux marchands pouvaient être aisément et très rapidement transformés en navire de guerre; et l'armateur pouvait espérer s'enrichir en capturant les navires et les chargements de l'ennemi, dans une sorte de guerre qui ne différait pas beaucoup de la piraterie. Aujourd'hui les guerres n'offrent plus les mêmes ressources, aux trafiquants ou capitalistes. Quelque libérales que soient pour le commerçant les règles de la guerre, il inclinera toujours pour la paix, si non pour d'autres raisons, tout au moins, parceque la guerre interrompant les communications, bloquant les ports, retirant des champs de production une multitude de bras paralyse nécessairement les affaires; de sorte que les commerçants sont les derniers au monde à encourager l'esprit belliqueux. Même s'il en était autrement, comme autrefois, le groupe des commerçants ayant ses intérêts sur mer, quoique nombreux et importants, n'en serait pas moins submergé par les autres classes qui se livrent à l'industrie, à l'agriculture, aux travaux publics, aux mines et à d'autres occupations, de sorte qu'il est à peu près certain que les commerçants ne seront jamais un important facteur pour favoriser les sentiments qui peuvent amener la guerre. De par la nature même de leurs occupations les commerçants sont les plus fermes alliés de la paix. Ils n'ont pas besoin d'être détournés de la guerre, car pour eux la guerre veut dire perte et ruine; et cependant la règle actuellement en vigueur punit justement la catégorie qui constitutionnellement est en faveur de la paix et non de la guerre. Parmi les nombreux services que le commerce rend à l'humanité, un des plus importants est qu'il tend à unir les Nations, par les liens de la communauté d'intérêts et de l'amitié et prévient ainsi la fréquence des guerres inutiles. Accuser les commerçants d'être des fauteurs de discorde et de pousser à la guerre est chose aussi injuste que le principe dans l'intérêt duquel cette accusation gratuite est formulée. C'est ajouter au vol à main armée, l'iniquité de la duplicité et de la fraude; c'est justifier la raison du loup dans la fable „Le Loup et l'Agneau".

En 1809, au moment où la guerre allait éclater entre les Etats-Unis et la Grande-Bretagne, le Congrès ayant mis un embargo préliminaire sur le commerce, tous les commerçants qui avaient des intérêts sur mer se levèrent comme un seul homme, s'organisèrent pour soutenir les intérêts de la paix et dénonçèrent tous les préparatifs militaires avec la plus grande véhémence et la dernière énergie.

Néanmoins la guerre éclata et suivit son cours, non à l'instigation des commerçants mais malgré leurs remontrances.

Mais lors même qu'il serait vrai que les commerçants fussent plutôt portés à favoriser la guerre que la paix, nous aurions de la peine à comprendre comment cela pourrait justifier que l'on saisisse la marchandise d'un particulier en aucune façon responsable des opinions ou de la conduite de l'armateur qui la transporte et qu'il n'a probablement jamais vu; ou pourquoi cet armateur lui-même serait poursuivi pour des sentiments qu'il n'a peut-être jamais professés.

Et si nous admettons qu'une politique rigoureuse et le sentiment supérieur du devoir exigent qu'on maintienne ce système de rapine sur mer, pour tenir en respect la marine marchande, il semblerait que la même mesure préventive dût être prise à l'égard des marchands qui trafiquent sur terre et ainsi tous les commerçants se trouveraient mêmement ramenés dans le troupeau orthodoxe non pas seulement des amis de la paix, que dis-je, amis, des partisans fanatiques et enragés de la paix, toujours prêts à prendre les armes et à se battre même contre leurs propres compatriotes pour leur en assurer le bienfait. Une solennité internationale nous semble peu se prêter à la défense d'une doctrine qui a tant de peine à aboutir à une conclusion logique.

Même si notre manière de voir était erronée nous n'en persisterions pas moins à croire que le terrain sur lequel se sont placés nos contradicteurs est sujet aux plus graves critiques. Nous ne sommes pas ici pour défendre la pratique de la course; mais la course est certainement un bon moyen de défense entre les mains d'un Etat faible même contre un Etat fort. Dans la guerre entre l'Angleterre et l'Amérique, en 1812, le commerce anglais subit plus de pertes du fait des corsaires Américains qu'il n'en a subi dans aucune autre guerre. Pendant notre guerre civile, les Etats Confédérés n'avaient pas de marine et cependant comme nous l'a dit S. Exc. M. Choate, les corsaires armés de Semmes et de ses lieutenants balayèrent des mers tout le commerce américain. Rien ne répand plus de terreur dans la marine marchande que de savoir qu'un Francis Drake, un Paul Jones ou un Amiral Semmes croise dans la haute mer ou est aux aguets dans quelque baie ou dans quelque endroit écarté. La course fut abolie par le Traité de Paris et nos adversaires justifient cette mesure en disant qu'elle est humaine et juste; mais si, comme ils l'affirment, leur but est d'intimider la classe des commerçants afin de les détourner de la guerre, pourquoi abandonnent-ils le moyen efficace qu'ils avaient dans la course au profit du procédé mesquin et sans portée qui permet la capture de ci de là de quelque ballot de marchandise appartenant à des noncombattants inoffensifs et cela sans profit pour les opérations des armées de terre ou de mer et sans autre utilité que de mettre quelques pièces de monnaie, à la prochaine vente, dans la poche de celui qui a fait la capture. Pourquoi rejeter une arme très efficace pour en prendre une autre qui est sans puissance et sans portée? En principe la politique que nos adversaires défendent aboutit à la même contradiction que nous avons recontrée jusqu'ici. Elle abolit la course, mais établit et consacre le principe de la saisie de la propriété privée sur mer, — principe même sur lequel repose la course et au nom duquel nos adversaires dans la présente discussion condamnent la course. Il nous semble qu'il n'est pas besoin de se mettre en frais d'argument pour démontrer que ce qui est injuste sur terre ne peut être juste sur mer ou que si la capture de la propriété privée par des corsaires régulièrement patentés par le gouvernement est mauvaise en principe et néfaste en pratique, elle ne peut être juste et bonne quand elle est opérée par un navire de l'Etat régulièrement équipé et commissionné. L'immoralité d'un acte ne dépend pas de l'agent, mais de la nature de l'acte même. Les Athéniens ne voulurent plus entendre parler d'un plan qu'on leur représentait comme très avantageux pour Athènes, dès qu'on les eut informé qu'il était en même temps profondément injuste. En agissant ainsi ils n'épiloguèrent pas, ils ne prétendirent pas que le droit naturel qui, chez les hommes et les Nations, est aussi immuable que les lois physiques qui régissent l'Univers, varie suivant le temps et le lieu.

La doctrine que nous soutenons n'est pas une doctrine particulière à l'Amérique; c'est la doctrine de l'humanité en général; elle a été soutenue et elle l'est encore chaleureusement aujourd'hui par les peuples européens, par leurs juristes, par leurs hommes d'Etat, et nous ne faisons ici que défendre ce qu'ils ont énergiquement défendu avant nous. Un rédacteur du „London News" dans le numéro du 1er Juillet de ce journal publie un article très habile et fort bien pensé qui passe en revue l'admirable discours qu'a prononcé S. Exc. M. Choate devant cette Commission. L'auteur, parlant de l'opposition qui est faite au principe que nous défendons, dit qu'elle „frise l'absurde" et il affirme que:

„Si ce principe (de la saisie de la propriété privée) était accepté et appliqué logiquement, la Conférence serait en train par le fait, non pas à développer les règles existantes qui régissent la guerre, mais à les démolir."

Je puis ajouter à cela qu'elle endosserait la responsabilité d'un principe qui détruirait une grande partie du bien qu'elle a fait jusqu'ici.

Nous ne sommes nullement surpris que le principe que nous soutenons rencontre une vigoureuse opposition; que l'on nous dise qu'avant d'en aborder l'examen il faudrait que diverses questions épineuses fussent préalablement discutées et réglées, que celle qu'il soulève n'est pas encore mûre; qu'on devrait la renvoyer à un moment plus favorable; qu'il est absolument nécessaire notamment qu'avant toute chose la question de la contrebande soit amplement discutée, bien que ce que nous soutenons n'ait rien à voir avec la contrebande puisque elle a trait à la propriété privée non à la contrebande, quelles que soient les règles que l'on puisse établir à l'égard de cette dernière.

Nous ne sommes ni abattus ni découragés par les considérations que l'on fait valoir pour obtenir un délai. Toutes les grandes réformes ont eu à compter non seulement avec l'opposition de l'ignorant et du pervers, mais même avec celle d'hommes par ailleurs sages et bons. Dans le cas présent, le fait solennel et frappant est que le principe qui autrefois justifiait sur terre le pillage audacieux et sans frein condamné aujourd'hui à la fois par l'humanité et l'honnêteté la plus vulgaire, a été rélégué dans la mer, comme les pourceaux de Gaderine: „They aint no ten Commandments". (Ils ne sont pas les dix Commandements.)

Comme eux il s'y est retranché et y a trouvé un sanctuaire.

Nous entendons aujourd'hui pour la première fois que la règle qui interdit le pillage sur terre n'a pas été établie principalement pour des raisons d'humanité, mais en vue de prévenir l'indiscipline du soldat. Nous n'ignorons pas qu'une philosophie cynique veut que nos meilleures actions aient leur origine dans des motifs égoïstes; mais nous ne sommes nullement disposés à accepter une théorie si révoltante qui dépouille la vertu de tout ce qui l'ennoblit et la prive de ce qui est souvent sa dernière et unique récompense: la gloire d'une action désintéressée. (Applaudissements.)

S. Exc. Sir Edward Fry s'exprime comme suit:

Je demande la parole seulement sur un sujet de nos débats. Le Délégué américain que nous venons d'entendre avec tant d'intérêt a beaucoup parlé de la cruauté de l'exercice du droit de capturer la propriété privée. A mon avis c'est un mal-entendu. Il est vrai que dans toutes les opérations de la guerre, il y a quelque chose de barbare, mais de toutes les opérations il n'y en a pas une qui soit aussi humaine que l'exercice de ce droit. Considérez, je vous prie, ces deux cas: l'un, la capture d'un vaisseau marchand sur mer; l'autre, les opérations d'une armée ennemie. Dans le premier cas, vous voyez une force majeure contre laquelle il est impossible de combattre; personne n'est tué, même personne n'est blessé; c'est une affaire pacifique. De l'autre coté, qu'est-ce que vous voyez? Vous voyez le terrain désolé, le bétail détruit, les maisons brulées, les femmes et les enfants fuyant devant les soldats ennemis et peut-être des horreurs sur lesquelles je voudrais garder le silence. Se plaindre donc de la capture des vaisseaux marchands sur mer, et ne pas interdire la guerre sur terre, c'est choisir le plus grand des deux maux.

S. Exc. M. Cléon Rizo Rangabé fait la déclaration suivante:

„Bien que, après l'échange de vues qui vient d'avoir lieu, il paraisse que le problème posé par la Délégation des Etats-Unis d'Amérique au sujet de l'inviolabilité de la propriété privée dans la guerre maritime, ne saurait recevoir par la Conférence actuelle une solution nette dans le sens de la proposition américaine, la Délégation hellénique, désirant marquer le point de vue auquel le Gouvernement Royal serait disposé à se placer en vue d'une entente ultérieure, tient à faire constater qu'elle s'associe à la déclaration faite par S. Exc. M. de Beaufort, au nom de la Délégation des Pays-Bas, au début de cette séance.“

S. Exc. M. A. Beernaert fait observer que les nombreuses et intéressantes déclarations demandent une réponse, mais en raison de sa fatigue, il demande à la Commission non pas l'ajournement de la discussion, mais la permission de faire à une occasion subséquente, si cette discussion continue, les observations qu'il aurait à présenter.

S. Exc. M. Léon Bourgeois fait remarquer que la question actuellement discutée par la Quatrième Commission est une des plus considérables qui soient soumises à la Conférence; la Commission a entendu, à sa dernière séance, les thèses ayant un caractère absolu; elle a entendu aujourd'hui ce qu'on pourrait appeler les thèses relatives; elle a pu se rendre compte, que la question de l'inviolabilité de la propriété privée sur mer est dépendante d'autres questions, de celles que soulèvent le blocus des ports des belligérants et la saisie de la contrebande de guerre. On a montré, par les différentes modalités que l'on vous propose d'adopter, qu'il est possible dans cet ordre d'idées d'humaniser la guerre maritime; ne semble-t-il pas dès lors à la Commission que cette question mérite une séance de plus? (Assentiment général.)

Le Président revient sur la nécessité de déposer avant le 7 juillet les propositions que M.M. les Délégués désirent soumettre à la Conférence et il insiste sur l'opportunité qu'il y aurait à restreindre dans de certaines limites, les discours que désirent prononcer les membres de la Conférence.

S. Exc. M. Nélidow rappelle, que dans la dernière séance plénière, la Conférence a exprimé le vœu, que les discours ne soient pas à l'avenir trop prolongés.

Sur la proposition du Président, la continuation des débats est fixée au mercredi 10 juillet à 10 heures 30.

La séance est levée à 5 heures.

c) Quatrième Séance. 10 Juillet 1907.

Bd. III S. 801 ff. der Verhandlungen.

Présidence de Son Excellence M. de Martens.

La séance est ouverte à 10 heures 55.

Le procès verbal de la troisième séance est adopté.

Le Président déclare que, d'après la convocation reçue par M.M. les Délégués, la Commission doit continuer aujourd'hui la discussion du principe de l'inviolabilité de la propriété privée sur mer tel qu'il résulte de la proposition de la Délégation des Etats-Unis d'Amérique (Annexe 10; *s. oben S. 163*).

Le Président donne la parole à S. Exc. M. A. Beernaert qui s'exprime ainsi:

Messieurs, Ce n'est pas sans raison qu'il m'avait paru inadmissible que cet important débat fut clos après le discours de S. Exc. M. Choate. Notre honorable collègue des Etats-Unis avait été émouvant et complet. Il n'avait rien laissé dans l'ombre, ni quant aux arguments qui justifient l'inviolabilité de la propriété sur mer, ni quant aux savants et aux hommes d'Etat qui ont exposé et défendu cette thèse, ni quant aux cas déjà nombreux où des Etats belligérants l'ont réalisée en fait, donnant ainsi un exemple qui devrait se généraliser.

Mais ce discours me paraissait ne pouvoir rester sans réponse et sans complément. Ceux qui ne partagent pas l'avis de S. Exc. M. Choate semblaient devoir nous dire pourquoi, au moins succinctement, et il était à espérer que les grandes Puissances nous ferraient connaître leur sentiment. Et, en effet, notre séance du 5 juillet a été d'un grand intérêt. M. Choate a annoncé des propositions que nous ne connaissons pas encore, mais que lui-même a qualifié d'importantes. Les Délégations de Norvège, de Grèce, du Brésil et de Pays-Bas ont adhéré à l'avis des Etats-Unis et subsidiairement S. Exc. M. Barbosa a indiqué des propositions d'un caractère moins absolu, très dignes d'intérêt, qui assimileraient le sort de la propriété privée dans la guerre maritime à celui dé la propriété privée dans la guerre sur terre.

Si d'autre part les grandes Puissances européennes: l'Allemagne, l'Angleterre, la France, la Russie se sont prononcées pour le maintien du statu quo, c'est sans enthousiasme aucun, comme à regret, par des considérations du moment et en laissant entendre qu'une entente ne serait nullement impossible, si d'autres difficultés pouvaient être réglées de commun accord, par exemple en ce qui concerne le blocus et la contrebande de guerre.

Il semble donc que nous pouvons garder confiance dans l'avenir, mais, dans l'état actuel des choses, la suppression de la capture ne sera pas votée et il serait puéril d'y insister. Ce n'est pas ce que je veux faire. Mais s'il faut nous résigner à voir des règles absolument différentes régir la propriété privée pendant la guerre sur terre ou sur mer, si la même marchandise doit continuer à être respectée ou être sujette à confiscation selon qu'elle est à bord ou encore à quai, en attendant l'embarquement, ne pourrions-nous tenter quelque effort en vue de la réalisation d'un progrès relatif? Le premier, S. Exc. le Comte Tornielli, a parlé de propositions subsidiaires auxquelles son Gouvernement adhérerait volontiers faute de mieux; la Délégation danoise a fait une déclaration analogue; nous avons les propositions du Brésil, et nous sommes prêts, nous aussi, à nous attacher à ce côté de la question, puisque, pour le moment, il semble le seul pratique.

On n'entrevoit guère de propositions subsidiaires que dans la substitution de la saisie ou du séquestre à la confiscation par voie de capture. Des auteurs estimables, tels que Lorimer, dans la „Revue de droit international“ de 1875, Heffter, „Droit international de l'Europe“, Pillet, „Droit de la guerre“, recommandent cette demi-mesure, et elle serait peut-être de nature à satisfaire ceux qui estiment que la guerre sur mer ne peut produire tous ses effets que par le trouble ou même par l'interruption du commerce ennemi. Ce but serait atteint par l'appréhension des navires et leur mise sous séquestre, avec tout ou partie de la cargaison, et sans doute des particuliers seraient gravement atteints, ruinés peut-être, mais au moins à la Paix, devaient-ils être indemnisés et le règlement de cette indemnité serait l'une des conditions du traité.

Même en dehors de cette solution, il y a dans la situation actuelle certaines choses qui vraiment ne peuvent être maintenues. Puisque tout le monde est d'accord que la guerre se fait d'Etat à Etat et non contre les particuliers, à quel titre pourrait-on justifier que les matelots d'un navire de commerce soient déclarés prisonniers de guerre et traités comme tels? En quoi ces braves gens qui exercent pacifiquement leur industrie sont-ils belligérants? Comment sans avoir pris aux hostilités aucune part, même indirecte, peuvent-ils être traités comme combattants et retenus captifs jusqu'à la fin de la guerre.

Et d'autre part, est-il admissible que le vaisseau de guerre qui rencontre un navire sans défense ait le droit de le couler, s'il a quelque motif de ne pas emmener sa prise, et lui lancer une torpille sans avertissement préalable.

Messieurs, si les idées que je viens de vous exposer, trouvaient parmi vous de l'écho, la Délégation belge pourrait, elle aussi, saisir l'assemblée de propositions dans le sens que je viens d'indiquer et déjà mes collègues et moi nous les avons préparées.

Si quelque accord pouvait ainsi s'établir, nous aurions tous, je pense, plus d'une raison d'en être satisfaits. Nous constituons une assemblée sans précédent; jamais dans l'histoire du monde, on n'a vu se réunir des représentants de toutes les nations civilisées, sans aucun but d'avantage pour elles, et même sans aucune arrière-pensée, pour le seul bien de tous.

Mais, permettez à l'un de vos doyens d'âge de vous le dire, plus notre rôle est grand et nouveau, plus aussi l'on attend de nous; l'opinion publique nous écoute et nous guette; et aujourd'hui il n'est pas d'assemblée qui ne doive siéger les fenêtres ouvertes et écouter les bruits de dehors.

La Première Conférence de La Haye a été l'objet de bien des critiques et cependant elle a à son actif une codification assurément progressive des lois et des coutumes de la guerre et la consécration de la médiation et de l'arbitrage.

Cette seconde assemblée devrait aboutir à des résultats d'au moins égale importance, et il semble que c'est la guerre sur mer qui surtout peut nous en fournir l'occasion. M. de Martens nous le disait au commencement de nos travaux: „nous devons faire aujourd'hui pour la guerre maritime ce que la Deuxième Commission de la dernière Conférence a fait pour la guerre continentale“.

Eh bien! que pouvons-nous, que ferons-nous?

Pour les combattants, la guerre sur mer est autrement terrible que la guerre sur terre.

Un torpilleur ou un sous-marin peut anéantir en quelques instants un vaisseau magnifique, représentant un capital énorme et un millier d'existences. En 1899, la Russie proposait de renoncer à l'emploi de tels engins, tout comme on s'est interdit d'empoisonner les armes ou l'eau des fontaines et la plupart des Puissances semblaient prêtes à adhérer à cette proposition, pourvu qu'il y eût unanimité. Mais malheureusement je ne vois aujourd'hui parmi nous aucun indice d'idées en ce sens. Nous ne prohiberons probablement que l'emploi de ces mines flottantes, dont le Premier Délégué de Chine nous a décrit les ravages pour les neutres et les pêcheurs.

Ce sera certes un grand progrès, mais cela suffit-il? Satisferons-nous ainsi cette redoutable souveraine qui se nomme l'opinion? Pour moi je ne le crois pas et c'est pourquoi je me permets de recommander à toute l'attention de l'Assemblée un large règlement du droit des neutres, et une consécration au moins partielle du droit de propriété privée sur mer.

S. Exc. The Honourable John W. Foster prend ensuite la parole en ces termes:

La Délégation Impériale de Chine désire prêter non appui à la proposition pendante que le Premier Délégué des Etats-Unis a présentée et soutenue avec tant d'adresse. En le faisant la Délégation de Chine estime qu'elle ne fait que donner expression à l'esprit d'encouragement de toute mesure tendant à la paix, qui depuis des siècles anime le Gouvernement de la Chine, et qui aujourd'hui encore le rend disposé à accueillir toute proposition offrant des garanties de libertés plus étendues au commerce pacifique.

J'ai écouté avec grand intérêt et avec profit les discussions auxquelles a donné lieu la proposition pendante. Si je comprends bien la position des adversaires de la proposition, leurs objections principales seraient de deux natures. En premier lieu, ils prétendent que tant que la propriété privée est sujette à la saisie, les nations hésiteront à s'engager dans une guerre à cause des suites désastreuses qui pourraient en résulter pour le commerce maritime. Plutôt que de voir leur marine marchande balayée des mers et leur commerce étranger détruit, il est affirmé que les gouvernements chercheront sincèrement à trouver quelque autre moyen que celui d'un appel aux armes pour le règlement de leurs différends.

Si cette Conférence des Nations se laisse influencer par l'argument que la propriété privée sur les mers libres ne devrait pas être exempte de capture parce que la peur de sa destruction opère comme une entrave à la guerre, pourquoi ne serait-il pas également applicable à plusieurs des réformes dans les règles de la guerre adoptées afin d'améliorer les conditions du commerce maritime, et qui au cours du dernier demi-siècle ont tant contribué à l'avancement des relations internationales? Pourquoi les quatres règles de la Déclaration du Congrès de Paris de 1856 ne seraient-elles pas abrogées? Pourquoi ne pas défaire en partie l'œuvre de la Conférence de la Paix de 1899? Pourquoi, enfin, cette Seconde Conférence de la Paix serait-elle tenue à s'adonner journellement à l'étude de projets de la Cour de prises, de restrictions dans la patrique de la visite, de la régularisation ou de l'abandon de la contrebande, des privilèges qui doivent être accordés au commerce maritime à l'ouverture des hostilités, du règlement plus précis en ce qui concerne le blocus, les mines sous-marines, et tant d'autres questions encore, toutes visant une protection plus large et l'immunité pour le commerce pacifique sur l'océan?

Le second argument contre la proposition pendante est avancé par les représentants de gouvernements qui plus de cent ans durant ont été les avocats actifs de l'immunité de la propriété privée sur mer, mais qui doutent maintenant que l'heure soit opportune de mettre ces principes en action. Les considérations qui motivent ce point de vue sont variées, mais la plus importante avancée est celle qui affirme que l'immunité de la propriété privée nécessitera des modifications dans les règles en vigueur sur la contrebande, le blocus, et d'autres pratiques, et qu'il faudrait d'abord arriver à une entente sur ces questions. Je ne crois pas comprendre d'après l'exposition de sa proposition que nous a fait M. Choate, qu'il s'attend à voir sa proposition adoptée et rédigée en forme de stipulations de traité par la Conférence in ipsissimis verbis, sans égards aux sujets qui en sont le complément, et qui sont en discussion ou seront prochainement discutés. J'envisage la proposition comme étant une expression de l'opinion des nations sur une question maritime longuement débattue et d'importance capitale; et j'estime que si, comme je le souhaite, elle réunit les suffrages de la Conférence, un effort devrait être tenté pour l'harmoniser avec les sujets qui en sont le complément de telle façon qu'on en obtiendrait l'accord pour des stipulations de traité.

Le commerce du monde a subi un grand changement, depuis que les lois sur la neutralité et de la contrabande ont pris origine, il y a un siècle ou deux. Alors le commerce d'outre mer était infinitésimal. Aujourd'hui les statisticiens nous affirment qu'il a atteint des proportions tellement gigantesques qu'il est difficile de chiffrer l'immensité de sa valeur. Les mers sont devenues les grands chemins des nations, et il ne serait guère raisonnable de s'attendre à ce que cet immense trafic de tous les peuples consentit encore longtemps à se laisser interrompre et démoraliser, parce que deux nations ne veulent pas entendre raison, mais insistent à régler leurs différends par la guerre, dont les conclusions ne sont que le triomphe de la force brutale.

Il y a cinquante ans les Grandes Puissances de l'Europe ont fait un pas important vers l'amélioration de la condition du commerce maritime. Les quatre règles de Paris, en 1856, ont été saluées comme un progrès considérable dans la marche de la civilisation, et ont été acceptées en pratique par toutes les nations. Ce fut dans le but de rendre la guerre moins désastreuse pour le commerce maritime, et pour accorder plus de liberté sur les mers au courant des hostilités au trafic international qu'il fut convenu que la marchandise neutre sur des vaisseaux ennemis et la marchandise ennemie sur des vaisseaux neutres serait exempte de capture; que les déprédations des corsaires contre les vaisseaux sans défense ne seraient plus tolérées; et que le commerce étranger ne se trouverait exclu des ports des belligérants qu'en présence d'un blocus réel et effectif.

Il est également dans le pouvoir de la Conférence actuelle — si supérieure par la représentation des sentiments éclairés de l'univers — de se distinguer, comme l'a fait le Congrès de Paris, en adoptant des mesures plus avancées encore pour l'amélioration des conditions faites au commerce maritime. La proposition pendante pour l'immunité de la propriété privée sur mer, l'abandon du principe de la contrebande, l'établissement d'une Cour d'Appel pour les prises, les règlements concernant les mines sous-marines, et d'autres restrictions imposées aux belligérants sur les mers libres, sont tout à fait en accord avec l'esprit de réforme maritime inauguré par le Congrès de Paris il y a un demi-siècle; et leur adoption justifierait à elle seule la présente convocation des nations, même si aucune autre mesure pour la promotion de la paix n'en résulterait.

Nous pouvons prétendre avec quelque assurance qu'aujourd'hui l'état normal des nations c'est la paix, et que leur condition anormale c'est la guerre. Et s'il en est ainsi, il est parfaitement convenable d'insister que les nations qui ne veulent pas observer les préceptes de la raison, mais qui obéissent à l'impulsion guerrière, doivent molester aussi peu que possible le commerce et les industries des nations pacifiques, et qu'en tant que le trafic maritime est en question, leurs opérations doivent être confinées dans les eaux territoriales des belligérants.

La proposition pendante, à laquelle j'ai fait référence, aura la tendance d'amener cette amélioration tant désirée dans les affaires maritimes. Il ne sera peut-être pas possible d'obtenir l'adoption de toutes ces améliorations dans la Conférence actuelle; mais je prévois le jour où le droit de visite sera aboli, où la suppression de la contrebande sera seule effective dans les eaux territoriales des belligérants, et où les mers libres seront ouvertes au commerce pacifique de l'univers, à l'abri des procédés vexatoires des puissances guerroyantes.

S. Exc. M. de Hammarskjöld fait connaître en ces termes les vues de la Délégation de Suède:

A l'occassion de la formation des Ligues de neutralité armée, la Suède a contribué, il y a plus de cent ans, à faire prévaloir les tendances de protéger la propriété privée sur mer et de diminuer les entraves portées au commerce maritime. Dans le même ordre d'idées, la Délégation de Suède est d'avis qu'il n'y a guère de raisons suffisantes pour maintenir, quant aux guerres maritimes, d'autres règles fondamentales que celles qui régissent déjà les guerres sur terre. Nous partageons donc la manière de voir qui semble avoir inspiré avant tout la proposition américaine, tout en ne nous dissimulant pas les difficultés qui s'opposent à la réalisation immédiate et complète de ce principe.

S. Exc. M. Ruy Barbosa présente, sur l'ordre des questions à discuter, les observations suivantes:

A la séance précédente, quand toutes les grandes Puissances et plusieurs autres se sont fait entendre, en nous donnant leur vœu sur le régime de la propriété particulière dans la guerre navale, nous avons vu l'Allemagne et avec elle le Portugal s'excuser d'émettre une opinion, en déclarant qu'il leur était impossible de le faire, tant qu'on ne résoudrait pas la question de la contrebande de guerre.

Or, l'attitude allemande n'est pas à dédaigner dans cette affaire. Cela se pourrait dire pareillement de tout autre problème international. Mais dans celui dont on s'occupe, l'acquiescement du Gouvernement de Berlin nous serait particulièrement indispensable, vu l'importance de sa marine de guerre et de son commerce maritime. Il me paraît donc qu'on ne pourrait faire la sourde oreille à cette déclaration et en passer sous silence les résultats, d'autant plus que nous ne la pouvons dire mal fondée.

Dans cette matière, en effet, la proposition capitale, celle qui a été le pivot du débat et sora probablement l'objet principal du scrutin, est la proposition américaine qui déclare exempte de capture la propriété privée sur mer „à l'exception de la contrebande de guerre". La contrebande de guerre est, par conséquent, l'exception, qui limite et précise l'extension de la règle. Donc l'élaboration de celle-ci présuppose la connaissance de celle-là. Si l'on formule la règle avant que l'on ne définisse l'exception, on ne pourra pas savoir à quoi s'en tenir quant à la portée de la règle. Il y a conséquemment une véritable inversion logique à étudier l'extension du droit de capture, lorsqu' on n'a pas encore déterminé le contenu de la contrebande de guerre. Et, si l'on considère qu'en insistant à marcher à rebours, nous nous priverons peut-être, au moment du vôte, d'un concours essentiel à la réussite de nos efforts, je crois que tout nous conseille d'abandonner cette fâcheuse transposition et de revenir à l'ordre naturel.

C'est dommage, vraiment, qu'on ne l'ait pas adoptée dans l'organisation de notre programme. Maintenant il peut se faire qu'il soit trop tard pour corriger le mal déjà fait, puisqu'enfin chacun a pris sa position, et il n'est pas facile de changer. Mais du moins cela nous épargnerait du temps, et mettrait l'esprit d'ordre de suite et de lumière dans ce débat.

Je demande donc, M. le Président, s'il ne serait pas nécessaire d'ajourner le vote sur la question de la capture, jusqu'à ce qu'on ait résolu celle de la contrebande de guerre.

Le Président, en réponse aux suggestions de S. Exc. M. Ruy Barbosa, fait observer que le questionnaire qui, à la première séance, a été distribué aux membres de la Commission, a été approuvé par eux; personne ne lui a opposé d'objection et n'a trouvé défectueuse l'organisation du travail. La Commission a déjà consacré trois séances à l'examen de la proposition des Etats-Unis, et il semble logiquement impossible d'aborder la discussion de la contrebande de guerre et du blocus, sans avoir résolu la question de l'inviolabilité de la propriété privée sur mer. Il propose en conséquence de continuer la discussion dans l'ordre fixé par le questionnaire.

S. Exc. M. Ruy Barbosa répond qu'il n'a pas été dans son intention de faire une critique du questionnaire, mais, dans le courant des discussions, il peut surgir un obstacle qui rende désirable une interversion des questions; le profit des discussions antérieures ne serait pas perdu pour cela, et en particulier, il n'y aurait aucun inconvénient à remettre la discussion de l'inviolabilité de la propriété privée après celle de la contrebande de guerre et du blocus.

S. Exc. M. Choate exprime le désir de connaître le texte des propositions auxquelles a fait allusion le discours de S. Exc. M. Beernaert, parce qu'il ne lui semblerait pas impossible qu'elles fussent acceptées par son Gouvernement, et dans tous les cas elles pourraient servir de base à une conciliation.

S. Exc. le Comte Tornielli déclare que la Délégation italienne adhère en principe aux idées et aux conclusions du remarquable discours de S. Exc. M. Beernaert et pense être l'interprête du désir général en demandant au Premier Délégué de Belgique, s'il ne croit pas venu le moment de faire connaître les propositions qu'il a dit avoir préparées. Cette demande s'associe à celle que S. Exc. M. le Premier Délégué des Etats-Unis vient de faire.

Sur une nouvelle demande de S. Exc. M. Choate, S. Exc. M. Van den Heuvel donne lecture de l'exposé des motifs et de la proposition de la Délégation belge:

Entre les deux régimes, celui qui est actuellement admis, pratiqué et qui repose sur le principe de la légitimité de la capture de la propriété privée ennemie et celui, dont l'introduction a si souvent été réclamée et qui serait basé sur le respect absolu de la propriété privée belligérante, n'y a-t-il point place pour une opinion et une pratique intermédiaires qui concilieraient, grâce à des concessions réciproques, les revendications essentielles des deux systèmes?

Pour justifier le régime de la capture, ses adhérents font observer que l'état de guerre donne à chacun des belligérants le droit d'arrêter le commerce de son adversaire en vue de l'affaiblir et de le réduire plus promptement.

Pour réclamer le régime de l'inviolabilité de la propriété privée ennemie ses défenseurs font valoir la convenance de mettre autant que possible de l'harmonie entre les règles de la guerre sur mer et celles de la guerre sur terre, et ils insistent sur l'équité des dispositions qui ont pour résultat de diminuer, dans la limite des nécessités, les dommages causés directement aux particuliers et d'en faire retomber les conséquences sur les collectivités nationales.

La Délégation belge, faisant abstraction de ses préférences personnelles, a cru qu'elle répondrait à une pensée commune à d'autres Délégations si elle essayait de formuler un projet qui tiendrait compte des divers buts poursuivis et ouvrirait une voie transactionnelle.

D'une part, chacun des belligérants aurait le droit de saisir et d'utiliser dans un but militaire les navires et les cargaisons ennemis. D'autre part, à la fin des hostilités, les particuliers reprendraient les biens qui auraient été conservés, ou recevraient, soit de l'Etat capteur, soit, d'après les conventions des traités de paix, de leur propre Etat, la valeur des biens employés ou détruits.

Des dispositions spéciales seraient formulées pour sanctionner à l'égard des belligérants les interdictions qui frappent le transport des objets de contrebande et les violations de blocus.

Les belligérants conduiraient les prises ennemies dans les mêmes ports où ils mèneraient aujourd'hui les prises neutres.

Pareil régime pourrait, nous semble-t-il, être envisagé favorablement par tous. Il pourrait l'être par ceux qui veulent avant tout conserver le droit d'intercepter le négoce des adversaires. Il pourrait l'être par ceux qui désirent principalement sauvegarder les droits des particuliers ennemis dans la mesure la plus large possible. Il n'entraverait pas les opérations de la guerre maritime; il ne les contrarierait pas dans leurs résultats essentiels, mais il supprimerait des rigueurs et des dommages inutiles, il mettrait plus d'équité dans les hostilités.

Ce serait un pas en avant vers le divin idéal de justice sociale et d'humanité que nous recherchons tous.

Voici la proposition que nous avons l'honneur de déposer (Annexe 14; *s. oben S. 169*).

Proposition relative aux droits des belligérants dans la guerre maritime sur la propriété privée ennemie.

ART. 1. Les navires de commerce ennemis, ainsi que la marchandise ennemie sous pavillon ennemi, ne peuvent être saisis et retenus par un belligérant, qu'à la charge d'être restitués à la fin de la guerre.

ART. 2. Ne peuvent être saisis ni retenus:

1°. les barques exclusivement consacrées à la pêche côtière ainsi que les engins et le produit de la pêche;

2°. les navires exclusivement affectés à un but scientifique ou soumis, à raison de leur caractère hospitalier, aux dispositions de la Convention de la Haye du 29 juillet 1899.

ART. 3. Un procès-verbal constatant la saisie ainsi qu'un inventaire des papiers de bord sont dressés par le commandant du navire capteur.

Expédition en est remise au capitaine du navire saisi ou à son représentant.

ART. 4. Le capitaine et les gens de l'équipage des navires ennemis saisis sont débarqués aussitôt que les circonstances le permettent.

Ils sont libérés sur leur engagement de ne point prendre service contre le belligérant capteur pendant toute la durée des hostilités.

Le Gouvernement dont ils sont les ressortissants est tenu de n'exiger et de n'accepter d'eux aucun service contraire à la parole donnée.

ART. 5. Le belligérant capteur a la garde des navires et des marchandises ennemis qu'il a saisis.

Mais il lui est permis de détruire le navire saisi, si les circonstances ne permettent pas sa conduite en un lieu de garde ou si l'approche d'une force ennemie fait craindre une reprise imminente.

ART. 6. Les navires dont le mauvais état ne permet pas la conservation ou dont la valeur réelle n'est pas en rapport avec les frais de réparation ou d'entretien ainsi que les marchandises sujettes à dépérissement peuvent être vendus.

ART. 7. Le belligérant capteur a le droit d'employer et de transformer les navires saisis dont il estime pouvoir se servir pour des opérations de guerre.

Il a aussi le droit d'utiliser dans un but militaire les marchandises saisies.

ART. 8. Le rançonnement des navires ennemis est interdit.

ART. 9. A le fin des hostilités, l'Etat capteur doit restituer à leur propriétaire les navires et les cargaisons qu'il a gardés.

Il peut faire cette remise à l'endroit même où se trouvent les navires et les cargaisons.

Il n'est tenu à aucune indemnité pour la privation de jouissance qui a été la conséquence des saisies, ni pour les détériorations qui pourraient avoir été subies pendant la garde, s'il n'y a pas eu faute grave de sa part.

ART. 10. L'Etat capteur doit remettre à leur propriétaire la valeur des navires et des cargaisons qui, par son fait ou par celui de ses agents, ne peuvent être rendus ainsi que les sommes provenant de la vente des navires et des marchandises qui n'ont pu être conservés.

ART. 11. L'exécution des obligations prévues par l'article précédent peut être mise par les belligérants et en vertu du traité de paix à la charge de l'Etat dont ressortissent les navires et les cargaisons saisis.

ART. 12. Les dispositions qui précèdent ne modifient en rien les droits qui peuvent appartenir aux belligérants en vertu des règles concernant les blocus ou la contrebande de guerre.

Elles ne sont pas applicables aux navires ennemis faisant partie de flottes auxiliaires ou ayant pris part aux hostilités.

S. Exc. M. Léon Bourgeois fait observer que la situation du débat semble s'être modifiée et il s'en applaudit personnellement, puisqu'il a été de ceux qui ont demandé la continuation de la discussion. Tandis qu'au début, on se trouvait en présence de deux thèses absolues et inconciliables, on a vu apparaître aujourd'hui des thèses intermédiaires qui sont des thèses de transaction et de conciliation. Les Délégués sont réunis à la Conférence non pour se compter, mais pour s'unir, et du moment où ils voient que, sur une question d'un caractère absolu, ils ne sont pas unanimes, il doivent chercher une base d'entente. C'est dans cet esprit que S. Exc. M. Beernaert a présenté ses observations et qu'est conçue la proposition dont S. Exc. M. van den Heuvel a donné lecture. S. Exc. M. J. Choate a déclaré que cette proposition était intéressante et il semble que cette appréciation dénote chez lui la volonté d'une entente. S. Exc. M. Léon Bourgeois demande alors la permission de soumettre à la Commission au nom de la Délégation française une proposition très brève qui, elle aussi, a un caractère transactionnel. Ainsi que M. Louis Renault l'a fait remarquer, à la dernière séance, la Délégation française a pour but de rendre la capture des navires ennemis plus conforme aux principes, elle veut l'humaniser et la moraliser. C'est en s'inspirant de l'idée que la guerre doit se faire entre Etats et ne doit procurer aucun profit personnel, qu'est conçue la proposition suivante (Annexe 16)*) dont S. Exc. M. Léon Bourgeois donne lecture:

„Considérant que, si le droit des gens positif admet encore la légitimité du droit de capture appliqué à la propriété privée ennemie sur mer, il est éminemment désirable que, jusqu'à ce que l'entente puisse s'établir entre les Etats au sujet de sa suppression, l'exercice en soit subordonné à certaines modalités,

„Considérant qu'il importe au plus haut point que, conformément à la conception moderne de la guerre qui doit être dirigée contre les Etats et non contre les particuliers, le droit de prise apparaisse uniquement comme un moyen de coercition pratique par un Etat contre un autre Etat;

„Que, dans cet ordre d'idées, tout bénéfice particulier au profit des agents de l'Etat qui exercent le droit de prise devrait être exclu et que les pertes subies par les particuliers du chef de prises devraient finalement incomber à l'Etat dont ils relèvent;

„La Délégation française a l'honneur de proposer à la Quatrième Commission d'émettre le Voeu que les Etats qui exerceront le droit de capture suppriment les parts de prises attribuées aux équipages des bâtiments capteurs et prennent les mesures nécessaires pour que les pertes causées par l'exercice du droit de prise ne restent pas entièrement à la charge des particuliers dont les biens auront été capturés."

S. Exc. le Baron Marschall de Bieberstein demande la permission de faire une observation au discours de S. Exc. M. Beernaert. Le Premier Délégué de Belgique a dit que la Délégation d'Allemagne s'etait exprimée contre l'abolition du droit de capture des navires de commerce naviguant sous pavillon ennemi. S. Exc. le Baron Marschall de Bieberstein fait observer que c'est là une erreur, il rappelle que, dans son discours, il s'est déclaré en faveur de cette abolition en formulant seulement cette réserve que la Délégation d'Allemagne ne saurait fixer définitivement son attitude avant le règlement de certaines questions qui sont liées à celle de la propriété privée sur mer.

S. Exc. M. A. Beernaert répond qu'il se borne à dire que tout en faisant des réserves, S. Exc. le Baron Marschall de Bieberstein avait exprimé sa sympathie pour l'abolition du droit de capture et que cela augmente sa propre confiance dans l'avenir.

S. Exc. M. Beernaert est heureux de constater que son collègue d'Allemagne va plus loin qu'il ne l'avait compris.

S. Exc. M. Carlos Rodriguez Larreta prend la parole et s'exprime en ces termes:

La Délégation argentine, malgré les remarquables discours de L. L. E. E. M. M. Choate et Ruy Barbosa, s'est prononcée en faveur

*) *S. oben S. 174.*

du droit de capture et confiscation des navires de commerce sous pavillon ennemi.

Nous croyons que le régime actuel contribue à éviter les guerres et qu'il en amoindrit la durée lorsqu'elles se produisent.

On n'a pas encore contesté nulle part que les navires de commerce peuvent toujours devenir des éléments principaux ou secondaires de combat. Personne ne contestera non plus, que le but immédiat et quelquefois exclusif de la guerre maritime, a été de ruiner le commerce de l'ennemie — seule façon de remplacer sur mer, où la possession et la souveraineté sont impossibles, ce qui est dans la guerre continentale l'occupation du territoire. Celle-ci, autant que le droit de capture et confiscation des navires marchands, conduisent au desideratum de la guerre: contraindre l'ennemi à signer la paix.

D'ailleurs, le désir que la guerre soit moins fréquente et celui d'éviter les pertes matérielles qu'elle entraine — nous ne disons pas les cruautés — semblent des sentiments contradictoires.

La Délégation argentine s'est déclarée d'une façon catégorique en faveur du droit de capture et confiscation, parce qu'elle ne trouve pas acceptable aucune proposition intermédiaire.

La Délégation du Brésil voudrait que les navires de commerce réquisitionnés soient payés à la fin de la guerre. Le seul résultat probable de ce principe serait l'introduction dans les futurs traités de paix d'une clause interdisant au vaincu toute réclamation, à ce sujet, contre le vainqueur.

La proposition des Pays-Bas (Annexe 12) *) serait, peut-être, plus efficace, mais le patriotisme étant un sentiment désespéré dans le malheur, nous ne croyons pas prudent de mettre cette entrave à son essor.

L'une et l'autre formule, et probablement toutes celles que l'on pourrait imaginer, seraient, à notre avis, en contradiction avec l'objectif primordial de la guerre maritime.

S. Exc. le Vice-Amiral Jonkheer Röell donne ensuite lecture de la déclaration suivante:

Dans sa déclaration, la Délégation italienne exprime le désir que des propositions intermédiaires puissent être présentées et discutées avant que la discussion à laquelle le n°. III du questionnaire donne lieu, soit close.

C'est pour répondre à cet appel que la Délégation des Pays-Bas s'est efforcée de soumettre à la biénveillante attention de la Commission une proposition (Annexe 12) *) qui a pour but de maintenir l'inviolabilité de la propriété privée sur mer, sans que les intérêts, pour ainsi dire purement militaires, soient atteints.

En effet, on pourrait objecter au principe de l'inviolabilité de la propriété privée sur mer, que, du moment où les navires marchands peuvent être transformés en navires de guerre, ou même être utilisés

*) *S. oben S. 168.*

comme tels (par exemple comme vaisseaux auxiliaires pour des transports militaires), le belligérant devrait avoir du moins la garantie que les navires marchands ennemis, qu'il a relâchés après la saisie, ne seront pas transformés plus tard ou utilisés comme navires de guerre. Il y a ici une certaine analogie avec la guerre sur terre où les non-belligérants, habitants le théâtre de la guerre, sont protégés et respectés par le belligérant, mais n'ont pas la faculté de se changer en belligérant après avoir profité de la protection de l'envahisseur. Le navire marchand qui veut profiter de son caractère de non-belligérant devra une fois pour toutes s'abstenir pendant toute la guerre d'actes de guerre quelqu'ils soient.

La proposition des Pays-Bas nous semble mettre d'accord les intérêts des belligérants et ceux des particuliers.

L'Etat belligérant lui-même décide quels navires marchands il veut utiliser comme vaisseaux de guerre. Il tiendra ceux-ci à sa disposition. Mais aux navires marchands qu'il voudra faire profiter de l'immunité de la propriété privée sur mer, il délivrera un passeport dans lequel l'autorité compétente déclarera formellement que le navire qui en est muni, ne sera pas utilisé pour des buts de guerre.

C'est en effet une proposition intermédiaire, car d'un côté l'inviolabilité de la propriété privée sur mer sera, autant que possible, sauvegardée, mais de l'autre côté — et selon l'opinion de la Délégation néerlandaise ce sera logique — l'Etat doit s'abstenir d'une manière absolue d'utiliser pour un but de guerre quelconque des navires marchands qui profitent de cette inviolabilité. Car celle-ci ne saurait être accordée à des navires à l'égard desquels l'Etat belligérant n'a pas déclaré une fois pour toutes vouloir s'abstenir d'une utilisation quelconque dans la guerre.

S. Exc. M. Choate estime que la Commission a consacré assez de temps à l'examen de la question de l'inviolabilité de la propriété privée, et il pense qu'il est difficile d'aborder sans un examen sérieux les propositions belge (Annexe 14) *), française (Annexe 16) **) et néerlandaise (Annexe 12) ***). Il propose de considérer la discussion comme close et de remettre à la prochaine séance le vote que, sur ce point, il demandera à la Commission d'émettre, sans recommencer une nouvelle discussion.

Le Président se rallie à cette suggestion; les propositions qui ont été lues aujourd'hui à la Commission seront imprimées et distribuées de manière à pouvoir faire, à la prochaine séance, l'objet d'un vote.

S. Exc. M. A. Beernaert déclare se réserver le droit de défendre la proposition belge si elle est l'objet de critiques.

S. Exc. Sir Ernest Satow se réserve également le droit de discuter les propositions lues à la séance.

---

*) *S. oben S. 169.* **) *S. oben S. 168.* ***) *S. oben S. 174.*

S. Exc. le Comte Tornielli en appuyant les propositions des Premiers Délégués d'Allemagne et du Brésil demande que, tout en considérant la discussion générale comme close, le vote soit renvoyé au moment où les débats sur les propositions intermédiaires et sur les questions relatives au blocus et à la contrebande de guerre auront eu lieu.

M. Louis Renault fait observer qu'il est difficile d'aborder à la prochaine séance, c'est-à-dire après-demain, les propositions belge et néerlandaise qui exigent un examen sérieux; il propose en conséquence d'en remettre à huitaine la discussion et de poursuivre vendredi prochain l'examen du questionnaire.

Aprés un échange de vues, où le Président déclare réserver à la Commission le droit de déterminer l'ordre des votes, si la discussion lui parait en état, S. Exc. M. Nélidow appelle l'attention de la Commission sur l'inconvénient qu'il y aurait à remettre les votes à un délai indéfini.

S. Exc. M. Beldiman pense que l'on pourrait commencer dès vendredi prochain la discussion de la contrebande de guerre et du blocus. La Commission décide, sur la proposition du Président, de remettre à huitaine la discussion des propositions belge, française et néerlandaise et de commencer vendredi 12 juillet la question de la transformation des navires de commerce en navires de guerre.

La séance est levée à 12 heures 15.

d) Sixième Séance. 17 Juillet 1907.

Bd. III S. 183 ff. der Verhandlungen.

Présidence de Son Excellence M. de Martens.

La séance est ouverte à 10 heures 50.

Le Président donne lecture d'un bulletin qui a été distribué aux membres de la Commission et d'après lequel l'ordre du jour appelle en premier lieu la discussion sur l'inviolabilité de la propriété privée sur mer.

Avant d'aborder la discussion, le Président estime que la Commission n'est pas à même d'approuver le procès-Verbal de la dernière séance qui n'a été distribué que hier soir, et à plusieurs Délégués que ce matin.

Le Président fait savoir que deux Délégués ont demandé à faire des observations sur la question de l'inviolabilité de la propriété privée.

S. Exc. M. de Villa Urrutia prend le premier la parole et donne lecture de la déclaration suivante:

Le Gouvernement espagnol fit savoir au Gouvernement français par note adressée le 16 mai 1857 à l'Ambassadeur de France à Madrid, que, tout en appréciant la haute valeur de la généreuse doctrine proclamée par la Déclaration de Paris et se réjouissant de l'accord international intervenu au sujet de la liberté de la marchandise ennemie sous pavillon neutre et de la marchandise neutre sous pavillon ennemi, ainsi que sur l'effectivité du blocus, il ne pouvait pas, à ce moment, accepter l'abolition de la course.

Le Gouvernement Royal, qui n'a jamais voulu faire usage du droit, qu'il s'était expressément réservé en 1857, d'accorder des lettres de marque, animé aujourd'hui du désir de contribuer à l'unification du droit international maritime, m'a chargé de porter à la connaissance de la Conférence, qu'il accepte le principe de l'abolition de la course et adhère à la Déclaration de Paris dans toute son intégrité. (Applaudissements.)

Le Président déclare que la Commission a pris acte avec sincère reconnaissance de la déclaration faite par le Premier Délégué d'Espagne.

S. Exc. M. Choate rappelle que la Commission a déclaré close la discussion de la proposition américaine (Annexe 10) *) et a décidé de passer à son vote sans discussion nouvelle.

S. Exc. Sir Ernest Satow prend ensuite la parole et exprime en ces termes:

Monsieur le Président,

Je vous demande la permission de dire quelque mots pour motiver le vote que nous allons déposer.

La Délégation de Grande-Bretagne n'a pas cru de son devoir de répondre en détail à tous les arguments présentés en faveur de l'abolition du droit de capturer les navires marchands ennemis et leurs cargaisons. Mais il n'est pas inutile de rappeler que l'abolition du droit de capture entraîne nécessairement l'abolition du blocus commercial. Car l'une et l'autre mesure ont pour but d'entraver le mouvement commercial de l'adversaire, et de le priver, dans la mesure du possible, des fournitures qui lui sont insdispensables pour le maintien de la vie économique. D'un autre côté, comme l'ont fait remarquer plus d'un des Délégués à la Conférence, tant que le terme „contrebande de guerre“ ne sera pas strictement limité aux articles qui par leur nature même peuvent immédiatement être utilisés dans un but militaire, et tant que chaque Puissance individuellement se croit autorisée à comprendre sous cette rubrique toute sorte de vivres et de matières brutes servant aux industries pacifiques, rien ne sera plus facile que de donner à l'exception une étendue aussi large qu'à la règle. Il est donc évident que la proposition d'exempter de la capture et de la confiscation les navires marchands belligérants et leurs cargaisons, n'est qu'une équivoque capable seulement d'égarer l'opinion publique mal instruite.

On a fait beaucoup de cas des opinions exprimées par plusieurs écrivains et hommes d'Etat anglais à l'appui de la proposition. Ces opinions datent pour la plupart d'une période assez éloignée où les

*) *S. oben S. 167.*

conditions du commerce et de la guerre maritime étaient tout autres de ce qu'elles sont aujourd'hui. Il ne nous serait pas difficile d'opposer à ces citations d'autres encore provenant de la même source, mais il nous suffira de signaler à l'appréciation de la Commission, l'examen approfondi de la question qui a été fait par un auteur transatlantique contemporain, dont l'autorité prééminente dans cette matière est universellement reconnue, et qui s'est déclaré d'une manière non équivoque en faveur du maintien du droit actuel.

Quant à l'aspect soi-disant humanitaire de la question, l'opinion de la Délégation de la Grande-Bretagne a été exprimée dans une séance antérieure. Il nous paraît donc inutile de faire remarquer encore une fois, que l'abolition du droit de capture, même accompagnée de l'abolition de la contrebande de guerre ainsi que du blocus commercial, ne diminuerait en rien l'inhumanité de la guerre.

Il nous semble entendre une voix qui nous enjoint d'observer — avec modération toutefois — le huitième commandement, mais quand nous lui tendons l'oreille pour écouter ses conseils au sujet du sixième commandement, cette voix reste muette.

On a fait allusion aux paragraphes deux et trois de la Déclaration de Paris, et l'on s'est efforcé de prouver que cette déclaration, en accordant immunité à la marchandise ennemie sous pavillon neutre, ainsi qu'à la marchandise neutre sous pavillon ennemi, — à l'exception de la contrebande de guerre dans chaque cas, — avait pour but de rendre la guerre moins désastreuse pour le commerce maritime en général. Mais il ressort de l'histoire de cette déclaration que son vrai but était de concilier la règle française de „navires libres, marchandises libres“ avec la règle anglaise de l'immunité de la marchandise neutre sous pavillon ennemi. Il est clair que l'effet de la règle nouvelle était de sauvegarder les intérêts des neutres, en protégeant leurs marchandises contre la capture et leurs navires contre la saisie, et que l'intention était nullement d'accorder une protection au commerce belligérant. Nous regardons donc notre proposition d'abolir la contrebande de guerre, dans toute l'étendue de l'expression, comme le seul pas en avant qu'on ait fait de nos jours pour le développement du vrai principe de la Déclaration de Paris. Au sujet de la proposition de la Délégation belge (Annexe 14) *) amendée par la Délégation des Pays-Bas (Annexe 15) **), nous croyons ne pouvoir l'accepter non plus. Les avantages pour les propriétaires des navires cargaisons saisis et sequestrés seraient à notre avis très douteux, tandis qu'en même temps des devoirs fort onéreux seraient imposés aux belligérants. Pour ces raisons la Délégation de Grande-Bretagne donnera un vote négatif.

D'accord donc avec nos instructions, basées sur une logique et un raisonnement à notre avis irréfutables, nous nous voyons obligés de voter contre la proposition de la Délégation des Etats-Unis.

---

*) *S. oben S. 169.* **) *S. oben S. 170.*

S. Exc. M. Léon Bourgeois demande à faire connaître en quelques mots les motifs du vote de la Délégation française. Ainsi que l'a expliqué M. Louis Renault, il ne s'agit pas en ce moment de voter sur le principe même de l'inviolabilité de la propriété sur mer, mais sur les conditions auxquelles on doit la permettre. On a toujours admis que l'inviolabilité de la propriété privée était soumise à certaines réserves. La Délégation française ne votera donc pas pour ou contre le principe mais sur ces réserves elles-mêmes. La proposition (Annexe 16) *) française a fait connaître à quelles conditions elle subordonnait le droit de capture, elle ne peut donc pas voter affirmativement sur le principe.

S. Exc. M. Choate demande à la Commission de procéder au vote sans discussion.

Le Président, après avoir donné une nouvelle lecture de la proposition américaine (Annexe 10) **), demande à rappeler à ce propos quelques faits et à ajouter quelques observations personnelles. Pour bien exprimer sa pensée, le Président se sert d'une locution employée dans la marine française, il veut relever le point en vue de bien discerner la route qu'il faut prendre. La proposition américaine a suscité beaucoup d'autres propositions; la question a été posée en 1899, elle a été alors étudiée par la Première Conférence sous bénéfice d'inventaire; huit années se sont passées depuis, on a donc eu le temps de se préparer sur la question qui semble aujourd'hui épuisée. Il est iucontestable, à raison des propositions intermédiaires qui ont été déposées, que l'application du principe de l'inviolabilité de la propriété privée sur mer ne réunit pas l'unanimité des suffrages; ce n'est pas à la Commission qu'il appartient de discuter les motifs que peuvent faire valoir les différents Gouvernements, mais il n'en est pas moins vrai que sur cette question on rencontre des hésitations, des scrupules et même des craintes. Les Etats ont évidemment l'appréhension d'apporter une solution dont les conséquences leur sont inconnues; d'entrer dans les ténèbres. De nombreux auteurs ont écrit sur le principe de l'inviolabilité de la propriété sur mer; ils sont loin d'être d'accord entre eux, même s'ils appartiennent au même pays. Le Président rappelle qu'on a cité l'ouvrage qu'il a écrit il y a quarante ans; il était alors le partisan convaincu de l'inviolabilité, mais depuis cette longue époque il est devenu plus circonspect sur cette question délicate.

Les faits historiques qui viennent à l'appui de la thèse américaine, suggèrent quelques observations. Le traité que la Prusse signa avec les Etats-Unis en 1785 ***) a consacré le principe de l'inviolabilité, mais il faut se rappeler que ce traité fut signé par un Roi philosophe et un Prince parmi les philosophes, qui du reste n'avaient guère d'illusions sur la portée pratique de leur accord, car ils savaient tous les deux qu'une guerre entre leurs deux pays n'était guère probable. On a

*) *S. oben S. 174.* **) *S. oben S. 167.* ***) *S. oben S. 22ff.*

encore cité une depêche qui fut adressée en 1824 *), à M. Mittleton, Ministre des Etat-Unis à Pétersbourg et dans laquelle le Comte Nesselrode exprimait toute sa sympathie pour le principe de l'inviolabilité de la propriété privée sur mer.

Mais il faut prendre aussi en considération la dépêche, datant de la même époque, où le Comte Nesselrode, écrivant au Comte Pozzo di Borgo, ambassadeur de Russie à Paris, exclut l'éventualité d'un engagement ferme dans une question grosse de conséquences qu'on ne pourrait pas aisément calculer. En 1856, le Prince Gortchakoff a également exprimé son énergique sympathie pour l'abolition de la capture, mais, lui aussi, a entrevu les difficultés qu'elle suscitait.

Depuis 1785 jusqu'à aujourd'hui, le principe que discute la Commission n'a été mis qu'une fois en application, pendant la guerre entre la Prusse, l'Italie et l'Autriche en 1866. Ces Puissances ont déclaré au monde qu'il n'y aurait pas de capture de navires de commerce, mais cette guerre a été d'une si courte durée qu'elle ne peut être citée comme un précédent. L'argument le plus concluant que l'on a mis en avant a été la différence du régime qui pendant la guerre régit la propriété sur terre et la propriété sur mer, mais cet argument repose sur un malentendu. La Conférence de 1899 a fondé pour ainsi dire, une société d'assurances mutuelles contre les abus de la force pendant la guerre sur terre; néanmoins si on les compare avec ceux de la guerre sur mer, ils sont bien plus terribles. Que le territoire soit ou ne soit pas occupé par l'ennemi, quoique le pillage soit aujourd'hui interdit, les nécessités militaires que reconnaissent les articles 47, 48 etc. de la Convention de 1899, pèsent d'un poids très lourd sur le paysan comme sur le propriétaire, elles lui infligent non seulement des souffrances morales mais des souffrances matérielles que les Conventions ne peuvent pas supprimer au moment où la force prime le droit même. Si l'on n'admet pas le principe de l'inviolabilité de la propriété privée sur mer, les particuliers ont de nombreux moyens pour échapper aux conséquences de la guerre: ils peuvent notamment vendre leurs navires et les reconstruire à la fin des hostilités. Leur situation deviendra bien plus favorable si l'on supprime le droit de capture; elle sera même privilégiée, puisque leurs affaires augmenteront et se feront au détriment des entreprises continentales paralysées par l'invasion. C'est à la Commission d'examiner sous tous ses côtés, la décision qu'elle va prendre en se conformant aux instructions que les Délégués ont reçues de leurs Gouvernements.

Le Président termine ainsi son discours:

Tel est, Messieurs, l'exposé impartial de toute la question sur laquelle vous allez vous prononcer. En vous présentant cet exposé des faits historiques et des considérations documentées, je n'avais nullement l'intention ni d'influencer votre vote, ni de me prononcer personnellement contre la prise en considération de la proposition

*) *S. oben S. 138 ff.*

(Annexe 10) *) de la Délégation des Etats-Unis d'Amérique. Je ne veux nullement prendre parti ni pour ni contre la proposition américaine. Mon devoir de Président de cette Commission m'imposa d'éclaircir le terrain sur lequel nous nous trouvons et de contribuer de mes faibles forces à une complète orientation sur tous les principaux faits et arguments développés devant vous sur cette très intéressante et très compliquée matière.

S. Exc. M. Choate insiste de nouveau pour que la Commission procède au vote.

La discussion étant close il est procédé au vote; trente-trois Délégations y prennent part.

Ont voté pour 21:

Allemagne, (en faisant les mêmes réserves que dans la séance précédente), Etats-Unis d'Amérique, Autriche-Hongrie, Belgique, Brésil, Bulgarie, Chine, Cuba, Danemark, Equateur, Grèce, Haïti, Italie Norvège, Pays-Bas, Perse, Roumanie, Siam, Suède, Suisse, Turquie.

Ont voté contre 11:

Colombie, Espagne, France, Grande-Bretagne, Japon, Mexique, Monténégro, Panama, Portugal, Russie, Salvador.

S'est abstenu:

Chili.

Le Président fait une observation sur les chiffres respectifs de population que représentent les opinions émises. Sous ce rapport et en tenant compte aussi de la puissance maritime des Etats qui ont pris part au vote on ne pourrait guère attribuer à celui-ci la valeur d'une indication décisive.

S. Exc. le Baron de Macchio explique en ces termes les motifs du vote de l'Autriche-Hongrie ainsi que la manière de voir de la Délégation austro-hongroise sur les propositions intermédiaires:

La Délégation d'Autriche-Hongrie a, dès le début de la discussion, précisé en termes généraux sa manière de voir sur le droit de capture.

Elle se rend parfaitement compte des difficultés que renferme cette question et qui ont été mises en lumière par les éminents discours prononcés à ce sujet au cours des dernières séances de cette Commission.

Elle estime que toutes les améliorations sur lesquelles un accord général pourrait s'établir, constitueraient un progrès sensible vis-à-vis de la pratique actuellement en vigueur et les règles assez vagues qui régissent cette matière.

C'est pourquoi cette Délégation subordonne son point de vue plus large aux propositions plus restreintes qui néanmoins lui semblent marquer dans la voie de ce progrès et c'est pourquoi elle s'est ralliée pleinement au projet soumis à cette Commission par la Délégation des Etats-Unis d'Amérique, projet (Annexe 10) qui vient d'être mis maintenant au vote.

---

*) *S. oben S. 167.*

Toutefois elle apprécie hautement les propositions intermédiaires faites par les Délégations de Belgique (Annexe 14) *), de France (Annexe 16) **) et de Pays-Bas (Annexe 15) ***), ainsi que des Etats-Unis eux-mêmes, pour rapprocher les divergences de vue encore existantes et par conséquent se réserve de se prononcer ultérieurement, pour telle proposition qui pourrait réunir tous les suffrages et, par là même, saurait contribuer à ce que le principe de l'inviolabilité de la propriété privée ennemie sur mer, en temps de guerre, soit plus amplement admis et développé dans le Droit international généralement reconnu.

S. Exc. M. Van den Heuvel fait observer que la Délégation belge a déjà fait connaître les raisons qui ont motivé sa proposition (Annexe 14) *). Elle s'est efforcée de préparer une transaction qui s'inspira des principes de l'équité et qui tient compte des revendications réciproques. Elle ne mesure pas le respect du droit au chiffre des populations. Mais elle estime que du moment où l'on se trouve en présence de Gouvernements bien intentionnés, différant depuis longtemps sur les mesures que les nécessités obligent et permettent de prendre en pareille circonstance, l'on doit chercher une conciliation dans des concessions mutuelles qui peuvent être faites sans abandonner des droits essentiels et sans méconnaître les règles de la justice.

La proposition belge maintient ce que les plus intransigeants peuvent réclamer de part et d'autre. Il y a lieu d'espérer que la Commission appréciera les motifs qui l'ont inspirée et voudra bien s'y rallier.

S. Exc. M. Choate fait savoir que la Délégation des Etats-Unis ne prendra pas part à la discussion sur les propositions intermédiaires puisqu'il a obtenu sur sa proposition (Annexe 10) †) un vote favorable et qu'ayant reçu tout ce qu'il a désiré il ne saurait maintenant en prendre la moitié. Il ne s'oppose pas du reste à ce que les autres le prennent.

S. Exc. M. Hagerup fait observer, à propos de la déclaration des Etats-Unis, qu'il ne s'agit pas là d'un vote final, mais de s'entendre sur des propositions qui seront soumises aux séances plénières. Il n'y a du reste aucune contradiction à voter d'abord sur le principe posé par la Délégation américaine et subsidiairement sur la proposition de la Délégation belge.

S. Exc. M. Tcharykow estime que la Délégation de Russie, tout en appréciant hautement les intentions conciliantes qui ont inspiré la proposition de la Délégation de Belgique, ne saurait se dissimuler que ce projet contient un nombre très considérable de dispositions et de règles dont l'adoption et l'application immédiates offriraient des difficultés qu'elle ne peut méconnaître. Aussi est-ce en vue de cette circonstance

---

*) *S. oben S. 169.* **) *S. oben S. 170.* ***) *S. oben S. 170.*
†) *S. oben S. 167.*

que la Délégation de Russie se voit obligée de voter négativement sur la proposition en question.

S. Exc. le Vice-Amiral Jonkheer Röell explique les motifs qui ont suggéré à la Délégation des Pays-Bas ses amendements à la proposition belge (Annexe 15) *).

M. Henri Lammasch fait remarquer que dans une assemblée parlementaire, il y aurait contradiction après un vote favorable sur une question principale de voter sur une question intermédiaire. Ici, il n'en est pas de même, les propositions doivent, autant que possible, obtenir l'unanimité des suffrages; la contradiction n'existe donc plus; il n'y en aurait, de son avis, pas même pour les Etats-Unis de se rallier à une proposition subsidiaire après avoir obtenu un vote favorable à leur thèse.

S. Exc. le Comte Tornielli dit que l'Italie a déjà précisé dans une précédente séance quelle est sa position dans cette question et elle n'a pas à y revenir. Mais la Délégation italienne tient à déclarer qu'elle adhère aux considérations qui viennent d'être exposées par la Délégation d'Autriche-Hongrie et déclare qu'elle prendra part au vote des propositions intermédiaires qui ont été déposées.

S. Exc. M. Ruy Barbosa qui a voté pour la proposition américaine, votera néanmoins pour les propositions intermédiaires qui, comme celle que la Délégation brésilienne a déposée (Annexe 11) **), marqueraient un progrès dans la voie de l'inviolabilité.

S. Exc. M. Van den Heuvel remercie la Délégation des Pays-Bas d'avoir par ses amendements collaboré à la proposition belge. Il fait ensuite un appel à l'attitude bienveillante des Etats-Unis. Si l'on admettait, que lorsque le vote d'une proposition intermédiaire se présente après le vote d'une proposition principale, il y a contradiction à se rallier subsidiairement à la proposition intermédiaire, on n'arriverait jamais à une conciliation. La proposition brésilienne et la proposition belge fixent des règles qui sont plus favorables à la propriété privée que celles qui sont aujourd'hui en vigueur. Elles marquent un pas en avant vers l'inviolabilité des droits des particuliers, elles sont le reflet d'une pensée d'équité et de justice que les Etats-Unis ne peuvent méconnaître.

S. Exc. M. Léon Bourgeois exprime la même opinion que ses collègues; il fait observer que les propositions vont dans un ordre décroissant, c'est-à-dire se rapprochent plus ou moins de l'inviolabilité. Il estime que si la Commission veut arriver à un accord, elle doit examiner les propositions dans leur ordre de décroissance, voter en premier lieu sur les propositions qui se rapprochent le plus du principe de l'immunité. Il demande surtout que l'on vote sur un texte, sur la proposition belge par exemple, que l'on vote sur le passage à la discussion; le vote affirmatif signifie que l'on accepte la discussion.

*) *S. oben S. 170.* **) *S. oben S. 168.*

il ne peut lier sur le texte lui-même dans son intégralité, on peut le modifier et même le rejeter à la fin.

S. Exc. Sir Ernest Satow s'oppose à la prise en considération de la proposition belge (Annexe 14)*); il s'oppose à son principe, et il ne croit pas que la modification des articles puisse amener la Délégation britannique à changer son opinion sur le principe.

L. L. E. E. M. M. Ruy Barbosa et a Beernaert estiment que, pour répondre au de S. Exc. M. Léon Bourgeois (Annexe 16) la Commission devrait voter d'abord sur la proposition brésilienne (Annexe 11; *s. oben S. 168*).

S. Exc. M. Choate dit que la Délégation des Etats-Unis ne prendra pas part à la discussion sur la proposition belge, quisqu'elle n'obtient pas l'unanimité des suffrages. Il préfère rester sur les voix que lui ont données vingt et un Etats.

Le Président propose de nommer un Comité d'Examen ayant pour mission d'élaborer un projet qui peut-être aurait l'approbation de tous les Gouvernements; seulement il doute que ce résultat puisse être atteint.

S. Exc. M. Choate croit que sa proposition peut avoir l'unanimité à la séance plénière.

S. Exc. M. Léon Bourgeois insiste pour voter sur un texte; il n'y a pas d'autre manière de procéder si la Commission veut arriver à un résultat; avec un texte on pourra discuter sur des amendements et des modifications et arriver ainsi, d'un commun accord, à une amélioration de la situation présente.

S. Exc. M. Choate ne voit aucune utilité à continuer la discussion sur les propositions susmentionnées, si deux grandes puissances déclarent ne pas les accepter. Il ne désespère pas de convertir la Grande-Bretagne et la Russie au principe de l'inviolabilité.

S. Exc. M. Nélidow estime que dans ces conditions la discussion sur la proposition belge est stérile.

Le Président demande à la Commission de remettre à la prochaine séance, qui aura lieu vendredi, le vote sur la proposition brésilienne (Annexe 11) et sur la proposition belge (Annexe 14) avec les amendements des Pays-Bas (Annexe 15). *[S. oben S. 168, 169, 170]*

La séance est levée à 2 heures 15.

e) Septième Séance. 19. Juillet 1907.

Bd. III S. 838 ff. der Verhandlungen.

Présidence de Son Excellence M. de Martens.

La séance est ouverte à 2 heures 15.

Sur la demande du Président, le procès-verbal de la cinquième séance est adopté. La Commission décide de remettre à la séance prochaine les observations que les Délégués pourraient avoir à faire sur le procès-verbal de la dernière séance.

---

*) *S. oben S. 169.*

Le Président rappelle que d'après l'ordre du jour fixé à la dernière séance la question qui doit venir en discussion est celle de l'inviolabilité de la propriété privée sur mer.

La Commission doit voter sur les propositions faites par la Délegation brésilienne (Annexe 11)*), par la Délégation belge (Annexe 14)**) avec les amendements proposés par la Délégation des Pays-Bas (Annexe 15) ***), enfin sur les vœux proposés par la Délégation française (Annexe 16) †). Les discussions générales sont closes et il doit être procédé au vote. La Commission décidera en premier lieu si elle prend en considération la proposition brésilienne; après ce vote, elle examinera si elle peut passer à la discussion des articles, ou si elle doit voter sur les autres propositions.

Le Président donne lecture de la proposition brésilienne (Annexe 11; *s. oben S. 168*).

Il est procédé au vote, vingt cinq Délégations y prennent part.

Ont voté pour 13:

Allemagne, Autriche-Hongrie, Belgique, Brésil, Grèce, Italie, Norvège, Paraguay, Pays-Bas, Portugal, Siam, Suède, Suisse.

Ont voté contre 12:

Etats-Unis d'Amérique, Bulgarie, Cuba, France, Grande-Bretagne, Japon, Mexique, Monténégro, Perse, Roumanie, Russie, Turquie.

S. Exc. M. Ruy Barbosa fait la déclaration suivante:

„Bien que la Conférence ait délibéré la prise en considération de la proposition que j'ai présentée, en présence du vote qu'on vient de donner et de l'attitude des Puissances qui se sont déclarées contraires à toute solution intermédiaire, il n'y aurait aucun avantage à un débat sur la proposition brésilienne, qui est la plus large. En ne désirant donc pas forcer une discussion inutile, je demande à retirer la proposition brésilienne, en regrettant seulement que cette Conférence se terminera sans résoudre une des questions capitales de notre programme.“

S. Exc. M. Van den Heuvel prend la parole en ces termes:

„Avant de passer au vote, je tiens à répéter une dernière fois que la proposition belge n'est inspirée que par un esprit de justice et d'humanité. Elle a été formulée dans une espérance de conciliation et sans que ses auteurs se soient dissimulés les objections qu'elle pouvait rencontrer.

Assurément on peut faire observer que sa réalisation entraîne l'inconvénient d'une conduite lointaine des prises pour les Etats qui n'ont pas de nombreux ports échelonnés dans toutes les parties du monde. Mais pareille considération ne paraît pas plus décisive dans l'occurence qu'elle ne l'est dans d'autres matières où on l'a fréquemment présentée.

---

*) *S. oben S. 168.* **) *S. oben S. 169.* ***) *S. oben S. 170.* †) *S. oben S. 174.*

Elle n'est pas décisive aux yeux de ceux qui estiment qu'on ne peut plus permettre la destruction des prises neutres, et qui proposent d'obliger les Etats capteurs à leur détention et à leur garde.

Elle n'est pas décisive non plus aux yeux de ceux qui estiment devoir, — par des règles absolument uniformes et sans distinction entre le nombre et la situation des ports et des dépôts de charbons que peuvent posséder les Etats, — réduire le droit d'approvisionnement des flottes et le droit d'asile dans les ports neutres.

Assurément encore on peut remarquer que la proposition belge entraînerait à la fin de la guerre, des décomptes, des liquidations. Mais la crainte d'embarras insurmontables serait manifestement excessive. Et, si l'on s'était cru en droit, dans la guerre sur terre, de s'arrêter à des difficultés analogues, on ne se fût pas rallié au système des indemnités et des reçus c'est-à-dire au règlement financier que nécessite à la fin des hostilités le respect de la propriété privée.

Les deux objets principaux que tend à réaliser la proposition belge semblent dans les vœux de l'opinion publique moderne qui désire résolument diminuer les rigueurs inutiles de la guerre. Il est nécessaire de supprimer dans les luttes maritimes les confiscations qui dépouillent si cruellement les particuliers. Il est nécessaire aussi de laisser en liberté les équipages des navires marchands qui n'ont jamais eu de pensée hostile, et qui ne travaillent et ne peinent que pour la subsistance de leurs foyers.

Le Président fait observer que le vote de la Commission doit porter sur la proposition belge (Annexe 14) avec les amendements de la Délégation des Pays-Bas (Annexe 15). *[S. oben S. 169, 170.]*

Il est procédé au vote. vingt-huit Délégations y prennent part.

Ont voté pour 23:

Allemagne, Etats-Unis d'Amérique, Autriche-Hongrie, Belgique, Brésil, Bulgarie, Cuba, Danemark, France, Grèce, Italie, Mexique, Norvège, Paraguay, Pays-Bas, Pérou, Perse, Portugal, Roumanie, Siam, Suède, Suisse, Turquie.

Ont voté contre 3:

Grande-Bretagne, Japon et Russie.

Se sont abstenus 2:

Monténégro, Serbie.

La prise en considération est décidée.

Le Président demande, si, dans ces conditions, la Délégation belge maintient sa proposition.

S. Exc. M. A. Beernaert déclare qu'en présence du résultat du vote, sa réponse ne peut être qu'affirmative.

Le Président prie M. Fromageot de donner lecture du 1er article de la proposition belge (Annexe 14; *s. oben S 169*).

ART. 1. Les navires de commerce ennemis, ainsi que la marchandise ennemie sous pavillon ennemi, ne peuvent être saisis et retenus par un belligérant qu'à la charge d'être restitués à la fin de la guerre.

S. Exc. M. Van den Heuvel fait observer à ce sujet que l'article 1 de la proposition formule le principe général, c'est-a-dire qu'il reconnaît le droit de saisir, le droit de retenir jusqu'à la fin des hostilités, mais qu'il impose d'autre part l'obligation de restituer.

La proposition néerlandaise (Annexe 15) apporte au texte belge deux modifications: 1°. Elle fait une distinction entre la cargaison et le navire, elle maintient le principe de l'article 1 pour le navire mais elle remet à un article ultérieur la détermination des droits du capteur sur la cargaison. La Délégation belge ne fait aucune difficulté pour adopter ici la distinction proposée par l'amendement néerlandais, elle se prononcera plus tard sur le droit de vendre la cargaison; 2°. L'amendement néerlandais modifie encore en un autre point le texte de l'article 1; il se borne à dire que les belligérants ont le droit de saisir et de retenir le navire jusqu'à la fin des hostilités; il ne fait pas une mention explicite de l'obligation de restituer.

Mais il semble que dans les termes, „retenir jusqu'à la fin des hostilités“ l'obligation de restituer se trouve implicitement contenue. S. Exc. M. Van den Heuvel demande toutefois, pour qu'aucun doute ne soit possible, si telle est bien l'interprétation que l'on doit donner à l'amendement de la Délégation néerlandaise.

S. Exc. le Vice-Amiral Jonkheer Röell affirme que telle est également l'interprétation que la Délégation des Pays-Bas donne à l'amendement en question.

S. Exc. M. Léon Bourgeois demande une explication sur le sens du mot „retenus“ employé au texte de l'article 1er.

S. Exc. M. Van den Heuvel déclare, en réponse à la question du Premier Délégué de France que, d'après l'avis de la Délégation belge, on doit — au point de vue de la détermination des ports dans lesquels les prises pourront être conduites — appliquer aux prises ennemies les mêmes règles qu'aux prises neutres.

Le Lieutenant-Colonel van Oordt adhère en ces termes à la déclaration de S. Exc. M. Van den Heuvel:

Dans la proposition belge le droit de capture et de séquestre est formulé dans un sens négatif. Quoique la Délégation néerlandaise adhère tout à fait à cette restriction, elle ne lui a pas paru absolument nécessaire dans l'article 1 puisque des articles 9, 9a et 10 il résulte d'une manière tout à fait claire et qui ne laisse aucun doute que les navires arrêtés et retenus doivent être restitués à la fin de la guerre.

La proposition belge est intitulée comme suit: „Proposition relative aux droits des belligérants dans la guerre maritime sur la propriété privée ennemie“, c'est-à-dire que, quand cette proposition serait convertie en convention, il serait interdit d'agir vis-à-vis de la propriété privée en opposition manifeste avec les stipulations des articles 9, 9a et 10.

Il en résulte que la restriction de l'article 1 de la proposition belge n'a pas paru strictement nécessaire, étant déjà contenue d'une manière absolue et plus complète dans les articles susmentionnés.

Mais il y a encore une autre observation quant à la rédaction de l'amendement. Un accord sur la question de l'inviolabilité de la propriété privée sur mer pourrait être obtenu peut-être, si l'on introduisait dans la convention une stipulation qui donnerait au belligérant capteur le droit de prélever une certaine contribution sur les propriétaires de vaisseaux et des cargaisons ennemis saisis.

La Délégation néerlandaise a souvent exprimé son adhésion à la proposition de la Délégation des Etats-Unis d'Amérique (Annexe 10).*) Mais pour pouvoir avancer aussi loin que possible dans la direction de l'inviolabilité de la propriété privée sur mer elle adhérerait à toute proposition faite dans ce sens. Peut-être une contribution prélevée sur les navires ennemis avec leurs cargaisons ennemis pourrait former un compromis.

La rédaction de l'amendement ne l'exclut pas, tandis que la rédaction un peu absolue de l'article 1 non-amendé pourrait être considérée comme excluant une fois pour toutes, toute contribution prélevée sur les propriétaires lors de la restitution. En un mot, la rédaction de l'amendement ne change en rien le fond de la question puisque ce fond est contenu dans les articles 9, 9a et 10, mais elle sera peut-être plus acceptable pour ceux qui voudront participer à la réalisation du principe de l'inviolabilité sans exclure un droit de contribution à prélever sur les propriétaires.

M. Louis Renault demande quelques explications sur la portée à l'article 1er. Prenant acte de la déclaration faite par S. Exc. M. Van den Heuvel, il fait observer que dans ce cas on sera obligé d'appliquer aux prises ennemies les restrictions existantes quant au séjour des prises neutres dans les ports étrangers. Or, cette situation n'est pas favorable pour celles des Puissances qui n'ont pas de ports dans différentes parties du monde et équivaudrait pour ces dernières à la reconnaissance implicite et sous forme déguisée d'inviolabilité de la propriété privée sur mer, puisque la destruction des prises serait interdite.

S. Exc. M. Van den Heuvel a une certaine difficulté à comprendre les objections que M. Louis Renault vient de formuler. La proposition belge ne constitue ni dans la forme, ni dans le fond un déguisement du principe de l'inviolabilité de la propriété privée sur mer. Elle donne à cette propriété une protection moins considérable que la formule américaine, mais plus grande que le système actuellement en vigueur qui permet la saisie et la confiscation des navires ennemis.

Il reconnaît que certains Etats auront en fait plus de facilités que d'autres, ce seront les Etats ayant des ports échelonnés dans toutes les parties du monde, où ils pourront amener leurs prises.

---

*) *S. oben S. 167.*

Mais à cette objection pratique il fait deux réponses. La première, c'est que toutes les règles du droit de la guerre ont une influence différentielle sur les divers Etats d'après leur force, d'après leur richesse, d'après leur situation géographique. La seconde réponse, c'est que la proposition belge se borne à étendre aux prises ennemies les règles suivies pour les prises neutres; les unes et les autres pourront être conduites dans les mêmes ports.

Que si M. Renault croit qu'il serait utile de modifier le régime actuellement suivi pour les prises neutres avant de l'étendre aux prises ennemies, qu'il veuille présenter un amendement.

La Belgique examinera avec le plus vif désir d'aboutir toutes les simplifications et toutes les facilités qui pourraient être proposées au point de vue des belligérants, mais qui ne porteraient aucune atteinte aux intérêts et aux droits des neutres.

S. Exc. M. Nélidow désire motiver le vote négatif que la Délégation russe se propose d'émettre au sujet de l'article en discussion. Dès le commencement des débats, la Délégation de Russie, tout en reconnaissant le caractère généreux de la proposition américaine, n'a pas cru devoir l'adopter, car il ne lui a pas paru suffisamment démontré à quel point elle pourrait être susceptible d'une application pratique. D'autre part, l'argument qui consiste à assimiler la propriété privée sur mer à celle sur terre lui paraît absolument inexacte.

Depuis longtems on a admis, que dans la guerre sur terre, la propriété des objets qui n'étaient pas utiles aux belligérants était inviolable. Il n'en reste pas moins vrai que l'invasion est elle-même une violation de la propriété privée, et qu'il y aurait une certaine injustice à appliquer au commerce maritime, un régime privilégié, dont ne peut bénéficier la propriété sur terre. Il est d'autre part incontestable que dans la guerre continentale, la basse classe souffre plus que toutes les autres, tandis que sur mer, la guerre atteint surtout les grandes sociétés et les petits ne sont atteints que par répercussion. Ce sont ces arguments qui ont décidé la Délégation de Russie à voter contre l'inviolabilité de la propriété privée sur mer et qui la décide à voter contre l'article 1 de la proposition belge (Annexe 14; *s. oben S. 169*).

Sur la demande du Président, appuyée par S. Exc. Sir Ernest Satow, il est procédé au vote de l'article 1 de la proposition belge; trente Délégations y prennent part.

Ont voté pour 14:

Autriche-Hongrie, Belgique, Brésil, Bulgarie, Danemark, Grèce, Italie, Norvège, Paraguay, Pays-Bas, Perse, Roumanie, Siam, Suède.

Ont voté contre 9:

Etats-Unis d'Amérique, Cuba, Espagne, Grande-Bretagne, Japon, Monténégro, Nicaragua, Portugal, Russie.

Se sont abstenus 7:

Allemagne, France, Mexique, Pérou, Serbie, Suisse, Turquie.

S. Exc. M. A. Beernaert constate avec regret que la proposition belge n'a pas rencontré un accueil aussi favorable qu'il l'avait espéré; et pour éviter à la Commission une perte de temps inutile il croit bien faire en la retirant.

En prenant acte de ces paroles, le Président est certain de se faire l'interprète des membres de la Commission en remerciant le Premier Délégué de Belgique d'avoir bien voulu, par sa proposition, éclairer le terrain sur lequel porte la discussion. Il demande ensuite à la Commission si elle a des objections à élever au sujet des „vœux" dont la Délégation française (Annexe 16)*) propose l'acceptation.

S. Exc. M. Van den Heuvel déclare qu'à regret la Délégation belge ne peut se rallier à la proposition transactionelle présentée par la Délégation française.

Cette propositiou consacre, au profit des belligérants dans les guerres maritimes, le droit de confiscation de toute propriété privée ennemie; elle se borne à exprimer la vœu d'une réglementation par la législation interne de chaque nation.

La Délégation belge ne peut adhérer à un vœu qui pourrait être envisagé comme proclamant la nécessité, dans les luttes actuelles, d'un droit aussi exorbitant que la confiscation générale et paraîtrait même ajourner indéfiniment l'espérance de sa suppression.

M. Louis Renault répond que le droit de capture ne se trouvant pas supprimé, il ne peut pas y avoir pour la Délégation belge une contradiction quelconque à s'efforcer de l'humaniser. Le résultat du vote a prouvé que la proposition intermédiaire de la Belgique n'avait aucune chance d'aboutir, rien ne s'oppose, dès lors, à se rallier à un vœu qui tend à l'amélioration du droit actuel. Il ne saurait être indifférent que le• droit de capture soit accompli comme toute opération de guerre, sans la recherche d'un profit personnel qui en rende le caractère odieux. De même en recherchant les moyens d'indemniser les préjudices particuliers, de les faire supporter par la nation entière, on arriverait à adapter au droit de capture des conditions plus humaines. M. Louis Renault donne lecture de la dernière partie de la déclaration de la Délégation française; il croit que les arguments qui y sont développés à l'appui des vœux qu'elle contient en rendent le refus difficile. Le Gouvernement français s'est efforcé de diminuer les abus; en attendant qu'il puisse aller plus loin dans la voie de la suppression de la capture, elle a voulu en faire disparaître ce qu'elle a conservé de démoralisant.

S. Exc. M. A. Beernaert n'est pas insensible aux considérations que vient d'exposer M. Louis Renault, mais il pense que, sans sortir de son rôle la Conférence ne doit pas s'arrêter à des dispositions dont le but tendrait à la modification de la législation intérieure des Etats.

*) *S. oben S. 174.*

S. Exc. M. Ruy Barbosa exprime la même opinion en ajoutant que pour son compte personnel, il adopterait les vœux proposés par la Délégation française (Annexe 16; *s. oben S. 174*).

S. Exc. Sir Ernest Satow dit qu'une Commission Royale anglaise étudie en ce moment la question de l'indemnité des navires nationaux capturés. Dans ces conditions, il n'est pas possible à la Délégation de Grande-Bretagne d'adopter un vœu qui préjugerait les conclusions de cette étude. En ce qui concerne le voeu tendant à la suppression des parts de prises. S. Exc. Sir Ernest Satow, tout en envisageant le principe avec beaucoup de sympathie, se voit obligé à déclarer qu' aucune instruction de son Gouvernement n'autorise la Délégation britannique à l'adopter. Si elle en reçoit ultérieurement, il lui sera agréable de le faire savoir à la Conférence.

S. Exc. M. Nélidow fait savoir que la Délégation russe se trouve dans la même situation que celle de la Grande-Bretagne; elle est sympathique au vœu de S. Exc. M. Léon Bourgeois, mais la réalisation de cette réforme est de la compétence du Gouvernement russe, la Délégation n'a donc pas à s'en préoccuper.

S. Exc. M. Keiroku Tsudzuki fait savoir à la Commission que le Japon n'a jamais connu le système des parts de prises; d'autre part, il ne peut, en l'absence d'instructions, que s'abstenir de se prononcer sur le vœu de la Délégation française concernant le principe de l'indemnité.

S. Exc. le Comte Tornielli estime qu'après cette discussion, le vote pourrait être ajourné à quinzaine, et mettrait alors la Commission à même de se rendre compte du nombre des partisans de la réforme proposée par la Délégation française.

Sur la proposition du Président et sur l'avis conforme de S. Exc. M. Léou Bourgeois, la Commission décide de remettre à quinze jours et sans nouvelle discussion le vote de la proposition française.

Le Président regrette que, sur cette importante question la Commission ne soit pas arrivée à une opinion unanime. Elle n'a cependant pas perdu son temps puisqu'elle a entendu de très intéressants débats et elle a pris acte avec reconnaissance de la déclaration de S. Exc. M. le Premier Délégué d'Espagne qui, au nom de son Gouvernement, a adhéré à la Déclaration de Paris de 1856 (Applaudissements).

Le Président regrette que la Commission n'ait pas pu fixer un accord sur la question de l'inviolabilité de la propriété privée sur mer, mais il croit que les divergences de vues qui se sont manifestées, sont le résultat du manque d'expérience et de pratique. La Commission s'est trouvée cependant d'accord sur un point, celui d'améliorer et d'humaniser le droit actuel, c'est pourquoi, le Président déposera un vœu, dont l'adoption n'exige pas d'instructions spéciales, mais qui constatera, de la part des Etats, l'unité et l'union qui fait la force. Depuis Epaminondas jusqu'à Gustave-Adolphe, qui s'inspirait de l'Evangile et qui avait toujours sur sa table le traité classique de Hugo Grotius: "De jure belli ac pacis", les commandants des armées ont toujours été les défenseurs de la discipline dans les armées et ont pratiqué les devoirs de l'humanité. En ce qui nous touche en ce moment, c'est-à-dire l'inviolabilité de la propriété privée sur mer, les précédents qui nous manquent, jouent un rôle décisif. Si, par malheur la paix venait à être rompue, il serait peut-être désirable que les Etats fassent l'expérience de convenir entre eux qu'ils renonceront au droit de capture. Il est bien naturel d'énoncer ce désir, en premier lieu, à l'égard des Puissances qui défendent le nouveau princip proposé, A présent nous ne connaissons que deux faits historiques qui constituent des précédents précieux dans la matière. Lors de la guerre de 1866, la Prusse, l'Autriche et l'Italie ont renoncé d'un commun accord à l'exercice du droit de capture. Le Gouvernement austro-hongrois rendit le 13 mai 1866 une ordonnance ainsi conçue:

Article 1. Les navires marchands et leurs chargements ne peuvent, par la raison qu'ils appartiennent à un pays avec lequel l'Autriche est en guerre, être capturés en mer par des bâtiments de guerre autrichiens, ni être déclarés de bonne prise par les cours de prises autrichiennes, si la puissance ennemie observe la réciprocité envers les navires marchands autrichiens. L'observation de la réciprocité est admise, jusqu' à preuve du contraire, quand un traitement également favorable de la part de la puissance ennemie, est garanti par les principes connus de la législation ou par des déclarations émanées de cette puissance au commencement des hostilités.

Article 2. L'article 1 n'est pas applicable aux navires qui portent de la contrebande de guerre ou qui violent un blocus légalement obligatoire.

De son côté, le Gouvernement prussien rendait le 19 Mai 1866 l'ordonnance suivante:

"Sur la proposition du Ministère d'Etat, je décide qu'au cas d'une guerre, les navires marchands appartenant aux sujets de l'Etat ennemi ne seront pas capturés par mes navires de guerre, en tant que l'Etat ennemi usera de réciprocité à cet égard. Cette disposition ne sera pas applicable aux navires qui seraient sujets à capture même s'ils etaient neutres."

"Le Gouvernement autrichien ayant, par ordonnance impériale du 13 mai dernier, déclaré qu'il se conformerait au principe de réciprocité tel qu'il est spécifié dans l'article 211 du Code de la Marine marchande du Royaume d'Italie, l'abolition de la capture et de la prise de bâtiments marchands ennemis de la part des navires de guerre de l'Etat, abolition proclamée par le susdit article 211 du Code, est mise, pendant la présente guerre, en pleine vigueur entre l'Italie et l'Autriche, sauf pour les bâtiments qui transporteraient de la contrebande de guerre ou qui tenteraient de violer un blocus. Le tout en conformité du code susmentionné."

Enfin l'exemple fut suivi par le Gouvernement italien, qui, se conformant à sa législation intérieure, rendit l'ordonnance du 20 juin 1866. Pendant cette guerre qui fut de courte durée, il n'y eut pas de capture de navires de commerce ennemis et c'est un fait que la Commission doit retenir, parce qu'il constitue le précédent intéressant d'un accord consenti à la veille d'une guerre en vue d'exonérer les navires ennemis des risques de la guerre.

Un autre fait qui n'est pas connu mérite aussi l'attention de la Commission. En 1853, au moment de la guerre de Crimée, le Gouvernement russe avait élaboré un règlement détaillé des prises maritimes, sur les lettres de marque, mais les Gouvernements français et anglais proposèrent à la Russie de ne pas délivrer de lettres de marque; elle y consentit et l'on fut d'accord pour ne pas pratiquer la course.

Ces faits historiques ont incontestablement une grande importance historique et pratique; ils prouvent que dans l'avenir les Etats qui sont à la veille d'une guerre, peuvent si l'un d'eux en prend l'initiative, s'entendre pour supprimer la capture pour la durée de la guerre commencée. Si les Etats belligérants pendant les guerres futures tombent d'accord pour abolir la capture avec des restrictions imposées par les nécessités militaires, des précédents seront créés et les Puissances seront en état de se rendre compte de toutes les conséquences de la liberté du commerce ennemi. En un mot, il faut créer ces précédents et donner aux Etats la possibilité de voir clair dans cette très importante matière.

Voici les motifs qui ont inspiré le vœu dont le Président fait connaître ainsi la teneur:

"La Quatrième Commission reconnaît unanimement les sentiments généreux qui ont inspiré la proposition faite par la Délégation des Etats-Unis d'Amérique*), savoir de déclarer l'inviolabilité de la propriété privée en temps de guerre sur mer, et elle lui exprime ses très sincères remercîments.

„Toutefois, vu la profonde divergence d'opinions sur cette matière, vu l'incertitude complète concernant l'ensemble d'effets de la mise en pratique de ce nouveau principe et considérant que seulement sur la base de sérieuses expériences une nouvelle loi internationale pourrait être proclamée par la Conférence des Nations du monde entier, la Quatrième Commission émet le vœu suivant:

Que les Puissances, représentées à la Deuxième Conférence de la Paix, en cas de guerres futures, immédiatement après l'ouverture des hostilités, déclarent spontanément si elles sont décidées, et dans quelles conditions, de renoncer au droit de capture des navires marchands durant la guerre commencée."

*) Voir Annexe 10. *[S. oben S. 167.]*

Le Président estime que le vœu dont il propose l'adoption, sauvegarde la liberté et l'indépendance des Etats, s'il peut recevoir la réalisation, un horizon plus large sera ouvert vers le but élevé et sublime vers lequel tend la Commission.

S. Exc. M. Van den Heuvel, au nom de Délégation belge, s'associe à la pensée généreuse qui a dicté le vœu du Président, mais il ne saurait dès maintenant se prononcer sur l'adoption de ses considérants et il demande à la Commission de renvoyer le vote à quinzaine, au jour où l'on se prononcera sur le vœu de la Délégation française.

Il est également d'avis qu'il devrait subsister une trace des sentiments généreux dont s'est inspirée la Commission, mais il souhaite voir cette trace inscrite dans le Code du Droit international. La Grande-Bretagne a déposé une proposition tendant à modifier les lois de la guerre concernant les équipages des navires ennemis capturés (Annexe 45). Aujourd'hui on emprisonne sans distinction de nationalité, tous les hommes qui montent un navire de commerce ennemi saisi par un belligérant. La proposition britannique veut établir entre eux une distinction, elle propose de laisser la liberté aux marins neutres, mais considère les autres marins comme prisonniers de guerre. Ce n'est que demi justice, car tous ces hommes sont paisibles; ce sont des travailleurs de la mer qui méritent toute notre sollicitude, ce ne sont ni des combattants ni des auxiliaires.

En vue de laisser une trace des traveaux de la Commission, la Délégation belge a l'intention de déposer une proposition (Annexe 46) étendant aux marins appartenant à la nationalité de l'Etat belligérant le bénéfice que la Délégation britannique ne réserve qu'aux marins neutres.

S. Exc. M. Choate demande que le vœu du Président soit imprimé et distribué.

S. Exc. Sir Ernest Satow s'associe à cette demande. Il ajoute que la Délégation britannique aura quelque scrupule à prescrire à son Gouvernement une manière d'agir quelconque. Il est convaincu que si par malheur, son pays se trouvait impliqué dans une guerre, il s'inspirerait des idées d'equité et de justice qui l'ont toujours guidé.

Après cet échange de vue, le Président fait la déclaration suivante:

L'unique but de ma proposition est de montrer la seule voie pratique, dans laquelle les Puissances devraient entrer pour aboutir à la réforme préconisée par la Délégation des Etats-Unis d'Ameriqué et appuyée par un grand nombre d'Etats ici représentés.

Mais si l'énonciation d'un simple vœu d'imiter l'exemple, donné en 1854 et 1866 par quelques Etats belligérants, pouvait être regardée comme une atteinte à la souveraineté des Puissances, je retire avec empressement ma proposition.

S. Exc. M. Van den Heuvel repète que la Délégation belge déposera un amendement à la proposition britannique.

La Commission décide de reporter à quinze jours le vote de la proposition britannique (Annexe 45) et de l'amendement belge (Annexe 46).

* * *

La Commission décide d'aborder la discussion de la question II*) du questionnaire concernant la transformation des navires de commerce en navires de guerre et du paragraphe B de la proposition britannique (Annexe 2).

S. Exc. M. Gonzalo A. Esteva présente à ce sujet un amendement à la proposition de la Délégation austro-hongroise [Lire la déclaration de M. Henri Lammasch faite à la 2ème séance (page 745)] sur la retransformation des navires de commerce, transformés auparavant en navires de guerre:

Monsieur le Président, je vous remercie d'avoir bien voulu me concéder la parole. Je ne l'ai pas demandée pour renouveller la discussion. Je veux uniquement dire quelques mots sur la proposition de l'honorable Délégation d'Autriche-Hongrie, concernant la retransformation des navires de commerce, qui auraient été transformés auparavant en navires de guerre.

Dans la séance du 12 courant, j'ai eu l'honneur de communiquer à la Commission, d'après les instructions de mon Gouvernement, que le Mexique adhérait à la proposition italienne (Annexe 4) sur la transformation des navires de commerce en navires de guerre.

Par cette déclaration mon pays abandonnait la course, sur laquelle il avait compté éventuellement pour la défense nationale sur mer, et il entrait sans hésitation dans la voie nouvelle du droit international maritime, dont les tendances actuelles se montrent si clairement dans cette Conférence.

Notre éminent collègue M. Lammasch, au nom de la Délégation d'Autriche-Hongrie, a présenté à la Commission la proposition suivante:

„La transformation sera permanente pendant toute la durée des hostilités, et la retransformation sera interdite."

Notre distingué collègue, dans le discours qu'il a prononcé afin de motiver sa proposition, nous a fait connaître que la Délégation d'Autriche-Hongrie entendait qu'il ne serait pas permis de retransformer un navire de commerce, qui a été transformé en bâtiment de guerre, pendant la durée de cette même guerre, en navire marchand; mais seulement après la cessation des hostilités.

Conformément à ce qui a été dit par M. Lammasch, et dans le cas où l'honorable Délégation d'Autriche-Hongrie serait d'accord avec

---

*) *Der folgende Teil des Protokolls wird, obwohl er nicht das Seebeuterecht, sondern andere Fragen des Seekriegsrechts betrifft, aus Gründen äusserer Zweckmässigkeit hier sogleich mit abgedruckt.*

notre indication, la Délégation du Mexique, suggérerait de changer la dernière phrase de la proposition par ces mots: „la retransformation ne sera permise qu'après la cessation de la guerre.“

Toute la proposition retiendrait alors dans ces termes:

„La transformation sera permanente pendant toute la durée des hostilités, et la retransformation ne sera permise qu'après la cessation de la guerre.“

La Délégation du Mexique aura alors l'honneur d'adhérer à la proposition de la Délégation d'Autriche-Hongrie [Lire la déclaration de M. Henri Lammasch faite à la 2ème séance (page 745)].

S. Exc. Sir Ernest Satow demande la permission de revenir sur la proposition dont S. Exc. M. Van den Heuvel vient d'entretenir la Commission. Comme la proposition britannique (Annexe 45) a pour but de faire une assimilation entre les marins composant un navire capturé et les habitants d'une ville prise d'assaut, il croit que la discussion trouverait mieux sa place à la fin de nos travaux.

S. Exc. M. Van den Heuvel répond que la proposition belge (Annexe 46) ainsi que celle de la Grande-Bretagne, concerne la question des prises maritimes et que dès lors il semble tout indiqué de les discuter dans quinze jours comme conclusion du débat actuel.

S. Exc. Sir Ernest Satow se range à l'opinion de S. Exc. M. Van den Heuvel et accepte de discuter sa proposition dans quinze jours.

S. Exc. Lord Reay prend la parole et s'axplique au sujet du paragraphe B de la proposition britannique sur la définition du vaisseau auxiliaire, en ces termes:

Messieurs, vous avez devant vous la définition du terme „vaisseau de guerre“ que la Délégation britannique a eu l'honneur de vous soumettre.

Il me semble qu'il serait opportun d'ajouter quelques mots d'explication en appelant votre attention sur les conditions de la guerre maritime de nos jours qui sont, vous en conviendrez, très différentes de celles qui existaient du temps de Suffren, de Nelson ou de Paul Jones.

Autrefois, Messieurs, le vent était l'élément indispensable sans lequel une flotte était paralysée dans ses mouvements: aujourd'hui c'est le charbon qui joue le rôle principal et sans lui une escadre moderne ne peut pas naviguer et se trouve dans l'impossibilité d'échapper à la poursuite de l'ennemi. Il est donc indispensable aux vaisseaux de guerre de faire du charbon et d'organiser à ces fins un service de vaisseaux charbonniers qui, le cas échéant, accompagneraient la flotte. On ne saurait contester que ces vaisseaux charbonniers font partie intégrante d'une flotte belligérante et que l'ennemi s'efforcera toujours de s'en emparer, quel que soit leur pavillon. En effet, supposons qu'une escadre belligérante rencontre des vaisseaux chargés de charbon à destination de l'ennemi, croyez-vous qu'elle hésitera à les saisir comme faisant partie de l'escadre ennemie? Pour ma part, je ne le crois pas.

Des vaisseaux neutres faisant ce service de ravitaillement rendent à l'un des belligérants une assistance hostile que l'adversaire ne saurait reconnaître comme licite et s'exposent de ce fait à toutes les conséquences qui découlent de l'état de belligérant. Toute fourniture de combustibles, de vivres ou de munitions faite par un navire neutre accompagnant ou escortant une escadre belligérante constitue de sa part une infraction à la règle générale qui interdit à un neutre de porter directement secours à un belligérant. Il ne s'agit plus, dans l'espèce, d'une simple entreprise commerciale, mais d'un acte d'ingérence dans les opérations de la guerre.

Les navires qui font ce service de ravitaillement ou qui sont chargés d'exécuter des réparations ou de porter des dépêches sont directement soumis aux ordres des autorités compétentes du belligérant. Ils sont incorporés dans ses forces maritimes, qu'ils soient armés ou non, qu'ils naviguent en conserve avec les flottes du belligérant ou qu'ils attendent les ordres de marche ou l'arrivée des navires de guerre soit en mer soit dans un port.

Leur caractère belligérant est donc incontestable, puisqu'ils prennent une part active aux opérations de guerre.

Les armateurs qui mettraient leurs navires ainsi à la disposition d'un des belligérants les exposent de ce fait à tous les risques et périls encourus par les navires de guerre du belligérant auquel ils prêtent leur assistance hostile. Reconnaître la légitimité de leurs actes aurait pour effet de prolonger la guerre et d'étendre le théâtre des hostilités. Nous croyons, Messieurs, que le résultat de l'adoption de notre proposition serait au contraire d'accorder une protection plus large aux neutres et de limiter les forces belligérantes aux forces nationales qui seules, à notre avis, devraient se trouver en présence les unes des autres.

Il est bien entendu que la règle ne s'appliquerait qu'aux navires se trouvant dans les conditions précitées et qui rendraient les services déjà énumérés. Il ne saurait y avoir aucun doute dans notre esprit sur le caractère hostile des services rendus dans ces conditions.

Selon ces conditions, les navires devront être placés sous les ordres directs ou indirects d'un Gouvernement belligérant ou d'un Commandant d'une escadre belligérante; ils devront de temps en temps, être incorporés dans une escadre belligérante ou la rejoindre selon les circonstances; ils devront être employés au transport de marins ou de soldats, de munitions de guerre, de charbon, de provisions ou d'articles d'approvisionnement maritime, ou chargés d'exécuter des réparations ou de transmettre de dépêches ou des informations à l'escadre dont ils dépendent.

Dans ses conditions ils seront considérés comme prêtant une assistance hostile à l'ennemi.

S. Exc. le Vice-Amiral Jonkheer Röell demande à S. Exc. Lord Reay si en acceptant la définition contenue dans la proposition britannique, on donnera aux vaisseaux de guerre, mentionnés sous la lettre B, qui sont en vérité des navires marchands et qui peuvent même être neutres, tous les droits accordés à des vaisseaux de guerre, comme par exemple celui de visite et même celui de capture des navires des belligérants ou des neutres, sans qu'ils répondent aux conditions sur lesquelles nous avons discuté si longuement.

Cette demande est évidemment superflue, car la réponse doit être négative, mais alors pourquoi donner ce nom de „navire de guerre“, à un navire quelconque, qui ne peut pas recevoir le droit de faire des actes de guerre? Je crois que le but visé par la proposition britannique, serait beaucoup mieux atteint en insérant une stipulation concernant les vaisseaux auxiliaires dans un règlement sur le régime des vaisseaux de guerre belligérants dans les ports neutres, plutôt qu'en le plaçant dans celui que nous discutons en ce moment, relatif à la transformation de navire de commerce en navire de guerre.

S. Exc. M. Porter dit qu'apparemment le but de la classification de navires marchands non-armés, engagés dans le service non-neutre de la flotte ennemie, comme navires de guerre ennemis, dans la catégorie B de la proposition de la Délégation britannique, est de donner aux belligérants la même juridiction sommaire sur eux que celle qui est exercée sur des navires armés régulièrement commissionnés: c'est-à-dire qu'ils peuvent être saisis ou détruits sans aucun recours à une Cour de prise, avant ou après cet acte.

D'après les règles du Droit international telles qu'elles existent aujourd'hui, un navire engagé dans un service contre la neutralité, est sujet à confiscation par les cours et son équipage peut être détenu comme prisonniers de guerre, mais la Délégation des Etats-Unis d'Amérique ne peut envisager avec faveur une si formidable extension des droits des belligérants sur des navires neutres sous une classification comme navires de guerre ennemis.

Cette proposition substitue, en effet, la décision ou le caprice d'un sous-officier de la flotte belligérante aux arrêts de la Cour des prises et le navire neutre pourra être coulé par son ordre.

Le Colonel de l'Amirauté Ovtchinnikow estime que les objections qui ont été présentées dans la séance du 12 juillet par l'honorable Délégué britannique, concernant l'impossibilité de reconnaître comme légitime la transformation des navires de commerce en navires de guerre dans les ports neutres et en pleine mer ne semble pas s'accorder avec la definition du terme „Vaisseau de guerre“ formulée par la Délégation britannique (Annexe 2).

En effet, la Délégation susnommée comprend sous le terme de „Vaisseau auxiliaire“ tout navire marchand, même neutre, qui sera employé au transport de combustibles, vivres, eau etc. pour la flotte belligérante.

Mais alors il faut se demander quand s'est effectuée dans ce cas, la transformation du navire de commerce en navire de guerre (auxiliaire). Le changement desdites marchandises ne pourrait s'opérer que dans les ports, soit des belligérants, soit des neutres, ou peut-être en pleine mer; il est évident à son avis que cette transformation doit avoir eu lieu, selon la définition anglaise, dans les ports même neutres ou quelquefois en pleine mer.

C'est pourquoi il lui semble que la définition du terme "Vaisseau de guerre" formulée par la Délégation britannique, ne s'oppose pas en réalité à la transformation des navires de commerce en navires de guerre en pleine mer.

J'attire l'attention sur ce fait pour appuyer encore une fois la proposition russe sur la question du lieu de transformation (Annexe 3).

S. Exc. le Comte Tornielli a suivi avec la plus grande attention et le plus vif intérêt les explications que S. Exc. Lord Reay a données sur la portée du paragraphe B de la proposition britannique. Il ne croit cependant pas être à même d'en reproduire le sens en entrier. Il faudrait pour cela attendre de les avoir sous les yeux dans le procès-verbal de la séance. Quelques expressions ont été cependant saisies par lui au passage. L'honorable Délégué britannique a parlé de navires accompagnant ou escortant la flotte belligérante, de bâtiments qui naviguent en conserve ou attendant des ordres en mer ou dans un port. Ces expressions ont dans le langage du droit international une signification spéciale des plus importantes et si elles étaient introduites dans la proposition britannique pourraient avoir pour effet d'en modifier sensiblement le sens général. Il y aurait donc lieu de former un Comité spécial pour tâcher, avant que la discussion soit continuée, de mettre à point la paragraphe B de la proposition britannique qui, après les explications fournies dans la séance actuelle, aura peut-être besoin d'un remaniement.

Le Président croit que le moment est venu de constituer un Comité d'Examen dont la fonction sera d'établir un texte qui tiendra compte des diverses propositions déposées. Il propose de désigner comme devant faire partie de ce Comité:

MM. Kriege, Louis Renault, L.L.E.E. MM. Carlos Rodriguez Larreta, le Baron Charles de Macchio, M. Van den Heuvel, le Contre-Amiral Charles S. Sperry, S. Exc. Sir Ernest Satow, le Jonkheer van Karnebeek, S. Exc. M. Keiroku Tsudzuki et S. Exc. M. de Hammarskjöld.

S. Exc. le Comte Tornielli accepte le Comité d'Examen tel qu'il a été proposé par le Président, mais il pense qu'il vaudrait mieux déférer à un Comité spécial, composé des Délégués des Puissances dont les propositions figurent au tableau synoptique, la recherche d'une interprétation et d'une rédaction plus précise du paragraphe B de la proposition de la Grande-Bretagne.

Dans ce Comité il y aurait conséquemment avec le bureau de la Commission un Délégué d'Autriche-Hongrie, de Grande-Bretagne, d'Italie, du Japon, des Pays-Bas et de Russie.

Sur la demande du Président, la proposition de S. Exc. le Comte Tornielli est adoptée.

S. Exc. Sir Ernest Satow accepte de faire partie du Comité d'Examen, mais au cas où il se trouverait empêché il demande la permission de se faire remplacer par S. Exc. Lord Reay.

Sur la demande de S. Exc. M. Hagerup, le Président déclare que le Bureau de la Commission fait de droit partie du Comité d'Examen.

Le Président, après avoir annoncé qu'à la prochaine séance on discutera la question III du questionnaire (Annexe 1), lève la séance à 4 heures.

f) Douzième Séance. 7. Août 1907.

Bd. III S. 905 der Verhandlungen.

Présidence de Son Excellence M. de Martens.

— — — — — — — — — — — — — — — — — —

Le Président demande ensuite à la Commission de statuer sur les vœux proposés par la Délégation française (Annexe 16). Il rappelle que ces vœux ont été soumis à la Commission le 19 juillet dernier et que, sur la proposition de S. Exc. le Comte Tornielli, le vote avait été ajourné à quinzaine. Il fait observer, à ce propos, que ces vœux ne constituent pas des engagements pouvant trouver leur place dans une Convention.

S. Exc. le Comte Tornielli déclare que la première des deux considérations qui motivent la proposition de S. Exc. M. Léon Bourgeois concernant l'inviolabilité de la propriété privée ennemie sur mer, trouve la Délégation italienne prête à s'y associer. Elle accepte que tout bénéfice particulier au profit des agents de l'Etat capteur doit être exclu.

Mais par contre, ses instructions ne lui permettent pas l'acceptation de la règle que les pertes subies par les particuliers du chef des prises devraient finalement incomber à l'Etat dont ceux-ci relèvent.

La Délégation italienne pense qu'il y aurait quelques dangers à adopter un système qui aboutirait à l'assurance par l'Etat contre les dommages et pertes subies par ses ressortissants pour faits de guerre qu'il s'agissè de guerre maritime ou bien de guerre terrestre.

C'est pourquoi la Délégation d'Italie demande que les deux parties de la proposition française soient mises au vote séparément car elle votera en faveur du vœu que les Etats qui exerceront la capture, suppriment les parts de prises attribuées aux équipages des bâtiments capteurs et contre la deuxième partie de cette proposition.

S. Exc. le Baron de Macchio donne lecture de l'exposé des motifs de l'amendement (Annexe 17)*) de la Délégation austro-hongroise au vœu français (Annexe 16; *s. oben S. 174*).

Les objections que la Délégation austro-hongroise croit devoir relever quant au texte du vœu que nous avons sous les yeux et sur lequel on nous a demandé notre vote, objections que j'ai entendu répéter dans le sein de cette honorable assemblée par différents de nos Collègues, portent sur deux points:

1⁰. qu'il y est question en toutes lettres de la capture comme d'un droit reconnu, disposition qui paraît, au point de vue de la logique et du principe, inacceptable pour celles des Puissances qui se sont déjà, par leurs votes antérieurs, prononcés pour l'abolition d'un pareil droit. De plus, adhérer à un vœu qui préconise le droit de capture comme un droit existant et non contesté en matière de droit international, pourrait, dans l'avenir, porter préjudice à la liberté d'action des Puissances qui, dans des conditions plus favorables, voudraient alors tenter un nouveau pas en avant dans la voie de la protection de la propriété privée ennemie sur mer en temps de guerre.

C'est cet ordre d'objections qui est visé par les points *a* et *c* de l'amendement austro-hongrois;

2⁰. que l'acceptation du vœu français, dans la forme actuelle, semblerait impliquer pour les Puissances un engagement financier dans des proportions si étendues et si vagues qu'il devient difficile d'y souscrire sans réserve. C'est là un point capital qui, à notre opinion, ne devrait pas avoir ce caractère absolu pour rendre le vœu acceptable aux Délégations qui voudraient se dégager d'une pareille responsabilité.

C'est le raisonnement qui a déterminé le point *b* l'amendement.

Après avoir ainsi spécifié les observations qu'il lui a semblé nécessaire de faire pour préciser sa manière de voir, la Délégation austro-hongroise, s'il s'agissait d'un vote sur le vœu en question ne pourrait se prononcer affirmativement que sous la réserve qu'une formule soit adoptée qui puisse satisfaire aux deux objections qui viennent d'être développées.

S. Exc. le Baron Marschall de Bieberstein déclare se rallier, au nom de la Délégation allemande, à la première partie du vœu proposé par la Délégation française; mais en ce qui concerne la seconde partie, il est d'avis que son adoption et sa réalisation auraient pour effets d'imposer aux Etats des dépenses impossibles à prévoir d'avance; ils auraient en outre pour résultat d'encourager dans une certaine mesure, beaucoup de personnes à tenter des entreprises aventureuses dans la certitude qu'elles auraient de recevoir des indemnités en cas de nonréussite.

Le Capitaine de Vaisseau Behr dit qu'en votant pour le vœu proposé par la Délégation française, la Délégation de Russie a l'honneur de déclarer que le Gouvernement Impérial serait disposé à supprimer les parts de prises attribuées aux équipages des bâtiments capteurs, à condition que toutes les autres Puissances les abolissent également. Quant aux mesures à prendre pour que les pertes causées par l'exercice du droit de prises ne restent pas entièrement à la charge des particuliers dont les biens auront été capturés, la Délégation de Russie croit devoir faire des réserves, en vue de l'encouragement que cela pourrait constituer au commerce de contrebande.

S. Exc. M. Choate tient à expliquer les motifs qui ont amené la Délégation des Etats-Unis d'Amérique à voter contre le vœu proposé par la Délégation française relativement à l'inviolabilité de la propriété privée ennemie sur mer. La Délégation préfère s'en tenir aux suffrages réunis par sa proposition, qui semblent très bien rendre l'opinion de la majorité de cette Conférence.

D'autre part, tout progrès réalisé vers l'adoption du principe de l'immunité de la propriété privée ennemie du commerce en temps de guerre, a toute la sympathie de la Délégation.

La question de la suppression des parts de prises, posée dans le vœu français, est une question qui offre un intérêt purement national et les Etats-Unis l'ont récemment résolue, en ce qui les concerne, par un décret portant la suppression complète des parts de prises. Il semble à la Délégation des Etats-Unis que le vœu, proposé par la Délégation française, restera sans effet et, bien qu'il ait en vue de soulager les propriétaires de navires de commerce confisqués en reportant ultérieurement les pertes, qu'ils ont subies, sur l'Etat dont ils sont les ressortissants, il ne fait rien pour protéger le commerce mais tend plutôt à augmenter qu'à diminuer les chances de capture du moment que l'on sait que la perte sera, en fin de compte, supportée par l'Etat et donnera sûrement lieu à des réclamations multiples et variées se produisant dans chaque guerre et qui devront être réglées à sa conclusion par la voie diplomatique ou par les tribunaux nationaux.

La Délégation des Etats-Unis est aussi d'avis que la prise à sa charge par un Etat belligérant des pertes, que la saisie de leurs navires a infligées à ses négociants, est une question d'ordre purement national. Cette question devra être réglée par chaque pays individuellement et non par traité ou par contrat passé avec d'autres Etats.

S. Exc. Samad Khan Momtas-es-Saltaneh déclare que la Délégation de Perse votera avec plaisir la proposition faite dans un but d'équité et d'humanité par la Délégation française (Annexe 16)*) avec la réserve faite par son Exc. le Comte Tornielli et demande la division de la question et du vote.

S. Exc. Sir Ernest Satow regrette que la Délégation britannique ne puisse se ranger au vœu proposé par la Délégation française en faveur de la suppression des parts de prises attribuées aux équipages des bâtiments capteurs. La pratique actuelle, qui est régie par notre législation, a certains avantages aux yeux des autorités britanniques qu'il leur semble opportun de conserver: de plus, il est toujours loisible au Gouvernement de chaque pays de supprimer, de son propre chef, cette coutume qui, en définitive, ne regarde que ses ressortissants; et il semble par conséquent qu'il vaudrait mieux laisser à chaque pays une liberté d'action de cet égard.

Quant à la deuxième partie du vœu proposé par la Délégation française, il a l'honneur d'annoncer que le Gouvernement britannique se rallie d'autant plus à la proposition tendant à l'étude d'un système d'assurance nationale contre les pertes occasionnées par l'exercice du

*) *S. oben S. 174.*

droit de capture que la question a déjà été mise à l'étude en Angleterre et qu'on attend incessamment la décision de la commission qui a été chargée de l'examen de la question.

S. Exc. M. Lou Tseng-Tsiang se rallie aux vues exprimées par les Délégations d'Italie et d'Allemagne, il votera la première partie du voeu, mais ne peut pas accepter la seconde.

M. Louis Renault fait savoir que la Délégation française accepte l'amendement de la Délégation autrichienne (Annexe 17)*); sur le premier point, l'amendement ne modifie que la rédaction et ne change pas le sens général, il ne conteste pas non plus l'existence du droit de capture. En ce qui concerne de deuxième point, M. Louis Renault accepte l'amendement autrichien avec cette formule, qui a, en outre, l'avantage de répondre aux objections présentées par S. Exc. Sir Ernest Satow: . . . . „rechercheront les moyens de ne pas laisser entièrement à la charge des particuliers . . . .“

La Délégation française accepte en outre la division du vote.

S. Exc. M. Van den Heuvel regrette que l'importante discussion sur la question de l'inviolabilité de la propriété privée sur mer n'ait pas pu aboutir à une solution favorable et définitive. En vue de réaliser un certain progrès, deux propositions ont été déposées comme conclusion du débat.

La première est une proposition belge (Annexe 14)**) dont l'objet est d'élargir le droit existant en ce qui concerne les membres de l'équipage du navire capturé et d'assurer leur libération complète sans distinction de nationalité. S. Exc. M. Van den Heuvel a la satisfaction de constater que cette proposition a reçu l'agrément de la Délégation britannique et il exprime l'espoir de la voir unanimement adoptée.

Quant à la seconde proposition, la proposition française (Annexe 16)*), elle formule des vœux de réforme. Il rend hommage à la pensée qui a dicté les amendements (Annexe 17)*) de la Délégation autro-hongroise, mais regrette de devoir dire qu'il estime que ces amendements se bornent à modifier la proposition française plutôt dans la forme que dans le fond. La Délégation belge a déjà fait connaître son sentiment. Elle ne croit pas pouvoir adopter les vœux proposés, parce qu'ils constituent, à son avis, un empiètement sur la souveraineté nationale et qu'ils consacrent le droit exorbitant de confiscation.

S. Exc. M. Ruy Barbosa rappelle qu'aujourd'hui dans cette séance même, il a passé en chose jugée que le rôle de cette Conférence se limite à poser des règles pour la conduite des Etats dans les rapports internationaux. Or dans la proposition française il s'agit non pas d'établir une règle, mais de formuler simplement un vœu.

En second lieu, l'utilité de l'énonciation de simples vœux dans cette Conférence lui semble assez problématique.

Troisièmement, comme il s'agit de matières d'ordre purement matériel, qui regardent à peine la législation intérieure, il lui paraît que ce champ doit être interdit à la Conférence.

*) *S. oben S. 174.* **) *S. oben S. 169.*

En conséquence, la Délégation brésilienne s'abstiendra du vote, sans que cette attitude exprime une opposition à l'esprit de la proposition française, ni même une opinion arrêtée sur la matière.

S. Exc. le Baron de Macchio prend acte avec plaisir de la déclaration faite par M. Louis Renault d'accepter l'amendement austro-hongrois et déclare de son côté se rallier à la formule, proposée ultérieurement par le Délégué de France.

Le Président déclare que la Commission a pris acte des réserves qui viennent d'être exprimées.

S. Exc. Réchid Bey partage la manière de voir des Délégations italienne et allemande et déclare que la Délégation ottomane est prête à adhérer à la première partie du voeu exprimé par la Délégation française. Toutefois, elle s'associe à la condition que la Délégation de Russie vient de poser relativement à l'engagement unanime de Puissances au sujet de la suppression de tout bénéfice au profit des agents de l'Etat qui exerce le droit de prise.

Conformément à l'opinion exprimée au sein de la Commission et partagée par la Délégation française, le Président fera procéder à deux votes successifs sur les vœux français. Il est procédé au vote sur la première partie de ce vœu qui est amendée par la Délégation austro-hongroise et dont le Président donne lecture.

Trente-quatre Délégations prennent part au vote.

Ont voté pour 16:

Allemagne, Autriche-Hongrie, Chili, Chine, France, Grèce, Italie, Japon, Monténégro, Norvège, Pays-Bas, Perse, Russie, Serbie, Suède et Turquie.

Ont voté contre 4:

Etats-Unis d'Amérique, République Argentine, Cuba et Mexique.

Se sont abstenus 14:

Belgique, Brésil, Danemark, République dominicaine, Equateur, Espagne, Grande-Bretagne, République d'Haïti, Panama, Paraguay, Portugal, Salvador, Siam et Suisse.

Il est procédé au vote sur la seconde partie du vœu français, amendé par la Délégation austro-hongroise.

Trente-quatre Délégations prennent part au vote.

Ont voté pour 7:

Autriche-Hongrie, France, Grande-Bretagne, Monténégro, Pays-Bas, Russie et Serbe.

Ont voté contre 13:

Allemagne, Etats-Unis d'Amérique, République Argentine, Chili, Chine, Cuba, Italie, Japon, Mexique, Norvège, Perse, Suède et Turquie.

Se sont abstenus 14:

Belgique, Brésil, Danemark, République dominicaine, Equateur, Espagne, Grèce, République d'Haïti, Panama, Paraguay, Portugal, Salvador, Siam et Suisse.

VIII. Anwendung der Genfer Konvention auf den Seekrieg.

A. Verhandlungen der Friedenskonferenz von 1899.*)

I. Verhandlungen der Gesamtkonferenz.

a) Deuxième Séance. 20. Mai 1899.

S. 14 (18) der Verhandlungen der Gesamtkonferenz.

In der vorbezeichneten Sitzung wurde der zweiten Kommission u. a. die Behandlung der Artikel 5 und 6 des Zirkulars des Grafen Murawiev vom 11. Januar 1899 zugewiesen, welche lauteten:

5. Adaption aux guerres maritimes des stipulations de la convention de Genève de 1864 sur la base des articles additionels de 1868.**)
6. Neutralisation, au même titre, des navires ou chaloupes chargés du sauvetage des naufragés, pendant ou après les combats maritimes.

[Die Verhandlungen der zweiten Kommission s. unten S. 308 ff., diejenigen der Unterkommission S. 321 ff.]

b) Quatrième Séance. 20. Juni 1899.

S. 25 ff. (S. 18 ff.) der Verhandlungen der Gesamtkonferenz.

Présidence de M. Staal.

La séance est ouverte à 4 heures.

Le procès-verbal de la séance du 23 mai est adopté.

Le Président dit que l'ordre du jour de la séance porte en premier lieu l'examen du rapport de la deuxième Commission,***) sur une série de dispositions ayant pour but d'adapter à la guerre maritime les principes de la Convention de Genève et le vote des articles que la Commission propose à la Conférence.

M. le Comte de Macedo déclare qu'il ne voudrait pas aller jusqu'à demander l'ajournement de la première partie de l'ordre du jour, mais il fait remarquer que le vote sur les dix articles présentés ne saurait être définitif attendu qu'ils viennent d'être renvoyés par la deuxième Commission à la Sous-Commission.

M. de Martens dit que la Commission a adopté définitivement les 10 articles qui lui ont été soumis. Ce qu'on a renvoyé à l'examen du Comité de rédaction de la première Sous-Commission, ce sont les propositions additionnelles présentées par M. le Capitaine Mahan. *(S. unten S. 317.)*

M. le Comte de Macedo répond que d'après lui, il pourrait se faire que les résolutions à prendre modifiassent encore le texte des

---

*) *S. oben S. 152 die Fussnote.* **) *S. unten S. 321.* ***) *S. unten S. 295 ff.*

articles adoptés et que, dans ce cas, la Conférence aurait à en récommencer l'examen.

Il ajoute que, quelle que soit la décision prise, il croit devoir renouveler la déclaration qu'il a faite dans la séance de la seconde Commission, et qui est conçue dans ces termes:

„Le Comte de Macedo, premier délégué de Portugal, déclare, en priant la deuxième Commission de prendre acte de cette déclaration et d'en tenir compte à titre de réserve générale sur le vote des 10 articles que l'on vient de lire et de mettre en discussion, que les instructions de son Gouvernement ne portant pas, et ne pouvant naturellement porter que sur l'adhésion aux principes généraux contenus dans la circulaire Mouravieff, et sur l'acceptation sous une forme aussi générale des applications de ces principes, le vote favorable, bien que silencieux, qu'il vient d'émettre sur la doctrine des susdits articles, n'a nullement un caractère définitif même dans les limites où ses pouvoirs lui permettent de voter (c'est-à-dire ad referendum); et qu'il ne saurait acquérir ce caractère avant qu'il ait reçu des instructions du Gouvernement de Sa Majesté Très Fidèle, données en pleine connaissance du texte que l'on vient de voter.

Le Président donne acte au Comte de Macedo de sa déclaration.

Le Président: Je suis assuré certainement d'avoir l'adhésion unanime en félicitant la seconde Commission d'avoir été la première à nous apporter un résultat tangible des bonnes volontés communes. Comme le dit excellemment M. Renault dans son remarquable rapport, nous avons devant nous „un projet qui, conciliant les intérêts en présence, donne satisfaction aux vœux, émis depuis si longtemps, que la guerre maritime ne soit plus privée de l'élément humanitaire et charitable que la Convention de Genève a mis dans la guerre „continentale". Je dois vous demander d'adresser précialement tous nos remerciements à M. Asser qui a présidé avec sa haute compétence aux délibérations de la Sous-Commission. M. Renault qui a bien voulu se charger du Rapport et qui nous a donné ainsi le commentaire raisonné et durable du texte, a droit à toute notre gratitude.

M. Asser croit qu'il suffira de lire le texte des articles votés en Commission pour que la Conférence soit en mesure de prendre une décision à leur égard. En ce qui concerne l'observation faite par M. le Comte de Macedo, M. Asser explique qu'en votant au Comité de rédaction les 3 articles additionnels présentés par le Capitaine Mahan, la Commission a entendu maintenir intégralement le texte des dix articles, qui sont soumis à l'approbation de la Conférence. Il est possible, bien que peu problable, que ce renvoi entraine certaines modifications dans le texte de ces articles.

Dans ce cas le nouveau texte serait soumis à la Conférence dans une réunion ultérieure. Mais il serait regrettable que l'Assemblée plénière se séparât aujourd'hui sans avoir ratifié les propositions de la deuxième Commission.

M. Asser donne ensuite lecture des dix articles tels que la deuxième Commission les a adoptés:

ART. 1. Les bâtiments-hôpitaux militaires, c'est-à-dire les bâtiments construits ou aménagés par les Etats spécialement et uniquement en vue de porter secours aux blessés, malades et naufragés, et dont les noms auront été communiqués, à l'ouverture ou au cours des hostilités, en tout cas avant toute mise en usage, aux puissances belligérantes, sont respectés et ne peuvent être capturés pendant la durée des hostilités.

Ces bâtiments ne sont pas non plus assimilés aux navires de guerre au point de vue de leur séjour dans un port neutre.

ART. 2. Les bâtiments hospitaliers. équipés en totalité ou en partie aux frais des particuliers ou des sociétés de secours officiellement reconnues, sont également respectés et exempts de capture, si la puissance belligérante dont ils dépendent, leur a donné une commission officielle et en a notifié les noms à la puissance adverse à l'ouverture ou au cours des hostilités, en tout cas avant toute mise en usage.

Ces navires doivent être porteurs d'un document de l'autorité compétente déclarant qu'ils ont été soumis à son contrôle pendant leur armement et à leur départ final.

ART. 3. Les bâtiments hospitaliers, équipés en totalité ou en partie aux frais des particuliers ou des sociétés officiellement reconnues de pays neutres, sont respectés et exempts de capture, si la puissance neutre dont ils dépendent leur a donné une commission officielle et en a notifié les noms aux Puissances belligérantes à l'ouverture ou au cours des hostilités, en tout cas avant toute mise en usage.

ART. 4. Les bâtiments qui sont mentionnés dans les art. 1, 2 et 3, porteront secours et assistance aux blessés; malades et naufragés des belligérants sans distinction de nationalité.

Les Gouvernements s'engagent à n'utiliser ces bâtiments pour aucun but militaire.

Ces bâtiments ne devront gêner en aucune manière les mouvements des combattants.

Pendant et après le combat, ils agiront à leurs risques et périls.

Les belligérants auront sur eux le droit de contrôle et de visite; ils pourront refuser leurs concours, leur enjoindre de s'éloigner, leur imposer une direction déterminée et mettre à bord un commissaire, même les détenir, si la gravité des circonstances l'exigeait.

Autant que possible, les belligérants inscriront sur le journal de bord des bâtiments hospitaliers les ordres qu'ils leur donneront.

ART. 5. Les bâtiments-hôpitaux militaires seront distingués par une peinture extérieure blanche avec une bande horizontale verte d'un mètre et demi de largeur environ.

Les bâtiments qui sont mentionnés dans les articles 2 et 3, seront distingués par une peinture extérieure blanche avec une bande horizontale rouge d'un mètre et demi de largeur environ.

Les embarcations des bâtiments qui viennent d'être mentionnés, comme les petits bâtiments qui pourront être affectés au service hospitalier, se distingueront par une peinture analogue.

Tous les bâtiments hospitaliers se feront reconnaître en hissant, avec leur pavillon national, le pavillon blanc à croix rouge prévu par la Convention de Genève.

ART. 6. Les bâtiments de commerce, yachts ou embarcations neutres, portant ou recueillant des blessés, des malades ou des naufragés des belligérants, ne peuvent être capturés pour le fait de ce transport, mais ils restent exposés à la capture pour les violations de neutralité qu'ils pourraient avoir commises.

ART. 7. Le personnel religieux, médical et hospitalier de tout bâtiment capturé est inviolable et ne peut être fait prisonnier de guerre. Il emporte, en quittant le navire: les objets et les instruments de chirurgie qui sont sa propriété particulière.

Ce personnel continuera à remplir ses fonctions tant que cela sera nécessaire et il pourra ensuite se retirer lorsque le commandant en chef le jugera possible.

Les belligérants doivent assurer à ce personnel tombé entre leurs mains la jouissance intégrale de son traitement.

ART. 8. Les marins et les militaires embarqués blessés ou malades, à quelque nation qu'ils appartiennent, seront protégés et soignés par les capteurs.

ART. 9. Sont prisonniers de guerre les naufragés, blessés ou malades, d'un belligérant qui tombent au pouvoir de l'autre. Il appartient à celui-ci de décider, suivant les circonstances, s'il convient de les garder, de les diriger sur un port de sa nation, sur un port neutre ou même sur un port de l'adversaire. Dans ce dernier cas, les prisonniers ainsi rendus à leur pays ne pourront servir pendant la durée de la guerre.

ART. 10. Les naufragés, blessés ou malades, qui sont débarqués dans un port neutre, du consentement de l'autorité locale, devront: à moins d'un arrangement contraire de l'Etat neutre avec les Etats belligérants, être gardés par l'Etat neutre de manière qu'ils ne puissent pas de nouveau prendre part aux opérations de la guerre.

Les frais d'hospitalisation et d'internement seront supportés par l'Etat dont relèvent les naufragés, blessés ou malades.

M. le Comte de Grelle Rogier demande si dans l'art. 10, alinéa 2, il ne serait pas préférable de dire que: „les frais d'hospitalisation et, le cas échéant d'internement seront supportés etc. etc.“

M. Renault; Rapporteur, combat cet amendement et prie la Conférence de maintenir l'article 10.

Le Président consulte la Conférence sur l'adoption des dix articles proposés.

Ces articles sont adoptés.

Le Délégué du Japon, M. Motono, fait la déclaration suivante:

„Dans la séance du 30 mai 1899 de la 1re Sous-Commission de la 2ième Commission, j'ai eu l'honneur, au nom de la délégation du Japon, d'appeler l'attention de la Sous-Commission sur une lacune, qui nous semblait exister tant dans les dispositions de la Convention de Genève de 1864, que dans celles des articles additionnels de 1868.

Les blessés et les malades de l'armée de terre ainsi que les hôpitaux, les ambulances, et les évacuations sont protégés par la Convention de Genève.

Les articles additionnels de 1868 avaient en vue de protéger dans une certaine mesure les bâtiments hospitaliers, leur personnel ainsi que les blessés, les malades et les naufragés se trouvant sur ces bâtiments; mais ces dispositions ne semblaient s'appliquer, d'après leur teneur générale, qu'aux victimes de la guerre maritime.

Le Gouvernement Impérial du Japon pense qu'il serait nécessaire, dans l'intérêt de l'humanité, d'étendre aux bâtiments hospitaliers chargés du transport par mer des blessés et des malades de l'armée de terre, la protection accordée par la Convention de Genève aux hôpitaux militaires, ambulances et évacuations.

C'est à cet effet, que j'ai eu l'honneur, d'après les instructions de notre Gouvernement, d'exprimer dans la séance du 30 mai de la première Sous-Commission de la deuxième Commission, le désir de voir insérée dans le présent projet une disposition adéquate.

La première Sous-Commission de la deuxième Commission a décidé dans la même séance, de tenir compte de notre désir et Monsieur Renault, dans son remarquable rapport, qui vient de vous être présenté sur les travaux de la deuxième Commission, a fait ressortir en ces termes la portée de l'innovation introduite dans le présent projet:

„Dans les dispositions que la Commission soumet à la Conférence: il est parlé des blessés, malades et naufragés, non des victimes de la guerre maritime. Cette dernière expression, vrai dans la plupart des cas, ne le serait pas toujours et doit, pour ce motif, être écartée. Les règles prévues s'appliquent du moment qu'il y a des blessés et des malades à bord de bâtiments de mer, sans qu'il y ait à rechercher si c'est en mer ou sur terre que la blessure a été fait ou que la maladie s'est déclarée. Par conséquent, si un bâtiment est affecté au transport par mer de blessés ou de malades de l'armée de terre, ce bâtiment, ces blessés et ces malades seront régis par les dispositions de notre projet. A l'inverse, il est bien évident que, si des marins blessés ou malades sont débarqués et placés dans une ambulance ou dans un hôpital, la Convention de Genève s'appliquera pleinement en ce qui les concerne."

„Cette remarque nous paraît suffire pour donner satisfaction aux observations présentés dans la Sous-Commission et nous ne croyons nullement nécessaire d'insérer une disposition spéciale à se sujet."

Ces observations du rapport de la deuxième Commission donnent pleine satisfaction au désir exprimé par le Gouvernement Impérial du Japon.

En conséquence et pour éviter tout malentendu dans l'avenir quant à l'interprétation des deux textes du présent projet relativement au point susmentionné j'ai l'honneur de vous demander, au nom de la Délégation du Japon, que le passage du rapport précité soit inséré dans le Protocole de la Conférence de la Paix."

Le Président donne acte à M. Motono de sa déclaration et dit que l'examen en sera renvoyé au Comité chargé de la rédaction de l'acte final.

M. Delyannis fait la déclaration suivante:

„J'ai pris part aujourd'hui à l'examen du rapport et des articles concernant l'adaptation des principes de la Convention de Genève aux guerres maritimes, mais je ne pourrai pas signer l'acte général de la Conférence qui sera rédigé, avant de soumettre le texte à mon Gouvernement et de recevoir l'autorisation de le signer."

La Délégation ottomane fait la déclaration suivante:

„Les délégués ottomans déclarent qu'ils ne peuvent apposer leurs signatures sur l'acte générale de la Conférence portant approbation des articles qui viennent d'être voté et relatifs à l'adaptation des principes de la Convention de Genève aux guerres maritimes, avant de la soumettre à leur Gouvernement et de recevoir ses instructions."

Le Président donne acte de ces déclarations.

c) Bericht der zweiten Kommission an die Gesamtkonferenz.*)

„Annexe au Procès-Verbal de la Séance du 20 juin.
Rapport à la Conférence."

S. 30 (22) der Verhandlungen der Gesamtkonferenz.

La seconde Commission a adopté, sur le rapport d'un Comité de rédaction, une série de dispositions ayant pour but d'adapter à la guerre maritime les principes de la Convention de Genève. Elle soumet ces dispositions au vote de la Conférence en les accompagnant du présent Rapport, qui a pour but d'exposer les motifs des articles proposés.

*) *Berichterstatter Renault. — Die Verhandlungen der 2. Kommission s. unten S. 308 ff.*

La Seconde Commission (Première Sous-Commission) avait été chargé d'examiner les points V et VI de la Circulaire du Comte Mouravieff. Elle a admis sans discussion qu'il était désirable d'adapter aux guerres maritimes les principes de la Convention de Genève de 1864 et qu'il convenait de prendre comme base les articles additionnels de 1868. Ces articles ont donné lieu à des critiques au lendemain même de leur signature, ils ont été depuis 30 ans l'objet d'études approfondies. Il s'agit maintenant de tenir compte de ces critiques, de profiter de ces études et d'arrêter un projet qui, conciliant les interêts en présence, donne enfin satisfaction aux vœux émis, depuis si longtemps, par les personnes et les sociétés les plus autorisées, pour que la guerre maritime ne soit plus privée de l'élément humanitaire et charitable que la Convention de Genève a mis dans la guerre continentale. Nous croyons que les travaux préparatoires de ce projet si vivemement désirée par l'opinon publique sont actuellement suffisants et qu'il est temps de conclure. Nous espérons que notre travail permettra à la Conférence de le faire et de se prononcer en connaissance de cause, en adoptant un texte qui pourra être facilement transformé en convention internationale.

Les idées générales qui nous ont guidés sont les suivantes. Il faut se borner à poser les principes essentiels et ne pas entrer dans des détails d'organisation et de réglementation qu'il appartient à chaque Etat d'arrêter suivant ses intérêts ou ses habitudes. Nous déterminons quelle doit être, au point de vue international, la condition juridique des bâtiments hospitaliers; mais, comment seront organisés ces bâtiments? Quel sera le rôle des bâtiments de l'Etat ou des bâtiments des sociétés de secours? Admettra-t-on même des bâtiments que des particuliers voudraient affecter au service hospitalier pendant la guerre? Ce sont des questions qui doivent être traitées par chaque Gouvernement, qui ne sont pas susceptibles d'une solution uniforme, parce que les situations sont diverses. Suivant les pays, le concours de la charité privée sera plus ou moins actif. En outre, tout en étant préoccupé des exigences de l'humanité, il ne faut pas oublier les nécessités de la guerre; il convient d'éviter des prescriptions inspirées sans doute par des sentiments généreux, mais exposées à être fréquemment méconnues par les belligérants dont elles entraveraient l'action. L'humanité ne gagne pas beaucoup par l'adoption d'une règle qui doit rester à l'état de lettre morte et la notion du respect des engagements pris s'en affaiblit. Il est donc indispensable de n'imposer que des obligations qui puissent être exécutées en toute circonstance et de laisser aux combattants la latitude dont ils ont besoin; il est à espérer qu'ils n'en useront pas pour entraver inutilement l'action hospitalière.

Les dispositions à arrêter rentrent dans trois ordres d'idées; il s'agit en effet de régler la condition:

1°. des bâtiments employés à un service hospitalier (art. 1 à 6);
2°. du personnel charitable (art. 7);
3°. des blessés, malades ou naufragés (art. 8 et 9).

Bâtiments.

Il peut y avoir, en fait, des bâtiments de nature très différente, employés à un service hospitalier d'une manière permanente ou accidentelle. Ils doivent être passés en revue.

Bâtiments-Hôpitaux militaires.

A la Conférence de Genève en 1868, les idées avaient varié au sujet de la situation à faire à ces bâtiments; après leur avoir accordé le bénéfice de la neutralité sous certaines conditions, on avait fini par adopter le 9e article additionnel d'après lequel „les bâtiments hôpitaux militaires restent soumis aux lois de la guerre en ce qui concerne leur matériel; ils deviennent la propriété du capteur, mais celui-ci ne pourra les détourner de leur affection spéciale pendant la durée de la guerre". Dès 1869, le Gouvernement français demandait que l'art. 9 fût complété par la disposition suivante: „Toutefois, les navires impropres au combat que, pendant la paix, les Gouvernements auront officiellement déclaré être destinés à servir d'hôpitaux maritimes flottants, jouiront, pendant la guerre, de la neutralité complète du matériel comme du personnel pourvu que leur armement soit uniquement approprié à leur destination spéciale." Le Gouvernement britannique se ralliait à cette manière de voir comme il résulte d'une dépêche adressée le 21 janvier 1869 par le Comte Clarendon au Prince de la Tour d'Auvergne.

La Commission s'est prononcée pour le système proposé en 1869, en exprimant l'opinion qu'il ne fallait pas maintenir l'art. 9 avec la disposition complémentaire, mais formuler une règle générale unique. Il a paru indispensable de soustraire aux vicissitudes de la guerre les bâtiments dont il s'agit, en prenant les précautions nécessaires pour que des abus ne fussent pas commis.

La Commission propose donc de soustraire à la prise les bâtiments construits ou aménagés par les Etats spécialement et uniquement en vue de porter secours aux blessés, malades et naufragés. Chaque Etat construira ou aménagera comme il l'entendra les bâtiments affectés à son service hospitalier; on ne saurait lui imposer aucun type déterminé. L'idée essentielle est que les bâtiments auront un caractère exclusivement hospitalier, par suite ne pourront rien porter qui ne soit pas destiné aux blessés ou malades et à ceux qui les soignent, qui puisse être utilisé pour des actes hostiles.

Chaque belligérant doit connaître les bâtiments de son adversaire auxquels des immunités particulières sont accordées; il sera donc nécessaire que les noms de ces bâtiments aient été officiellement communiqués. A quel moment cette communication devra-t-elle avoir été faite? Au moment même de l'ouverture des hostilités, les belligérants doivent naturellement se notifier les noms de leurs bâtiments-hôpitaux. Mais il serait excessif de n'accepter que les notifications faites à ce moment. Un belligérant peut avoir été surpris par la guerre il n'avait pas d'avance construit ou aménagé des bâtiments-hôpitaux; ou bien la guerre prend de grandes proportions et les bâtiments-hôpitaux existants sont jugés insuffisants. Ne serait-il pas cruel d'interdire aux belligérants la faculté de développer leur service hospitalier suivant les nécessités de la guerre, par conséquent d'aménager de nouveaux bâtiments? C'est ce qui a été admis. Une notification pourra donc être faite au cours même des hostilités; elle devra seulement précéder l'emploi du navire pour son nouveau service.

La notification des noms des bâtiments-hôpitaux militaires intéresse tout d'abord les belligérants; elle peut intéresser aussi les neutres, puisque, ainsi qu'il va être expliqué, une condition particulière est faite à ces bâtiments dans les ports neutres. Il est donc à désirer que les belligérants portent les noms de ces bâtiments à la connaissance des états neutres, quand ce ne serait que par une insertion dans leur journal ou recueil officiel.

Il va sans dire que l'affectation hospitalière donnée à un navire et communiquée à l'adversaire ne pourra être modifiée pendant la durée de la guerre. Autrement des abus seraient possibles; on donnerait le caractère hospitalier à un navire pour le faire parvenir en sécurité à un endroit déterminé et là on le transformerait en bâtiment destiné à des opérations hostiles.

Pour exprimer l'immunité accordée aux bâtiments-hôpitaux militaires, nous avons évité les mots de neutres, de neutralité, qui ne sont pas exacts en eux-mêmes, qui ont donné lieu depuis longtemps à de justes critiques reproduites dans la sous-commission. Nous proposons de dire simplement que ces navires seront respectés et ne pourront être capturés. De cette façon: nous formulons q'une manière concrète et précise les deux principales conséquences que l'on entend faire dériver de l'idée abstraite de neutralité. Ces navires ne doivent pas être attaqués. Leur caractère hospitalier apparent interdit d'employer contre eux les moyens dont on peut user contre les bâtiments de guerré de son adversaire. C'est dans le même sens que l'art. 1 de la Convention de 1864 dit que les ambulances et hôpitaux militaires sont respectés par les belligérants. Le respect ainsi assuré aux bâtiments-hopitaux n'exclut pas les mesures de précaution qu'il peut être nécessaire de prendre à leur égard et dont il sera parlé plus loin (art. 4).

En outre, les bâtiments-hôpitaux militaires sont exempts du droit de prise qui s'applique naturellement à tous les bâtiments de l'Etat ennemi. Il y a ici, dans un intérêt supérieur d'humanité qui est commun aux deux belligérants, l'énonciation à un droit incontestable.

Ce qui précède ne concerne que les rapports des belligérants entre eux; c'est dans ces rapports qu'une condition particulière est faite aux bâtiments hôpitaux militaires et qu'ils sont traités autrement que des bâtiments de guerre ennemis. Il a paru nécessaire d'étendre la même idée aux rapports de ces bâtiments avec les ports neutres. Autrement les autorités de ces ports pourraient prétendre assimiler ces bâtiments-hôpitaux aux bâtiments de la marine militaire des belligérants dont ils font partie et réglementer la durée de leur séjour comme les conditions de leur départ et de leur ravitaillement aussi strictement que pour les bâtiments de guerre proprement dits, ce qui serait peu raisonnable. Il faut une règle précise pour écarter toute difficulté entre les bâtiments-hopitaux et les autorités des ports neutrés comme toute réclamation de la part des belligérants. En dehors de l'ordre d'idées qui vient d'être indiqué, ces bâtiments-hôpitaux militaires seront naturellement traités comme des bâtiments de guerre, notamment en ce qui concerne le bénéfice de l'exterritorialité.

La condition des bâtiments-hôpitaux militaires pourrait donc être réglée de la manière suivante:

Les bâtiments-hôpitaux militaires, c'est-à-dire les bâtiments construits ou aménagés par les Etats spécialement et uniquement en vue de porter secours aux blessés, malades et naufragés, et dont les noms auront été communiqués, à l'ouverture ou au cours des hostilités, en tout cas avant toute mise en usage, aux puissances belligérantes, sont respectés et ne peuvent être capturés pendant la durée des hostilités.

Ces bâtiments ne sont pas non plus assimilés aux navires de guerre au point de vue de leur séjour dans un port neutre (art. 1).

Bâtiments hospitaliers des belligérants, autres que les bâtiments de l'Etat.

Le 13e article additionnel s'occupe des navires hospitaliers équipés aux frais des sociétés de secours. Nous maintenons la disposition en ce qui les concerne avec quelques rectifications. Il s'agit des sociétés officiellement reconnues par chaque belligérant; la formule de l'art. 13 est trop vague et, par cela même, équivoque. Le mot „neutres", pour définir la condition de ces navires, est évité pour les raisons données à propos de l'article précédent.

Enfin la notification de belligérant à belligérant est prescrite comme pour les bâtiments-hôpitaux militaires; il y a même raison.

La disposition de l'art. 13 a été utilement complété. Il nous a paru que les bâtiments que des particuliers voudraient affecter au service hospitalier devraient jouir de la même immunité du moment qu'ils présenteraient des garanties identiques. Il pourra y avoir là une ressource précieuse; en divers pays, les propriétaires de yachts de plaisance ont exprimé l'intention de les affecter au service hospitalier en cas de guerre.

Les bâtiments hospitaliers, équipés en totalité ou en partie aux frais des particuliers ou des sociétés de secours officiellement reconnues, sont également respectés et exempts de capture, si la puissance belligérante dont ils dépendent leur a donné une commission officielle et en a notifié les noms à la puissance adverse à l'ouverture ou au cours des hostilités, en tout cas avant toute mise en usage.

Ces navires devront être porteurs d'un document de l'autorité compétente déclarant qu'ils ont été soumis à son contrôle pendant leur armement et à leur départ final (art. 2).

Bâtiments hospitaliers neutres.

L'avenir dira si l'intervention hospitalière des neutres se produira dans les guerres maritimes et dans quelle mesure. Nous nous bornons à dire qu'elle est régulière sous des conditions qui paraissent donner des garanties suffisantes. Ces navires hospitaliers devront avoir une commission officielle de leur gouvernement qui ne l'accordera qu'en connaissance de cause, c'est-à-dire après s'être assuré du caractère exclusivement hospitalier des navires, et leurs noms devront être notifiés aux Puissances belligérantes.

Il avait été question d'exiger que les bâtiments hospitaliers neutres se rangeassent sous l'autorité directe de l'un des belligérants. Une étude attentive nous a démontré que cette solution entraînerait d'assez graves difficultés. Quel pavillon porteraient les navires dont il s'agit? N'y aurait-il pas quelque chose de contraire à l'idée de la neutralité dans le fait, pour des navires ayant une commission officielle, d'être incorporés dans la marine de l'un des belligérants? Il nous a semblé qu'il suffisait que l'action de ces bâtiments, qui dépendent d'abord du Gouvernement dont ils tiennent leur commission, fût soumise à l'autorité des belligérants dans les termes prévus par l'art. 4 ci-après.

Les bâtiments hospitaliers, équipés en totalité ou en partie aux frais des particuliers ou des sociétés officiellement reconnues de pays neutres, sont respectés et exempts de capture, si la puissance neutre dont ils dépendent leur a donné une commission officielle et en a notifié les noms aux Puissances belligérantes au début ou au cours des hostilités, en tout cas avant toute mise en usage (art. 3).

Règles communes aux bâtiments hospitaliers.

L'immunité accordée aux bâtiments dont il vient d'être parlé n'est pas motivée par leur intérêt propre, mais par l'intérêt des victimes de la guerre auxquelles ils se proposent de porter secours. Cet intérêt si respectable qu'il soit, ne doit pas faire perdre de vue le but même de la guerre. Cette double idée explique deux séries de dispositions.

Tout d'abord, le but hospitalier ne doit pas être exclusivement égoïste. Les navires dont il s'agit doivent fournir leur assistence aux victimes de la guerre, sans distinction de nationalité. Cela ne s'applique pas seulement aux bâtiments neutres, qui, par exemple, donnent leur concours charitable aux deux partis; cela s'applique également aux bâtiments des belligérants. Ainsi se justifie l'immunité qui leur est accordée. Chaque belligérant renonce au droit de capture des bâtiments de cette espèce qui appartiennent à son adversaire. Cette renonciation est dictée par une pensée charitable et aussi par l'intérêt bien entendu, puisque, le cas échéant, ces navires rendront service à ses marins comme à ceux de son ennemi.

Il faut qu'il soit bien entendu que ces navires ne serviront à aucun autre but, qu'ils ne pourront, sous aucun prétexte, être directement ou indirectement utilisés pour une opération militaire quelconque: informations à recueillir, dépêches à transmettre, combattants, armes ou munitions à transporter. Les Gouvernements, par le fait même da la signature de la convention projectée, contracteront en ce sens un véritable engagement d'honneur. Il y aurait perfidie à le méconnaître.

Tout en s'en tenant scrupuleusement à leur rôle charitable, les bâtiments hospitaliers ne devront en rien gêner les mouvements des belligérants. Ceux-ci peuvent demander, accepter ou refuser leur concours. Ils peuvent leur enjoindre de s'éloigner, soit purement et simplement, soit en leur imposant une direction déterminée. Dans ce dernier cas, il pourra quelquefois paraître nésessaire de mettre un commissaire à bord afin d'assurer la parfaite exécution des ordres donnés. Enfin, dans des circonstances particulièrement graves, le droit des belligérants pourra aller jusqu'à retenir les bâtiments hospitaliers; cela peut être nécessaire, par exemple, pour assurer le secret absolu d'une opération.

Pour éviter les contestations sur l'existence ou le sens d'un ordre donné, il est désirable que le belligérant mentionne cet ordre sur le journal de bord du bâtiment hospitalier. On comprend que cela ne soit pas toujours possible: l'état de la mer, l'extrême urgence peuvent mettre obstacle à l'accomplissement de cette formalité; on ne saurait donc exiger cet accomplissement d'une manière absolue. Le bâtiment hospitalier ne serait pas admis à invoquer la non-inscription sur son journal de bord pour se justifier de l'inobservation des ordres reçus, alors que la preuve de ces ordres serait fournie d'une autre manière.

On a quelquefois proposé de déterminer des signaux particuliers, soit pour les bâtiments qui demanderaient des secours, soit pour les bâtiments hospitaliers qui en offriraient. La Commission a pensé qu'aucune disposition spéciale n'était nécessaire à ce sujet, que le Code international des signaux, tel qu'il a été adopté par toutes les marines, suffisait pour le but que l'on avait en vue.

Enfin, il va sans dire que les belligérants doivent avoir le droit de contrôle et de visite sur les bâtiments hospitaliers sans exception. Il faut qu'ils puissent s'assurer qu'aucun abus n'est commis, que les bâtiments ne sont en rien détournés de leur destination charitable. Le droit de visite est ici la contrepartie nécessaire de l'immunité et il n'y a pas lieu de s'étonner de le voir appliqué même à des bâtiments de l'Etat. Ces bâtiments visités seraient capturés si on les avait laissés sous l'empire du droit commun; la visite n'empire donc pas leur situation; elle est une condition du sort plus favorable qui leur est fait.

Il convient de remarquer que la visite des bâtiments hospitaliers est importante, non seulement pour constater que ses bâtiments ne sortent pas de leur rôle, mais aussi pour déterminer la situation des blessés, malades ou naufragés, qui se trouvent à bord, ainsi qu'il sera expliqué plus loin à propos de l'art. 9.

Les dispositions qui vont être reproduites, sont presque textuellement empruntées aux al. 4, 5, 6, et 7 du 13e article additionnel; nous avons dû seulement les étendre à tous les bâtiments hospitaliers sans distinction du moment que nous accordions des immunités à tous les bâtiments.

Les bâtiments qui sont mentionnés dans les art. 1, 2 et 3, porteront secours et assistance aux blessés, malades et naufragés des belligérants sans distinction de nationalité.

Les Gouvernements s'engagent à n'utiliser ces bâtiments pour aucun but militaire.

Ces bâtiments ne devront gêner en aucune manière les mouvements des combattants.

Pendant et après le combat, ils agiront à leurs risques et périls.

Les belligérants auront sur eux le droit de contrôle et de visite; ils pourront refuser leur concours, leur enjoindre de s'éloigner, leur imposer une direction déterminée et mettre à bord un commissaire, même les détenir, si la gravité des circonstances l'exigeait.

Autant que possible, les belligérants inscriront sur le journal de bord des bâtiments hospitaliers les ordres qu'ils leur donneront (art. 4).

Signes distinctifs des bâtiments hospitaliers.

Les bâtiments hospitaliers doivent manifester leur caractère d'une manière non équivoque; ils y ont le plus grand intérêt. Nous avons emprunté les dispositions de l'alinéa 3 du 12e article additionnel et de l'alinéa 3 de l'art. 13, en modifiant légèrement la terminologie qui ne convient plus aux bâtiments actuels.

Tous les bâtiments consacrés exclusivement au service hospitalier devront avoir une bande verte ou rouge de la largeur indiquée. Cela pourrait être impossible pour leurs embarcations, comme pour les yachts ou les petits bâtiments qui viendraient à être affectés à un service hospitalier; ils auront une peinture analogue avec les proportions que permettront les dimensions des bâtiments.

Ces bâtiments se feront reconnaître en hissant leur pavillon national en même temps que le pavillon blanc à croix rouge prévu par la Convention de Genève. La règle qui nous est dictée par cette Convention, s'applique à tous les bâtiments hospitaliers ennemis ou neutres. La difficulté soulevée pour ces derniers se trouve écartée comme il a été expliqué plus haut à propos de l'art. 3.

Les bâtiments-hôpitaux militaires seront distingués par une peinture extérieure blanche avec une bande horizontale verte d'un mètre et demi de largeur environ.

Les bâtiments qui sont mentionnés dans les art. 2 et 3, seront distingués par une peinture extérieure blanche avec une bande horizontale rouge d'un mètre et demi de largeur environ.

Les embarcations des bâtiments qui viennent d'être mentionnés, comme les petits bâtiments qui pourront être affectés au service hospitalier, se distingueront par une peinture analogue.

Tous les bâtiments hospitaliers se feront reconnaitre en hissant, avec leur pavillon national, le pavillon blanc à croix rouge prévu par la Convention de Genève (art. 5).

Bâtiments de commerce neutres.

Il s'agit de bâtiments neutres affectés occasionnellement au transport des blessés, malades ou naufragés, qu'ils aient été spécialement affrétés dans ce but ou qu'ils aient été fortuitement en situation de recueillir des victimes de la guerre. Dans la rigueur du droit, ces bâtiments portant des blessés, malades ou naufragés de l'un des belligérants et rencontrant un bâtiment de guerre de l'autre, pourraient être considérés comme s'étant rendus les auxiliaires du belligérant dont ils transportent les nationaux et comme étant, par suite, passibles de la prise. Tout le monde est d'accord pour écarter cette conséquence extrême et pour décider que ces bâtiments ne doivent pas être punis pour leur assistance charitable, mais être laissés libre. On voit specialement ici l'avantage qu'il y a à éviter le mot neutralité pour désigner l'immunité accordée à certains bâtiments. On serait autrement obligé de dire que les bâtiments neutres dont nous nous occupons sont neutralisés, ce qui serait assez étrange en la forme.

Par contre, ces bâtiments ne peuvent, par le fait de leur coopération charitable, être soustraits aux conséquences de leur conduite qui serait contraire aux devoirs de la neutralité. Cela se présenterait, par exemple, dans le cas où ils transporteraient de la contrebande de guerre, dans celui où ils violeraient un blocus. Les suites ordinaires de ces actes se produiraient à leur égard.

En un mot, le transport de blessés, malades ou naufragés, par un bâtiment neutre n'entraîne ni aggravation ni amélioration de sa condition de neutre. C'est probablement ce qu'avait voulu dire l'art. 10 additionnel, dans son 2e alinéa, mais la formule employée était obscure et on comprend que le Gouvernement britannique ait demandé des éclaircissements. La disposition que nous présentons ci-après, est conforme aux principes juridiques comme à l'interprétation sur laquelle le Gouvernement britannique et le Gouvernement français étaient tombés d'accord en 1869. (Lettre du Comte de Clarendon du 21 janvier 1869 et réponse du Prince de la Tour d'Auvergne du 26 février suivant.)

Les bâtiments de commerce, yachts ou embarcations neutres, portant ou recueillant des blessés, des malades ou des naufragés des belligérants, ne peuvent être capturés pour le fait de ce transport, mais ils restent exposés à la capture pour les violations de neutralité qu'ils pourraient avoir commises (art. 6).

On remarquera que nous ne proposons aucun article visant le cas d'un bâtiment de commerce d'un belligérant portant des blessés ou des malades. La conséquence de ce silence est que le bâtiment reste sous l'empire du droit commun et, par suite, est exposé à la prise. Cette conséquence rigoureuse nous a paru seule logique et conforme aux principes. Le 10e article additionnel, dans son alinéa 1, admet que le bâtiment chargé exclusivement de blessés ou de malades, est „couvert par la neutralité"; il n'en serait donc pas de même au cas où il y aurait, indépendamment des blessés et des malades, d'autres passagers, des marchandises. La distinction peut-elle se justifier? nous ne l'avons pas pensé.

— La Commission ne propose pas non plus le texte correspondant au 6e article additionnel. Il lui a semblé que le cas prévu par cet article n'avait pas à être réglé spécialement, mais qu'il rentrait dans les cas visés précédemment.

Il s'agit d'embarcations, qui, à leurs risques et périls, pendant et après le combat, recueillent ou qui, ayant recueilli des naufragés ou des blessés, les portent à bord d'un navire neutre ou hospitalier. Si ces embarcations dépendent du navire neutre ou hospitalier, elles participent du caractère du navire auquel elles se rattachent; elles ne pourront être capturées d'après les règles précédemment admises. S'il s'agit d'embarcations ennemies, qu'elles dépendent d'un bâtiment de guerre ou d'un bâtiment de commerce d'un belligérant, elles pourront être capturées par l'autre. Il n'y a donc là rien de spécial et les principes posés par nous paraissent comprendre toutes les hypothèses. Nous avons par cela même examiné le 6e point de la circulaire du Comte Mouravieff.

Du personnel sanitaire.

Il n'y a pas lieu de se préoccuper en principe du personnel sanitaire se trouvant à bord d'un bâtiment hospitalier; le bâtiment étant respecté, le personnel qu'il porte ne sera pas troublé dans l'exercice de ses fonctions. La situation sera autre à l'égard d'un bâtiment de guerre qui tomberait au pouvoir de l'ennemi et qui aurait à son bord un personnel sanitaire; on peut supposer aussi un bâtiment de commerce ennemi transportant des blessés et des malades avec des médicins et infirmiers pour les soigner. Il convient de décider, par analogie de ce qui est admis pour la guerre continentale, que, toutes les fois qu'un navire sera capturé, le personnel sanitaire qui s'y trouvera sera inviolable, c'est-à-dire ne pourra être fait prisonnier de guerre. Il faut éviter les expressions de neutre et de neutralité pour les personnes comme pour les navires.

Ce personnel devra continuer à remplir ses fonctions dans la mesure où cela serait nécessaire. Il est possible que le vainqueur n'ait pas à sa disposition des médicins et infirmiers en nombre suffisant pour soigner les malades tombés en son pouvoir.

Ont peut bien poser le principe que le personnel sanitaire entre les mains de l'ennemi n'est pas prisonnier de guerre, mais non préciser le moment où il aura le droit de s'en aller. On est obligé de s'en remettre sur ce point au commandant en chef, les circonstances étant essentiellement variables et ne se prêtant pas à une réglementation stricte. Il faut que le commandant soit bien pénétré de cette idée qu'il n'a pas en son pouvoir des prisonniers de guerre et qu'il n'a pas la faculté de les retinir capricieusement.

Enfin, on doit assurer un traitement à ce personnel ainsi retenu chez l'ennemi.

On peut hésiter quant au chiffre de ce traitement. Sera-ce le traitement que les médicins retenus ont dans léur propre armée ou celui que les médicins du même grade touchent dans l'armée ennemie? La solution la plus stricte consisterait à dire que c'est seulement le traitement le plus faible qui doit être touché. Il a paru plus simple et plus équitable de maintenir aux médicins la jouissance intégrale de leur traitement sans entrer dans les questions de détail au sujet des traitements tels qu'ils existent chez le belligérant aux mains duquel sont les médicins.

La rédaction proposée ci-après s'est inspirée des articles additionnels 7 et 8 qui ont été seulement modifiés sur quelques points.

Le personnel religieux, médical et hospitalier de tout bâtiment capturé est inviolable et ne peut être fait prisonnier de guerre. Il emporte, en quittant le navire, les objets et les instruments de chirurgie qui sont sa propriété particulière.

Ce personnel continuera à remplir ses fonctions tant que cela sera nécessaire et il pourra ensuite se retirer lorsque le commandant en chef le jugera possible.

Les belligerants doivent assurer au personnel ennemi tombé entre leurs mains la jouissance intégrale de son traitement (art. 7).

Blessés, malades ou naufragés.

Il est un principe général qui est à la base de la Convention de Genève et qui doit s'appliquer à la guerre maritime comme à la guerre continentale, c'est que l'obligation d'assistance existe envers les victimes des opérations militaires sans distinction de nationalité. Une application de cette idée a été faite précédemment à propos du rôle des bâtiments hospitaliers. V. art. 4, al. 1. On peut aussi se reporter à l'al. 1 de l'art. 11 additionnel.

Les marins et les militaires embarqués blessés ou malades, à quelque nations qu'ils appartiennent, seront protégés par les capteurs (art. 8).

Dans les dispositions que la Commission soumet à la Conférence, il est parlé des blessés, malades et naufragés, non des victimes de la guerre maritime. Cette dernière expression, vraie dans la plupart des cas, ne le serait pas toujours et doit, pour ce motif, être écartée. Les règles prévues s'appliquent du moment qu'il y a des blessés et des malades à bord de bâtiments de mer, sans qu'il y ait à rechercher si c'est en mer ou sur terre que la blessure a été faite ou que la maladie s'est déclarée. Par conséquent, si un bâtiment est affecté au transport par mer de blessés ou de malades de l'armée de terre, ce bâtiment, ces blessés et ces malades seront régis par les dispositions de notre projet. A l'inverse, il est bien évident que, si des marins blessés ou malades sont débarqués et placés dans une ambulance ou dans un hôpital, la Convention de Genève s'appliquera pleinement en ce qui les concerne.

Cette remarque nous paraît suffire pour donner satisfaction aux observations présentées dans la Sous-Commission et nous ne croyons nullement nécessaire d'insérer une disposition spéciale à ce sujet.

La situation à faire aux blessés, malades ou naufragés, a donné lieu à beaucoup de controverses et même à des règles un peu confuses des articles additionnels. V. art. 6, al. 3, art. 10, al. 1, art. 11, al. 2, art. 13, al. 8. Il a paru à la Commission, que la difficulté est venue surtout de ce qu'on avait perdu de vue le principe général très simple qu'il n'y avait qu'à appliquer aux différents cas. Ce principe est le suivant: un belligérant a en son pouvoir des combattants ennemis; ces combattants sont ses prisonniers. Peu importe qu'ils soient blessés, malades ou naufragés, qu'ils aient été recueillis par tel ou tel bâtiment. Ces circonstances de fait ne changent pas la situation de droit. Il faut donc d'abord poser ce principe, dont les applications ne seront pas toujours conformes aux règles posées en 1868. Un navire hospitalier d'un belligérant recueille des malades, des blessés ou des naufragés de sa nationalité et les transporte dans un port de son pays; pourquoi les malades, blessés ou naufragés ne seraient-ils pas libres au même titre que les malades et les blessés recueillis par une ambulance? Le dernier alinéa de l'art. 13 additionnel dit cependant que les blessés et les naufragés recueillis par les navires hospitaliers ne pourront servir pendant la durée de la guerre.

Si nous supposons que le même navire hospitalier, chargé de blessés, de malades ou de naufragés de sa nationalité, rencontre un croiseur ennemi, pourquoi celui-ci ne serait-il pas autorisé à considérer comme prisonniers de guerre ces combattants qui tombent en son pouvoir? Parmi les combattants, il y en a, les blessés et les malades, qui ont droit à un traitement spécial, envers qui le capteur a des devoirs; ils n'en rentrent pas moins tous dans la nation que l'on se fait des prisonniers de guerre. Les articles additionnels admettent cela en ce sens que les combattants dont il s'agit sont rendus incapables de servir, art. 10, al. 1, art. 13, al. fin. Mais cette disposition n'offre pas une garantie suffisante.

Le croiseur reste donc libre d'agir suivant les circonstances: il peut garder les prisonniers, les diriger sur un port de sa nation, sur un port neutre ou, au besoin même, sur un port ennemi, dans le cas où il n'y aurait pas d'autre port à proximité. Il prendra aussi ce dernier parti quand il n'y aura que des blessés ou des malades assez gravement atteints. Il n'aura pas d'intérêt à se charger ou à charger inutilement son pays de blessés et de malades ennemis. Le plus souvent donc les navires hospitaliers ou autres ainsi chargés de blessés et de malades ne seront pas détournés de leur destination. L'humanité et l'intérêt du belligérant commanderont également cette solution. Mais le droit du belligérant ne peut être méconnu. Les blessés ou malades qui sont ainsi rendus à leur pays ne pourront servir pendant la durée de la guerre. Il va sans dire que, s'ils viennent à être échangés, leur situation de prisonniers de guerre en liberté sur parole cesse et qu'ils reprennent leur liberté d'action.

Sont prisonniers de guerre les naufragés, blessés ou malades d'un belligérant qui tombent au pouvoir de l'autre. Il appartient à celui-ci de décider, suivant les circonstances, s'il convient de les garder, de les diriger sur un port neutre ou même sur un port de l'adversaire. Dans ce dernier cas, les pri-

sonniers ainsi rendus à leur pays ne pourront servir pendant la durée de la guerre (art. 9).

La dernière disposition dont il reste à parler n'a pas de correspondant dans les articles additionnels. Elle vise le cas de naufragés, blessés ou malades qui seraient débarqués dans un port neutre. Ce cas est à prévoir, parce que, d'une part, il est de nature à se présenter assez fréquemment, et que, de l'autre, il peut, en l'absence d'une règle précise, donner lieu à des difficultés. Il va sans dire que le Gouvernement neutre n'est pas tenu de recevoir sur son territoire les blessés, malades ou naufragés. Peut-il même le faire, sans manquer aux devoirs de la neutralité? Le doute vient de ce que, dans certains cas, un belligerant trouvera grand avantage à se débarrasser ainsi des blessés et des malades qui l'encombrent et le gênent pour ses opérations; le territoire neutre lui servira à mieux exécuter son entreprise hostile. Néanmoins il a paru que les considérations d'humanité devaient l'emporter ici, que le plus souvent le débarquement des blessés et des malades recueillis, par exemple, à bord de bâtiments de commerce aurait un caractère exclusivement charitable, qu'autrement on aggraverait inutilement les souffrances des blessés et des malades en prolongeant la traversée de manière à atteindre un port de leur nation. Il pourra d'ailleurs arriver que les blessés et les malades ainsi débarqués appartiennent aux deux belligérants.

Le neutre qui a consenti au débarquement est tenu de prendre les mesures nécessaires pour que son territoire serve seulement d'asile aux victimes de la guerre et pour que les individus ainsi recueillis ne puissent de nouveau prendre part aux hostilités. Cela est important à dire surtout en ce qui concerne les naufragés.

Enfin, il est évident que les dépenses matérielles occasionnées par la présence de ces malades, blessés ou naufragés, ne doivent pas rester à la charge de l'Etat neutre. Elles devront lui être remboursées par l'Etat dont relèvent les individus ainsi recueillis.

Les naufragés, blessés ou malades, qui sont débarqués dans un port neutre, du consentement de l'autorité locale, devront être gardés par celle-ci de manière qu'ils ne puissent pas de nouveau prendre part aux opérations de la guerre.

Les frais d'hospitalisation et d'internement seront supportés par l'Etat dont relèvent les naufragés, blessés ou malades (art. 10).

La Commission ne présente aucune disposition correspondant à l'art. 14 additionnel. Il a été admis sans débat que cet article devait disparaître. Sans doute, il pourra malheureusement arriver que les prescriptions posées, si elles sont rendues obligatoires, ne soient pas observées en toute circonstance, que des abus plus ou moins graves soient commis. Ces faits regrettables entraîneront les sanctions ordinaires du droit des gens; il n'y a pas à les prévoir par une disposition spéciale qui serait de nature à affaiblir la valeur juridique et morale des règles précédentes.

2. Verhandlungen der Zweiten Kommission.*)

S. 1 ff. (S. 1 ff.) der Verhandlungen der Zweiten Kommission.

a) Première Séance. 23. Mai 1899.

Présidence de M. de Martens.

Le Président remercie la Commission de l'honneur qu'elle lui a fait; il espère qu'à la fin de ses travaux la Commission pourra dire avec le poëte: „J'ai fait un peu de bien, c'est mon meilleur ouvrage."

M. de Martens rappelle que la deuxième Commission a pour tâche d'examiner les articles 5, 6 et 7 de la Circulaire du Comte Mouravieff, relatifs à la Convention de Genève de 1864, à son extension à la guerre maritime et à la revision du projet de Déclaration élaborée par la Conférence de Bruxelles de 1874.

La Commission pourra donc se subdiviser en deux Sous-Commissions; la première examinera les questions relatives à la Croix Rouge, la seconde celles qui concernent le Projet de Bruxelles sur les lois de la guerre.

Pour la Présidence de la première de ces Sous-Commissions, M. de Martens propose M. Asser, délégué des Pays-Bas.

Sur la proposition de M. le Chevalier Descamps, M. de Martens est désigné pour la Présidence de la deuxième Sous-Commission.

Le Président propose à la Commission de fixer la procédure des comptes-rendus des séances. Il suggère de n'établir aucun procès-verbal authentique et imprimé; le membre de la Commission désigné comme Rapporteur prendrait des notes que la Commission pourrait consulter.

M. Asser insiste sur la nécessité pour les membres de la Commission qui auront pris la parole en séance, de pouvoir vérifier l'exactitude du compte-rendu en ce qui les concerne. (Approbation.)

M. Renault explique que si le Rapporteur d'une Commission est tenu de prendre des notes pendant toute la séance, il pourra se trouver empêché de suivre utilement les discussions et d'y prendre part.

En second lieu, il émet l'avis que la désignation du Rapporteur ne devrait s'effectuer qu'après que la discussion aura été close et que des solutions auront été adoptées.

M. le Chevalier Descamps propose qu'en ce qui concerne les procès-verbaux, le Secrétariat soit chargé d'établir:

1⁰. Un compte-rendu aussi complet que possible de la séance qui ne sera pas imprimé et qui sera tenu à la disposition de la Commission.

2⁰. Un compte-rendu analytique résumant les propositions formelles faites en séance et qui sera imprimé et distribué à tous les membres.

---

*) *Die Verhandlungen der Unterkommission s. S. 321.*

Cette manière de procéder permettra de ne pas donner aux procès-verbaux de la Commission un caractère authentique et formel et assurera une discussion plus libre, plus intime et moins officielle.

En ce qui concerne la désignation du rapporteur, M. Descamps n'est pas d'avis qu'elle doive attendre la formation d'une majorité. D'après lui, le rapporteur d'une Conférence diplomatique doit avoir pour mission de signaler à l'assemblée plénière la physionomie générale des discussions et l'état des solutions proposées, abstraction faite de son opinion personnelle. Il est donc d'avis que le rapporteur peut être nommé immédiatement.

La Commission se range à cette manière de voir.

Le Président, avec l'assentiment de la Commission, dit que le secret des délibérations sera observé et que les procès-verbaux auront un caractère absolument confidentiel. Il propose de procéder à un premier échange de vues sur l'objet des travaux de la Commission.

M. Renault fait observer que la revision de la Convention de Genève de 1864 ne figure pas dans le programme tracé par la Circulaire russe du 30 décembre 1898.

La séance est levée.

b) Deuxième Séance. 25. Mai 1899.

Présidence de M. de Martens.

.... Le Président .... explique que la discussion des articles additionnels de 1868 amènera forcément la Commission à envisager les articles de la Convention de Genève de 1864, mais que, pour rester dans le cadre indiqué par le programme du Comte Mouravieff, la Commission devra se borner à émettre des vœux.

Il serait donc utile que la Commission procédât à un échange de vues générales sur les deux questions suivantes:

1°. Est-il désirable que la Croix-Rouge soit respectée dans la guerre maritime?

2°. Faut-il reconnaître le principe de la neutralisation des embarcations de secours aux naufragés?

La discussion générale de ces points donnerait une utile direction aux travaux de la première Sous-Commission.

Ensuite, on pourra examiner de la même manière les questions relatives au Projet de Déclaration de Bruxelles, de manière à préciser la tâche de la deuxième Sous-Commission.

M. le Colonel Gilinsky donne lecture de deux propositions qui ont été préparées par le Ministère russe de la Guerre et qui lui paraissent pouvoir être acceptées comme base de la revision ultérieure de la Convention de Genève.

Après un échange d'observations entre MM. de Martens, Asser, Beldiman et le Général Mounier, il est décidé que les propositions du Colonel Gilinsky seront insérées au procès-verbal pour servir de matériaux pour les études ultérieures de la question.

Ces propositions sont ainsi conçues:

„1⁰. Revision de la Convention de Genève de 1864 en prenant en considération les propositions faites par les Conférences internationales de la Société de la Croix Rouge en 1867, 1869 et 1884.

Le but de cette revision serait de mettre les dispositions actuellement en vigueur en concordance avec les conditions des batailles d'aujourd'hui, les grandes masses de combattants exigeant un secours prompt et largement organisé.

Dans ce but on pourrait admettre à la participation au secours sanitaire porté sur les champs de bataille les sociétés sanitaires privées avec leurs propres moyens de transport et les médecins étrangers jouissant de la protection du signe de la Croix Rouge."

„2⁰. Création d'un „Bureau International de la Croix Rouge", reconnu par toutes les Puissances et établi sur les principes du droit international, pour régler toutes les questions concernant les assistances et secours sanitaires volontaires pendant la guerre, conformément à la déclaration de la Russie à la Conférence de la Croix Rouge à Genève en 1884." . . . . . .

Le Président invite les deux Sous-Commissions à se constituer: il est décidé qu'elles pourront siéger simultanément, sauf à fixer d'avance l'ordre du jour des séances, ce qui permettra aux membres d'assister à leur choix à l'une ou à l'autre.

La Commission adopte cette manière de procéder. . . . . . .

c) Troisième Séance. 20.*) Juni 1899.

Prèsidence de M. de Martens.

Le Président dit que l'ordre du jour appelle l'examen du rapport de la première Sous-Commission et des articles proposés en vue d'adapter à la guerre maritime les principes de la Convention de Genève. Ces documents se trouvant sous les yeux de la Commission, le Président pense qu'il est inutile de donner lecture du rapport **) et qu'il suffira de lire les articles.

Aucune observation n'ayant été présentée sur l'ensemble des propositions de la Sous-Commission, il est procédé à la lecture des articles.

ART. 1. Les bâtiments-hôpitaux militaires, c'est-à-dire les bâtiments construits ou aménagés par les Etats spécialement et uniquement en vue de porter secours aux blessés, malades et naufragés, et dont les noms auront été communiqués à l'ouverture ou au cours des hostilités, en tout cas avant toute mise en usage, aux Puissances belligérantes, sont respectés et ne peuvent être capturés pendant la durée des hostilités.

Ces bâtiments ne sont pas non plus assimilés aux navires de guerre au point de vue de leur séjour dans un port neutre.

Cet article est adopté.

---

*) *Die gedruckten Protokolle (s. oben S. 162) haben das falsche Datum **30.** Juni.*

**) *S. oben S. 295 ff.*

ART. 2. Les bâtiments hospitaliers, équipés en totalité ou en partie aux frais des particuliers ou des sociétés de secours officiellement reconnues, sont également respectés et exempts de capture, si la Puissance belligérante dont ils dépendent leur a donné une commission officielle et en a notifié les noms à la Puissance adverse à l'ouverture ou au cours des hostilités, en tout cas avant toute mise en usage.

Ces navires doivent être porteurs d'un document de l'autorité compétente déclarant qu'ils ont été soumis à son contrôle pendant leur armement et à leur départ final.

Cet article est adopté.

ART. 3. Les bâtiments hospitaliers, équipés en totalité ou en partie aux frais des particuliers ou des sociétés officiellement reconnues de pays neutres, sont respectés et exempts de capture, si la Puissance neutre dont ils dépendent leur a donné une commission officielle et en a notifié les noms aux Puissances belligérantes à l'ouverture ou au cours des hostilités, en tout cas avant toute mise en usage.

Cet article est adopté.

ART. 4. Les bâtiments qui sont mentionnés dans les art. 1, 2 et 3, porteront secours et assistance aux blessés, malades et naufragés des belligérants sans distinction de nationalité.

Les Gouvernements s'engagent à n'utiliser ces bâtiments pour aucun but militaire.

Ces bâtiments ne devront gêner en aucune manière les mouvements des combattants.

Pendant et après le combat, ils agiront à leurs risques et périls.

Les belligérants auront sur eux le droit de contrôle et de visite; ils pourront refuser leur concours, leur enjoindre de s'éloigner, leur imposer une direction déterminée et mettre à bord un commissaire, même les détinir, si la gravité des circonstances l'exigeait.

Autant que possible, les belligérants inscriront sur le journal de bord des bâtiments hospitaliers les ordres qu'ils leur donneront.

Cet article est adopté.

ART. 5. Les bâtiments-hôpitaux militaires seront distingués par une peinture extérieure blanche avec une bande horizontale verte d'un mètre et demi de largeur environ.

Les bâtiments qui sont mentionnés dans les articles 2 et 3, seront distingués par une peinture analogue.

Tous les bâtiments hospitaliers se feront reconnaître en hissant, avec leur pavillon national, le pavillon blanc à croix rouge prévu par la Convention de Genève.

Mirza Riza Khan fait au sujet de l'art. 5 la déclaration suivante:

„A propos du dernier alinéa de l'art. 5, et suivant les instructions que je viens de recevoir de Téhéran, je suis chargé de porter à la connaissance de la Commission que le Gouvernement Persan demandera comme drapeau distinctif le drapeau blanc à soleil rouge.

L'adoption de la croix rouge, comme drapeau distinctif des hôpitaux, était un acte de courtoisie de la part des Gouvernements signataires de la Convention de Genève envers le Gouvernement Fédéral Suisse, dont on a adopté le drapeau et, pour le distinguer du drapeau national suisse, on a changé la place des couleurs.

Nous serions heureux de donner la même marque de courtoisie à l'honorable Gouvernement suisse, si cela n'était pas impossible, à cause des agitations qui en résulteraient dans l'armée musulmane.

Je prie la Commission de bien vouloir me donner acte de cette déclaration en la faisant insérer dans le protocole de la séance.

Le Président donne acte au délégué de Perse de cette déclaration.

L'art. 5 est adopté.

ART. 6. Les bâtiments de commerce, yachts ou embarcations neutres, portant ou recueillant des blessés, des malades ou des naufragés des belligérants, ne peuvent être capturés pour le fait de ce transport, mais ils restent exposés à la capture pour les violations de neutralité qu'ils pourraient avoir commises.

Cet article est adopté.

ART. 7. Le personnel religieux, médical et hospitalier de tout bâtiment capturée est inviolable et ne peut être fait prisonnier de guerre. Il emporte, en quittant le navire, les objets et les instruments de chirurgie qui sont sa propriété particulière.

Ce personnel continuera à remplir ses fonctions tant que cela sera nécessaire et il pourra ensuite se retirer lorsque le commandant en chef le jugera possible.

Les belligérants doivent assurer à ce personnel tombé entre leurs mains la jouissance intégrale de son traitement.

Cet article est adopté.

ART. 9. Sont prisonniers de guerre les naufragés, blessés ou malades, d'un belligérant qui tombent au pouvoir de l'autre. Il appartient à celle-ci décider, suivant les circonstances, s'il convient de les garder, de les diriger sur un port de sa nation, sur un port neutre ou même sur un port de l'adversaire. Dans ce dernier cas, les prisonniers ainsi rendus à leur pays ne pourront servir pendant la durée de la guerre.

Cet article ext adopté.

ART. 10. Les naufragés, blessés ou malades, qui sont débarqués dans un port neutre du consentément de l'autorité locale, devront être gardés par celui-ci de manière qu'ils ne puissent pas de nouveau prendre part aux opérations de la guerre.

Les frais d'hospitalisations et d'internement seront supportés par l'Etat dont relèvent les naufragés, blessés ou malades.

M. Asser dit que comme Président de la première Sous-Commission, il désire donner quelques éclaircissements sur les discussions dont l'art. 10 a fait l'objet.

Plusieurs objections ont été présentées contre le texte proposé. On a dit que l'article 10 semblait imposer aux neutres une charge trop lourde; on a allégue d'autre part que ces dispositions n'étaient pas en harmonie avec les principes adoptés pour la guerre terrestre.

Ces observations se sont traduites par deux amendements, présentés l'un par le délégué de Belgique, l'autre par le délegué de la Suisse. Avant de mettre aux voix ces amendements, le Président a cru devoir consulter tout d'abord la Sous-Commission sur le point de savoir si elle acceptait le texte de l'article 10 non amendé.

Cette procédure, bien que n'étant pas tout à fait conforme aux usages parlementaires, lui a paru mettre la question sur le terrain le plus impartial. A la suite de ce vote, l'article 10 non amendé a été adopté à la majorité d'une voix. Or, parmi les opposants, quelques uns seraient disposés à revenir sur leur vote si on prévoyait dans le texte le cas d'une entente contraire intervenant entre les Etats neutres et les Etats belligérants.

Il semble que cette modification satisferait tout le monde.

L'article 10 laisse à l'Etat neutre l'entière liberté de recueillir les malades et blessés débarqués dans ses ports.

En fait, on peut croire que l'Etat neutre ne se soustraira jamais à ce devoir d'humanité, mais il est bon cependant de lui donner la faculté de s'expliquer à se sujet avec les belligérants au début de la guerre. Si cette manière de voir est approuvée, il suffirait donc pour mettre tout le monde d'accord d'amender le texte de la façon suivante:

Article 10. Les naufragés, blessés ou malades, qui sont débarqués dans un port neutre, du consentement de l'autorité locale, devront, à moins d'un arrangement contraire de l'Etat neutre avec les Etats belligérants, être gardés par l'Etat neutre de manière qu'ils ne puissent pas de nouveau prendre part aux opérations de la guerre.

Les frais d'hospitalisation et d'internement seront supportés par l'Etat dont relèvent les naufragés, blessés ou malades.

M. Le Chevalier Descamps demande s'il ne serait pas suffisant de dire: „à moins de déclaration contraire“.

M. Asser répond que l'emploi de cette expression mettrait en péril les principes mêmes acceptés par la majorité. On a dit que les Etats neutres pourraient sans crainte accepter le principe posé par l'article 10, à cause de la liberte qui leur est laissée de recueillir ou de ne pas recueillir des blessés. Si on se contente d'une simple déclaration, nécessairement unilatérale, on verra se reproduire les inquiétudes des neutres au grand préjudice de la cause des blessés et malades qu'il s'agit de secourir. Un arrangement au contraire ayant un caractère bilatéral, sauvegarde tous les intérêts et c'est dans cet esprit que l'amendement a été rédigé.

M. le Comte de Grelle Rogier dit qu'il avait formulé sur l'art. 10 des observations qui lui paraissaient basées sur la logique et sur l'équité. M. Asser vient de proposer une transaction et, dans un esprit de conciliation, de délégué de Belgique se déclare prêt à l'accepter.

M. Odier dit qu'il avait présenté un amendement qui n'avait d'autre objeé que de faciliter l'adoption de la proposition de M. de Grelle Rogier. Cette dernière étant retirée, M. Odier n'insiste pas sur sa propre suggestion. Il tient à expliquer cependant les raisons pour lesquelles la proposition de M. Asser ne le satisfait pas entièrement. Il semble que si les obligations acceptées par l'Etat neutre doivent entrainer des obligations trop longues et des charges trop lourdes, que si les blessés devenus des nonvaleurs au point de vue de la guerre sont retenus indéfiniment loin de chez eux, il y a là quelque chose d'un peu contraire à la notion de l'humanité.

M. Odier ajoute que pour ne pas faire obstacle à l'unanimité qui pourra se rencontrer sur le texte de l'art. 10, il retire cependant son amendement.

M. Corragioni d'Orelli déclare qu'il se rallie à la proposition de M. Asser.

Aucune observation n'étant plus présentée, le Président dit que l'art. 10 dans sa nouvelle rédaction est adopté. (Applaudissements.)

M. Odier dit qu'il désire ajouter un commentaire à la déclaration faite au début de la séance par le délégué de Perse.

En ce qui concerne les modifications demandées sur l'insigne même de cette convention et qui ont été présentées déjà dans la Sous-Commission par la Turquie, le Siam et les Etats-Unis d'Amérique et dans la Commission plénière par la Perse, il ne semble pas que l'Assemblée soit compétente pour traiter de cette question et c'est au moment où la Convention de Genève sera soumise à la revision qu'on examinera utilement le maintien ou le changement de son emblême.

Mirza Riza Khan repond que n'ayant pas assisté aux séances de la première Sous-Commission, il n'a pu faire sa déclaration à propos de l'article 5 en même temps que les représentants de la Turquie, du Siam et des Etats-Unis.

Il a donc cru devoir en donner connaissance au moment où l'article 5 est venu en discussion devant la Commission plénière. Il est d'accord que le principe du changement de l'insigne ne peut être examiné que par une Conférence ultérieure qui sera chargée de reviser la Convention de Genève, mais il désire cependant que sa déclaration soit insérée dans le procès-verbal côme témoignage des intentions du Gouvernement persan, en ce qui touche la forme de l'insigne.

Le Président constate que tout le monde est d'accord sur l'incompétence de la Commission à discuter ces questions et qu'on ne peut que les mentionner dans le procès-verbal.

M. Rolin rappelle une déclaration qu'il a faite dans la Sous-Commission et qui tend à assurer au Gouvernement siamois la faculté d'ajouter au drapeau de la Convention de Genève un signe sacré du culte Bouddhiste destiné à augmenter l'autorité tutélaire de ce pavillon.

Le Président dit que cette déclaration sera également mentionnée dans le procès-verbal.

Le Président constate que les art. 1 à 10 proposés par la première Sous-Commission sont donc adoptés.

M. le Comte de Macédo, premier délégué de Portugal, declare, en priant la deuxième Commission de prendre acte de cette déclaration et d'en tenir compte à titre de réserve générale sur le vote des 10 articles que l'on vient de lire et de mettre en discussion, que les instructions de son Gouvernement ne portant et ne pouvant naturellement porter que sur l'adhésion aux principes généraux contenus dans la Circulaire Mouravieff, et sur l'acceptation sous une forme aussi générale des applications de ces principes, le vote favorable bien que silencieux qu'il vient d'émettre sur la doctrine des susdits articles, n'a nullement un caractère définitif même dans les limites où ses pouvoirs lui permettent de voter (c'est à dire, ad referendum); et que son vote ne saurait acquérir ce caractère avant qu'il ait reçu des instructions du Gouvernement de Sa Majesté Très Fidèle, données en pleine connaissance du texte que l'on vient de voter.

Le Président donne acte au Comte de Macédo de cette déclaration.

M. Mahan, donne lecture des propositions suivantes.

„Les membres de la première Sous-Commission qui ont accepté le texte des articles soumis à la Conférence se rappelleront que j'ai signalé une importante lacune, que je désirais combler par un ou plusieurs articles additionnels. On avait omis de prévoir les cas où un navire neutre, de la nature de ceux visés par l'art. 6, recueillerait à son bord, soit accidentellement, soit intentionnellement, des naufragés qui se trouveraient sur le théâtre d'un combat naval. Comment, ai-je demandé, sera reglé le sort de ces combattants naufragés?

Je n'avais porté mon attention que sur le cas des navires visés par l'art. 6. J'ai remarqué depuis que la même lacune existait relativement au sort des combattants naufragés recueillis par un bâtiment-hôpital. Je me permets de développer ce point afin de la faire bien comprendre par ceux des membres de la Conférence qui ne sont pas officiers de marine.

Sur le théâtre d'un combat naval les navires sont constamment en mouvement, non pas comme dans une bataille terrestre, mais d'une façon progressive et en se transportant plus ou moins rapidement d'un lieu dans un autre.

Le combat qui s'est engagé sur un point peut se trouver, une demi-heure après, transporté sur un autre point, à cinq milles de distance.

Dans un combat de ce genre il arrive qu'un vaisseau coule; son équipage est naufragé; le lieu de l'action change et se transporte loin de l'endroit où ces hommes luttent pour la vie; les croiseurs légers de leur pays viennent à leur secours mais ils ne sont pas assez nombreux; les navires hôpitaux sous pavillon neutre et des navires neutres autres que les bâtiments hôpitaux viennent également pour les secourir et ils recueillent à leur bord un certain nombre de combattants naufragés. A quel belligérant appartiendront ces hommes?

Il peut arriver que le navire neutre, hôpital ou autre, s'est trouvé avec la flotte adversaire du bâtiment naufragé.

Après avoir rempli son œuvre de charité, il rejoint tout naturellement cette flotte.

Les combattants naufragés tombent au pouvoir de l'ennemi, bien que peut être la flotte à laquelle ils appartiennent soit victorieuse.

Je maintiens qui si des dispositions ne sont pas prises pour résoudre cette difficulté de nombreuses réclamations se produiront.

Quelques simples matelots, quelques sous-officiers, cela importe peu; mais il peut se faire qu'un officier général distingué, que des officiers de valeur d'un grade inférieur soient atteints.

Une pareille éventualitê suffirait à discréditer tout le système proposé. En outre, on peut croire que le bâtiments hôpitaux régulièrement commissionnés par leur Gouvernement agiront avec une parfaite impartialité; mais une pareille supposition n'est pas admissible dans le cas de navires mentionnés à l'article 6.

Si l'on ne détermine pas exactement la condition de ces combattants naufragés, on doit s'attendre aux plus grandes irrégularités dont la publicité récompensera pleinement la catégorie d'hommes qui les commettront.

Comme il peut surgir de nombreux cas qu'il est impossible de mentionner en détail, je propose d'adopter les articles additionnels suivants, qui sont basés sur un principe général, à savoir: que les combattants naufragés recueillis dans les conditions sus-indiquées devenant „ipso facto“ des combattants hors de combat, sont incapables de servir pendant la durée de la guerre, sauf s'ils sont recapturés ou dûment échangés.

Ces articles additionnels pourraient avoir la teneur suivante:

„I. Les navires neutres, hospitalierseou autres, se trouvant sur le théâtre d'un engagement naval et qui, par humanité, recueillent des hommes en danger de se noyer à la suite du combat, ne seront pas considérés comme ayant, par ce seul fait, violé leur neutralité.

Ils agiront dans cette circonstance à leurs risques et périls.

II. Dans le cas où un bâtiment de guerre demanderait la reddition des hommes ainsi recueillis, ces derniers ne seront pas considérés comme couverts par le pavillon neutre, mais il seront susceptibles d'être capturés ou recapturés.

Si cette demande se produit, les hommes dont il s'agit pourrout être livrés et ils se trouveront dans les mêmes conditions que s'ils n'avaient pas été sous pavillon neutre.

III. Dans le cas où ces hommes, ayant ainsi échappé aux conséquences du combat par l'intervention d'un neutre ne seraient pas réclamés par un navire belligérant, ils seront considérés comme étant hors de combat, et ne pourront servir pendant le reste de la guerre, sauf s'ils ont été dûment échangés. Les Gouvernements contractants qui auront la qualité de belligérants à interdire à ces hommes de servir pendant la durée de la guerre, sauf le cas d'échange."

Sur le demande de MM. Asser et Renault, le Président dit que l'examen des propositions nouvelles présentées par M. Mahan sera renvoyé au Comité de Rédaction de la première Sous-Commission et fera l'objet d'un rapport de ce Comité à la Commission plénière.

Le Président rapelle que la première Sous-Commission a exprimé un vœu relatif à la revision de la Convention de Genève, et il donne la parole à M. Asser pour développer ce vœu devant la Commission.

M. Asser dit que la Commission, au début de ses travaux, a agité la question de savoir si elle était compétente pour discuter la revision de la Convention de Genève. Pour des raisons tirées à la fois du fait et du droit, elle n'a pas cru pouvoir entrer en matière sur cette question. Cependant la première Sous-Commission a voulu, avant de se séparer, émettre le vœu que la revision puisse avoir lieu dans un délai prochain et elle a pensé que ce vœu pourrait être présenté à la Conférence dans les termes suivants:

„La Conférence de la Haye, prenant en considération les démarches préliminaires faites par le Gouvernement Fédéral Suisse pour la revision de la Convention de Genève, émet le vœu qu'il soit procédé à bref délai à la réunion d'une Conférence spéciale ayant pour objet la revision de cette Convention."

M. Beldiman dit qu'il s'associe entièrement au vœu présenté, mais il voudrait intercaler dans le texte, après les mots „à bref délai" ceux: et par les soins du Conseil fédéral suisse.

Il rapelle que la Suisse s'est acquis un titre imprescritible à la reconnaissance du monde civilisé pour tout ce qui concerne l'institution et de développement de la Croix Rouge, et c'est lui rendre un juste hommage que d'introduire dans le vœu proposé la mention qui vient d'être indiquée.

Le Président fait remarquer que ce serait ainsi imposer une charge au Gouvernement fédéral que de décider qu'il est seul compétent pour convoquer la Conférence de revision. Il rapelle qu'en 1892 une Conférence internationale des Sociétés de la Croix Rouge, à laquelle prenaient part des représentants des Gouvernements signataires de la Convention, s'est réunie à Rome.

Cette Conférence a prié le Gouvernement italien de prendre l'initiative de l'adaptation à la guerre maritime des principes de la Convention de Genève. Le Gouvernemeut suisse n'a nullement protesté contre cette décision. Plus tard, en 1896, le Gouvernement italien, tout en se déclarant disposé à accéder au vœu de le Conférence, a demandé au Gouvernement fédéral s'il désirerait se charger en son lieu et place de prendre l'initiative de cette adaptation.

M. de Martens conclut de ce précédent historique que la Commission doit se borner à émettre le vœu tel qu'il lui est soumis par M. Asser, en laissant aux Gouvernements intéressés le soin de se mettre d'accord sur le temps et sur le lieu de la réunion de la Conférence.

M. Asser appuie cette manière de voir. Il dit que la Conférence n'a pas à s'expliquer formellement au sujet des modalités de la revision.

D'ailleurs, il lui semble que la manière dont le vœu est formulé et la mention qui y est faite des démarches préliminaires du Gouvernement fédéral suisse suffisent à indiquer le droit qui est reconnu implicitement à ce Gouvernement de convoquer la Conférence de revision.

M. Odier dit qu'il est absolument d'accord avec M. M. de Martens et Asser sur un point, à savoir que le Gouvernemeut suisse n'a aucun monopole en matière de convocation de la Conférence et que ce droit appartient également à chacun des Etats signataires de la Convention de Genève. Il est exact qu'à la suite de la Conférence de Rome de 1892, le Gouvernement italien a pressenti les dispositions du Gouvernement fédéral au sujet d'une revision de la Convention de Genève et de son adaptation à la guerre maritime.

Le Gouvernement suisse a accepté de provoquer cette revision dès que les circonstances lui paraîtraient favorables

Cette fois encore ce Gouvernement sera reconnaissant à la Conférence si elle lui fait l'honneur de le charger de réaliser la revision désirée par tous.

M. Odier ajoute que l'idée de la Convention de Genève est née dans son pays et que la Suisse se considère jusqu'à un certain point comme ayant un interêt et un droit particulier à prendre l'initiative de tout ce qui touche à cette Convention.

Elle sera donc très heureuse si on la charge de convoquer sur son territoire la Conférence de revision.

M. Zorn s'associe à l'amendement de M. Beldiman. Il rappelle que la Convention porte non seulement le nom d'une ville de la Suisse, mais qu'elle est due à l'initiative généreuse et magnanime d'un Suisse et que pour cette raison il faut reconnaître que la Suisse a un droit incontestable à l'initiative pour la reprise des travaux concernant cette Convention. C'est un devoir d'honneur de lui reconnaître ce droit. Il appuie vivement les paroles et l'amendement du délégué de Roumanie.

M. Motono et S. E. le Comte Nigra se rallient également à la proposition de M. Beldiman.

Sur une demande du Comte de Macédo, M. Beldiman explique que son amendement n'a nullement pour objet d'exclure les autres Puissances signataires du droit de convoquer la Conférence, mais qu'il éxprime seulement le souhait que cette convocation ait lieu par les soins du Conseil fédéral suisse.

S. E. Sir Julian Pauncefote demande si la Commission croit avoir compétence pour formuler des vœux de cette façon. Quant à lui, il ne pense pas qu'elle ait le droit d'imposer à une autre Puissance l'obligation formelle de prendre une initiative en matière de revision d'un acte international.

Le Président dit que tel était bien son avis, tout au moins en ce qui concerne le mandat qu'on veut donner au Gouvernement fédéral.

M. Asser fait observer de nouveau que la rédaction du vœu qu'il a présenté suffit à faire comprendre que tous les membres de la Conférence seraient heureux de voir le Conseil fédéral prendre l'initiative de la convocation d'une Conférence pour la revision de la Convention de Genève.

M. Beldiman prend acte de la déclaration de M. Asser qui a dit que tous les membres de la Conférence seraient heureux de voir le Conseil fédéral prendre l'initiative de la convocation d'une Conférence pour la revision de la Convention de Genève et il considère cette déclaration comme une adhésion à l'amendement qu'il venait de formuler.

Le Président met aux voix par appel nominal l'amendement présenté par M. Beldiman.

Ont voté pour cet amendement: Allemagne, Autriche-Hongrie, Chine, Danemark, Espagne, Italie, Japon, Luxembourg, Perse, Roumanie, Serbie, Siam, Suisse.

Ont voté contre; Etats-Unis d'Amérique.

Se sont abstenus: Belgique, France, Grande Bretagne. Grèce, Mexique, Monténégro. Pays-Bas, Portugal, Russie. Suède et Norvège, Turquie, Bulgarie.

Le Président constate que 13 voix se sont prononcées pour l'amendement de M. Beldiman, 1 voix contre, et 12 se sont abstenues.

Il croit qne dans ces conditions il doit mettre aux voix le texte du vœu tel qu'il a été proposé par la Sous-Commission.

Le vote a lieu par appel nominal:

Ont voté pour: Allemagne, Etats-Unis d'Amérique, Autriche-Hongrie, Belgique, Chine, Danemark, Espagne, France, Grèce, Italie, Mexique, Monténéguo, Pays-Bas, Perse, Portugal, Russie, Serbie, Siam, Suède, Suisse, Turquie, Bulgarie.

Se sont abstenus: Grande Bretagne, Japon, Luxembourg. Roumanie.

Le Président dit que le vœu présenté par la Sous-Commission est adopté, sans amendement, par 22 voix et 4 abstentions.

Il propose à la Commission de voter des remerciements à la première Sous-Commission, à son éminent Président et à son très distingué Rapporteur. (Applaudissements.)

La séance est levée.

(Folgt als „Annexe" derselbe Text wie oben S. 295 ff.)

d) Quatrième Séance. 5. Juli 1899.

Présidence de M. de Martens.

Le procès-verbal de la séance du 20. juin est lu.

M. le Capitaine Mahan exprime le désir de changer le vote négatif qu'il a émis dans la séance susmentionnée, les instructions qu'il a reçues ultérieurement de son Gouvernement lui enjoignant de voter en faveur de l'amendement de M. Beldiman, relatif à la revision de la Convention de Genève sur l'initiative du Gouvernement fédéral suisse.

M. Beldiman fait observer que cette modification change le résultat du vote relatif à sa proposition.

En tenant compte du changement dont il s'agit, il y aurait 14 votes affirmatifs et quelques abstentions.

Mais même sans cette modification il y aurait lieu de revenir sur le vote.

En effet, compter les abstentions comme des votes négatifs, ne pourrait être considéré comme conforme aux usages parlementaires, ni au mode de procéder observé jusqu'à présent dans cette Conférence.

Cependant, comme il est désirable avant tout d'obtenir l'unanimité, il n'insiste ni sur la rectification du vote ni sur le maintien de son amendement.

Il fait une proposition nouvelle: annuler les deux votes antérieurs et adopter unanimement le vœu exprimé par M. le Président Asser à l'issue de la dernière séance de la première Sous-Commission, et conçu en ces termes:

„La Conférence de la Haye, prenant en considération les démarches préliminaires faites par le Gouvernement fédéral suisse pour la revision de la Convention de Genève, émet le vœu, qu'il soit procédé à bref délai à la réunion d'une Conférence spéciale ayant pour objet la revision de cette Convention."

Dans l'espoir de réunir l'assentiment de tous les membres, il fait en outre la motion suivante:

„En exprimant le vœu relatif à la revision de la Convention de Genève, la deuxième Commission adhère entièrement à la déclaration faite par M. Asser, Président de la première Sous-Commission, dans la séance du 20 juin et par laquelle M. le délégué des Pays-Bas a constaté que tous les Etats représentés à la Haye seraient heureux de voir le Conseil fédéral suisse prendre à bref délai l'initiative de la convocation d'une Conférence en vue de la revision de la Convention de Genève."

Si l'unanimité n'était pas obtenue sur cette motion, il reprendrait sa liberté d'action.

La proposition n'a pour but que d'éviter des pointages et des décisions prises à la majorité des voix.

Les deux propositions concernant l'annulation des votes antérieurs et l'adoption du vœu exprimé par M. Asser sont approuvées.

La nouvelle motion de M. Beldiman est appuyée par M. Motono.

S. E. M. White déclare que le vote primitif des Etats-Unis dans la Sous-Commission a été le résultat d'un malentendu.

Le Gouvernement americain a le plus vif désir de rendre justice à la Suisse, qui a pris l'initiative de cette grande œuvre humanitaire et qui en a développé l'idée.

Il votera donc pour la proposition du Délégué de Roumanie.

Le Président précise la portée de la motion de M. Beldiman: elle ne portera aucune atteinte à la liberté d'action des Gouvernements; ceux-ci auront la faculté de donner au Gouvernement helvétique une réponse dictée par leurs vues personnelles et par leurs intérêts.

S. E. Sir Julian Pauncefote tient à constater qu'il ne s'agit donc pas d'un mandat donné à la Suisse.

Le Président s'associe à cette manière de voir.

La motion de M. Beldiman est adoptée à l'unanimité sous cette réserve.

M. Beldiman dit qu'il est entendu qu'elle sera soumise à la Conférence en séance plénière. . . . . .

3. Verhandlungen der Ersten Unter-Kommission.

S. 58 (48 ff.) der Verhandlungen der Zweiten Kommission.

a) Première Séance. 25. Mai 1899.

Présidence de M. Asser.

M. Asser remercie la Sous-Commission de l'avoir choisi pour président et compte sur sa bienveillance pour l'aider dans sa tâche.

Il rappelle que la Sous-Commission a une compétence limitée à l'examen des nos 5 et 6 de la Circulaire Mouravieff,*) mais qu'elle doit avoir la plus grande liberté pour étendre sa discussion à toutes les questions qui se rattachent à ces deux parties du programme tracé.

Le Président donne lecture des articles 5 et 6 de la Circulaire du 30 décembre 1898. Il ouvre la discussion sur le premier de ces articles en priant la Sous-Commission de répondre préalablement aux questions suivantes:

1°. Est-il désirable d'adapter aux guerres maritimes les stipulations de la Convention de Genève de 1864 sur la base des articles additionnels de 1868?

Ce principe est adopté sans observations.

2°. Peut-on considérer les articles additionnels de 1868 comme pouvant former la meilleure base de cette adaptation?

Cette manière de voir est également adoptée par la Sous-Commission.

Le Président dit qu'il va donner lecture successivement des articles 6 à 15 des dispositions du 20 octobre 1868 afin de provoquer la discussion sur chacun d'eux.

Il est donné lecture de l'article 6.

---

*) S. oben S. 290.

Les embarcations qui, à leurs risques et périls, pendant et après le combat, recueillent ou qui, ayant recueilli des naufragés ou les blessés, les portent à bord d'un navire soit neutre, soit hospitalier, jouiront jusqu'à l'accomplissement de leur mission de la part de neutralité que les circonstances du combat et la situation des navires en conflit permettront de leur appliquer.

L'appréciation de ces circonstances est confiée à l'humanité de tous les combattants.

Les naufragés et les blessés ainsi recueillis et sauvés ne pourront servir pendant la durée de la guerre.

M. le Capitaine de frégate Schéine pense qu'il sera nécessaire de bien préciser que les navires qui seront admis, en vertu de cet article, sur en champ de bataille ne sont pas indépendants du commandement supérieur, mais subordonnés aux amiraux, commandants en chef de l'une ou de l'autre partie belligérante. Il estime qu'une prescription dans ce sens évitera l'invasion du champ de bataille par des embarcations d'un caractère privé.

M. Renault dit qu'à son avis, les bateaux organisés par des sociétés particulières de secours ne doivent pas avoir une action indépendante, mais se rattacher officiellement à l'un ou à l'autre des belligerants. Il ajoute qu'au point de vue international, il importe que des bateaux neutres ne puissent arriver sur le champ de bataille sous le prétexte qu'ils sont couverts par la Croix Rouge. Il faudra donc que les embarcations prévues par l'art. 6, pour avoir droit à des immunités speciales, soient placées sous l'autorité directe de l'un ou de l'autre des belligérants. Des communications réciproques pourraient être faites pour notifier leur caractère.

M. le Capitaine de vaisseau Mahan fait observer que la première condition pour être admis sur un champ de bataille dévrait être de porter ce pavillon de l'un ou de l'autre des belligérants.

M. l'Amiral Péphau ajoute qu'il serait utile que les bâtiments hôpitaux qui se présentent dans ces conditions fussent aisément reconnaissables à des signes distinctifs tels qu'une peinture spéciale.

M. Renault pense que la question du pavillon soulevée par M. Mahan doit rentrer dans l'examen de l'article 12.

Il est donné lecture de l'article 7.

Le personnel religieux, médical et hospitalier de tout bâtiment capturé est déclaré neutre. Il emporte en quittant le navire, les objets et les instruments de chirurgie qui sont sa propriété particulière.

M. le Capitaine de corvette Comte Soltyk pense qu'il y aurait de grands inconvénients à rendre la liberté au personnel religieux, médical et hospitalier d'un bâtiment capturé. Il croit que le commandant de ce bâtiment devrait être autorisé à garder ce personnel sous sa surveillance.

M. le Capitaine de frégate Schéine dit qu'on pourrait insérer une disposition, laissant au commandant en chef le soin d'apprécier les mesures que la situation lui commande de prendre à l'égard du personnel dont il s'agit.

M. Papiniu estime qu'il faut distinguer entre la neutralité et l'inviolabilité de ce personnel.

Le Président fait observer que dans son opinion la neutralité implique l'inviolabilité.

M. le Capitaine de vaisseau Mahan suggère de fixer une période après laquelle le personnal médical et religieux d'un bâtiment captivé devrait être nécessairement libéré.

La Sous-Commission prend note de ces diverses observations.

Il est donné lecture de l'article 8 qui ne soulève pas d'observations.

Le personnel, désigné dans l'article précédent, doit continuer à remplir ses fonctions sur le bâtiment capturé, concourir aux évacuations de blessés faites par le vainqueur, puis il doit être libre de rejoindre son pays conformément au second paragraphe du premier article additionnel ci-dessus.

Les stipulations du deuxième article additionnel ci-dessus sont applicables au traitement de ce personnel.

Le Président lit l'article 9.

Les bâtiments hôpitaux militaires restent soumis aux lois de la guerre, en ce qui concerne leur matériel; ils deviennent la propriété du capteur, mais celui-ci ne pourra les détourner de leur affection spéciale pendant la durée de la guerre.

M. Renault rappelle que les questions soulevées par cet article ont été un obstacle à la ratification. Il propose de le réserver pour une seconde lecture.

Il est donné lecture de l'article 10.

Tout bâtiment de commerce, à quelque nation qu'il appartienne, chargé exclusivement de blessés et de malades dont il opère l'évacuation, est couvert par la neutralité; mais le fait seul de la visite, notifié sur le journal du bord, par un croiseur ennemi, rend les blessés et les malades incapables de servir pendant la durée de la guerre. Le croiseur aura même le droit de mettre à bord un commissaire pour accompagner le convoi et vérifier ainsi la bonne foi de l'opération.

Si le bâtiment de commerce contenait en outre un chargement, la neutralité le couvrirait encore, pourvu que ce chargement ne fût pas de nature à être confisqué par le belligérant.

Les belligérants conservent le droit d'interdire aux bâtiments neutralisés toute communication et toute direction qu'ils jugeraient nuisibles au secret de leurs opérations.

Dans les cas urgents, des conventions particulières pourront être faites entre les commandants en chef pour neutraliser momentanément d'une manière spéciale les navires destinés à l'évacuation des blessés et malades.

Le Président estime que le terme „bâtiments de commerce" est trop restreint. On veut indiquer tous les bâtiments qui ne sont pas des vaisseaux de guerre.

M. l'Amiral Péphau dit que le bâtiment de commerce est tout bâtiment n'appartenant pas à l'Etat.

M. Schéine dit qu'il serait nécessaire de stipuler que le fait de la visite d'un bâtiment de cette nature par un croiseur ennemi équivaut à la capture des malades et blessés comme prisonniers de guerre.

Il est donné lecture de l'article 11.

Les marins et les militaires embarqués, blessés ou malades, à quelque nation qu'ils appartiennent, seront protégés et soignés par les capteurs. Leur rapatriement est soumis aux prescriptions de l'article six de la convention et de l'article cinq additionnel.

M. Renault dit que cet article est criticable dans le fond et dans la forme. Il devra être l'objet d'un sérieux examen de la part de la Sous-Commission.

Il est donné lecture de l'article 12.

Le drapeau distinctif à joindre au pavillon national pour indiquer un navire ou une embarcation quelqonque qui réclame le bénéfice de la neutralité, en vertu des principes de cette convention, est le pavillon blanc à croix rouge.

Les belligérants exercent à cet égard toute vérification qu'ils jugent nécessaire.

Les bâtiments hôpitaux militaires seront distingués par une peinture extérieure blanche avec batterie verte.

M. Schéine demande que le pavillon blanc à Croix Rouge figure toujours sous le pavillon national. En second lieu il émet le vœu que les bâtiments hospitaliers soient d'un type qui ne leur permette pas d'être transformés pour servir à l'usage de la guerre.

M. l'Amiral Péphau pense que le défaut d'armes et de matériel de guerre à bord de ces bâtiments constituera une garantie suffisante, mais il serait excessif d'exiger qu'ils fussent construits d'après un type déterminé.

Une pareille obligation interdirait l'utilisation des paquebots à cause de la facilité de leur transformation en bateaux de guerre.

M. Renault pense que la communication préalable faite aux belligérants empêchera toute fraude.

M. Schéine n'insiste pas sur sa proposition mais demande qu'il en soit pris note.

Il est donné lecture de l'article 13.

Les navires hospitaliers, équipé aux frais des sociétés de secours reconnues par les Gouvernements signataires de cette convention, pourvus de commission émanée du Souverain, qui aura donné l'autorisation expresse de leur armement, et d'un document de l'autorité maritime compétente, stipulant qu'ils ont été soumis à son contrôle pendant leur armement et à leur départ final, et qu'ils étaient alors uniquement appropriés au but de leur mission, seront considérés comme neutres ainsi que tout leur personnel. Ils seront respectés et protégés par les belligérants.

Ils se feront reconnaître en hissant, avec leur pavillon national, le pavillon blanc à croix rouge. La marque distinctive de leur personnel dans l'exercice de ses fonctions sera un brassard aux mêmes couleurs; leur peinture extérieure sera blanche avec batterie rouge.

Ces navires porteront secours et assistance aux blessés et aux naufragés des belligérants sans distinction de nationalité.

Il ne devront géner en aucune manière les mouvements des combattants.

Pendant et après le combat ils agiront à leurs risques et périls.

Les belligérants auront sur eux le droit de contrôle et de visite; ils pourront refuser leur concours, leur enjoindre de s'éloigner et les détenir, si la gravité des circonstances l'exigeait.

Les blessés et les naufragés resueillis par ces navires ne pourront être réclamés par aucun des combattants, et il leur sera imposé de ne pas servir pendant la durée de la guerre.

Le Président pense qu'on peut appliquer à cet article l'observation relative à la nécessité du double pavillon.

M. Renault dit à ce propos qu'il y a des dispositions qui devront être généralisées.

Il est donné lecture de l'article 14.

Dans les guerres maritimes toute forte présomption, que l'un des belligérants profite du bénifice de la neutralité dans un autre intérêt que celui des blessés et des malades, permet à l'autre belligérant, jusqu'à preuve du contraire, de suspendre la cvnvention à son égard.
Si cette présomption devient une certitude, la convention peut même lui être dénoncée pour toute la durée de la guerre.

M. Renault dit que cet article est destiné à disparaître. La Sous-Commission y reviendra ultérieurement.

Le Président donne lecture de l'article 15 (le présent acte sera dressé en un seul exemplaire . . . . etc.) et déclare close la discussion générale et provisoire des dispositions soumises à l'examen de la Sous-Commisson.

M. Odier demande si tous les membres de la Sous-Commission sont bien d'accord pour procéder à l'examen, article par article du texte destiné à être adopté aux guerres maritimes.

Il pense que cette manière de faire n'a pas l'approbation de tous les représentants des Gouvernements.

M. Asser dit que la compétence de la Sous-Commisson a été nettement fixée et qu'il croyait l'accord fait sur ce point.

M. le Baron de Stengel dit qu'il ne croit pas utile d'examiner l'un après l'autre les articles additionnels, mais qu'il serait préférable de les renvoyer à l'étude d'une conférence spéciale qui aura plein pouvoir pour arrêter des textes formels.

M. Asser rapelle que la Conférence en séance plénière a décidé que si la Commission n'était pas compétente pour reviser la Convention de Genève, elle avait cependant toute latitude de formuler des résolutions sur les numéros 5 et 6 de la Circulaire Mouravieff. Il ne croit pas que la Sous-Commission puisse aller à l'encontre d'une décision que la Conférence pourra d'ailleurs rapporter si elle le juge à propos.

Avant de lever la séance, le Président dit qu'il croit préférable que la Sous-Commission ajourne la désignation de son rapporteur.

Cette proposition est adoptée.

b) Deuxième Séance. 30. Mai 1899.

Présidence de M. Asser.

Le procès-verbal de la séance du 25 Mai est lu et adopté.

Le Président rappelle que la Commission va poursuivre sur les différents articles qui lui sont soumis une discussion où il ne sera exprimé que des opinions personnelles n'engageant aucunement les Gouvernements respectifs.

Il dit qu'après l'échange de vues provisoire qui a eu lieu pendant la première lecture des articles additionnels, la Commission va pouvoir aborder en seconde lecture l'examen de ces dispositions d'une manière plus précise et plus systématique.

Il propose de grouper les différentes dispositions en catégories, sur chacune desquelles une discussion spéciale pourra s'engager et les dispositions désirables pourront être formulées.

M. Asser ajoute qu'il serait avantageux, une fois ces points résolus, de confier à une Commission spéciale le soin de rédiger des propositions définitives qui seront imprimées et distribuées à tous les membres (Adopté).

Subdivision des matières en quatre groupes.

Le Président suggère la subdivision suivante pour les matières à examiner:

1er groupe: Dispositions concernant les bâtiments (art. 6, 9, 10, 12, 13).

2e groupe: Dispositions concernant le personnel de tout ordre (art. 7, 8 et 11).

3e groupe: Dispositions générales (art. 14).

M. Renault dit qu'il approuve entièrement l'ordre proposé par le président.

Il désire seulement observer que les questions relatives à la situation des blessés et des naufragés se trouvent réparties entre les art. 6, 8, 10 et 13.

Il y aurait donc intérêt à créer pour l'examen de ces questions un nouveau groupe qui pourrait prendre place avant la rubrique: „dispositions générales“.

Le Président pense que cette manière de voir sera adoptée sans difficultés.

Il est donc convenu que le troisième groupe concernera les blessés et les naufragés et le quatrième les dispositions générales.

La discussion est ouverte sur le premier groupe.

Premier groupe: Bâtiments.

Le Président dit que sous la dénomination bâtiments ont doit distinguer quatre catégories:

1°. bâtiments-hôpitaux militaires;

2°. bâtiments de commerce;

3°. bâtiments hospitaliers, équipés aux frais de société de secours;

4°. embarcations (prévues par l'art. 6).

M. Asser demande si cette distinction doit être maintenue.

M. Siegel fait observer que, dans son opinion, une embarcation est une dépendance directe d'un navire dont elle relève; il pense que l'art. 6 vise également les embarcations détachées des navires belligérants.

M. Asser rappelle que la Sous-Commission dans sa séance précédente a décidé que, pour jouir des immunités prévues par l'art. 6, les embarcations devraient obligatoirement se ranger sous le pavillon de l'un ou de l'autre des belligérants.

M. Siegel dit qu'en soumettant les embarcations à cette décision, on a eu en vue de faciliter au commandement supérieur le contrôle des navires admis sur le champ de bataille.

Cependant cette question soulève des difficultés.

Les navires dont il s'agit peuvent être de deux sortes:

1°. les bâtiments hospitaliers équipés aux frais de sociétés de secours, reconnus et commissionnés par leurs Gouvernements.

2°. les bâtiments de commerce, de plaisance, de pêche etc. qui se trouvent fortuitement sur le champ de bataille.

M. Siegel est d'avis que les premiers peuvent être assimilés aux navires de l'Etat et que les forcer à arborer un pavillon étranger serait un acte incompatible avec la souveraineté de l'Etat de qui ils relèvent, un acte qui pourrait être considéré comme peu amical pour la Puissance non favorisée et qui constituerait peut-être même une violation de la stricte neutralité au bénéfice de l'un des belligérants.

Si l'on accorde aux bâtiments de commerce la liberté de porter, s'ils le jugent à propos, un pavillon étranger avec le pavillon de leur pays, il reste toujours le fait d'un acte peu amical qui augmenterait probablement les risques de l'entreprise.

M. Siegel ajoute qu'il lui paraîtrait utile, dans ces conditions, de laisser aux bâtiments hospitaliers le droit de porter, avec le pavillon blanc à croix rouge, exclusivement leur pavillon national en y ajoutant, si cela était jugé nécessaire, une marque distinctive qui serait à déterminer.

M. Renault pense que la question pourrait être réservée. Il dit que, d'après lui, la méthode qui devrait être logiquement suivie pour la discussion serait la suivante: il faudra examiner d'abord la question du traitement, réservée à chacune des diverses catégories des batiments hospitaliers, et c'est seulement lorsqu'on arrivera à régler les modalités de l'intervention des bâtiments neutres, que la proposition de M. Siegel pourrait être utilement étudiée.

M. Siegel ne s'oppose pas à cet ajournement qui est décidé.

Première categorie: article 9.

Il est donné lecture de l'art. 9 et du paragraphe additionnel à cet article.

Sur la demande de M. Schéine, M. Renault déclaire que la Délégation française maintient les termes de la proposition faite par la France en 1869 d'accord avec le Gouvernement britannique et portant que les bâtiments hôpitaux de l'Etat doivent être exempts de capture à la condition qu'ils n'aient à leur bord ni armes, ni munitions, ni matériel de guerre. On pourrait ajouter utilement à cette disposition une clause portant, que l'existence de ces bâtiments devra être communiquée officiellement par l'un des belligérants à l'autre.

M. le Comte Soltyk demande si l'on doit distinguer entre les bâtiments hôpitaux visés part l'art. 9 et les hôpitaux maritimes flottants, prévus par le paragraphe additionnel. Ces derniers sont-ils impropres à la navigation?

M. Renault dit qu'il est désirable de trouver une formule qui fusionne l'art. 9 et sa disposition additionnelle, de façon à ne tenir compte que de cette dernière.

Le Président dit qu'il va mettre aux voix la proposition de la délégation française avec l'amendement allemand relatif à la communication préalable et réciproque de belligérant à belligérant.

M. Schéine demande qu'il soit statué sur la proposition suivante: „Les combattants ont le droit de défendre à ces navires toute communication et toute direction et même de les arrêter, s'ils le jugent nécessaire, pour garder le secret de leurs opérations de guerre.“

M. M. Renault et l'Amiral Péphau sont d'avis que cette proposition qui peut s'appliquer à tous les bâtiments en général, pourra trouver place, sauf rédaction, dans les dispositions suggérées par la délégation française.

M. Ovtchinnikow demande qu'il soit bien précisé que les bâtiments prévus par le paragraphe additionnel de l'art. 9 doivent être dépourvus de tout matérisl de guerre et ne pourront servir ni à des reconnaissances, ni à des observations militaires.

M. l'Amiral Péphau dit que cette interprétation ressort du texte même de l'article qui indique, que l'armement „doit être approprié à la destination spéciale des bâtiments visés“.

On pourrait d'ailleurs, dans une rédaction définitive, insister encore davantage sur le caractère exclusivement hospitalier de ces navires.

Le Président met aux voix la proposition de la Délégation française.

Cette proposition est adoptée par quatorze voix contre deux.

Ont voté pour: l'Allemagne, l'Autriche-Hongrie, le Danemark, l'Espagne, la France, l'Italie, le Japon, les Pays-Bas, la Roumanie, la Russie, le Siam, la Suède et la Norvège, la Suisse et la Turquie.

Ont voté contre: les Etats-Unis d'Amérique et la Grande-Bretagne.

Le Président met aux voix la proposition de M. Schéine relative aux droits des combattants vis-à-vis des mouvements des navires hospitaliers.

Cette proposition est adoptée à l'unanimité des Délégations susmentionnées, sauf celle de la Suisse qui a déclaré s'abstenir.

Deuxième catégorie: article 10.

Le Président ouvre la discussion sur la deuxième catégorie de bâtiments et donne lecture de l'art. 10.

Il rappelle que le Gouvernement britannique a émis sur l'interprétation de cet article, en ce qui concerne le chargement, certains doutes dont il y aura à tenir compte dans une rédaction finale.

M. Renault dit que l'obscurité de l'art. 10 vient de ce qu'on a voulu régler par une disposition commune deux cas absolument différents, c'est-a-dire, celui où le service de l'évacuation est fait par un bâtiment de commerce belligérant et celui où il est fait par un bâtiment de commerce neutre.

Il pense que la discussion gagnerait en clarté si l'on distinguait entre les deux hypothèses.

M. le Baron de Stengel fait remarquer que le mot neutre est souvent employé dans le sens de inviolable et qu'il y aurait cependant intérêt à faire une distinction entre la neutralité et l'inviolabilité; la première de ces qualités n'impliquant pas nécessairement la seconde.

M. Motono appuie la proposition de M. Renault en disant qu'il y a notamment intérêt à faire la distinction proposée dans le cas où un navire de commerce appartenant à une des parties belligérantes n'a à son bord que deux ou trois blessés. Dans ce cas le navire ennemi ne devrait pas échapper à la prise.

Le Président propose d'adopter la division suggérée par M. Renault, et d'examiner en premier lieu le cas d'un navire de commerce belligérant.

M. Renault indique que. dans ce cas encore, il serait utile de distinguer entre les bâtiments chargés exclusivement de malades et de blessés, qui doivent échapper à la prise, et ceux, qui ne se trouvant pas dans ces conditions, sont soumis au droit commun.

Le Président dit qu'en second lieu, on aura à examiner le cas d'un navire de commerce appartenant à des neutres.

M. Thaulow fait observer qu'il serait nécessaire de marquer d'une façon précise, que les bâtiments qui ne seront pas exclusivement affectés au transport des blessés et malades, ne jouiront pas de l'immunité de capture.

M. Renault dit que c'est précisément à cette observation que répond la sousdistinction qu'il vient de proposer.

Sur la demande de MM. Siegel et Soltyk, il est décidé que les termes „les blessés et malades dont il opère l'évacuation" seront remplacés par les termes . . . . . dont il opère le transport". (Adopté.)

M. Renault dit que le traitement des bâtiments de commerce belligérants étant fixé, il faudrait s'occuper du traitement des bâtiments de commerce neutres.

M. Asser émet l'avis que ces derniers sont régis par le droit commun, en ce sens que les blessés et les malades à bord de ces bâtiments neutres doivent être assimilés aux marchandises et, par conséquent être couverts par la neutralité du bâtiment.

M. Renault fait remarquer que dans le cas où un navire neutre a recueilli des blessés ou des malades d'un belligérant il faut poser une règle formelle.

Strictement l'autre belligérant pourrait faire un grief au navire neutre d'avoir assisté son adversaire et par suite le saisir pour violation de neutralité. Nous sommes d'accord qu'il n'en doit pas être ainsi; mais nous devons le dire et écarter le droit commun.

M. Asser constate que l'accord est établi sur cette interprétation.

M. Schéine demande qu'il soit entendu que par navires neutres on doit comprendre ceux qui n'ont compromis leur neutralité ni en faisant le contrebande de guerre, ni en violant un blocus.

Il est pris note de cette observation.

Le Président consulte la Sous-Commission sur l'ensemble des propositions relatives à la deuxième catégorie (bâtiments de commerce) et constate que l'accord est unanime sur les diverses questions.

Le Président, passant à la troisième catégorie, lit l'article 13.

M. Motono dit que les dispositions de la Convention de Genève de 1864 et les articles additionnels de 1868 n'ont pas prévu le cas du transport par mer des blessés et malades de l'armée de terre.

Ce cas s'est présenté cependant dans la pratique, au moment de la guerre chnojaponaise et il mérite d'être pris en sérieuse considération.

M. Motono se réserve de présenter au moment voulu une proposition visant cette hypothèse spéciale.

Noury Bey déclare s'associer à cette suggestion dont la récente guerre gréco-turque a démontré également le bien fondé.

M. Asser fait observer que la modification décidée à l'article 10 et le remplacement du mot évacuation par le mot transport donnent dans une certaine mesure satisfaction au désir exprimé par M. Motono.

M. Motono insiste sur la nécessité de l'insertion d'une formule spéciale.

Le Président dit qu'il en sera tenu compte dans la rédaction définitive.

M. Renault demande à préciser que le régime de la communication préalable et réciproque adopté pour les bâtiments visés par l'article 9 sera également appliqué aux deux catégories dont s'occupe la Sous-Commission.

Après un échange d'observations entre MM. l'Amiral Fisher, Renault et Ovtchinnikow, la Sous-Commission est d'accord pour imposer aux bâtiments hospitaliers neutres intervenant sur un champ de bataille une action directement subordonnée à l'autorité et au contrôle des commandants en chef des parties belligérantes.

Quatrième catégorie: Art. 6.

Le Président lit l'art. 6 où se trouve visée la quatrième catégorie des bâtiments de secours (embarcations).

M. Ovtchinnikow demande des explications sur la signification exacte du terme „embarcations“. Il fait observer que les embarcations sont de plusieurs sortes et que certaines d'entre elles peuvent être munies d'un armement qui les fait tomber sous le droit de la guerre. Il pense qu'il y aurait intérêt à éviter toute confusion en adoptant un autre terme.

L'Amiral Péphau dit que les embarcations doivent cesser d'être neutres au moment où prend fin leur mission de secours; il ne voit pas de difficultés possibles dans l'interprétation de l'art. 6.

M. Asser dit que la Commission de rédaction tiendra note de l'observation de M. Ovtchinnikow, et que, sous cette réserve, il considère la discussion comme close sur les quatre catégories de bâtiments qui devaient être examinées.

Question du pavillon.

Le Président propose de passer à la discussion de la question du pavillon.

Il rappelle que la Sous-Commission, dans sa précédente séance, avait décidé que tous les navires prétendant aux immunités prévues par les articles additionnels, devraient se ranger sous le pavillon de l'un ou de l'autre des belligérants. M. Siegel a pensé que cette disposition porterait atteinte à la Souverainité des Etats de qui relèvent ces navires et pourrait même constituer une violation de la stricte neutralité au bénéfice de l'un des belligérants. Il a demandé en conséquence que le pavillon de la Croix Rouge et celui de l'Etat belligérant auquel le bâtiment de secours se rattache, trois pavillons différents devront être montrés simultanément.

Le délégué de l'Allemagne insiste-t-il sur sa proposition?

M. Siegel déclare qu'il la maintient.

Après un échange d'observations auquel prennent part M. M. Schéine, Motono, Mahan, Péphau, Fisher et Soltyk, il est entendu qu'un texte précis sera soumis sur cette question à la Sous-Commission dans sa prochaine séance.

Noury Bey tient à déclarer que dans toutes les circonstances où des bâtiments de secours turcs auront à remplir leur mission, l'emblème de la Croix Rouge sera remplacé sur leur pavillon spécial par le Croissant rouge.

La Sous-Commission lui donne acte de cette déclaration.

Le Président propose de désigner un comité de quatre membres auquel serait confié le soin de formuler la rédaction définitive des propositions qui ont été soumises à la discussion.

Ce Comité serait composé de MM. l'Amiral Fisher, le Commandant Siegel, le Commandant Schéine et le professeur Renault.

Cette proposition est adoptée et la séance renvoyée à jeudi 1er juin à 10 heures.

c) Troisième Séance. 1. Juni 1899.

Présidence de M. Asser.

Le procès-verbal de la deuxième séance est lu et adopté.

M. Asser rappelle, qu'à la fin de la séance précédente, la Sous-Commission avait renvoyé l'examen des questions relatives au pavillon du Comité de rédaction, qui devait se charger d'arrêter une formule précise sur laquelle un accord pourrait intervenir.

Ce Comité devant vraisemblablement apporter sur cette question une proposition qui ralliera tous les suffrages. M. Asser pense qu'il vaut mieux remettre le vote à une séance ultérieure. (Adopté.)

Le Président dit que la Sous-Commission ayant terminé l'examen en seconde lecture du premier groupe de matières, il passe au deuxième groupe (personnel médical, religieux, sanitaire etc. art. 7—8).

Le Président lit l'art. 7.

Il donne lecture d'un extrait d'un travail de M. Paul Fauchille, directeur de la Revue générale de droit International public (Secours aux blessés et naufragés dans les guerres maritimes).

Aucun membre ne demandant la parole sur l'art. 7, le Président déclare que le principe posé par cet article est adopté, sauf rédaction.

Le Président lit l'art. 8.

M. Schéine déclare qu'il se rallie au principe de cet article, étant bien entendu toutefois, que le personnel capturé restera à la disposition du capteur et ne sera mis en liberté que quand ce dernier le jugera possible.

M. Renault constate que la Sous-Commission est d'accord et qu'il sera désirable qu'on trouve sur l'art. 8 une rédaction qui se suffise à elle-même et contienne toute la solution, sans obliger de recourir à un paragraphe additionnel.

Le Président, après avoir déclaré adopté le principe de l'art. 8, passe au troisième groupe de matières (blessés, malades et naufragés, art. 6—10, 11—13).

Au sujet de l'art. 11, le Président fait remarquer que le texte de cet article renvoie à l'art. 6, lequel pose un principe primordial, à savoir que les blessés et les naufragés recueillis par les bâtiments de secours ne pourront servir pendant la durée de la guerre.

M. Schéine demande qu'il soit bien entendu que les blessés, malades et naufragés deviendront prisonniers de guerre, par le seul fait de la visite par un navire belligérant du bâtiment à bord duquel ils ont été recueillis. Il pense qu'il est utile de poser à cet égard un principe général qui s'applique à tous les bâtiments, qu'ils soient militaires ou de commerce.

M. Siegel fait observer que la rédaction de l'art. 10 ne vise que les bâtiments de commerce pour lesquels elle donne satisfaction au désir exprimé par M. Schéine.

Le Président dit que la question ne peut se poser pour les bâtiments hôpitaux de l'Etat. Pour les bâtiments de commerce, leur situation se trouve réglée par l'art. 10 et quant aux bâtiments hospitaliers visés par l'art. 13, le sixième alinéa de cet article contient à leur sujet des dispositions plus générales encore que celles stipulées par l'art. 10.

Après un échange de vues entre M. M. Schéine, Mahan et Renault, le Président déclare adoptée la motion de M. Schéine relative à la capture des blessés et naufragés par le fait de la visite d'un des navires belligérants. Il déclare le principe des articles 6, 10, 11, 13, adopté, sous réserve des modifications demandées.

M. Renault dit qu'avant d'aborder l'examen du 4me groupe de matières, la Sous-Commission doit examiner un cas qui n'a pas été prévu par les articles additionnels: c'est celui où un bâtiment hospitalier chargé de blessés ou de malades toucherait dans un port neutre. On peut se demander s'il a le droit de déposer ces malades ou naufragés, si le neutre peut les recevoir sans manquer à la neutralité, et quelles sont dans ce cas les obligations du neutre.

La Sous-Commission pourrait utilement prévoir et régler cette question, sauf au comité de rédaction à formuler ensuite une proposition ferme.

Sur l'invitation du Président, M. Renault rapelle qu'il y a quelques années, le Capitaine de frégate Houette a le premier appelé l'attention sur le cas susmentionné et qu'il a proposé de le régler par la formule suivante:

„Les belligérants pourront toujours débarquer dans un port neutre, pourvu d'établissements hospitaliers suffisants, leurs blessés et malades de toute nationalité. Par le fait de leur débarquement, ces malades et blessés seront incapables de servir pendant toute la durée de la guerre et tous les frais d'hospitalisation incomberont à la nation du navire qui les a débarqués."

M. Renault pense qu'il faudrait ajouter à cette disposition l'obligation pour le gouvernement neutre qui reçoit ces blessés et naufragés de les interner.

Le Président lit un passage du travail précité de M. Fauchille, qui s'applique à la même hypothèse. Il prie la Sous-Commission d'échanger des vues sur l'espèce posée par M. Renault.

M. le Baron de Stengel dit qu'il se rallie à la proposition de M. Renault et il insiste sur la nécessité imposée au Gouvernement neutre d'interner les blessés débarqués sur son territoire.

M. Renault ne pense pas qu'on doive se préoccuper de régler la condition du bâtiment qui a débarqué les blessés.

Cette condition est réglée par le droit commun, mais il est d'avis que pour le reste, il faut poser des principes généraux clairs et simples que la pratique se chargera de développer.

M. Motono demande si l'on doit considérer que ce sera une obligation pour un pays neutre de recevoir les blessés débarqués sur son territoire.

M. Renault répond que l'idée juridique qui domine sa proposition est celle-ci: que le pays neutre ne manque pas à la neutralité en recevant les blessés. Mais on ne peut imposer à ce pays l'obligation de les recevoir, ce qui est laissé à son humanité. Quant aux frais d'hospitalisation et autres, ils doivent incomber tout naturellement à l'Etat dont relèvent les malades et blessés.

Le Comité de rédaction proposera d'ailleurs des formules répondant à ces divers termes de la question.

Le Président constate que la Sous-Commission est d'accord pour accepter le principe de la proposition de M. Renault, sauf rédaction.

M. Asser passe au quatrième groupe de matières (Dispositions Générales) et donne lecture de l'art. 14.

Il dit qu'à son avis il serait inutile et même imprudent de maintenir dans la convention les dispositions stipulées par cet article qui seraient peut être considérées comme une invitation à violer la Convention. Le Président propose donc de supprimer l'article 14.

M. le Capitaine Bianco verrait des inconvénients à supprimer l'art. 14; toutefois en raison des garanties assurées par la rédaction de l'art. 13, il n'insiste pas pour le maintien de l'art. 14.

Le Président constate que l'accord est établi sur ce point et que sa proposition de supprimer l'art. 14 est adoptée.

M. Schéine voudrait que la question des parlementaires maritimes fût envisagée par la Sous-Commission.

Le Président dit que la deuxième Sous-Commission chargée d'examiner l'Acte de Bruxelles sur les usages de la guerre, est peut-être plus compétente pour s'occuper de cette question; il croit toutefois qu'il serait possible de la rattacher à l'art. 6 de la Circulaire du Comte Mouraview.

M. Renault est d'avis que la situation des parlementaires doit être réglée par le droit général de la guerre maritime.

M. Schéine insistant pour que ce cas spécial soit réglé par la Sous-Commission, le Président déclare que la question est renvoyée au Comité de rédaction.

Le Président consulte la Sous-Commission sur le point de savoir si elle croit utile de faire une rédaction spéciale en ce qui concerne l'application aux naufragés des dispositions additionnelles à la Convention de Genève. Il rappelle que cette question forme le n°. 6 de la Circulaire Mouraview.

M. Renault est d'avis qu'en émettant des principes généraux assez larges pour s'appliquer à tous les bâtiments de secours portant des blessés, malades et naufragés, la Sous-Commission aura répondu exactement aux deux points 5 et 6 du programme russe.

M. Schéine, au nom de la Délégation russe déclare accepter cette manière de voir.

Le Président propose de passer à la discussion des deux propositions que M. le Colonel Gilinsky a déposées au nom du Ministère Impérial russe de la guerre dans la dernière séance plénière de la deuxième Commission.

M. Gilinsky n'assistant pas à la séance, M. Schéine demande l'ajournement de cette discussion (Adopté).

Le Président dit que la Sous-Commission doit laisser maintenant à son comité de rédaction le temps nécessaire pour arrêter le texte des diverses propositions quil doit lui soumettre.

Dès que le comité aura terminé son travail, le Président fera imprimer et distribuer les formules adoptées accompagnées des explications nécessaires et convoquera la Sous-Commission quelques jours après cette distribution.

La séance est levée.

d) Quatrième Séance. 13. Juni 1899.

Présidence de M. Asser.

Le procès-verbal de la troisième séance est lu et adopté.

Le Président dit qu'il a reçu de M. Paul Fauchille, directeur de la Revue Générale de Droit International Public, un certain nombre d'exemplaires de la brochure dont il a été lu un passage dans la séance précédente. Ce travail est à la disposition de MM. les membres de la Sous-Commission qui voudront certainement exprimer des remerciements à M. Fauchille, pour cette attention gracieuse.

Le Président ajoute, qu'avant de passer à la discussion des différents articles dont le texte est proposé par le Comité de Rédaction dans un rapport qui a été distribué, il croit qu'il convient de remercier ce Comité pour l'exposé si complet et si lucide qu'il a soumis aux délibérations de l'Assemblée.

M. Asser dit qu'il est heureux d'adresser spécialement à M. Renault, qui a rédigé l'exposé des motifs accompagnant ces propositions, de chaleureuses félicitations auxquelles M. l'Amiral Fisher a demandé à s'associer particulièrement (Applaudissements).

Le Président pense qu'il n'est pas nécessaire de donner lecture du texte même du rapport du Comité de Rédaction que la Sous-Commission a sous les yeux. Il conviendra seulement de suivre la même méthode de discussion qu'a été adoptée jusqu'à présent et de provoquer d'abord un échange d'observations générales sur chacun des trois groupes de matières envisagées par le rapport pour examiner ensuite chaque article séparément.

M. Motono exprime le désir d'obtenir quelques éclaircissements sur une question, intéressant le premier groupe. L'art. 2 porte que: „les bâtiments hospitaliers équipés en totalité ou en partie aux frais des particuliers ou des sociétés de secours, etc“.

Il lui semble que ces bâtiments ne peuvent porter secours en temps de guerre qu'autant qu'ils font partie des sociétés de la Croix Rouge. Au Japon particulièrement, on ne reconnaît pas à des bâtiments particuliers le droit d'exercer une mission de secours, tant qu'ils ne sont régulièrement rattachés à une de ces sociétés.

Le Comité de Rédaction pourrait utilement s'expliquer sur ce point.

M. Renault répond que le Comité de Rédaction a fait intentionnellement une distinction entre les bâtiments indépendants et ceux qui sont équipés par la Croix Rouge. Si le propriétaire d'un yacht de plaisance veut affecter ce bâtiment à un service hospitalier, il n'y a pas de raisons pour que le navire dont il s'agit, du moment qu'il est commissionné, ne jouisse pas des avantages reconnus aux bâtiments hospitaliers.

Le Gouvernement de qui rélève ce yacht pourra refuser ou accepter son concours. C'est une affaire d'ordre intérieur et d'adaptation du service hospitalier aux goûts et aux règles de chaque pays.

M. Motono remercie et se déclare satisfait par cette explication.

Le Président croit devoir faire remarquer que dans l'exposé des motifs qui accompagne la nouvelle rédaction de l'article 3, le Comité de Rédaction a exprimé l'idée que, pour des navires ayant une commission officielle, le fait d'être incorporés dans la marine de l'un des belligérants, pourrait entraîner une violation de la neutralité.

M. Asser est d'avis que du moment que cette incorporation résulte d'une entente conventionnelle formellement acceptée par les parties, on ne saurait y voir une violation de la neutralité.

Toutefois les autres arguments que donne le Comité à l'appui de sa rédaction de l'art. 3 suffiront sans doute à la faire adopter.

Le Président propose d'ouvrir la discussion sur chacun des dits articles proposés par le Comité de Rédaction et donne lecture de l'article premier ainsi conçu:

Art. 1. Les bâtiments hôpitaux militaires, c'est-à-dire les bâtiments construits ou aménagés par les Etats spécialement et uniquement en vue de porter secours aux blessés, malades et naufragés, et dont les noms auront été communiqués, avant toute mise en usage, aux Puissances belligérantes, sont respectés et ne peuvent être capturés pendant la durée des hostilités.

Ces bâtiments ne sont pas non plus assimilés aux navires de guerre au point de vue de leur séjour dans un port neutre.

M. Tadema demande s'il ne serait pas nécessaire de donner connaissance aux Etats neutres, des bâtiments hôpitaux militaires des belligérants, soit par voie de communication directe, soit par une publication officielle.

M. Renault dit qu'il accepterait l'idée de la notification par voie de publication dans le journal officiel des belligérants.

Il est évident que les neutres ont intérêt à connaître l'existence des bâtiments hôpitaux militaires, mais la question ne se présente pour eux que quand le bâtiment entre dans un port neutre. En entrant dans ce port, il peut notifier sa présence et l'Etat neutre en sera ainsi averti. Le rapport définitif établi sur les travaux de la Sous-Commission pourra, d'ailleurs, donner satisfaction à l'observation de M. Tadema en indiquant qu'il est à désirer que la communication officielle des bâtiments hôpitaux militaires des belligérants soit faite aux Etats neutres.

M. Siegel fait observer que les bâtiments hôpitaux militaires et autres, se présentant dans un port neutre avec leur pavillon national, le pavillon de la Croix Rouge et la commission spéciale de l'Etat dont ils relèvent, n'auront pas de peine à faire la preuve de leur caractère hospitalier; il ne voit donc pas d'intérêt pratique à créer une disposition spéciale pour ce cas, mais il n'a aucune objection à la proposition de M. Renault.

Le Président donne acte à M. Tadema de son observation et dit qu'il en sera tenu compte dans le rapport de la Sous-Commission.

M. Asser désire savoir s'il peut être considéré comme suffisant de communiquer seulement les noms des bâtiments hôpitaux militaires, ou si une autre indication devrait être ajoutée.

M. l'Amiral Péphau répond qu'il suffira de communiquer le nom avec la nationalité des navires.

M. Asser dit que les articles 1, 2 et 3 portent que la notification doit se faire „avant toute mise en usage".

Cette formule pourrait être interprêtée dans ce sens qu'elle déclarerait suffisante une notification faite longtemps avant l'ouverture des hostilités, par exemple à l'occasion d'une guerre précédente. Ceci n'est pas l'intention des rédacteurs. Il propose donc de remplacer dans les trois premiers articles les mots: „avant toute mise en usage", par ceux: „à l'ouverture ou au cours des hostilités et, en tout cas, avant la mise en usage".

M. Renault dit qu'il n'a aucune objection personnelle à cette proposition qui lui paraît pouvoir être adoptée.

M. l'Amiral Péphau demande qu'on précise la question du traitement réservé aux bâtiments hôpitaux militaires au point de vue de leur séjour dans un port neutre.

M. Renault dit que, bien que les bâtiments hôpitaux militaires soient des bâtiments de l'Etat et jouissent de l'exterritorialité, ils doivent cependant être traités au point de vue de leur séjour, de leur ravitaillement etc., autrement que les navires de guerre. Le rapport pourra donner, si on le désire, une explication complémentaire sur ce point, bien qu'il contienne déjà des éclaircissements qui doivent donner satisfaction aux doutes qu'on a élevés.

Le Président donne lecture de l'art. 2 ainsi conçu:

ART. 2. Les bâtiments hospitaliers, équipés en totalité ou en partie aux frais des particuliers ou des sociétés de secours officiellement reconnues, sont également respectés et exempts de capture, si la Puissance belligérante dont ils dépendent, leur a donné une commission officielle et en a notifié les noms à la Puissance adverse avant toute mise en usage.

Ces navires doivent être porteurs d'un document de l'autorité compétente déclarant qu'ils ont été soumis à son contrôle pendant leur départ final.

M. Motono dit que le document exigé par cet article peut émaner aussi bien de l'autorité militaire que de l'autorité maritime. Il croit donc qu'il y aurait avantage à employer la formule: „autorité compétente".

Cette proposition est adoptée.

Le Président donne lecture de l'art. 3, ainsi conçu:

ART. 3. Les bâtiments hospitaliers, équipés en totalité ou en partie aux frais des particuliers ou des sociétés officiellement reconnues de pays neutres, sont respectés et exempts de capture, si la Puissance neutre dont ils dépendent leur a donné une commission officielle et en a notifié les noms aux Puissances belligérantes avant toute mise en usage.

Le texte de cet article est adopté sans observations.

Le Président donne lecture de l'article 4, ainsi conçu;

ART. 4. Les bâtiments qui sont mentionnés dans les art. 1, 2 et 3, porteront secours et assistance aux blessés, malades et naufragés des belligérants sans distinction de nationalité.

Les Gouvernements s'engagent à n'utiliser ces bâtiments pour aucun but militaire.

Ces bâtiments ne devront gêner en aucune manière les mouvements des combattants.

Pendant et après le combat, ils agiront à leurs risques et périls.

Les belligérants auront sur eux le droit de contrôle et de visite; ils pourront refuser leur concours, leur enjoindre de s'éloigner, leur imposer une direction déterminée et mettre à bord un commissaire, même les détenir, si la gravité des circonstances l'exigeait.

Autant que possible, les belligérants inscriront sur le livre de bord des bâtiments hospitaliers les ordres qu'ils leur donneront.

M. l'Amiral Péphau demande qu'à l'alinéa 6 de cet article les mots „livre de bord" soient remplacés par ceux: „journal de bord", qui lui paraissent plus précis.

Cet amendement est adopté.

Le Président donne lecture de l'art. 5 ainsi conçu:

ART. 5. Les bâtiments hôpitaux militaires seront distingués par une peinture extérieure blanche avec une bande horizontale verte d'un mètre et demi de largeur environ.

Les autres bâtiments seront distingués par une peinture extérieure blanche avec une bande horizontale rouge d'un mètre et demi de largeur environ.

Les embarcations des bâtiments qui viennent d'être mentionnés, comme les petits bâtiments qui pourront être affectés au service hospitalier, se distingueront par une peinture analogue.

Tous les bâtiments hospitaliers se feront reconnaître en hissant, avec leur pavillon national, le pavillon blanc à croix rouge prévu par la Convention de Genève.

Le Président rappelle que dans une séance précédente, la Sous-Commission a admis qu'en ce qui concerne les bâtiments de secours ottomans, le croissant rouge serait assimilé comme emblême à la croix rouge.

M. Renault dit qu'à son avis il n'appartient pas à la Sous-Commission de prendre une décision sur ce point.

Noury Bey déclare que les bâtiments de guerre ottomans ont toujours respecté l'emblème de la Croix Rouge comme insigne de la Convention de Genève. Il exprime le désir que, par mesure de réciprocité, le Croissant Rouge soit assuré du même respect et il demande qu'on prenne acte de l'expression de ce désir.

M. Rolin dit qu'il a une déclaration à faire, qui vise également le dernier alinéa de l'art. 5.

Il expose que le Gouvernement siamois ajoute au drapeau de la Convention de Genève, à côté de la Croix Rouge, un emblême sacré du culte Bouddhiste figuré en rouge également et qu'on appelle „la flamme". L'addition de cet emblême a pour conséquense de rehausser encore le caractère sacré du drapeau prescrit par la Convention de Genève.

Le Gouvernement siamois estime au surplus que l'art. 7 de la Convention de Genève qui prescrit la Croix Rouge sur fond blanc ne s'oppose pas à cette addition et l'intention de ce Gouvernement sera sans aucun doute d'appliquer de cette façon l'alinéa final de l'art. 5 proposé.

M. Rolin se borne à demander qu'il lui soit donné acte de sa déclaration.

Le Président dit que les déclarations des délégués de Turquie et de Siam seront insérées au procès-verbal.

M. Mahan fait observer que l'emblême de la Croix Rouge a un caractère religieux, qui s'adresse particulièrement aux Etats chrétiens et il pense qu'il y aurait avantage à en adopter un autre qui serait reconnu par tous.

Le Président répond qu'il peut donner acte à M. Mahan de l'expression de ce desir, mais que la Sous-Commission n'est pas compétente pour entrer en matière sur une proposition qui tendrait à reviser une clause de la Convention de Genève.

M. Motono demande qu'on remplace à l'alinéa 2 de l'art. 5 les mots: „les autres bâtiments" par ceux plus précis: „les bâtiments mentionnés dans les art. 2 et 3."

M. Renault dit qu'il n'a pas, en ce qui le concerne, d'objections à cette modification.

M. Motono demande si, en imposant aux bâtiments visés par l'alinéa 3 de article 5 l'obligation d'une peinture spéciale, avant toute mise en usage, on entend spécifier qu'ils ne pourront en aucun cas et à aucun moment avoir une autre affectation.

M. Renault répond que telle est en effet l'idée qu'on a tenu à exprimer.

L'article 5 est adopté sous réserve des diverses observations susindiquées.

Le Président donne lecture de l'article 6 ainsi conçu:

ART. 6. Les bâtiments de commerce, yachts ou embarcations neutres, portant des blessés, des malades ou des naufragés des belligérants, ne peuvent être capturés pour le fait de ce transport, mais ils restent exposés à la capture pour les violations de neutralité qu'ils auraient commises.

M. Renault propose de remplacer à la fin de cet article les mots „qu'ils auraient commises“ par ceux „qu'ils pourraient avoir commises“, ces derniers n'impliquant pas la pensée que les bâtiments visés se sont nécessairement livrés à des actes de violation de neutralité.

Cette modification est adoptée.

M. Mahan dit qu'aucun des articles ne prévoit le cas de combattants naufragés à la suite d'une bataille navale et qui, dans ces conditions, sont recueillis par un bâtiment neutre autre qu'un bâtiment hôpital. M. Mahan propose qu'une règle spéciale soit insérée à ce sujet et il se réserve de la formuler pour le Comité de rédaction.

M. Schéine fait observer que la proposition de M. Mahan n'ayant fait l'objet d'aucun échange de vues général dans la Sous-Commission, le Comité de rédaction pourrait éprouver quelque embarras à trouver une formule qui réponde au sentiment général.

Le Président propose de continuer avant tout l'examen des articles proposés et il donne lecture de l'art. 7 ainsi conçu:

ART. 7. Le personnel religieux, médical et hospitalier de tout bâtiment capturé est inviolable et ne peut être fait prisonnier de guerre. Il emporte, en quittant le navire, les objets et les instruments de chirurgie qui sont sa propriété particulière.

Ce personnel continuera à remplir ses fonctions tant que cela sera nécessaire et il pourra ensuite se retirer lorsque le commandant en chef le jugera possible.

Les belligérants doivent assurer à ce personnel, tombé entre leurs mains, la jouissance intégrale de son traitement.

M. Motono demande si le traitement visé par cet article et attribué au personnel religieux, médical et hospitalier, est le traitement donné par l'Etat duquel relève ce personnel. Il pense qu'on pourrait indiquer qu'il s'agit ici du traitement appliqué dans l'armée et dans la marine du gouvernement capteur.

M. Renault verrait des inconvénients à l'adoption de cette formule qui exposerait, dans certains cas, le personnel intéressé à ne recevoir aucun traitement. La rédaction proposée par le Comité n'a fait d'ailleurs que reproduire le texte de 1868.

Aucun membre n'appuyant la proposition de M. Motono, le Président donne lecture de l'article 8 ainsi conçu:

ART. 8. Les marins et militaires embarqués ou malades, à quelque nation qu'ils appartiennent, seront protégés et soignés par les capteurs.

M. Motono rappelle qu'il avait, dans une précédente séance, exposé les vues de son Gouvernement au sujet du cas spécial du transport par mer des blessés et malades de l'armée de terre. Il remercie le Comité de Rédaction de la précision avec laquelle il a transcrit ces idées et il demande l'insertion au procès-verbal de cette séance du passage du rapport, relatif à cette question. et qui est conçu dans les termes suivants:

„Dans les dispositions que le Comité soumet à la Sous-Commission, il est parlé des blessés, malades et naufragés, non des victimes de la guerre maritime. Cette dernière expression, vraie dans la plupart des cas, ne le serait pas toujours et doit, pour ce motif, être écartée. Les règles prévues s'appliquent du moment qu'il y a des blessés et des malades à bord de bâtiments de mer, sans qu'il y ait à rechercher si c'est en mer ou sur terre, que la blessure a été faite ou que la maladie s'est déclarée. Par conséquent, si un bâtiment est affecté au transport par mer de blessés ou de malades de l'armée de terre, ce bâtiment, ces blessés et ces malades seront régis par les dispositions de notre projet. A l'inverse, il est bien évident que, si des marins blessés ou malades sont débarqués et placés dans une ambulance ou dans un hôpital, la Convention de Genève s'appliquera pleinement en ce qui les concerne.

Cette remarque nous paraît suffire pour donner satisfaction aux observations présentées dans la Sous-Commission et nous ne croyons nullement nécessaire d'insérer une disposition spéciale à ce sujet.“

Le Président dit qu'il sera fait droit à la demande de M. Motono, et déclare l'art. 8 adopté.

Il donne lecture de l'art. 9 ainsi conçu:

ART. 9. Les naufragés, blessés ou malades d'un belligérant, qui tombent au pouvoir de l'autre, sont prisonniers de guerre. Il appartient au vainqueur de décider, suivant les circonstancesi, s'il convient de les garder, de les diriger sur un port de sa nation, sur un port neutre ou même sur un port de l'adversaire. Dans ce dernier cas, les prisonniers ainsi rendus à leur pays, ne pourront servir pendant la durée de la guerre.

M. Asser demande qu'on supprime le mot „vainqueur“. On pourrait peut-être le remplacer par le mot „capteur“.

M. Renault explique que si le Comité a adopté cette expression, c'est faute d'en avoir trouvé une plus satisfaisante.

Dans son opinion, le vainqueur est le belligérant qui se trouve, par les circonstances de la guerre, avoir vis à vis du bâtiment hospitalier qu'il rencontre le droit et l'autorité du plus fort.

On ne pourrait le qualifier de capteur puisqu'il n'a pas le pouvoir de capturer.

Le Président suggère la rédaction suivante: „Sont prisonniers de guerre les naufragés, blessés ou malades d'un belligérant qui tombent au pouvoir de l'autre. Il appartient à ce dernier de décider etc.“

Cet amendement est adopté.

M. Motono demande si, en indiquant que „les prisonniers ainsi rendus à leur pays ne pourront servir pendant la durée de la guerre“, on a entendu viser seulement le service de guerre et non celui que pourraient remplir ces prisonniers dans les bureaux, les ambulances etc.

M. Renault dit qu'on s'est servi de l'expression traditionnelle qui vise, d'après lui, uniquement le service de combattant.

M. Motono observe qu'on doit envisager cependant d'autres genres de services et il demande qu'on prenne acte de sa question.

M. Rolin appuie la manière de voir de M. Motono et il rappelle que l'art. 2 alinéa 3, de la Convention de Genève de 1864 porte la formule: „reprendre les armes“, qui lui paraît plus précise que celle de servir, adoptée par le Comité de rédaction. Il ajoute que, d'ailleurs, la troisième phrase de l'art. 9 proposé ne semble répondre à aucune utilité pratique et il en demande la suppression pure et simple.

M. Motono se joint à cette proposition et, pour le cas où elle ne serait pas adoptée, il demande subsidiairement que la Sous-Commission remplace le mot servir par la formule reprendre les armes, adoptée en 1864.

Après un échange de vues entre MM. Rolin, Renault et Mahan, sur les avantages et les inconvénients que pourrait présenter, au point de vue humanitaire et pratique du traitement des blessés et malades, prisonniers de guerre, la suppression de la dernière phrase de l'article 9, le Président soumet au vote nominal la proposition de M. Rolin.

Ont voté pour la suppression: la Belgique, la Chine, le Japon, le Siam.

Ont voté contre: l'Allemagne, les Etats-Unis d'Amérique, l'Autriche-Hongrie, le Danemark, l'Espagne, la France, la Grande-Bretagne, l'Italie, les Pays-Bas, le Portugal, la Roumanie, la Russie, la Serbie, la Suède et Norvège et la Turquie.

S'est abstenue: la Suisse.

Le Président dit que par 15 voix contre 4, et une abstention, la Sous-Commission a décidé de maintenir la dernière phrase de l'art. 9.

Il met aux voix la proposition subsidiaire de M. Motono relative au remplacement du mot servir par la formule reprendre les armes.

Avant le vote, M. Siegel déclare qu'il est d'avis de conserver la rédaction actuelle.

Ont voté pour le maintien de cette rédaction: l'Allemagne, l'Autriche-Hongrie, le Chine, le Danemark, l'Espagne, la Grande-Bretagne, l'Italie, les Pays-Bas, le Portugal, la Russie, la Suède et Norvège.

Ont voté contre: les Etats-Unis d'Amérique, la Belgique, la France, le Japon, la Roumanie, la Serbie, le Siam, la Turquie.

S'est abstenue: la Suisse.

Le Président dit que la Sous-Commission a donc décidé par 11 voix contre 8 et une abstention de ne pas adopter la proposition formulée par M. Motono et dont il espère cependant qu'on tiendra compte lors de la revision de la Convention de Genève.

M. Mahan appelle l'attention de la Sous-Commission sur le cas où les prisonniers, visés par l'article 9, auraient fait l'objet d'un échange.

M. Asser dit que le rapport pourra tenir compte utilement de cette préoccupation.

Le Président déclare l'art. 9 adopté sous réserve de l'amendement voté et donne lecture de l'art. 10, ainsi conçu:

ART. 10. Les naufragés, blessés ou malades, qui sont débarqués dans un port neutre, du consentement de l'autorité locale, devront y être gardés par celle-ci de manière qu'ils ne puissent pas de nouveau prendre part aux opérations de la guerre.

Les frais d'hospitalisation et d'internement seront supportés par l'Etat, dont relèvent les naufragés, blessés ou malades.

M. le Comte de Grelle Rogier fait observer que le texte de cet article se trouve en contradiction avec une disposition qui a été adoptée par la deuxième Sous-Commission sur l'initiative de Son Exc. M. Beernaert et M. le Général Mounier.

Il s'agit de l'art. 55 de la Déclaration de Bruxelles, lequel est ainsi conçu:

ART. 55. L'Etat neutre pourra autoriser le passage sur son territoire des blessés ou malades appartenant aux armées belligérantes sous la réserve que les trains qui les amèneront ne transporteront ni personnel ni matériel de guerre. En pareil cas, l'Etat neutre est tenu de prendre les mesures de sûreté et de contrôle nécessaires à cet effet.

Une fois admis sur le territoire neutre, les malades ou blessés ne peuvent être rendus qu'à leur pays d'origine.

M. le Comte de Grelle Rogier pense que cette disposition, rapprochée de l'article 10 proposé, stipulerait pour les blessés et malades une différence de traitement qui ne saurait se justifier. En effet, en vertu du premier texte, ces blessés et malades pourraient être remis en liberté; en vertu de l'autre, ils pourraient être retenus comme prisonniers de guerre.

Il trouve excessif en outre de forcer un Etat neutre à recevoir, hospitaliser et interner les blessés et malades qu'il conviendrait à un belligérant de déposer sur son territoire. Il propose en conséquence de modifier l'article 10 dans le sens suivant:

„Les naufragés, blessés ou malades, qui sont débarqués dans un port neutre, du consentement de l'autorité locale, ne pourront être rendus qu'à leur pays d'origine. Les frais d'hospitalisation seront supportés par l'Etat dont relèvent ces naufragés, blessés ou malades".

M. Renault dit que le Comité de rédaction a formulé l'art. 10 d'une manière distincte et sans chercher à établir une comparaison avec les dispositions adoptées par la deuxième Sous-Commission. Le différence de traitement signalée par M. de Grelle Rogier est évidente, mais elle peut répondre à une différence de situation. Il y a des cas où l'on doit pouvoir permettre le débarquement des blessés et malades et ces cas sont généralement plus urgents dans la guerre maritime que dans la guerre terrestre. De plus, il ne faut pas oublier que la Sous-Commission doit envisager un cas dont l'Acte de Bruxelles n'a pas eu à s'occuper, c'est celui des naufragés. S'ils sont valides et débarqués dans un port neutre, celuici doit être obligé de les garder. En résumé, l'article 55 ne pourrait s'appliquer à toutes les hypothèses de la guerre maritime.

M. Rolin pense qu'indépendamment des cas déjà prévus par l'art. 10, il faut envisager celui du simple passage de blessés et de malades sur territoire neutre, et il précise, dans cette hypothèse, les droits et les obligations des neutres. On peut admettre qu'un Etat neutre permette d'emprunter son territoire pour ramener des blessés et des malades militaires dans leur propre pays, mais il violerait les devoirs de sa neutralité en permettant qu'ils soient conduits à travers le territoire neutre dans un pays où ils deviendraient prisonniers de guerre. M. Rolin propose en conséquence, pour maintenir l'harmonie entre l'art. 55 du Règlement de la Guerre sur terre et le présent art. 10, d'ajouter au dit article un paragraphe additionnel ainsi conçu:

„Une fois admis sur territoire neutre, les naufragés, malades et blessés ne peuvent être rendus qu'à leur pays d'origine".

M. Rolin croit que par l'adoption de cette disposition additionnelle il serait fait droit en même temps à l'observation de M. de Grelle Rogier.

Le Président suggère de renvoyer l'étude de ces diverses propositions au Comité de rédaction, qui s'efforcera de mettre en harmonie, dans la mesure du possible, l'article 10 avec les articles 53 et 55 de l'Acte de Bruxelles. Il dit qu'à la prochaine séance, fixée à jeudi matin, le Comité apportera des rédactions définitives qui permettront, si elles sont adoptées, de consigner l'œuvre de la Sous-Commission dans un projet de convention absolument complet et prêt à entrer en pratique si les circonstances l'exigeaient.

La séance est levée.

e) Cinquième Séance. 15 juin 1899.

Présidence de M. Asser.

Le procès-verbal de la quatrième séance est lu et adopté.

Le Président dit qu'il a reçu de son auteur une publication récente que M. Ferguson, ancien ministre-résident des Pays-Bas en Chine, vient de faire paraître sur les matières qui ont occupé la Conférence et en particulier sur l'adaptation à la guerre maritime des principes de la Convention de Genève.

M. Asser recommande cet ouvrage à l'attention de la Sous-Commission et il met à sa disposition l'exemplaire qu'il possède.

Le Président rappelle que dans la séance précédente, la Sous-Commission a arrêté le texte définitif des articles 1 à 9 et qu'il reste à statuer sur la matière de l'art. 10.

Il croit utile, avant d'ouvrir la discussion sur cet article, de prier le rapporteur de faire connaître les modifications de rédaction, qu'à la suite de la dernière séance, il a introduites à la fois dans son rapport et dans le texte même des articles proposés.

M. Renault dit qu'en ce qui concerne le texte des articles, il a été amendé conformément aux décisions prises par la Sous-Commission. Il ne rappellera pas ces amendements, qui sont connus, mais il indiquera seulement deux modifications, dont l'initiative revient au Comité de rédaction:

1°. à l'art. 10 on remplacera les mots:

„devront y être gardés“ par ceux: „devront être gardés“.

2°. à l'art. 6 on ajoutera à la formule: „les bâtiments de commerce etc. etc. portant . . . . .“ les mots: „ou recueillant“ (des blessés, des malades, etc.).

En ce qui concerne le rapport lui-même, M. Renault dit que pour tenir compte du vœu exprimé par M. Tadema, le Comité a décidé d'insérer dans le milieu de la page 3 la mention suivante:

„La notification des noms des bâtiments hôpitaux militaires intéresse tout d'abord les belligérants; elle peut intéresser aussi les neutres, puisque, ainsi qu'il va être expliqué, une condition particulière est faite à ces bâtiments dans les ports neutres.

Il est donc à désirer que les belligérants portent les noms de ces bâtiments à la connaissance des Etats neutres, quand ce ne serait que par une insertion dans leur journal ou recueil officiel.“

Pour donner satisfaction à certains doutes qui avaient été émis relativement à la situation des bâtiments hôpitaux militaires dans les ports neutres, la mention suivante a été insérée dans le rapport (page 4):

„En dehors de l'ordre d'idées, qui vient d'être indiqué, ces bâtiments-hôpitaux militaires seront naturellement traités comme des bâtiments de guerre, notamment en ce qui concerne le bénéfice de l'exterritorialité.“

En vue de répondre à une préoccupation exprimée par M. Mahan au sujet de l'art. 9 et pour le cas où les prisonniers visés auraient fait l'objet d'un échange, le rapport contiendra (à la fin de la page 9) la mention suivante:

„Les blessés ou malades qui sont ainsi rendus à leur pays. ne pourront servir pendant la durée de la guerre.

Il va sans dire que s'ils viennent à être échangés, leur situation de „prisonniers de guerre en liberté sur parole“ cesse et qu'ils reprennent leur liberté d'action.“

Le Président dit qu'on peut dès lors considérer le travail du Comité de rédaction comme complet.

M. Mahan rappelle qu'à la séance précédente il avait appelé l'attention de la Sous-Commission sur le cas d'un navire neutre, autre qu'un bâtiment hôpital, qui aurait recueilli accidentellement des combattants naufragés. Il aurait désiré qu'une règle spéciale fût insérée dans la convention en vue de cette hypothèse.

Il n'a pas réussi à rallier le Comité de rédaction à cette manière de voir.

Dans un esprit de conciliation, il ne croit pas devoir insister sur sa proposition et il est prêt à conseiller à son gouvernement d'accepter le texte des articles qui ont été proposés. Il persiste cependant à croire qu'il y aurait eu intérêt à combler la lacune qu'il avait signalée.

Le Président et M. Renault font remarquer à M. Mahan que l'art. 6 a été complété par une mention qui avait précisément pour objet de répondre à son observation.

M. Mahan répond que le changement introduit lui semble porter sur la situation de navires neutres, mais non sur celle des naufragés recueillis. Il déclare d'ailleurs de nouveau qu'il n'insiste pas sur sa proposition.

M. Motono fait à propos de l'art. 9, la déclaration suivante:

„Les dispositions du dernier alinéa de l'art. 6 de la Convention de Genève de 1864 et celles de l'art. 9 du projet en discussion sont contradictoires.

Dans le premier, les blessés et les malades sont couverts par la neutralité, tandis que dans le dernier ils sont traités comme prisonniers de guerre.

Trouvant les dispositions de l'art. 9 du présent projet plus conformes aux principes des lois de la guerre, nous désirions modifier les dispositions de l'art. 6 de la Convention de 1864 dans le sens de l'art. 9, à l'effet de mettre en harmonie les dispositions des deux articles précités.

Nous devons ajouter en outre que dans le cas où les deux dispositions susmentionnées resteraient sans modification, les Puissances insulaires comme le Japon se trouveraient dans une situation manifestement désavantageuse à l'égard des Puissances continentales.

En conséquence, si notre Sous-Commission est compétente pour modifier l'art. 6 de la Convention de Genève de 1864, nous nous proposons de soumettre à son examen un amendement dans le sens indiqué.

Dans le cas où notre Sous-Commission se déclarerait incompétente, nous nous réservons de proposer cette modification à la première occasion propice.

Nous avons l'honneur de prier M. le Président de mentionner la présente déclaration au procès-verbal.“

Le Président dit qu'il en sera ainsi fait.

Il propose de passer à l'art. 10 et en donne lecture:

ART. 10. Les naufragés, blessés ou malades, qui sont débarqués dans un port neutre, du consentement de l'autorité locale, devront être gardés par celle-ci de manière qu'ils ne puissent pas de nouveau prendre part aux opérations de la guerre.

Les frais d'hospitalisation et d'internement seront supportés par l'Etat dont relèvent les naufragés, blessés ou malades.

Le Président rappelle que la rédaction de cet article a fait l'objet de propositions et d'amendements présentés par MM. le Comte de Grelle Rogier et Rolin.

Il prie le rapporteur d'exposer à ce sujet les vues du Comité de rédaction.

M. Renault dit que le Comité a examiné longuement et consciencieusement l'art. 10 qui lui a été renvoyé avec les amendements précités et que le résultat de cet examen l'a conduit à maintenir unanimement le texte qu'il avait précédemment proposé.

Il lui a semblé que la Sous-Commission n'avait pas à s'occuper de combiner l'art. 10 avec les art. 53 et 55 de la Déclaration de Bruxelles.

En effet, ses textes prévoient deux situations différentes et qui, par conséquent doivent être examinées et résolues séparément. On ne peut appliquer par assimilation à la guerre maritime les règles de la guerre continentale et il y a notamment pour les conditions de l'accès dans un port neutre, d'autres considérations à envisager que pour l'accès sur un territoire neutre.

Le Comité a cru qu'il était nécessaire, en vue de rendre le rôle du neutre aussi clair que possible et de prévenir des difficultés internationales, de l'obliger à garder les blessés, malades et naufragés qui auraient été débarqués dans un de ses ports. Il lui sera loisible de ne pas les admettre, mais du moment qu'il les aura admis, il est indispensable qu'il en conserve la garde.

Quant aux charges qui résulteront de ce chef pour l'Etat neutre, elles seront moins grandes qu'on ne paraît le supposer et l'évacuation de blessés à la suite d'un combat naval ne pourra jamais entrer en comparaison avec l'affluence de blessés qu'une bataille terrestre pourrait amener sur un territoire neutre voisin des opérations de guerre.

Dans tous les cas le neutre, s'il consent à recevoir dans son port un bâtiment chargé de blessés, sera indemnisé par l'Etat de qui relèvent ces blessés, de tout les frais occasionnés par leur internement et leur hospitalisation.

M. le Comte de Grelle Rogier ne comprend pas très bien la nécessité pour le Comité de rédaction d'insister sur le maintien intégral de l'art. 10.

Il a déjà fait ressortir la contradiction qui existe entre l'art. 55 de l'Acte de Bruxelles et cet art. 10. L'art. 9 prévoit un régime beaucoup plus avantageux. Ce que le Comité de rédaction désire, c'est que les blessés, les malades et les naufragés soient déclarés incapables de servir. Ce n'est pas une raison pour les garder indéfiniment sur le territoire neutre.

Le Comte de Grelle Rogier propose en conséquence de donner à l'art. 10 la forme suivante.

„Les naufragés, blessés ou malades qui sont débarqués dans un port neutre, du consentement de l'autorité locale, ne pourront être renvoyés qu'à leur pays d'origine et seront, dans ce cas, déclarés incapables de servir pendant toute la durée des opérations de guerre. Les frais d'hospitalisation seront supportés par l'Etat dont ils relèvent."

M. Renault fait remarquer quil n'y a pas à rapprocher les articles 9 et 10. Dans l'art. 9, c'est le belligérant qui renvoie les malades et blessés dans leur pays d'origine avec la condition de ne plus servir pendant la guerre. Quant au cas visé par l'article 10, on n'a pas admis comme en 1868 qu'en donnant la faculté de laisser les malades et les blessés libres sur parole, la disposition contint une garantie suffisante.

Le Comité de rédaction insiste sur le maintien du texte qu'il a proposé.

M. le Baron de Bildt appuie la proposition de M. le Comte de Grelle Rogier par d'autres considérations. C'est imposer un devoir trop lourd aux neutres que de les obliger à garder pendant toute la durée de la guerre les naufragés, blessés ou malades. Il faudrait trouver des garanties suffisantes sans exiger ce sacrifice des Puissances neutres.

M. Renault ayant fait observer que c'est cependant ce qui arrive dans une guerre continentale lorsqu'un corps d'armée battu pénètre sur le territoire neutre et qu'on l'y interne, M. le Comte de Grelle Rogier répond qu'il s'agit alors de combattants.

Le Président fait encore observer, en réponse à M. le Baron de Bildt, que le débarquement dans le port neutre dépend toujours du consentement de l'autorité locale.

M. Odier suggère, pour donner satisfaction au Comte de Grelle Rogier, de dire que les malades, blessés et naufragés reconnus incapables de servir pourront être, après guérison, renvoyés dans leur patrie.

M. Motono appuie la rédaction de M. Odier.

M. le Capitaine de vaisseau Siegel voudrait être éclairé sur la façon dont on pourra reconnaître que la guérison des blessés et malades est accomplie et distinguer entre ceux qui pourront être rendus et ceux qui devront être gardés: il se déclare pour le maintien du texte proposé.

M. Corragioni d'Orelli est d'avis que l'exigence de l'article 10 est excessive. Il faut prévoir le cas d'une épidémie dans le port ou la ville d'internement, et laisser à l'Etat neutre, dans un intérêt sanitaire, la faculté de renvoyer les naufragés, blessés et malades dans leur pays d'origine.

M. Schéine insiste sur la difficulté de discerner entre les malades aptes à servir et les autres. Ce n'est pas le service comme combattant seulement qu'on peut viser. L'intégrité des membres par exemple n'est pas nécessaire pour le service des sémaphores, l'ajustement des torpilles etc.

Le Président dit qu'on pourrait faire intervenir les autorités médicales du pays neutre où les malades et blessés sont internés, en ajoutant les mots: „reconnus incapables de servir par les autorités médicales neutres."

M. Odier dit que ce système est déjà mis en pratique par la Convention de Genève, et il donne lecture de l'article 6 de cette Convention.

M. Schéine fait observer que cet article vise la guerre de terre dont les conditions sont bien différentes de la guerre maritime.

M. l'Amiral Fisher est d'avis de maintenir intégralement le texte de l'art. 10 arrêté par le Comité de rédaction.

M. le Baron de Bildt trouve la proposition de M. de Grelle Rougier d'autant plus acceptable que cette rédaction propose pour l'art. 10 une condition qui a été acceptée pour l'art. 9.

M. Schéine n'est pas de cet avis. D'après l'un des articles, les prisonniers sont rendus par la volonté des belligérants; d'après l'autre, ils sont remis entre les mains du neutre qui est moins compétent pour décider de leur sort que le belligérant.

Après un échange de vues sur la position de la question, le Président met aux voix le maintien intégral de l'art 10.

10 Etats votent pour ce maintien; savoir: l'Allemagne, l'Autriche-Hongrie, la France, la Grande-Bretagne, l'Italie, les Pays-Bas, le Portugal, la Roumanie, la Russie et la Turquie.

Ont voté contre: les Etats-Unis d'Amérique, la Belgique, la Chine le Danemark, l'Espagne, le Japon, le Siam, la Suède et Norvège et la Suisse.

Le Président constate que l'Assemblée adopte la rédaction intégrale proposée par le Comité pour l'art 10.

Le Président félicite la Sous-Commission du résultat de ses travaux que l'on peut considérer comme très satisfaisant.

Il dit qu'il faut maintenant se préoccuper d'examiner la procédure suivant laquelle cette œuvre sera soumise à la Conférence.

Doit-on suivre la filière ordinaire, c'est-à-dire présenter un rapport à la deuxième Commission plénière, qui devra ratifier par un vote les décisions de la Sous-Commission; ou a-t-il lieu, pour gagner du temps, d'éviter cette formalité et de porter directement devant la réunion plénière de la Conférence, le résultat des travaux de la Sous-Commission?

Le Président pense que cette dernière suggestion ralliera tous les suffrages et il demande que la Sous-Commission lui donne le mandat formel de demander au Président de la Conférence et au Président de de la deuxième Commission l'autorisation de présenter à la Conférence le rapport de la Sous-Commission et le texte des articles adoptés.

M. Asser ajoute que, dans son opinion, le vote de ratification, qui sera donné par la Conférence devrait avoir un caractère moins platonique que celui d'un simple vœu; il serait désirable qu'on pût, sans attendre, faire entrer l'œuvre de la Sous-Commission dans le droit positif international en la consignant dans une convention. Cette convention pourrait être signée à La Haye même, par les plénipotentiaires des Puissances répresentées et dans les mêmes conditions de forme, par rapport à la ratification et l'entrée en vigueur, que celles observées lors de la conclusion dans cette ville, le 14 novembre 1896. de la Convention de droit international privé.

M. le Rapporteur du Comité de rédaction, qui partage cette manière de voir, a déjà rédigé le préambule, qui devrait précéder eventuellement la convention et qui pourrait être conçu dans les termes suivants:

„Sa Majesté l'Empereur d'Allemagne etc., etc., etc.,

„également animés du désir d'adoucir autant qu'il dépend d'eux les maux inséparables de la guerre et voulant dans ce but adapter à la guerre maritime les principes de la Convention de Genève du 22 août 1864, ont résolu de conclure une convention à cet effet: etc. etc.“

M. Motono propose de remplacer dans ce préambule les mots „adapter à la guerre maritime“, par ceux: „compléter les principes de la Convention de Genève“, qui lui paraissent plus larges et d'une application plus générale.

M. le Baron de Bildt demande si l'on a songé à rédiger également le paragraphe final de la Convention à conclure, notamment en ce qui touche la clause d'accession, la durée du temps admis pour la ratification etc.

M. Renault dit qu'en ce qui concerne le préambule, il ne croit pas utile d'adopter la formule suggérée par M. Motono, qui pourrait prêter à une interprétation trop large peut-être.

En ce qui concerne l'observation du Baron de Bildt, il propose de confier au Comité de rédaction le soin de préparer, de concert avec le Président, un texte diplomatique complet et il demande que le Baron de Bildt veuille bien lui apporter son concours.

M. le Baron de Bildt dit qu'il se met volontiers à la disposition du Comité de rédaction.

Sur une observation de l'Amiral Fisher, le Président fait remarquer que le rapport du Comité de rédaction aura, par rapport à la Convention, une force interprétative analogue à celle qu'on attribue à l'exposé des motifs d'un projet de loi.

M. Corragioni d'Orelli appelle l'attention sur l'intérêt qu'il y aurait à ce que les Gouvernements des pays très éloignés fussent mis à même d'examiner et d'accepter la Convention en connaissance de cause et il demande s'il ne conviendrait pas de tenir compte de cette n cessité, soit en laissant ouvert le protocole de signature, soit par tout autre moyen.

Noury Bey suggère d'admettre que l'instrument pourrait être signé „ad referendum“ ce qui laisserait aux Gouvernements intéressés toute latitude pour accepter ou refuser la Convention.

M. le Baron de Bildt, appuyé par M. Corragioni d'Orelli, signale les inconvénients que présente dans la pratique la signature d'un acte „ad referendum". Il est d'avis que la Convention ne devrait être signée que par les plénipotentiaires qui sont autorisés à le faire sans réserves. Les autres Etats auront la faculté d'y adhérer ultérieurement et tous devront s'engager à la ratifier dans le plus bref délai possible. Cette dernière condition paraît au Baron de Bildt indispensable pour éviter des difficultés et des retards dans la ratification.

Le Président rappelle qu'au début des travaux de la deuxième Commission un débat a été soulevé pour savoir si elle était compétente pour reviser la Convention de Genève.

La Commission a répondu négativement. Il serait cependant désirable de formuler le désir que la Convention de Genève fût revisée dans un délai rapproché.

Le Président donne lecture du texte d'un vœu qu'il propose de soumettre à la Conférence à ce sujet:

„La Conférence de la Haye, prenant en considération les démarches préliminaires faites par le gouvernement fédéral suisse pour la révision de la Convention de Genève, émet le vœu qu'il soit procédé à bref délai à la réunion d'une Conférence spéciale ayant pour objet la revision de cette Convention".

M. Schéine demande qu'il soit entendu que cette revision devra se faire sans toucher au travail actuellement accompli.

Le Président est d'avis qu'il serait très utile de faire entrer ce travail dans la nouvelle convention et de réunir dans un Code unique tout l'ensemble des dispositions adoptées sur la matière.

Toutefois, pour le cas où — ce qu'à Dieu ne plaise — une guerre maritime viendrait à éclater avant la revision de la Convention de Genève, il y aurait un véritable intérêt à ce qu'un traité spécial fût signé sans attendre que cette revision fût réalisée.

M. Renault insiste, dans l'intérêt de l'œuvre accomplie à la Haye, pour qu'on lui conserve son caractère spécial et distinct.

Il faudrait, suivant lui, se garder de la rattacher actuellement à la revision de la Convention de Genève: on risquerait par là d'ajourner à une date indéterminée la mise en pratique des résolutions qui viennent d'être adoptées.

M. Odier est d'avis que la Sous-Commission est parfaitement compétente pour émettre le vœu proposé par le Président, sans qu'il soit nécessaire de lier les deux questions, c'est-à-dire la Convention, qui contiendra l'œuvre de cette Sous-Commission, et le vœu à exprimer pour reviser la Convention de Genève.

M. le Général Thaulow se rallie aux vues exprimées par M. Odier. La Sous-Commission est compétente pour proposer la revision dans le plus bref délai.

Le Président résumant la discussion, constate qu'il a obtenu de la Sous-Commission le mandat d'insister pour qu'on fasse entrer dans le droit positif le texte des articles voté par la Sous-Commission et de tâcher de faire signer une convention à cet effet.

A la suite de cet échange d'observations, le Président dit que la Sous-Commission va se séparer après avoir terminé ses travaux. Les résultats qu'elle a obtenus constituent une réforme importante dans l'intérêt de l'humanité. Depuis 1868, on a, à différentes reprises, exprimé le vœu de voir adapter aux guerres maritimes les dispositions additionnelles à la Convention de Genève. Grâce à la bonne volonté et à l'esprit de conciliation apportés par tous dans cette Sous-Commission, ce vœu sera bientôt réalisé et l'on doit se féliciter d'avoir réussi à établir une entente sur des matières qui présentent un intérêt humanitaire aussi élevé.

M. Asser ajoute qu'il se fait un devoir et un plaisir d'adresser des remerciements aux secrétaires de la Sous-Commission, qui ont apporté, dans leur tâche souvent difficile, un zèle et un dévouement remarquables (Applaudissements).

M. l'Amiral Fisher dit que la Sous-Commission tiendra à offrir l'expression de sa reconnaissance à son éminent Président, qui a guidé ses travaux avec sa haute compétence et un esprit bienveillant et impartial auquel l'Assemblée est heureuse de rendre hommage. (Applaudissements).

M. l'Amiral Fisher ajoute qu'il s'associe pleinement aux remerciements que le Président a bien voulu adresser aux secrétaires, au nom de la Sous-Commission.

Le Président dit qu'il est très touché des sentiments qui viennent d'être exprimés à son égard.

Sa tâche lui a été rendue facile et agréable par la bienveillance de tous ses collègues et il saisit volontiers cette occasion pour les en remercier sincèrement.

Il déclare la séance levée.

4. Konvention vom 29. Juli 1899 „pour l'adaption à la guerre maritime des principes de la convention de Genève du 22 août 1864".

S. 235 der Verhandlungen der Gesamtkonferenz. (Große Ausgabe.)

Egalement animés du désir de diminuer autant qu'il dépend d'eux les maux inséparables de la guerre et voulant dans ce but adapter à la guerre maritime les principes de la Convention de Genève du 22 août 1864, ont resolu de conclure une Convention à cet effet;

Ils ont en conséquence nommé pour leurs Plénipotentiaires, savoir: — — — —.

Lesquels, après s'être communiqué leurs pleins pouvoirs, trouvés en bonne et due forme, sont convenus des dispositions suivantes:

ART. 1. Les bâtiments-hôpitaux militaires, c'est-à-dire les bâtiments construits ou aménagés par les Etats spécialement et uniquement en vue de porter secours aux blessés, malades et naufragés, et dont les noms auront été communiqués, à l'ouverture ou au cours des hostilités, en tout cas avant toute mise en usage, aux Puissances belligérantes, sont respectés et ne peuvent être capturés pendant la durée des hostilités.

Ces bâtiments ne sont pas non plus assimilés aux navires de guerre au point de vue de leur séjour dans un port neutre.

ART. 2. Les bâtiments hospitaliers, équipés en totalité ou en partie aux frais des particuliers ou des sociétés de secours officiellement renonnues, sont également respectés et exempts de capture, si la Puissanee belligérante dont ils dépendent, leur a donnée une commission officielle et en a notifié les noms à la Puissance adverse à l'ouverture ou au cours des hostilités en tout cas avant toute mise en usage.

Ces navires doivent être porteurs d'un document de l'autorité compétenté déclarant qu'ils ont été soumis à son controle pendant leur armement et à leur départ final.

ART. 3. Les bâtiments hospitaliers, équipés en totalité ou en partie aux frais des particuliers ou des sociétés officiellement reconnues de pays neutres, sont respectés et exempts de capture, si la Puissance neutre dont ils dépendent leur a donné une commission officielle et en a notifié les noms aux Puissances belligérantes à l'ouverture ou au cours des hostilités, en tout cas avant toute mise en usage.

ART. 4. Les bâtiments qui sont mentionnés dans les art. 1, 2 et 3, porteront secours et assistance aux blessés, malades et naufragés des belligérants sans distinction de nationalité.

Les Gouvernements s'engagent à n'utiliser ces bâtiments pour aucun but militaire.

Ces bâtiments ne devront gêner en aucune manière les mouvements des combattants.

Pendant et après le combat, ils agiront à leurs risques et périls.

Les belligérants auront sur eux le droit de contrôle et de visite; ils pourront refuser leur concours, leur enjoindre de s'éloigner, leur imposer une direction déterminée et mettre à bord un commissaire, même les détenir, si la gravité des circonstances l'exigeait.

Autant que possible, les belligérants inscriront sur le journal de bord des bâtiments hospitaliers les ordres qu'ils leur donneront.

ART. 5. Les bâtiments-hôpitaux militaires seront distingués par une peinture extérieure blanche avec une bande horizontale verte d'un mètre et demi de largeur environ.

Les bâtiments qui sont mentionnés dans les articles 2 et 3, seront distingués par une peinture extérieure blanche avec une bande horizontale rouge d'un mètre et demi de largeur environ.

Les embarcations des bâtiments qui viennent d'être mentionnés, comme les petits bâtiments qui pourront être affectés au service hospitalier, se distingueront par une peinture analogue.

Tous les bâtiments hospitaliers se feront reconnaître en hissant, avec leur pavillon national, le pavillon blanc à croix rouge prévu par la Convention de Genève.

ART. 6. Les bâtiments de commerce, yachts ou embarcations neutres, portant ou recueillant des blessés, des malades ou des naufragés des belligérants, ne peuvent être capturés pour le fait de ce transport, mais ils restent exposés à la capture pour les violations de neutralité qu'ils pourraient avoir commises.

ART. 7. Le personnel religieux, médical et hospitalier de tout bâtiment capturé est inviolable et ne peut être fait prisonnier de guerre. Il emporte, en quittant le navire, les objets et les instruments de chirurgie qui sont sa propriété particulière.

Ce personnel continuera à remplir ses fonctions tant que cela sera nécessaire et il pourra ensuite se retirer lorsque le commandant en chef le jugera possible.

Les belligérants doivent assurer à ce personnel tombé entre leurs mains la jouissance intégrale de son traitement.

ART. 8. Les marins et les militaires embarqués blessés ou malades, à quelque nation qu'ils appartiennent, seront protégés et soignés par les capteurs.

ART. 9. Sont prisonniers de guerre les naufragés, blessés ou malades, d'un belligérant qui tombent au pouvoir de l'autre. Il appartient à celui-ci de décider, suivant les circonstances, s'il convient de les garder, de les diriger sur un port de sa nation, sur un port neutre ou même sur un port de l'adversaire. Dans ce dernier cas, les prisonniers ainsi rendus à leur pays ne pourront servir pendant la durée de la guerre.

ART. 10. Les naufragés, blessés ou malades, qui sont débarqués dans un port neutre, du consentement de l'autorité locale, devront, à moins d'un arrangement contraire de l'Etat neutre avec les Etats belligérants, être gardés par l'Etat neutre de manière qu'ils ne puissent pas de nouveau prendre part aux opérations de la guerre.

Les frais d'hospitalisation et d'internement seront supportés par l'Etat dont relèvent les naufragés, blessés ou malades.

ART. 11. Les règles contenues dans les articles ci-dessus ne sont obligatoires que pour les Puissances contractantes, en cas de guerre entre deux ou plusieurs d'entre elles.

Les dites règles cesseront d'être obligatoires du moment où, dans une guerre entre des Puissances contractantes, une Puissance non contractante se joindrait à l'un des belligérants.

ART. 12. La présente Convention sera ratifiée dans le plus bref délai possible.

Les ratifications seront déposées à la Haye.

Il sera dressé du dépôt de chaque ratification un procès-verbal, dont une copie, certifiée conforme, sera remise par la voie diplomatique à toutes les Puissances contractantes.

ART. 13. Les Puissances non signataires, qui auront accepté la Convention de Genève du 22 août 1864, sont admises à la présente Convention.

Elles auront, à cet effet, à faire connaître leur adhésion aux Puissances contractantes, au moyen d'une notification écrite, adressée au Gouvernement des Pays-Bas et communiquée par celui-ci à toutes les autres Puissances contractantes.

ART. 14. S'il arrivait qu'une des hautes Parties contractantes dénonçât la présente Convention, cette dénonciation ne produirait ses effets qu'un an après la notification faite par écrit au Gouvernement des Pays-Bas et communiquée immédiatement par celui-ci à toutes les autres Puissances contractantes.

Cette dénonciation ne produira ses effets qu'à l'égard de la Puissance qui l'aura notifiée.

En foi de quoi, les Plénipotentiaires respectifs ont signé la présente Convention et l'ont revêtue de leurs cachets.

Fait à la Haye, le vingt-neuf juillet mil huit cent quatre-vingt dix-neuf en un seul exemplaire qui restera déposé dans les archives du Gouvernement des Pays-Bas et dont des copies certifiées conformes, seront remises par la voie diplomatique aux Puissances contractantes.

B. Verhandlungen der Friedenskonferenz von 1907.*)

I. Verhandlungen der Gesamtkonferenz.

a) Deuxième Séance. 19. Juni 1907.

Bd. I S. 57 der Verhandlungen.

In der vorbezeichneten Sitzung wurde der dritten Kommission u. a. übertragen:

„Compléments à apporter à la Convention de 1899 pour l'adaptation à la guerre maritime des principes de la Convention de Genève de 1864, révisée en 1906."

[Die Verhandlungen der Dritten Kommission s. unten S. 368 ff., diejenigen der Unter-Kommission S. 399 ff.]

b) Troisième Séance. 20. Juli 1907.

Bd. I S. 66 ff. der Verhandlungen.

Présidence de Son Excellence M. Nelidow.

Le Président rappelle que l'ordre du jour porte la lecture du rapport de M. Louis Renault sur les amendements à la Convention de la Haye du 29 Juillet 1899, pour l'adaptation à la guerre maritime des principes de la Convention de Genève du 22 août 1864, proposés par la Troisième Commisssion (Annexe A de ce procès-verbal)**).

M. Louis Renault donne lecture de son rapport.

Le Président exprime à M. Louis Renault la reconnaissance de la Conférence pour le travail extrêmement savant et consciencieux dont

*) *S. oben S. 162 die Fussnote.* **) *S. unten S. 358 ff.*

il vient de donner connaissance. Il propose ensuite de passer à la lecture des articles, et il prie ceux de M.M. les Délégués qui auraient des observations à présenter de bien vouloir le faire par écrit et de déposer leurs déclarations à la Présidence. Il espère, du reste, que ces articles, qui ont été déjà l'objet de discussions approfondies, n'en soulèveront pas de nouvelles.

Le Rapporteur donne lecture des articles du projet de Convention revisée proposé par la Troisième Commission (Annexe B de ce procès-verbal)*).

Les articles 1, 2, 3 et 4 sont adoptés sans discussion.

Sur l'article 5, S. Exc. Turkhan Pacha, fait la déclaration suivante:

J'ai l'honneur de renouveler ici les déclarations dont acte nous a été donné par la Troisième Commission et qui ont été insérées dans les procès-verbaux des séances des 2 et 16 juillet.

Mon Gouvernement a donné son adhésion pleine et entière aux principes humanitaires posés par la Convention de Genève de 1864; il a, comme les autres Puissances, rendu hommage à la Suisse par la reconnaissance du pavillon hospitalier formé par interversion des couleurs fédérales, mais il a cru devoir, pour des raisons particulières, employer pour ses ambulances militaires le Croissant Rouge sur fond blanc.

La Délégation Impériale Ottomane n'a pas demandé, à cet égard une révision de la Convention de 1864, qui n'est pas de la compétence de cette Haute Assemblée. Elle n'a pas insisté non plus pour l'insertion d'une clause spéciale dans le projet de Convention; mais elle tient à constater une fois de plus que les Représentants des Gouvernements réunis à cette Conférence ont bien voulu accepter le principe de la reconnaissance réciproque du Croissant-Rouge et de la Croix-Rouge comme pavillon distinctif des navires hopitaux et hospitaliers.

Le Président répond que la Conférence prend acte de la déclaration du Premier Délégué de Turquie.

S. Exc. Samad Khan Momtas-es-Saltaneh fait la déclaration qui suit:

Le Gouvernement Impérial de Perse ayant déjà signé la Convention de Genève de 1906 sous la réserve de l'article 18, la Délégation Persane votera les articles que nous avons sous les yeux cette réserve. Nous signerons la présente Convention, en tenant compte bien entendu des déclarations que j'ai eu l'honneur de faire à la Troisième Commission de la Conférence, concernant le respect dû, à charge de réciprocité, au Lion et Soleil rouge sur fond blanc, arboré par mon Gouvernement sur ses navires hôpitaux et hospitaliers.

Le Président donne acte de cette déclaration qui sera insérée au procès-verbal.

---

*) *S unten S. 367.*

S. Exc. Sir Ernest Satow rappelle que, dans la séance du 16 Juillet de la Troisième Commission, présidée par S. Exc. le Premier Délégué d'Italie, le Comte Tornielli a constaté que le principe de la reconnaissance réciproque des pavillons distinctifs des navires hospitaliers demandée par les Délégations de la Turquie et de la Perse a été accepté par les Délégations. La Délégation de Grande-Bretagne déclare qu'elle se rallie volontiers à çette déclaration.

S. Exc. le Général Horace Porter fait savoir que la Délégation des Etats-Unis d'Amérique s'associe aux paroles de S. Exc. Sir E. Satow.

S. Exc. M. Mérey de Kapos-Mére dit que sans avoir d'instructions de Son Gouvernement, la Délégation d'Autriche-Hongrie adhère à la déclaration de la Grande-Bretagne et des Etats-Unis d'Amérique.

S. Exc. M. Carlin prend la parole et, suivant les instructions de son Gouvernement, déclare qu'en ce qui concerne les déclarations qui viennent d'être faites par les Délégations ottomane et persane, la Délégation de Suisse renvoi aux observations qu'elle a présentées le 2 juillet, dans la séance de la Troisième Commission, Deuxième Sous-Commission, et le 16 juillet, dans la séance plénière de la Troisième Commission.

Elle a fait ressortir alors et tient à faire constater ici que son Gouvernement prend acte du fait que la Convention de Genève de 1906 n'est pas en cause et ne saurait être discutée au sein de la présente Conférence; qu'en conséquence les réserves formulées dans cette enceinte par les Délégations ottomane et persane ne peuvent avoir trait qu'à la guerre maritime et laissent intacte la question de l'emblème du service hospitalier, telle qu'elle a été réglée par les Conventions de 1864 et de 1906 pour la guerre sur terre.

En donnant acte à M. le Premier Délégné de Suisse de ces observations, le Président en ordonne l'insertion au procès-verbal.

E. Exc. Samad Khan Momtas-es-Saltaneh rappelle qu'en ce qui concerne la guerre sur terre son Gouvernement a fait les mêmes réserves en signant la Convention de Genève de 1906.

Sous ces différentes réserves, l'article 5 est adopté.

Sur l'article 6, S. Exc. Sir Edward Fry dit qu'en signant la Conventioe de Genève de 1906, son Gouvernement le fit avec réserve des articles 23, 27 et 28, parce qu'un acte législatif était nécessaire pour y donner suite et que, sans l'assentiment du Parlement, aucune loi ne peut être faite dans la Grande-Bretagne. Or les articles 6 et 21 de la présente Convention sont fondés sur les articles susmentionnés de la Convention de 1906. Son Gouvernement se voit donc obligé de réserver ces articles pour le moment.

Le Président, annonce que ces réserves seront consignées au procès-verbal.

Sous cette réserve, l'article 6 est adopté.

Les articles 7, 8, 9, 10 et 11 sont adoptés sans observations.

Sur l'article 12, la Délégation britannique se réserve de se prononcer plus tard.

E. Exc. Sir Edward Fry fait observer que le Gouvernement britannique ne saurait se ranger à l'opinion exprimée, dans le rapport quant au droit d'un navire de guerre d'un belligérant d'exiger la remise des blessés, malades ou naufragés à bord d'un bâtiment de commerce naviguant sous pavillon neutre. A défaut d'une convention spéciale, le Gouvernement britanniqué estime que l'on ne saurait baser la reconnaissance d'un tel droit sur les principes actuels du droit international.

Le Rapporteur fait une réserve en sens contraire; il estime que les conclusions de son rapport sont l'expression du droit positif actuel.

Sous cette réserve, l'article 12 du projet de Convention est adopté.

Les articles 13, 14, 15, 16, 17, 18, 19 et 20 sont adoptés sans réserve.

L'article 21 est adopté sous la réserve dont la Délégation britannique a déjà donné connaissance au moment de la lecture de l'article 6, et qui se trouve insérée au procès-verbal.

Les articles 22, 23, 24, 25 et 26 sont adoptés sans observation.

Le Président est certain qu'après avoir pris connaissance de cette Convention, qui est un travail de patience et d'érudition, la Conférence exprimera sa reconnaissance à la Troisième Commission, au Rapporteur, et surtout à son Président, S. Exc. le Comte Tornielli.

Il est ensuite voté sur l'ensemble du projet de Convention qui, sous les réserves susmentionnées, est adopté à l'unanimité.

En constatant que cette Convention est le premier fruit des travaux de la Conférence, le Président adresse toutes ses félicitations aux Délégués.

c) Bericht der Dritten Kommission an die Gesamtkonferenz.*)

[Annexe A zu dem Protokoll vom 20. Juli s. oben S. 355.]

„Amendements à la Convention de La Haye du 29 juillet 1899 pour l'adaptation à la guerre maritime des principes de la Convention de Genève du 22 aout 1864.“

Bd. I S. 70 ff. der Verhandlungen.

Nous venons vous rendre compte du mandat que vous nous avez confié d'élaborer un texte, sur lequel pourraient porter vos délibérations. Avant de motiver brièvement chacune des propositions que nous aurons l'honneur de vous soumettre, il est utile de présenter quelques observations d'un caractère général.

---

*) *Berichterstatter Renault. — Die Verhandlungen der Dritten Kommission s. unten S. 368 ff.*

Les auteurs de la Convention de 1899 se sont naturellement inspirés des principes fondamentaux de la Convention de 1864 regardés connue le point de départ des prescriptions à édicter pour la guerre maritime; ils ont cherché quelles étaient les règles qui, d'après ces principes, pouvaient permettre d'obtenir sur mer les résultats humanitaires déjà obtenus sur terre. L'accord s'est assez facilement établi dans la Conférence et il n'est pas inutile de rappeler que le Comité d'Examen, qui avait élaboré le projet et qui avait été unanime, était en grande majorité composé de marins.

Actuellement, nous sommes en présence d'une nouvelle Convention de Genève, du 6 juillet 1906, qui a été signée par les représentants de plus de 30 Etats, qui est déjà ratifiée par 11 d'entre eux et qui est destinée à remplacer la Convention du 22 août 1864. On a été naturellement amené à se demander s'il ne convenait pas de profiter de la nouvelle Convention pour compléter l'œuvre de 1899 (Vol. III. Trois. Com. Annexe 38). Ce nest pas que la Convention de 1864 ait été modifiée dans ses traits essentiels par la Convention de 1906; les principes fondamentaux sont restés les mêmes; on s'est proposé de consolider les résultats de l'expérience et de l'étude doctrinale, de combler des lacunes, de dissiper des obscurités, non de faire quelque chose de tout nouveau. Nous sommes dans la même situation en ce qui concerne la Convention de 1899. Nous ne croyons pas qu'il y ait rien d'essentiel à y changer; il peut y avoir lieu seulement de rechercher si, en profitant de la Convention de 1906, il n'y a pas lieu de compléter la Convention de 1899 en restant fidèle à l'esprit d'où elle a procédé.

Une grande reconnaissance est due à la Délégation allemande pour le travail consciencieux auquel elle s'est livrée, afin d'adapter à la Convention de 1899 les extensions et les compléments admis pour la Convention de 1864. (Vol. III Trois. Com. Annexe 39.) Notre tâche en a été beaucoup simplifiée. Il s'agira seulement de rechercher s'il n'y a pas, sur certains points, entre la guerre maritime et la guerre continentale, des différences de fait qui expliqueraient qu'on ne transportât pas purement et simplement dans l'une telle solution admise pour l'autre; parfois les analogies sont plus apparentes que réelles.

Les propositions de la Délégation française (Vol. III. Trois. Com. Annexes 41 et 42) visent également à compléter plusqu'à modifier la Convention de 1899, en réglant des cas omis par celle-ci. Certains des amendements proposés par la Délégation des Pays-Bas (Vol. III. Trois. Com. Annexe 40) tendaient, au contraire, semble-t-il, à modifier des principes de la Convention de 1899.

Une question préjudicielle a dû d'abord être résolue par la Commission. La Convention da 1899 subsisterait-elle sauf à être amendée ou complétée? Ferait-on une Convention toute nouvelle, dans laquelle on fondrait les dispositions maintenues et les dispositions nouvelles? Le second parti a été pris sans hésitation. Les textes complémentaires sont assez étendus et se réfèrent à des points assez distincts pour qu'il y ait une grande difficulté pratique à combiner les diverses dispositions. Dans une pareille matière, où il s'agit de poser des règles pour des situations difficiles, il faut un texte clair, précis, facile à consulter.

La Convention de 1899 comprend 14 articles. Le projet que nous vous soumettons en renferme 26. (Annexe B de ce procès-verbal.) Que l'on ne s'effraie pas de cette différence et que l'on ne croie pas qu'il y a de très grands changements apportés à l'oeuvre de 1899. Celle-ci garde bien sa physionomie propre, nullement altérée par les additions proposées qui ne peuvent soulever de difficultés sérieuses.

Le titre de la Convention doit évidemment être modifié; il suffit de substituer le date du 6 juillet 1906 à celle du 22 août 1864.

Les articles 1 et 2, relatifs aux bâtiments-hôpitaux militaires et aux bâtiments hospitaliers des belligérants, sont les articles 1 et 2 de la Convention de 1899 maintenus sans changement.

L'article 3 modifie, au contraire, l'article 3 de la Convention de 1899. La majorité de la Commission a, en effet, adopté un amendement proposé par la Délégation allemande et inspiré par l'article 11 de la Convention de 1906. Pour comprendre la difficulté qui s'élève, il faut comparer le cas prévu par cette dernière Convention au cas analogue qui se présente dans la guerre maritime.

Une société de secours d'un pays neutre veut aller fournir son assistance à l'un des belligérants. A quelles conditions peut-elle le faire? Il lui faut d'abord le consentement du Gouvernement de son pays, puis le consentement du belligérant qu'elle veut assister et sous le contrôle duquel elle doit se placer. Elle fera temporairement partie de son service sanitaire, comme le prouve l'obligation qui lui est imposée par l'article 22, alinéa 1 d'arborer le drapeau national de ce belligérant à côté du drapeau de la Convention.

En 1899, on a eu à se demander quelle devait être la condition des bâtiments hospitaliers des pays neutres qui seraient disposés à apporter leur concours charitable. Il n'y avait aucun précédent dont on pût s'inspirer, puisque la Convention de 1864 ne prévoyait pas le cas d'ambulances neutres et que, jusqu'à la Convention de 1906, on discutait sur le point de savoir si de telles ambulances pouvaient arborer leur pavillon national ou si elles devaient arborer le pavillon du belligérant. Voici en quels termes s'était prononcé à ce sujet le Comité de 1899: „Il avait été question d'exiger que les bâtiments hospitaliers neutres se rangeassent sous l'autorité directe de l'un des belligérants. Une étude attentive nous a démontré que cette solution entraînerait d'assez graves difficultés. Quel pavillon porteraient les navires dont il s'agit? N'y aurait-il pas quelque chose de contraire à l'idée de la neutralité dans le fait pour les navires ayant une commission officielle d'être incorporés dans la marine de l'un des belligérants? Il nous a semblé qu'il suffirait que l'action de ces bâtiments, qui dépendent d'abord du Gouvernement dont ils tiennent leur commission, fût soumise à l'autorité des belligérants dans les termes prévus par l'article 4."

Ces raisons ont paru à certains membres de la Commission avoir conservé toute leur force. Ils ont pensé que la solution donnée par l'article 11 de la Convention de 1906 ne suffisait pas pour les écarter. L'ambulance neutre, qui veut concourir au service hospitalier d'un belligérant, doit, par la force des choses, s'incorporer dans ce service; on ne conçoit pas son action indépendante dans les lignes de ce belligérant qui répond d'elle à l'égard de l'adversaire et doit exercer sur elle son contrôle. La situation semble autre pour le navire hospitalier neutre qui opère en pleine mer, qui a une autonomie que ne saurait avoir à ce degré une ambulance. De plus, ajoute-t-on, un navire hospitalier neutre peut ne pas se proposer d'assister un belligérant plus que l'autre, mais se rendre à proximité des opérations navales et être prêt à assister les deux partis. Cela n'a d'ailleurs pas d'inconvénients à raison des moyens d'action donnnés aux belligérants pour empêcher les abus auxquels pourrait donner lieu l'assistance charitable.

Ce raisonnement n'a pas convaincu la majorité de la Commission qui s'est prononcée dans le sens d'une modification à apporter à l'article 3 dans le but de mettre la disposition d'accord avec l'article 11 de la Convention de 1906. Des considérations militaires, dit-on, imposent cette solution: l'indépendance laissée au bâtiment hospitalier neutre permettrait de graves abus et la disposition de l'article 4 ne suffirait pas à les prévenir ou à les réprimer.

C'est pourquoi la Commission vous propose de modifier l'article 3 dans le sens de la Convention de 1906. Cet article 3 parle uniquement de l'obligation pour le bâtiment hospitalier neutre de se mettre au service (hospitalier, bien entendu) de l'un des belligérants. C'est l'article 5 nouveau (al. 4) qui tire la conséquence au point de vue du pavillon du bâtiment neutre employé dans ces conditions. Il n'est pas sans intérêt de remarquer que la solution donnée dans cet article n'est pas, quoi qu'on dise, en complète harmonie avec la disposition de l'article 11 de la Convention de 1906. D'après cette dernière, l'ambulance neutre porte deux pavillons, le pavillon de la Convention de Genève et le pavillon du belligérant, tandis que, d'après le nouvel alinéa de l'article 5, le bâtiment neutre portera trois pavillons, le pavillon de la Convention de Genève, son pavillon national, plus le pavillon du belligérant arboré au grand mât. Nous ne connaissons pas de précédent en ce sens. — Le texte proposé par la Délégation allemande a été modifié, parce qu'on a trouvé excessif d'exiger que le bâtiment hospitalier neutre se mît au service d'un belligérant; il suffit qu'il se place sous sa direction.

L'article 4 ne comporte aucun changement. Il semble avoir donné aux belligérants des pouvoirs suffisants pour empêcher les abus.

L'article 5 est maintenu pour la plus grande partie. Il a pour but d'indiquer de quelle façon les bâtiments hospitaliers se feront reconnaître.

Il y a lieu de signaler une modification apportée au 4ème alinéa et deux alinéas nouveaux.

La modification a été expliquée plus haut à propos de la situation faite par le projet aux bâtiments hospitaliers neutres. Si le système adopte par la Commission n'était pas maintenu par la Conférence, il y aurait lieu de revenir au texte même de la Convention de 1899.

Le nouvel alinéa 5 a pour but d'étendre à notre matière la règle de l'article 21, alinéa 2, de la Convention de 1906, ainsi conçue: „. . . . . . . les formations sanitaires tombées au pouvoir de l'ennemi n'arboreront pas d'autre drapeau que celui de la Croix-Rouge, aussi longtemps qu'elles se trouveront dans cette situation“. La situation ne se présente pas identique pour le bâtiment hospitalier, qui ne semble pas devoir tomber au pouvoir de l'ennemi au même titre qu'une ambulance qui, en fait, est dans les lignes de l'ennemi, plus ou moins confondue avec ses propres installations. On a voulu viser le cas de bâtiments détenus dans les termes de l'art. 4, alinéa 5; aussi est-il convenable de modifier un peu la rédaction proposée, par l'amendement allemand. — La règle de l'article 5, alinéa 5 nouveau, a une portée très large et comprend tous les cas: si le bâtiment hospitalier d'un belligérant est retenu par l'adversaire, il rentre son pavillon national et ne conserve que le drapeau de la Croix-Rouge. S'il s'agit d'un bâtiment hospitalier neutre, il rentre le pavillon national du belligérant, dans le service duquel il est entré, mais il conserve son propre pavillon national.

Enfin l'alinéa 6 nouveau règle le cas des signes distinctifs destinés à faire reconnaître pendant la nuit les bâtiments hospitaliers. La Délégation allemande proposait la règle suivante: „Comme signe distinctif tous les bâtiments hospitaliers porteront, pendant la nuit, trois feux, vert-blanc-vert, placés verticalement l'un sous l'autre et espacés d'au moins trois mètres“. Des objections diverses ont été formulées. La disposition semble avoir un caractère impératif et cependant on ne peut exiger qu'un bâtiment hospitalier, qui accompagne une escadre, signale sa présence à l'ennemi; il doit être libre de se manifester ou non, sauf à être exposé à une attaque si son caractère n'apparaît pas. De plus, il pourrait être abusé des feux pour faire échapper un bâtiment. La Commission a adopté un texte qui répond aux objections; c'est aux bâtiments qui veulent s'assurer la nuit le respect auquel ils ont droit, à prendre, d'accord avec les autorités militaires, les mesures nécessaires pour être reconnus, c'est-à-dire pour que la peinture caractèristique indiquée dans les alinéas 1—3 du même article apparaisse nettement. Cela est, paraît-il, possible et cela ne permet pas les abus auxquels les feux pourraient donner lieu.

Le nouvel article 6 est inspiré par l'article 23 de la Convention de 1906. Il ne peut soulever aucune difficulté.

L'article 7 nouveau prévoit une hypothèse analogue à celle qui est réglée par les articles 6 et 15 de la Convention de 1906, mais beaucoup plus rare, aujourd'hui du moins, dans la guerre maritime que dans la guerre continentale. Une légère confusion s'était produite en présence du texte de l'amendement de la Délégation allemande, d'après lequel, „pendant le combat, les infirmeries à bord des vaisseaux de guerre seront respectées et ménagées autant que faire se pourra“. On n'a d'abord pensé qu'au combat à distance, de beaucoup le plus fréquent, et naturellement on n'a pas compris comment, au cours d'un pareil combat, les infirmeries pouvaient être respectées. Mais c'est le combat à bord qui était envisagé et dès lors la disposition se comprenait d'elle-même. Il a suffi d'une légère modification du texte de l'amendement pour faire disparaître tout doute.

L'article 8 est nouveau.

Le principe posé dans le premier alinéa est emprunté à l'article 7 de la Convention de 1906; il va de soi.

Le 2ème alinéa est inspiré par l'artilce 8 de la Convention de 1906, dont il n'a pas paru toutefois nécessaire de reproduire toutes les dispositions. Le personnel des bâtiments hospitaliers et des infirmeries des vaisseaux de guerre peut être armé, soit pour le maintien de l'ordre à bord, soit pour la protection des blessés et des malades. Il n'y a pas là un fait de nature à motiver le retrait de la protection du moment qu'il n'est fait usage des armes que pour les buts indiqués. Par identité de motif, le commissaire qu'un belligérant a pu mettre à bord d'un batiment hospitalier dans les termes de l'alinéa 5 de l'article 4, ne doit pas être fait prisonnier de guerre, s'il tombe au pouvoir d'un croiseur du pays dont relève le bâtiment hospitalier sur lequel il se trouve. Sa présence s'explique comme celle du piquet gardant une infirmerie par la nécessité de permettre au bâtiment de remplir sa mission charitable; ce motif justifie dans les deux cas l'exemption de la captivité.

La Délégation allemande avait prévu le cas où „le bâtiment hospitalier est armé de pièces d'artillerie légère en vue des dangers de la navigation et en particulier afin de pouvoir se défendre contre tout acte de piraterie.“ Une discussion s'est engagée dans le Comité de rédaction au sujet de l'artillerie dont pourrait être pourvu le bâtiment hospitalier et finalement l'opinion qui a prévalu est qu'il n'est nullement nécessaire que le bâtiment soit armé. Les navires de commerce ne sont pas armés et ne courent pas plus de dangers. — Il va sans dire qu'il pourrait y avoir à bord un canon pour faire les signaux.

La Délégation des Pays-Bas avait proposé de s'expliquer au sujet de la présence à bord d'une installation radio-télégraphique. Après discussion, la majorité de la Commission a estimé que ce fait n'était pas, par lui-même, de nature à justifier le retrait de la protection. Un bâtiment hospitalier peut avoir besoin de communiquer avec sa propre escadre ou avec la terre dans le but de remplir sa mission. Ce n'est pas tout emploi d'une installation radio-télégraphique, mais tel emploi qui peut être illicite et il convient de rappeler ici l'article 4, alinéa 2, d'après lequel les Gouvernements s'engagent à n'utiliser les bâtiments hospitaliers pour aucun but de guerre. L'exécution d'une pareille disposition, comme de bien d'autres dispositions, dépend de la bonne foi des belligérants. D'ailleurs, les dispositions de l'article 4 permettront aux commandants des bâtiments de guerre de prendre les mesures nécessaires pour éviter les abus: un commissaire pourra surveiller l'usage de la radio-télégraphie; les appareils de transmission seront au besoin enlevés momentanément.

L'article 9 est nouveau dans son ensemble, bien qu'il comprenne en substance l'article 6 de la Convention de 1899.

D'après l'alinéa 1, les belligérants peuvent faire appel au zèle charitable de bâtiments de commerce neutres pour prendre à bord et soigner des blessés ou des malades. La disposition est inspirée de l'article 5 de la Convention de 1906; on a spécifié qu'il ne s'agit que d'un concours bénévole des bâtiments neutres et on a modifié le texte de l'amendement allemand (les belligérants pourront „demander"), afin d'éviter toute équivoque.

L'alinéa 2 règle la situation des bâtiments qui auraient répondu à cet appel comme aussi de ceux qui auraient spontanément recueilli des blessés, des malades ou des naufragés. (La situation des individus trouvés à bord sera examinée plus loin.) Il est dit que ces bâtiments jouiront d'une protection spéciale et de certaines immunités. On a critiqué ces expressions, empruntées à la Convention de 1906, (art. 5) en en faisant ressortir le caractère vague qui n'est pas niable. On ne peut guère procéder autrement, tout dépend des circonstances. Un vaisseau de guerre pourra faire appel à un bâtiment peut-être éloigné, en lui promettant, par exemple, de ne pas le visiter. Il est évident que les avantages des immunités se comprennent moins bien qu'à terre, où les habitants, auxquels on fait appel, sont exposés à une série de mesures rigoureuses de la part de l'envahisseur ou de l'occupant. C'est avant tout une affaire de bonne foi. Un belligérant doit tenir la promesse qu'il a pu faire pour obtenir un service et le neutre ne doit pas, par une apparence de zèle, pouvoir se soustraire aux risques que sa conduite a pu lui faire courir. Tout ce qui est certain, c'est que, d'une part, les bâtiments dont il s'agit ne peuvent être capturés pour le fait du transport des naufragés, blessés ou malades d'un belligérant, et, d'autre part, que, comme le dit expressément l'article 6 de la Convention de 1899, ils restent exposés à la capture pour les violations de neutralité qu'ils pourraient avoir commises (contrebande de guerre, violation de blocus).

L'article 10 reproduit l'article 7 de la Convention de 1899 avec une modification peu importante destinée à mettre en harmonie les dispositions relatives à la guerre continentale et à la guerre maritime en ce qui touche le traitement du personnel hospitalier momentanément retenu par l'ennemi (cf. article 13 de la Convention de 1906). Il n'est pas besoin d'ajouter que, pour la guerre maritime comme pour la guerre continentale, il ne s'agit que du personnel officiel, le personnel d'une société de secours n'ayant pas droit à une solde.

L'article 11 correspond à l'article 8 de la Convention de 1899, qu'il complète dans le sens de l'article 1, alinéa 1, de la Convention de Genève.

L'article 12 est nouveau; il correspond à un amendement présenté par la Délégation allemande (3ème alinéa ajouté à l'article 6), dont il généralise la disposition. Nous ne pensons pas que la règle soit nouvelle; si la formule ne se trouvait pas dans la Convention de 1899, l'esprit de celle-ci n'est pas douteux. C'est un point important sur lequel il ne doit y avoir aucune équivoque.

Un croiseur belligérant rencontre un bateau hôpital militaire ou un bâtiment hospitalier, un bâtiment de commerce; quelle que soit la nationalité de ces bâtiments, il a, soit en vertu de l'article 4 de la Convention, soit en vertu du droit commun, le droit de visite à leur égard. Il l'exerce et trouve à bord des naufragés, des blessés ou des malades; il a le droit de se les faire remettre, parce qu'ils sont ses prisonniers, comme cela est dit dans l'article 9 de la Convention de 1899, reproduit par l'article 14 de notre projet. Il n'y a là qu'une application d'un principe général, en vertu duquel les combattants d'un belligérant qui tombent au pouvoir de la partie adverse, sont par cela même ses prisonniers. Évidemment le belligérant n'aura pas toujours intérêt à user de son droit. Souvent il aura tout avantage à laisser les blessés ou malades là où ils sont et à ne pas en prendre la charge. Mais, dans tel cas donné, il sera indispensable de ne pas laisser aller des blessés ou des malades qui seront encore en état de rendre de grands services à leur patrie; cela se comprend encore plus à l'égard des naufragés valides. On a dit qu'il y aurait inhumanité à forcer un bâtiment neutre de livrer les blessés, qu'il avait charitablement recueillis. Pour écarter cette objection, il n'y a qu'à réfléchir à ce que serait la situation en l'absence de Convention. Le droit des gens positif permettrait non seulement de s'emparer des individus, combattants ennemis, trouvés à bord d'un bâtiment neutre, mais de saisir et de confisquer le navire comme ayant rendu un service unneutral. Ajoutons que, si des naufragés, par exemple, devaient échapper à la captivité par cela seul qu'ils auraient trouvé asile sur un bâtiment neutre, les belligérants écarteraient l'action charitable des neutres, du moment que cette action pourrait avoir pour résultat de leur causer un préjudice irréparable. L'humanité n'y gagnerait pas.

Il est très utile d'ajouter que l'article 12 du projet indique d'une manière limitative ce que peut faire un croiseur belligérant à l'égard des bâtiments de commerce neutres; il ne peut les détourner de leur route et leur imposer un itinéraire déterminé. Ce droit n'est accordé par l'article 4 de la Convention de 1899, conservé par le projet, qu'à l'égard des bâtiments affectés spécialement au service hospitalier qui doivent subir les conséquences du rôle particulier qui leur est assigné. Rien de semblable ne saurait être imposé à des navires de commerce, qui occasionnellement veulent bien concourir à une oeuvre charitable. Il n'y a pas à argumenter en sens contraire de la disposition de l'article 9 de la Convention, que nous proposons de conserver (Article 14 du projet), parce que cet article ne s'occupe pas des navires, mais règle uniquement le sort des blessés ou malades.

L'article 13 proposé par la Délégation française est nouveau: il comble une lacune de la Convention de 1899 et ne saurait soulever aucune difficulté (Vol. III. Trois. Com. Annexe 41). Le cas s'est présenté pendant la dernière guerre et a été réglé, après quelques hésitations, dans le sens du Projet. Les naufragés, blessés ou malades, recueillis par un vaisseau de guerre neutre, sont dans une situation tout-à-fait analogue à celle de combattants qui se réfugient en territoire neutre. Ils ne sont pas livrés à l'adversaire, mais ils doivent être gardés.

L'article 14 reproduit purement et simplement l'article 9 de la Convention. Des amendements proposés par la Délégation allemande et la Délégation des Pays-Bas ont été retirés à raison du rétablissement de l'article 10 de la Convention.

La portée de l'article 14 a été déterminée par ce qui a été dit plus haut à propos de l'article 12 du Projet; le sort des personnes est seul envisagé et non celui des bâtiments, réglé par ailleurs.

L'article 15 n'est que la reproduction de l'article 10 de la Convention qui, pour des raisons spéciales ne tenant pas au bien fondé de l'article, n'avait pas été ratifié. Le rétablissement en a été admis sans difficulté sur la proposition de la Délégation française (Vol. III. Trois. Com. Annexe 42). L'hypothèse, que l'on a eu en vue, est celle de bâtiments de guerre des belligérants venant débarquer des blessés ou des malades dans un port neutre et dégageant de cette manière leur action. Il pouvait y avoir un doute sur le point de savoir si le neutre ne fournit pas ainsi une assistance contraire à la neutralité et n'engage pas sa responsabilité envers l'autre belligérant. Il a semblé que la solution proposée tenait un compte suffisant des intérêts en présence. On a fait remarquer que l'article 15 semblait imposer une obligation assez lourde à l'Etat neutre alors qu'il ne pouvait répondre dans tous les cas des évasions des internés; ne suffirait-il pas de dire, comme dans l'article 13, qu'il a à prendre des mesures dans le but indiqué? Il a été répondu que la différence de rédaction des deux articles s'explique par la différence des situations. Le commandant du vaisseau de guerre neutre qui a recueilli des blessés ou des malades ne peut garder les individus recueillis; il en est autrement de l'autorité du pays neutre. Seulement il va de soi que tout ce qu'on peut demander à cette autorité, c'est de ne pas commettre de négligence; la responsabilité suppose la faute.

Si un bâtiment de commerce neutre, ayant recueilli occasionnellement des blessés ou des malades, même des naufragés, arrive dans un port neutre sans avoir rencontré de croiseur et sans avoir pris aucun engagement, les individus qu'il débarque ne tombent pas sous le coup de la disposition; ils sont libres.

L'article 16 est nouveau; il est emprunté à la Convention de 1906 (art. 3). On a trouvé singulier qu'on eût laissé les mots „inhumation“

et „incinération“. Ils n'auront naturellement pas souvent leur application à propos d'opérations maritimes. Mais il faut songer qu'un combat a pu se passer près de la côte et que la disposition s'applique aux individus qui seraient à terre.

L'article 17 est nouveau. Il correspond à l'article 4 de la Convention de 1906.

L'article 18 reproduit l'article 11 de la Convention de 1899.

L'article 19 est nouveau. Il correspond à l'article 25 de la Convention de 1906.

L'article 20 est nouveau. Il correspond à l'article 26 de la Convention de 1906. Nous le considérons comme très important. Les dispositions les mailleures restent lettre morte si on ne prend pas à l'avance les précautions nécessaires pour instruire ceux qui auront à les appliquer. Spécialement, le personnel à bord des bâtiments hôpitaux ou des bâtiments hospitaliers aura souvent à remplir une mission très délicate. Il faut qu'il soit persuadé de la nécessité de ne pas profiter des immunités, qui lui sont accordées, pour commettre des actes de belligérance; ce serait la ruine de la Convention et de toute l'oeuvre humanitaire des deux Conférences de la Paix.

L'article 21 est nouveau. Il correspond aux articles 27 et 28 de la Convention de 1906 et n'a soulevé aucune difficulté.

L'article 22 est nouveau. Il ne présente pas de difficultés. Dans le cas d'opérations militaires se poursuivant dans une même action sur terre et sur mer, il faut appliquer la nouvelle Convention aux forces embarquées et la Convention de 1906 aux forces qui opèrent à terre.

L'article 23 reproduit l'article 12 de la Convention de 1899.

L'article 24 reproduit l'article 13 de la Convention de 1899 en changeant naturellement la date de la Convention de Genève.

L'article 25 est nouveau et correspond à l'article 31 de la Convention de 1906.

La Convention, dont nous vous soumettons le projet, remplacera la Convention de 1899 dans les rapports entre les Puissances qui l'auront également signée et ratifiée. Si nous supposons deux Puissances ayant signé la Convention de 1899 et l'une d'elles seule signant la nouvelle Convention, la Convention de 1899 continuera nécessairement à régir leurs rapports.

L'article 26 reproduit l'article 14 de la Convention de 1899.

Tel est le Projet que nous soumettons à votre approbation. C'est une oeuvre modeste, pour laquelle nous avons été guidés par nos devanciers de 1899 et de 1906. Nous ne la jugeons pas moins très utile et nous pensons que la transformation du Projet en Convention diplomatique constituerait un progrès sérieux dans le sens de la codification du droit des gens.

(Hier folgt als „Annexe B“ des Protokolls eine Synopsis des von der dritten Kommission vorgelegten Entwurfs [s. unten S. 384] und der Konvention von 1899 [s. oben S. 352].)

2. Verhandlungen der Dritten Kommission.*)

a) Première Séance. 24. Juni 1907.

Bd. III S. 289 ff. der Verhandlungen.

Présidence de Son Excellence le Comte Tornielli.

Le Président prononce l'allocution suivante:

Messieurs, ...

Le programme que nous sommes appelés à développer comprend deux groupes de questions.

Les unes se rattachent à l'emploi des moyens de destruction dans les opérations spéciales de la guerre maritime. Le programme russe communiqué en $\frac{\text{mars}}{\text{avril}}$ à nos Gouvernements respectifs et par eux accepté, nous invite à l'élaboration des articles d'une convention concernant quelques-unes de ces matières. Le principe dominant dans celles-ci a été établi par la Conférence de 1899. L'article 22 du Règlement concernant les lois et coutumes de la guerre sur terre, annexe à la Convention du 29 juillet (Vol. III. Deux. Com. Annexe 1), est ainsi conçu: „les belligérants n'ont pas un droit illimité quant au choix des moyens de nuire à l'ennemi". Il s'agit de l'application de cette règle humanitaire, ratifiée avec joie par l'opinion de toutes les nations, aux cas de bombardement par la force navale et à la pose des torpilles, etc.

Ces questions vont évidemment ensemble et elles pourraient être dévolues à l'examen d'une première Sous-Commission.

Les autres questions qui formeront l'objet de nos études, ont également entre elles plusieurs points de contact. Dans le programme qui nous a été distribué à la deuxième séance de la Conférence elles sont énoncées ainsi: „régime auquel seraient soumis les bâtiments des belligérants dans les ports neutres" et „compléments à apporter à la Convention de 1899 pour l'adaptation à la guerre maritime des principes de la Convention de Genève de 1864, révisée en 1906". Si vous partagez mon avis, les questions qui se rattachent à ces deux points du programme, pourraient être examinées par une seconde Sous-Commission.

Cette répartition du travail entre les deux Sous-Commission ne nous empêchera pas de renvoyer, au besoin, lorsque vous le jugerez utile, à l'examen de Comités spéciaux les motions les plus importantes.

. . . .

Ces points une fois établis, nous pouvons procéder, je pense, à la constitution immédiate de nos deux Sous-Commissions. Je demande conséquemment à MM. les Délégués de s'inscrire dans la liste de l'une ou de l'autre, ou même dans les deux listes à leur gré.

Je prie MM. les Secrétaires de faire circuler les deux listes afin que MM. les Délégués puissent conserver leurs places car nous allons

---

*) *Die Verhandlungen der Unterkommission s. S. 399 ff.*

reprendre, aussitôt après l'inscription, le travail constitutif de la Commission et des Sous-Commissions.

Cette opération terminée, le Président poursuit:

Le Règlement prévoit à l'article 3 la nomination des Secrétaires et du Rapporteur de la Commission. Les fonctions des Secrétaires choisis parmi les Délégués, ne sont pas définies par le Règlement. Elles consistent naturellement à m'assister dans le developpement régulier de nos travaux. Il est donc hors de doute que la nomination des Secrétaires doit avoir lieu de suite.

En me conformant aux précédents établis en 1899, je vous demande de soumettre à votre approbation le choix de M. le Contre-Amiral Siegel, Délégué de l'Allemagne, pour les fonctions de Secrétaire de la Commission et de M. Louis Renault, Délégué plénipotentiaire de France, pour celles de Rapporteur.

L'un et l'autre ont pris, dans la stipulation de la dernière Convention de Genève, la part distinguée que nous connaissons tous et nous apporteront ici la connaissance parfaite non seulement des textes, mais aussi de l'esprit de ce récent accord international. Ces qualités les désignent à nos suffrages.

Par ce choix heureux nous venons de compléter le bureau de la Commission.

Je proposerai maintenant à MM. les Délégués inscrits pour la 2ème Sous-Commission, c'est-à-dire pour celle qui aura à s'occuper du régime des bâtiments des belligérants dans les ports neutres et de l'adaptation à la guerre maritime des principes de la Convention de Genève, de vouloir bien accepter que ce bureau fonctionne en même temps pour la Commission plénière et pour la 2ème Sous-Commission.

. . . . . .

Toutes ces propositions sont adoptées.

En vue de faciliter les travaux, le Président demande que les propositions ou déclarations éventuelles soient soumises le plus tôt possible à la Commission.

S. Exc. le Général Porter dépose une proposition concernant le bombardement par une force navale des villes non fortifiées etc. etc. (Annexe 1).

M. Kriege dépose une proposition portant amendement aux dispositions de la Convention du 29 juillet 1899 pour l'adaptation à la guerre maritime des principes de la Convention de Genève du 22 août 1864 (Annexes 38 et 39; *s. unten S. 417*).

S. Exc. Sir Ernest Satow annonce que la Délégation britannique déposera une proposition concernant la pose des mines automatiques de contact sous-marines (Annexe 9) et se réserve de déposer un projet relatif à l'emploi des torpilles automobiles.

S. Exc. M. Lou Tseng-Tsiang donne ensuite lecture, au nom de son Gouvernement, de la déclaration suivante:

„J'ai l'honneur de porter à la connaissance de la haute Assemblée que la Chine accepte sans réserve le signe de la Croix-Rouge comme emblême de la Convention de Genève de 1864."

En faisant cette communication, le gouvernement de Pékin tient à ce que j'ajoute ce qui suit:

„Lors de la signature par le Représentant de Chine à Londres de l'acte d'adhésion à la Convention de Genève de 1864, il a été constaté que le signe de la Croix-Rouge a été, plus d'une fois, employé dans les formations temporaires du service sanitaire en Chine et l'explication historique de ce signe héraldique fourni par la Conférence de révision de 1906 et transmise par son Premier Délégué à cette Conférence n'a fait que renforcer l'idée large qui a déterminé le Gouvernement Impérial à l'adopter déjà tacitement dans le but de maintenir l'unité de cet emblême et d'en faciliter la reconnaissance à toutes les nations et à toutes leurs armées."

S. Exc. Turkhan Pacha déclare que la Délégation ottomane se réserve d'exposer à la Sous-Commission les raisons pour lesquelles elle doit maintenir le Croissant-Rouge sur ses navires-hôpitaux, hôpitaux, ambulances, etc.

Le Président donne acte du dépôt des propositions et des déclarations ci-dessus.

b) Deuxième Séance. 16. Juli 1907.

Bd. III S. 293 der Verhandlungen.

Présidence de Son Excellence le Comte Tornielli.

La séance est ouverte à dix heures 30.

Le procès-verbal de la première séance est approuvé.

Le Président explique la procédure qui a été adoptée pour accélérer l'examen du rapport élaboré par M. Louis Renault et du projet de convention qui y est annexé (Annexes A et B à ce procès-verbal).

Il a cru pouvoir, pour gagner du temps, réunir en séance plénière la Troisième Commission, bien que, en procédure stricte, il appartînt à la 2ème Sous-Commission de se prononcer en premier lieu sur le rapport et sur la convention.

Le Président estime qu'il n'y a pas lieu de donner lecture du rapport (Annexe A à ce procès-verbal) distribué samedi et dont tous les Délégués ont pu, par suite, prendre connaissance. (Assentiment.)

Il convient néanmoins de demander si quelqu'un désire présenter quelques observations.

Personne n'ayant demandé la parole, le Président commence la lecture des articles de la nouvelle convention (Annexe B à ce procès-verbal) *(s. unten S. 384)*.

Les articles 1 et 2 (Annexe B à ce procès-verbal)*) qui ne sont que la reproduction pure et simple des deux premiers articles de la Convention de 1899 sont approuvés.

---

*) *S. unten S. 384.*

Le Président donne ensuite lecture de l'article 3.

ART. 3. Les bâtiments hospitaliers, équipés en totalité ou en partie aux frais des particuliers ou des sociétés officiellement reconnues de pays neutres, sont respectés et exempts de capture à condition qu'ils se soient mis au service de l'un des belligérants, avec l'assentiment préalable de leur propre Gouvernement et avec l'autorisation du belligérant lui-même et que ce dernier en ait notifié le nom à son adversaire dès l'ouverture ou dans le cours des hostilités, en tout cas, avant tout emploi.

Le Rapporteur présente quelques observations au sujet du texte proposé par le Comité d'Examen. Il se permet d'abandonner un moment sa qualité de rapporteur pour rappeler comme Délégué français les objections qu'il a déjà élevées contre l'innovation proposée.

Il s'agit dans l'article 3 (nouveau) de bateaux hospitaliers neutres qui viennent se mettre au service d'un belligérant. Y a-t-il lieu d'assimiler complètement ces navires aux ambulances neutres, en adoptant pour ces navires une disposition analogue à celle de la Convention de 1906 pour la guerre sur terre (Annexe C à ce procès-verbal), ou au contraire faut-il conserver la disposition inscrite dans la Convention de 1899? La majorité du Comité d'Examen s'est prononcée pour la première solution.

Il y a lieu de remarquer tout d'abord que la majorité du Comité, tout en se prononçant pour l'analogie entre les ambulances et les navires hospitaliers neutres, n'établit pas cependant l'assimilation complète.

Les ambulances neutres, en effet, n'ont à arborer que deux pavillons, celui du belligérant auquel elles se sont soumises et celui de la Croix-Rouge; tandis que, suivant la disposition proposée pour les navires hospitaliers, ceux-ci auraient à arborer trois pavillons, leur pavillon national, le pavillon du belligérant auquel ils se seraient soumis et le pavillon de la Croix-Rouge.

Mais il n'y a pas là seulement une question de pavillon; le bâtiment hospitalier neutre doit entrer dans le service hospitalier du belligérant, ce qui paraît excessif. L'analogie sur ce point est en effet plus apparente que réelle entre la guerre maritime et la guerre terrestre. L'ambulance neutre, par la nature des choses, est et doit être incorporée dans le service hospitalier d'un des belligérants, car elle opère nécessairement dans les lignes de l'un d'entre eux; cette situation n'est pas nécessairement celle du navire hospitalier neutre qui exerce son activité en pleine mer et la plupart du temps avec une entière liberté d'action. En 1899 la question a été discutée à fond et l'unanimité du Comité d'Examen composé en grande majorité de marins n'a pas hésité à adopter la règle inscrite à l'article 3 et à considérer ainsi comme suffisant le droit de contrôle accordé aux belligérants par l'article 4.

Enfin, une dernière considération, et la plus importante, est que l'exigence contenue dans l'article 3 proposé par le Comité d'Examen est de nature à décourager la bonne volonté des neutres. Il se peut, en effet, qu'un navire hospitalier neutre veuille conserver son indépendance dans les limites fixées par l'article 4 de la Convention de 1899. Le cas peut se présenter où un navire de ce genre désirerait apporter un concours égal aux deux belligérants, s'il appartient par exemple à un pays neutre, voisin du théâtre des opérations. C'est aller contre ses sentiments que de l'obliger à se mettre au service de l'un des belligérants, alors que, conformément à l'esprit charitable des Conventions de Genève, il désirerait porter secours aux deux partis.

Telles sont les considérations que M. Louis Renault désirait faire valoir devant la Commission pour lui demander de repousser l'article 3 proposé par la majorité du Comité d'Examen.

Le Contre-Amiral Siegel tient à bien préciser les motifs d'ordre militaire qui ont déterminé la proposition (Annexe 39)*) allemande relative à l'obligation pour les navires hospitaliers neutres de se placer sous l'autorité d'un des belligérants. Il croit devoir en conséquence donner lecture de la déclaration suivante:

„Lorsque fut rédigé le texte de la Convention de 1899, j'ai moi-même combattu l'idée que les navires hospitaliers neutres devaient être obligés de se déclarer pour l'un ou l'autre des belligérants. A cette époque, cette mesure m'a paru superflue et même nuisible. J'ai cru avec mes collègues que les dispositions de l'article 4 et celles du dernier alinéa de l'article 5 suffiraient pour supprimer toutes les difficultés et prévenir tout désordre.

La Délégation allemande propose actuellement un amendement aux articles 3 et 5 afin de régler d'une manière plus efficace la conduite des navires hospitaliers neutres, qui jouissent d'une trop grande indépendance sur le théâtre de la guerre et sur lesquels il semble nécessaire d'exercer un contrôle plus étendu.

Quoique nous n'ayons pas en cette matière une expérience plus complète qu'en 1899, nous avons été, après mûre réflexion, amenés à croire que les belligérants seront moins gênés par les navires hospitaliers neutres et qu'il y aura plus de garantie contre des abus éventuels, si les belligérants exercent sur les navires hospitaliers une autorité plus grande que celle qui leur est conférée par l'article 4. L'acceptation de cette autorité ne crée pas pour les bâtiments hospitaliers une situation très différente de l'état des choses actuellement existant d'après les dispositions de l'article précité. En effet, notre demande n'implique pour les navires hospitaliers neutres aucune autre obligation que celle de choisir la Puissance à laquelle ils veulent être attachés. Ils feront ainsi spontanément un acte auquel le belligérant les peut contraindre.

Cette dépendance a d'autre part ce grand avantage que la Puissance qui prend autorité sur un navire hospitalier, assume aussi une entière responsabilité à son égard en même temps qu'elle surveille et contrôle ses actes. Je ne puis croire que la mesure que

---

*) *S. unten S. 417.*

nous proposons soit trop dure et qu'elle soit de nature à détourner un navire quelconque de ses intentions humanitaires pour la seule raison qu'il sera obligé de se mettre sous l'autorité d'un belligérant qui d'ailleurs, le protègera en cas de nécessité: sans cette dépendance, la protection spéciale manquerait au navire hospitalier.

Si notre proposition peut restreindre un peu l'indépendance des bâtiments hospitaliers neutres, ce que je ne crois pas, il est d'autre part certain qu'elle présente un grand intérêt en ce qui concerne le bon ordre et les nécessités de la guerre. On ne saurait connaître d'avance le nombre des navires hospitaliers qui se rendront au lieu où se rassembleront les belligérants. Serait-il pratique de permettre à ces navires, qui arrivent peut-être en nombre considérable et en des moments différents, de se mouvoir librement dans les eaux où s'effectuent les opérations, qu'ils ne soient ni soumis à un contrôle efficace ni placés sous une direction protectrice. Ne serait-il pas plus simple, pour éviter des malentendus toujours à redouter, surtout si les navires se trouvent près de la côte, d'obliger les navires hospitaliers neutres à se ranger dès leur arrivée sous l'autorité de l'un des belligérants qui les dirigera ensuite comme bon lui paraîtra?

Il ne faut pas d'autre part perdre de vue que l'état des choses n'est plus le même qu'autrefois.

Deux nouvelles dispositions, nouvellement introduites dans la Convention, ont modifié cet état des choses et il est nécessaire d'en tenir compte:

1^{0}. Nous avons reconnu la nécessité de permettre aux bâtiments hospitaliers neutres l'armement de leur personnel pour les mettre en état de maintenir l'ordre nécessaire et de défendre au besoin les blessés et malades.

2^{0}. On a admis la possibilité d'une installation radio-télégraphique à bord des navires hospitaliers.

Ces deux concessions étaient nécessaires pour mettre les navires en état de répondre aux services qu'on leur demandera, mais elles ont pour corollaire l'établissement d'un contrôle qui prévienne et empêche tout abus. Quoiqu'il puisse être de la plus haute importance pour un navire hospitalier de pouvoir se servir de la télégraphie sans fil qui est devenue un moyen indispensable pour la navigation moderne, aucun commandant en chef n'autorisera la présence d'un tel navire s'il est à craindre que les appareils ne soient employés d'une manière indiscrète et dangereuse. De même il doit exister une garantie que les armes permises aux navires hospitaliers ne serviront qu'à la légitime défense.

Pour toutes ces raisons je suis convaincu que les bâtiments hospitaliers neutres doivent être soumis à une autorité supérieure, qui les contrôle, qui les protège et qui en prenne la responsabilité. Les navires hospitaliers neutres peuvent aisément répondre à cette demande en ce plaçant sous la direction d'un des belligerants. Le signe extérieur de cet acte serait le pavillon de la Puissance à laquelle ils se rattachent, pavillon qui d'ailleurs ne remplacera nullement leur pavillon national.

Ce dernier flottera à sa place ordinaire tandis que le pavillon du belligérant sera arboré au grand mât en même temps que la Croix-Rouge de Génève.

Telles sont les raisons qui ont décidé la Délégation allemande à vous proposer les amendements aux articles 3 et 5 que nous vous prions d'accepter ainsi que le Comité d'Examen l'a déjà fait".

La discussion sur l'article 3 paraissant épuisée, le Président précise le point sur lequel le vote va être émis. Il s'agit de l'article 3 tel qu'il est proposé par le Comité d'Examen.

S. Exc. M. Van den Heuvel propose une modification de texte. Il lui paraît que la proposition de la Délégation allemande procède de cette pensée que tout navire hospitalier neutre doit être placé sous le contrôle d'un des belligérants dans un but de bon ordre et de sécurité; les mots „mis au service" peuvent être entendus dans un sens assez strict et dépassent la pensée qui a inspiré la proposition. On pourrait leur substituer une autre expression telle que „placés sous l'autorité ou la direction de l'un des belligérants.

Le Contre-Amiral Siegel déclare qu'il ne s'oppose pas à cette modification de texte, et qu'il accepte les mots „placés sous la direction".

Le Président donne en conséquence lecture de l'article 3 modifié en ce sens, qui est ensuite mis aux voix et approuvé, par 19 contre 11 votants.

Il lit ensuite l'article 4 qui est approuvé sans modifications (Annexe B à ce procès-verbal).

Ensuite il est donné lecture de l'article 5:

ART. 5. Les bâtiments-hôpitaux militaires seront distingués par une peinture extérieure blanche avec une bande horizontale verte d'un mètre et demi de largeur environ.

Les bâtiments qui sont mentionnés dans les articles 2 et 3, seront distingués par une peinture extérieure blanche avec une bande horizontale rouge d'un mètre et demi de largeur environ.

Les embarcations des bâtiments qui viennent d'être mentionnés, comme les petits bâtiments qui pourront être affectés au service hospitalier, se distingueront par une peinture analogue.

Tous les bâtiments hospitaliers se feront reconnaître en hissant, avec leur pavillon national, le pavillon blanc à croix rouge prévu par la Convention de Genève et en outre, s'ils ressortissent à un Etat neutre, en arborant au grand mât le pavillon national du belligérant au service duquel ils se sont mis.

Les batiments hospitaliers qui, dans les termes de l'article 4, sont détenus par l'ennemi, auront à descendre le pavillon national du belligérant dont ils relèvent.

Les bâtiments et embarcations ci dessus mentionnés, qui veulent s'assurer la nuit le respect auquel ils ont droit, ont à prendre les mesures nécessaires pour que la peinture qui les caractérise soit suffisamment apparente.

Le Rapporteur indique que les alinéas 1, 2 et 3 de cet article sont la reproduction pure et simple des alinéas correspondants de l'article 3 de la Convention de 1899; quant à l'alinéa 4, la modification qui lui est apportée est la conséquence de l'adoption du nouvel article 3; les mots „au service duquel ils se sont mis“ seront naturellement remplacés par ceux de „sous la direction de laquelle ils se sont placés“.

En ce qui concerne l'alinéa 5, le Rapporteur propose de substituer le mot „rentrer“ qui est un terme technique, au mot „descendre“ le pavillon; il n'est pas fait d'objections à cette modification. A l'alinéa 6 il propose également une petite addition, suggérée par l'Amiral Arago et qui est acceptée par la Délégation allemande; cette addition consiste à intercaler après le membre de phrase „auquel ils ont droit, ont“ les mots „avec l'assentiment du belligérant qui les accompagne.“

Le Président donne lecture de l'article 5 modifié conformément aux propositions ci-dessus et demande si, avant de procéder au vote, quelqu'un désire présenter des observations sur l'ensemble de l'article 5.

Le Contre-Amiral Arago demande s'il est bien entendu que les petits bâtiments mentionnés à l'alinéa 3 sont bien ceux qui fonctionnent comme annexes des grands; sinon ces petits bâtiments pourraient être soumis à l'obligation édictée à l'article 3.

Le Rapporteur indique qu'il n'y a pas de difficultés sur ce point; il est évident que ces petits bâtiments sont considérés comme annexes des grands. Ceci pourra d'ailleurs être mentionné dans le rapport à présenter à la Conférence.

S. Exc. Turkhan Pacha donne lecture de la déclaration suivante:

„Je tiens d'abord à remercier Son Excellence le Premier Délégué d'Allemagne d'avoir bien voulu déclarer que son Gouvernement ne verrait pas d'obstacle à reconnaître le pavillon hospitalier du Gouvernement Ottoman au même titre que celui de la Croix-Rouge.

La déclaration que j'ai faite au nom de la Délégation ottomane ayant été insérée dans le procès-verbal de la séance du 2 juillet, je n'ai pas besoin d'en donner une nouvelle lecture.

Le Gouvernement Impérial Ottoman respecte l'inviolabilité du drapeau de la Croix-Rouge depuis son institution et né demande aujourd'hui que la réciprocité pour ses bâtiments hospitaliers.

La Délégation Impériale, considérant qu'il s'agit actuellement de compléter la Convention de 1899 relative à la guerre maritime, Convention que le Gouvernement Ottoman a signée, avait cru pouvoir exprimer le désir de voir insérer une clause concernant le Croissant-Rouge dans le nouveau Règlement qu'elle sera appelée à signer. Elle n'avait jamais eu en vue la Convention de 1864 dont la révision est naturellement en dehors de la compétence de la Conférence.

En donnant son adhésion à la Convention de Genève, le 4 juillet 1865, le Gouvernement Impérial a, de même que les autres Puissances, rendu hommage à la Suisse par la reconnaissance du pavillon hospitalier formé par interversion des couleurs fédérales. Ce n'est que lorsqu'il a constaté l'impossibilité d'en faire usage pour ses hôpitaux qu'il a dû adopter le Croissant-Rouge sur fond blanc, signe dont il se sert depuis plus de 30 ans et qui a été reconnu et respecté en temps de guerre.

Si, à la suite des explications que je viens de fournir, la Commission se croit encore dans l'impossibilité de prendre en considération notre demande relative à l'insertion d'une clause spéciale dans le Règlement que la Conférence est en train d'élaborer, nous n'y insisterons pas, mais nous avons le ferme espoir que la Commission qui a déjà pris acte de la Déclaration faite par la Délégation ottomane le 2 juillet, voudra bien reconnaître le bien-fondé des considérations qui dictent l'attitude du Gouvernement Impérial dans cette question et prendra une décision en conséquence."

S. Exc. M. Tcharykow lit ensuite la déclaration suivante:

„La Délégation de Russie a l'honneur de déclarer qu'elle appuie le désir de réciprocité exprimé par le Premier Délégué Ottoman dans la séance de 2 juillet et dans la déclaration que nous venons d'entendre.

Nous estimons que la volonté exprimée par le Représentant du Gouvernement Ottoman d'étendre aux opérations maritimes les principes, conformes aux institutions de Genève, que le Gouvernement turc a appliqués depuis plus de 30 ans à la guerre sur terre, est légitime en elle-même et mérite un sympathique accueil.

Nous pouvons témoigner que, pendant la campagne de 1877-78, la Croix-Rouge et le Croissant-Rouge ont protégé ensemble, avec une entière réciprocité, l'œuvre de bonté et de miséricorde qu'ils symbolisent tous les deux. Aussi la Délégation de Russie aime a espérer qu'il sera constaté que cette Commission prend dûment acte de la réserve contenue dans la déclaration de la Délégation ottomane".

S. Exc. Samad Khan Momtas-es-Saltaneh prend ensuite la parole en ces termes au nom de la Délégation de Perse:

„Puisque la question revient en discussion, je me permettrai de combler une lacune. On m'a fait observer que dans ma déclaration concernant les signes distinctifs, j'aurais dû reconnaître aussi l'inviolabilité de la Croix-Rouge pour les bâtiments hospitaliers étrangers. Je profite de l'occasion pour donner cette satisfaction à nos collègues de Suisse. Se croyant parfaitement libre, après la réserve qu'elle a faite à l'article 18 de la Convention de Genève, d'employer le drapeau du Lion et Soleil rouge comme signe distinctif de ses bâtiments hospitaliers, la Perse reconnaît réciproquement et formellement l'inviolabilité des bâtiments hospitaliers étrangers couverts par la Croix-Rouge. Je vote donc pour ou contre les propositions que nous avons devant nous toujours bien entendu avec la même réserve de la part de mon Gouvernement."

S. Exc. M. Carlin présente les observations suivantes:

„En se référant aux déclarations qui viennent d'être faites et suivant les instructions de son Gouvernement, la Délégation de Suisse fait observer ce qui suit:

Le Conseil Fédéral suisse, constatant que la Convention de Genève de 1906 n'est pas en cause et ne saurait être discutée dans la Conférence actuelle, prend acte du fait que les réserves formulées dans cette enceinte par les Délégations ottomane et persane ne peuvent avoir trait qu'à la guerre maritime et laissent intacte la question de l'emblème telle qu'elle a été réglée par les Conventions de 1864 et 1906 pour la guerre sur terre."

S. Exc. Samad Khan Momtas-es-Saltaneh remarque qu'il a signé en 1906 sous la même réserve qu'il renouvelle aujourd'hui.

Le Président résume en ces termes les déclarations qui viennent d'être faites:

„Vous venez, Méssieurs, d'entendre l'exposé par lequel S. Exc. le Premier Délégué de l'Empire Ottoman a maintenu la déclaration qu'il avait déposée presqu'au début de la séance du 2 juillet de notre 2ème Sous-Commission. Il en a confirmé la substance, car alors, aussi bien qu'à présent, S. Exc. Turkhan Pacha a exprimé l'espoir de voir accepter par la Conférence l'insertion dans la Convention d'une clause spéciale reconnaissant le Croissant-Rouge comme signe distinctif d'inviolabilité pour les bâtiments hospitaliers de l'Empire Ottoman.

Le Premier Délégué de Perse nous a rappelé, à ce sujet, les réserves faites par lui, au nom de son Gouvernement, sur l'article 18 de la Convention de Genève de 1906, au moment de la signature de cet acte international et il nous a apporté ici la déclaration que son Gouvernement respectera le pavillon de la Croix-Rouge en mer par réciprocité de la reconnaissance par les autres Puissances du pavillon hospitalier persan.

Au nom de la Délégation de Suisse, S. Exc. M. Carlin a fait observer que les déclarations des Délégations ottomane et persane ne peuvent avoir trait ici qu'à la guerre maritime et ne sauraient toucher en rien les Conventions de 1864 et de 1906. Il s'était réservé en outre et, au besoin, de préciser de nouveau l'attitude de son Gouvernement sur ce point.

Dans la même séance, S. Exc. le Premier Délégué d'Allemagne, tout en exprimant l'opinion que son Gouvernement ne verrait pas d'obstacle à reconnaître le cas échéant le pavillon hospitalier de l'Empire Ottoman, nous a signalé la difficulté qu'occasionnerait l'insertion d'une pareille clause en raison de la modification qu'il faudrait introduire dans les conventions antérieures.

Quant à moi, je me range bien volontiers à l'opinion manifestée par S. Exc. le Baron Marschall de Bieberstein d'autant plus que je sais que mon Gouvernement ne verrait pour sa part aucun obstacle à la reconnaissance, le cas échéant, du pavillon hospitalier de l'Empire Ottoman.

Mais, en même temps, je pense qu'il y a en vérité à tenir compte de ce que la Conférence actuelle a dans son programme, l'adaptation à la guerre maritime des principes des Conventions de Genève et non la révision des dispositions contenues dans ces Conventions. Il s'ensuit qu'à mon avis, quelles que puissent être aujourd'hui les vues des Puissances représentées ici sur la question de fond, la Commission dépasserait les limites du programme qui lui est tracé en mettant en discussion ce qui a été décidé à Genève. Des réserves contenues dans les déclarations des Délégations ottomane et persane, il a déjà été donné acte et les procès-verbaux de la séance du 2 juillet et de celle d'aujourd'hui, en font foi.

Il me reste à constater que le principe de la reconnaissance réciproque des pavillons distinctifs des navires hospitaliers, demandé par les deux Délégations, a été accepté par les Délégations d'Allemagne, d'Italie, de Russie et n'a soulevé aucune opposition.

L'article 5 avec les modifications de forme qui y ont été effectuées est approuvé.

Il est donné lecture de l'article 6 qui est adopté sans discussion (Annexe B à ce procès-verbal).

Le Président donne lecture de l'article 7 nouveau.

ART. 7 (nouveau). Dans le cas d'un combat à bord d'une vaisseau de guerre, les infirmeries seront respectées et ménagées autant que faire se pourra.

Ces infirmeries et leur matériel demeurent soumis aux lois de la guerre, mais ne pourront être détournés de leur emploi, tant qu'ils seront nécessaires aux blessés et malades

Toutefois le commandant qui les a en son pouvoir a la faculté d'en disposer, en cas de nécessité militaire importante, en assurant au préalable le sort des blessés et malades qui s'y trouvent.

Le Rapporteur explique que cet article est l'application à la guerre sur mer des principes contenus dans les articles 6 et 15 de la Convention de 1906.

Il ne peut s'agir ici que du combat à bord, très rare d'ailleurs aujourd'hui dans la guerre maritime; la disposition se comprend d'elle-même.

L'article 7 est approuvé.

ART. 8 (nouveau). La protection due aux bâtiments hospitaliers et aux infirmeries de vaisseaux cesse si l'on en use pour commettre des actes nuisibles à l'ennemi.

N'est pas considéré comme étant de nature à justifier le retrait de la protection le fait que le personnel de ces bâtiments et infirmeries est armé pour le maintien de l'ordre et pour la défense des blessés ou malades, ainsi que le fait de la présence à bord d'une installation radio-télégraphique.

Au sujet de l'article 8, le Rapporteur indique que cet article est l'adaptation pure et simple de la Convention de Genève de 1906 à la guerre sur mer, à l'exception de la dernière partie de l'alinéa 2 concernant la présence à bord d'une installation radio-télégraphique. Cet amendement proposé par la Délégation des Pays-Bas (Annexe 40) a été approuvé par le Comité d'Examen.

Le Rapporteur se référant à l'article 4 alinéa 5 relatif au commissaire que les belligérants peuvent placer à bord d'un bâtiment hospitalier, examine le cas où un navire hospitalier neutre à bord duquel se trouve un commissaire d'un des belligérants rencontre un vaisseau de guerre de l'autre belligérant.

Peut-on faire prisonnier ce commissaire? Il estime que la Commission est d'accord pour la négative. Puisqu'on ne peut faire prisonnier le personnel armé placé à bord des bâtiments hospitaliers, on ne saurait non plus faire prisonnier le commissaire qui est chargé de surveiller et de diriger le personnel. Il sera bon néanmoins que cette remarque soit insérée dans le rapport présenté à la Conférence.

Le Président demande à la Commission s'il est utile qu'à bord d'un navire hospitalier se trouve une installation radio-télégraphique. Ces appareils peuvent recevoir des communications qui ne sont pas adressées au bâtiment hospitalier. Leur présence est par conséquent de nature à faire naître des soupçons à l'égard des bâtiments en question.

Le Président prie donc la Commission de vouloir bien se prononcer sur l'opportunité de maintenir dans l'article 8 (nouveau) les termes: „ainsi que le fait de la présence à bord d'une installation radio-télégraphique."

S. Exc. le Vice-Amiral Jonkheer Röell explique que si un commandant d'une flotte craint les inconvénients d'une installation radio-télégraphique, placé à bord d'un bâtiment hospitalier, il peut, soit faire enlever les appareils de transmission, soit faire couper les fils aériens.

Le Rapporteur fait observer que si l'article 8 est voté dans le texte qui a été proposé par le Comité d'Examen, il sera nécessaire d'insérer dans le rapport *) à la Conférence les observations faites par l'Amiral Röell relativement à la faculté des belligérants d'enlever les appareils de la radio-télégraphie placés à bord d'un bâtiment hospitalier.

Il ajoute qu'il y aurait intérêt à ce que M. M. les Délégués techniques voulussent bien fournir à la Commission quelques renseignements de nature à l'éclairer sur l'usage des appareils en question et sur les inconvénients qu'il peut présenter au point de vue des belligérants.

Le Contre-Amiral Arago explique que les appareils de transmission sont plus compliqués et d'un usage plus difficile que les appareils de réception. Il estime avec l'Amiral Röell, qu'un belligérant aura toujours la faculté de faire enlever les fils aériens ou même toute l'installation de transmission mais, étant donné l'emploi si répandu de ces appareils qui sont devenus une nécessité absolue pour la navigation, si la Commission supprimait l'usage de ces appareils sur les bâtiments hospitaliers, on aurait très probablement suivant lui à le regretter plus tard.

Le Capitaine de Vaisseau Ottley, au nom de la Délègation britannique, fait observer que les inconvénients qui résulteront de la présence de la radio-télégraphie à bord d'un bâtiment hospitalier pourront être très graves, tandis que les avantages au point de vue humanitaire

*) Voir le rapport à la Conférence Vol. I. p. 70 *(s. oben S. 358)*.

seront peu importants. Etant donnée la gravité de la question il prie le Président de la soumettre à un vote.

Le Contre-Amiral Arago remarque que le commissaire qui peut être mis par les belligérants sur les bâtiments hospitaliers pourrait exercer utilement un contrôle sur l'usage fait de l'installation radio-télégraphique.

Le Président est d'avis qu'après cet échange de vues, il serait bon de diviser le vote sur l'article 8 en deux parties.

La première partie qui comprend les alinéas 1 et 2 jusqu'à la phrase relative à l'installation radio-télégraphique peut être considérée comme approuvée, aucune observation n'ayant été formulée.

Le vote sur la dernière partie de l'alinéa 2 donne le résultat suivant: 23 pour le maintien du texte tel qu'il a été proposé par le Comité d'Examen; 8 contre et 12 abstentions.

Le Président passe ensuite à l'article 9 dont il donne lecture.

ART. 9. Les belligérants pourront faire appel au zèle charitable des commandants de bâtiments de commerce, yachts ou embarcations neutres pour prendre à bord et soigner des blessés ou des malades.

Les bâtiments qui auront répondu à cet appel ainsi que ceux qui spontanément auront recueilli des blessés, des malades ou des naufragés jouiront d'une protection spéciale et de certaines immunités. En aucun cas, ils ne pourront être capturés pour le fait d'un tel transport.

Le Rapporteur indique que ce texte est conforme à celui présenté par le Comité d'Examen, mais, après réflection, plusieurs des membres du Comité ont été d'avis qu'il y aurait intérêt à lui faire subir quelques modifications, conformes aux considérations exposées dans le rapport sur la proposition du Colonel Ovtchinnikow: Il s'agit, dans l'espèce, d'un appel adressé à un bâtiment de commerce par un navire belligérant qui a besoin de son concours absolu et immédiat. En raison de cette circonstance, le navire de guerre peut avoir intérêt à fermer les yeux sur les infractions que le bâtiment de commerce pourrait avoir commises antérieurement et à lui promettre par exemple de ne pas exercer à son égard le droit de visite.

Nous proposons en conséquence d'ajouter après les mots „pour le fait d'un tel transport“ ceux de „mais, sauf les promesses qui leur auraient été faites, ils restent exposés aux conséquences des violations de neutralité qu'ils pourraient avoir commises“.

Le Président demande si après avoir entendu les explications du Rapporteur quelqu'un désire prendre la parole au sujet de l'addition qui vient d'être proposée.

Le Colonel de l'Amirauté Ovtchinnikow exprime l'espoir que la Commission voudra bien adopter cette modification.

S. Exc. Sir Ernest Satow fait observer, au nom de la Délégation britannique, qu'il y aurait intérêt à maintenir le terme plus précis et plus limitatif de „capture“, employé par la Convention de 1899 au lieu de „conséquences“.

Après un échange de vues entre le Président, le Rapporteur et S. Exc. Sir Ernest Satow, on convient de rétablir le mot „capture“.

L'article 9 est ensuite mis aux voix et adopté avec cette addition finale: „mais, sauf les promesses qui leur auraient été faites, ils restent exposés à la capture pour les violations de neutralité qu'ils pourraient avoir commises“.

Le Président donne ensuite lecture de l'article 10 qui est approuvé sans aucune modification (Annexe B à ce procès-verbal).

Ensuite il est donné lecture de l'article 11.

ART. 11. Les marins et les militaires embarqués blessés ou malades, et les autres personnes officiellement attachées aux marines ou armées, à quelque nation qu'ils appartiennent, seront respectés et soignés par les capteurs.

A propos de l'article 11, le Rapporteur, sur une remarque qui lui a été faite par la Délégation des Pays-Bas, propose de lire cet article de la manière suivante: „Les marins et les militaires embarqués et les autres personnes officiellement attachées aux marines ou armées, blessés ou malades, à quelque nation qu'ils appartiennent, seront respectés et soignés par les capteurs“.

L'article ainsi modifié par la transposition des mots „blessés ou malades“ est approuvé.

ART. 12 (nouveau). Tout vaisseau de guerre d'une partie belligérante peut réclamer la remise des blessés, malades ou naufragés, qui sont à bord de bâtiments-hôpitaux militaires, de bâtiments hospitaliers de sociétés de secours ou de particuliers, de navires de commerce, yachts et embarcations, quelle que soit la nationalité de ces bâtiments.

Sur l'article 12, S. Exc. Sir Ernest Satow réitère les réserves qu'il a déjà présentées dans la Sous-Commission. Sauf cette réserve l'article 12 est approuvé.

Les articles 13 et 14 sont approuvés sans discussion. (Annexe B à ce procès-verbal).

Le Président donne lecture de l'article 15.

ART. 15. Les naufragés, blessés ou malades, qui sont débarqués dans un port neutre, du consentement de l'autorité locale, devront, à moins d'un arrangement contraire dé l'Etat neutre avec les Etats belligérants, être gardés par l'Etat neutre de manière qu'ils ne puissent pas de nouveau prendre part aux opérations de la guerre.

Les frais d'hospitalisation et d'internement seront supportés par l'Etat dont relèvent les naufragés, blessés ou malades.

S. Exc. M. de Hammarskjöld présente les observations suivantes au sujet de cet article:

„Je n'ignore pas que l'article 15 proposé est conforme à l'ancien article 10, qui cependant n'a pas été ratifié et, par conséquent, ne jouit pas de l'autorité des articles en vigueur.

Mais e fais observer que l'article 13 vise aussi l'obligation des neutres à l'égard des mesures à prendre pour empêcher que les naufragés etc. . . . . ne prennent de nouveau part à la guerre; cependant les expressions employées aux articles 13 et 15 ne sont pas identiques.

L'article 13 dit que „des mesures doivent être prises pour qu'ils ne puissent pas de nouveau prendre part aux opérations de la guerre" tandis que d'après l'article 15 les naufragés etc. doivent „être gardés par l'Etat neutre de manière qu'ils ne puissent pas de nouveau prendre part aux opérations de la guerre", ce qui est beaucoup plus positif.

La différence des expressions pourrait faire croire à une différence de fond, qui ne serait peut-être pas justifiée. Je me demande, s'il ne serait pas utile de rapprocher les rédactions l'une de l'autre. En tout cas, l'obligation des neutres même d'après l'article 15 ne peut être absolue. Evidemment il sera impossible d'empêcher d'une manière complète des évasions."

Le Rapporteur répond que la différence de rédaction des deux articles s'explique par la différence des situations. Le commandant du vaisseau de guerre neutre qui a recueilli des blessés ou des malades ne peut garder les individus recueillis à bord; il en est autrement des autorités locales des pays neutres, vis-à-vis des individus débarqués. Il va de soi que tout ce qu'on peut demander à l'autorité du pays neutre, c'est de ne pas commettre de négligences; la responsabilité qu'elle encourt suppose bien entendu une faute de sa part.

S. Exc. M. A. Beernaert fait valoir que cette disposition était à sa place dans la Convention de 1899, parce qu'à cette époque on ne s'était pas occupé de la question des droits et devoirs des neutres, cette matière étant comprise dans le programme de la Conférence, l'article 10 actuellement en discussion serait peut-être mieux placé dans l'accord à intervenir sur les droits et devoirs des neutres soumis à l'examen de la Deuxième Commission.

Le Rapporteur objecte à S. Exc. M. Beernaert qu'on ne saurait préjuger les résultats des délibérations de l'autre Commission; il semble d'ailleurs y avoir intérêt à maintenir la règle adoptée précédemment dans la convention à élaborer qui doit pouvoir se suffire à elle-même. Cette convention constituera ainsi un ensemble d'instructions précises à l'adresse des commandants des navires.

S. Exc. M. A. Beernaert se rallie à cette manière de voir.

S. Exc. Turkhan Pacha rappelle ensuite la réserve faite par son Gouvernement en 1899 à propos de l'article 10 non ratifié, et il la renouvelle pour l'article 15, en attendant de nouvelles instructions.

Le Président donne ensuite lecture des articles 16, 17, 18, 19, 20, 21, 22, 23, 24, 25 et 26 qui sont approuvés sans discussion (Annexe B à ce procès-verbal).

ART. 25 (nouveau). La présente Convention, dûment ratifiée, remplacera la Convention du 29 juillet 1899 dans les rapports entre les Etats Contractants.

La Convention de 1899 reste en vigueur dans les rapports entre les parties qui l'ont signée et qui ne ratifieraient pas également la présente Convention.

A propos de l'article 25, le Chevalier de Weil, Délégué d'Autriche-Hongrie, demande et obtient la substitution de l'expression „Puissances contractantes" à l'expression „Etats contractants."

Tous les articles du texte proposé par le Comité d'Examen étant approuvés, le Président prend la parole en ces termes:

„Nous venons, Messieurs, d'achever le développement d'un des quatre thèmes qui ont été dévolus à la Troisième Commission. Nous pouvons nous en féliciter, car nous arrivons bons premiers pour déposer devant le plenum de la Conférence un projet bien complet et organique dans lequel toutes les règles des Conventions de Genève pour l'amélioration du sort des blessés et malades, pouvant être adoptées à la guerre maritime, ont trouvé place.

C'est grâce aux merveilleuses aptitudes de travail de notre éminent Rapporteur, M. Louis Renault et à l'activité féconde déployée par votre 2ème Sous-Commission que ce résultat satisfaisant a été obtenu.

Vous ne vous êtes laissés ni rebuter par l'aridité relative du sujet, ni décourager par la critique facile qui nous désignait comme des organisateurs de la guerre.

Souvenons-nous, Messieurs, que bien souvent nos collègues, dont la tâche spéciale est de nous retiner devant le côté technique et pratique des questions militaires, ont eu l'occasion de nous signaler que par notre réglementation nous venions à créer des entraves à la conduite des opérations navales. Cet argument ne nous a pas toujours touché. Nous eûmes avant tout le souci d'assurer une amélioration réelle au sort des victimes de la guerre maritime, s'il arrive maintenant que, par suite des principes que nous avons confirmés, et des règles que nous avons précisées, quelque gêne se produise dans l'emploi des moyens de se nuire, nous pouvons nous en réjouir, car nous avons été convoqués à La Haye non pas pour faciliter la guerre, mais pour arriver graduellement à en écarter les horreurs.

Nous n'avons pas réussi, il est vrai, à concilier sur tous les points toutes les opinions divergentes; mais nous pouvons espérer que les divergences qui subsistent n'ont pas assez d'importance pour faire échouer notre oeuvre à sa dernière étape.

Votre Rapporteur a déjà dit, avec sa clarté habituelle, et je me permets d'insister sur ce point, qu'en tout état de cause, la nouvelle Convention ne fait point cesser le caractère obligatoire de la Convention du 29 juillet 1899. Nous en avons eu le texte constamment sous les yeux, nous n'y portâmes aucune atteinte. Elle subsiste donc dans toute sa plénitude pour les Etats qui l'ont signée et ratifiée. Si aujourd'hui quelques uns de ces Etats hésiteraient à donner leur signature ou leur ratification à la nouvelle Convention que nous venons d'élaborer, ces Etats continueraient à rester engagés vis-à-vis des cosignataires de la Convention de 1899 par les clauses de cet acte international qui n'a pas été dénoncé. (Vifs applaudissements).

Le Président indique ensuite l'ordre des travaux de la 2ème Sous-Commission, qui a à s'occuper encore „du régime auquel doivent être soumis les bâtiments des belligérants dans les ports neutres". La Sous-Commission se trouve en présence de quatre propositions: du Japon (Annexe 46), de l'Espagne (Annexe 47), de la Grande-Bretagne

(Annexe 44) et de la Russie (Annexe 48). Il propose de réunir le Bureau de la Sous-Commission, et d'y adjoindre quatre Délégués désignés par les quatre Délégations susnommées pour établir un questionnaire. Le Président se réserve de faire connaître le jour où ce Comité pourra se réunir.

S. Exc. M. Tsudzuki, Premier Délégué du Japon, et M. le Capitaine de Vaisseau Chacon, Délégué naval d'Espagne, feront partie de ce Comité.

Les Délégations de Russie et de Grande-Bretagne se réservent de nommer ultérieurement leurs représentants.

La séance est levée à 12 heures 45.

Annexe A.

Amendements à la Convention de La Haye du 29 juillet 1899 pour l'adaptation à la guerre maritime des principes de la Convention de Genève du 22 août 1864.

Rapport à la Commission.

(Folgt der oben S. 358 ff. abgedruckte Bericht.)

Annexe B.

Texte de la Convention de la Haye du 29 juillet 1899 pour l'adaptation à la guerre maritime des principes de la Convention de Genève du 22 août 1864.	Texte proposé par le Comité d'Examen.	Projet de Convention pour l'adaptation à la guerre maritime des principes de la Convention de Genève du 6 juillet 1906. *(Texte proposé à la Conférence par la Troisième Commission.)*
Article 1.	Article 1.	Article 1.
Les bâtiments - hôpitaux militaires, c'est-à-dire les bâtiments construits ou aménagés par les Etats spécialement et uniquement en vue de porter secours aux blessés, malades et naufragés, et dont les noms auront été communiqués, à l'ouverture ou au cours des hostilités, en tout cas avant toute mise en usage, aux Puissances belligérantes, sont respectés et ne peuvent être capturés pen-	Les bâtiments - hôpitaux militaires, c'est-à-dire les bâtiments construits ou aménagés par les Etats spécialement et uniquement en vue de porter secours aux blessés, malades et naufragés, et dont les noms auront été communiqués, à l'ouverture ou au cours des hostilités, en tout cas avant toute mise en usage, aux Puissances belligérantes, sont respectés et ne peuvent	Les bâtiments - hôpitaux militaires, c'est-à-dire les bâtiments construits ou aménagés par les Etats spécialement et uniquement en vue de porter secours aux blessés, malades et naufragés, et dont les noms auront été communiqués, à l'ouverture ou au cours des hostilités, en tout cas avant toute mise en usage, aux Puissances belligérantes, sont respectés et ne peuvent

Texte de la Convention du 29 juillet 1899.	Texte proposé par le Comité d'Examen.	Texte proposé à la Conférence par la Troisième Commission.
dant la durée des hostilités.	être capturés pendant la durée des hostilités.	être capturés pendant la durée des hostilités.
Ces bâtiments ne sont pas non plus assimilés aux navires de guerre au point de vue de leur séjour dans un port neutre.	Ces bâtiments ne sont pas non plus assimilés aux navires de guerre au point de vue de leur séjour dans un port neutre.	Ces bâtiments ne sont pas non plus assimilés aux navires de guerre au point de vue de leur séjour dans un port neutre.
Article 2.	Article 2.	Article 2.
Les bâtiments hospitaliers, équipés en totalité ou en partie aux frais des particuliers ou des sociétés de secours officiellement reconnues, sont également respectés et exempts de capture, si la Puissance belligérante dont ils dépendent leur a donné une commission officielle et en a notifié les noms à la Puissance adverse à l'ouverture ou au cours des hostilités, en tout cas avant toute mise en usage.	Les bâtiments hospitaliers, équipés en totalité ou en partie aux frais des particuliers ou des sociétés de secours officiellement reconnues, sont également respectés et exempts de capture, si la Puissance belligérante dont ils dépendent, leur a donné une commission officielle et en a notifié les noms à la Puissance adverse à l'ouverture ou au cours des hostilités, en tout cas avant toute mise en usage.	Les bâtiments hospitaliers, équipés en totalité ou en partie aux frais des particuliers ou des sociétés de secours officiellement reconnues, sont également respectés te exempts de capture, si la Puissance belligérante dont ils dépendent leur a donné une commission officielle et en a notifié les noms à la Puissance adverse à l'ouverture ou au cours des hostilités, en tout cas avant toute mise en usage.
Ces navires doivent être porteurs d'un document de l'autorité compétente déclarant qu'ils ont été soumis à son contrôle pendant leur armement et à leur départ final.	Ces navires doivent être porteurs d'un document de l'autorité compétente déclarant qu'ils ont été soumis à son contrôle pendant leur armement et à leur départ final.	Ces navires doivent être porteurs d'un document de l'autorité compétente déclarant qu'ils ont été soumis à son contrôle pendant leur armement et à leur départ final.
Article 3.	Article 3.	Article 3.
Les bâtiments hospitaliers, équipés en totalité ou en partie aux	Les bâtiments hospitaliers, équipés en totalité ou en partie aux	Les bâtiments hospitaliers, équipés en totalité ou en partie aux

Texte de la Convention du 29 juillet 1899.	Texte proposé par le Comité d'Examen.	Texte proposé à la Conférence par la Troisième Commission.
frais des particuliers ou des sociétés officiellement reconnues de pays neutres, sont respectés et exempts de capture, si la Puissance neutre dont ils dépendent leur a donné une commission officielle et en a notifié les noms aux Puissances belligérantes à l'ouverture ou au cours des hostilités, en tout cas avant toute mise en usage.	frais des particuliers ou des sociétés officiellement reconnues de pays neutres, sont respectés et exempts de capture, à condition qu'ils se soient mis au service de l'un des belligérants, avec l'assentiment préalable de leur propre Gouvernement et avec l'autorisation du belligérant lui-même et que ce dernier en ait notifié le nom à son adversaire dès l'ouverture ou dans le cours des hostilités, en tout cas, avant tout emploi.	frais des particuliers ou des sociétés officiellement reconnues de pays neutres, sont respectés et exempts de capture, à condition qu'ils se soient mis sous la direction de l'un des belligérants, avec l'assentiment préalable de leur propre Gouvernement et avec l'autorisation du belligérant lui-même et que ce dernier en ait notifié le nom à son adversaire dès l'ouverture ou dans le cours des hostilités, en tout cas avant tout emploi.
Article 4.	Article 4.	Article 4.
Les bâtiments qui sont mentionnés dans les articles 1, 2 et 3, porteront secours et assistance aux blessés, malades et naufragés des belligérants sans distinction de nationalité.	Les bâtiments qui sont mentionnés dans les articles 1, 2 et 3, porteront secours et assistance aux blessés, malades et naufragés des belligérants sans distinction de nationalité.	Les bâtiments qui sont mentionnés dans les articles 1, 2 et 3, porteront secours et assistance aux blessés, malades et naufragés des belligérants sans distinction de nationalité.
Les Gouvernements s'engagent à n'utiliser ces bâtiments pour aucun but militaire.	Les Gouvernements s'engagent à n'utiliser ces bâtiments pour aucun but militaire.	Les Gouvernements s'engagent à n'utiliser ces bâtiments pour aucun but militaire.
Ces bâtiments ne devront gêner en aucune manière les mouvements des combattants.	Ces bâtiments ne devront gêner en aucune manière les mouvements des combattants.	Ces bâtiments ne devront gêner en aucune manière les mouvements des combattants.
Pendant et après le combat, ils agiront à leurs risques et périls.	Pendant et après le combat, ils agiront à leurs risques et périls.	Pendant et après le combat, ils agiront à leurs risques et périls.
Les belligérants auront sur eux le droit de contrôle et de visite; ils	Les belligérants auront sur eux le droit de contrôle et de visite; ils	Les belligérants auront sur eux le droit de contrôle et de visite; ils

Texte de la Convention du 29 juillet 1899.	Texte proposé par le Comité d'Examen.	Texte proposé à la Conférence par la Troisième Commission.
pourront refuser leur concours, leur enjoindre de s'éloigner, leur imposer une direction déterminée et mettre à bord un commissaire, même les détenir, si la gravité des circonstances l'exigeait.	pourront refuser leur concours, leur enjoindre de s'éloigner, leur imposer une direction déterminée et mettre à bord un commissaire, même les détenir, si la gravité des circonstances l'exigeait.	pourront refuser leur concours, leur enjoindre de s'éloigner, leur imposer une direction déterminée et mettre à bord un commissaire, même les détenir, si la gravité des circonstances l'exigeait.
Autant que possible, les belligérants inscriront sur le journal de bord des bâtiments hospitaliers les ordres qu'ils leur donneront.	Autant que possible, les belligérants inscriront sur le journal de bord des bâtiments hospitaliers les ordres qu'ils leur donneront.	Autant que possible, les belligérants inscriront sur le journal de bord des bâtiments hospitaliers les ordres qu'ils leur donneront.
Article 5.	Article 5.	Article 5.
Les bâtiments-hôpitaux militaires seront distingués par une peinture extérieure blanche avec une bande horizontale verte d'un mètre et demi de largeur environ.	Les bâtiments-hôpitaux militaires seront distingués par une peinture extérieure blanche avec une bande horizontale verte d'un mètre et demi de largeur environ.	Les bâtiments-hôpitaux militaires seront distingués par une peinture extérieure blanche avec une bande horizontale verte d'un mètre et demi de largeur environ.
Les bâtiments qui sont mentionnés dans les articles 2 et 3, seront distingués par une peinture extérieure blanche avec une bande horizontale rouge d'un mètre et demi de largeur environ.	Les bâtiments qui sont mentionnés dans les articles 2 et 3, seront distingués par une peinture extérieure blanche avec une bande horizontale rouge d'un mètre et demi de largeur environ.	Les bâtiments qui sont mentionnés dans les articles 2 et 3, seront distingués par une peinture extérieure blanche avec une bande horizontale rouge d'un mètre et demi de largeur environ.
Les embarcations des bâtiments qui viennent d'être mentionnés, comme les petits bâtiments qui pourront être affectés au service hospitalier, se distingueront par une peinture analogue.	Les embarcations des bâtiments qui viennent d'être mentionnés, comme les petits bâtiments qui pourront être affectés au service hospitalier, se distingueront par une peinture analogue.	Les embarcations des bâtiments qui viennent d'être mentionnés, comme les petits bâtiments qui pourront être affectés au service hospitalier, se distingueront par une peinture analogue.
Tous les bâtiments hospitaliers se feront	Tous les bâtiments hospitaliers se feront	Tous les bâtiments hospitaliers se feront

Texte de la Convention du 29 juillet 1899.	Texte proposé par le Comité d'Examen.	Texte proposé à la Conférenze par la Troisième Commission.
reconnaître en hissant, avec leur pavillon national, le pavillon blanc à croix-rouge prévu par la Convention de Genève.	reconnaître en hissant, avec leur pavillon national, le pavillon blanc à croix-rouge prévu par la Convention de Genève et en outre, s'ils ressortissent à un Etat neutre, en arborant au grand mât le pavillon national du belligérant au service duquel ils se sont mis.	reconnaître en hissant, avec leur pavillon national, le pavillon blanc à croix-rouge prévu par la Convention de Genève et, en outre, s'ils ressortissent à un Etat neutre, en arborant au grand mât le pavillon national du belligérant sous la direction duquel ils se sont placés.
	Les bâtiments hospitaliers qui, dans les termes de l'article 4 sont détenus par l'ennemi, auront à descendre le pavillon national du belligérant dont ils relèvent.	Les bâtiments hospitaliers qui, dans les termes de l'article 4 sont détenus par l'ennemi, auront à rentrer le pavillon national du belligérant dont ils relèvent.
	Les bâtiments et embarcations ci-dessus mentionnés, qui veulent s'assurer la nuit le respect auquel ils ont droit, ont à prendre les mesures nécessaires pour que la peinture qui les caractérise soit suffisamment apparente.	Les bâtiments et embarcations ci-dessus mentionnés, qui veulent s'assurer la nuit le respect auquel ils ont droit, ont, avec l'assentiment du belligérant qu'ils accompagnent, à prendre les mesures nécessaires pour que la peinture qui les caractérise soit suffisamment apparente.
	Article 6 (nouveau).	Article 6 (nouveau).
	Les signes distinctifs prévus à l'article 5 ne pourront être employés soit en temps de paix, soit en temps de guerre, que pour protéger ou désigner les bâtiments qui y sont mentionnés.	Les signes distinctifs prévus à l'article 5 ne pourront être employés. soit en temps de paix, soit en temps de guerre, que pour protéger ou désigner les bâtiments qui y sont mentionnés.

Texte de la Convention du 29 juillet 1899.	Texte proposé par le Comité d'Examen.	Texte proposé à la Conférence par la Troisième Commission.
	Article 7 (nouveau).	Article 7 (nouveau).
	Dans le cas d'un combat à bord d'un vaisseau de guerre, les infirmeries seront respectées et ménagées autant que faire se pourra.	Dans le cas d'un combat à bord d'un vaisseau de guerre, les infirmeries seront respectées et ménagées autant que faire se pourra.
	Ces infirmeries et leur matériel demeurent soumis aux lois de la guerre, mais ne pourront être détournés de leur emploi, tant qu'ils seront nécessaires aux blessés et malades.	Ces infirmeries et leur matériel demeurent soumis aux lois de la guerre, mais ne pourront être détournés de leur emploi tant qu'ils seront nécessaires aux blessés et malades.
	Toutefois le commandant qui les a en son pouvoir a la faculté d'en disposer, en cas de nécessité militaire importante, en assurant au préalable le sort des blessés et malades qui s'y trouvent.	Toutefois, le commandant qui les a en son pouvoir a la faculté d'en disposer, en cas de nécessité militaire importante, en assurant au préalable le sort des blessés et malades qui s'y trouvent.
	Article 8 (nouveau).	Article 8 (nouveau).
	La protection due aux bâtiments hospitaliers et aux infirmeries des vaisseaux cesse si l'on en use pour commettre des actes nuisibles à l'ennemi.	La protection due aux bâtiments hospitaliers et aux infirmeries des vaisseaux cesse si l'on en use pour commettre des actes nuisibles à l'ennemi.
	N'est pas considéré comme étant de nature à justifier le retrait de la protection le fait que le personnel de ces bâtiments et infirmeries est armé pour le maintien de l'ordre et pour la défense des blessés ou	N'est pas considéré comme étant de nature à justifier le retrait de la protection le fait que le personnel de ces bâtiments et infirmeries est armé pour le maintien de l'ordre et pour la défense des blessés ou

Texte de la Convention du 29 juillet 1899.	Texte proposé par le Comité d'Examen.	Texte proposé à la Conférence par la Troisième Commission.
	malades, ainsi que le fait de la présence à bord d'une installation radio-télégraphique.	malades, ainsi que le fait de la présence à bord d'une installation radio-télégraphique.
Article 6.	Article 9.	Article 9.
Les bâtiments de commerce, yachts ou embarcations neutres, portant ou recueillant des blessés, des malades ou des naufragés des belligérants, ne peuvent être capturés pour le fait de ce transport, mais ils restent exposés à la capture pour les violations de neutralité qu'ils pourraient avoir commises.	Les belligérants pourront faire appel au zèle charitable des commandants de bâtiments de commerce, yachts ou embarcations neutres pour prendre à bord et soigner des blessés ou des malades. Les bâtiments qui auront répondu à cet appel ainsi que ceux qui spontanément auront recueilli des blessés, des malades ou des naufragés jouiront d'une protection spéciale et de certaiens immunités. En aucun cas, ils ne pourront être capturés pour le fait d'un tel transport.	Les belligérants pourront faire appel au zèle charitable des commandants de bâtiments de commerce, yachts ou embarcations neutres, pour prendre à bord et soigner des blessés ou des malades. Les bâtiments qui auront répondu à cet appel ainsi que ceux qui spontanément auront recueilli des blessés, des malades ou des naufragés, jouiront d'une protéction spéciale et de certaines immunités. En aucun cas, ils ne pourront être capturés pour le fait d'un tel transport; mais sauf les promesses qui leur auraient été faites, ils restent exposés à la capture pour les violations de neutralité qu'ils pourraient avoir commises.
Article 7.	Article 10.	Article 10.
Le personnel religieux, médical et hospitalier de tout bâtiment capturé est inviolable et ne peut être fait prisonnier de guerre. Il	Le personnel religieux, médical et hospitalier de tout bâtiment capturé est inviolable et ne peut être fait prisonnier de guerre. Il	Le personnel religieux, médical et hospitalier de tout bâtiment capturé est inviolable et ne peut être fait prisonnier de guerre. Il

Texte de la Convention du 29 juillet 1899.	Texte proposé par le Comité d'Examen.	Texte proposé à la Conférence par la Troisième Commission.
emporte, en quittant le navire, les objets et les instruments de chirurgie qui sont sa propriété particulière.	emporte en quittant le navire, les objets et les instruments de chirurgie qui sont sa propriété particulière.	emporte, en quittant le navire, les objets et les instruments de chirurgie qui sont sa propriété particulière.
Ce personnel continuera à remplir ses fonctions tant que cela sera nécessaire et il pourra ensuite se retirer lorsque le commandant en chef le jugera possible.	Ce personnel continuera à remplir ses fonctions tant que cela sera nécessaire et il pourra ensuite se retirer lorsque le commandant en chef le jugera possible.	Ce personnel continuera à remplir ses fonctions tant que cela sera nécessaire et il pourra ensuite se retirer lorsque le commandant en chef le jugera possible.
Les belligérants doivent assurer à ce personnel tombé entre leurs mains la jouissance intégrale de son traitement.	Les belligérants doivent assurer à ce personnel tombé entre leurs mains, les mêmes allocations et la même solde qu'au personnel des mêmes grades de leur propre marine.	Les belligérants doivent assurer à ce personnel tombé entre leurs mains, les mêmes allocations et la même solde qu'au personnel des mêmes grades de leur propre marine.
Article 8.	Article 11.	Article 11.
Les marins et les militaires embarqués, blessés ou malades, à quelque nation qu'ils appartiennent, seront protégés et soignés par les capteurs.	Les marins et les militaires embarqués, blessés ou malades, et les autres personnes officiellement attachées aux marines ou armées, à quelque nation qu'ils appartiennent, seront respectés et soignés par les capteurs.	Les marins et les militaires embarqués, et les autres personnes officiellement attachées aux marines ou armées, blessés ou malades, à quelque nation qu'ils appartiennent, seront respectés et soignés par les capteurs.
	Article 12 (nouveau).	Article 12 (nouveau).
	Tout vaisseau de guerré d'une partie belligérante peut réclamer la remise des blessés, malades ou naufragés, qui sont à bord de bâtiments-hôpitaux militaires, de bâtiments hos-	Tout vaisseau de guerre d'une partie belligérante peut réclamer la remise des blessés, malades ou naufragés, qui sont à bord de bâtiments-hôpitaux militaires, de bâtiments hos-

Texte de la Convention du 29 juillet 1899.	Texte proposé par le Comité d'Examen.	Texte proposé à la Conférence par la Troisième Commission.
	pitaliers de sociétés de secours ou de particuliers, de navires de commerce, yachts et embarcations, quelle que soit la nationalité de ces bâtiments.	pitaliers de sociétés de secours ou de particuliers, de navires de commerce, yachts et embarcations, quelle que soit la nationalité de ces bâtiments.
	Article 13 (nouveau).	Article 13 (nouveau).
	Si des blessés, malades ou naufragés, sont recueillis à bord d'un vaisseau de guerre neutre, des mesures devront être prises pour qu'ils ne puissent pas de nouveau prendre part aux opérations de la guerre.	Si des blessés, malades ou naufragés, sont recueillis à bord d'un vaisseau de guerre neutre, des mesures devront être prises pour qu'ils ne puissent pas de nouveau prendre part aux opérations de la guerre.
Article 9.	Article 14.	Article 14.
Sont prisonniers de guerre les naufragés, blessés ou malades, d'un belligérant qui tombent au pouvoir de l'autre. Il appartient à celui-ci de décider, suivant les circonstances, s'il convient de les garder, de les diriger sur un port de sa nation, sur un port neutre ou même sur un port de l'adversaire.	Sont prisonniers de guerre les naufragés, blessés ou malades, d'un belligérant qui tombent au pouvoir de l'autre. Il appartient à celui-ci de décider, suivant les circonstances, s'il convient de les garder, de les diriger sur un port de sa nation, sur un port neutre ou même sur un port de l'adversaire.	Sont prisonniers de guerre les naufragés, blessés ou malades, d'un belligérant qui tombent au pouvoir de l'autre. Il appartient à celui-ci de décider, suivant les circonstances, s'il convient de les garder, de les diriger sur un port de sa nation, sur un port neutre ou même sur un port de l'adversaire.
Dans ce dernier cas, les prisonniers ainsi rendus à leur pays, ne pourront servir pendant la durée de la guerre.	Dans ce dernier cas, les prisonniers ainsi rendus à leur pays ne pourront servir pendant la durée de la guerre.	Dans ce dernier cas, les prisonniers ainsi rendus à leur pays ne pourront servir pendant la durée de la guerre.
Article 10 (non ratifié).	Article 15.	Article 15.
Les naufragés, blessés ou malades, qui sont dé-	Les naufragés, blessés ou malades, qui sont dé-	Les naufragés, blessés ou malades, qui sont dé-

Texte de la Convention du 29 juillet 1899.

barqués dans un port neutre, du consentement de l'autorité locale, devront, à moins d'un arrangement contraire de l'Etat neutre avec les Etats belligérants, être gardés par l'Etat neutre de manière qu'ils ne puissent pas de nouveau prendre part aux opérations de la guerre.

Les frais d'hospitalisation et d'internement seront supportés par l'Etat dont relèvent les naufragés, blessés ou malades.

Texte proposé par le Comité d'Examen.

barqués dans un port neutre, du consentement de l'autorité locale, devront, à moins d'un arrangement contraire de l'Etat neutre avec les Etats belligérants, être gardés par l'Etat neutré de manière qu'ils ne puissent pas de nouveau prendre part aux opérations de la guerre.

Les frais d'hospitalisation et d'internement seront supportés par l'Etat dont relèvent les naufragés, blessés ou malades.

Article 16 (nouveau).

Après chaque combat, les deux Parties belligérantes, en tant que les intérêts militaires le comportent, prendront des mesures pour rechercher les naufragés, les blessés et les malades et pour les faire protéger, ainsi que les morts, contre le pillage et les mauvais traitements.

Elles veilleront à ce que l'inhumation, l'immersion ou l'incinération des morts soit précédée d'un examen attentif de leurs cadavres.

Article 17.

Chaque belligérant enverra dès qu'il sera pos-

Texte proposé à la Conférence par la Troisième Commission.

barqués dans un port neutre, du consentement de l'autorité locale, devront, à moins d'un arrangement contraire de l'Etat neutre avec les Etats belligérants, être gardés par l'Etat neutre de manière qu'ils ne puissent pas de nouveau prendre part aux opérations de la guerre.

Les frais d'hospitalisation et d'internement seront supportés par l'Etat dont relèvent les naufragés, blessés ou malades.

Article 16 (nouveau).

Après chaque combat, les deux Parties belligérantes, en tant que les intérêts militaires le comportent, prendront des mesures pour rechercher les naufragés, les blessés et les malades et pour les faire protéger, ainsi que les morts, contre le pillage et les mauvais traitements.

Elles veilleront à ce que l'inhumation, l'immersion ou l'incinération des morts soit précédée d'un examen attentif de leurs cadavres.

Article 17 (nouveau).

Chaque belligérant enverra, dès qu'il sera pos-

Texte de la Convention du 29 juillet 1899.	Texte proposé par le Comité d'Examen.	Texte proposé à la Conférence par la Troisième Commission.
	sible, aux autorités de leur pays, de leur marine ou de leur armée les marques ou pièces militaires d'identité trouvées sur les morts et l'état nominatif des blessés ou malades recueillis par lui.	sible, aux autorités de leur pays, de leur marine ou de leur armée les marques ou pièces militaires d'identité trouvées sur les morts et l'état nominatif des blessés ou malades recueillis par lui.
	Les belligérants se tiendront réciproquement au courant des internements et des mutations, ainsi que des entrées dans les hôpitaux et des décès survenus parmi les blessés et malades en leur pouvoir. Ils recueilleront tous les objets d'un usage personnel, valeurs, lettres, etc. qui seront trouvés dans les vaisseaux capturés, ou délaissés par les blessés ou malades décédés dans les hôpitaux, pour les faire transmettre aux intéressés par les autorités de leur pays.	Les belligérants se tiendront réciproquement au courant des internements et des mutations, ainsi que des entrées dans les hôpitaux et des décès survenus parmi les blessés et malades en leur pouvoir. Ils recueilleront tous les objets d'un usage personnel, valeurs, lettres, etc. qui seront trouvés dans les vaisseaux capturés, ou délaissés par les blessés ou malades décédés dans les hôpitaux, pour les faire transmettre aux intéressés par les autorités de leur pays.
Article 11.	Article 18.	Article 18.
Les règles contenues dans les articles ci-dessus ne sont obligatoires que pour les Puissances contractantes, en cas de guerre entre deux ou plusieurs d'entre elles.	Les règles contenues dans les articles ci-dessus ne sont obligatoires que pour les Puissances contractantes, en cas de guerre entre deux ou plusieurs d'entre elles.	Les règles contenues dans les articles ci-dessus ne sont obligatoires que pour les Puissances contractantes, en cas de guerre entre deux ou plusieurs d'entre elles.
Les dites règles cesseront d'être obligatoires du moment où, dans une guerre entre des Puis-	Les dites règles cesseront d'être obligatoires du moment où, dans une guerre entre des Puis-	Les dites règles cesseront d'être obligatoires du moment où, dans une guerre entre des Puis-

Texte de la Convention du 29 juillet 1899.	Texte proposé par le Comité d'Examen.	Texte proposé à la Conférence par la Troisième Commission.
sances contractantes, une Puissance non contractante se joindrait à l'un des belligérants.	sances contractantes, une Puissance non contractante se joindrait à l'un des belligérants.	sances contractantes, une Puissance non contractante se joindrait à l'un des belligérants.
	Article 19 (nouveau). Les commandants en chef des flottes des belligérants auront à pourvoir aux détails d'exécution des articles précédents ainsi qu'aux cas non prévus, d'après les instructions de leurs Gouvernements respectifs et conformément aux principes généraux de la présente Convention.	Article 19 (nouveau). Les commandants en chef des flottes des belligérants auront à pourvoir aux détails d'exécution des articles précédents, ainsi qu'aux cas non prévus, d'après les instructions dé leurs Gouvernements respectifs et conformément aux principes généraux de la présente Convention.
	Article 20 (nouveau). Les Puissances signataires prendont les mesures nécessaires pour instruire leurs marines, et spécialement le personnel protégé, des dispositions de la présente Convention et pour les porter à la connaissance des populations.	Article 20 (nouveau). Les Puissances signataires prendront les mesures nécessaires pour instruire leurs marines, et spécialement le personnel protégé, des dispositions de la présente Convention et pour les porter à la connaissance des populations.
	Article 21. Les Puissances signataires s'engagent également à prendre ou à proposer à leurs législatures, en cas d'insuffisance de leurs lois pénales, les mesures nécessaires pour réprimer	Article 21 (nouveau). Les Puissances signataires s'engagent également à prendre ou à proposer à leurs législatures, en cas d'insuffisance de leurs lois pénales, les mesures nécessaires pour réprimer

Texte de la Convention du 29 juillet 1899.	Texte proposé par le Comité d'Examen.	Texte proposé à la Conférence par la Troisième Commission.
	en temps de guerre, les actes individuels de pillage et de mauvais traitements envers des blessés et malades des marines, ainsi que pour punir, comme usurpation d'insignes militaires, l'usage abusif des signes distinctifs désignés à l'article 5 par des bâtiments non protégés par la présente Convention.	en temps de guerre les actes individuels de pillage et de mauvais traitements envers des blessés et malades des marines, ainsi que pour punir, comme usurpation d'insignes militaires, l'usage abusif des signes distinctifs désignés à l'article 5 par des bâtiments non protégés par la présente Convention.
	Ils se communiqueront par l'intermédiaire du Gouvernement des Pays-Bas, les dispositions relatives à cette répression, au plus tard dans les cinq ans de la ratification de la présente convention.	Ils se communiqueront, par l'intermédiaire du Gouvernement des Pays-Bas, les dispositions relatives à cette répression, au plus tard dans les cinq ans de la ratification de la présente convention.
	Article 22 (nouveau).	Article 22 (nouveau).
	En cas d'opération de guerre entre les forces de terre et de mer des belligérants, les dispositions de la présente Convention ne seront applicables qu'aux forces embarquées.	En cas d'opérations de guerre entre les forces de terre et de mer des belligérants, les dispositions de la présente Convention ne seront applicables qu'aux forces embarquées.
Article 12.	Article 23.	Article 23.
La présente Convention sera ratifiée dans le plus bref délai possible.	La présente Convention sera ratifiée dans le plus bref délai possible.	La présente Convention sera ratifiée dans le plus bref délai possible.
Les ratifications seront déposées à La Haye.	Les ratifications seront déposées à La Haye.	Les ratifications seront déposées à La Haye.

Texte de la Convention du 29 juillet 1899.	Texte proposé par le Comité d'Examen.	Texte proposé à la Conférence par la Troisième Commission.
Il sera dressé du dépôt de chaque ratification un procès-verbal, dont une copie, certifiée conforme, sera remise par la voie diplomatique à toutes les Puissances contractantes.	Il sera dressé du dépôt de chaque ratification un procès-verbal, dont une copie, certifiée conforme, sera remise par la voie diplomatique à toutes les Puissances contractantes.	Il sera dressé du dépôt de chaque ratification un procès-verbal, dont une copie, certifiée conforme, sera remise par la voie diplomatique à toutes les Puissances contractantes.
Article 13.	Article 24.	Article 24.
Les Puissances non signataires, qui auront accepté la Convention de Genève du 22 août 1864, sont admises à adhérer à la présente Convention.	Les Puissances non signataires, qui auront accepté la Convention de Genève du 6 juillet 1906, sont admises à adhérer à la présente Convention.	Les Puissances non signataires, qui auront accepté la Convention de Genève du 6 juillet 1906, sont admises à adhérer à la présente Convention.
Elles auront, à cet effet, à faire connaître leur adhésion aux Puissances contractantes, au moyen d'une notification écrite, adressée au Gouvernement des Pays-Bas et communiquée par celui-ci à toutes les autres Puissances contractantes.	Elles auront, à cet effet, à faire connaître leur adhésion aux Puissances contractantes, au moyen d'une notification écrite, adressée au Gouvernement des Pays-Bas et communiquée par celui-ci à toutes les autres Puissances contractantes.	Elles auront, à cet effet, à faire connaître leur adhésion aux Puissances contractantes, au moyen d'une notification écrite, adressée au Gouvernement des Pays-Bas et communiquée par celui-ci à toutes les autres Puissances contractantes.
	Article 25 (nouveau).	Article 25 (nouveau).
	La présente Convention, dûment ratifiée, remplacera la Convention du 29 juillet 1899 dans les rapports entre les Etats Contractants.	La présente Convention, dûment ratifiée, remplacera la Convention du 29 juillet 1899 dans les rapports entre les Etats Contractants.
	La Convention de 1899 reste en vigueur dans les rapports entre les parties qui l'ont signée et qui ne rati-	La Convention de 1899 reste en vigueur dans les rapports entre les Puissances qui l'ont signée et qui ne rati-

Texte de la Convention du 29 juillet 1899.	Texte proposé par le Comité d'Examen.	Texte proposé à la Conférence par la Troisième Commission.
	fieraient pas également la présente Convention.	fieraient pas également la présente Convention.
Article 14.	Article 26.	Article 26.
S'il arrivait qu'une des Hautes Parties Contractantes dénonçât la présente Convention, cette dénonciation ne produirait ses effets qu'un an après la notification faite par écrit au Gouvernement des Pays-Bas et communiquée immédiatement par celui-ci à toutes les autres Puissances contractantes.	S'il arrivait qu'une des Hautes Parties Contractantes dénonçât la présente Convention, cette dénonciation ne produirait ses effets qu'un an après la notification faite par écrit au Gouvernement des Pays-Bas et communiquée immédiatement par celui-ci à toutes les autres Puissances contractantes.	S'il arrivait qu'une des Hautes Parties Contractantes dénonçât la présente Convention cette dénonciation ne produirait ses effets qu'un an après la notification faite par écrit au Gouvernement des Pays-Bas et communiquée immédiatement par celui-ci à toutes les autres Puissances contractantes.
Cette dénonciation ne produira ses effets qu'à l'égard de la Puissance qui l'aura notifiée.	Cette dénonciation ne produira ses effets qu'à l'égard de la Puissance qui l'aura notifiée.	Cette dénonciation ne produira ses effets qu'à l'égard de la Puissance qui l'aura notifiée.
En foi de quoi, les Plénipotentiaires ont signé la présente Convention et l'ont revêtue de leurs cachets.	En foi de quoi, les Plénipotentiaires ont signé la présente Convention et l'ont revêtue de leurs cachets.	En foi de quoi, les Plénipotentiaires ont signé la présente Convention et l'ont revêtue de leurs cachets.
Fait à La Haye, le vingt-neuf juillet mil huit cent quatre-vingt dix neuf, en un seul exemplaire qui restera déposé dans les archives du Gouvernement des Pays-Bas et dont des copies, certifiées conformes, seront remises par la voie diplomatique aux Puissances contractantes.	Fait à La Haye, ... en un seul exemplaire qui restera déposé dans les archives du Gouvernement des Pays-Bas et dont des copies, certifiées conformes, seront remises par la voie diplomatique aux Puissances contractantes.	Fait à La Haye, ... en un seul exemplaire qui restera déposé dans les archives du Gouvernement des Pays-Bas et dont des copies, certifiées conformes, seront remises par la voie diplomatique aux Puissances contractantes.

3. Sitzungen der zweiten Unter-Kommission.

a) Première Séance. 2. Juli 1907.

Bd. III S. 553 ff. der Verhandlungen.

Présidence de Son Excellence le Comte Tornielli.

La Séance est ouverte à 10 heures 50.

La proposition de la Délégation allemande concernant les amendements à introduire aux dispositions de la Convention du 29 juillet 1899 etc. (Annexe 39); les deux propositions de la Délégation française concernant les compléments à apporter à la Convention de 1899 etc. (Annexes 41 et 42) et le projet de la Délégation du Japon définissant le régime auquel les navires belligérants seraient soumis dans leurs eaux neutres (Annexe 46) ont été imprimés et distribués à M. M. les Délégués.

Le Président fait dans les termes suivants un exposé historique des Conventions de Genève et de leur adaptation à la guerre maritime:

Messieurs,

L'histoire de la Convention de Genève de 1864 n'est plus à faire et l'excellence des principes de charité et de générosité humaine qui ont trouvé dans cet acte international une féconde application, ont été depuis longtemps proclamés. Mais au début de travaux destinés à la recherche des compléments à apporter à la Convention de 1899 pour l'adaptation à la guerre maritime des principes de la Convention de 1864, quelques constatations ne seront point superflues.

L'histoire de la Convention de Genève de 1864 est là pour nous apprendre une fois de plus que de nos jours lorsqu'un courant d'idées en déterminant un mouvement d'opinion s'impose aux pouvoirs publics, le triomphe de ces idées est à tout jamais assuré. Leur pleine et entière application dans les divers pays ne devient plus qu'une question de temps.

Les principes que la première Conférence de Genève a réussi à formuler dans l'Acte international de 1864, sont aussi anciens que l'humanité. Leur développement est contemporain de la civilisation. Il y avait longtemps que les germes en étaient posés dans les livres, dans les lois, même dans certains traités lorsque, après une grande guerre, la conscience publique, dans un sursaut subit réclama impérieusement la protection des victimes des luttes continentales. La société d'utilité publique de Genève conduisit le mouvement. Son appel fut entendu; mais le 22 août 1864, pour la signature de la convention, se trouvèrent réunis seulement onze Etats dont quatre appartenaient à la Confédération germanique. En juin 1906, les adhésions étaient au nombre de quarante neuf et il a pu être dit que cet accord pouvait passer presque pour une loi de valeur universelle.

De cette première constatation de faits nous pouvons tirer une heureux présage et un grand encouragement pour l'oeuvre à laquelle nous consacrons en ce moment notre travail.

Ce fut également après une lutte sanglante en mer, que le devoir d'étendre aux victimes des hostilités maritimes les principes de la Convention de Genève a trouvé sa première affirmation. Ce devoir avait été proclamé par la Conférence internationale des comités de la Croix-Rouge réunie en 1867. L'Italie pressa alors le gouvernement fédéral helvétique de saisir de la question les Etats signataires de la Convention de Genève. Le 5 Octobre 1868, une Conférence diplomatique aborda le programme de l'adaptation à la marine des règles établies par la Convention de Genève de 1864. Furent alors élaborés ces articles additionnels de 1868 qui restèrent à l'état de projet, mais qu'à titre de modus vivendi furent néanmoins adoptés par les belligérants de 1870.

Il a été dit que le travail non seulement d'extension mais d'assimilation fait en 1868, avait satisfait la symétrie puisque les bâtiments hôpitaux étaient assimilés aux hôpitaux terrestres, les embarcations destinées à recueillir les blessés et les naufragés étaient assimilées aux ambulances volantes et les navires neutres ou ennemis étaient assimilés aux maisons où sont recueillis les blessés, mais que la pratique maritime n'y avait pas trouvé son compte. Je penche à croire qu'il y a du vrai dans ce jugement, car ce n'est pas le seul cas dans lequel les efforts de la diplomatie moderne ont été tenus en échec par cette pratique. Je ne crois pas préjuger vos décisions en vous signalant qu'il a été dit également que la stérilité de l'oeuvre de 1868 a dépendu surtout de ce que l'adaptation des règles de la Convention de Genève à la guerre maritime sera toujours très difficile tant qu'on laissera subsister entre cette guerre et la guerre terrestre la différence fondamentale qui fait que dans la guerre terrestre la règle est le respect de la propriété privée, tandis que dans la guerre maritime la capture, le séquestre et la confiscation sont de règle pour toute propriété privée ennemie sous pavillon ennemi. L'assimilation mise à la base des articles additionnels par la Conférence de 1868 attaquait la règle de la saisissabilité de la propriété ennemie. Malgré les réserves que l'on avait cherchés d'y introduire, ces arrangements sont restés lettre morte jusqu'au moment où la Première Conférence de la Haye les a fait partiellement revivre. Si la constatation de la connexité existant entre les deux questions qui sont posées l'une et l'autre devant la Conférence mondiale d'aujourd'hui pouvait avoir pour effet de mettre en lumière que dans la déclaration du respect de la propriété privée des belligérants en mer, ou poursuit non seulement un principe de justice, mais aussi un haut intérêt humanitaire, cette remarque ne serait peut-être pas sans utilité.

Dans son remarquable rapport à la Première Conférence de La Haye, notre illustre collègue, M. Louis Renault, Rapporteur de cette Sous-Commission, avait pu dire que le projet de convention pour l'adaptation à la guerre maritime des principes de la Convention de Genêve, conciliait les intérêts en présence, donnait satisfaction aux voeux, émis depuis si longtemps, que la guerre maritime ne fut plus privée de l'élément humanitaire et charitable qui avait été mis, depuis 35 ans, dans la guerre continentale. Mais, pendant qu'elle agréait ce projet, la Conférence de 1899 émettait le voeu qu'il fût procédé à bref délai à la convocation d'une conférence spéciale ayant pour objet la révision des stipulations de 1864. Ce ne fut que le 6 juillet 1906 que les trente trois articles, dont se compose la Convention revisée, ont été approuvés en entier et signés par les représentants de tous les Etats réunis à Genève.

Le programme de notre conférence actuelle, contenu dans la circulaire russe du mois d'avril 1906, a été fait et communiqué aux Puissances antérieurement à la conclusion de l'acte de revision de la Convention de 1864. Il n'avait donc pas pu tenir compte de la nouvelle Convention de Genève applicable à la guerre de terre. Devons nous néanmoins nous considérer comme saisis du mandat de rechercher d'adaptation à la guerre maritime non seulement des principes de la Convention de 1864, mais aussi des règles insérées dans la convention revisée de 1906? Celle-ci a été signée par 34 Etats dont onze seulement en avaient déposé jusqu' aux tous derniers jours les ratifications.

La question de savoir si nous sommes appelés à adapter à la guerre sur mer les règles établies à Genève en juillet 1906 ne paraît pas se poser pour les Etats qui les ont ratifiées. Mais en est-il de même pour les autres? Il appartient à leurs éminents Représentants d'en juger. Votre Président se borne à constater que présentement onze Gouvernements sont astraints à suivre les règles établies dans la Convention revisée en 1906, tandis que pour tous les autres signataires de cet acte international, les stipulations de 1864 continuent à être les seules applicables à la guerre terrestre.

La Sous-Commission que j'ai l'honneur de présider, si aucune observation n'est faite, sous la forme de proposition préalable, aurait à prendre de suite en examen les amendements aux dispositions de la convention du 29 juillet 1899 présentés par la Délégation allemande avec les amendements français qui viennent d'être distribués.

L'Empire allemand est au nombre des Puissances qui ont ratifié la convention revisée, signée le 6 juillet de l'année dernière à Genève. Sa Délégation à La Haye a pris en considération l'adaptation à la guerre maritime des dispositions de 1906.

Je crois que mes collègues m' approuveront de remercier ici M. M. les Délégués de l'Allemagne du bel ordre dans lequel leur proposition nous est présentée. Peut-être ne ferons-nous pas encore le pas décisif de l'assimilation complète de la guerre maritime à la guerre terrestre pour l'assistance et les secours à donner aux hommes mis hors de combat; mais l'étude que nous avons sous les yeux nous facilitera beaucoup l'œuvre que dans cette direction le programme de la Conférence de 1907 nous invite à accomplir.

Je vous propose conséquemment de prendre la proposition allemande, telle qu'elle nous est présentée, comme base de notre travail d'aujourd'hui et j'en commencerai la lecture aussitôt après que les

Délégués qui m' ont demandé la parole dans la discussion générale nous auront exposé leurs observations.

Le Président donne la parole au Contre-Amiral Siegel.

Le Contre-Amiral Siegel indique en ces termes l'origine et la portée de ce projet:

„Les amendements aux dispositions de la Convention du 29 juillet 1899 pour l'adaptation à la guerre maritime des principes de la Convention de Genève du 22 août 1864 sont basés sur le désir d'appliquer et d'adapter à la guerre sur mer autant qu'il peut être nécessaire les règlements de la Convention pour l'amélioration du sort des blessés et malades du 6 juillet 1906 et récemment ratifiée.

Ils sont en général présentés sous la forme d'additions au texte de la Convention de 1899, notamment en ce qui concerne les articles 5, 5a, 5b, 5c, 5d, 5e; 6, 7, 8; 10a, 10b; 11a, 11b, 11c de notre proposition; additions qui correspondent à certaines prescriptions adoptées pour la guerre sur terre et qui nous semblent pouvoir être utilement appliquées à la guerre maritime.

Le texte même de la Convention de 1899, dont la rédaction est d'une admirable clarté reste intact sauf quelques légères modifications.

En ce qui concerne l'article 3, nous proposons de remplacer les mots „si la Puissance neutre etc. . . . .“ jusqu'à la fin de l'alinéa, par le paragraphe imprimé à côté en rouge: „à condition qu'ils se soient etc. . . . .“

Nous avons pensé qu'il serait bon d'adopter pour les navires hospitaliers neutres la prescription qui s'applique aux ambulances neutres dans la guerre sur terre c'est-à-dire l'obligation de se placer sous le contrôle de l'un des belligérants pour éviter les difficultés qui pourraient résulter d'une liberté de mouvement absolue.

L'article 5a n'est que la conséquence logique de la modification proposée à l'article 3. Si l'on admet que les navires hospitaliers neutres doivent se soumettre au contrôle de l'un des belligérants il est nécessaire que ces navires soient reconnaissables à un signe extérieur. Rien ne se prête mieux à cet objet que le pavillon du belligérant arboré en même temps que celui de la Croix-Rouge.

L'article 6 modifié par les amendements imprimés en rouge n'est qu'une extension de l'article 9, mais qui semble appartenir à l'article 6 actuel.

Les articles 7 et 8 ne reçoivent que des modifications insignifiantes.

Quant à celle proposée à l'article 9, il s'agit là d'une question de principe. D'après l'article 10 actuel, l'Etat neutre se trouve dans tous les cas obligé de garder les hommes débarqués dans un de ses ports à moins d'arrangement contraire avec les Etats belligérants, tandis que d'après l'addition que nous proposons à l'article 9, l'Etat neutre ne pourrait pas garder les marins ou soldats, sans le consentement de l'autre belligérant. En somme le texte de l'article 10 actuel pourrait être maintenu ou bien serait remplacé par l'addition proposée à l'article

9; en définitive nous proposons de maintenir l'article 10 et nous nous associons entièrement à la proposition de la Délégation française.

Telles sont les modifications que nous avons l'honneur de soumettre à l'examen de la Sous-Commission.

S. Exc. Turkhan Pacha demande à donner lecture d'une déclaration au nom de la Délégation ottomane.

„A l'occassion de l'échange de vues qui aura lieu dans le but de rechercher les moyens propres à étendre et à compléter les décisions déjà prises à la Première Conférence en ce qui concerne l'adaptation à la guerre maritime des principes de la Convention de Genève de 1864, la Délégation ottomane croit de son devoir de faire la déclaration suivante: Ainsi qu'on ne l'ignore pas le Gouvernement Impérial Ottoman a donné son adhésion aux principes de la Convention de Genève dans toute leur étendue, mais en même temps il a formulé des réserves réitérées depuis au sujet du drapeau de la Croix-Rouge qui avait été choisi par la Conférence de 1864 comme signe distinctif des hôpitaux et ambulances militaires.

Bien que reconnaissant de la façon la plus complète l'inviolabilité des ambulances et hôpitaux étrangers couverts de ce drapeau et bien que les commandants des corps d'armée ottomans dans les ordres du jour transmis aux troupes, leur aient toujours prescrit d'apporter tous leurs soins à ce que l'inviolabilité du personnel sanitaire et des édifices placés sous le pavillon de la Croix-Rouge fut rigoureusement respectée, le Gouvernement Impérial s'est trouvé par suite de certaines considérations particulières dans l'impossibilité de l'adopter lui-même. Obligé par conséquent de trouver un autre signe distinctif pour ses hôpitaux et ambulances militaires et pour son personnel sanitaire, il choisit à cet effet le Croissant-Rouge sur fond blanc dont il fait usage depuis 1873 et porta cette mesure à la connaissance des signataires de la Convention de Genève.

Comme l'institution d'un signe distinctif n'a pour but que de mettre les belligérants à même de distinguer aisément les hôpitaux, ambulances et autres établissements similaires placés sous le régime de l'inviolabilité, le Gouvernement Impérial Ottoman estime que les Etats réunis en cette Conférence ne sauraient refuser de reconnaître l'inviolabilité du Croissant-Rouge, au même titre qu'il reconnait lui-même l'inviolabilité de la Croix-Rouge.

En considération de ce qui précède la Délégation ottomane prie la Conférence de vouloir bien accepter l'insertion dans la Convention qui sera préparée d'une clauses péciale reconnaissant le Croissant-Rouge comme signe distinctif d'inviolabilité pour les bâtiments hospitaliers de l'Empire ottoman."

Le Président indique que la déclaration ottomane paraît se rattacher à l'article 5, c'est donc au moment de la discussion de cet article 5 que la Délégation de Turquie pourrait éventuellement formuler sa proposition.

Le Président propose ensuite, comme méthode de travail, de procéder à la lecture de la Convention de 1899 (Annexe 38), et des amendements proposés par la Délégation allemande (Annexe 39) étant bien entendu que les articles auxquels il ne serait pas proposé d'amendements, seraient considérés comme conservés:

Article 1: pas de modification;

Article 2: pas de modification;

Article 3: amendement présenté par la Délégation allemande.

Le Président rappelle les explications présentées à ce sujet par le Contre-Amiral Siegel et demande si la Sous-Commission accepte cet amendement ou si quelqu'un a des observations à présenter.

M. Louis Renault (Rapporteur) déclare que cet amendement présente une grande importance et que sur ce point il y a divergence de vues entre les Délégations française et allemande. Cette réserve faite, il approuve le projet allemand et s'associe aux remerciements exprimés par le Président à cet égard. M. Louis Renault tient à expliquer l'état de la question et les motifs de la divergence qu'il a signalée. Il s'agit ici de navires hospitaliers neutres appartenant à des particuliers; il rappelle qu'il s'était produit en 1899 une certaine hésitation sur ce sujet, on s'était demandé, à l'époque, si les navires en question devaient conserver l'autonomie du pavillon ou si au contraire ils devaient entrer au service d'un des belligérants et être placés sous son contrôle direct. On se mit d'accord sur la solution négative, pour cette raison que les mesures de contrôle établies par la convention à l'égard des bâtiments hospitaliers quels qu'ils soient, étaient suffisantes; mesures qui s'adressent bien entendu à tous les navires, qu'ils appartiennent à l'Etat ou à des particuliers, aux Etats neutres ou aux belligérants. On a considéré que ces mesures étaient de nature à ménager les intérêts des belligérants.

A Genève en 1906, pour la guerre sur terre, on avait à résoudre une question analogue: celle de savoir quel pavillon national devrait être arboré par les ambulances neutres. On ne pouvait se référer à la Convention de 1864, qui prescrivait que le pavillon national devait accompagner le pavillon de la croix rouge, car cette Convention ne visait pas les ambulances neutres, mais uniquement celles appartenant aux belligérants.

Il faut considérer que dans la guerre sur terre, l'ambulance neutre agit sur un terrain occupé par les belligérants et nécessairement dans les lignes d'un d'entre eux. C'est là une considération capitale qui a triomphé en 1906 et qui a amené à placer les ambulances neutres sous le contrôle direct d'un des belligérants.

On a pensé que, par analogie, on pourrait adapter aux navires hospitaliers neutres la solution qui a prévalu en 1906 pour les ambulances neutres.

Mais il importe de remarquer que cette analogie est quelque peu trompeuse.

Il n'y a pas identité de situation, mais, au contraire, une grande différence entre les bâteaux hospitaliers et les ambulances neutres. Celles ci n'ont aucune indépendance; les belligérants exercent sur elles un pouvoir absolu, tandis qu'un bâteau hospitalier opère en pleine mer sans qu'aucun des belligérants puisse prétendre exercer sur lui une autorité absolue.

Il faut remarquer en outre que le navire hospitalier neutre ne se met pas nécessairement au service „d'un" des belligérants.

Par exemple: A la suite d'une grande opération navale, un navire hospitalier se rend d'un port voisin sur le théâtre des hostilités et y recueille les blessés des deux partis.

En raison de ces circonstances particulières à la guerre maritime on comprend les raisons qui justifient le maintien de l'autonomie aux navires hospitaliers. C'est pour ces raisons que l'orateur propose de repousser la modification allemande de l'article 3, qui aurait pour conséquence, comme l'a expliqué le Contre-Amiral Siegel, la suppression du dernier alinéa de l'article 5.

Le Contre-Amiral Siegel justifie par des raisons d'ordre militaire la modification proposée. Il y a des inconvénients à laisser circuler librement les navires hospitaliers neutres dans le rayon d'action des opérations. Ils peuvent gêner les mouvements des forces navales et ils s'exposent au danger. Quant à la question du caractère de stricte neutralité, en plaçant ces navires sous le contrôle d'un des belligérants, on les exempte de tout soupçon d'acte non-amical et on supprime ainsi toute difficulté de cet ordre.

M. Louis Renault déclare qu'il n'a pas de compétence à cet égard, mais il fait remarquer que le Comité de 1899, dans lequel il représentait seul l'élément civil, s'était prononcé pour le maintien de l'autonomie des navires hospitaliers neutres.

Le Président estime qu'en présence de la divergence de vues qui vient de se manifester il parait préférable de laisser la question ouverte; on arrivera sans doute plus aisément à une solution en laissant procéder les Délégués à une étude préalable non officielle dont ils feront connaître les résultats à une séance ultérieure. L'article 3 est par suite réservé.

Le Président lit ensuite l'article 4, auquel il n'est pas proposé de modifications, puis il donne lecture de l'article 5, et de l'article 5a (texte nouveau) (Annexe 39), dont il convient de réserver l'examen par suite de leur connexité avec la modification proposé à l'article 3. Il indique que c'est à propos de l'article 5 que le Délégué ottoman pourrait déposer sa proposition qui serait imprimée et distribuée.

S. Exc. le Baron Marschall de Bieberstein présente quelques observations sur la déclaration antérieurement faite par le Premier Délégué de Turquie et suivant laquelle le Gouvernement Ottoman tout en faisant valoir la nécessité de l'emploi du Croissant-Rouge pour ses vires hospitaliers, déclare qu'il continuera à respecter le pavillon de la Croix-Rouge. S. Exc. le Baron Marschall de Bieberstein est convaincu qu'en raison de la déclaration précitée de S. Exc. Turkhan Pacha, le Gouvernement Allemand ne verra pas d'obstacle à reconnaître et le cas écheant à protéger le pavillon hospitalier du Gouvernement ottoman comme celui de la Croix-Rouge.

Mais il fait remarquer qu'à la fin de sa déclaration, M. le Premier Délégué Ottoman s'est réservé de proposer l'insertion d'un article relatif au droit pour le Gouvernement Ottoman de choisir et d'employer un pavillon spécial. En raison des difficultés qu' occasionnerait la modification nécessaire des Conventions antérieures, il prie M. le Premier Délégué de Turquie de ne pas donner suite à sa demande d'insertion d'un article spécial et de se borner à sa déclaration.

S. Exc. Turkhan Pacha explique qu'il désire simplement obtenir la réciprocité, et qu'il espère de la Conférence une solution de nature à satisfaire son Gouvernement.

Le Président donne acte à la Délégation ottomane de sa déclaration.

E. Exc. Samad Khan Momtas-es-Saltaneh, au nom de la Délégation de Perse, fait la déclaration suivante:

„Je crois aussi, comme vient de le dire S. Exc. M. le Premier Délégué d'Allemagne, qu'il n'y a pas lieu pour la Conférence de modifier les Conventions antérieures; mais, à cette occasion, je crois devoir rappeler que, se trouvant dans les mêmes conditions qu'a exposées S. Exc. M. le Premier Délégué de Turquie dans sa déclaration. qui est appuyée par S. Exc. le Baron Marschall, la Perse a dû, en signant la Convention de Genève de 1906, faire des réserves sur l'article 18.

Ainsi que j'ai eu l'honneur de l'expliquer, l'année passée, comme Délégué de mon pays à la Conférence de révision de la Convention de Genève, les difficultés de l'emploi de la Croix-Rouge comme signe distinctif des bâtiments hospitaliers, ne proviennent pas de l'idée religieuse de la croix qui est vénérée en elle-même, mais bien de considérations historiques. C'est pour l'efficacité même de la protection de ces bâtiments, but principal que nous poursuivons tous ici, qu'il convient, comme il vient d'être si bien démontré par S. Exc. le Baron Marschall, d'être aussi libéral en ce qui concerne l'emploi par la Perse, comme signe distinctif, du Lion et du Soleil rouge sur fond blanc sur ses bâtiments hospitaliers, que pour l'emploi par la Turquie du Croissant-Rouge.

S. Exc. M. Carlin croit devoir, au nom de la Délégation de Suisse, présenter à l'égard des déclarations qui viennent d'être faites une remarque et une réserve. Il remarque qu'aux termes du texte précis de l'article 18 de la Convention de Genève du 6 juillet 1906, aucune signification religieuse ne s'attache à l'emblème de la Croix-Rouge, ce qui a été établi à l'unanimité à la dernière Conférence de Genève et ce que reconnaît aussi la Chine dans la Communication que sa Délégation a faite en séance plénière de la Troisième Commission du 24 juin.

S. Exc. M. Carlin donne lecture de l'article 18 de la dite Convention qui est ainsi conçu:

„Par hommage pour la Suisse, le signe heraldique de la Croix-Rouge sur fond blanc, formé par interversion des couleurs fédérales, est maintenu comme emblème et signe distinctif du service sanitaire des armées."

Il ajoute qu'il est évident que les déclarations des Délégations turque et persane ne peuvent avoir trait qu'à la guerre maritime et ne sauraient toucher en rien les Conventions de 1864 et de 1906. Qu'il est non moins vrai, cependant, qu'il s'agit ici uniquement d'une adaptation des principes de ces Conventions à la guerre maritime et qu'un de ces principes — admis à l'unanimité, sauf la Perse, par la Conference de 1906 — est l'adoption de la Croix-Rouge comme signe unique.

Ces remarques faites et vu la répercussion que ces déclarations pourraient avoir sur les Conventions de 1864 et 1906, S. Exc. M. Carlin doit se réserver formellement le droit de préciser encore davantage l'attitude de son Gouvernement, alors que les articles 5 et 5a de la proposition allemande viendront en discussion définitive et alors qu'il aura reçu des instructions ultérieures du Conseil Fédéral.

S. Exc. Samad Khan Momtas-es-Saltaneh fait observer qu'il a été admis à signer la Convention de Genève de 1906 malgré les réserves qu'il a présentés à l'égard de l'article 18, et qu'il n'y a donc pas lieu à revenir sur cette question.

Le Président exprime l'avis que cette discussion pourra plus utilement être reprise lors de l'examen de la proposition ottomane si elle est présentée, ou à propos de l'article 5. Il donne ensuite lecture de l'article 5b (nouveau) (Annexe 39) qu'il y aurait lieu de réserver par suite de sa connexité avec les articles 3 et 5.

Il donne ensuite lecture de l'article 5c (nouveau).

Le Contre-Amiral Siegel croit devoir expliquer pour éviter toute équivoque que la première partie de cet article ne se rapporte pas au cas où il y a un combat de navire contre navire. L'infirmerie est une partie du navire et ne peut ni être respecté particulièrement, ni être protégé contre le risque que court le navire même. Il ne s'agit que du cas où un navire tombe dans les mains de l'ennemi par surprise.

S. Exc. Sir Ernest Satow conclut de cette explication qu'il y aurait avantage à soumettre cette disposition à une nouvelle rédaction destinée à en éclaircir le sens.

M. Louis Renault partage cet avis.

S. Exc. M. A. Beernaert propose que la nouvelle rédaction soit effectuée par le Contre-Amiral Siegel qui accepte.

Le Président indique que l'examen du nouveau texte aura lieu dans une séance ultérieure. Il donne ensuite lecture de l'article 5d (nouveau) (Annexe 39).

S. Exc. Sir Ernest Satow observe que les mots „et aux infirmeries des vaisseaux“ paraissent avoir été insérés par analogie avec l'article 7 de la Convention de 1906. Il propose la suppression de ces mots comme inutiles, car on ne peut concevoir que des garde-malades ou autres personnes employées dans les infirmeries des navires puissent commettre des actes nuisibles à l'ennemi.

Le Contre-Amiral Siegel ne voit pas d'inconvénients à cette suppression.

Le Président donne en conséquence lecture de l'article 5d modifié et ajoute que puisqu'il n'y a pas d'opposition cet article ne viendra plus en discussion. Il passe à l'article 5e.

M. Louis Renault fait observer que la disposition nouvelle qui vient d'être lue semble avoir pour but de reproduire les dispositions de la Convention de 1906; il admet l'esprit de la nouvelle proposition, mais il trouve qu'elle entre dans trop de détails qui ne s'appliquent guère aux opérations de la guerre maritime. Il serait à son avis préférable de resserrer les dispositions de l'article 5e en une formule plus générale et il pense qu'il sera facile de s'entendre à ce sujet avec les auteurs de la proposition.

Le Contre-Amiral Siegel déclare qu'il accepte volontiers qu'il soit procédé à une nouvelle rédaction.

Le Président réserve en conséquence cet article qui sera l'objet d'un nouvel examen. Il donne ensuite lecture de l'article 6 (Convention 1899) (Annexe 38), puis de l'article 6 modifié suivant la proposition allemande (Annexe 39).

Il fait observer que l'alinéa 2 de la proposition allemande pourrait peut-être faire l'objet d'un article spécial.

M. Louis Renault estime que cette disposition pourrait rentrer normalement dans l'article 9.

Une discussion s'engage ensuite sur le contexte exact de l'article 6 amendé par la proposition allemande; il est reconnu que l'article nouveau doit se composer de l'article 6 de la Convention de 1899 intercalé entre les alinéas 1 et 2 de l'article 6 du projet allemand.

M. Max Huber demande quelques éclaircissements sur la nouvelle rédaction de l'article 6 qui paraît être inspirée de l'article 5 de la Convention de Genève de 1906. Il demande si la rédaction en question a pour objet d'élargir le sens de l'article 5 précité. S'agit-il pour les belligérants d'un droit ou d'une faculté?

Après échange de vues et d'accord avec le Contre-Amiral Siegel, le Président explique que toute pensée d'un droit de réquisition doit être écartée.

S. Exc. M. A. Beernaert insiste pour que l'article 6 soit soumis à une revision attentive; il se permet de signaler l'obscurité du premier alinéa; la protection spéciale et les immunités qu'il mentionne pourront-elles dépendre de la volonté des belligérants? Cela semblerait peu admissible. Il doit être bien entendu qu'il ne s'agit en ce moment que d'une première lecture.

S. Exc. M. Van den Heuvel présente quelques observations au sujet de la portée restrictive que paraissent avoir les dispositions respectives des alinéas de la proposition allemande. Il ne faudrait pas, par exemple, exclure du bénéfice de la protection spéciale et des immunités les bâtiments hospitaliers offrant spontanément leur secours aux blessés et aux malades.

Le Contre-Amiral Siegel explique qu'il est bien entendu que ces avantages doivent être acquis aux deux catégories et admet l'utilité d'une rédaction nouvelle.

S. Exc. Sir Ernest Satow demande si la protection spéciale et les immunités seront, dans la pensée des auteurs de la proposition, accordées par les deux belligérants ou seulement par le belligérant intéressé.

Le Contre-Amiral Siegel répond qu'il s'agit d'immunités à accorder par l'adversaire.

S. Exc. M. Léon Bourgeois fait observer que cette discussion lui paraît avoir pour origine un léger malentendu. Il ne peut faire doute que, quelles que soient les circonstances de l'affectation des navires hospitaliers, des règles générales doivent établir les immunités dont ils bénificieront. Ces immunités ne sauraient dépendre de la volonté des belligérants et c'est à la Convention dont on débat actuellement les termes qu'il appartient de les déterminer.

Le Contre-Amiral Siegel acquiesce à cette manière de voir.

M. Louis Renault dit que la rédaction de l'article 6 (nouveau) a été certainement inspirée par l'article correspondant de la Convention de Genève qui mentionne l'appel fait au zèle charitable des habitants. Or cette situation particulière à la guerre sur terre n'a pas d'équivalent exact dans la guerre maritime.

Le Président déclare en conséquence que l'examen de l'article 6 nouveau est réservé.

S. Exc. le Vice-Amiral Jonkheer Röell fait remarquer, que l'alinéa 3 de cet article ne lui paraît ni facile à appliquer ni très humain et qu'en conséquence il en propose au nom de la Délégation des Pays-Bas la suppression. En outre il propose quelques additions. (Annexe 40).

M. Louis Renault déclare que tout en ne voulant pas discuter à fond la proposition du Délégué des Pays-Bas relative au 3ème alinéa de l'article 6 il croit devoir faire remarquer qu'elle a pour effet de soulever une très grosse question. Ce n'est pas seulement l'article 6 in fine qui est mis en cause, c'est aussi l'article 9 tout entier.

Le Président fait observer à ce propos qué c'est dans le même esprit qu'il avait suggéré que l'alinéa 2 de l'amendement proposé fasse l'objet d'un article spécial. Il répète que l'article 6 sera réservé et demande s'il y'a lieu de passer à l'article 7.

S. Exc. Sir Ernest Satow déclare que lors des débats de la Conférence de 1899 le Gouvernement britannique n'a pas cru pouvoir accepter une proposition analogue à celle contenue au 3ème alinéa de l'article 6 du projet allemand, et que, sans instructions nouvelles de son Gouvernement, la Délégation britannique ne saurait adopter cet alinéa.

Le Président fait observer qu'en raison de l'heure avancée il y aurait peut-être lieu de remettre la suite de la lecture à une séance ultérieure.

S. Exc. M. A. Beernaert demande quelques explications complémentaires au sujet de l'article 3 de la proposition allemande: le bâtiment hospitaler devient-il nécessairement belligérant?

Le Contre-Amiral Siegel indique que dans sa pensée le navire en question reste neutre, mais se trouve placé au service du belligérant pendant l'action.

Le Président demande le sentiment de la Sous-Commission au sujet de l'ordre du jour de la prochaine séance. Doit-on engager de suite ou seulement après entente préalable la discussion sur les articles réservés? Dans ce dernier cas on pourrait continuer la lecture des articles de la Convention de 1899.

S. Exc. M. Léon Bourgeois exprime l'avis qu'il est désirable de continuer cette lecture. La discussion à laquelle elle a donné lieu pour les premiers articles a déjà fourni d'utiles éclaircissements sur les différentes manières de voir, il en sera certainement de même pour les articles suivants.

Le Président déclare la séance levée à 2 heures 30.

b) Deuxième Séance. 9. Juli 1907.*)

Bd. III S. 563 ff. der Verhandlungen.

Présidence de Son Excellence le Comte Tornielli.

La Séance est ouverte à 10 heures 30 minutes.

Les annexes 47, 44 et 48 ont été imprimées et distribuées à M. M. les Délégués.

Le Président en ouvrant la séance fait la communication suivante, au sujet du procès-verbal de la séance du 2 juillet.

Messieurs,

Vous avez pu prendre connaissance des épreuves du procès-verbal qui ont été distribuées depuis plusieurs jours. Je pense donc qu'il n'y a pas lieu d'en donner lecture.

J'ai reçu à ce propos une demande de rectification de la part de S. Exc. M. Carlin.

Dans l'exposé historique de la Convention signée l'année dernière à Genève, que j'ai fait au début de la séance, une inexactitude s'est glissée. J'ai dit que le 6 juillet 1906 les 33 articles dont se compose cette Convention, avaient été signés par tous les Etats sauf la Chine, la Grande-Bretagne et le Japon. Notre très distingué collègue, le Premier Plénipotentiaire de la Confédération Helvétique, m'a fait

*) *Die „Annexes", welche in dem Protokoll zitiert sind, s. unten S. 417 ff.*

remarquer qu'il y avait erreur, et que ces trois Etats avaient signé comme les autres la Convention. La Grande-Bretagne est même au nombre des Puissances qui l'ont déjà ratifiée.

J'ai constaté, en effet, que les trois Etats dont il est question, auxquels il aurait fallu ajouter la Perse, bien qu'ils n'eussent point approuvé en entier les 33 articles de la Convention, les avaient signés à la date du 6 juillet de l'année dernière. Leurs réserves sur certains articles n'avaient d'ailleurs que peu d'importance au point de vue des raisons qui m'avaient engagé à vous présenter l'exposé historique de l'acte international dont il s'agit. J'ai demandé à notre Secrétariat-Général de vouloir bien corriger dans ce sens l'épreuve du procès-verbal du 2 juillet.

Le Président demande ensuite s'il y a d'autres observations à faire sur le procès-verbal.

Aucune observation n'étant présentée sur le procès-verbal, celui-ci est adopté avec la rectification qui vient d'être communiquée.

Le Président précise ensuite en ces termes la portée du travail actuellement soumis à la Sous-Commission.

„Je trouve nécessaire de faire observer que le programme de la Conférence nous invite à compléter la Convention du 29 juillet 1899 par l'adaptation, s'il y a lieu, de nouveaux principes de la Convention de Genève de 1906 à la guerre maritime.

Il va de soi que nous ne sommes pas chargés de refaire la Convention existante qui n'est ni périmée ni dénoncée. Elle est en pleine vigueur. Si les changements et compléments qui sont proposés n'obtiennent pas votre approbation, les articles de la Convention de 1899 restent tels qu'ils sont, il n'y a pas lieu de les confirmer par une nouvelle approbation. Je pense que nous sommes parfaitement d'accord sur ce point.“

Le Président propose en conséquence de reprendre la lecture de la proposition allemande (Article 7) (Annexe 39), mais au préalable il demande à la Délégation française à quelle place doivent être lues ses propositions.

M. Louis Renault (Rapporteur) indique que la proposition qui constitue l'annexe 41 doit se placer entre les articles 9 et 10 et que celle qui forme l'annexe 42 doit se placer à l'article 10 dont elle demande le rétablissement.

Le Président donne lecture de l'article 7 de la Convention de 1899 (Annexe 38) puis de la modification proposée par la Délégation allemande.

M. Louis Renault présente quelques explications à ce sujet.

Il fait remarquer que la question en elle-même ne présente pas une très grande importance. Elle a été assez vivement discutée en 1899; on s'est demandé si les chirurgiens militaires tombés entre les mains de l'ennemi doivent jouir d'un traitement et l'on avait conclu unanimement à l'affirmative. La seule difficulté était de savoir quel traitement leur serait alloué: serait-ce celui dont ils jouissaient dans leur propre armée ou au contraire le traitement afférent au même grade dans l'armée qui les a capturés. On pourrait encore concevoir un système intermédiaire. L'année dernière, lors de la discussion de la nouvelle Convention de Genève, l'orateur avait proposé l'adoption du système de 1899. Ce fut le principe contraire qui prévalut.

Dans un but de simplification, M. Louis Renault propose à la Sous-Commission d'adopter pour la guerre maritime la même disposition que pour la guerre continentale, disposition qu'ont acceptée 36 Etats, bien que personnellement il soit en principe favorable au système contraire.

Le Président demande s'il n'y a pas d'opposition à l'amendement proposé à l'article 7. Il constate que personne ne s'y oppose.

Il donne ensuite lecture de l'article 8 de la Convention de 1899 (Annexe 38) et de l'amendement proposé (Annexe 39).

Il n'y a pas d'opposition.

Il lit ensuite l'article 9 et l'amendement y afférent.

S. Exc. le Vice-Amiral Jonkherr Röell fait à ce sujet la déclaration suivante:

„J'ai l'honneur de faire connaître, au nom de la Délégation des Pays-Bas, que, vu la proposition française de rétablir dans la Convention à élaborer l'article 10 de la Convention de 1899. proposition à laquelle s'est rallié le Contre-Amiral Siegel, et en considération de l'alinéa 5 de l'article 2 de la Convention de Genève de 1906 avec lequel nos amendements ne cadrent pas entièrement, nous retirons nos propositions relatives aux articles 9 et 10, sous réserve de l'acceptation de la proposition française (Annexe 42) de rétablir l'article 10."

Le Président donne acte à la Délégation des Pays-Bas du retrait de ses amendements aux articles 9 et 10 pour le cas où la proposition française sur l'article 10 serait adoptée.

M. Louis Renault désire présenter sur les articles 6 et 9 quelques observations qui lui paraissent être rendues nécessaires par les réserves faites à la dernière séance par L. L. E. E. le Vice-Amiral Jonkheer Röel et Sir Ernest Satow.

En 1899 on s'est demandé quel devait être le sort des blessés, malades et naufragés. Ils peuvent se trouver, en fait, dans des situations très différentés; sur des bâtiments hôpitaux de l'Etat, sur des bâtiments hospitaliers des sociétés de secours nationales ou neutres, sur des bâtiments de commerce de nationalité ennemie ou neutre. On a beaucoup discuté à ce sujet et des solutions assez diverses avaient été introduites dans les articles additionnels de 1868. Après mûre réflexion, nous avons été d'accord pour partir d'un principe très simple: le belligérant qui a régulièrement en son pouvoir des combattants adverses a le droit de les faire prisonniers de guerre; si les combattants sont blessés ou malades, il a le devoir de les soigner. Il n'y a qu'à appliquer ce principe aux différents cas qui peuvent se présenter: Un croiseur rencontre un bâtiment hôpital ou un bâtiment hospitalier;

il a le droit de le visiter et de contrôler ce qui s'y passe. Il y trouve des blessés, des malades, des naufragés: il a le droit absolu de les considérer comme ses prisonniers. Le plus souvent pour les blessés et les malades, il a tout avantage à les laisser là où ils sont, parce qu'il lui faudrait les transporter et les soigner. Mais aussi il peut se faire qu'il ait intérêt à traîter certains d'entre eux en prisonniers; cela est à plus forte raison vrai des naufragés. Peu importe le bâtiment à bord duquel sont ces blessés, malades ou naufragés, du moment où ils sont régulièrement au pouvoir de l'ennemi. C'est ce qui arrive toutes les fois qu'en pleine mer un croiseur belligérant rencontre un bâtiment quelconque, autre qu'un bâtiment de guerre neutre. La règle exprimée par l'amendement que propose la Délégation allemande (3ème alinéa de l'article 6) (Annexe 39), résulte, à mon avis, implicitement de l'article 9: je ne fais donc aucune objection quant au fond et je consens volontiers à rechercher de quelle façon on pourrait dire plus clairement ce qui pour moi est la vérité.

On a critiqué comme contraire à l'humanité la disposition d'après laquelle un croiseur peut réclamer la remise de blessés, malades ou naufragés, recueillis à bord d'un bâtiment neutre. C'est cependant la contrepartie nécessaire de l'immunité accordée à ce bâtiment. Qu'on réfléchisse qu'en l'absence de toute disposition, le croiseur pourrait avoir la prétention de saisir le navire comme rendant un service non neutre au belligérant, dans un intérêt humanitaire, consent à ne pas user de ses droits dans toute leur rigueur, mais cela à la condition qu'une pareille concession ne compromette pas ses intérêts militaires. Or, ceux-ci seraient lésés, si les individus recueillis devaient échapper définitivement à son action. On réclame au nom de l'humanité: Celle-ci aurait, au contraire, à souffrir, si la solution défendue par l'amendement néerlandais venait à prévaloir. Les belligérants n'admettraient pas aisément, sur le théâtre des hostilités, le concours charitable des bâtiments neutres, si les individus, recueillis par suite de ce concours échappaient nécessairement à la captivité.

Il est un seul cas, non prévu par la Convention de 1899, où le belligérant ne pourrait exercer le contrôle dont il vient d'être parlé, c'est celui, où les blessés, malades ou naufragés auraient été recueillis à bord d'un vaisseau de guerre neutre. C'est pourquoi une règle spéciale est proposée pour le régler.

Il convient donc de maintenir le principe du droit des belligérants dans son étendue normale. Il n'est pas à supposer qu'ils en usent capricieusement.

Si l'on admettait d'ores et déjà, l'amendement proposé par la Délégation des Pays-Bas, on modifierait la Convention de 1899 d'une manière qui la rendrait inacceptable aux Puissances maritimes.

Il serait préférable cependant de reporter en tête de l'article 9 l'amendement allemand qui fait l'objet du 3ème alinéa de l'article 6.

Le Contre-Amiral Siegel constate qu'il est d'accord en tout point avec ce que vient d'exposer M. Louis Renault.

Le Président indique qu'en conséquence l'amendement proposé à l'article 6 disparaît; son texte ou un texte analogue qu'élaborera le Comité d'Examen prendra place en tête de l'article 9 actuel dont il donne ensuite lecture.

S. Exc. Sir Ernest Satow rappelle que dans la dernière séance, il a fait connaître que sans de nouvelles instructions, la Délégation britannique ne pouvait accepter le 3ème alinéa de l'article 6, proposé par la Délégation d'Allemagne. Il n'a pas encore reçu ces instructions.

Le Président donne lecture de l'article 10 (Annexe 38) ainsi que de l'amendement de la Délégation des Pays-Bas à propos de cet article (Annexe 40).

S. Exc. le Vice-Amiral Jonkheer Röell déclare, au nom de la Délégation des Pays-Bas, retirer cet amendement.

Le Président lit ensuite l'article 10a de l'amendement allemand (Annexe 39).

S. Exc. M. A. Beernaert demande s'il y a lieu de maintenir dans cet article l'expression „incinération".

Le Contre-Amiral Siegel observe que cette eventualité pourrait se produire au cas de débarquement.

Le Président donne ensuite lecture des articles 10b, 11, 11a, 11b, 11c (Annexe 39). Les trois premiers articles ne donnent lieu à aucune observation. A propos de l'article 11c, S. Exc. Sir Ernest Satow observe que la Commission ne s'est pas encore prononcée sur les signes distinctifs mentionnés à l'article 5.

Le Président indique qu'il est bien entendu que l'expression de l'article 11c se rapporterait aux signes distinctifs qui seront en définitive adoptés par la Sous-Commission.

Sur une remarque identique de S. Exc. M. A. Beernaert relative au mot „inhumation", le Contre-Amiral Siegel donne un éclaircissement analogue.

Le Chevalier de Weil propose, au nom de la Délégation d'Autriche-Hongrie, de remplacer tant à l'article 11b qu'à l'article 11c du projet allemand les mots „les Gouvernements signataires" par les mots „les Puissances signataires".

Cette légère modification rédactionnelle s'impose par des raisons de droit constitutionnel de la Monarchie austro-hongroise.

Aucune opposition n'est faite au changement demandé.

Le Chevalier de Weil suggère d'autre part de faire biffer à l'article 11c, quatrième ligne, du projet allemand le mot „militaire", de sorte que l'expression „leurs lois pénales" comprendrait dès lors l'ensemble de la législation pénale d'un pays sans distinguer entre le code pénal militaire et le code pénal civil, parce qu'il se pourrait toujours que des questions de la nature de celle dont il s'agit fussent non seulement visées par la législation pénale militaire mais aussi par la législation pénale civile. C'est ainsi que le projet du nouveau code pénal autrichien contient des sanctions contre les actes de pillage commis sur des morts ou des blessés sur le champ de bataille.

Le Général de Brigade de Robilant craint que la suppression du mot „militaires“ n'engendre une équivoque.

Les lois militaires sont des lois d'exception: quand leur emploi n'est pas expressément indiqué, on recourt à la loi ordinaire, c'est-à-dire à la loi commune; l'insuffisance de celle-ci amènerait donc l'Etat à recourir aux mesures spéciales dont il est question dans cet article. C'est ce qu'il importe d'indiquer.

S. Exc. M. Van den Heuvel est d'avis d'amettre le changement proposé par la Délégation austro-hongroise. Lorsqu'on parle de lois pénales, sans spécifier qu'il s'agit de lois pénales spéciales, notamment de lois pénales militaires, il est entendu qu'on a en vue toutes les lois pénales existantes, sans distinction entre elles, qu'elles soient générales ou particulières. Le texte parle d'insuffisance des „lois pénales“, il n'y a pas insuffisance dans la législation si des mesures sont inscrites soit dans les lois pénales militaires, soit dans les lois pénales générales.

Le Président se ralliant à une suggestion du Contre-Amiral Siegel propose que l'examen de cette question soit confié au Comité d'Examen.

Il donne ensuite lecture de l'article 11d (Annexe 39), qui ne donne lieu à aucune observation.

Il passe aux articles 12, 13 et 14 (Texte de 1899) (Annexe 38).

M. Louis Renault remarque qu'il y aurait lieu d'intercaler une disposition entre les articles 12 et 13, le texte actuel présentant une certaine lacune; cette disposition aurait pour but d'indiquer que les Gouvernements signataires de la Convention de 1899, et qui ne signeraient pas la nouvelle Convention, resteraient engagés par la Convention de 1899. Il est d'avis que le texte de cet article pourrait être formulé par le Comité d'Examen qui serait en même temps chargé de préparer le texte de la nouvelle Convention ainsi qu'un rapport explicatif.

S. Exc. M. Nélidow demande quels seraient les rapports futurs entre les Puissances qui auraient ou non ratifié la Convention.

M. Louis Renault explique que les Puissances verront naturellement leurs rapports régis par les conventions qu'elles auront en commun. Deux Puissances ont signé la Convention de 1899, l'une d'elles signe la Convention de 1907 et l'autre ne la signe pas; c'est la Convention de 1899 qui subsistera pour leurs rapports.

Le Président, avant de procéder à la constitution du Comité d'Examen, demande aux Délégués britanniques de vouloir bien exposer leur manière de voir à propos des signes distinctifs visés à l'article 5.

Le Capitaine de Vaisseau Ottley s'exprime en ces termes:

La Délégation britannique, tout en se trouvant complètement d'accord avec la Délégation d'Allemagne, en ce qui concerne la nécessité de sauvegarder autant que possible les vaisseaux hospitaliers au cours des opérations militaires, juge cependant nécessaire de formuler quelques objections à l'amendement proposé à l'article 5, concernant les trois feux vert blanc vert que devraient porter ces vaisseaux.

Tout d'abord, nous soutenons que, dans le cas où des vaisseaux hospitaliers et une flotte belligérante navigueraient de concert pendant la nuit, il est invraisemblable de croire qu'aucun amiral commandant une flotte puisse permettre à ces vaisseaux de porter les feux susmentionnés, car ces feux indiqueraient à son ennemi sa position et sa route.

Le Contre-Amiral Siegel réplique que l'intention du Gouvernement allémand est simplement qu'un signal quelconque soit arboré sur le navire hospitalier pendant la nuit. La Délégation allemande est disposée à accepter toute autre proposition ayant pour effet de créer un signe distinctif. D'après lui, cette question pourrait être réservée au Comité d'Examen.

S. Exc. Sir Ernest Satow pense aussi que le Comité d'Examen pourra trouver une solution à cet égard.

S. Exc. M. Nélidow ne croit pas qu'il s'agisse ici d'une simple question de rédaction. Il reconnaît la difficulté en temps ordinaire mais proposerait que les feux distinctifs dont il s'agit pussent être allumés pendant une bataille de nuit.

S. Exc. M. Keiroku Tsudzuki déclare que la Délégation japonaise partage les vues exposées par la Délégation britannique et qu'elle demande le maintien dans sa forme présente de l'article 5 de la Convention de 1899; en effet, les navires hôpitaux peuvent toujours faire reconnaître d'une manière certaine, pendant la nuit, leur caractère inoffensif, sans recourir à des signaux ou à des indices distinctifs comme ceux proposés dans le projet allemand. L'usage des feux, tel qu'il y est mentionné, donnerait lieu à des abus qui auraient pour effet d'en diminuer la valeur pratique.

Le Président, après cet échange de vues, propose de confier le règlement de cette question au Comité d'Examen.

Il propose en conséquence la constitution de ce Comité, qui pourrait être composé par le bureau de la Sous-Commission auquel seraient adjoints M.M. les Délégués ayant pris part à la discussion; c'est-à-dire M.M. les Délégués d'Allemagne, d'Autriche-Hongrie, de Belgique, de France, de Grande-Bretagne, du Japon, des Pays-Bas et de Russie.

S. Exc. M. Carlin demande que la Délégation de Suisse soit représentée dans le Comité d'Examen attendu qu'il s'agit de l'adaptation des textes de Conventions qui ont été conclues sur territoire suisse et sous les auspices du Conseil Fédéral. Il ajoute que la Délégation de Suisse a, du reste, pris également part à la discussion.

Le Président, après avoir acquiescé à ce désir, exprime l'avis que la Délégation ottomane et la Délégation de Perse se fassent également représenter dans le Comité en vue de la discussion éventuelle de la question du pavillon hospitalier ottoman. Il en sera de même de la Délégation de Chine à la demande du Colonel Tinge.

Le Président propose ensuite que le Comité d'Examen se réunisse le jour même à 5 heures 30. Ces propositions sont adoptées.

La séance est levée à 11 heures 30.

c) Annexes.

Bd. III S. 681 der Verhandlungen.

Annexe 38.

Texte de la Convention pour l'adaptation à la guerre maritime des principes de la Convention de Genève du 22 août 1864.

(Hier folgt der Text der Artikel 1 bis 14 der oben S. 352 ff. abgedruckten Konvention.)

Annexe 39.

Proposition de la Délégation d'Allemagne.

ART. 3. Les bâtiments hospitaliers, équipés en totalité ou en partie aux frais des particuliers ou des sociétés officiellement reconnues de pays neutres, sont respectés et exempts de capture à condition qu'ils se soient mis au service de l'un des belligérants, avec l'assentiment préalable de leur propre Gouvernement et avec l'autorisation du belligérant lui-même et que ce dernier en notifie le nom à son adversaire dès l'ouverture ou dans le cours des hostilités, en tout cas, avant tout emploi.

ART. 5. A la fin de l'article un nouvel alinéa:

Comme signe distinctif tous les bâtiments hospitaliers porteront, la nuit, trois feux, vert-blanc-vert, placés verticalement l'un sous l'autre et espacés d'au moins trois mètres.

ART. 5a (nouveau). Tous les bâtiments hospitaliers se feront reconnaître en hissant, avec leur pavillon national, le pavillon blanc à croix rouge prévu par la Convention de Genève et en outre, s'ils ressortissent à un Etat neutre, en arborant au grand mât le pavillon national du belligérant au service duquel ils se sont mis.

Les bâtiments hospitaliers qui tombent au pouvoir de l'ennemi auront à descendre le pavillon national du belligérant dont ils relèvent.

ART. 5b (nouveau). Les signes distinctifs prévus à l'article 5 et à l'alinéa 1 de l'article 5a ne pourront être employés, soit en temps de paix, soit en temps de guerre, que pour protéger ou désigner les bâtiments qui y sont mentionnés.

ART. 5c (nouveau). Pendant le combat, les infirmeries à bord des vaisseaux de guerre seront respectées et ménagées autant que faire se pourra.

Ces infirmeries et leur matériel demeurent soumis aux lois de la guerre, mais ne pourront être détournés de leur emploi, tant qu'ils seront nécessaires aux blessés et malades.

Toutefois, les commandants des vaisseaux pourront en disposer, en cas de nécessités militaires importantes, en assurant au préalable le sort des blessés et malades qui s'y trouvent.

ART. 5d (nouveau). La protection due aux bâtiments hospitaliers et aux infirmeries des vaisseaux cesse si l'on en use pour commettre des actes nuisibles à l'ennemi.

ART. 5e (nouveau). Ne sont pas considérés comme étant de nature à justifier le retrait de la protection mentionné à l'article 5d:

1°. le fait que le personnel des bâtiments hospitaliers ou des infirmeries des vaisseaux est armé et qu'il use de ses armes pour sa propre défense our pour celle de ses malades et blessés;

2°. le fait qu'à défaut d'infirmiers armés le bâtiment hospitalier est gardé par un piquet ou des sentinelles munis d'un mandat régulier;

3°. le fait qu'il est trouvé à bord du bâtiment hospitalier ou dans l'infirmerie du vaisseau des armes et cartouches retirées aux blessés et n'ayant pas encore été versées au service compétent;

4°. le fait que le bâtiment hospitalier est armé de pièces d'artillerie légère en vue des dangers de la navigation et en particulier, afin de pouvoir se défendre contre tout acte de piraterie.

ART. 6 (nouveau). Les belligérants pourront demander à des bâtiments de commerce, yachts ou embarcations neutres de prendre à bord et de soigner, sous leur contrôle, des blessés ou malades, en accordant aux bâtiments qui auront donné suite à cette demande une protection spéciale et certaines immunités.

Chaque vaisseau de guerre d'une des Parties belligérantes pourra réclamer la remise des blessés, malades ou naufragés recueillis à bord dans les conditions susindiquées (alinéas 1 et 2), quelle que soit la Partie à laquelle ils appartiennent.

ART. 7. Le dernier alinéa à lire:

Les belligérants doivent assurer à ce personnel tombé entre leurs mains les mêmes allocations et le même solde qu'au personnel des mêmes grades de leur propre marine.

ART. 8. Les marins et les militaires embarqués, blessés ou malades, et les autres personnes officiellement attachées aux marines ou armées à quelque nation qu'ils appartiennent, seront respectés et soignés par les capteurs.

ART. 9. Le dernier alinéa à lire:

S'ils sont dirigés sur un port neutre, l'Etat neutre ne pourra pas, sans le consentement de l'adversaire, prendre l'engagement et les interner jusqu'à la fin des hostilités. S'ils sont dirigés sur un port de l'adversaire, les prisonniers ainsi rendus à leur pays ne pourront servir pendant le durée de la guerre.

ART. 10a (nouveau). Après chaque combat les deux Parties belligérantes, pour autant que les intérêts militaires le comportent, prendront des mesures pour rechercher les naufragés, les blessés et les malades et pour les faire protéger, ainsi que les morts, contre le pillage et les mauvais traitements.

Elles veilleront à ce que l'inhumation, l'immersion ou l'incinération des morts soit précédée d'un examen attentif de leurs cadavres.

ART. 10b (nouveau). Chaque belligérant enverra, dès qu'il sera possible, aux autorités de leur pays, de leur marine ou de leur armée les marques ou pièces militaires d'identité trouvées sur les morts et l'état nominatif des blessés ou malades recueillis par lui.

Les belligérants se tiendront réciproquement au courant des internements et des mutations, ainsi que des entrées dans les hôpitaux et des décès survenus parmi les blessés et malades en leur pouvoir. Ils recueilleront tous les objets d'un usage personnel, valeurs, lettres, etc. qui seront trouvés dans les vaisseaux capturés, ou délaissés par les blessés ou malades décédés dans les hôpitaux, pour les faire transmettre aux intéressés par les autorités de leur pays.

ART. 11a (nouveau). Les commandants en chef des flottes des belligérants auront à pourvoir aux détails d'exécution des articles précédents, ainsi qu'aux cas non prévus, d'après les instructions de leurs Gouvernements respectifs et conformément aux principes généraux de la présente Convention.

ART. 11b (nouveau). Les Gouvernements signataires prendront les mesures nécessaires pour instruire leurs marines, et spécialement le personnel protégé, des dispositions de la présente Convention et pour les porter à la connaissance des populations.

ART. 11c (nouveau). Les Gouvernements signataires s'engagent également à prendre ou à proposer à leurs législatures, en cas d'insuffisance de leurs lois pénales militaires, les mesures nécessaires pour réprimer en temps de guerre, les actes individuels de pillage et de mauvais traitements envers des blessés et malades des marines, ainsi que pour punir, comme usurpation d'insignes militaires, l'usage abusif des signes distinctifs désignés à l'article 5 et à l'alinéa 1 de l'article 5a par des bâtiments non-protégés par la présente Convention.

Ils se communiqueront par l'intermédiaire du Gouvernement Néerlandais, les dispositions relatives à cette répression, au plus tard dans les cinq ans de la ratification de la présente Convention.

ART. 11d (nouveau). En cas d'opérations de guerre entre les forces de terre et de mer des belligérants, les dispositions de la présente Convention ne seront applicables qu'aux forces embarquées.

Annexe 40.

Amendements de la Délégation des Pays-Bas à la Proposition de la Délégation d'Allemagne (Annexe 39).

ART. 5e (nouveau).

Sub 1⁰ supprimer les mots: „et qu'il use de ses armes".
Insérer à la fin les mots: „contre tout acte de piraterie".

Sub 4⁰ supprimer le contenu entier et remplacer par la phrase suivante:

„le fait que le bâtiment hospitalier est muni d'un appareil radiotélégraphique."

ART. 6. 3ème alinéa: supprimer: tout l'alinéa.

ART. 8. Rédiger l'article comme suit:

„Les marins, les militaires et les autres personnes officiellement attachés aux marines ou armées, blessés ou malades, à quelque nation qu'ils appartiennent seront respectés et soignés par les capteurs."

ART. 9. Supprimer l'amendement allemand.

ART. 10. Garder le texte primitif et ajouter un nouvel alinéa:

„Dans le cas qu'un belligérant obtient la permission de débarquer des prisonniers de guerre naufragés, blessés ou malades il cède au droit de capture et ils sont libres".

ART. 11. 2ème alinéa, 2ème ligne, lire: „du Gouvernement des Pays-Bas."

Annexe 41.

Proposition de la Délégation de France.

ART. 9a (nouveau). Introduire un nouvel article, entre les articles 9 et 10, ainsi conçu:

„Si des blessés, malades ou naufragés sont recueillis à bord d'un vaisseau de guerre neutre, des mesures devront être prises pour qu'ils ne puissent pas de nouveau prendre part aux opérations de la guerre."

Annexe 42.

Proposition de la Délégation de France concernant les compléments à apporter a la Convention de 1899 pour l'adaptation à la guerre maritime des principes etc. etc.

Rétablir dans le texte de la Convention l'article 10 qui était ainsi rédigé:

ART. 10. „Les naufragés, blessés ou malades, qui sont débarqués dans un port neutre, du consentement de l'autorité locale, devront, à moins d'un arrangement contraire de l'Etat neutre avec les Etats belligérants, être gardés par l'Etat neutre de manière qu'ils ne puissent pas de nouveau prendre part aux opérations de la guerre.

Les frais d'hospitalisation et d'internement seront supportés par l'Etat dont relèvent les naufragés, blessés ou malades."

Annexe 43.

(Hier folgt die Synopsis der Texte der Konvention vom 25. Juli 1899 — s. oben S. 352ff. — und des vom „Comité d'Examen" vorgeschlagenen Textes — s. oben S. 384ff.)

4. Konvention vom 18. Oktober 1907 „pour l'adaptation à la guerre maritime des principes de la Convention de Genève."

Bd. I, S. 658 der Verhandlungen.

Egalement animés du désir de diminuer, autant qu'il dépend d'eux, les maux inséparables de la guerre;

Et voulant, dans ce but, adapter à la guerre maritime les principes de la Convention de Genève du 6 juillet 1906;

Ont résolu de conclure une Convention à l'effet de réviser la Convention du 29 juillet 1899 relative à la même matière et ont nommé pour Leurs Plénipotentiaires, savoir:

(dénomination des plénipotentiaires).

Lesquels, après avoir déposé leurs pleins pouvoirs, trouvés en bonne et due forme, sont convenus des dispositions suivantes:

ART. 1. Les bâtiments-hôpitaux militaires, c'est-à-dire les bâtiments construits ou aménagés par les Etats spécialement et uniquement en vue de porter secours aux blessés, malades et naufragés, et dont les noms auront été communiqués, à l'ouverture ou au cours des hostilités, en tout cas avant toute mise en usage, aux Puissances belligérantes, sont respectés et ne peuvent être capturés pendant la durée des hostilités.

Ces bâtiments ne sont pas non plus assimilés aux navires de guerre au point de vue de leur séjour dans un port neutre.

ART. 2. Les bâtiments hospitaliers, équipés en totalité ou en partie aux frais des particuliers ou des sociétés de secours officiellement reconnues, sont également respectés et exempts de capture, si la Puissance belligérante dont ils dépendent, leur a donné une commission officielle et en a notifié les noms à la Puissance adverse à l'ouverture ou au cours des hostilités, en tout cas avant toute mise en usage.

Ces navires doivent être porteurs d'un document de l'autorité compétente déclarant qu'ils ont été soumis à son contrôle pendant leur armement et à leur départ final.

ART. 3. Les bâtiments hospitaliers, équipés en totalité ou en partie aux frais des particuliers ou des sociétés officiellement reconnues de pays neutres, sont respectés et exempts de capture, à condition qu'ils se soient mis sous la direction de l'un des belligérants, avec l'assentiment préalable de leur propre Gouvernement et avec l'autorisation du belligérant lui-même et que ce dernier en ait notifié le nom à son adversaire dès l'ouverture ou dans le cours des hostilités, en tout cas, avant tout emploi.

ART. 4. Les bâtiments qui sont mentionnés dans les articles 1, 2 et 3, porteront secours et assistance aux blessés, malades et naufragés des belligérants sans distinction de nationalité.

Les Gouvernements s'engagent à n'utiliser ces bâtiments pour aucun but militaire.

Ces bâtiments ne devront gêner en aucune manière les mouvements des combattants.

Pendant et après le combat, ils agiront à leurs risques et périls.

Les belligérants auront sur eux le droit de contrôle et de visite; ils pourront refuser leur concours, leur enjoindre de s'éloigner, leur imposer une direction déterminée et mettre à bord un commissaire, même les détenir, si la gravité des circonstances l'exigeait.

Autant que possible, les belligérants inscriront sur le journal de bord des bâtiments hospitaliers les ordres qu'ils leur donneront.

ART. 5. Les bâtiments-hôpitaux militaires seront distingués par une peinture extérieure blanche avec une bande horizontale verte d'un mêtre et demi de largeur environ.

Les bâtiments qui sont mentionnés dans les articles 2 et 3, seront distingués par une peinture extérieure blanche avec une bande horizontale rouge d'un mêtre et demi de largeur environ.

Les embarcations des bâtiments qui viennent d'être mentionnés, comme les petits bâtiments qui pourront être affectés au service hospitalier, se distingueront par une peinture analogue.

Tous les bâtiments hospitaliers se feront reconnaître en hissant, avec leur pavillon national, le pavillon blanc à croix-rouge prévu par la Convention de Genève et, en outre, s'ils ressortissent à un Etat neutre, en arborant au grand mât le pavillon national du belligérant sous la direction duquel ils se sont placés.

Les bâtiments hospitaliers qui, dans les termes de l'article 4, sont détenus par l'ennemi, auront à rentrer le pavillon national du belligérant dont ils relèvent.

Les bâtiments et embarations ci-dessus mentionnés, qui veulent s'assurer la nuit le respect auquel ils ont droit, ont, avec l'assentiment du belligérant qu'ils accompagnent, à prendre les mesures nécessaires pour que la peinture qui les caractérise soit suffisamment apparente.

ART. 6. Les signes distinctifs prévus à l'article 5 ne pourront être employés, soit en temps de paix, soit en temps de guerre, que pour protéger ou désigner les bâtiments qui y sont mentionnés.

ART. 7. Dans le cas d'un combat à bord d'un vaisseau de guerre, les infirmeries seront respectées et ménagées autant que faire se pourra.

Ces infirmeries et leur matériel demeurent soumis aux lois de la guerre, mais ne pourront être détournés de leur emploi, tant qu'ils seront nécessaires aux blessés et malades.

Toutefois le commandant, qui les a en son pouvoir, a la faculté d'en disposer, en cas de nécessité militaire importante, en assurant au préalable le sort des blessés et malades qui s'y trouvent.

ART. 8. La protection due aux bâtiments hospitaliers et aux infirmeries des vaisseaux cesse si l'on en use pour commettre des actes nuisibles à l'ennemi.

N'est pas considéré comme étant de nature à justifier le retrait de la protection le fait que le personnel de ces bâtiments et infirmeries est armé pour le maintien de l'ordre et pour la défense des blessés ou malades, ainsi que le fait de la présence à bord d'une installation radio-télégraphique.

ART. 9. Les belligérants pourront faire appel au zèle charitable des commandants de bâtiments de commerce, yachts ou embarcations neutres, pour prendre à bord et soigner des blessés ou des malades.

Les bâtiments qui auront répondu à cet appel ainsi que ceux qui spontanément auront recueilli des blessés, des malades ou des naufragés jouiront d'une protection spéciale et de certaines immunités. En aucun cas, ils ne pourront être capturés pour le fait d'un tel transport; mais, sauf les promesses qui leur auraient été faites, ils restent exposés à la capture pour les violations de neutralité qu'ils pourraient avoir commises.

ART. 10. Le personnel religieux, médical et hospitalier de tout bâtiment capturé est inviolable et ne peut être fait prisonnier de guerre. Il emporte, en quittant le navire, les objets et les instruments de chirurgie qui sont sa propriété particulière.

Ce personnel continuera à remplir ses fonctions tant que cela sera nécessaire et il pourra ensuite se retirer, lorsque le commandant en chef le jugera possible.

Les belligérants doivent assurer à ce personnel tombé entre leurs mains, les mêmes allocations et la même solde qu'au personnel des mêmes grades de leur propre marine.

ART. 11. Les marins et les militaires embarqués, et les autres personnes officiellement attachées aux marines ou aux armées, blessés ou malades, à quelque nation qu'ils appartiennent, seront respectés et soignés par les capteurs.

ART. 12. Tout vaisseau de guerre d'une Partie belligérante peut réclamer la remise des blessés, malades ou naufragés, qui sont à bord de bâtiments-hôpitaux militaires, de bâtiments hospitaliers de société de secours ou de particuliers, de navires de commerce, yachts et embarcations, quelle que soit la nationalité de ces bâtiments.

ART. 13. Si des blessés, malades ou naufragés sont recueillis à bord d'un vaisseau de guerre neutre, il devra être pourvu, dans la mesure du possible, à ce qu'ils ne puissent pas de nouveau prendre part aux opérations de la guerre.

ART. 14. Sont prisonniers de guerre les naufragés, blessés ou malades, d'un belligérant qui tombent au pouvoir de l'autre, Il appartient à celui-ci de décider, suivant les circonstances, s'il convient de les garder, de les diriger sur un port de sa nation, sur un port neutre ou même sur un port de l'adversaire. Dans ce dernier cas, les prisonniers ainsi rendus à leur pays ne pourront servir pendant la durée de la guerre.

ART. 15. Les naufragés, blessés ou malades, qui sont débarqués dans un port neutre, du consentement de l'autorité locale, devront, à moins d'un arrangement contraire dé l'Etat neutre avec les Etats belligérants, être gardés par l'Etat neutre de manière qu'ils ne puissent pas de nouveau prendre part aux opérations de la guerre.

Les frais d'hospitalisation et d'internement seront supportés par l'Etat dont relèvent les naufragés, blessés ou malades.

ART. 16. Après chaque combat, les deux Parties belligérantes, en tant que les intérêts militaires le comportent, prendront des mesures pour rechercher les naufragés, les blessés et les malades et pour les faire protéger, ainsi que les morts, contre le pillage et les mauvais traitements.

Elles veilleront à ce que l'inhumation, l'immersion ou l'incinération des morts soit précédée d'un examen attentif de leurs cadavres.

ART. 17. Chaque belligérant enverra, dès qu'il sera possible. aux autorités de leur pays, de leur marine ou de leur armée, les marques ou pièces militaires d'identité trouvées sur les morts et l'état nominatif des blessés ou malades recueillis par lui.

Les belligérants se tiendront réciproquement au courant des internements et des mutations, ainsi que des entrées dans les hôpitaux et des décès survenus parmi les blessés et malades en leur pouvoir. Ils recueilleront tous les objets d'un usage personnel, valeurs. lettres, etc. qui seront trouvés dans les vaisseaux capturés, ou délaissés par les blessés ou malades décédés dans les hôpitaux, pour les faire transmettre aux intéressés par les autorités de leur pays.

ART. 18. Les dispositions de la présente Convention ne sont applicables qu'entre les Puissances contractantes et seulement si les belligérants sont tous parties à la Convention.

ART. 19. Les commandants en chef des flottes des belligérants auront à pourvoir aux détails d'exécution des articles précédents, ainsi qu'aux cas non prévus, d'après les instructions de leurs Gouvernements respectifs et conformément aux principes généraux de la présente Convention.

ART. 20. Les Puissances signataires prendront les mesures nécessaires pour instruire leurs marines, et spécialement le personnel protégé, des dispositions de la présente Convention et pour les porter à la connaissance des populations.

ART. 21. Les Puissances signataires s'engagent également à prendre ou à proposer à leurs législatures, en cas d'insuffisance de leurs lois pénales, les mesures nécessaires pour réprimer en temps de guerre, les actes individuels de pillage et de mauvais traitements envers des blessés et malades des marines, ainsi que pour punir. comme usurpation d'insignes militaires, l'usage abusif des signes distinctifs désignés à l'article 5 par des bâtiments non protégés par la présente Convention.

Ils se communiqueront, par l'intermédiaire du Gouvernement des Pays-Bas, les dispositions relatives à cette répression, au plus tard dans les cinq ans de la ratification de la présente Convention.

ART. 22. En cas d'opérations de guerre entre les forces de terre et de mer des belligérants, les dispositions de la présente Convention ne seront applicables qu'aux forces embarquées.

ART. 23. La présente Convention sera ratifiée aussitôt que possible.

Les ratifications seront déposées à La Haye.

Le premier dépôt de ratifications sera constaté par un procès-verbal signé par les représentants des Puissances qui y prennent part et par le Ministre des Affaires Etrangères des Pays-Bas.

Les dépôts ultérieurs de ratifications se feront au moyen d'une notification écrite, adressée au Gouvernement des Pays-Bas et accompagnée de l'instrument de ratification.

Copie certifiée conforme du procès-verbal relatif au premier dépôt de ratifications, des notifications mentionnées à l'alinéa précédent, ainsi que des instruments de ratification, sera immédiatement remise par les soins du Gouvernement des Pays-Bas et par la voie diplomatique aux Puissances conviées à la Deuxième Conférence de la Paix, ainsi qu'aux autres Puissances qui auront adhéré à la Convention. Dans les cas visés par l'alinéa précédent, ledit Gouvernement leur fera connaître en même temps la date à laquelle il a reçu la notification.

ART. 24. Les Puissances non signataires qui auront accepté la Convention de Genève du 6 juillet 1906, sont admises à adhérer à la présente Convention.

La Puissance qui désire adhérer, notifie par écrit son intention au Gouvernement des Pays-Bas en lui transmettant l'acte d'adhésion qui sera déposé dans les archives dudit Gouvernement.

Ce Gouvernement transmettra immédiatement à toutes les autres Puissances copie certifiée conforme de la notification ainsi que de l'acte d'adhésion, en indiquant la date à laquelle il a reçu la notification.

ART. 25. La présente Convention, dûment ratifiée, remplacera dans les rapports entre les Puissances contractantes, la Convention du 29 juillet 1899 pour l'adaptation à la guerre maritime des principes de la Convention de Genève.

La Convention de 1899 reste en vigueur dans les rapports entre les Puissances qui l'ont signée et qui ne ratifieraient pas également la présente Convention.

ART. 26. La présente Convention produira effet pour les Puissances qui auront participé au premier dépôt de ratifications, soixante jours après la date du procès-verbal de ce dépôt, et pour les Puissances qui ratifieront ultérieurement ou qui adhéreront, soixante jours après que la notification de leur ratification ou de leur adhésion aura été reçue par le Gouvernement des Pays-Bas.

ART. 27. S'il arrivait qu'une des Puissances contractantes voulût dénoncer la présente Convention, la dénonciation sera notifiée par écrit au Gouvernement des Pays-Bas, qui communiquera immédiatement copie certifiée conforme de la notification à toutes les autres Puissances en leur faisant savoir la date à laquelle il l'a reçue.

La dénonciation ne produira ses effets qu'à l'égard de la Puissance qui l'aura notifiée et un an après que la notification en sera parvenue au Gouvernement des Pays-Bas.

ART. 28. Un registre tenu par le Ministère des Affaires Etrangères des Pays-Bas indiquera la date du dépôt des ratifications effectué en vertu de l'article 23 alinéas 3 et 4, ainsi que la date à laquelle auront été reçues les notifications d'adhésion (article 24, alinéa 2) ou de dénonciation (article 27, alinéa 1).

Chaque Puissance contractante est admise à prendre connaissance de ce registre et à en demander des extraits certifiés conformes.

En foi de quoi, les Plénipotentiaires ont revêtu la présente Convention de leurs signatures.

Fait à La Haye, le dix-huit octobre mil neuf cent sept, en un seul exemplaire qui restera déposé dans les archives du Gouvernement des Pays-Bas et dont des copies, certifiées conformes, seront remises par la voie diplomatique aux Puissances qui ont été conviées à la Deuxième Conférence de la Paix.

FSC
www.fsc.org
MIX
Papier | Fördert gute Waldnutzung
FSC® C083411

Kolibri 360 GmbH
Ferdinand-Jühlke-Straße 7
99095 Erfurt, Deutschland
produktsicherheit@kolibri360.de